1931 中国抗战 1945

1931-9-18
1945-9-2

《中国抗战》编写组 著

人民东方出版传媒
People's Oriental Publishing & Media

東方出版社
The Oriental Press

图书在版编目（CIP）数据

中国抗战/《中国抗战》编写组著 . — 北京：东方出版社，2025.7
ISBN 978-7-5207-3836-1

Ⅰ.①中… Ⅱ.①中… Ⅲ.①抗日战争—史料—中国 Ⅳ.① K265.06

中国国家版本馆 CIP 数据核字（2024）第 027222 号

中国抗战
（ZHONGGUO KANGZHAN）

作　　者：《中国抗战》编写组
策划编辑：姚　恋
责任编辑：邓　翃
出　　版：东方出版社
发　　行：人民东方出版传媒有限公司
地　　址：北京市东城区朝阳门内大街 166 号
邮　　编：100010
印　　刷：北京联兴盛业印刷股份有限公司
版　　次：2025 年 7 月第 1 版
印　　次：2025 年 8 月第 2 次印刷
开　　本：710 毫米 ×1000 毫米　1/16
印　　张：40.5
字　　数：630 千字
书　　号：ISBN 978-7-5207-3836-1
定　　价：98.00 元
发行电话：（010）85924663　85924644　85924641

版权所有，违者必究
如有印装质量问题，我社负责调换，请拨打电话：（010）85924602　85924603

目 录

我们今天应该怎样重述那场战争（代序）　　　　　　　　　001

第一章　九一八事变后民族危机的加深与民族觉醒　　　061
　一、东北问题由来：日本占领东北与伪满洲国成立　　　061
　二、东北人民的抵抗　　　　　　　　　　　　　　　　068
　三、救亡运动的兴起　　　　　　　　　　　　　　　　074
　四、长城抗战与《塘沽协定》　　　　　　　　　　　　081
　五、《何梅协定》《秦土协定》与"华北自治运动"　　　089
　六、一二·九运动与绥远抗战　　　　　　　　　　　　097
　七、西安事变　　　　　　　　　　　　　　　　　　　104
　八、抗日民族统一战线的形成　　　　　　　　　　　　111

第二章　全民族奋起抗战　　　　　　　　　　　　　　116
　一、卢沟桥事变：全民族抗战的起点　　　　　　　　　116
　二、蒋介石对日主张的变化　　　　　　　　　　　　　129
　三、国防最高委员会成立：规划全国抗战　　　　　　　139
　四、逐步转向战时经济　　　　　　　　　　　　　　　149

第三章　全民族抗战初期的对日作战　　　　　　　　　163
　一、华北战场　　　　　　　　　　　　　　　　　　　163

二、淞沪抗战　　　　　　　　　　　　　　　　175
　　三、迁都　　　　　　　　　　　　　　　　　　187
　　四、南京沦陷与南京大屠杀　　　　　　　　　　195
　　五、游击战　　　　　　　　　　　　　　　　　205
　　六、海空作战　　　　　　　　　　　　　　　　210

第四章　全民族抗战初期的外交与文化　　　　　　　　220
　　一、全民族抗战初期的中外关系　　　　　　　　220
　　二、文化界的抗战救亡活动　　　　　　　　　　241
　　三、华侨对抗战的支持　　　　　　　　　　　　254
　　四、全民族抗战初期知识界的抗战认识　　　　　266

第五章　日伪政权的建立及其在沦陷区的统治　　　　　281
　　一、伪中华民国临时政府　　　　　　　　　　　282
　　二、伪中华民国维新政府　　　　　　　　　　　293
　　三、汪精卫出走　　　　　　　　　　　　　　　301
　　四、汪伪政权建立　　　　　　　　　　　　　　310
　　五、日本在沦陷区的掠夺　　　　　　　　　　　322

第六章　希望：敌后抗日根据地　　　　　　　　　　　336
　　一、扎根于敌后　　　　　　　　　　　　　　　337
　　二、民主的政治　　　　　　　　　　　　　　　356
　　三、自给的经济　　　　　　　　　　　　　　　364
　　四、通俗的文化　　　　　　　　　　　　　　　380

第七章　经营大后方：抗战基地　　　　　　　　　　　397
　　一、政治中枢内迁与政治中心转移　　　　　　　397
　　二、工厂内迁与经济中心西移　　　　　　　　　408

三、教育内迁与文化中心西进　421
四、大后方的文化生活与文化人　431

第八章　全民族抗战中期的战场　443
一、中日两国在相持阶段的战略调整　443
二、敌后战场　450
三、国民党正面战场抗战　469
四、海空军对日作战　484

第九章　抗战与建国：宪政运动与联合政府　502
一、全民族抗战时期的政党政治　502
二、国民参政会与战时政治参与　511
三、第一次民主宪政运动　519
四、第二次民主宪政运动　530
五、中共与联合政府主张　546

第十章　抗战胜利：民族复兴的起点　553
一、太平洋战争的爆发　553
二、中美关系的发展　558
三、中国战场格局的改变　565
四、局部反攻　591
五、日本宣布无条件投降　599
六、中国参与战后秩序安排　612

主要参考文献　625

编后记　639

我们今天应该怎样重述那场战争（代序）[①]

20世纪前半期发生在中国的那场中日战争，如果从九一八事变算起，很快就有一个世纪了。岁月匆匆，但这场战争留给亚洲的梦魇至今并没有消除，尤其是对中国具有极为重要的现实意义，成为制约中国与日本、与世界交往的一个不得不时常考量的因素。这是非常令人遗憾的。时至今日，我们这一代人如何从大历史视角重述这场战争，构建一个既接近于历史真实，又有利于现实与未来的叙事框架呢？

基于这个思虑，我们这本书想从一个大历史的角度来复述这场战争，建构一个具有长久价值的叙事思路。

一衣带水源远流长

现在的研究足以表明，仅从民族国家立场说，中日两国之间的交往，远远早于文字记载的历史时代。在人类初期，民族国家概念根本不存在的时候，这两个地区的先民完全因为生存的需要，往来于日本列岛与中国大陆之间。

在中日两国漫长的交往史中，一帆风顺是不可能的，也是不可思议的。但是总体而言，两国之间交往的主流还是互有收获。友好是主导方面，不愉快，特别

[①] 作者：马勇（中国社会科学院）。

是那些最糟心的冲突偶有发生，且有时极为惨烈，但也并没有持续下去。这是我们研究中日关系的人必须充分注意的，一定要分清主流、枝蔓，记住友谊，记住教训。用现代两国关系引领者的话说，结束过去，开辟未来，共建一个美好的亚洲，一个美好的世界。

作为一个独立的政治单元，日本从一开始就深受中国的影响，见于中国典籍之著录者，可以上溯至《山海经》。如果说《山海经》还有许多不确定、不可信，那么可以确信无疑的记录，见于《史记》和《汉书》。

《史记·秦始皇本纪》记载有齐人徐福上书言海中有蓬莱、方丈、瀛洲三神山。秦始皇遂同意派徐福"发童男女数千人，入海求仙人"。类似记录又见于《汉书》的《郊祀志》《地理志》，后来两国都有传闻，认为这数千童男童女就是后世日本人的祖先。这个传闻当然不能作为信史予以采信，但它确实反映了两国之间的交往源远流长并非毫无根据的。

中国典籍比较明确地记载两国往来始于汉代。《汉书·地理志》称"乐浪海中有倭人，分为百余国，以岁时来献见云"。此后几百年，两国之间官方、民间来往日趋密切，这在两国古文献中都有比较详细的记载。

东汉之后，中国经过几百年的大动荡、大融合，周边族群在这个过程中逐步进入，并在一些地方政权中扮演着重要角色。公元7世纪相继建立的隋唐，就其族源而言，并不是来自齐鲁豫传统中国之核心地带，甚至也不是周朝晚期的周边区域，比如楚越，而是来自北部边陲的关陇贵族集团。于是隋唐，特别是唐帝国，就没有传统中国那些极为狭隘的族群意识，因而渐渐呈现出"世界帝国"的宏大气象。

也正是出于这个原因，在有唐两百多年间，日本对中国极为倾慕，先后派出十几次遣唐使团，办理交涉，请求封号；潜心研读中国文化，极为有效地将中国的典章制度、礼仪规范、文化艺术，甚至服饰样式、建筑规制，成规模地引至日本，这对于日本文化的发展、变异，起到了非常重要的启迪、示范作用。后世乃至当今的日本文化中，保留了相当多的唐文化因素，这些因素甚至已经不见于后来的中国文化中。当然，这也是文化传播的普遍规律。中国古人很早就意识到，礼失求诸野。大意就是，文化中心一定会不断更新，其自身的传统很难保存，但传至周边的就不一样了，反而容易保存最初的样式。日本之于唐代文化遗产的保存、海外大量存在的唐人街，都应该从文明传播的一般规律去理解。

唐朝是中日文化交流的一个鼎盛期，到了五代之后，中国本身面临大一统帝国瓦解后的分化、分治，各个区域进入一个长达几百年的分治格局。两宋，再加上北部地区的辽金夏以及后来蒙古人所建构的元朝。在这个历史时期，日本与中国区域中的一些地方分治政权也有交往，有的还比较密切，甚至发生巨大冲突，比如元朝，由于处于急剧发展膨胀时期，相机征服了东亚许多地区，因而与日本并不那么愉快。这种记忆其实都是历史上很必然的现象，和两国后来的关系，以及两国底层民众并没有必然的关联。

明朝推翻了元朝，但其与日本的关系大致延续了元朝的政策而略有调整。此时的日本处于比较分裂的状态，日本的某些部分因需要寻求外部保护而与明朝建立更为紧密的关系，甚至直接建立了宗藩体制，如琉球王国自洪武年间就属于明王朝的保护国，此后数百年甚至经历了明清易代巨变，关系依然如此。

由于自身因素，明朝并未彻底消灭蒙古势力，因而在北部中国，自明朝建立就面临着来自北元势力的巨大压力。蒙古人在中原统治将近100年，少说也有三四代人。从历史事实看，元朝被推翻其实只是使蒙古宗室以及统治集团中的一些军政人员离开了中原，他们百年来繁衍的子孙后代基本上"未从顺帝北归"，而是留在了中原，改其旧氏，落地生根，几代人过去，他们自己也不再知道从哪里来。比如梁漱溟的先人原本是也先帖木儿，属于元朝皇室，但元末留居中原，因所居汝阳地属大梁，故以梁为氏。[①] 就事实与情理而言，此类情形应该不少。

于是，明朝建立后最大的外部危机，就是蒙古人扰边、南下。扰边、南下，也可以从两个方面说，一是逃亡漠北的蒙古人有相当一部分亲人留在内地，有感情的需要；二是游牧族群尽管以牛羊肉为主食，但他们对粮食和布帛也有自己的需求。我们阅读古史料，如果从一个超越性的立场看，就很容易理解汉代统一帝

---

① 中国文化书院学术委员会编：《梁漱溟全集》第1卷，山东人民出版社1989年版，第551页。

国之后北部边陲一直不得安宁，存在外患入侵，其实就是一个生存权的问题。

也是从这个意义上说，完全拒绝边境贸易当然是不可能的；完全自由地开放边境，让北元统治的蒙古人以及其他族群到明朝管辖的区域自由贸易，也是明朝所不愿意的。于是我们看到了一个新的举措，明王朝不惜重金打造了一个万里长城，在中间规划预留若干关口规范贸易。这一方面满足了外部游牧族群对粮食布帛的需求，另一方面让边境相对稳定下来。

管制性的北部边境贸易耗费了明王朝大量的资源，但它对明王朝的政治统治极具启发意义。我们知道，宋元之前的中国，不论是统一王朝，还是分治割据政权，对于外部贸易甚至全球贸易一直有浓厚的兴致，重农抑商是历代王朝的基本国策，但这个政策的指向主要是国内而不是国际，带来的结果其实是重商主义。为了外部贸易，中国可以忍受国内的不消费，最好的东西不是自己用，而是出口、交易。所以在宋元之前，中国是全球贸易中最活跃的成员，中国的船队、驼队，几乎到过那时通过技术手段可以抵达的任何地方。外国的商人也可以自由地进入中国进行贸易，历代王朝并没有给外国商人施加过多限制。

但是明朝建立后，特别是北部边陲管制性贸易开始后，素来最为活跃的沿海贸易也渐渐受到了朝廷的管制。明王朝管制沿海贸易的原因、理由有很多，这些年的研究提出了许多新的解释，我们这里所要说的是，沿海贸易的管理规范化、垄断化、官方化，衍生出一个巨大的价格差，走私贸易成为可能。因为这里有了巨大的利润空间，于是也就和我们所要讨论的主题挂上了钩，中日贸易出现了新形态。这个新形态就是走私贸易，就是倭寇。

倭是中国古典文献对日本人一个歧视性称谓，寇更是一个不折不扣的负面词。如果仔细研究五口通商之前东亚地区贸易史料，可以清楚地看出所谓倭寇就是贸易管制体制下的贸易走私者。倭寇中当然有日本人、朝鲜人，在那时民族国家并没有真正建立起来的时候，跨区域的走私贸易当然需要跨区域的贸易人才。其实在整个倭寇群体中，真实的情形可能是，中国商人占据主导性的地位，或者说这些跨区域走私集团，其老板，或其最大的合伙人，可能往往是来自中国的商人，毕竟中国的商业开始得比较早，既有丰厚的商业基础，也有相当不俗的商业资本。

古典中国不说了，只说这个时期，徽商、晋商等商帮相继崛起，沈万三、汪直，以及郑芝龙、郑成功父子等，其实就是那个大航海时代初起时跨区域贸易的尝试者。他们的不幸在于，没有像他们的西方同行，比如荷兰、葡萄牙、西班牙诸国跨区域贸易走私者那样获得官方支持，至少是默许。

跨区域贸易走私是体制性的结果，由此而产生的利益链繁密而无限长。详细评估他们的历史并不是我们这篇导论的主题，我之所以在这里讲到倭寇，主要是因为讨论明清时期的中日关系不能不注意这一现象，而且倭寇留给中日两国的，也并不是非黑即白的一元性。

走私贸易的猖獗实际上反映了贸易的繁荣，反映了贸易双方的相互需求。需求刺激了交往，交往加深了相互之间的关系，所以在明清时代的几百年中，中日两国面对大航海之后来自域外的挑战，不约而同选择了保护性闭关锁国，但又不约而同各自互为对方留下一个后门，中国留下一个澳门对外通商，日本留下一个长崎，允许外国商人来贸易来居住，而这些商人也就是荷兰人和中国人，并没有第三国的人。至于澳门，也不是对着日本人的，那时明清两朝还没有对日本人建立起码的尊重，日本商人混迹于西洋商人中，主要在沿海地区，在公海与中国商人贸易。由此可见，中日之间的文化交流在这个特殊的历史时期以特殊的方式延续着。

贸易交流本质上也是文化交流，因而等到明清易代那个大时代到来时，大明帝国迅即崩塌。受明代文化影响，日本的知识人有不少竟然与明遗民有相同的意识，不愿意认同满洲人对中原的统治。明遗民将日本列岛作为明帝国复兴基地，朱舜水就投入很大精力在那里深耕，培养日本知识人的中华意识。假如不是受西方因素一而再的影响，中日之间即便不构成传统意义上的宗藩关系，特殊的国家与国家的关系应该是注定无疑的。西方因素的影响一让日本脱亚入欧，二让日本彻底去中国化。前者发生在甲午战争之前，后者发生在第二次世界大战之后。这是我们在研究20世纪中期那场中日战争时不能不注意的历史关节点。

面对西方

很显然,近代之前的中日关系,有冲突有不愉快,但毕竟两个政治单元是搬不走的邻居,交道总是要打的。在这漫长的历史交往中,中国是文明的输出方,是老师;日本是接收方,是学生。这种师生格局一直延续到近代西方因素东来,而且如实说,在中国文明的学生中,日本是优等生,学得最好,最有思考力,充分接纳了中国文明好的方面,而对于中国文明不太好的方面,日本文明很自然地予以无视。

到了近代,西方因素引发全球范围的大变化。在这个变化中,中国是一步踏错,步步皆错,步履紊乱,应对无方,最终达成城下之盟,以屈辱心态步入近代。中国的失败成为日本的经验。10年后,当美国"黑船"舰队叩关时,日本没有延续中国的做法——武力抵抗,而是打开国门,与欧美诸国构建新型关系。中日两国就此分道扬镳,殊途异趣,各自走上不同的发展道路。

近代的西方因素说起来复杂,究起来也就是那么几个环节。大航海引起了全世界范围的大殖民,大殖民带给世界的一个大问题是将西方因素向全世界释放,引发至今仍未平静下来的世界格局重组。对于中国以及原先在中国庇护下的那些属国而言,中国宗藩体制显然已经成为历史。宗藩解体只是一个时间问题,除非将宗藩体制改造成英帝国主导下的那种联邦体制。这是一个大工程,也是中国人不太知道也不一定愿意接受的体制。

大航海大殖民带给世界的另外一个大问题是全球物品更充分地流动与交换,之前中国主导或者说中国占有极大份额的全球贸易格局因此而调整,中国不仅没有在这个调整中吃亏,反而因全球贸易的充分化而获得更多经济上的好处。据弗兰克《白银资本》的研究,1500年之后的几百年间,中国成为全球最大最稳定的贸易顺差国。从晚明至18世纪,中国的富裕,当然指朝廷的富裕是实在的,毕竟是真金白银堆出来的。

全球贸易扩大也引发技术上的一系列进步,到了18世纪中期,机器的发明与运用,特别是蒸汽机的改良,为大规模的工业化生产提供了充分的动力资源。这必将引发一系列新的变化，不仅是生产技术、手段、规模，而且全球贸易格局、社会管理方式和组织方式，都必然因此而变化。

就全球贸易而言，新的动力系统提供了巨大的生产能力。巨大的生产能力需要巨大的市场，需要巨大的购买力。由此重新理解18世纪晚期英国人如此重视调整与清帝国的贸易关系，才能明白近代中国的变局以及日本因此而发生的联动。

1787年，英国政府决定派遣卡思卡特中校出使中国，他的使命就是扩大英国商品在中国的市场份额，"便于推销我们的产品和购买茶叶、瓷器及其他东部省份的回航货物的一个地方；假如他们不愿意让与一个便利的特许商站，则我们一定尽力改善当前的种种缺点"[1]。这些要求应该看作纯粹的商业性的，也应该是不难解决的，然而遗憾的是，卡思卡特并没有抵达北京，1788年6月，他在来华途中不幸病逝。

卡思卡特之死是个小概率的偶然事件，但这个偶然事件使预设的历史进程发生了改变。中西两个大帝国的直接接触被迫推迟了5年。1793年秋，一个规模更大级别更高的英国使团来到中国，使团正使为英国政府特意挑选的资深外交家、时任英国驻孟加拉总督马戛尔尼，副使为斯当东，使团各种人才总计700多人，涵盖军事、科技诸多方面。

马戛尔尼使团的目标就是完成卡思卡特没有完成的使命，扩大对华贸易，建构中英正式外交关系。但是出于西方内部相互竞争等各方面的考虑，英国方面在马戛尔尼使团前往中国途中，甚至在抵达中国之后，刻意隐瞒其真正目的，刻意渲染此行就是为乾隆皇帝祝寿。这个说法迷惑了英国的西方对手，也迷惑了中方，中方上至皇帝下至一般接待官员，无不以为这是来自远方的"贡使"，这在一定程度上增长了乾隆帝以及中国大臣"天朝上国"的虚骄，也使后来双方正面接触时发生了许多不必要的误会。所谓"礼仪之争"，对英方来说是真问题，但对中方来说就是假问题。在中方看来，英国既然来祝寿，就是诚心向化，就是要成为我中华的属国，理所当然要行属国礼节。

---

[1] ［美］马士：《东印度公司对华贸易编年史》第2卷，区宗华译，中山大学出版社1991年版，第476页。

马戛尔尼使团来华的目的从一开始就很清楚，与几年前卡思卡特使团的目标别无二致，英国政府的准备也是充分的，甚至是过分的，几乎每一个细节都有预案。但是英国人根本没有想到的是，他们谦恭地跑来为老皇帝祝寿，吊起了老皇帝的胃口，等到觐见时，又不愿意客随主便给老皇帝以应有的尊敬。三跪九叩的礼节难住了马戛尔尼，不是他们不会，而是他们太过机械理解了英国政府的这段训令："你到达后，依照朝廷各项仪礼，尽快获准觐见，但不要有损你的君主的荣誉及降低你自己的威严，以及危及你会谈的成功。"① 英国政府训令主旨是要求马戛尔尼"依照朝廷各项仪礼"尽快进行，但是马戛尔尼将理解的重心放到了"不要有损你的君主的荣誉及降低你自己的威严"，于是出现了后来许多问题。

马戛尔尼在觐见礼仪上弄得乾隆帝不愉快，但这并不是马戛尔尼此行失败的关键因素。礼仪冲突根本没有办法与利益冲突相比，过去的许多研究从文化着眼有意义，但不能高估。马戛尔尼此行失败的根源在于其经济方面的诉求远远高于乾隆皇帝的心理底线，我们可以说乾隆皇帝此时不懂世界贸易，不懂近代，不懂工业革命之后中国应该怎么办，但事实就是马戛尔尼要价太高，乾隆皇帝不愿意接受。这是一方面。

另一方面，马戛尔尼的失败与世界大势急剧变化有关。中国是一个帝制国家，皇帝是国家的象征，但是就在1789年，乾隆五十四年，帝制法国爆发了一场以推翻君主体制，构建共和体制为主要诉求的大革命。法国君主被推翻，法兰西第一共和国建立。这是人类历史上的大事件，此时乃至以后都深刻影响了中国。本来，满洲人定鼎中原之后，很长时间里，在天文、历算、建筑、绘画等领域，一直大量使用欧洲人，18世纪中国鼎盛时期修筑的圆明园，其中就有欧洲人的贡献，至于康雍乾三朝大规模地理测量等重大工程，都有西方人的贡献。中国只是没有在法律层面与西方国家建交，但在事实上，直至马戛尔尼来华，中西之间一直保持并不太坏的沟通管道。

中国人不仅知道西方的艺术、物质文明，也知道西方的政治变动。这一点过

---

① ［美］马士：《东印度公司对华贸易编年史》第2卷，区宗华译，中山大学出版社1991年版，第552页。

去研究得很不够，假如仔细排比相关史料，我们就可以知道马戛尔尼此行之所以失败，主要的并不是贸易，更不是礼仪，而是西方突然发生的政治变动，是法国大革命让乾隆皇帝感到震惊，甚至恐慌，因而渐渐关闭与西方交往的大门。据斯当东记录，当马戛尔尼从避暑山庄返回北京后，曾有一位私人朋友来访，这位朋友"对中国朝廷的情况非常熟悉，也了解一些在广州经商的困难在逐渐增加。在和（珅）中堂未通知特使（马戛尔尼）去接中国皇帝信件之前，就是这个人向特使透露了皇帝信件已经写好的消息。他说，'中国人对于外国使节仅视为在国家重大节日送礼而来，节日过后即刻归国。两个世纪以来许多外国使节到过中国，没有一个超过这个勾留期限的。葡萄牙是中国最友好的国家，在当今皇帝治下，葡萄牙曾派特使前来，最多只住了三十九天就走了。中国很少有与他国缔结条约的观念。为了同这个国家进行贸易，先派一个使节来致意，奠定有利基础，以后再陆续发生联系，应当按部就班，逐节进行，不能操之过急。近来广州下级官吏压迫外人的举动逐渐增加，照这样发展下去，最后终将被迫或者完全放弃对华贸易，或者再派一个使节前来诉苦。使节越早来，效果越大。法国的动乱促使中国官方加紧提防。假如特使携带礼物在法国国内未发生暴乱以前来，遭遇到的困难要比现在少得多。使节团虽然遭遇了暂时挫折困难，但确已在中国人的心目中留下了不可磨灭的印象，已经对英国人发生了有利影响。英国人现在所受的压迫，将来总有解除的一天。中国政府对于任何一种新的事物最初总是抱着强烈反对态度，生怕自己上当吃亏。但等它对这个事物的新鲜感觉逐渐冲淡，习以为常之后，它未始不可以重新考虑加以采纳'"[①]。根据马戛尔尼这位友人的分析，我们可以得出两个看法：第一，乾隆皇帝改变先前对西方的立场，不愿扩大与西方的交往，主要应该是因为法国的动荡，防患于未然。宁信其有不信其无，从来是威权体制维护稳定的不二选择。第二，中国政府对于新事物极为敏感，这种敏感不是第一时间追逐，而是第一时间防范这种新事物可能会带给中国的伤害，只有弄清了利弊，弄清了新事物的机制原理，一般地说，中国政府还会重新考虑，加以采纳。从这

---

① ［英］斯当东：《英使谒见乾隆纪实》，叶笃义译，上海书店出版社1997年版，第411页。

个立场去分析1793年马戛尔尼使团之所以如此结束，大致可以理解乾隆皇帝以及清廷最高层如此决策的理由，政治安全是帝制国家的优先考量，经济的发展、国际交流、人民福祉，均从属于这个大前提。

马戛尔尼以失败而告终，中国的大门不仅没有因此而开得更大，反而因他们无意中讲出的法国故事而让中国生发防患于未然的冲动，"后乾隆时代"尽管中外贸易并没有停顿，但政治上文化上的交流渐渐减少。23年后的1816年，嘉庆二十一年，英国政府派遣阿美士德使团出使中国。这是英国政府不到30年的时间派遣的第三个访华使团，但这个使团更悲剧，他们根本就没有见到嘉庆帝行程就结束了。中英之间的贸易失衡解决无望。这一切都被中国的近邻日本看得一清二楚，中国的失败成为日本的经验，这对于日本后来的决策影响很大。这也是中日两国面对西方，殊途异趣的起点。

贸易失衡很难通过谈判去解决，一个主要的原因在于处于顺差优势的一方很难产生解决问题的动力，尤其是对于整体经济并不发达的一方而言，也不会认同这样的失衡自己该负有什么责任，因为买卖的基本原则是愿买愿卖，我的顺差大是因为我的物品你需要，你的逆差大是因为你的东西我确实不需要。从自由贸易的观点看，这种认识并无大错，从卡思卡特到阿美士德，通过谈判消解贸易失衡也就一再蹉跎，并最终因为鸦片介入而诉诸战争。

1842年结束的鸦片战争让中国付出了惨重代价，此后很长时间，中国人都将这次战争视为屈辱的开始，是半殖民地半封建社会的开端。不过从另外一个方面看，鸦片战争驱逐了"天朝上国"的迷思，让一部分中国人开始正视这个急剧变化的世界。林则徐倡导睁眼看世界，在英国人慕瑞《世界地理大全》基础上主持编写《四洲志》，向国人如实介绍亚欧非美四大洲数十个国家的历史与现状，这是近代中国第一部世界百科全书。

接续林则徐启蒙事业的魏源，受林则徐委托，利用林则徐已经收集到的资料，并添加许多新资料，在《四洲志》基础上编写《海国图志》。1843年，《海国图志》五十卷本初版于扬州。

此后数年，魏源再接再厉，在地理学家邹汉勋、汪士铎等人协助下，1847年增补为六十卷本。1851年扩充为一百卷本。1856年，魏源去世，一百卷本遂成为《海国图志》定本。

《海国图志》根据那个时代所能获得的资料，详细记述了世界各国历史、地理、制度、文化习俗，是近代中国一部最伟大的著作。梁启超在《清代学术概论》中盛赞这是中国人研治"域外地理学"的开山之作，意义重大。

在《海国图志》中，魏源不仅依据丰富的资料向中国人详细介绍了世界各国，而且提出许多伟大的见解，一再叮嘱中国人要重建宽广胸怀，不要将域外文明视为洪水猛兽。东西洋文明尽管可能有这样那样的问题，但必须承认，这些不同文明均有中国文明所不具备的优点。中国人应该潜下心来，记住先贤教诲，以一事不知为耻。魏源指出，即便从复仇观点看，中国要想打败英国，复仇雪耻，也必须向人家学习，必须"师夷之长技"。

魏源"师夷之长技以制夷"的思想具有相当历史局限性，这个口号将一个正常的文明交流转换为"文明冲突"。不过在"天朝上国"迷思仍未被打破的近代早期，"师夷之长技以制夷"应该是一个比较可行的权宜之计。

尽管魏源的主张如此温和，但是这一主张在那个时代并没有在中国获得应有的回响。那时的中国人并不认为中国在鸦片战争中的失败具有必然性，更不知道此次东来的西洋文明与中国文明的本质区别。一个古老、精致的农业文明怎样面对工业文明、商业文明，那时的中国人似乎根本没有想过。

魏源在这部书中建议中国人正视西方工业文明的挑战，尽快发展自己的工业、商业、航运业、金融业。中国不仅应该大度接纳西方人来华贸易，而且应该"互市"，要求西方也要向中国资本开放市场。将工业文明、商业文明的种子，渐渐嫁接至中国农业文明的老树上。更有甚者，魏源在这本书中，还刻意介绍了英美等国民主制度，以英美联邦制、选举制、分权制衡的司法制度，以变古今官家之局，人心翕然，选官举能，可谓不公乎，可谓不周乎[①]，实在值得中国人注意借鉴。

《海国图志》意识到了历史大转折，意识到了中国无法固守单一的农业文明，

[①] 魏源:《海国图志·后序》。

中国应该增强"海国"意识，应该与世界互动，双向开放。这部伟大的著作充分体现了一个敏锐的知识人对世界大势的清晰判断，中国如果沿着这样的路径走下去，在鸦片战争后发奋改革，应该很快可以步趋西方，与世界一致。然而，"天朝上国"的惰性太强大了，失败很快成为过去，刚刚醒来的雄狮打个哈欠又睡着了。中国辜负了林则徐、魏源的一片苦心。"书成，魏子殁，廿余载，事局如故。"①

中国是一个崇尚工具理性的国度，坚信实践是检验真理的标准，没有实践的检验，许多道理在很多人看来就不一定具有真理意义。林则徐、魏源的见识显然远超于时代的一般水平，然而也许正因为其超越性，当战争结束，中国重回宁静时，他们这种略带忧患，略带自责，略带仰慕夷人的主张很自然地成为往事，绝大多数中国人继续沉迷于"天朝上国"的历史迷思，以为中英达成的那个《南京条约》虽然让中国付出了一些代价，但毕竟让中国一举解决了几十年的外部困扰，因而清廷上下沉溺于"万年和约"的喜悦中，如何能听进林则徐、魏源这些诤言？他们的一番心血付诸东流。

天下没有白用的功夫。"失之东隅，收之桑榆"这个典故用在这里最合适不过了。《海国图志》在自己的国家没有赢得应有的尊重，没有转化为变革的力量，根据魏源好友姚莹分析，这主要是因为《海国图志》"犯诸公之忌"②，谈论了不该谈论的事。

很多年后，蒋廷黻在谈到这件事情时，依然愤愤不平，认为鸦片战争失败是因为中国以中古的政府、中古的政治、中古的军队、中古的人民、中古的士大夫阶级去与近代的政府、政治、军队、人民、士大夫阶级拼杀，失败或可原谅。"从民族的历史看，鸦片战争的军事失败还不是民族致命伤。失败以后还不明了失败的理由，力图改革，那才是民族的致命伤。倘使同治光绪年间的改革移到道光咸丰年间，我们的近代化就要比日本早二十年。远东的近代史就要完全变更面目。"③中华民族丧失了20年的宝贵光阴，而且给后来的远东历史带来不可估量的深刻影

---

① 左宗棠：《海国图志·序》。
② 姚莹：《东溟文后集》卷八。
③ 蒋廷黻：《中国近代史（外三种）》，岳麓书社1987年版，第24页。

响，中日师生易位大致从此开始。

作为中国的近邻，又是中国文明千年优等生，日本对中英交涉全程看在眼里、记在心里。中国的失败，反而成全了日本的成功。

其实当大航海时代开始，中日两国面临同样的处境，甚至不约而同地采取了类似的措施，比如明清两朝较之先前更严格规范外国人的来华贸易，将他们限定在广州一口。日本也将前来做生意的外国人限定在长崎一处。这种不约而同的措施说明同为东方国家，中国和日本面对西来因素有相同或相似的感受。

至于英国人在18世纪后半段因工业革命引发的日趋增长的贸易失衡，日本人因为与中国的合法、非法贸易极为密切，也知道大概的情况，特别是长达半个多世纪的中英交涉步履维艰，最后依然诉诸战争的事实让日本人看得心惊肉跳。强硬、不妥协、硬磕、失败，接受屈辱的城下之盟，更让日本人恍然大悟。中国的失败，反而让日本人有了不一样的思考。

1851年一个偶然机会让《海国图志》传到了日本。此时的日本还处在锁国状态，但魏源这部书让日本人如获至宝，在此后5年间，《海国图志》的日文版本竟然出了20多个，深刻启发了日本人的近代意识。江户晚期思想家佐久间象山在阅读了《海国图志》后，格外佩服魏源"师夷之长技以制夷"的主张，以为应该像魏源那样以全新世界格局重新规划日本方略。在许多人仍将西方文明视为"奇技淫巧"之"邪教"的时候，佐久间象山由魏源启示开始了对世界及日本前途的重新思考。

《海国图志》传到日本的第3年（1853），美国海军准将佩里率领"黑船"舰队抵达江户湾叩关，与英国人1793年、1816年、1838年3次来华具有类似性质。但日本或许是基于十几年前鸦片战争的教训，或许是《海国图志》已将世界经济必将交流的意义说得很明白，或许是已有与欧洲人（荷兰人）打交道的经验，总而言之，并没有像中国那样先诉诸兵，再诉诸礼，被打败之后画押通商，而是直接通过谈判，达成了妥协。日本既没有像中国那样长时期沉浸在失败的阴影中，也没有单纯地成为西方工业品的倾销地。日本很快建立了自己的工业、商业基础，用不太长的时间实现了在远东建立一个西方式国家的梦想。日本学者井上靖说，幕府晚期之所以能发生"开国主义"思想，其契机主要是那时的日本知识人普遍阅读过从中国传来不久的《海国图志》。

殊途异趣

中国的教训，成为日本的经验。当美国"黑船"舰队抵达日本叩关时，日本选择了不抵抗，选择了妥协，逐渐与美国以及其他西方大国达成通商协议，从而避免了战争，使日本国民避免了情感上的伤害。后来的日本人能够坦然面对"黑船"舰队叩关的真正意义，认为这是日本走向世界的关键一步，而不是记住仇恨，孕育复仇的种子。

中日两国政治精英、文化精英对外部因素的不同理解，给两国后续发展带来了很不一样的后果。中国精英认为夷人要求通商，要求自由贸易，是对大清权力的冒犯，因而接受权在我，能不答应时就决不答应。日本人认为通商是一个双向过程，是互惠，是互利，是双赢。西方人惦记着日本的市场，而日本人也惦记着西方人的市场。正是基于这种认识差异，中日两国开始走向不同的道路。

当然，此时的日本并没有想着完全撇开中国拥抱西方，在很多情况下，日本人仍然视中国为"带头大哥"。因为我们知道在工业化早期，所谓西方国家，其实就是那些白色人种，黄种人那时大约还没有人想到可以与白种人玩到一起，白种人的强势在 19 世纪毕竟也是一个不容否认的事实。正是从这个意义上说，日本在与西人打交道的初期，很多时候参照了中国的做法，不论是"照着做"，还是"接着做"，中国的经验是日本一个很重要的参照指标。

日本希望与中国携手抗衡西方，至少他们期待亚洲黄种人能够在大清宗藩体制这样"准区域联盟"名号下，一起应对西方的压力，不是联合起来不开放，而是联合起来减少在与西方谈判中的损失。日本在中国开始自己的工业化之后，不断希望中国像对待西方诸国那样与日本建立相同的正式外交关系。同治九年（1870），日本政府派外务权大丞柳原前光、外务权少丞藤原义质等来华，要求订约通商。

然而，老师毕竟是老师。老师可以与西方诸国建立新型外交关系，但老师不愿意与学生平起平坐。总理衙门以"大信不约"为由婉言谢绝："贵国系临近之邦，自必愈加亲厚。贵国既常来上海通商，嗣后仍即照前办理，彼此相信，似不必更立条约，古所谓大信不约也。"[①]言辞似乎表明中日属于特殊的国与国之间的关系，不必拘泥于那些繁文缛节，不必客套。

其实，已经接受西洋文明洗礼的日本，更相信契约制度，而不是"大信不约"。为此，柳原向负责通商事务的李鸿章解释道，他们之所以希望中日缔约，主要是想追随中国与西方周旋，互为奥援，"英法美诸国强逼我通商，我心不甘，而力难独抗，于可允者允之，不可允者推拒。惟念我国与中国最为临近，宜先通好，以冀同心合力"[②]。柳原的解释打动了李鸿章，而且李鸿章等在与西方交往中已深刻体会到难处，如果与日本"推诚相待，纵不能倚作外援，亦可以稍事联络"[③]。至少是与西方周旋的一枚棋子。

中国与日本建立正式的外交关系是大势所趋，日本的西方化进程远高于中国，假如中国不在此时与日本建立外交关系，那么日本势必去寻求英法居间介绍。到那时，中国却之不可，允之反为示弱。于是清政府答应日本的要求，同意两国建立通商章程，明订条约，以垂永远而固邦交。

此时的日本正在进行西方化的改革，他们的目标就是要在远东建立一个西方式的国家。中国此时的洋务新政追求的是富强，而日本此时的维新运动则以西方化为诉求。中国之所以如此选择自然有其道理：第一，与英国相比，中国的工业化之路起步已经晚了100年；第二，此时的西方确实并非尽善尽美，早期资本主义的贪婪腐朽、尔虞我诈、丛林法则，与中国的古典文明所呈现的情形当然不可以道里计。全球已有的事实也并不证明西方的工业化路径是唯一选择，不可变通。中国坚持有选择地接纳西方，尽管后来的事实证明有问题，是不切实际的所谓强

---

① 《同治朝筹办夷务始末》卷七十七，第37页。
② 王芸生：《六十年中国与日本》第1卷，生活·读书·新知三联书店2005年版，第31页。
③ 王芸生：《六十年中国与日本》第1卷，生活·读书·新知三联书店2005年版，第32页。

强联合，是想用西方之末嫁接到中国之体。用冯桂芬的名言说，"以中国伦常名教为原本，辅以诸国富强之术"①，而不是全盘西化，尽弃其学而学焉。这个看法不仅充分体现了对中国文明的坦然自信，而且代表了19世纪下半叶中国政治精英、知识精英的共同心声，除极个别智慧超众者，人们普遍相信这一主张为中国学西方的不二法门，甚至到了甲午战争之后，戊戌变法时，张之洞等一批精英依然如此主张。张之洞在《劝学篇》指出，冯桂芬的《校邠庐抗议》之《采西学议》曾说过，"诸国同时并域，独能自致富强，岂非相类而易行之尤大彰明较著者，如以中国之伦常名教为本原，辅以西方诸富强之学不更善之善哉？"从这个意义上说，冯桂芬的思想不仅播下了19世纪后半期中国维新思潮的种子，也开启了19世纪后半期乃至20世纪上半叶中国文化保守主义的先河。

实事求是说，19世纪后半期中国按照这个思路开展洋务新政，取得了巨大成就，以政府力量为主导，统筹资源、市场，充分利用后发国家无须从头研发的技术优势，充分汲取人类文明成果，确实较之一般意义的资本主义发展迅猛。江南制造局、福州船政局等一系列新型工业迅速建立起来了，而且基本上集中在重工业、制造业、交通运输领域，以及电报业等中国最需要，也是世界最前沿的领域。这是国家资本主义的成功，当然也正如杨小凯《百年中国经济史笔记》所言，这是"国家机会主义"，有成功，其实也蕴藏着失败的种子。"这种制度化的国家机会主义使得政府利用其垄断地位与私人企业争夺资源，并且压制私人企业的发展。"因而这种制度最终也就不可能获得成功。与中国的情形很不一样，日本的明治维新"不但在宪法中规定私有财产神圣不可侵犯，并且全面模仿英国、德国的政治、法律、经济制度"②。这个差异在甲午战争之前，中国人很不以为然，但在战后有很不一样的体会。

清政府的"国家机会主义"，主要是因为清帝国在英国工业革命后不明所以地耽搁了100年。这100年是世界历史的一个关键期，西方世界不仅打下了工业化的基础，而且通过资产阶级革命，重新调整了社会结构。中国却几乎完全耽搁，

---

① 冯桂芬：《校邠庐抗议》，上海书店出版社2002年版，第57页。
② 参见杨小凯《百年中国经济史笔记》"洋务运动"部分。

除了继续出口那些初级农产品,自己的工业化、城市化完全无从谈起。这与日本的情形也有相当大的不一样。日本在明治维新之前属于"封建体制",各藩并不实行完全一致的政策,一些与外部世界素有往来的藩对于英国工业革命多少有些回应。

而且,明治政府于变革初期并不急于行动,而是派出一个庞大的高级别考察团前往欧美诸国仔细研究西人已经走过的路,然后再决定日本应该怎样做。于是,日本一方面注意了改革的均衡与轻重缓急,另一方面很早就确定了改革在政治上的终极诉求,而这个终极诉求就是与西方一致,建立一个君主立宪的国家。有了这样的通盘考虑,日本的维新运动尽管在经济增长上较中国同一时段显得不是那么快,但其质量明显高于中国。后来的事实也充分证明了这一点。

中日两国发展路径有别,但其目标并没有根本上的冲突。日本从政治改革入手,国家再造,综合平衡,事实证明是一条正确的路。而中国将一个现代化目标分解为几个部分,先经济,再军事,再教育。日本的毕其功于一役与中国的分解式发展道路,在那个时代,作为"后发现代化",自是无须强不同为同。假如后来没有发生甲午战争那样的大事变,中国在经济增长、军事发展的基础上,能够有意识认同政治改革的必要性,下决心在教育、社会、政治体制上大动干戈,也并不一定会陷入"现代化陷阱"。先进,后进,只要方向对,迟早总会进。

当然也必须承认,中国那时的处境并不好。在资本主义发展初期,"物竞天择,适者生存",无规则的"丛林法则",让"后发"的中国无法在列强环伺的环境中从容盘算发展道路。而且,清廷的"国家机会主义"无法找到足够的时间从事改革,统治集团无能,亦无决心进行有力的改革。清廷统治者对中国未来发展之路缺少规划,远不如日本明治时期开始前夕以及之后一段时间的日本政治精英清醒。这是历史性的悲剧,也是后来孙中山三民主义现代化理论的一个重要历史依据。

然而问题的症结在于,由于中国在那几十年完全忽略政治改造,以"国家机会主义"立场专注于经济、军事,结果经济、军事获得了巨大发展,但到了这个时候,中国的精英完全忘了这是一个畸形的现代化,是一个有着严重缺失的现代化。那些精英弄不清是因为政治不改革让经济获得了超常发展，还是因为政治改革让日本的发展速度落后于中国。经济增长、军事发展，成了政治不改革的理由，他们完全忘记了在经济增长之后从事政治改革的共识。这是一个历史性的错误，也正是此错误，让清帝国几十年的发展一切清零，从头开始。

琉球问题

发展原本只是自己的事情，不论中国还是日本，在发展初期都没有视对方为对手，他们最初的心迹是面对西方的挑战，期望互为奥援。日本急于与中国建立正式的通商关系基于此，而中国答应与日本建立正式的外交关系也出于类似的考虑。但是特殊的地缘关系，终于引起改变国运的大冲突，其起始点就是前面已经提及的琉球问题。

琉球群岛是太平洋上一颗璀璨明珠，面积3000平方千米，包括470多个岛屿，自东北向西南蜿蜒横列在日本九州鹿儿岛与台湾岛之间。

在中国古代文献中，琉球被称为蓬莱、瀛洲等，琉球与中原王朝有着悠久的关系，1372年即明洪武五年起就隶属于中国，其历代君主至少从明朝永乐（1403—1424）年间起就接受中原王朝册封。明清两代派往琉球王国进行册封的使臣络绎不绝，至此历时500余年。琉球王国也按照朝贡体系要求按时进贡，并一直使用中原王朝年号，奉中原王朝正朔，使用汉文。中原王朝与琉球王国官方、民间交往相当密集，留下了大量诗词歌赋，见证中国与琉球非同寻常的宗藩关系。

琉球是个小国，中原王朝固然是其靠山，但小国特殊的生存环境导致其总有一种不安全感。中原王朝固然有力量，但毕竟太远，交通也不是那么方便，因而琉球王国在维护与中原王朝宗藩关系的同时，于1451年向日本称臣纳贡。1602年即明万历三十年，琉球向日本萨摩诸侯称藩。又过了几年，1609年，被萨摩诸侯征服。并且，从此以后，琉球每个继位国王也接受日本君主的封号并自愿臣服。换言之，小国琉球一下子成了中原王朝和日本两个国家的藩属。像蒋廷黻所调侃的那样，犹如一妇事二夫，"好像一个女子许嫁两个男人。幸而这两个男人曾未遇面，所以这种奇怪现象竟安静无事的存在了两百七十多年"[①]。只是到了19世纪晚期发生问题，琉球问题方才构成中日关系变局的一个焦点，甚至直至今日，"琉球再议"一度成为中日外交关系的争议点。[②]

其实，"一妇事两夫"的说法是不恰当的，是大国不理解小国处境的反映。不论在传统中国的"世界秩序"中，还是现代国际关系，小国奉行"事大主义"外交路线，左右逢源，广交朋友，并没有什么不可思议的。至于后来琉球"一妇事两夫"引发争议，那是另外一个问题，与中日面对西方、应对西方选择了不同路径有着密切关联。

特殊的地理环境、历史渊源也是琉球危机值得分析的因素。由于琉球很长时间自认是中国、日本两个国家的保护对象，既是中国藩属，又是日本藩属，而中国进入近代开始学习西方以后，对于藩国事务又是那么不经心、无所谓，再加上中国作为宗主国素来不愿干涉属国具体事务——"番邦自主"，因而各种因素叠加，琉球与日本的关系应该说可能更亲近一些。

亲近的藩属关系有好的一面，也有不好的一面。好的一面是可以得到宗主国的保护、帮助；不好的一面，就是还有随宗主国一致行动的责任。

日本在明治维新开始时，就力主"废藩"。我们当然不能说日本这一举措是专门对着琉球来的，但这个举措确实让琉球的命运发生了惊天大逆转。

在日本看来，琉球既然是自己的藩国，就应与日本其他藩国一样，享有同等待遇，就应终止与清国的宗藩关系，专注于与日本的宗藩关系，纳入"日本秩序一体化"发展轨道。1872年10月，亲政不久的明治天皇宣布设立"琉球藩"，以琉球国王为藩王，列入日本"华族"。紧接着，日本政府宣布接管琉球王国外交权，由日本外务省统一管辖琉球外交事务。再一年（1873），日本政府将琉球进一步日本化，将琉球视为日本的府县，并将其划归内务省管辖。琉球的租税像其他府县一样，缴纳给大藏省。

[①] 蒋廷黻：《中国近代史（外三种）》，岳麓书社1987年版，第67页。
[②] 张海鹏、李国强：《论〈马关条约〉与钓鱼岛问题》，《人民日报》2013年5月8日。

日本的做法激起了琉球的反抗，琉球派员前往天津谒见北洋大臣兼直隶总督李鸿章，请求中国政府率有道伐无道，履行宗主国的责任，尽逐日兵出境："伏维中堂威惠播于天下，海岛小邦久已奉若神明，必能体谅天子抚绥之德，救敝国倾覆之危。"①

此时中国南部藩邦安南及西北边陲相继出现问题，清政府接受琉球请求后，确曾通过外交渠道向日本政府据理力争，然而终究没有履行宗主国的责任出兵伐日，维护琉球国主权完整，主持正义、公道。"自为一国"的琉球生生被日本灭绝了社稷。这不仅极大损害了大清王朝作为宗主国的信誉、尊严，而且使其他藩邦感到失望、寒心，从而与宗主国离心离德。

地缘政治冲突

日本的战略目标当然不是一个琉球，它要扩大自己的生存空间，踏上大陆，就必须占领具有重要战略意义的朝鲜和中国台湾岛。

朝鲜与中国山水相连，具有久远的交往史，很早时候就是中原王朝的属国，依附于中原王朝平静地生活。到了近代，朝鲜没有像中国与日本那样尽快接受西方影响，而是在很长时间我行我素，闭关锁国，继续过着宁静的世外桃源生活。

资本的世界化，不会容忍地球任何一个角落成为世界资本主义的例外。朝鲜可以利用列强精力不济，也可以利用亚洲诸国分裂以小国玩转大国，但其最终依然无法自外于经济全球化。

作为中国属国，朝鲜坚信中原王朝是其稳定的后盾，因而不论西洋，还是东洋与其"套磁"，引诱开放，朝鲜始终就是一句话：有事你们去北京找我们朝鲜的"上国"谈判吧。

而中国，在很长时间里对于自己的问题手忙脚乱，确实没有弄清西方的意图，

---

① 《李鸿章全集》第32卷，安徽教育出版社2008年版，第444页。

没有明白资本主义的意义，更没有那么多时间继续维系宗藩贸易体系，因而对于东西洋开放朝鲜的要求，也就没有格外注意。更何况，那时的中国与东西洋的交道并不那么顺心，留着一两个小邦国与列强叫板、搅局，制造一点麻烦，对于天朝而言，并非绝对的坏事。所以，面对东西洋开放朝鲜的要求，中国政府很长时间的标准答案就是四个字：藩国自主。

根据总理衙门的解释，所谓"藩国自主"，就是作为宗主国，中国从来不干预藩国内政、外交。至于朝鲜是否与各国谈判建交，完全是朝鲜的权利，中国不愿就此干预。

中国的态度并不是朝鲜立场的决定性因素，但很长时间，东西洋都拿朝鲜毫无办法，朝鲜继续坚守不开放、不接触政策，继续以"隐士之国"傲然独立于亚洲。

在资本全球化大潮冲击下，朝鲜傲然独立肯定不会持久。随着中国在19世纪60年代"有限制地"对西方开放，西方的资本、商品、舰队、传教士等络绎不绝来到东方，他们除了进入中国内地，也试图进入中国藩邦。

西方人对朝鲜的想法今天看来并不复杂，与他们对中国、对日本的看法一样，就是要打开朝鲜国门，就是要朝鲜开放市场。对于西方的要求，朝鲜统治者做出了自己的解读，他们总以为西洋人不怀好意，威胁朝鲜的独立、主权，干预朝鲜内部事务，因而不愿就此对外开放。

面对西方不断施压，中国早已自顾不暇，更无力保护朝鲜。自1867年始，中国政府有意识劝导朝鲜与西方国家和解，建立适当的条约关系以抗衡日益增长、强大的日本影响。对此，朝鲜方面并没有给予积极回应，它既不愿意向西方开放，对日本的维新运动更是不屑一顾，以为日本脱亚入欧，文明开化，与西人交好，不过是化为夷狄，与禽兽无别，朝鲜坚守不与日本交往的原则，宣布"与日本交际者处死刑"。对于清政府出于自身利益考量一再劝告朝鲜与西方接触，朝鲜政府感到非常不舒服，这对中朝宗藩关系无疑投下了阴影。

朝鲜的冷淡使通过维新运动正在凝聚力量的日本甚为不满，日本政府于1875年准备以武力敲开朝鲜大门，并为此专门委派使者前往中国试探清政府的反应。

中国政府此时正穷于应付各种外交危机无力东顾，遂告诉日本，朝鲜虽是中国藩属，但其内政、外交从来悉听自为："朝鲜自有国以来，斤斤自守，我中国任其自理，不令华人到彼交涉，亦信其志在守分，故无勉强。"①清政府的表态、立场显然与其宗主国地位不太相称，无疑是在推卸自己的保护之责，是一种角色混乱。

受清政府鼓舞，日本决心以武力促使朝鲜开放，而清政府为避免冲突，遂指令朝鲜与日本进行谈判。1876年2月24日，日本政府利用"云阳"号事件与朝鲜政府达成和解，双方签订通商条约，日本承认朝鲜为自主之邦，享有与日本平等的权利；双方同意建立外交关系，互派使节；朝鲜同意向日本开放3个通商口岸，日本在这些口岸享有领事裁判权。由于中国没有履行宗主国权力维护朝鲜利益，中国在朝鲜的影响下降。中国在朝鲜的宗主国地位，无论中国怎样继续强调，但在此后日本再也不愿承认，这是后来甲午战争爆发的一个诱因。

中国政府当然不甘心就此放弃朝鲜，特别是日本吞并琉球后，中国对来自东邻日本的威胁更加敏感。为了抵消日本对朝鲜的影响、控制，中国政府在无力履行或不愿履行宗主国权利、义务的前提下，决定推动朝鲜对西方国家开放，试图借助于西方各国的"均势"抵消或减弱日本的影响。这一政策选择毫无疑问是放弃了宗主国的权利，当然也就放弃了宗主国的"王道政治"伦理。清政府对朝鲜的帮助与劝告，实际上只是一个友邦的做派，不再具有宗主国的风范。

1882年，主管朝鲜事务的李鸿章派员促成朝鲜与美国谈判，美国承认朝鲜的独立，双方同意建立外交关系，互派使节；朝鲜同意美国在通商口岸设立领事馆。此后不久，中国还促成朝鲜与英、法、德签订了类似协议，在一定程度上促成了朝鲜的对外开放及现代化进程。中国在朝鲜的影响也因此而明显有了上升趋势，朝鲜依然自认为是中国藩属。

日本对中国在朝鲜地位的上升心有不甘，其驻朝公使努力在朝鲜政坛培植亲日派。1884年12月，朝鲜内部亲日派在日本支持下，乘中国忙于中法战争无暇东顾机会突然发动政变，中国驻朝军事将领袁世凯迅即出兵镇压，平息了叛乱，中

---

① 《清光绪朝中日交涉史料》卷一，北平故宫博物院编印，1932年，第3页。

日两国因朝鲜问题发生正面冲突。为了协调中日两国在朝鲜问题上的矛盾，李鸿章与日本政府专使伊藤博文于1885年4月18日在天津缔结条约。由于此时中国政府和李鸿章的精力都用在中法战争上，所以在朝鲜问题上不得不向日本让步，使朝鲜由先前中国为唯一宗主国的权利改由中日两国分享，日本取得了向朝鲜派兵的权力，这就为后来的中日冲突埋下了伏笔。

李鸿章与伊藤博文1885年在天津谈判时互有让步，伊藤博文确实没有在甲申政变中中方责任问题上穷追不舍，没有试图利用中法战争这个当口去占中国的便宜，这大约是让李鸿章出乎预料而后做出一个令人惊诧的自选动作的根本原因，李鸿章郑重其事地对伊藤说："我有一大议论，预为言明，我知贵国现无侵占朝鲜之意，嗣后若日本有此事，中国必派兵争战；中国有侵占朝鲜之事，日本亦可派兵争战；若他国有侵占朝鲜之事，中日两国皆当派兵救护。缘朝鲜关系我两国紧要藩篱，不得不加顾虑，目前无事，姑议撤兵可耳。"

李鸿章的这段话显然是对伊藤博文立场的善意回应，而且其做出的让步远远超出伊藤的预想。甚至可以说，伊藤根本就没有想到这一层。所以，伊藤对李鸿章这段话也非常感动，以为李鸿章所说"光明正大，极有远见"[1]，他希望中日两国均能按照这个思路进行交往，东北亚乃至亚洲稳定，应该值得期待。

此后，围绕着李鸿章的"大议论"，中日双方又进行几轮技术性谈判，李鸿章一直希望保留中国对朝鲜的出兵权，因为他一直认为朝鲜就是中国的属国，中国有责任在朝鲜遇到重大危机，或在朝鲜政府请求时，出兵援助。而日本，由于在1876年《江华条约》已经否定了中国对朝鲜拥有宗主权，因而伊藤博文对于中国有权出兵朝鲜的立场持反对意见。最后达成的妥协是："将来朝鲜国若有变乱重大事件，中日两国或一国要派兵，应先互行文知照，及其事定，仍即撤回，不再留防。"[2]

根据朝廷给出的原则指示，李鸿章又与伊藤博文谈判细节。4月18日，李鸿章与伊藤博文签署中日《天津专条》。其内容主要有：中日双方各自撤回驻朝鲜

---

[1] 《清光绪朝中日交涉史料》卷七，北平故宫博物院编印，1932年，第40页。
[2] 《李鸿章全集》第33卷，安徽教育出版社2008年版，第482页。

之兵，自画押之日起四个月内撤竣；朝鲜练兵，由朝鲜选雇他国武弁一人或数人教练，中日两国均勿派员；将来朝鲜遇有变乱重大事件，中日两国或一国要派兵，应先互相行文知照，及至事定，仍即撤回，不再留防。[①]

《天津专条》从理论上说并没有哪儿不合适。但是第一，这个专条再次确认了日本不承认中国对朝鲜拥有宗主权。从日本视角看，中日两国在朝鲜的权限、利益是相等的，因而如要出兵，必须互相知照。第二，日本彻底束缚了中国的手脚。中国此时如果明白这些，此后10年就应该致力于重建与朝鲜的"正常国家关系"，不应该继续满足于一种"想象的宗藩关系"。

从事后观点看，李鸿章让日本分享对朝鲜的出兵权，无疑是甲午战争一个无法回避的导火线，是中国外交，特别是李鸿章外交的重大疏忽。但是从当时情形看，李鸿章让日本分享出兵权主要目的在于力保中国对朝鲜一种"想象的宗藩关系"："夫欲防日本用兵，侵夺其土地，既有先互知照之约，我亦可随意派兵；欲防西国用兵，侵夺其土地，既有互相知照之约，我更可会商派兵，似于大局无所窒碍。"[②]在李鸿章看来，这是一个万全之策，不仅可以防备日本，更重要的是还可以防备与朝鲜山水相连且一直虎视眈眈的俄国。

李鸿章以"大国均势"外交原则处理朝鲜事务，这并没有错，既防日更防俄。李鸿章的理想盘算是，既然与日本签署了共同出兵的协议，那么，假如俄国侵夺朝鲜时，日本就是可以凭借的力量。李鸿章此时的目标，还是最大限度想让朝鲜保留在所剩无几的中华帝国宗藩体系的架构中。如果一定要说李鸿章在1885年《天津专条》谈判以及此后10年有什么疏忽或问题的话，主要是他不具备近代国家知识，不知道适时将先前的宗藩关系转化成正常的国家关系。假如李鸿章那时有这样的认识，凭借中国在壬午兵变、甲申政变对朝鲜政局稳定的贡献，凭借中国对朝鲜半岛的经济影响力，帮助朝鲜走向现代，构建现代民族国家，那么，朝鲜一定还是中国最坚定、最紧密的盟友，毕竟地缘因素让中国得地利之先。

无奈，那时的中国根本没有近代国家从殖民地撤退的经验，没有将藩国变成

[①]《清光绪朝中日交涉史料》卷八，北平故宫博物院编印，1932年，第15页。
[②]《李鸿章全集》第33卷，安徽教育出版社2008年版，第482页。

盟国的经验，因而朝鲜问题即便不在1894年爆发，也依然会在一个不确定的时间点爆发。这是注定无疑的。

中日之间迟早发生冲突，主要是中日两国利益交集，特别是中日两国选择了不同的发展道路，地缘政治导致的利益冲突由于没有一个可协调、妥协的机制而变得非常复杂。

中国的发展道路是以富强为诉求，对于外部世界并不愿意给予太多关注，只要不明显损害中国的利益，在很长时间得过且过，听之任之，甚至面对宗藩解体这样的大事变，中国也没有觉得是什么不可思议的事情，宗藩毕竟不是本土，解体就解体吧，独立就独立吧，宗主国面对西方的压力已经显得无能为力。

日本与中国的情形很不一样。作为一个岛国，作为一个没有经过战争而被美国强制打开国门的岛国，日本迅即尝到了自由贸易的甜头。日本比中国更早地明白自由贸易是双向的，不是单向度。日本向美国、向世界开放了自己的市场，其实也意味着美国，意味着世界向日本打开了市场的大门。所以，日本较中国更早体会到市场开放的好处，更早地生发走向世界的冲动。

走向世界，对于岛国日本来说，面对的一个物理空间就是冲出岛国，踏上大陆；而冲上大陆，势必与中国利益交集，与中国利益冲突。日本能够选择的两个踏板，一个是中国台湾岛，另一个是朝鲜半岛。日本如果不能说服中国借道，那么武装的冲突势不可免，因此我们可以看到日本在明治维新开始后，一直注意发展军事力量，尤其是在壬午兵变后，日本渐渐将中国视为假想敌。兵变之后一个多月，日本陆军重要将领山县有朋于1882年8月15日向日本政府提交了一份意见书，毫不迟疑地断定，根据壬午兵变后所呈现的新形势，欧美诸国距离日本太遥远，在很长时间内还不会构成直接冲突，在可以预见的未来，日本的假想敌人就在"直接的近处"。山县有朋充满忧患地表示，日本如果还不针对中国进行切实的军备提升，那么日本帝国"还同谁一起维持独立，又与谁共谈富强？"[①] 日本随着工业化后的强盛，其侵略性日益暴露，这是符合资本主义早期发展历史逻辑的。

---

① ［日］藤村道生：《日清战争》，米庆余译，上海译文出版社1981年版，第13页。

对于1882年的中国，山县有朋这样说，无疑是在煽动一种对中国莫名的仇视，但对日本而言，确实又是一种深刻影响后来历史进程的忧患意识。根据山县有朋的建议，日本陆军就此进行重大改革，将未来的作战方式锁定在大陆平原作战的运动战，并且改革陆军建制，将先前的镇台制改为更具有现代意义的师团架构。维新老臣岩仓具视鉴于壬午兵变时期日本没有办法及时派遣足够海军的事实，建议日本政府不惜代价大规模扩建海军。在他的建议下，此后日本海军建造军舰的计划翻番，每年建造6艘。

1883年，中国因越南前途与法国关系紧张，直至诉诸战争。日本朝野对这场战争格外关注，认为中国不论在这场战争中胜还是败，日本都会受到相当影响，因为中国总会因宗藩体制的变化而调整对朝鲜的政策，这就必然会影响日本，所以，与日本毫无干系的中法战争也成为日本扩张军备的一个理由。

实事求是说，日本对中国生发危机意识并无大错，中国并没有因为日本与朝鲜签订《江华条约》而放弃宗主权，也没有因为壬午兵变、中法战争而放松对朝鲜的控制。相反，中国对朝鲜的控制因此时李鸿章的因素，改为让各大国进入朝鲜，以"大国均势"牵制日本，牵制俄国。由此，日本更感到在朝鲜的势力总有被中国驱逐的危险，所以日本在那些年格外注意培植亲日势力，并趁中国在越南的危机发动甲申政变，试图夺回对朝鲜的控制权。日本人没有想到经过周密筹备的政变竟然被袁世凯轻松翻盘，朝鲜的控制权重回中国手里。

日本当然不会甘于甲申政变的失败，他们此后一方面向朝鲜索赔，另一方面派伊藤博文到天津与李鸿章谈判，都是为了将来，而不仅仅是善后。日本深感在甲申政变中不敌袁世凯，主要的原因还是军事实力不行，所以扩军备战，时刻准备着复仇，准备与中国一决胜负。

基于这样的判断，日本在与中国达成协议后一点都没有放弃自己的战争准备，开始从德国聘请教官训练陆军，有计划地将日本陆军改造成德国式的军队。此外，对军队建制、战争动员也有相当调整。针对中国的海军建设，日本也加大了海军投入，扩大建造军舰的级别、规模，甚至为此专门发行海军建设公债，改善海军设施。

1889年初，日本帝国宪法颁布。这部宪法大幅度调整了日本的军事建制，这对后来的战争动员、战争爆发，都起到了关键作用，将日本自明治维新以来的发展纳入一个对外扩张的战争体制中，日本朝野渐渐觉得和平发展根本不可能，战争渐渐成为发展的唯一手段。

在日本通往战争的道路上，山县有朋是个至关重要的人物。1888年，也即北洋海军成军那一年，山县有朋在手拟《军事意见书》《外交策略论》等文件中，详细分析国际格局，明确规定朝鲜半岛为日本的"利益线的焦点"，坚定主张日本外交应该联合英、德，并且通过与中国缔结"日清同盟"去共同保护朝鲜。很显然，日本此时最大担忧似乎还不是中国，而是俄国对朝鲜的觊觎、蚕食，所以日本此时愿意与中国结盟共同对付俄国。

日本有意与中国结盟，并不是尊重中国在朝鲜的宗主权，而是在否定中国宗主权的前提下，与中国共同维护朝鲜半岛的稳定。假如中国此时也能有类似的认识，特别是此时如果能够从"天朝上国"的迷梦中走出，即便不与日本联手，也完全有把握帮助朝鲜建构一个现代国家，继续以"大国均势"应对俄国对朝鲜的觊觎、蚕食，甚至也能遏制日本的野心。当然，这只是一种后见之明，甚至是一种不可能的想象。清廷纵与日本联手推动朝鲜的改革与进步，朝鲜迟早也要被日本独占，因为日本对朝鲜觊觎已久。朝鲜是中日之间很长时期以来一个战略争夺的焦点，不独近代开始之后如此。

对于日本这样的设想，中国政府当然不愿意回应，理由只有一个，即中国政府并不承认朝鲜是一个完全的主权独立国家，并不承认日朝两国的《江华条约》。中国的立场自有其正当性，于是日本在面对俄国很可能一剑封喉，控制朝鲜，严重危害日本利益时，只有扩军备战一条路。

1890年12月6日，总理大臣山县有朋在帝国议会发表施政纲领《外交政略论》，以为国家自卫之途有二：一曰防守主权线，不容他人侵犯；二曰保护利益线，不失形胜地位。"何为主权线？国家之疆土是也；何为利益线？同我主权线安全紧密相关之区域是也。"山县有朋的这个理论对后来日本的发展至关重要，标志着以大陆政策为主体的近代日本亚太政策大致形成。这个政策的要点是未来的日本不仅要紧守住自己的"主权线",不容他人侵犯,而且为了国家根本利益,必须坚定不移维护"利益线",经常立足于"形胜之地位"。

山县有朋的这个理论是后来日本发动甲午战争的理论根源。因为根据这个理论,日本的利益并不仅仅在自己的境内,而是与其利益相关的地区,都将被划在"利益线"之内。这样,当日本在发展中觉得朝鲜半岛为其利益范围时,就会不惜代价控制朝鲜;当觉得亚洲大陆成为其利益范围时,就会不惜代价控制亚洲大陆。如果从近代国家发展的一般逻辑看,资本主义发展从来就不是一个国家境内的孤立主义行动,资本主义的世界性决定着近代国家无法埋头赚钱,不问外务。这也决定了近代国家的国防不是简单的防务,而是怎样随着自身利益范围的扩大而延伸防务空间。所以,山县有朋在演讲中说,"方今于列国之间,欲维持一国之独立,独守主线权已不足,非保护利益线不可"。

根据山县有朋的"利益线"理论,琉球、朝鲜、中国、越南、缅甸等,都是日本"利益线"所辖范围,而其焦点最初集中在朝鲜。日本不能容忍中国对朝鲜的绝对控制,为防止"想象中"的朝鲜危机,山县有朋明确提出日本陆海军经费必须占年度支出的大部分,于是日本就此走上疯狂扩军之路。日本天皇从皇室经费中划拨专款支持购买外国军舰,以为国民示范。1891年,日本自己建造的"桥立"号完工并交付海军。第二年(1892),日本在法国订购的巡洋舰"松岛"号、"岩岛"号交付。1893年,日本又从英国购买"吉野"号。又一年(1894),由英国设计,在日本横须贺海军造船厂建造的防护巡洋舰"秋津洲"号正式交付海军。至此,也就是甲午战争前夕,日本海军已拥有军舰31艘、鱼雷艇37艘,总吨位达6万吨。

除了海军,日本陆军也在过去几年获得迅猛发展。日本陆军相机组建了6个野战师团、1个近卫师团,均配有炮兵、骑兵、工兵等,现役兵力达12.3万人,野、山炮计240门,战马3.8万匹。

至此,日本战时总动员兵力可达23万人。为扩大军需产品生产,除强化国内军工企业,大量制造枪炮弹药外,日本还拨出巨资从欧洲购买武器弹药等战备物资,仅1894年购买军火就花费达420多万日元。

为应对随时可能发生的战争，日本海陆军频繁进行联合或单独军事演习。而在所有这些演习中，日本军队都不再提及俄国军队，反而完全以中国为假想敌。

根据许多方面的研究，日本在疯狂扩军的同时，还向中国、朝鲜派出大批间谍，化装成商人、旅行者，有的干脆就化装成中国人，千方百计搜集政治、军事、经济、文化、地理、人文等各方面情报。日军参谋次长、对华谍报总负责人川上操六亲自出马，对烟台、天津、上海、南京等地实地勘察，熟悉山川形势，了解风土人情，探察军队部署。日本间谍绘制的军用地图，将中国东北、山东半岛每一个村庄、每一条道路、每一处土丘，甚至水井，都标示得清晰准确。

"二十年蜜月"

因地缘政治，以及中日发展路径等不同，相互理解有障碍，1894年，两国终于因朝鲜发生冲突。这一年为中国旧纪年中的甲午年，因而这场战争也就被命名为甲午战争。

甲午战争是中国历史上的巨变，所谓"三千年未有之大变局"，所谓"数千年未有之大变局"，均是那个时候以及此后很长时间有识之士的共同认识。这个看法的基点是，中国人在过去100年并不把西方的工业化当作一回事，并不认为中国旧有体制与工业化不兼容。特别是中国在19世纪60年代不得不走上工业化道路之后，中国精英的一个错觉是，中国的旧有体制不仅可以接纳西方工业化的坚船利炮、声光电化，而且比其他体制接纳得还要快还要好。这是他们在30多年洋务新政时期引以为豪的普遍心态。

然而甲午战争彻底粉碎了"上国"最后的迷梦。割地赔款，朝鲜独立，宗藩解体，这不仅是清帝国近300年来未有之奇耻大辱，而且《马关条约》规定日本臣民可以到中国各通商口岸自由办厂。根据那时的国际规则，列强均可以援引这一条款，这意味着中国的国门完全打开，国际资本可以在中国自由进出、自由流动。这不只是对清帝国100多年来坚持的重大打击，而且意味着中国历史的大逆转,纯洁、淳朴、宁静、清净的农业文明将一去不复返。

根据这些约定,外国资本在甲午战争后潮水般涌进中国,先前几十年中国政府坚守住的投资立场都被外国资本打破,铁路开始大规模修建,矿产资源也被外国资本大规模开采,更重要的是,外国资本渐渐形成各自国家所主导的重点投资区域,一个大中国竟然被分割成具有各国特色的小区域。所谓"列强瓜分中国"形成的列强在华势力范围,主要是指甲午战争后各国根据各自投资状况所占据的区域。大致情形是,与中国比邻的俄国将重心放在东北和中国的北部边境;德国的重点在山东,主要是因为他们的地质工程师李希霍芬很早通过实地考察,认定山东,尤其是胶州不仅矿产资源丰富,而且气候宜人,与德国相当,最适宜于德国人居住生活,因而德国后来的投资重点就在山东;至于英国,是最早进入中国的西方大国,它的重心在长江流域,尤其是长江三角洲地区,当然诸如山东半岛、珠江流域等,英国也多有染指;法国东来主要通过东南亚特别是越南,因而当中法1884年为越南前途发生战争后,法国势力就从中国南部进入,两广、云南等,均为其重点;至于新崛起的大国美国,由于其价值理念并不以区域开发为中心,而是强调贸易自由的绝对原则,以及稍后的门户开放主张,因而其资本在甲午战争后在中国遍地开花,并不拘于一地。

从后来的观点看,国际资本,即热钱大幅度流入一个国家,表明这个国家政治稳定,投资可靠,具有值得期待的回报率。然而在当时,或稍后的民族主义历史叙事中,甲午战争后国际资本的流入,以及大规模投资、建设却给出了很不一样的解释。

问题的关键还不在这里。甲午战争后国际资本享有的一般资本主义体制必具的权利,而不是超国民待遇的外国投资深刻启发了中国人,先前对国际资本大规模流入中国的恐惧,转变为中国资本希望像国际资本那样享有一般资本主义体制所具有的同等权利。这个要求合情合理,这个要求也合乎清政府用中国资本去制衡外国资本的本能诉求,于是随着国际资本在甲午战争后大规模流入中国,中国资本,或者叫中国民族资本迅速崛起,一个全新的阶级——中国的资本家阶级,或者说中国资产阶级——渐渐地从先前的地主、买办、商人、先富者中分化出来,渐渐地成为新的社会中坚,中国的社会性质也就随之改变,中国历史终于从农业文明中开始出走,中国的工业文明,以及与工业文明相匹配的制度设施都必然发生新的调整,所谓"数千年未有之大变局",就意味着一个全新历史阶段的开始。

中国精英,甚至包括李鸿章这样的高级官吏,他们面对国际资本进入中国可能带来的改变也抱有或多或少的恐惧与戒心。但是形势逼人强,《马关条约》的强制要求让中国发生人们意想不到的改变。中国资产阶级的发声,也必然遵循一般资本主义的发展规律,以权利诉求为核心的政治运动也就成为历史的必然。

日本刻意发动的甲午战争引发中国前所未有的变局,而中日之间的关系在战争之后也出现人们预想不到的变化,进入中日交往史中少有的一个"二十年蜜月"期。

从中国方面看,毕竟中国是一个古老的文明国家,有着深厚的文明积淀,赢得起也输得起,甲午战争让中国付出巨大代价,但中国没有惊慌失措,怨天尤人,而是沉着应对,做最坏的准备,争取最好的结果。当大势不可改变时,中国人也能够深刻反省,找出问题,谨记圣贤的教诲,知耻而后勇。更难得的是,中国人战后迅速调整方向,由向西方学习转换为向东方学习,以敌为师。一个前所未有的留学日本的风潮在中国士大夫阶层中迅速掀起。光绪二十二年(1896)旧历三月底,也就是《马关条约》签订刚一年,清政府就向日本派遣了第一批留学生13人。

与此同时,日本政府也迅速调整了对中国的政策,鼓励亲善,鼓励交往。光绪二十四年(1898),日本驻华公使致函总理衙门,表示愿意接纳中国留学生,并愿支持一些经费,"闻贵国政府前设专科,又将武备参酌情形变通旧制,藉悉需才孔亟,但造就之端自训迪始。贵国倘拟选派学生,我国自应支其经费,教其多士"。日本政府的好意迅速赢得了中国政府的积极回应,总理衙门复函说:"来函所称,询属推诚相待,厚爱邻交,情意拳拳,殊深感荷。"[1]于是,在双方政府主导下,中国留学生人数逐年增加,1899年增至200名,1902年达四五百名,1903年有1000名;到了1906年,有谓竟达一两万名之多。留学日本成为那时中国达

---

[1] 舒新城编:《中国近代教育史资料》,人民教育出版社1981年版,第171页。

官显贵、有产阶级的时尚，深刻影响了两国关系的后续发展。

留学日本极大改变了中国人的世界观，对于此后中国的政治变革、文化变革都起到了极大的作用。如果说鸦片战争之前日本以中国为师的话，那么甲午战争之后，中国很自然地由向西方学习转为以日为师，除了一水之隔，交往便捷的因素，还有同种，且近乎同文的亲近感。

向日本派遣留学生，极大改善了中国人在日本人心目中的形象。有日本学者1898年就著文感慨，"中国这个衰老帝国，过去昏昏欲睡，奄奄一息，自从甲午一役以来，益为世界列强侵凌所苦，如今觉醒过来，渐知排外守旧主义之非，朝野上下，奋发图强，广设学校，大办报纸杂志，改革制度，登用人才，欲以此早日完成中兴大业。今日清朝派遣留学生来我国，最先虽或因我公使领事劝诱所致，然实亦气运所使然。……清朝于四五年前，仍对我轻侮厌恶，今一朝反省，则对我敬礼有加，且以其人才委托我国教育，我国应如何觉悟反省一己之重任？"1902年，又有日本学者著文赞美中国朝野的大度与风范，以为"中国的急务在发展教育，而教育上的急务在派遣海外留学生；近年来派遣学生来向昔日的弟子问道求益，真不愧大国风度"①。中日两国的政治家、思想家，大约没有人想到两国关系会如此迅速升温，日本方面不仅悉心指导中国新文化设施的创办，而且帮助了中国的政治法律变革。

关于前者，比如中国在创办京师大学堂时，总理衙门特别委派章京顾肇新、徐承煜到日本公使馆当面咨询，征询意见。代理公使林权助知无不言，言无不尽，就章程、课程、学生选拔与管理，教习选聘及其薪资等，尽己所能畅谈了看法。②

京师大学堂章程制定出来之后，大学堂的筹建也就紧锣密鼓地开展起来了，总理衙门尤其是管理大学堂大臣孙家鼐忙着为大学堂寻找合适地点建设全新的校舍，并委托出使日本大臣裕庚将日本大学堂建筑蓝图设法寄回，以便参考。总理衙门指定将马神庙一处房产作为大学堂的暂时校舍之后，由于修葺整理还需一段

---

① ［日］实藤惠秀：《中国人留学日本史》，谭汝谦、林启彦译，生活·读书·新知三联书店1983年版，第2页。
② 孔祥吉、［日］村田雄二郎：《罕为人知的中日结盟及其他——晚清中日关系史新探》，巴蜀书社2004年版，第13页。

时间，管理大学堂大臣孙家鼐建议派遣大学堂办事人员中的江南道监察御史李盛铎、翰林院编修李家驹、庶吉士宗室寿富、记名御史工部员外郎杨士燮等前往日本游历考察，将日本大学、中学、小学一切规制、课程并考试之法，逐条详查，汇为日记，缮写成书。孙家鼐之所以选定日本的理由是：日本创设学校之初，先派博通之士分赴欧美各国，遍加采访，始酌定规制，通国遵行，故能学校如林，人才蔚起。现在京师大学堂章程略具，各省中学堂、小学堂已立者未能划一，未立者尚待讲求，均应由大学堂参核定议。即如同文馆与民间私塾所习西文入门之书，传授各殊，文法之深浅互异，故有二三年已通者，有三五年而尚未通者，虽资禀之敏钝不同，亦由于教授之法有善有不善之故。出于此种考虑，应该选派专人赴各国考察，以便制定统一的标准。至于选派要员专赴日本的原因，孙家鼐指出主要是因为欧美各国程途较远，往返需时，日本相距最近，其学校又兼有欧美之长，派员考察，较为迅速。[1]

实事求是说，此后中国的新教育发展，在基本模式、基本方法上参照日本最多，而日本也尽心尽力提供了所能给的帮助、指导。

至于政治、制度、法律方面的变革，中国此后参照日本的也不少。1902年，清政府终于下定决心责成刑部右侍郎沈家本及四品京堂候补伍廷芳将一切现行律例，按照交涉情形，参酌各国法律，悉心考订，妥为拟议，务期中外通行，有裨治理。朝廷的这个判断本身就已承认中国传统法律中有与国际规则脱轨的内容，已不能适合于国际规则。所谓参酌各国法律，其实就是要将中国现行法律根本改造，使之与国际接轨，与世界同步，通行中外。

沈家本与伍廷芳，一中一西，是当时中国最有名也最有成绩的法学专家。沈家本出生于律学世家，他的父亲长时间任职刑部，是受人尊重的法律权威。沈家本早年孜孜不倦于科举考试，同时也在乃父影响下钻研法律问题，精通中国古典法律，著有《历代刑法考》等专门著作，是中国传统律学向现代法学转变的关键人物，当然也就是中国法律现代化的重要先驱者之一。

---

[1] 国家档案局明清档案馆编：《戊戌变法档案史料》，中华书局1958年版，第276页。

伍廷芳的出身与沈家本大相径庭，他祖籍广东新会，生于新加坡，后留学英国攻读法学，获大律师资格，为近代中国第一个法学博士，也是香港立法局第一位华人议员，后被李鸿章招揽幕中。伍廷芳对东西方各国制度有较深的认识，对东西各国法律条文乃至其立法背景都格外娴熟。自19世纪80年代起，他先后追随李鸿章参与中法谈判、中日谈判，1896年被清政府任命为驻美国、西班牙和秘鲁三国公使。伍廷芳是当时中国非常少有的法律人才，以他对东西方法律制度的理解，协助沈家本修订法律，其价值趋向不言而喻。

对清廷而言，修订法律或许是一个权宜之计，只是对列强的应付，只是使中国法律怎样更好地与西方接轨，在其中不至于直接冲突，屡屡吃亏。然而当沈家本、伍廷芳等人对大清王朝现行法律条文进行全面清理之后，发现问题相当复杂，深切认识到所谓独树一帜的中华法系确实到了非改不可的程度了。而这种改革，不可能是一种在原有基础上的小修小补，而必须通过对原有法律的清理，参照东西各国现行法律条文，另起炉灶，重建中国现代法律体制。

经过几年精心准备，沈家本等人主持的新政重要机构"修订法律馆"于1904年5月15日正式开张，这个普普通通的机构在袁世凯等督抚大力支持下，高薪聘请日本法律专家参与中国新法律条文的制定。在日本专家的帮助下，修订法律馆在短短几年时间里，对大清帝国现行法律进行了全面清理，对未来可能需要的法律法案进行了系统规划，尽最大可能翻译和研究东西方各国法律，酌定名词，考辨文义，以东西各国法律为参照，大规模大幅度对中国法律中与东西各国法律相抵触的、不适应的内容进行删减、修改，主要参照日本的法律建构重新规范了中国的法律制度。

中国当时之所以愿意参照日本的法律体系重构自己的法律架构，一方面因为中国和日本同文同种，语言文字上比较容易沟通，另一方面毫无疑问是中国此时发自内心佩服日本这个民族先走了一步，日本通过"脱亚入欧"已经在远东建立了一个名副其实的西方国家，即便从法律制度这个层面上，日本人已经将许多西方各国行之有效的法律条款译成日文，通过"日化"重建了日本的法律制度。中国此时通过日本这个媒介，自然可以收到事半功倍的效果。

在日本法律专家帮助下，沈家本等参照东西各国法律体系，大刀阔斧地删减、重建中国的法律体制，经过几年时间的努力奋斗，大致建立起一个现代法律体系和司法制度，一些重要的必备的法律法规也都在那几年匆匆完成。这些新制定的法律法规为新政时期和此后的市场经济、自由经济和现代社会的运转提供了法律依据和制度支援，比如《奖励公司章程》《商标注册试办章程》《商人通例》《公司法》《破产律》《各级审判厅试办章程》《法官考试细则》《集会结社律》等，都是当时迫切需要的法律法规，也在后来的政治实践和现代社会运作中发挥了非常好的作用。[1]

在1895年之后的历次政治改革中，清政府几乎每一次都在紧扣维新这个主题，预设的目标和榜样，也几乎没有离开过东邻日本。新政重新启动后，清政府的所谓官制改革，所谓仿行立宪等，都在刻意模仿日本的明治维新。具体如商部之设，就来自载振对日本商政的考察和制度移植。日本的明治维新在中国官绅的记忆中，已经走出近代第一阶段的不屑一顾、不以为然，转至由衷钦佩、真诚模仿。经过几年的短暂时间，制度移植使古老的中国焕发出勃勃生机。

日俄战争，更用事实向中国朝野展示了日本政治变革所带来的生机。这场战争，俄国人给中国留下了很坏的印象，中国人为此发动了一场声势浩大的拒俄运动，要求清政府坚定立场，坚决不能承认俄国人的无理要求，北京、上海、武汉等地的学生集会抗议，罢课示威，在日本的中国留学生甚至组成了"拒俄义勇队"，每日操练不懈，准备随时回国参加拒俄战争，将俄国人从东三省驱逐出去。只是中国人尚未来得及与俄国人在战场上一决雌雄，日本人为了自己在朝鲜，乃至在亚洲的利益，向俄国人叫起板了。

君主立宪的"小日本"在战场上连连得手，而君主专制的"大俄国"则节节败退，捉襟见肘，败象已露，这显然不是俄国的军事指挥系统出了问题，而是俄国的政治体制在起着决定性作用。这对中国国内先前久已存在的立宪思潮、立宪

---

[1] 任达所著的《清末新政与日本》对清末新政与日本的关联做了非常细致的研究，第九章专门探讨了中国新的警察及监狱系统，第十章讨论了中国的法律、司法和宪政改革。参见任达：《清末新政与日本》，江苏人民出版社1998年版。

热情，无疑起到了非常强烈的刺激作用。

先前几年逐渐倾向君主立宪的知识分子对日俄战争格外关切，他们一直期待着君主立宪的"小日本"战胜君主专制的"大俄国"，相信立宪胜于专制是世界政治发展的必然规律，日俄之间的战争不是单纯的军事力量之间的较量，而是政治竞争，是制度竞争，是君主专制与君主立宪两种政治制度之间的战争。

战争开局就证明他们的这个判断是大体正确的，中国的立宪党人开始相信，君主立宪政治体制并不是白种人的专利，日本的成功和在战场上的节节胜利，表明国家的强弱之分并不在人种，而在于制度。日本虽然国小人少，但君主立宪政治体制激发了一般民众的爱国热情，所以士气高涨，战无不胜；而俄国虽然国大人多，但君主专制体制使一般民众对这场战争不仅冷漠，而且庆幸俄国人终于有机会乘独裁君主的外部危机去解决内部问题，逼迫沙皇在一系列政治问题上让步。这就是两种制度所带来的不同后果。

中国的立宪倡导者当然不是为了日本的胜利而欢呼，而是为了中国自身的政治问题，是期望用日本的成功打动政府，促使政府尽早觉悟，走上日本君主立宪的路。也就是说，假如日本能够在这次军事力量对比悬殊的战争中一举战胜俄国，那么体制优势就不证自明，就不怕清廷统治者再犹豫徘徊，不敢走上君主立宪的路；反之，如果是俄国胜而日本败，那么清政府统治者必然判断认为中国之所以贫而弱，并不是没有走上君主立宪的路，而是君主专制体制还没有充分发挥应有的功能。即便一般民众恐怕也会在立宪还是专制问题上动摇，以为黄种人灭，白种人兴，或许真的是天之定理，即发愤爱国之日本都不足以抗衡、改变这个定理，那么远较日本落后的中国就更不必说了，中国的前途就更不堪问了。

清政府之所以宣布局外中立，除了外交上的考量，更多地出于政治上的考虑。清政府至少是最高统治层，此时尚无分权的任何思想准备，根本没有将君主立宪作为一个可能的选项，所以清政府既希望日本人将俄国人赶走，收复失地，巩固统治基础；同时也希望俄国人胜，这样清政府就有了进一步加强君主专制的理由和机会，因为在他们的判断中，中国近代以来出现的一系列问题不是君主专制太过严厉，而是地方主义在一系列巨变中逐步坐大。假如俄国人胜了，清政府就可以光明正大利用这个机会加强君主权威,建设更加强有力的中央政府。

日俄战争的进展并没有按照清政府统治者的期待发展,相反,俄国军队就像貌似强大的中国军队一样不堪一击,至1905年5月,俄国舰队经对马海峡一战全军覆没,"小日本"战胜"大俄国"已经成为不可更改的事实。这一事实极大激发了中国立宪政治倡导者的热情信心和理念,使他们毫不动摇地认定日俄战争就是立宪战胜了专制,中国不应该继续在君主专制的老路上徘徊,中国的唯一出路就是向日本学习,尽快走上君主立宪的康庄大道。否则,中国继续坚持君主专制的政治老路,不仅要被世界潮流所抛弃,而且极有可能在未来的某一天重蹈俄国人的覆辙。日俄之战使中国国内政治力量的对比发生急剧变化,放弃君主专制,转而拥护君主立宪的人明显多了起来。

日本取得日俄战争的胜利促动了中国敏感的政治神经,革命运动的高涨促成立宪主义异军突起,左右逢源,立宪主义的追随者迅速增加,上至勋戚大臣,下逮校舍学子,靡不曰立宪立宪,一人唱之,百口和之,终于形成立宪主义的大合唱,终于为中国走上立宪道路形成了一个众声喧哗的舆论环境。各种各样的立宪刊物相继发刊,先于政府的各种立宪团体也在这个有利的气氛中相继成立,一时间,立宪成为中国人的口头禅,立宪政治成为中国人除了革命之外最重要的政治诉求,并最终促成五大臣出洋考察宪政,君主立宪政治改革终于被提上议事日程。

"吴樾事件"后,由户部侍郎戴鸿慈、湖南巡抚端方率领的出洋考察政治代表团第一路40余人,于1905年12月7日仍由正阳门火车站上车,至秦皇岛转兵轮"海圻"号至上海。19日下午,搭乘美国太平洋邮船公司巨型邮轮"西伯利亚"号向日本驶去。这个考察团的随员中还有各省派来随行考察的官员,此外还顺带前往美国留学的8名学生,其中就有后来成大名的陈焕章。在日本稍事停留,参观访问后,戴鸿慈、端方率领这个考察团于1906年1月5日抵达美国。2月16日离开美国,取道英、法,转赴德国。3月24日,戴鸿慈、端方一行觐见德皇。德皇在谈到中国变法时,强烈建议中国要以练兵为先,至于政治措施,宜自审国势,各当事机,贵有独具之精神,不在徒摹形式。德皇的建议给考察团留下了深刻印象。接着,戴鸿慈、端方一行又考察了奥地利、俄国、意大利,并游历了丹麦、瑞典、挪威、荷兰及瑞士等。

由载泽、尚其亨、李盛铎率领的另一个考察团于1905年12月11日自北京出发，1906年1月14日从上海乘法国轮船"克利刀连"号扬帆启程。这个考察团也是先到日本，然后再转赴欧洲英、法、比利时诸国。一路上也是前呼后拥，浩浩荡荡。

经过两天航行，载泽一行于1906年1月16日抵达日本神户。出于地缘政治的考虑，日本朝野确实期待中国的政治发展能够在某种程度上与日本同步，所以日本朝野各界对中国宪政考察团的到来给予真诚欢迎，竭诚期待中国的觉醒，期待通过政治改革的中国能够与日本携手共进。1月22日，代表团抵达东京。25日，载泽、尚其亨、李盛铎一行觐见日本天皇，这是代表团在日本受到的最高规格礼遇。在此前后，代表团与日本政府现职各大员、故臣元老以及有关专家和考察大臣就日本立法原理、原则、政治沿革和损益等，相互交流，从容讨论。

参与日本政治变革全程的老一代政治家伊藤博文既向载泽等人详细讲解日本宪法，又对考察大臣所提出的一些疑问给予详尽解释，诸如在君主立宪政体下官吏任免、军队统领以及宣战、媾和、签约、发布命令等权限究竟如何规范等。此外，伊藤博文根据日本经验，反复提醒载泽等人，中国在未来的政治变革中无论如何都不要让君权旁落，君主立宪的要旨不仅是用宪法约束君主至上的无限权力，而且要通过宪法授予君主必要的权责，成功的君主立宪国必须做到主权集中于君主一人之身，不可旁落于臣民。伊藤博文的这个告诫给载泽留下深刻的印象。

日本的经验和热诚赢得考察大臣的好感，而且从两国情况上说，日本的国情及其维新举措确实要比欧美诸国更合乎中国的需求。所以，载泽等人对日本的经验和制度格外推崇，他们将仿照日本推行宪政列为考察欧美日的最终结论和优先选项。

载泽在出访期间受到的感触非常大，他在英国时就曾激动地表示过回国后将会有所建议，一定会竭尽全力推动立宪以及财政改革、地方自治等。归国后，他利用皇帝7月24日召见的机会，向朝廷详细汇报在国外的见闻感受，无保留地解答各种疑虑。7月25日，载泽上了一份奏折，强调东西洋各国莫不以宪法为纲领，而中国先前数年新政之所以未能卓见成效，其根本原因就是没有能够在政治体制上进行适当改革，没有寻找到适合中国国情的政治体制。从所考察的各国情况看，载泽比较倾向于向日本学习，认为日本是以立宪的精神实行中央集权主义。其要旨就是伊藤博文当面告诉他的，君主依然享有至上权力，主权依然集中于君主一人，而不会旁落于臣民。载泽认为，这个体制最合乎中国现在的需求，而不是英国的虚君共和或其他民主国家的共和制。载泽建议政治高层破群疑以决大计，秉独断而定一尊，明发御旨，布告立宪，酌定若干年为实行之期。在此期间，认真研究各国宪法，拟定宪法草案，广兴教育，改良法律，整理财政，实行地方自治，以为立宪预备。

另一路出访大臣戴鸿慈和端方，也在稍后的召见中详陈出访见闻，以为中国之所以长时期积贫积弱，最根本的原因就是专制，中国要想走上富强道路，就必须与东西洋各国一致，重建立宪政体。他们反复强调立宪改制利国利民，可造国祚之久长，无损君上之权柄。不过，他们也在建议中承认，中国目前似乎还不到立即颁布宪法的时候，因为中国固有制度与立宪政体的要求相差太远，贸然仿行，只会徒增困扰。他们建议朝廷参照日本的经验，预定立宪之年，详细编制逐年应做之事，认真准备，认真进行，这样经过15年至20年的过渡，中国必定能够成为一个真正意义上的立宪国家，召议员，开国会，实行一切立宪政治。至于立宪预备的入手处，他们建议从厘定官制开始。至于逐年准备的事宜，大要包括这样几个方面：一是逐步破除一切畛域，举国臣民立于同等法制之下，在法律、权利、义务面前人人平等；二是在中央预设临时议政机关，在地方酌设议会，为将来完全立宪做准备；三是充分吸收外国的长处，在学术、教育、法律、制度诸方面，集中外之长，以谋国家与人民安全发达；四是逐步区分皇室与政府的关系和各自责任，皇室经费和政府经费要分开；五是通过地方自治的试验，逐步确定中央与地方的各自权限；六是参照各国经验，逐步实行财政的预决算制度。

总而言之，在出访东西洋各国考察政治诸大臣看来，君主立宪政体利于君，利于民，不利于官，是到目前为止人类所发现的最不坏的制度。他们不仅从政体上以立宪有利于皇位永固、有利于外患渐轻、有利于消弭内乱这样"三个有利于"奏闻朝廷,而且还具体分析欧洲各主要立宪国家和美国、日本的权力构成及权力中心。他们认为美国是以工商立国的国家,纯任民权,其制度与中国不能强同;英国固然法良意美,但其设官分职,颇有复杂拘执之处,自非中国政体所宜,弃短用长,尚需抉择;与中国国情相似且其体制易于采择的,在诸考察大臣看来只有日本,日本虽万机决于公论,而大政仍出自君裁,以立宪之精神实行中央集权之主义,其政俗尤与中国相近。所以比较而言,诸考察大臣愿意向清廷推荐的,也就是他们估计清廷最愿意接受的,恐怕只有日本的体制。因此1905年的出洋考察,诸大臣虽然遍游各国,但其重心始终放在东邻日本。

日本不仅成为中国宪政改革的范本,而且成为中国宪政改革实践的指导者,此后数年,甚至经过辛亥时期急剧的国体变更,中国从帝制转为共和,但中日之间的关系也并没有因此而改变,中国朝野,甚至那些政治上的反专制者如孙中山、黄兴、章太炎、宋教仁等,以及康有为、梁启超、王照等那些改良主义者,他们不仅与日本各界建立了密切的关系,而且一旦中原有事,他们第一反应就是潜往日本,日本成了中国政治反对派首选的流亡地、庇护所。这种情形一直持续到1915年"二十一条"提出。中日"二十年蜜月"至此结束。

"二十一条":中日冲突的起点

在清帝国退出对中国的实体统治后,中国迅速转向了共和体制。共和体制是一个全新的体制,在那时,全世界的共和实践,不论是法国,还是美国,都并不算成功。中国人除孙中山为代表的革命派,在辛亥前10年,主要的还是对君主立宪的认可,共和并不是那时最优先的选项。中国的立宪主义者认为,共和构想极大超越了中国社会承受力,也不合乎中国人素来的"意义世界"。中国政治改革的方向是执其两端而用中,既不继续顽固坚守不合时宜的君主专制,也不超越性地转向美法式的民主共和,而是像日本那样,构建一个君主立宪体制,保留君主的名分以及部分权力,但为君主划出一个清晰的权力边界。1901年,梁启超化名发表《立宪法议》。①

在这篇文章中，梁启超将世界现行政治体制分为三种，即君主立宪、君主专制和民主立宪。君主立宪和民主立宪均为立宪政体，立宪政体权力有限，专制政体权力无限。表面上看，无限权力对君主有利，君主可以动用一切资源去达到目的，高效神速。其实从实际情形看，不受任何制约的君主，恰恰将自己推上权力要冲，没有可供缓和的中间地带。成功了固然是君主伟大；失败了，则由君主承担全部责任。各级官吏都是君主的仆人，只领皇上发给的俸禄，无所用心、无所事事。这是一种很不经济、很不合算的政治体制。

梁启超指出，就三种政治体制比较而言，人类目前最理想的政治形态无疑是君主立宪。因为民主立宪施政方略变化太快，选举总统耗费巨大，竞争激烈，虽然形成了一个庞大的竞选经济，但由于这种经济形态只消耗不创造，至少在那个时代还不是一种理想的经济形态。至于君主立宪与君主专制相比较，不言而喻，君主立宪优于君主专制。

君主专制将人民与君主截然分为两个对立且不易调和的阶级，在这种体制下，君主视民众如草芥，人民视君主如寇仇。人民的日子不好过，君主的地位也时刻处在危险中。这是君主专制体制最大的问题。

君主立宪则不然。在君主立宪体制下，皇位继承有一定之规，不仅权奸没有篡位可能，即便是列在君主继承序列中的人也只好耐心等待，有的甚至一直没有继承机会，也只好认命，不会发生君主专制体制下弑君的情形。这是因为君主立宪体制下，君主权力受到宪法制约，君主虽地位崇高，享有至上尊严，但君主权力受宪法、议院约束，君主发号施令和大臣任免，皆须经议院同意，这既最大限度保证了决策的最小失误，也有效遏制了政治野心家对大位的觊觎和争夺。更重要的是，君主立宪体制消除了君民间的隔膜，人民比较容易地向议院表达意见，议员在本质上说也必须代表选民利益，为选民说话。

据梁启超分析，从君主专制向君主立宪过渡是历史必然，也是中国不能自外

---

① 化名"爱国者"，发表在《清议报》第 81 期，1901 年 6 月 7 日。

的唯一出路。中国当然不会也不能立即过渡到君主立宪形态，但中国必须为君主立宪准备条件，制定路线图，争取10年或稍长时间实现君主立宪，为中国创建一个牢固的政治体制。

很显然，梁启超的这些天才预想渐渐成为清帝国体制内和众多知识界人士的基本共识。新政，以及此后的预备立宪，实际上就是梁启超所期待的政治变革。这个选择甚至没有因为光绪帝、慈禧太后突然相继去世而改变方向，摄政王载沣、隆裕太后主导的清廷其实还在继续这些改革。1911年5月宣布第一届责任内阁，一举解决了几十年来体制改革瓶颈，将军机大臣平移至内阁，废除了非常组织军机处，构建了近代国家所必具的责任政府。全国议会的过渡机构资政院也已经开议，假以时日，一个与日本体制极为相似的君主立宪政体就将完全实现。这是中国历史的一个重大转折。

然而，谁也想不到的是，新政府颁布的第一项政策铁路干线国有引发了全国性的骚乱，进而导致清帝退位，中华民国接替清帝国，开辟了中国历史的新纪元。

逼退清帝的是南京中华民国临时政府，但处于成长期的中国资产阶级显然对孙中山这些长期流亡海外的职业革命家主持国政并不放心。资产阶级不仅是那个时代的中坚阶级，而且是现实政治的最后决定者。他们的支持是中华民国南京临时政府成立的保障，他们的不支持也是南京临时政府必须退出的理据。他们中意的是具有"新思想、旧手腕"的清帝国重臣袁世凯，所谓"非袁莫属"，大致反映了那个特殊时代人们的普遍期待。

正是由于这样一种特殊的历史背景，孙中山和他的南京临时政府必须结束自己"临时"的历史使命，清帝退位，清帝国将主权、领土、外交和人民转给将要成立的新政府。隆裕皇太后懿旨说："当兹新旧代谢之际，宜有南北统一之方，即由袁世凯以全权组织临时共和政府，与民军协商统一办法。总期人民安堵，海宇乂安，仍合满汉蒙回藏五族完全领土为一大中华民国，予与皇帝得以退处宽闲，优游岁月，长受国民之优礼，亲见郅治之告成，岂不懿欤？"[1]从这个意义上说，袁

---

[1] 中国史学会编:《辛亥革命》第8卷，上海人民出版社1981年版，第183页。

世凯受命组建中华民国新政府，实际上与历史上的改朝换代一样，是从上一个实际统治者那里继承法统。

当然，南京临时政府特别是孙中山的立场也是一个至关重要的因素。为了中国的整体利益，孙中山同意辞去南京临时政府之临时大总统职务，同意当清帝退位、新政府成立后，南京临时政府即结束自己的使命。孙中山等革命党人的高风亮节、功成身退的情怀，后人确实应该铭记于心。

虽然孙中山没有与袁世凯相处过，但也知道袁世凯并不是一个具有革命共和情怀的新人物。为保障袁世凯掌权后必须继续共和体制，而不是节外生枝，弄出其他事端来，孙中山在同意袁世凯出任中华民国临时大总统时，提出袁世凯必须宣誓遵守南京临时参议院制定的《临时约法》，效忠民国，忠于共和。与此同时，孙中山还动议对中华民国权力架构做了一个重要修正，即将他主持临时政府时的总统制改为内阁制。也就是说，袁世凯接任后以大总统名义发布的任何命令，都必须得到内阁的副署。而内阁总理，在各方协商下由袁世凯多年助手唐绍仪出任，但孙中山和南方革命党人的条件是，唐绍仪必须加入他们的政党。

这些约定确实极大束缚了未来大总统的手脚，精明如袁世凯应该不会同意，但是那时中国内部气氛是很多年来没有过的温馨和谐，这让袁世凯实在无理由斤斤计较，何况孙中山等革命党人那样光明磊落，这都是袁世凯无法于此计较的理由。

更重要的还有，《临时约法》第七章"附则"明确规定，"本约法施行后，限十个月内，由临时大总统召集国会"，制定中华民国宪法。"宪法未实行以前，本约法之效力与宪法等。"[①]换言之，正式宪法施行后，这个临时约法也就完成了自己的使命，成为历史文件。也就是说，《临时约法》的约束不论多严格，不就只有10个月的时间吗？《临时约法》中的所有问题，不是可以通过实践交给10个月后的"立宪会议"吗？或许正是基于这样的考量，为避免分裂，为尽早恢复国内秩序，袁世凯确实没有在这些细节上过于计较。

---

① 中国史学会编：《辛亥革命》第8卷，上海人民出版社1981年版，第36页。

中国能够"走出帝制","走向共和",也是一件了不起的历史大事变,是对几百年西方迅猛发展的积极回应,所以尽管来得有点突兀,有点超出中国人的预想、规划,但在历史大变动的当口,除了极少数清醒的,或者具有浓厚眷恋情感的,更多人并不觉得有多大问题。袁世凯在就任临时大总统时信誓旦旦地表示:"愿竭其能力,发扬共和之精神,涤荡专制之瑕秽。谨守宪法,依国民之愿望,达国家于安全强固之域,俾五大民族同臻乐利。"①

然而为时不久,1913年,国民党领袖宋教仁被刺。中国的政治局面为之一变,南方四省起而反袁,酿成"二次革命",但迅速失败。凡此,都让人重新担忧晚清以来始终没有解决的中央与地方权限的边际。严复强调:"依我愚见有一点可以肯定,即如果他们(指南方新军及革命党)轻举妄动并且做得过分的话,中国从此将进入一个糟糕的时期,并成为整个世界动乱的起因。""根据文明进化论的规律,最好的情况是建立一个比目前高一等的政府,即保留帝制,但受适当的宪法约束。应尽量使这种结构比过去更灵活,使之能适应环境,发展进步。可以废黜摄政王;如果有利的话,可以迫使幼帝逊位,而遴选一个成年的皇室成员接替他的位置。"②简言之,等到"宋案"发生,特别是"二次革命"发生后,人们不约而同想到了一年前国体变革可否的讨论。

但是国际环境风平浪静,仅仅是国内政治的扰攘不宁,还不是中国重回旧制度的理由。而只有遇到第一次世界大战这样的大事变,又是让中国相当为难的大事变,才能找到体制调整、修补的契机,才能使重回帝制顺理成章。

战火在欧洲燃起不到一个月,日本迅即对德宣战,成为欧洲以外第一个参与这场战争的国家。日本的理由是英国的盟友,有责任帮助英国对付德国。但是日本并不是向欧洲战场派遣远征军,而是就近发动"青岛战役",攻占德国在亚洲太平洋地区最大的军事基地。众所周知,青岛是中国的领土,只是在1898年春天租给了德国,"租以九十九年为限"③。很显然,日本对德宣战,醉翁之意不在酒,其

---

① 杨玉如:《辛亥革命先著记》,(香港)文化资料供应社1978年版,第280页。
② [澳]骆惠敏编:《清末民初政情内幕》下册,刘桂梁等译,知识出版社1986年版,第785页。
③ 青岛市博物馆等编:《德国占领胶州湾史料选编》,山东人民出版社1987年版,第454页。

心机就是乘人之危，谋取在青岛乃至山东的特权。

日本现在将青岛占领，当然不只是日德两国之间的问题，而是蕴含中国因素，日本不仅要控制青岛，而且期待以此一举解决中国国体问题，利用列强陷入第一次世界大战无暇东顾的短暂时机，让中国重回帝制，以便进而与中国构建共同防御体系。基于这样的考量，对日本外交极具影响力的黑龙会，在日军向青岛发起总攻的前夜，向外务省提交了《对支问题解决意见》，认为第一次世界大战为日本提供了控制中国百年不遇的绝佳机会，日本政府不应满足对青岛的占领，而应注意长远的中日关系，要让中国不得不信赖日本，依靠日本，而要做到这些，就必须调整中国的政治架构，重回帝制，只有这样，中日才能建构坚固的联盟关系。建议书指出，"欧战的发展日益急迫地警告日本急需解决这一最根本问题。不应该认为帝国政府是在从事一项鲁莽的计划。良机是一去不复返的。我们必须利用这个机会，在任何情况下绝不犹豫。为什么我们一定要等待革命党人及心怀不满者自发地起事呢？为什么我们不能事先想好并安排出计划呢？当我们考察中国的政体时，我们必须问现存的共和制是否适合中国的国情？是否投合中国人民的思想与愿望？从中华民国成立之日起到现在，如果将它所经历的和它在行政和统一工作方面应该做到的比较起来，我们认为到处令人失望。甚至就是首先主张共和政体的革命党人自己也承认他们犯了错误。中国共和政体的保留，将是未来中日同盟道路上的巨大障碍。为什么一定如此呢？因为在共和国内，政府的根本原则以及人民的社会与道德的标准是与君主立宪国家截然不同的。它们的法律与行政也是相冲突的。如果日本充当中国的指导者而中国仿效日本，只有这样才能使两国合力解决远东问题而不发生争论与意见分歧。因此为了彻底改建中国政府、成立中日同盟、保持远东永久和平以及实现日本帝国的政策，我们必须利用目前机会改变中国共和政体，而这一立宪政体必须在一切细节上与日本的君主立宪相符合，而不是符合其他任何国家的君主立宪政体。这确实是为了实际改造中国政体必须牢牢掌握的关键和首要的原则。"[①]

---

① 黄纪莲编：《中日"二十一条"交涉史料全编》，安徽大学出版社2001年版，第10页。

日本政府在多大程度上接纳了黑龙会的建议，还可以继续研究，但事实是，日本政府在占领了青岛之后的对华交涉中，确实有利用第一次世界大战的机会控制中国的企图。1915年1月18日，日本驻华公使日置益以新归任为词拜见大总统袁世凯，当面递交日方精心准备的外交文件"二十一条"，并声称"日本政府对于大总统表示诚意，愿将多年悬案和衷解决，以达亲善目的"，另叮嘱"赐以接受，迅速商议解决，并守秘密。实为两国之幸"①。

袁世凯接到"二十一条"后，当晚即召集外交总次长、总统府秘书长等开会，讨论并确立交涉步骤，由于这个文件完全出乎中国政府的预料，因而交涉极为困难，特别是第五号七款：

在中国中央政府须聘用有力之日本人，充为政治、财政、军事等各顾问。

所有在中国内地所设日本病院、寺院、学校等，概允其土地使用权。

向来日中两国屡起警察案件，以致酿成纠葛之事不少，因此须将必要地方之警察，作为日中合办，或在此等地方之警察官署须聘用多数日本人，以资一面筹划改良中国警察机关。

由日本采办一定数量之军械（譬如在中国政府所需军械之半数以上），或在中国设立中日合办之军械厂，聘用日本技师，并采买日本材料。

允将接连武昌与九江南昌路线之铁路，及南昌杭州、南昌潮州各路线铁路之建造权，许与日本国。

在福建省内筹办铁路矿山，及整顿海口（船厂在内），如需外国资本之时，先向日本国协议。

允认日本国人在中国有布教之权。②

这几条在袁世凯看来最不能容忍，简直就是将中国视为朝鲜，视为可以控制，而且可以随时吞并、合并的地方。这是袁世凯无论如何都不会答应的。为此，袁

---

① 王芸生：《六十年来中国与日本》第6卷，生活·读书·新知三联书店2005年版，第73页。
② 黄纪莲编：《中日"二十一条"交涉史料全编》，安徽大学出版社2001年版，第22页。

世凯一方面采取拖延战术,期待国际环境改变,寄希望于列强施压;另一方面有意识向外界透露交涉内容,对外展开外交游说,对内以悲情激活民族主义情绪。袁世凯的谋略是成功的,在经过近3个月20多次会商后,日本终于明白了袁世凯的意思,遂于1915年5月7日向中国下达最后通牒,限5月9日下午6时前给予答复,如到期不能给予满意答复,日本"将执认为必要之手段"[①]。

日本的最后通牒引起了中国方面的不安,第二天(5月8日),袁世凯召集副总统、国务卿、左右丞、参谋总长、各部总长、各院院长、参政院议长、参政、外交次长、总统府秘书长等参加的会议,专案讨论最后通牒。袁世凯在会上发表了一个极具悲情的讲话:"此次日人乘欧战方殷,欺我国积弱多时,提出苛酷条款,经外部与日使交涉,历时三月有余,会议至二十余次,始终委曲求全,冀达和平解决之目的。但日本不谅,强词夺理,终以最后通牒,迫我承认。我国虽弱,苟侵及我主权,束缚我内政,如第五号所列者,我必誓死力拒。今日本最后通牒将第五号撤回不议,凡侵及我主权及自居优越地位各条,亦经力争修改,并正式声明将来胶州湾归还中国;其在南满内地虽有居住权,但须服从我警察法令及课税,与中国人一律。以上各节,比初案挽回已多,于我之主权、内政及列国成约,虽尚能保全,然旅大、南满、安奉之展期,南满方面之利权损失已巨。我国国力未充,目前尚难以兵戎相见,英朱使关切中国,情殊可感。为权衡利害,而至不得已接受日本通牒之要求,是何等痛心!何等耻辱!无敌国外患国恒亡,经此大难以后,大家务必认此次接受日本要求为奇耻大辱,本卧薪尝胆之精神,做奋发有为之事业,举凡军事、政治、外交、财政力求刷新,预定计划,定年限,下决心,群策群力,期达目的,则朱使所谓埋头十年与日本抬头相见,或可尚有希望。若时过境迁,因循忘耻,则不特今日之屈服奇耻无报复之时,恐十年以后,中国之危险更甚于今日,亡国之痛,即在目前。我负国民付托之重,决不为亡国之民。但国之兴,诸君与有责;国之亡,诸君亦与有责也。"[②]袁世凯的悲伤是真实的,日本强人所难是袁世凯无论如何都不能承受的。

---

① 王芸生:《六十年来中国与日本》第6卷,生活·读书·新知三联书店2005年版,第241页。
② 章伯锋、李宗一主编:《北洋军阀》第2卷,武汉出版社1990年版,第821页。

"二十一条"既然被理解为"灭亡中国"的计划书，由此引起中国内部一连串变动，延续"宋案"之后"隆大总统之权"，再造政治强人的思路，各方面也渐渐不约而同想到了这些，以为不应该再继续限制袁世凯的权力，应该给袁世凯充分授权，重造一个强势领导人与日本周旋。严复说："日本于群雄战事未解之日，要求条件，穷苛极酷，果如所请，吾国之亡，盖无日矣。大总统于一无可恃之时，尚能善用外交，以持其敝，可谓能者。日来效果，虽密不可知，然颇闻其不致破裂矣。欧战告终之日，不但列国之局将大变更，乃至哲学、政法、理财、国际、宗教、教育，皆将大受影响。学者于道，苟非深窥其源，则所学皆腹背羽矣。中国前途，诚未可知，顾其患在士习凡猥，而上无循名责实之政。齐之强以管仲，秦之起以商公，其他若申不害、赵奢、李悝、吴起，降而诸葛武侯、王景略，唐之姚崇，明之张太岳，凡为强效，大抵皆任法者也。而中国乃以惰性，驯是不改，其有豸乎？"①作为约法会议议员、参政院参政员，严复无条件支持袁世凯"隆权"，"是故居今而言救亡，学惟申韩，庶几可用，除却综名核实，岂有他途可行？贤者试观历史，无论中外古今，其稍获强效，何一非任法者耶？管商尚矣；他若赵奢、吴起、王猛、诸葛、汉宣、唐太，皆略知法意而效亦随之；至其他亡弱之君，大抵皆良懦者。今大总统雄姿盖世，国人殆无其俦，故吾所心憾不足者，特其人特多情，而不能以理法自胜耳。"②严复不仅希望给袁世凯充分授权，而且希望袁世凯不要婆婆妈妈"特多情"，应该果断、强硬，像历史上那些强人一样大刀阔斧地以严刑峻法治理国家。

　　严复是社会达尔文主义信奉者，相信"丛林法则"，相信"物竞天择，适者生存"，相信历史发展阶梯进化，反对超越，他原本就不认为中国有必要弃帝制用共和，"终觉共和国体，非吾种所宜"③。

　　"二十一条"为中国体制的调整提供了一个契机，即便没有这一次的外部危机，几年来全新的共和体制已经渐渐失去了活力、吸引力，国内的政治混乱，外

---

① 王栻主编:《严复集》第3册，中华书局1980年版，第619页。
② 王栻主编:《严复集》第3册，中华书局1980年版，第620页。
③ 王栻主编:《严复集》第3册，中华书局1980年版，第611页。

交上的没有力量，都引起了各方面的深度关切，试图补救重建秩序的想法从1913年开始就没有停止过。正如一些观察者在民国元年就看到的那样，"革命以来新政府所实行的新政新法，不仅不能取悦于人心，混乱的社会秩序依然不能恢复。新的设施尚未见眉目，旧的恶弊仍在困扰着人们。兴一利而百害生，内外施政经营尚不及前清时代。内地各省常常陷入混乱，生灵涂炭。天下人心已厌共和，讴歌前朝者渐多，复辟帝制的时机，似将来临，复辟分子在暗中活动，似乎一股涓涓暗流，在寻找他的归宿"[1]。部分人认为"民国不如大清"，主要是因为1912年废黜君主体制太匆忙了，太缺少后续预判了。君主制的废黜不仅是赶跑了一个皇帝，而是从根本上动摇了绝大多数中国人的信仰，使中国人特别是知识人一时间无所适从，不知所措，他们既对新世界感到迷茫，又不可避免对传统社会的幽静、安逸重生无限眷恋。所谓"遗民"，不是他们守旧，而是新的现实不如旧的让人舒心、放心。只有经历过巨大社会变动的知识人才能在心灵深处形成比较，才知道新不如旧的道理。

互起恶感

日本朝野大约都想不到"二十一条"打开了"潘多拉魔盒"，中日之间"二十年蜜月"至此结束。

袁世凯借"二十一条"这个契机激活了国内的民族主义情绪，他的用意就是利用这次外交危机一举解决国内政治的威权危机。结果适得其反，不仅袁世凯的"帝制自为"以失败结束，即便稍后张勋的"帝制他为"，拥戴废帝宣统复辟也以失败结局。

在这一系列剧烈变动中，唯有段祺瑞大致把握了历史趋势，坚定不移反对帝制，三造共和，抓住时机，宣布参战，在最后时刻为中国赢得了战胜国地位。中

---

[1] 章伯锋、李宗一主编：《北洋军阀》第3卷，武汉出版社1990年版，第190页。

国终于结束鸦片战争以来国际地位的下行曲线,开始重回世界中心,走出一个上升趋势。

由于与日本同为战胜国,而且由于段祺瑞政府在财政上也对日本极端依赖,因而段祺瑞政府对巴黎和会的期待并不是要解决中日之间的悬案,更不以青岛为最高诉求。中国政府"原本决定依据中日成约解决,不在和会提出此问题"[1]。那时主持外交事务,并且直接负责对日谈判的陆徵祥曾签署1915年5月25日《民四条约》,也了解1918年9月山东铁路借款与换文之内情。北京政府在和会前没有想过可以废除《民四条约》,规划将山东问题依据中日成约处理,主要担心日本是否会遵守承诺归还青岛,以及归还条件如何。显而易见,那时中日政府在过去几年的交往中,已经渐渐对青岛问题的善后有了一个大致的考虑,日本出于自己的战略考量,大约会信守承诺,在战后将青岛归还给中国,至于条件届时肯定会有商量。中国方面基于过往20年与日本交往的经验,特别是此时段祺瑞等人的日本情结,也并不认为青岛问题是中日之间的最大悬案,相信通过中日两国之间的外交谈判,一定可以找到解决方案。同为亚洲国家,此时应该在和会上一致为战后秩序如何安排协调一致。

但是那时的中国是一个自由资本主义的宪政体制,言论自由,主张各异,因而凝聚共识极为困难,青岛问题逐渐成为各派政治力量的一个重要关切,且成为向政府施压的一个由头。

当然,青岛问题成为巴黎和会上的一个焦点,甚至深刻影响了此后中日关系,乃至远东政局,主要还是因为国际大势的变化,特别是美国立场的变化。第一次世界大战期间,中国政府在袁世凯病逝后,加强了与日本的来往,日本政府也出于多方面考虑,加大对华借款的力度,中日之间这些经济上的密切理论上说并没有问题,只是这些合作在当时均以秘密的方式进行,只有中日两国政府当局清楚,外界很难知道细节和真相。

美国政府在处理第一次世界大战善后问题上,对各国之间的秘密条约采取不

---

[1] 唐启华:《巴黎和会与中国外交》,社会科学文献出版社2014年版,第163页。

承认的立场。威尔逊总统在他所宣布的外交新理念中，强调公理正义，外交公开的原则，对于先前各国之间的秘密条约，就有重新审视的可能。

中日之间过往几年的交往，本来就是所谓的"君子之交"。一系列借款合同、换文，特别是山东问题、青岛问题，将来究竟应该如何处置，中日两国政府具有双边协商解决的共识，但并没有将这些共识写入文件，更没有提交议会通过并公布。这给后来的变局留下了巨大麻烦。

威尔逊的外交新宣示给中国带来了新的希望，美国政府不愿意承认过去各国之间的秘密外交，让中国相当一部分人觉得或许可以借此不承认过去若干年来与日本达成的那些合作与共识。而且在和会开始，美国政府似乎也支持中国这样做，质疑和否认中日之间那些秘密条约。

正是在这种背景下，中国政府公布了一些外交文件，这不仅引起日本政府的不满，而且引起了中国内部各个派别反政府的浪潮。美英法各国政府在研判了这些新公布的文件后，从原来的立场上有所退步，特别是美国，由先前支持中国废除与日本之间那些密约，转而犹豫。威尔逊一方面认为中日之间的那些条约"是不公正的安排"，但是另一方面认为"条约的神圣正是大战的主要动力之一，它并非一堆废纸。如果条约与和平赖以存在的原则不符，我们还是不能废除过去的义务。如果只接受原则，我们就要从历史上退回去，法国就要接受1815年的条约，那样就没完没了了。不能因为被一个条约所制，便漠视正义"[①]。美国倾向于维持中日之间的成约，至于中国的权益，当另想办法，正义也不能缺席。英国、法国也大致赞同美国的立场。因此，中国在巴黎和会如果一定要认为是失败的话，大约要从这里寻找原因。

中国代表团特别是顾维钧等外交官的想法是正当的，德国租借胶州湾尽管是协商解决的，但也必须承认中方具有某种不得已的苦衷。清政府在1842年《南京条约》之后确实不太愿意将土地用任何一种方式划给外国，这除了因为清帝国本身就是一个开疆拓土的王朝，对土地具有无法想象的酷爱，也与中国人自来的土

---

① 黄纪莲编：《中日"二十一条"交涉史料全编》，安徽大学出版社2001年版，第600页。

地情结有关。农业文明铸就了中国人对土地的无限钟爱,在农民的眼里,没有任何一寸土地是多余的。所以,不到外力强制无法摆脱,清帝国不会将自己已经到手的土地用任何方式转出去。德国人租借胶州湾就属于先斩后奏,造成既成事实让中国确认的意思。①

至于日本利用参战的机会从德国人手里夺取胶州湾,以及后续中日之间的交往、谈判,在巴黎和会之前中国政府并不认为是非常严重的问题,日本出兵与中方有通报有商量,德国也为此与中国有过接触有过讨论,中国国内各个政治派别也就此以及稍后中国是否参战有过一系列论争,即便到了"二十一条"提出,袁世凯和他的政府渲染这是"灭亡中国"的要求,但是从历史上中日双方诉求看,这个观点可能只是袁世凯政府处理民国以来内政外交的一大契机。可惜的是,袁世凯没有适可而止,没有看清历史大势。本以为可以操纵历史,想不到还是被历史所操控。

袁世凯死后,中日关系并没有受到毁灭性打击。接替袁世凯掌握实际权力的段祺瑞反而与日本关系更密切,这从连续几次借款,以及日本对华投资频率、规模可以概见。所以,在巴黎和会之前,青岛问题绝对不是中日之间不可克服的障碍。

美国的外交政策宣示,特别是威尔逊总统的宣告,让中国一些外交官生出意外之想,既然美国支持各国废除秘密条约,既然美国支持中国收回青岛的主权,中国为什么不借机一搏呢?假如我们不带偏见重新阅读巴黎和会的外交文件,我们应该承认中国代表团的这个超出预案的"自选动作"动机纯洁,并无问题。

然而问题在于,美国政府、威尔逊总统充分了解的历史现实以及和会所面临的困难,尤其是需要日本的充分帮助与配合,中国代表团的"自选动作"也就无法达成了。

青岛是中国的,日本乘机攫取是没有道理的,无条件还给中国天经地义。中国方面如是告诉自己的人民,特别是在巴黎的中国民间人士更是无法容忍任何有

---

① 马勇:《胶州湾事件:缘起、交涉及症结》,《华东师范大学学报(哲学社会科学版)》2013年第4期。

害于中国的变化,于是美国和英法决定暂时搁置青岛问题的讨论后,中国国内的民族主义情绪迅速释放,反日情绪很快演化成反日行动,"京师及外省各处,辄有集众游行、演说、散布传单情事。始因青岛问题,发为激切言论。继则群言泛滥,多轶范围。而不逞之徒,复借端构煽,淆惑人心。于地方治安,关系至巨"[①]。中国的内外局面均因此而大变局。

对于中国可能的变化,顾维钧有一个值得注意的推测,他曾当面对美国总统威尔逊以及英法两国领导人说:"中国政府的政策是既与欧美合作又与日本合作,但如果不能得到公正的解决,中国有可能被推入日本的怀抱。中国内部有一个小派系是信仰亚洲人的亚洲,并主张与日本密切合作的。然而政府的立场是相信西方的公正并寄希望于西方。如果正义不能得到伸张,后果将会非常严重。"[②]

顾维钧的说法不幸而言中,当然也不是那么简单,中日关系在巴黎和会之后实际上沿着几条线同时发展,并逐渐将两国推向敌视,推向战争。

亚洲区域整合

第一次世界大战爆发有许多复杂原因,并不是简单的帝国主义狗咬狗,而是早期资本主义发展的必然结果。但这场战争刚爆发时,对中西历史文化有深刻理解,且时刻替政府关注第一次世界大战进程的严复,就敏锐指出,第一次世界大战的爆发就是西方300年资本主义发展的必然结果,是资本主义"丛林法则"发展的死路,"觉彼族(指西方国家)三百年之进化,只做到利己杀人,寡廉鲜耻八个字"[③]。严复是近代中国最早的启蒙思想家,没有他的启蒙,没有他所宣扬的"物竞天择,适者生存"的进化论,晚清的政治变革、维新运动即便发生,也不会以西方社会为依归,为参照。只是20年时间,仿佛换了人间,最早的启蒙者却又告诉人们

---

① 《五四爱国运动档案资料》,中国社会科学出版社1980年版,第197页。
② 黄纪莲编:《中日"二十一条"交涉史料全编》,安徽大学出版社2001年版,第599页。
③ 王拭主编:《严复集》第3册,中华书局1986年版,第692页。

西方300年发展问题多多，不值得效法，"欧洲三百年科学，尽作殴禽食肉看"[①]，"窃尝究观哲理，以为时久无弊，尚是孔子之书"[②]，"回观孔孟之道，真量同天地，泽被寰区"[③]。

严复的困惑并不是个别现象，康有为、梁启超、辜鸿铭，以及稍后的梁漱溟、熊十力等都有类似看法，西方的路大约真的走到了尽头，人类的未来可能要另辟新途。斯宾格勒在第一次世界大战终结的枪声中写完他那惊世骇俗的名著《西方的没落》，因第一次世界大战而引发的悲观到了极点，不只是西方没落，而是人类无望，历史无解。

也正是在这样一种悲观主义情绪支配下，还没有像斯宾格勒那样绝望的西方哲人杜威、罗素转向东方，希望从古老的中国文明中寻找拯救西方的药方。世界到了一个十字路口，没有哪一个国家可以完全不受第一次世界大战的影响，不对先前的路有一反省有一调整。前述顾维钧对中国处在十字路口的预感是准确的，是敏锐的，他认为西方如果不能正确处理第一次世界大战所遗留下来的问题，十字路口上的中国可能离西方而去转投日本，构建中日新的同盟以抗衡西方。

在袁世凯之后，北洋系确实很难找到一个理想的政治领袖，段祺瑞似乎有点袁世凯的国际意识，也具有相当的手腕，但是他在中国政坛上的手腕，根本没有办法与袁世凯相比，尽管他在"后袁世凯时代"长时期控制中国政坛，但其有效性很值得怀疑。中国又处在宪政的童年期，如何通过规则在国际舞台获得自己应该有的尊严利益，对于刚刚步入现代国家的中国来说确实是一个问题。

20世纪20年代上半段，中日关系在磕磕绊绊中维持着，巴黎和会没有解决的问题，两国依然可以最大限度地保持克制。1921年，美国在华盛顿召集解决巴黎和会悬而未决诸多问题的太平洋会议，并通过艰难谈判妥协，最终达成《九国公约》，大致解决了中国人一直耿耿于怀的山东问题。中日关系完全也应该通过谈判而不是通过战争去消弭分歧。

---

① 王栻主编：《严复集》第2册，中华书局1986年版，第403页。
② 王栻主编：《严复集》第3册，中华书局1986年版，第668页。
③ 王栻主编：《严复集》第3册，中华书局1986年版，第692页。

作为近邻，中日两国在交往中不可能不发生一些摩擦，或不愉快，如果两国都秉持睦邻友好平等互利的原则，即便发生分歧、不愉快，乃至冲突，也总能找到解决方案，因而此后几年，中日之间尽管也有一些摩擦，但就总体而言，两国关系还能接续近代以来的大方向维持下去。

中日关系发生质的变化，并不可逆转，除了日本内部因素使然，如果从中国方面来检讨，中国政治方向的改变，特别是孙中山在南方发动的国民革命，以及稍后的北伐，肯定是一个最不容忽视的因素。

孙中山原本与日本朝野各界有着很不错的关系，甚至在他去世前不久，在前往北京准备与段祺瑞会面商谈和平统一时，也借机绕道日本，并在那里发表著名的"大亚洲主义"演讲，强调亚洲在历史上也曾出现过很高的文化，就是欧洲最古老的国家，如希腊、罗马那些古文明，也有一部分是从亚洲传过去的。亚洲从前有哲学的文化、宗教的文化、伦理的文化，这些文化在人类文化史上占有重要的地位，甚至对近代文化的形成发展贡献很大。但是到了近代，就其总体而言，孙中山明白承认亚洲文明确实衰落了，欧洲各国、各民族在工业革命影响下获得了巨大进步，进而将欧洲的势力"侵入"东洋，"把我们亚洲的各民族和各国家，不是一个一个的消灭，便是一个一个的压制起来"[1]。一直到19世纪晚期，整个亚洲可以说没有一个独立完整的国家，世界潮流至此走到了一个极端，面临着历史性的大转变。

孙中山所说的历史转变，就是日本的变化。日本通过明治维新提升了国家力量，拉近了与世界的距离，也让日本走出了先前被欺凌被压榨的历史，日本逐步废除了先前与西方国家订立的一些不平等条约。从那时起，亚洲终于迎来了复兴的一天。日本自从废除不平等条约之后，变成了亚洲第一个独立国家，这一点给仍被西方国家以各种形式殖民、宰割的中国、印度、波斯、阿富汗、土耳其等巨大鼓舞、想象空间。这些国家的民族解放运动、独立运动、废除不平等条约运动，此伏彼起，风起云涌，普遍以为仍可以通过废除条约获取独立，他们也当然可以

---

[1] 《孙中山全集》第11卷，中华书局1981年版，第401页。

照做，便从此具有胆量，做种种独立运动，要脱离欧洲人的束缚，不做欧洲的殖民地，要做亚洲的主人翁。在孙中山看来，这就是日本变革带给亚洲的希望，是很乐观的思想。

在孙中山的理念中，亚洲不止是一个地理单元，而且实质上是一个政治单元，是与欧洲在很长时间处于利益冲突相互厮杀的一个区域，亚洲有比较一致的整体利益，都是"后发展国家"对"先发国家"的脱离、反抗。这样的思想在近代早期是不存在的，也是很悲观的，直至日本崛起，特别是经过日俄战争，战胜了俄国，终于激活亚洲人普遍的乐观主义情绪，"这次战争的影响，便马上传达到全亚洲，亚洲全部的民族便惊天喜地，发生了一个极大的希望"。孙中山高兴地回忆了他自己当年由欧洲回国途经苏伊士运河的经历、见闻与感受，以为整个亚洲因为"这次日本打败俄国，我们当作是东方民族打败西方民族。日本人打胜仗，我们当作是自己打胜仗一样。这是一种应该欢天喜地的事。所以我们便这样高兴，便这样喜欢"。从此开始，亚洲全部民族便想打破欧洲的殖民统治，便发生独立运动，如埃及、波斯、土耳其、阿富汗、印度。又经过 20 年的发展，一些亚洲国家在民族独立上确实获得了巨大进步，"这种进步的思想发达到了极点，然后亚洲全部的民族才可联合起来，然后亚洲全部民族的独立运动，才可以成功"[①]。孙中山从民族解放、民族独立视角为亚洲的大联合寻找契机与内在可能。

孙中山指出，亚洲的觉醒，亚洲的独立运动，日本是一个关键性因素，也是亚洲进步的引领者，但是如果从亚洲及世界未来看，亚洲的复兴与进步，仅仅有日本远远不够，必须中日联合，才能让亚洲的进步走得更远。孙中山极其坦承地对日本友人说："近来在亚洲西部的各民族，彼此都有很密切的交际，很诚恳的感情，他们都可以联合起来。在亚洲东部最大的民族，是中国与日本。中国同日本，就是这种运动的原动力。这种原动力发生结果之后，我们中国人此刻不知道，你们日本人此刻也是不知道，所以中国同日本现在还没有大联合，将来潮流所趋，我们在亚洲东方的各民族，也是一定要联合的。东西两方民族之所以发生这种潮

---

① 《孙中山全集》第 11 卷，中华书局 1981 年版，第 401 页。

流,和要实现这种事实的原故,就是要恢复我们亚洲从前的地位。"①这就是孙中山"大亚洲主义"的出发点。

孙中山亚洲区域整合思想极端重要,可惜在他去世后并没得到继承发挥。他的后继者蒋介石、汪精卫、胡汉民等一大批国民党重要领导人都与日本有着不错的关系。但是在20世纪20年代,南方革命党人主导的政府由于与苏联、共产国际日趋接近,因而与日本的关系越来越紧张,特别是在苏联、中共支持下发动北伐,一路走过,打倒列强,打倒帝国主义的口号喊得震天响,不仅让包括日本在内的列强感到紧张,担心他们自清末以来得到的利益受到影响,而且对于日本来说,他们最担心的"赤化"——来自苏联的危险,逐渐变成可能。因而,当张作霖退出北京,并被暗杀后,北方的中华民国政府自然解体,南方的中华民国国民政府成为中国的唯一合法政府,中日关系由此进入一个全新的阶段。如何处理两国的关系,确实是一个前所未有的难题,既有国家利益的因素,又有意识形态的困扰。于是,等到1928年五三惨案爆发,两国相互恶感不断升级,重回战争,在战场上一决雌雄,似乎已经成为不可逆转的趋势。

走上战争

济南五三惨案的发生极大地激化了中日之间的矛盾,两国从相互恶感逐步走上战争。从这个方面说,国内政治格局的变化,既是济南五三惨案发生的背景,也是中日关系日趋紧张并最终诉诸战争的一个因素。

1927年,广州国民政府主导的北伐持续推进,进入江浙地区。在此期间,蒋介石获得了金融资本家的大力支持,并在国民党右派势力的影响下,与共产党决裂。共产党从联合北伐的合作伙伴变成蒋介石、国民党"讨伐"的对象,不得不退出城市,回到农村,逐步建立革命根据地,等待时机,等待大格局的改变,重

---

① 《孙中山全集》第11卷,中华书局1981年版,第404页。

返更大的政治舞台。

由于北伐的诉求就是颠覆1912年中华民国的政治架构，重建一个孙中山及革命党人所给出的政治架构，因而自北伐开始，国民政府奉行的"革命外交"路线就不同于北京政府的"修约外交"。北京政府虽然并不完全认同近代以来中国和外国所达成的全部协议，但对这些外交协议，一直采取与各国谈判协商的方针，承认这些条约的签订有历史的原因，对于不合适的条款，尊重历史，尊重国际通行规则，逐步修改。[①]

反观国民政府，在国共合作后，孙中山的思想主轴是团结国内外各种力量，对内打倒军阀，对外反抗帝国主义。他们将近代以来的中国外交描述成备受列强欺负，被动、被迫接受了一系列不平等条约，因而要求废除这些不平等条约强加给中国人的种种束缚，包括收回租界和租借地的主权、争取关税自主权、恢复司法独立和终结领事裁判权、掌握内河航运权、驱逐外国军事基地并收回驻扎权，以及收回先前委托外国人管理的邮政等关键权限。在孙中山及革命党人看来，这些都必须收回，不论外国人是通过什么方式获得的。

"革命外交"就是以革命的方式解决近代以来形成的所谓条约体制，不必顾忌过去这些条约所形成的历史条件、惯例，运用大胆而激烈的手段，凭借强大的民间舆论，强行将过去的条约或废除，或修改，只要合乎他们所以为的中国利益。更进一步的目标，则是修改国际规则。用留学过欧洲的国际法学家周鲠生的话说，"革命外交"的根本要义就是要"打破一切传习成见和既存的规则"，甚至"对于既存的国际规则、惯例或条约的束缚，都要一概打破"。"革命外交"就是不要再那样文质彬彬，温文尔雅，由职业外交官进行和平交涉，而是要"利用民众势力"采取主动攻势，"遇事生风"，"小题大做"，简言之，就是"流氓式外交"，而不是绅士式外交。[②]按照这样的原则，北伐军在进军途中，确实做到了一路走一路收回主权。不论是北洋政府还是清朝签署的条约，北伐军一律以武力、实力推翻或者收回，诸如海关附加税，九江、汉口英租界等，都是这个时候回到中国手里。

---

① 参见唐启华：《被"废除不平等条约"遮蔽的北洋修约史（1912—1928）》，社会科学文献出版社2010年版。
② 周鲠生：《革命的外交》，上海太平洋书店1928年版，第1—10页。

"革命外交"是一个伟大的举措，其本质是爱国、正义。但同时应该看到，"革命外交"所要颠覆的是华盛顿体系，因为华盛顿体系成立的前提就是中国承认之前与各国的条约继续有效，尊重、保护列强在中国的既得利益。"革命外交"不再顾及《华盛顿条约》，这显然有损于帝国主义在中国的利益。

北伐军及后来南京国民政府的"革命外交"遭到了帝国主义的抵制，但毕竟时代不一样了，西方老牌帝国主义国家没有与新政权南京国民政府过分纠缠。世界足够大，他们可以去开拓更多的地方。何况南京国民政府的支持者是江浙地区的资本家，内部的高官尤其是财经高官，相当一部分来自欧美名校，因此他们相信，南京国民政府迟早会接纳、容忍国际资本的进入。

但中国的近邻日本不像西方老牌帝国主义国家那样。近代以来中日关系虽然跌宕起伏、时好时坏，但总体而言，中日两国的经济联系因地缘远大于欧美诸国。甲午战争以后，日本软硬兼施，先后在中国获得了巨大的利益，其中最为突出的，莫过于日本人一直念兹在兹的所谓"满蒙权益"。包括旅顺港和大连湾租借地、"南满"铁路经营权及其附属地租期，以及治外法权、关税自主等方面。中日之间原本就存在不同的想法，而"革命外交"的刺激，让这些不一样的想法持续扩大。

1929年9月，国民政府派遣司法院副院长张继赴日谈判治外法权撤废，日本以各种利害加以拒绝，提出中国连年内乱，中央权力不彰，司法官本身的素养严重缺欠，学识与才能均不具备，贸然撤废治外法权，在没有司法独立的中国，司法官为了保留自己的地位，势必迎合官吏，在中国的外国人自然会对法治环境感到恐慌。

至于"满蒙问题"，日本政府更不愿意与中国方面进行讨论。不论是"关东州"的租借，还是"满铁"的权益与管理，日本都认为原有条约必须维持，根本不存在国民政府提前收回，或修改条约的可能性。

除此以外，中日之间另一个争议焦点是关税自主权。1928年前后，美、英、法诸大国相继接受了国民政府的要求，陆续归还了关税自主权，唯日本一拖再拖，无意解决。20世纪30年代初，中日两国谈判代表就此进行磋商，日本政府原则同意了中国政府重订关税协定的要求，但在议定关税的商品种类方面设置了许多新的条件。经过极为艰难的谈判，中日达成新条约，日本同意将关税自主权交还给中国，中国答应给日本最惠国待遇。

中日之间最大的难点还在"满蒙问题"上，这是中日两国走上战争的关键点。

日本是一个岛国，自然资源、市场规模都很有限。明治维新让日本获得了巨大成功，那时的日本人就发愿要登上大陆，与欧美诸强竞争，稍后的甲午战争，以及日本刻意索要台湾、辽东半岛，其实就是要以台湾为跳板踏上大陆，以辽东半岛为起点，通过西伯利亚，抵达欧洲，进而真正完成"脱亚入欧"的宏伟目标。辽东半岛后因三国干涉而归还中国，但日本并没有放弃通过东三省进入欧洲的战略构想。1904年日俄战争，日本大胜，两国签订《朴茨茅斯和约》，日本获得了"南满"铁路经营权、辽东半岛租借权，从俄国人手里夺取了相当丰厚的利益。

第一次世界大战爆发之后，日本肆意扩大在中国东北地区的存在，在郑家屯设立巡警署，制造郑家屯事件，迫使中国政府承认其驻兵权。"二十一条"交涉之后，中日签署《关于南满洲及东部内蒙古之条约》，日本由此延长了旅顺港、大连湾以及"南满"等铁路的租借期限，获得了在"南满"租借土地经营工商业和农业等权力。然而等到北伐开始，国民政府的"革命外交"让日本感到恐慌紧张，按照北伐军在南方的做法，日本几十年来在"满蒙地区"所获得的特殊利益将化为乌有。于是日本策划皇姑屯事件，炸死张作霖，进而借着英美法等西方大国深陷资本主义经济危机，无暇东顾之际，制造柳条湖事件，即1931年九一八事变，以此为由头出兵占领中国东北大部分领土。更进而，九一八事变引发溥仪之"满洲复国主义运动"，日本通过与溥仪签订所谓的议定书，获取在中国东北无限期驻军的权益。东北完全落入日本人手里，亡国危机突然笼罩全国，抗日救亡迅即成为中国政治最大的主题，十四年战争由此开启，而八年抗战也由此进行最积极的准备、酝酿。

第一章　九一八事变后民族危机的加深与民族觉醒[①]

日本对华持续侵略是近代以来中国历史上最黑暗的一页,日本反动统治者一次次侵略中国,妄图变中国为其独占的殖民地,进而吞并亚洲、称霸世界。甲午战争、日本侵占台湾、日本侵占青岛、中日"二十一条"、五三惨案等均被国人视为不可忘记的民族耻辱。1931年,日军策动九一八事变,侵占中国东北全境。中国人民在白山黑水间奋勇抵抗日本侵略,成为中国人民抗日战争的起点,同时揭开了世界反法西斯战争的序幕。旨在抗击侵略、救亡图存的全国性抗日救亡运动此起彼伏。西安事变和平解决后,国共两党再次合作,投身这场关系中华民族生死存亡的民族解放战争。

一、东北问题由来:日本占领东北与伪满洲国成立

日本自19世纪60年代进行旨在富国强兵的明治维新后,走上了近代化的道路。由于日本社会封建观念与传统神道教观念根深蒂固,维新改革并不彻底,由传统武士道精神演化而来的军国主义思想,以及历史上的对外扩张思想依旧保持着指导性地位。这使得强大后的日本将侵略扩张视为基本国策,该扩张政策又被统称为"大陆政策"。

---

① 作者:范子谦(山东财经大学)。

日本"大陆政策"有一个发展形成的历史过程。它是以称霸世界为目标的对外侵略扩张政策,实施步骤是先吞并朝鲜,再灭亡中国,最终独霸亚洲乃至称霸世界。1868年4月6日,日本政府以天皇名义刊布施政纲领,公然宣称对外扩张方略,即"经营天下,安抚汝等亿兆,欲开拓万里波涛,布国威于四方"[1]。自此,以奉行掠夺、侵略扩张为底色的"大陆政策"成为近代日本基本国策。

　　19世纪70年代之后,日本提出其扩张的主要假想敌"不是英国,不是法国,亦不是俄国",而是"邻邦清国"[2]。国家实力的增强为其扩张野心转化为侵略行动提供了条件,日本开始不断施行对外扩张。1872年,日本强占清政府传统藩属国琉球,1879年改名为冲绳县,并强行将其纳入日本国版图。国力羸弱的清廷对此鞭长莫及。1874年,日本借琉球事件武装进攻中国台湾,经英国调停后中日签署《北京专约》,以清廷赔付日方白银50万两军费为代价而告一段落。明治维新后日本针对中国及其附属国几次扩张行为进展顺利,进一步刺激了日本的侵略野心。

　　日本在向本国南部海域扩张之后,将目光投向西边一水之隔的朝鲜及中国东北地区。日本利用朝鲜1882年壬午兵变与1884年甲申政变的机会,攫取了在朝鲜驻兵的特权,为下一步吞并朝鲜、图谋中国提供了必要条件。自19世纪90年代,日本"大陆政策"的具体实践就是其分别针对中国、俄国的甲午战争、日俄战争。甲午战争日胜中败的结果使得日本完全占领了清政府藩属国朝鲜,割占中国辽东半岛、台湾及澎湖列岛,此战改变了东亚政治秩序,终结了中国的朝贡体系,相当程度上改变了中日民间社会之于对方的传统认识。虽然事后日本在俄国、德国与法国干预下以勒索清政府"赎辽费"3000万两白银为代价归还了中国辽东半岛,但那只是日本因暂时国力虚弱而采取的权宜之计,其对东北的觊觎之心从未停止。1905年日俄战争的胜利,不但使得日本攫取了沙皇俄国在中国东北南部地区的权益,更使得日本一跃成为世界列强之一。同年,携得胜之淫威的日本强迫清廷签署旨在进一步染指中国东北地区的《中日会议东三省事宜条约》,条约规

---

[1] [日]伊文成等:《明治维新史》,辽宁教育出版社1987年版,第356页。
[2] [日]山县有朋监修:《陆军省沿革史》,日本评论社1942年版,第68页。

定中国开放辽阳、长春、海拉尔、哈尔滨、瑷珲、满洲里等 16 处为商埠；允许日本继续经营自安东至奉天军用铁路；允许日本在奉天、安东各地划定租界；成立中日木植公司在鸭绿江右岸采伐树木等。①此后，日本与俄国绕过清政府，针对中国东北先后 3 次签订《日俄密约》，将沙俄在中国内蒙古东部地区及东北北部一带特权转让给日本，此即日方所谓"满蒙"地区。1905 年 9 月，日本接管沙俄统治下的"关东州"②，在奉天辽阳设置"关东总督府"，内设陆军部，由日本陆军大将大岛义昌担任首任总督，兼任日本驻军司令，全权处理行政管理、戍守防务，直接对日本天皇负责。次年，总督府迁至旅顺后改称"关东都督府"。1919 年，"关东都督府"改称"关东厅"，主要负责行政、司法统治。同时实行军政分治，并在旅顺组建"关东军司令部"，"关东州"日军统称"关东军"，以期加强对"关东州"驻地及南满铁路沿线地区军事控制。

由于日本国内军部对政治影响甚大，且关东军驻扎东北，远离日本国内控制，关东军中少壮派军人意图彻底将东北从中国版图分割出去，关东军则充当日本侵华扩张的马前卒角色。第一次世界大战期间，欧洲列强无暇东顾，日本加紧对中国的控制。1915 年，日本向袁世凯北洋政府提出野心勃勃的"二十一条"，妄图全面控制中国的野心昭然若揭。1927 年，日本首相田中义一主持召开内阁会议，提出了旨在染指中国内蒙古、东北等地区的侵略政策，称："关于满蒙，特别是东三省……要作特殊的考虑""万一动乱波及满蒙，我国在该地的特殊地位、权益有遭受损害之虞时，不问来自何方，将予以防护"③，该纲要强调了中国内蒙古及东北地区之于日本的重要性，彰显了日本侵略扩张的路径，即灭亡中国的前提则是首先控制中国东北与内蒙古地区，以此作为占领中国的前沿阵地。

---

① 王铁崖编：《中外旧约章汇编》第 2 册，生活·读书·新知三联书店 1959 年版，第 340—341 页。
② 1898 年 3 月，沙俄政府借口三国干涉还辽有功，迫使清政府与之签订《中俄旅大租地条约》，规定将中国旅顺、大连湾租借给俄国；1899 年 5 月，中俄两国签署《勘分旅大租借专条》及《辽东半岛租地专条》，复州交流岛、西中岛等岛屿被俄国强行划入旅大租借地。1899 年 8 月，沙俄出台《暂行关东州统治规则》，改旅大租借地为"关东州"，同时成立"关东州厅"。俄国在"关东州"对中国人民实行殖民统治，"关东州"成为俄国试图进一步侵占中国东北的桥头堡。
③ 复旦大学历史系中国近代史教研组编：《中国近代对外关系史资料选辑（1840—1949）》下卷第 1 分册，上海人民出版社 1977 年版，第 140 页。

可见，近代中日东北问题的实质是日本军国主义为实现其称霸目的，进行掠夺扩张所引发的侵略与反侵略斗争。

袁世凯死后，北京政府分裂为皖系、奉系、直系等派别，一时间国内政局动荡不安、内乱纷争。奉系军阀张作霖趁势而起，成为掌控东北的地方实权派。日本为实现全面控制东北的野心，实行援助支持张作霖并稳固其统治的策略。为实现其"满蒙政策"，日本不断施压张作霖，张氏多采取虚与委蛇的态度，既不敢过分得罪日本，又不愿背负分裂国家民族之骂名。日本方面对张作霖行为越发不满，谋划将其除之而后快。1928年6月，日本关东军策划实施"皇姑屯事件"，于沈阳附近皇姑屯炸死了不甘心做日方傀儡的张作霖。日本此举意在制造东北地区混乱局面，以图谋实现其所谋划的占领东北政策。张作霖死后，其子张学良接手东北军，出任东北三省保安总司令。同年12月29日，张学良冲破日本重重阻挠，向全国发布通电，宣布东北改旗易帜，遵从南京国民政府领导。

东北易帜后，张学良表面上同日本保持协商合作的态度，实际上则以国家外交应当是南京国民政府与日本政府磋商为由，屡次拒绝日本提出的就地解决主张。此外，张学良组织修筑了与日本控制下南满铁路平行的"满铁平行线"，建设葫芦岛新港口与日本控制下的大连港展开竞争。张学良的行为引起了日方对可能失去东北的担忧，刺激了日本关东军激进派。日方决定实施武力占领，试图彻底解决所谓"满蒙问题"。东北处于战争的边缘。

除了对东北改旗易帜后所存在可能变数的忧虑外，20世纪30年代，受世界经济危机影响，日本国内爆发严重经济危机，经济陷入疲软无力境地，原本存在的生产过剩问题更加凸显，失业人口与日俱增，大量企业倒闭，国内各阶层矛盾日益激化。日本激进分子鼓吹征服中国东北用以摆脱困境的主张甚嚣尘上，维护"满蒙生命线"的侵略论调持续发酵。彼时，中国国内中原大战激战正酣，张学良挥师10万入关，亲自坐镇北平，通电支持蒋介石。此举虽然扩大了东北地方实力派的地盘，却削弱了东北地区国防力量。日本军方为此积极展开谋划，频繁于东北地区开展军事演习，密谋挑起争端，中日关系日趋紧张。

1931年9月18日晚10时左右，关东军故意在沈阳附近南满铁路柳条湖路段制造爆炸，伪造现场，反诬中国军人所为。此为关东军板垣征四郎、石原莞尔等人密谋许久之"柳条沟（湖）计划"。筹备许久的关东军随即向东北军沈阳驻地北大营开炮并发动进攻，北大营第7旅在毫无防备之下溃不成军。次日清晨，日军全面占领北大营及辽宁首府沈阳城。这就是九一八事变。事变发生后，日本关东军按照参谋部既定计划全线出击，向南满铁路沿线主要城镇、战略要地发动进攻。四平、凤凰城、安东、营口等10余座城镇3日之内皆为日军占据。南满铁路终点长春是连接哈尔滨、吉林等地的要冲。9月19日凌晨，日军突袭东北军长春驻地宽城子，守军奋起抵抗后因伤亡过大被迫撤出战斗。受上级不抵抗政策影响，面对来犯敌军，长春各要地东北军驻军几乎毫无战斗准备。当晚10时许，长春沦陷。9月21日，日军占领吉林省首府吉林市。

日军向东北各地进犯的同时，关东军司令本庄繁电告日本政府寻求增援，为接下来侵犯吉林省、黑龙江省、东省特别区等地做军事准备。由于中国与苏联所共同管理的中东铁路总枢纽位于东省特别区行政长官公署所在地哈尔滨，日本顾及苏联方面反应选择引而不发，转而攻击辽宁省政府临时所在地锦州。日军肆无忌惮轰炸锦州的军事行为引起了国际舆论强烈关注，国际联盟谴责并要求日方撤军。最终日军不顾反对，继续发动进攻。日军积极谋取锦州时，也在紧锣密鼓准备进犯黑龙江省首府齐齐哈尔。1931年11月19日，黑河警备司令马占山所属部队奋起御敌，经过数日激烈战斗，重创日军进犯部队，终因部队伤亡惨重撤出战斗，齐齐哈尔失守。1932年1月3日，三面受敌的锦州城也为日军占领。同年2月5日，哈尔滨沦陷。自九一八事变至此，不足5个月内，日军占领了中国东北三省的主要领土。

东北数省居然在短时间内落入数万日军之手，数十万东北军不战而退，数千万同胞挣扎于侵略者铁蹄之下，实乃近代灾难深重的中华民族又一刻骨铭心的民族耻辱。究其原因，除了对日军侵略野心未抱有足够警觉外，南京国民政府所坚持的"攘外必先安内"政策影响甚恶。日军一再寻衅时期，国民政府忙于"围剿"中共苏区根据地，力主戡平内乱为先。受此影响，面对关东军步步紧逼，张学良虽意识到日本有超出常规军事行动的可能，却也奉行不抵抗政策，寄希望于中央政府出面斡旋。他本人也对日方企图判断失误，认为这不过是日军的又一次挑衅行为，未料到这竟是日本侵吞整个东北的开始。事后张学良曾对媒体表示，"吾早下令我部士兵，对日兵挑衅，不得抵抗。故北大营我军，早令收缴军械，存于库房"，"当日军进攻消息传来时，立时又下令收缴军械，不作报复行动"[①]。东北当局面对日军肆无忌惮的进攻依旧"听命于中央"，执行不抵抗政策，叠加对事迹性质判断失误等因素，使得东北军未能采取足够有效措施反击日军。

面对大片国土沦丧的局面，以蒋介石为首的国民政府虽然大为震惊，却依旧坚持"攘外必先安内"政策，认为彼时中国无力应对与日本全面冲突局面，试图优先解决国共军事对抗及实现国民党治下国家统一，所谓"今日之对外，无论用军事方式解决，或用外交方式解决，皆非先求国内统一，不能为功"[②]。国民党政府实质上对日本侵略采取妥协退让政策。

国民党最高领袖蒋介石寄希望于国际力量从外交层面解决中日问题，联络英、法、美等国大使，试图发动国际联盟力量施压日本当局。经国民政府多方外交努力，1931年12月10日，国际联盟正式成立由英、法、美、意、德等国代表组成的国联调查团前往东北实地调查事态情况。1932年3月14日，国际调查团抵达中国时，日本已经扶植清朝末代皇帝爱新觉罗·溥仪成立伪满洲国。

日军在进犯锦州、齐齐哈尔过程中，受到国际社会极大关切。国际舆论对日本的谴责令日本政府有所忌惮。为缓解突变的国际形势，日本积极网罗、收买汉奸为其效命，以成立所谓"新国家"的名义操纵东北实际权力。早在九一八事变之前，日军参谋部依据内外形势走向预谋按照3个阶段殖民东北：第1阶段是建立亲日地方政权，仅在形式上归属中国政府管辖；第2阶段是在"满蒙"地区扶持建立一个完全接受日本控制的"独立"政权；第3阶段则是直接侵吞"满蒙"地区，最终图谋是将东北纳入日本版图。九一八事变后，事态剧变，上述3个阶段可能难以次第实施，遂变为可供选择的3种形式，日本对原先的殖民方案随即做出调整。

---

① 《张副司令表示态度》(1931年9月20日)，《国闻周报》第8卷第38期，1931年9月28日。
② 秦孝仪编：《总统蒋公思想言论总集》第10卷，(台北)"中央"文物供应社1984年版，第482页。

关东军高级参谋板垣征四郎、石原莞尔与从日本前往东北的参谋本部作战部部长建川美次等人对殖民方案进行反复讨论，最终制定了《满蒙问题解决方策案》，决定实施上述第 2 阶段殖民策略，内容包括建立以爱新觉罗·溥仪为首的亲日政权，统辖东北四省及内蒙古地区；日本掌管新政权外交、国防、交通及通信设施；任命熙洽、张海鹏、汤玉麟等人分别担任吉林、洮索、热河等地镇守使，且特别注明其与关东军关系。①1932 年 1 月 6 日，日本出台《中国问题处理方针纲要》，主旨是将"满蒙"地区从中国领土中分离出去，策划"满蒙"地区建成"独立"国家。

　　关东军为早日实现建立傀儡政权的目的，策划建立了一批东北地方伪政权。1931 年 9 月 26 日，军署参谋长、吉林省代理主席、清朝皇室后裔熙洽在日本人支持下成立"吉林省长官公署"，自行宣布脱离国民政府"独立"；同年 11 月 7 日，原辽宁省政府主席臧式毅担任新改组的伪奉天省政府省长；1932 年 1 月 1 日，日本人扶持原东北东省特区长官张景惠担任新成立的伪黑龙江省政府主席。就这样，在日方策划下，东北吉林、辽宁、黑龙江三省先后出现省、县级别的傀儡地方政权。而以爱新觉罗·溥仪为首脑的伪政权即将粉墨登场。

　　1924 年，溥仪被冯玉祥驱逐出紫禁城，自 1925 年 2 月起便一直居住在天津日本租界接受日方庇护。经过反复权衡，日方将傀儡人选锁定为溥仪。经日方拉拢诱惑，溥仪也寄希望于借东北乱局再次复辟大清帝国，双方遂一拍即合。九一八事变发生前，日本军方通过溥仪留学日本的弟弟溥杰捎去口信："满洲在最近也许就要发生点什么事情。……请宣统皇帝多多保重，他不是没有希望的。"②1931 年 11 月 14 日，日本特务土肥原等人护送溥仪离开天津抵达营口，此后再至旅顺。1932 年 2 月 16 日至 24 日，由日本关东军参谋、汉奸、傀儡为主召开所谓"建国会议"，宣布东北"独立"，与南京国民政府脱离关系。2 月 25 日，在日方授意下，以伪东北行政委员会名义发布政权组织大纲，宣布国名为"满洲国"，长春为"首

---

① 复旦大学历史系日本史组编译：《日本帝国主义对外侵略史料选编（1931—1945）》，上海人民出版社 1975 年版，第 17—18 页。
② 爱新觉罗·溥仪：《我的前半生》，东方出版社 1999 年版，第 266 页。

都"，改名"新京"；最高领导人称"执政"，年号"大同"。3月8日，溥仪抵达长春。次日举行伪政权"就职典礼"，出任"执政"，同时依据关东军所提供人员名单任命伪政权政府要员。伪政权各级机构均设有日本顾问掌握实际权力。1932年9月15日，日本政府正式承认伪满洲国，随后双方签订旨在协助日本控制中国东北地区的《日满议定书》。日本以此操控了东北的政治、经济、军事、文化、"外交"权力，在东北实施殖民统治。此后，日军不断强化殖民统治，积极准备进一步侵略中国。

二、东北人民的抵抗

国耻家恨当前，具有强烈爱国热情的东北人民展开了不屈不挠的斗争，掀起了轰轰烈烈的抵抗运动。

九一八事变后，部分东北军爱国官兵出于民族义愤，不顾上级迭次不允许抵抗的命令，毅然奋起抗战。事变当天，沈阳北大营驻军第602团在团长王铁汉指挥下与敌人激战7小时之久后突出重围。日军进攻长春时，在宽城子车站、南岭军营均遭到当地东北军守军官兵自发抵抗。东北军爱国官兵的抵抗时有发生。其中最有组织性、代表性的大规模抗日行动当数马占山领导的江桥抗战。

日本关东军迅速占领东北辽宁、吉林等省份后，将下一步侵略目标锁定为黑龙江省。黑龙江省首府齐齐哈尔为日军势在必得的战略要地。其地处平原，道路一马平川，洮昂铁路线（洮南至昂昂溪）上横跨嫩江的嫩江桥可谓唯一有利屏障。初始，关东军顾虑苏联方面反应，并未派军直接进攻黑龙江，转而引诱收买洮辽镇守使张海鹏投敌，怂恿张海鹏率部进犯齐齐哈尔。

彼时马占山担任黑河警备司令兼任步兵第3旅旅长。黑龙江形势危难之际，远在北平的张学良电令马占山担任黑龙江省代理省主席兼任军事总指挥，统率黑龙江省东北军各部队，设法抵御日方侵略。这是九一八事变后张学良乃至中国政府官方层面下达的最早的抵抗命令之一。1931年10月16日，张海鹏所部向嫩江大桥发动攻击,守军奋起反击,激烈战斗后击退伪军。为防止敌军再次进犯,守军主动将大桥毁坏3处。10月20日,马占山抵达齐齐哈尔举行代理省长就任典礼。两日后,马占山发表《抵抗宣言》,申明抵御外侮立场。在他亲自领导下,参与江桥抗战的部队组成数条防御阵线严阵以待。此时,日本驻齐齐哈尔领事清水八百一声称洮昂铁路线由日本投资建设,现今债务未偿清,日方决定派人修理桥梁。如若中国军队阻拦,日军将采取适当措施。

随后,关东军司令本庄繁以马占山未履行承诺为借口,宣布"拟于四日派军队护送工程队,前往修理",倘若某一方企图阻挠修理,"日军队将采取必需步骤"[①]。11月3日晚,日军新组建的嫩江支队在飞机、大炮掩护下向江桥守军发动攻击。为避免事态扩大,中国守军保持克制态度隐忍未发。11月4日,日军嫩江支队先头部队在飞机火力支援下渡过嫩江大桥后猛攻中国守军阵地,中国军队奋起反击,拉开了江桥守卫战的序幕。次日,日军又以张海鹏部伪军为前驱,猛攻马占山部队。经过激烈战斗后,守军击退进犯敌人。6日凌晨,日军增援部队抵达江桥一带。随后在飞机、大炮支援下,日军主力部队大举进犯。马占山亲临前线进行指挥,战况激烈异常,江桥守军仅凭落后装备与之相抗,给敌人骑、步兵联队以重大杀伤。中国守军也付出惨重代价。为保存有生力量,马占山下令部队放弃江桥阵地,后退到距离江桥25公里的三间房,构筑保卫省首府的第二道防御阵地。此后江桥抗战进入第二阶段。

11月7日起,日军不断向三间房发动进攻。敌我双方激烈交战,双方均伤亡惨重。本庄繁再向马占山发出通牒,提出马占山下野、撤出齐齐哈尔驻军、日军向洮昂路昂昂溪前进等数项无理要求。马占山依据张学良命令严词拒绝。[②] 同月16日,经过人员、装备补充后的日军在优势火力掩护下向马占山部队全线进攻,三间房防御阵地陷入日军三面围困。11月18日,累经激战后伤亡巨大的中国部队被迫撤出战斗返回齐齐哈尔。次日,黑龙江省政府主动转移到克山,马占山率军撤至海伦,齐齐哈尔沦陷。

---

① 《日本借口修桥进兵江省》,《大公报》1931年11月4日。
② 马占山:《马占山抗日之经过及现状》,《唯生》第1卷第11期,1932年9月19日。

马占山领导的江桥抗战是九一八事变后中国军队第一次有组织的大规模武装抗日行动，使得日军侵占东北的计划首次遭遇挫败，展示了东北人民不屈不挠的抵抗精神。马占山致电南京国民政府，申明忍无可忍之下率部抵抗缘由："以保祖国疆土，以存华族人格，誓抛热血头颅，弗顾敌我强弱。"[1]江桥抗战得到了国内各界广泛声援及海外的关注，各地开展反日援马活动。国内主流媒体纷纷跟进报道，赞颂马部抗日"为民族争生存，为国家争地位"[2]；"孤军苦战，抗敌守土，为国家干城"[3]。江桥抗战后期，国民政府机关报《中央日报》一改此前刻意淡化中日冲突的报道方式，开始赞扬马占山及守土爱国将士。[4]英国《先驱报》《泰晤士报》，美国《纽约时报》，苏联《真理报》，法国《法文日报》等国外有影响的报刊也对中国抗战密切关注，向海外民众传递中国积极抵抗侵略的形象。

齐齐哈尔沦陷后，日军兵锋直指辽宁省政府临时所在地锦州。1931年12月至次年1月份，东北军在锦州外围营口、沟帮子、白旗堡、大凌河等地英勇抗击进犯日军，一度遏制日军攻势，延缓了锦州陷落时间。1932年1月，依兰镇守使李杜联合东铁护路总司令丁超等人率军进入哈尔滨，成立吉林省自卫军总司令部，李杜担任总司令，发表讨逆通电，号召哈尔滨军民联合抗日。当月30日，第22旅旅长赵毅率部偷袭哈尔滨外围十里铺地区伪军刘宝林旅，俘虏700余人。同日晚，赵毅部队又在双城火车站设置包围圈，三面包围进犯日军之第3旅团一部，给予敌人重大杀伤。2月2日之后，日军优势兵力逼近哈尔滨外围。吉林自卫军司令部统一指挥驻守哈尔滨东北军各部队，李杜等人亲临前线指挥战斗，外线阵地失守后又利用围墙、民房与装备精良的敌人展开巷战。2月5日，势单力薄的自卫军血战后被迫撤出哈尔滨。

东北沦陷后，原东北军少部分军人投敌叛国成为伪军，部分部队经山海关撤退到关内外，剩余部队大部分与当地名目繁多的自发武装相会合，他们统称为抗日义勇军，活跃在东北各地反抗日军侵略的第一线。白山黑水之间，人民抗日的

---

[1] 辽宁省档案馆编：《中华民国史资料丛稿·奉系军阀密电》第4册，中华书局1986年版，第211页。
[2] 《各界电慰马占山》，《申报》1931年11月10日。
[3] 《嘉勉马占山孤军抗敌为国干城》，《大公报》1931年11月16日。
[4] 《四全代会昨开第二次大会蒋主席宣读对外宣言决对龙江将士作实力救援》，《中央日报》1931年11月17日。

烽火此起彼伏。

辽宁地区最早遭受日军侵略，当地的抗日义勇军也最早兴起并迅速发展。1931年12月，原辽宁省警务处长黄显声组织部分公安队、警察队、各民团成立辽宁抗日义勇军，次年1月，改称东北民众自卫义勇军，义勇军全军分为22路，总人数达六七万人。部队活跃于黑山、辽中、沈阳、抚顺、锦县等地区，四处袭扰日军。1932年1月9日，义勇军及部分民众于锦西县城设伏击毙日军第27团团长古贺传太郎中校，击毙、击伤日军官兵30余人。古贺的死极大震撼了日本侵略者。至当年4月21日，唐聚五担任义勇军总司令时，部队已经发展到20余万人，分为56路，划分全省为5大军区，每区设置一名总指挥负责指挥作战。[1] 在辽南地区，原凤城县公安局局长邓铁梅在黄显声支持下，组织联络仁人志士成立东北民众自卫军，邓铁梅担任司令。当年11月22日，邓铁梅率领自卫军攻取凤城县城，歼灭守城日伪守备部队，缴获步枪400余支，机枪3挺，迫击炮2门，取得凤城大捷[2]。

吉林地区除了有前述李杜与丁超等人组织领导的吉林省自卫军给予日军沉重打击外，还有战斗在吉林东部地区的由王德林领导的吉林国民救国军、田霖领导的吉林人民抗日自卫军、姜荣跃率领的吉西抗日军等抗日武装。其中，曾担任东北军营长的王德林所领导的抗日武装产生了较大影响。1932年初，该部在王德林带领下，前后3次攻打日军占据的敦化城，袭扰长图路，累计歼敌400余人。攻打额穆和蚊河等战斗中缴获日伪军各式枪支1000余支；在镜泊湖地区连续作战中，歼灭敌人200余人，缴获枪支140余支。[3]

在黑龙江省，马占山领导江桥抗战后，率部退至海伦。尽管他在此期间一度动摇，向日伪军妥协，参与伪满洲国所谓"建国会议"，担任伪满洲国黑龙江省省长职务，但不久之后重回齐齐哈尔的马占山再次举起抗日大旗，在重新整顿部队的基础上补充各地义勇军和保卫团，成立了黑龙江省抗日救国义勇军。1932年4

---

[1] "国史馆"史料处编：《第二次中日战争各重要战役史料汇编·东北义勇军》，（台北）"国史馆"1984年版，第15页。
[2] 本溪县志编纂委员会编：《本溪县志》，本溪县印刷厂1983年版，第980页。
[3] 温永录主编：《东北抗日义勇军史》下册，黑龙江人民出版社1987年版，第610—617页。

月，马占山联系李杜、丁超，商议联合吉林、黑龙江两省义勇军会攻哈尔滨。计划遭到泄露后引起关东军恐慌，引得关东军司令本庄繁亲自指挥部队攻击义勇军，反攻计划不幸流产。在日军"围剿"下，黑龙江省义勇军主力被击溃，人员遭受重大伤亡。1932年10月1日，原呼伦贝尔警备司令苏炳文率领其所属第2旅，联合张殿九、李振华、张竞渡等人成立东北民众救国军，誓师抗日。部队在海拉尔、呼兰、扎兰屯等地多次与日伪军作战。10月3日，苏炳文领军1.6万余人进军富拉尔基，与日军中山支队鏖战甚急，一度击溃日军。12月初，日军第14师团依托飞机、大炮，采用多兵种联合扑向救国军。救国军力战不支后退入苏联。

除了军队战斗在第一线外，东北各界民众也自发组织起来，采用各种形式展开抗日斗争。日军占领沈阳后，控制了奉系经营多年的工厂企业，沈阳工人以罢工的形式相抵抗。沈阳兵工厂工人拒绝为日军生产军火，前后有3万余人离开工厂，其中很多人投奔抗日义勇军。哈尔滨、抚顺、鹤岗等地的电业工人、煤矿工人，呼海路、吉沈路沿线的铁路工人，纷纷举行大罢工。南满、东满等地乡村地区的农民群众仅凭借手中低劣武器，进行反日暴动。1931年9月27日，流亡关内的东北人民在北平成立东北民众抗日救国会，救国会以"抵抗日本入侵，共谋收复失地，保护主权"为宗旨[1]。该会与张学良关系密切，吸纳大量东北籍流亡学生及爱国人士，他们呼吁收复东北，在宣传、推动全国抗日救亡等方面发挥了举足轻重的作用。同年11月，哈尔滨各界联合会发表抗日宣言，誓将抵抗进行到底："（东北）3000余万民众，200余万健儿，各输其财，各捐其躯，誓与日本帝国主义者作最后之决斗。""人心不死，终必能灭日朝食，还我河山也。"[2]民族大义面前，东北地区的土匪、山贼等大小绿林帮派也纷纷加入抗日义勇军队伍。

九一八事变后，中共满洲省委遵照中共中央"组织东北游击战争，直接给日本帝国主义以打击"的指示，开始领导、组织与发动群众进行抗日斗争。自1932年春始，中共满洲省委先后领导、组织了10多支游击队伍，开展广泛的游击战争。

---

[1] 王驹、邵宇春：《东北民众抗日救国会》，辽宁大学出版社1991年版，第11页。
[2] 《中国工会运动史料全书》总编辑委员会编：《中国工会运动史料全书·吉林卷》，吉林人民出版社2000年版，第132—133页。

1932年初，中共磐石县委利用日伪军立足未稳之机，在当地创建工农反日游击队。当年11月，游击队改称为中国工农红军第三十二军南满游击队。同年底，满洲省委派遣杨靖宇担任游击队政委，并指导游击队工作。此后，游击队人数扩充至2000余人，活跃于通化、海龙、双阳、永吉、磐石、柳河等地，成为南满地区抗日斗争的主要力量。1931年秋季与1932年春季，中共满洲省委东满特委先后领导当地工农群众与游击队发动秋收斗争、春荒斗争。1933年1月，在满洲省委指示下，东满特委书记童长荣将延边地区的延吉游击队、和龙游击队、汪清游击队、珲春游击队合并组建为东满游击队，王德泰任队长。队伍发展壮大后开辟了中共东满抗日游击根据地。1932年秋，中共党员冯仲云接受组织委派，赴汤原县领导创建抗日武装力量。汤原县委通过改造当地反日同盟会，筹建了汤原游击队。受制于匮乏的斗争经验，游击队建设几经波折，先后3次重新组建游击队伍。1933年改称为中国工农红军第三十三军汤原游击队，队伍人数扩充至2000人，活动于通河、富锦、依兰、汤原等地。这一时期，中共领导下其他影响较大的游击队另有10余支。1933年6月，中共饶河县委在当地救国会基础上组建饶河游击队，由李学富（李葆满）、张文偕等人领导，部队战斗在饶河、虎林、佳木斯等地；1933年7月，中共密山县委组织领导的密山游击队，在队长李延禄率领下于林口、密山、宝清一带进行游击战斗；1933年10月，珠河县委支持成立珠河游击队，共产党员赵尚志担任队长，该部队在哈尔滨东部山区地带开展武装斗争，建立珠河根据地。此外，还有中共各县委、中共党员组织领导下的巴彦游击队、宁安游击队等较为有名。

到1933年初，东北义勇军在日军残酷"围剿"打击下声势渐衰，东北地区武装斗争由高潮转向低谷。而中共满洲省委依据中共中央统一指示，对各地抗日游击队伍武装斗争做了统一部署。满洲省委书记罗登贤强调共产党员领导武装斗争的责任与任务："我们党的责任，就是把这些自发的斗争，变成有组织有领导的斗争！同时要建立党领导的工农义勇军。"[①]经过艰苦斗争，中共组织、领导下的抗日

---

① 《东北抗日联军》编写组：《东北抗日联军史料》下册，中共党史资料出版社1987年版，第468页。

武装力量逐步发展壮大,渐成东北地区开展武装斗争的主体。

东北各地义勇军并未建立统一组织施以领导与指挥,未明确制定行动纲领,且相对各自为战,得不到南京国民政府外部援助。1932年9月之后,日军集中精锐部队全力打击抗日武装,各路义勇军相继溃败。至1933年初,马占山、苏炳文等人率部退入苏联境内,部分部队借道内蒙古进入关内。虽然东北人民抵抗运动暂时陷入低谷,但抗争的力量始终在不断积蓄以等待新的斗争高潮的来临。相关数据显示,1931年,东北地区义勇军歼敌1万余人,1932年歼敌3万余人。[1]

东北爱国官兵、抗日义勇军及东北各地人民的武装斗争揭开了中国人民反抗日本侵略的序幕。东北人民抵抗日本侵略和殖民统治的战争整整持续了14年之久,其间虽经历了起起伏伏的挫折与失败,却顽强地坚持下来。他们消耗和牵制了侵华日军有生力量,迟滞了日本侵略中国的步伐,沉重打击了伪满洲国政权,为全民族抗战最后胜利付出了巨大牺牲,是中国人民艰苦卓绝的14年抗日战争历程中不容忽视的光荣部分。

三、救亡运动的兴起

亡国灭种的危机迫在眉睫,中国人民的爱国热情被点燃,各政党、各阶层纷纷提出各自抗日主张,蔓延到全国各地的救亡运动此起彼伏。

九一八事变后,中共中央发表一系列时局宣言,表明坚决抗战立场。9月20日,中共中央发表通电批评国民党政府及其不抵抗主义,反对日军强占东三省。[2]同日,中共中央与日本共产党中央联合发表宣言,号召中日两国的工农民众团结起来,反对日本侵占东三省。[3]9月22日,中共中央再次通过相关决议,指出满洲事变"是日本帝国主义的积极殖民政策之产物,是日本武装占领整个满洲及东

---

[1] [日]井上清:《昭和五十年》,北京大学亚非研究所译,天津人民出版社1979年版,第57页。
[2] 中央档案馆编:《中共中央文件选集》第7册,中共中央党校出版社1991年版,第396—399页。
[3] 《中国共产党为日本帝国主义强暴占领东三省事件宣言》,《红旗周报》第19期,1931年10月18日。

蒙的企图最露骨的表现",为此中共要求"加紧的组织领导群众的反帝国主义运动",决定广泛发动群众民族主义热忱,组织工人、群众、士兵参加各色各种的革命斗争。①9月30日,中共中央再次发表宣言,号召工农兵学自动组织起来,"实行罢工,罢课,罢操,罢市,示威游行,群众大会,武装工农学生"②。1932年4月15日,中华苏维埃共和国临时中央政府发表通电,"正式宣布对日战争",决心以民族革命战争"驱逐日本帝国主义出中国"③。

针对日本侵略中国东北,中共中央多次做出决议,发表通电,揭露日军侵华的本质,批评国民政府一味妥协退让的外交方针,鼓舞民众组织起来参加抗日队伍。此举与南京国民政府不抵抗主义形成鲜明对比。中共满洲省委接受中共中央指示精神,直接组织领导了10余支抗日游击队伍,开辟与壮大了游击根据地,沉重打击日伪军,动摇了伪满洲国的统治。在中国共产党影响下,国内各界以自己的方式行动起来,抗日救亡运动渐成声浪。

在这场席卷全国、覆盖各阶层的爱国运动中,全国各地的青年学生发挥了先锋带头作用。日军攻占沈阳城的第二天,北平各校大学生即有所反应。北京大学学生发出代电,敦促全国一致抗日,电文称:"日本帝国主义者,屡向我国挑衅,愿欲借故出兵,强占满蒙……为今之计,唯有速息内战一致抗日,并望我国民众实行武装,誓做政府后盾。"④清华大学学生会召开全体大会,讨论成立全市学生抗日联合会;朝阳学院成立东北同乡抗日会,发表告东北同胞书,通电要求抗日;中国学院成立反日救国会,联络北平各界作抗日救国运动;辅仁大学、陆军大学、志成中学等学校均举行集会,一致要求政府抗日。⑤21日,平津学术团体对日联合会召开成立大会,两市知名知识分子蒋梦麟、傅斯年、沈尹默、沈兼士等人参加;北大法学院东北籍学生联合北平37所学校东北学生成立东北留平同学抗日救国会,以抗日救国为宗旨;清华大学举行纪念周,学生召开全体大会,通过会议决

---

① 中央档案馆编:《中共中央文件选集》第7册,中共中央党校出版社1991年版,第416—424页。
② 中央档案馆编:《中共中央文件选集》第7册,中共中央党校出版社1991年版,第428页。
③ 《中华苏维埃共和国临时中央政府宣布对日战争宣言》,《红色中华》1932年4月21日。
④ 陈觉:《九一八后国难痛史资料·三》,第八章,东北问题研究会1932年版,第2—3页。
⑤ 《各校救国运动》,《世界日报》1931年9月21日。

议，决定组织反日运动委员会，分赴农村讲演，电请南京国民政府，"恳请政府对日宣战"；北京大学、北平师范大学亦举行纪念周，讲演日军暴行，商定应付举措；北京大学反日大会通电全国，要求"停止内战，一致对外""电请中央厉行革命外交"；燕京大学召开全体同学大会，决议即日起全体学生臂缠黑纱，上书"耻"字；华北学院、中国学院、华北中学、育英中学等也举行抗日大会。北平各校教职员委员会也相继成立。[1]24日，北平各大学联合起来成立北平学生抗日救国联合会。9月27日，救国会发表告全国书，批评政府坐以待毙的政策与行动，号召全国各界民众"马上组织起来，最普遍的组织起来，马上联合起来，全体联合起来……动员全体群众，作反对日本帝国主义的有力的战斗"[2]。许多学生更是出关投军，走向抗战前线。

北平学生要求国民政府停止内战，整军备战的主张得到全国范围内学生的呼应。广州、南京、西安、武汉、南昌、开封、杭州、天津等地的学生举行抗日救亡大会、游行示威，向国民党各级政府递呈请愿书，向国内民众发表通电。

上海与北京可谓是近代中国南北相望的两大中心城市。上海地区高校林立，学生众多，又是国内公共舆论中心城市，当地学生的抗日救亡运动对国内其他地区往往有引领与示范效应。自9月19日起，沪上各高校自治会召开会议，商讨开展抗日活动。此后数日，上海复旦大学、暨南大学、沪江大学、大夏大学、同济大学、劳动大学等学校，召开学生大会，组织反日救国会、抗日救国会，宣传队伍分别到市区与郊区进行抗日宣讲。上海各学校校长联合起来，致电欧美各国大学，通告日军在东北的暴行，以争取国外学界支持。

1931年11月，上海抗日救国义军与南京学生组织的抗日救国敢死队先后到达东北门户锦州，分别举行抗日救国宣誓讲演活动等群众大会，鼓舞当地民众抵抗侵略。12月初，来自关内的济南铁血团、上海青年团、淞沪义勇军等十几个学生团体2400余人，陆续抵达锦州开展抗日宣传，声援东北义勇军的抗日义举。

---

[1] 中共北京市委党史研究室编：《北京地区抗日运动史料汇编（1931.9—1932.1）》第1辑，中国文史出版社1990年版，第50—52页。
[2] 陈觉：《九一八后国难痛史资料·三》，第八章，东北问题研究会1932年版，第5—7页。

与各校学生自发性抗日组织的不断壮大相呼应，各地学生联合组织应运而生。他们发起了声势浩大的向南京国民政府及当地省政府的请愿运动。1931年9月28日，南京中央大学教职员、学生数百人整队冒雨奔赴国民党中央党部门口请愿，国民党元老丁惟汾雨中接见请愿代表，对他们所提及的"完成和平统一""撤换不力外交当局"等意见一一答复。得到较为满意答复的请愿师生又转向国民政府外交部。愤怒的学生冲入外交部办公室，殴打了尚未接见学生的外交部部长王正廷。随后，金陵大学、上海复旦大学等宁沪各校学生赶至，数千学生重整队伍到国民政府门口，向政府请愿，希望政府放弃不抵抗政策、惩办失职人员、恢复民众运动，并要求面见国民党最高领袖蒋介石。蒋介石迫于压力会见学生并发表讲话，声称"国民政府完全接受诸位青年同志的意见""国府对日绝不屈服"[1]。面对已成汹汹之势的学生请愿潮，蒋介石怀疑学生爱国动机，"今日中央大学之生攻击外交部，打破其头部；上海学生来请愿者陆续不绝，其必为反动派所主使，显有政治作用"[2]。

11月25日，上海、江苏等地请愿团组织大、中学生数万人赴南京向国民政府请愿。12月3日，北平学生千余人冲破北平车站阻挠后抵达南京。两天后，北京大学示威团300多名学生会集南京街头进行抗日游行，学生们高呼"中华民族解放万岁""打倒日本帝国主义"等口号，却遭到国民党宪兵、警察镇压，1名学生不幸丧生，33人受伤，185名学生被捕囚禁。此即"一二·五"事件。事件发生后举国哗然。蒋介石政府不顾爱国学生呼声，"会商镇压准备事"[3]，准备暴力解决问题。

12月17日，来自天津、上海、北平、济南、重庆、武汉等地的学生齐聚南京，举行联合大游行。游行队伍行至珍珠桥一带时，遭受国民党宪警袭击，30多名学生被打死，这一事件被称为"珍珠桥事件"。惨案的不断发生，反而愈加激发民众愤懑之情，各界也掀起了声势更盛的营救学生、要求政府抗战的声浪。国民党内

---

[1]《东北日祸反响录》，《国闻周报》第8卷第39期，1931年10月5日。
[2]《蒋介石日记》，1931年9月28日，美国斯坦福大学胡佛研究所馆藏。
[3]《蒋介石日记》，1931年12月10日，美国斯坦福大学胡佛研究所馆藏。

左派批评国民政府倒行逆施的行为。12月20日,《申报》刊发宋庆龄宣言,指责"中国国民党早丧失其革命集团之地位",批评国民党置国族危亡于不顾,"它将继续接受帝国主义者的命令,镇压中国民族求解放的任何一种形式的群众运动",本质是"藉反共之名,行反动之实"[①]。

在学生爱国行动的引导下,全国各界也纷纷跟进,开展多种形式的救亡活动。

近代中国工人群体是一支极有组织性、蕴含丰富战斗力的队伍,他们以高度的爱国热情积极行动起来参加抗日斗争,发挥了举足轻重的作用。

上海工人站在全国工人前列。1931年9月24日,上海市码头工人举行大罢工,拒绝装卸日本船只所载的货物;10月2日,上海150多个工会选派500多名代表召开全市工界代表大会,通电发表《告世界工人书》,恳请政府施行出兵抗日、查缴日货、严惩奸细等举措;上海各行业工人们成立了反日救国联合会、工人反日会、日货检查队、义勇军等组织,持续组织工人群众大会与游行示威,大批日厂工人罢工退厂。

国内其他城市工人群体的爱国运动如火如荼。10月18日,北平工人成立工界抗日救国会。成立会议通过要求国民政府出兵抗日、募集爱国捐款、工界不与日方合作等决议,并通电全国。12月初,抗日救国会选派代表分别至南京、张学良府邸请愿。10月初,天津工人举行反日罢工;香港工人举行抗日示威游行;重庆工人团体率领全市78个团体集会,组织罢工、罢课、罢市,迫使日本领事退出山城。武汉、长沙、青岛、桂林、汕头、太原、芜湖等地工人相继爆发抗日活动,他们发表通电宣言,捐款捐物,向政府请愿,募集捐款,抵制日货。

在学生、工人群体爱国运动直接影响下,全国范围内涌现出各行各业各具特色的抗日团体。1931年9月23日,北平各界反日救国大会除电请中央政府采取最强硬态度对付,积极备战外,还主张全国国民自动从经济方面抵制日本,号召对日实行不合作主义。[②]国内工商界不约而同进行抵制日货活动,誓做政府后盾,共赴国难。同日,社会各界10余万人在国民政府首都南京召开抗日救国大会,群

---

① 宋庆龄:《宋庆龄之宣言》,《申报》1931年12月20日。
② 《北平市各界抗日救国大会通电全国一致对日绝交》,《北平晨报》1931年9月24日。

情激愤。9月26日上午,上海各界800余个社会团体齐聚公共体育场,召开20余万人参加的抗日救国市民大会,全市工商学界一致停业一天,通过决议提案13条,要求日军退出占领各地,"否则对日断绝邦交,宣告战争";通电全国,"预备永久抗日"等[1];同日,5000余人代表上海各行业团体举行集会,商议成立上海抗日救国委员会,致电政府要求出兵收复失地。9月28日,北平市工人群众近20万人举行抗日救国市民大会。10月2日,中国全国商会联合会对外发布《告世界各国书》,向世界人民控告日军侵略东北的累累罪行,希望各国人民支持中国人民的抗日斗争。南京农界成立抗日救国会,通电全国农界,号召抵抗日军侵略;湖南各界发起抵制日货运动,提倡国货。

妇女界也不甘人后,举行声势浩大的抗日活动。上海妇女团体成立了妇女救国大同盟,成立妇女救护队赶赴前线。南京妇女界组建了中华国民救国女子军,誓愿舍身救国。国府军政要员、社会知名人士家眷走向前台,张学良夫人、于学忠夫人、张学铭夫人等成立华北妇女救国会,表态支持抗战。何香凝女士发起组织华侨青年救护队,直接参与了锦州前线战事。

报刊媒介属于晚清民国意义上的新媒体,是唤起国人关注时局动态,鼓舞振奋民族精神的重要载体,能迅速引发社会舆论风潮。内忧外患当前,国内多数报刊主动承担历史责任与媒体责任,积极报道抗日活动。1931年9月26日,报人邹韬奋在《生活周刊》刊文呼吁民众奋起,"全国同胞对此国难,人人应视为与己身有切肤之痛,以决死的精神,团结起来作积极的挣扎与苦斗"[2]。以报道立场公允温和著称的《大公报》,其社论直指日本侵华本质:"直欲灭我全国,奴我全民,中国当局者,纵欲屈辱妥协,苟安旦夕,已决非日阀所许。"为此,《大公报》呼吁中国民众即刻行动起来,"唤起民族意识,停止赤化斗争,使内顾无忧,举国一致,鞭策政府,俾得悉移剿共之兵力财力,以度此空前非常之国难"[3]。东北噩耗传来,商业性大报《申报》一改以往略显保守的政治风格,集中性报道社会各界、各团

---

[1] 《悲愤热烈之上海各界抗日救国市民大会》,《中央周报》1931年第174期。
[2] 韬奋:《应彻底明了国难的真相》,《生活》第6卷第40期,1931年9月26日。
[3] 《进一步之废止内战运动》,《大公报》1932年7月21日。

体抗日活动，展开议程设置，营造舆论声浪。9月20日，报纸刊登上海各界抗日宣言，声明："国亡无日，民不聊生。"当今国难当头之日，唯有全国上下应速自救，政府停止内争，一致对外①。10月5日，《申报》刊登时评《一致对外究待何时》，称"惟抗日乃能救国，惟一致攘外乃能救国"，批驳国民政府外交政策，彰显报纸进步立场。《东方杂志》是九一八事变后中国知识界中主战论的重要代表刊物，主编胡愈之意识到中国民心可用，竭力主张对日开战。他认为中国只有孤注一掷，对日开战，方能挽救民族危机。②同时，中国知识界中存在和平解决中日争端的声音。以胡适为代表的《独立评论》学人认为中日实力差距过大，不可贸然对日开战。他们寄希望于国联调停，提出对日直接交涉的主张。然而，日军按照既定侵略方针扶植伪满洲国、图谋热河主权，使他们意识到"我们决没有和日本交涉的可能"③。他们最终逐渐抛弃对日妥协退让思想，选择抵抗道路。

九一八事变后，中国知识界、新闻界的知识分子、报人群体基于对彼时国际国内形势及中日双方力量对比的认识，对日主张虽有"战""和"之不同，但抵御外侮已经达成共识，他们以笔为枪，竭力奋扬民众抵抗意志。

文艺界也助力抗日救亡运动进一步发展。1931年12月19日，上海文化界知名作家夏丏尊、周建人、郁达夫、胡愈之、丁玲等30余人有感于"有坚强的组织作积极的行动之必要"，发起成立了文艺界反帝抗日联盟。联盟成立的目的是广泛动员、组织、领导文艺界抗日运动，"为团结全国文化界，作反帝抗日之文化的运动，及联络国际反帝组织"④。鲁迅、茅盾等人领军的中国左翼作家联盟也通过发表小说、杂文、诗歌、戏剧、歌曲等文艺作品的形式，揭露日本侵略真相，批评国民党当局妥协政策，鼓舞动员受众开展抗日斗争。许多作家走向街头进行反帝抗日讲演，亲自参与政治斗争。国内教育界、宗教界、广大农民群众也以自己的方式呼应各界抗日呼声。

祖国遭受此空前危险关头，海外侨胞心系同胞，声援国内抗日义举。九一八

---

① 《日军暴力强占沈阳》，《申报》1931年9月20日。
② 仲逸（胡愈之）：《乐观论与悲观论》，《东方杂志》第29卷第4号，1932年10月16日。
③ 胡适：《我们可以等候五十年》，《独立评论》第44号，1933年3月27日。
④ 《文化人的大联盟》，《文艺新闻》第42号，1931年12月28日。

事变后，国内的侨胞首先行动起来，在南京召开华侨救国大会。新加坡爱国华侨陈嘉庚等人第一时间行动起来，努力"唤醒侨民鼓动志气，激励爱国"，致电日内瓦国际联盟与美国总统，希望国际机构及友好国际勿袖手旁观，"请履行各种条约，维持世界和平"[①]。居住在东南亚、欧洲、美洲、大洋洲等地区的华侨华人，组建各种抗日机构，向国内捐款捐物补充抗日物资，并联络抵制日货；向世界人民开展反日宣传，恳请国外援助。许多人更是远渡重洋归国，奔赴前线参加抗日义勇军。海外华人虽寄人篱下，许多抗日激烈事项往往因得不到当地政府同情而难以持久，但他们为救祖国危亡，数年如一日地辛苦募捐，同仇敌忾，向国外民众传达中国积极抵抗侵略，为争取国际舆论支持与同情及日后各国转变对日态度起到了促进作用。

国家危如累卵之际，中国社会各阶级、各团队于各地掀起了一系列抗日救亡运动，海外侨胞也以各种方式声援国内，彰显了中华儿女协力抗敌的民族精神。随着日军侵略加剧，中国的抗日救亡运动逐步深入，形成了全国性大规模的救亡浪潮。这些反抗与斗争汇入近代中国争取国家独立、民族解放的历史潮流，为全民族抗战局面的形成奠定了基础。

四、长城抗战与《塘沽协定》

日本侵占中国东北三省后，为转移国际社会的注意力，迫使国民政府承认其占领东北的既成事实，遂将侵略矛头对准上海。日军在不断制造事端后，于1932年1月28日夜对上海闸北区发动突然袭击，挑起震惊中外的一·二八事变。

蒋光鼐、蔡廷锴率领第19路军英勇抵抗，上海各界民众、全国其他地方的民众、海外华侨纷纷组织起来支援抗战。中国共产党通过上海党组织发动群众，支援前线。在广大人民群众的有力支援下，国民党爱国官兵（第19路军及张治中率

---

① 陈嘉庚：《南侨回忆录》，岳麓书社1998年版，第36页。

领的赶来参战的第5军一部）顽强抵抗一个多月，取得重大战果。日军被迫数易主帅，迭次增兵。

国民党政府继续执行"攘外必先安内"的方针，忙于在江西"剿共"，试图将一·二八事变与九一八事变一道诉诸国际社会，寄希望于国际调停。在英、美等国调停下，中日双方于5月5日签订《淞沪停战协定》。该协定是国民党政府对日妥协退让的产物。根据协定，中国军队实际上不能驻扎在上海至苏州、昆山一带，日本则可在上海周围许多地区驻扎军队。该协定遭到了上海人民乃至全国人民的强烈反对。国民政府对外软弱妥协，对内压迫控制，既丧主权，又失民心。

1932年9月15日，日本与伪满洲国签订《日满议定书》，日本政府不顾国际社会反对公然承认伪满洲国，标志着日本筹划扶植傀儡政权的计划大体完成。日本为稳固其在东北地区的殖民统治，一面加强打击东北军民抵抗力量，一面积极准备扩大侵略成果，将矛头对准热河省。

日军进攻热河，图谋长城区域的意图是拓展伪满洲国面积，"征服热河，具有使热河省真正成为满洲国领域、消灭扰乱满洲国根源的张学良势力，以及巩固满洲国建国基础的重大目的和意义"[1]，为下一步侵略华北做准备，即日军所希望的："占领长城以南的要冲，有利于确保今后行动的自由。"[2]

榆关，即山海关，位于燕山山脉北麓、长城东部，作为华北地区门户而备受日军关注。根据《辛丑条约》的规定，英、法、美、日等国有权在北宁铁路沿线留有驻军。日军在秦皇岛、榆关两地附近驻扎有"中国驻屯军"。为图谋战略要地榆关，日军通过关内外驻军换防，不断增兵榆关。当时榆关驻有东北军将领何柱国属下一个团，受制于国民政府不抵抗政策及张学良战和不定的影响，驻军兵力单薄，军事防御体系尚未构筑完成。

日军多次挑起事端，为发动侵略制造借口。1933年1月1日，日军守备队队长落合正次郎自导自演制造守备队兵营手榴弹爆炸，反诬中国军队所为。日军以此为借口要求中国守军撤出榆关，遭到拒绝后遂于次日凌晨发动进攻。日军在优

---

[1] 日本防卫厅战史室编：《日本军国主义侵华资料长编》上册，四川人民出版社1987年版，第224页。
[2] 日本防卫厅战史室编：《日本军国主义侵华资料长编》上册，四川人民出版社1987年版，第226页。

势火力掩护下多次向中国守军阵地发起猛攻。鏖战至 1 月 3 日下午，中国军队伤亡殆尽，大部分将士壮烈殉国。榆关沦落敌手。

日军在榆关之战得手后继续向西进犯，拿下榆关西侧要地九门口、石门寨，之后暂时转入防御态势，为下一步发动更大规模的入侵行动创造有利局面。榆关之战揭开了长城抗战的序幕。

热河省屏障河北、察绥，拱卫平、津，其地理位置十分重要。榆关之战后，日军图谋热河之心已是昭然若揭。面对即将来犯之敌，国民政府做出抵抗姿态，先后派遣军政要员宋子文、何应钦、罗文干、黄绍竑等人到北平，督导布置抵抗事宜。行政院代理院长、财政部部长宋子文发表谈话，表示"热河若有疏虞，不惟华北动摇，其影响及于全国"，代表中央政府表态"吾人决不放弃东北，吾人决不放弃热河，纵令敌方占我首都，亦决无人肯作城下之盟"[1]，向民众传达国民政府抵抗决心。张学良对热河抗战做了军事防御部署，并领衔华北驻军诸将领通电全国，称："时至今日，我实忍无可忍，惟有武力自卫，舍身奋斗，以为救亡图存之计。"[2] 2 月 21 日，《大公报》刊登热河省民众呼吁全国同胞共御外侮的通电，呼吁国内同胞认清日军野心，同心协力抵御，"自榆关陷落，东亚和平之曙光已绝；自热边告警，暴日内犯之凶心毕露。我全国同胞应竭尽财力人力之所及，在政府领导之下，誓死收复失地，坚决抵抗暴日，尤其对于屏障华北之热河，不容轻于放弃。"[3] 民间要求各界前进奋斗的决心异常坚决。

2 月 23 日，日军完成侵犯热河省军事部署后，在伪军配合下兵分三路发动侵略。面对汹汹来犯的日伪军，手握热河省军政大权的省政府主席汤玉麟观望不定，无心抗战。加之各部队之间互有嫌隙，各有保存实力私念。除少数东北军部队及孙殿英部队做较顽强抵抗外，其他戍守部队多稍有接触即溃退逃跑。3 月 4 日，中国守军撤离热河省首府承德。十数天内，热河全境沦陷。日军兵锋直指热河河北交界的长城一线。

---

[1] 《宋院长演说：纵令敌占我首都亦不作城下之盟》，《大公报》1933 年 2 月 19 日。
[2] 《张学良、张作相、汤玉麟及东北义军将领通电》，《国闻周报》第 10 卷第 8 期，1933 年 2 月 27 日。
[3] 《全国速起共御外侮》，《大公报》1933 年 2 月 21 日。

热河失守，中国守军一败涂地，导致华北门户大开。国内各界为之哗然，强烈要求政府查办守土不力的张学良、汤玉麟等人。国民政府监察委员邵鸿基、刘峨青联名弹劾张学良、汤玉麟。3月8日，国民政府公布政府令，罢黜并通缉畏葸弃职的汤玉麟。随后，国民政府准许张学良辞职请求，由何应钦代理担任北平军事委员会分会委员长，黄绍竑为参谋长，统一指挥各部抗战。

此时，南京国民政府对日政策有所调整，基本延续一·二八淞沪抗战中提倡的"一面抵抗，一面交涉"方针。除东北军外，中国方面参战部队还有西北军、晋军及部分杂牌部队，蒋介石亦抽调在北方的部分中央军3个师北上投入长城一线，合计有7个军团，25万余人。日方参战兵力为2个师团、2个混成旅团及飞行队，大约8万人，另有汉奸张海鹏、刘桂堂、李寿山所部伪军数万人辅助配合。

1933年3月上旬开始，日伪军相继向长城各隘口中国军队阵地发动攻击。承德失守后，守军沿着古北口大道一路后撤，日军第8师团一部尾随追击。3月5日，东北军王以哲第67军所属第107师奉命前出古北口迎敌，与日军南下第8师团第16旅团遭遇。激战数日后第107师因力战不支退入关内预备阵地。3月10日夜，中央军第17军所属第25师在师长关麟征带领下急行军增援古北口。王以哲命令第112师构筑第一线阵地，守卫关口正面；第25师占据古北口南城两边高地，并向左右延伸，为第二线阵地。3月11日晨，日军迫近古北口之后发动凌厉攻势。中国军队缺乏重武器及防空器材，以血肉之躯抵挡日军飞机、大炮轮番轰击，未曾接敌即有重大伤亡。当日10时左右，第一线主阵地将军楼失守，第112师被迫后撤，古北口正面阵地落入敌手。中国守军整体防线因此出现缺口。关麟征亲自带领所部第75旅向日军发动反攻，试图夺回丢失阵地。中国军队数次强攻无果后放弃，关麟征本人负伤，第149团团长王润波壮烈殉国。12日，日军主力部队向第25师阵地发动总攻。中国守军顽强抵抗，连续打退日军三次进攻，战斗惨烈异常。战至下午3时，中国军队只得放弃古北口阵地南撤至南天门一带重新布防。13日，第25师撤至密云休整，第17军第2师赶来接替防务。中日双方暂时在古北口—南天门一带形成对峙。

长城沿线的喜峰口、罗文峪是热河通往河北的交通要道，地形险要。根据北平军事委员会分会部署，这一带的防务由西北军宋哲元的第29军负责。承德陷落前，按照原计划，西北军应自冷口出关，增援尚在关外的东北军万福麟部。3月9日，当西北军先头部队抵达喜峰口时，东北军已在日军压迫下溃退入关内。喜峰口第一道关门也被日军占领。日军在喜峰口一带聚集了独立混成第14旅团、第8师团第4旅团以及伪军一部，总兵力达3万余人。与日军相比，西北军虽然装备差，士兵待遇低，但部队斗志昂扬，以日军为假想敌曾特意加强劈刺技术训练。3月10日到11日，日军在优势火力掩护下发起猛烈进攻。西北军连日血战，部队伤亡惨重。为扭转战局劣势，宋哲元等人决定实施夜袭，迂回攻击喜峰口日军后方。3月12日凌晨，第109旅旅长赵登禹率领左翼部队出潘家口，袭击喜峰口西侧日军；第113旅旅长佟泽光率右翼部队出董家口，袭击喜峰口东侧日军；第110旅旅长王治邦率部与正面阵地呼应。第29军左右两路均按计划突入日军阵地，攻敌不备。时任西北军团长参与夜袭的董生堂回忆："日军自侵占我东北四省以来，没有遇到这样顽强的抵抗，所以夜间都是脱衣大睡，警戒疏忽，骄满万分，轻视我中华民族。"[1] 此战日军部分炮兵阵地被毁，骑兵部队也损失惨重。13日清晨，夜袭部队沿原路胜利返回。第29军诸将士凭一腔爱国热情，以大刀、手榴弹等简陋装备主动攻击优势日军，取得喜峰口大捷。国民政府内政部长黄绍竑称其为"长城抗战唯一的胜利"[2]。捷报传来，极大振奋了全国人心。第29军大刀队一战扬名。

日军遭受打击后，几度增加兵力重新发动攻势，均被守军击退。面对西北军严密防御，日军暂停攻势，双方陷入对峙状态。3月16日，日军更改进攻方向，将视线转向古北口与喜峰口之间的罗文峪，意在寻求突破后包抄喜峰口左侧。自17日上午8时起，日军集中兵力反复进攻罗文峪、山楂峪与沙宝峪。第29军暂编第2师刘汝明部全力御敌，经过数日激战粉碎了日军图谋，迫使日军暂时北撤。至3月26日前后，日本针对长城沿线各关口的进攻基本停止，长城抗战第一阶段

---

[1] 中国人民政治协商会议唐山市委员会文史资料委员会编：《唐山文史资料》第17辑，内部资料1993年版，第46页。
[2] 中国人民政治协商会议全国委员会文史资料研究委员会编：《文史资料选辑》第14辑，中国文史出版社2000年版，第8页。

告一段落。

　　日军在长城沿线古北口、喜峰口等谷口连续进攻受挫后，决定增派兵力并转移主攻方向。自 3 月中旬开始，日军频繁调动部队，筹备发起新的作战，将其第 6 师团从热河驻地调派至长城一线北侧。3 月 27 日，关东军司令武藤信义下令"军主力重新转向积极作战"①，日军再次向长城沿线中国守军发动全面进攻，喜峰口至石门寨之间的滦（河）东（岸）一带成为其主攻方向。其中，冷口为日军重点突破对象。3 月 31 日，日军在伪军配合下，向石门寨进犯。守军何柱国部由于前期抗战战损严重，部队战斗力尚未恢复，只得撤出石门寨，退守海阳、秦皇岛等地。4 月 6 日，喜峰口、古北口、界领口等地日军分别发动佯攻，以牵扯中国军队注意力，掩护其主力第 6 师团向冷口的作战行动。4 月 9 日，日军第 6 师团主力向冷口发动总攻。驻守冷口的晋军商震第 32 军战斗力较弱，且当地地形平坦，几乎无险可守。4 月 11 日，中国守军竭力抵抗后被突破防线。

　　冷口失陷后，日军迅速扩大战果，一路向南侵犯，占领冀东的迁安、卢龙、抚宁等地；主力一路迂回至喜峰口、罗文峪之后，对两地中国军队达成夹击布局。形势所迫，宋哲元所部第 29 军、何柱国所部第 57 军及杨正治所部第 53 军均奉命撤退至滦河以西。喜峰口、罗文峪遂为日军所占。4 月 17 日，滦东一带全部沦于敌手。

　　由于担心过分侵入华北会损害英、美、法等西方国家在华利益，引发国际干预，日本天皇命令日军后撤。4 月 19 日，关东军司令武藤信义下令"在滦东地区作战的部队，迅速撤回长城线"②。21 日，关东军结束军事行动渐次返回长城一带。23 日夜，中国军队发起反攻，收复安山、卢龙、迁安等地，推进至北戴河，滦东失而复得。

　　日本关东军虽然表面服从国内政府意见停止军事行动，但内心极为不满。且中国军队趁机收复滦东失地的行动刺激了关东军敏感的神经。于是，日军在滦东撤军的同时加大了对古北口方面南天门的攻击力度。4 月 21 日凌晨，日军成功偷

---

① 日本政府参谋本部编：《满洲事变作战经过概要》第 2 卷，田琪之译，中华书局 1982 年版，第 93 页。
② 日本政府参谋本部编：《满洲事变作战经过概要》第 2 卷，田琪之译，中华书局 1982 年版，第 98 页。

袭并占领南天门左侧制高点八道楼子。自25日起,日军依托八道楼子有利地形,反复轰击南天门中国守军防御工事。中央军徐廷瑶第17军第2师及接替防务的第83师顽强拼杀,连续血战数日。4月28日下午,付出巨大伤亡的中国守军放弃南天门阵地,退守新开岭。至此,长城抗战第二阶段结束。

5月3日,关东军取得军部与内阁向关内开战的准许后,积极补充兵员和装备,决定发动第三次大规模攻势。武藤信义向关东军下达进军命令,试图"予敌以铁锤的打击,以挫其挑战的意志"[①]。日军2个师团再次向中国各地驻军发动长城之战以来最大规模进攻。

日军依旧以古北口方面为主攻方向。自5月10日起,中日双方在新开岭地区展开惨烈拉锯战。5月13日,在日军第8师团主力倾尽全力冲击下,中央军第17军下属3个师均伤亡惨重,重镇石匣失守。5月19日,日军不战而克密云后,顺势进逼顺义、怀柔等地。与此同时,日军第6师团强渡滦河,突破中国守军阵地,于5月15日占领滦河以西地区。到5月22日,滦河方向来犯日军迫近通州、香河地区。北平城已陷入三面环敌之境地。至此,日方认为停战有利时机已到,决定与南京国民政府签订停战协议。

早在4月中旬,中日之间已经开始关于停战的秘密谈判。4月19日,黄郛已经和日本驻沪代办根本博秘密接触。5月3日,南京国民政府设立北平政务整理委员会,与日方关系密切的黄郛受命担任委员长一职,该会的主要任务是"对外缓和日本,对内绥靖反侧"[②]。此后,日方为获得更有利谈判位置,主动停止与中方商谈。短短20天之内,日军兵锋指向古都北平,国民党军队溃退难以收拾。5月22日晚,黄郛与日本驻北平武官永津佐比重秘密商定停战条款,双方达成四项基本协议。1933年5月31日,中方全权代表熊斌在塘沽与日方代表、关东军副参谋长冈村宁次进行正式谈判。谈判过程中,虽然中方代表几次提出修改要求,却均被日方否决。僵持到5月31日上午11时,中方代表熊斌被迫在日方一字未改的提案上签字。此即中日《塘沽协定》。

---

① 罗家伦主编:《革命文献》第38辑,(台北)中国国民党中央委员会党史委员会1978年版,第8929页。
② 沈亦云:《亦云回忆》,(台北)传记文学出版社1980年版,第443页。

按照《塘沽协定》，中国军队退出河北东部 22 个县，冀东国土实质上处于半脱离国家主权状态。其中第三条所规定日军"回到大致长城一线"[①]，似乎暗示国民政府承认日军强占热河事实。该协定的签订标志着日本侵略中国东北计划业已完成。自此，华北门户大开。古都北平处于日本威胁之下，日军随时可以纠集兵力，长驱直入中国腹地。

在中国的历史长河中，长城已经演化成中华民族抵御外敌入侵的标志性符号。它的象征意义超越实际作用。就激发国民爱国情怀而言，长城的作用显而易见。在长城抗战中，中国守军自师、旅长以下，凭劣势装备抵抗装备精良之精锐敌军，英勇无畏，不惧牺牲，表现出强烈的爱国精神，极大地振奋了民众的民族精神。全国各界踊跃捐款捐物，掀起了全国性的抗日救亡运动新高潮。

长城抗战缘于日本不断扩大侵华战争范围，中国为挽救国土沦丧而奋起抵抗。其规模较大，影响深远，是中国局部抗战的一次高潮。南京国民政府调整了九一八事变中为世人所诟病的不抵抗政策，采取"一面抵抗，一面交涉"政策。中国军队虽付出巨大牺牲，局势却越发危急。国民政府曾私下联络英国驻华公使蓝浦森，希望其出面斡旋。国民党黄郛、张群等人也与日方展开过秘密谈判，探讨停战的可能，最终导致中日签署《塘沽协定》。中国方面划冀东地区为"非军事区"，战争以中方妥协退让而告终。

日军大规模进军关内诸地之时，蒋介石正筹备对中共及其根据地展开第四次"围剿"。其依旧坚持"攘外必先安内"政策。蒋介石在训话中申明当前主要任务，"第一个乃是剿匪来安内，第二个才是抗日来攘外"[②]。中日双方谈判代表协商签订《塘沽协定》后，国民政府一度采取"和日"外交方针。蒋介石阐述道："对倭以不使其扩大范围为第一目的。"[③]实际上改变了长城抗战中"一面抵抗，一面交涉"政策。日方利用蒋介石急于"围剿"中央苏区红军，不愿北方另起波澜的心理，步

---

① 复旦大学历史系日本史组编译：《日本帝国主义对外侵略史料选编（1931—1945）》，上海人民出版社 1985 年版，第 155 页。
② 秦孝仪主编：《中华民国重要史料初编——对日抗战时期》绪编（3），（台北）中国国民党中央委员会党史委员会编印 1981 年版，第 38 页。
③ 王正华编注：《蒋中正总统档案：事略稿本》第 21 册，（台北）"国史馆" 2005 年版，第 192 页。

步紧逼，通过关内外通车、通邮、设关等问题进行善后谈判，妄图诱逼国民政府事实上承认伪满洲国合法地位。上述所谓善后谈判引起了国内舆论界强烈谴责，使得国民政府不但没有达到外交目的，反而失去了民心。

五、《何梅协定》《秦土协定》与"华北自治运动"

《塘沽协定》签署后，基于对国际关系及国内政事研判，南京国民政府依旧延续"攘外必先安内"的内外政策，即在继续"围剿"中共及其领导下的工农红军的同时，任用汪精卫等亲日派军政要员推行对日妥协退让政策。1934 年 12 月，蒋介石以"徐道邻"的名义发表长篇文章《敌乎？友乎？——中日关系的检讨》，希望缓和中日关系，打破僵局。① 蒋介石试图修改对日外交政策，将中国华北当局与日本关东军之间关于华北问题的地方交涉提升为两国的外交交涉，② 并使日本、苏联发生冲突。蒋介石日记中表露其政治意图："应急与倭寇乘机谅解，以促进倭、俄之冲突。"③

日本国内对《塘沽协定》评估后，关于是否进一步扩大侵略出现争议。陆军省认为"与中国的全面战争，不仅大量消耗我国力，而且短期内难望结束""对中国战争有发展成为以世界为敌的全面战争之虞"④，日本国内持此种立场，很重要的原因是日本尚未做好全面侵华的准备。1935 年 1 月 22 日，日本外相广田弘毅作了关于日本外交方针的演说，表示"帝国政府除策望中国能从速早日安定，并对于东亚之大局能予以觉醒，以使帝国真挚之期待与之吻合，此点非但衷心所希望，且在我国为求其善邻之实现，并鉴东亚安定力之地位，持有更予努力之方针，而

---

① 该文由蒋介石口述，陈布雷撰写，刊发在 1934 年 12 月 10 日出版的《外交评论》第 3 卷第 11、12 合刊"转载"栏目。1935 年 1 月 26 日之后，中国各大报刊纷纷转载该文。
② 彭敦文：《30 年代蒋介石的对日思维——以〈敌乎？友乎？——中日关系的检讨〉一文为中心的考察》，《民国档案》2009 年第 2 期。
③ 《蒋介石日记》，1934 年 11 月 27 日，美国斯坦福大学胡佛研究所馆藏。
④ 日本防卫厅战史室编：《日本军国主义侵华资料长编》上册，四川人民出版社 1987 年版，第 241—242 页。

从来两国间多年悬案之各种问题，已见渐次解决"①。26日，广田又在答复众议院议员质疑时发表针对中日关系的见解，这可视为日本政府对中国方面的外交回应。中国政府将其解读为"不威胁、不侵略"外交政策演讲。此后，两国将公使馆升级为大使馆。从表面来看，1935年上半年，中日两国关系一度"缓和"。

南京国民政府的对日亲善只是一厢情愿。侵略中国早已是日本的既定国策，不过日本的各种侵华势力并非步调完全一致。与日本国内政府和军部相比，远在华北前线的侵华激进派军人持不同论调。1935年5月1日晚，亲日派报人《国权报》社长胡恩溥被人暗杀于天津日租界。次日凌晨，另一名亲日派报人《振报》社长白逾桓也被刺杀于天津日租界内。此为胡白事件。同月，日军进攻在热河南部坚持抗战的孙永勤率领的东北义勇军。孙部遭日军打击后被迫穿越长城进入遵化县境内。日军诬称遵化县暗中接济孙永勤抗日部队。按照《塘沽协定》规定，中日双方军队均不得随意进入冀东非武装区。这就是孙永勤事件。上述两起事件统称为河北事件。日本华北驻屯军借此向中方发难。

5月20日，日本驻北平公使馆武官高桥坦书面通知主持华北军政事务的国民党北平军分会代理委员长何应钦，表示中国方面如果不能"剿匪"，关东军将派兵进驻长城线内。5月29日，日本在天津的"中国驻屯军"参谋长酒井隆向何应钦提出包括罢免河北省政府主席于学忠，撤出宪兵第3团、军事委员会政治训练处、国民党党部及蓝衣社等在内的5点无理要求。②张学良被迫辞职后，将大部分东北军交给其所信任的于学忠统一指挥。于学忠采取了一系列积极的防日措施，拒绝日本现役军官、特务以及汉奸、亲日派分子的游说拉拢，成为日伪势力染指天津的阻碍。③日军早已有欲将其除之而后快的想法。而宪兵3团、政训处等类似团体是国民党中央强化华北地方控制的重要党政机构。日军的如意算盘是先迫使于学忠"难安而不能不去"，随后"使政训处、津党部及宪兵团各主要人员离开

---

① 《日议会昨日开幕　广田演说外交策　冈田讲中日关系好转》，《大公报》1935年1月23日。
② 章伯锋、庄建平主编：《抗日战争》第1卷，四川大学出版社1997年版，第631页。
③ 中国人民政治协商会议全国委员会文史和学习委员会编：《文史资料选辑》合订本第4册，中国文史出版社2011年版，第224页。

河北"①。

在日军压力面前，何应钦主张对日妥协。他建议蒋介石将于学忠他调，以"避免事态严重"②。黄郛也建议蒋介石对日容忍。彼时，蒋介石正在西南地区全力"围剿"中共及其领导下的红军，遂决定缓和华北局势。5月29日，蒋介石致电于学忠，指示"三五日内必须迁保，所有天津文武官吏一律由中央另派"③。5月30日，驻天津日军公然至河北省政府门前示威，向华北当局继续施加压力。次日，河北省政府迁至保定。国民政府明令调遣于学忠离津，前赴川陕甘地区担任"剿匪"总司令。同时撤换天津市长张廷谔，停止天津地区国民党党部活动。

蒋介石主动调离于学忠等行为的本意是希望借此暂缓日军侵略野心，但事与愿违。6月6日，日本在天津的"中国驻屯军"司令梅津美治郎与酒井隆、高桥坦、矶谷廉介等人召开会议，表示"华北排日问题，决非更换一二官吏即可解决"，部署了华北驻屯军、关东军及热河驻军针对天津、北平和华北的军事行动任务。④6月7日，酒井隆与高桥坦按照天津会议决定，向何应钦提出4点要求：一、河北省内一切党部完全取消；二、51军（于学忠部）撤退，并将全部离开河北日期告知日方；三、中央军必须离开河北省境；四、全国排外、排日行为之禁止。⑤酒井隆逼迫何应钦务必在当月12日答复。日方要求中央军撤离华北实质是逼迫国民党放弃平津，以至放弃华北。此举将直接动摇国民政府对华北的统治根基。

何应钦遵照蒋介石指示负责对日折冲。蒋介石来电指示何应钦"宁在事实上为不得已之退却"，但不能"以中枢或代表中枢者之名义，有任何之书面承诺"，

---

① 周文琳：《何应钦有关"何梅协定"电文四件》，《民国档案》1988年第2期。
② 吕芳上主编：《蒋中正先生年谱长编》第4册，（台北）"国史馆"、蒋中正纪念堂管理处、财团法人蒋中正文教基金会2014年版，第620页。
③ 秦孝仪主编：《中华民国重要史料初编——对日抗战时期》绪编（1），（台北）中国国民党中央委员会党史委员会编印1981年版，第673页。
④ 秦孝仪主编：《中华民国重要史料初编·绪编》（1），（台北）中国国民党中央委员会党史委员会编印1981年版，第677页。
⑤ 吕芳上主编：《蒋中正先生年谱长编》第4册，（台北）"国史馆"、蒋中正纪念堂管理处、财团法人蒋中正文教基金会2014年版，第628页。

"否则将来我国家纵能发愤图强，致力恢复主权，亦必失去法理上之依据"①，蒋介石严令何应钦禁止留下任何书面承诺，既是为以后恢复华北主权保留主动性，也顾虑留下口实遭国人唾骂。6月10日下午5点30分，何应钦接见了酒井隆与高桥坦，口头答应了日方此前提出的全部4点要求。日方却企图与何应钦签署书面文书，以不流血形式侵占中国华北，并赋予其国际法效力。

6月11日，高桥坦呈递给何应钦一份经由梅津美治郎落款的"觉书"。这份"觉书"除了针对国民党在华北的军政人员、嫡系部队提出了或罢免或撤退等具体化要求，还新增了"附带款项"，要求日方可对中方落实各规定过程采取纠察检视等手段，内容更加肆无忌惮。对于如何处理该问题，何应钦感到颇为棘手。他命人将"觉书"归还日方，表示之前日方所提全部要求"系两方口头约定，由我自动实行，不能以书面答复"②。13日晨，何应钦为躲避日方压力离开北平返回南京。但日方穷追不舍，定要何应钦做出书面签字方肯罢休。21日，何应钦收到北平军分会所转达的由高桥坦递交的"通知稿"，内容为"六月九日酒井参谋长所提出之约定事项，以及有关履行此等事项之附带条款，吾人一概加以承认，并可望将此等事项及附带条款自动付诸实现，特此通知"③。日方要求何应钦只需要在"通知稿"上签名即可。经过国民政府内部反复磋商后，何应钦表示愿意在日方删除所谓"附带款项"后出具书面承诺。他电令北平军分会用便函纸打字做一个通知书于7月6日转交日方，其内容为："迳启者：六月九日酒井参谋长所提各事项，均承诺之，并自主的期其遂行，特此通知。"通知书落款处有"何应钦"三字及日期"七月六日"④。

就这样，梅津美治郎与何应钦之间所达成的一系列口头协议，日方递交的"通知稿"连同何应钦交付给日方的印刷体通知书就构成了《何梅协定》。可以说，

---

① 何应钦将军九五寿诞丛书编辑委员会编：《北平军分会三年》，（台北）黎明文化事业有限公司1984年版，第45—49页。
② 秦孝仪主编：《中华民国重要史料初编——对日抗战时期》绪编（1），（台北）中国国民党中央委员会党史委员会编印1981年版，第683页。
③ 章伯锋、庄建平主编：《抗日战争》第1卷，四川大学出版社1997年版，第611页。
④ 秦孝仪主编：《中华民国重要史料初编——对日抗战时期》绪编（1），（台北）中国国民党中央委员会党史委员会编印1981年版，第692页。

该协定是中日之间一份特殊的外交文件。该协定的出台，使国民党中央势力事实上退出华北，华北局势日趋严峻。

早在中日双方关于河北事件讨价还价之时，又发生了张北事件。

1935年6月5日，4名日本关东军特务从多伦出发前往张家口，行经张北县城时，由于未带护照被宋哲元的第29军第132师士兵扣留并押送至军法处，次日即被释放。关东军十分重视该事件，决定以此为借口向中国华北当局提出更强横要求。6月11日，关东军张家口特务机关长松井源之助向察哈尔当局抗议，提出第29军军长须亲自向日军道歉、惩办直接责任者、保证今后不再发生类似事件等3项无理要求。[①] 此后，在华活动多年的关东军奉天特务机关长土肥原贤二奉命全权处理此事。6月13日，松井源之助奔赴北平，与高桥坦密谋。当日下午，邀请第29军副军长兼察哈尔省民政厅长秦德纯前往天津，会晤土肥原贤二。6月14日，关东军命令土肥原代表日军向中方提出罢免宋哲元及第132师师长等要求。[②] 6月17日，关东军司令邀请酒井隆等人赴长春召开幕僚会议，制定了《对宋哲元交涉纲要》，要求中方保证不再发生类似事件。日方不再坚持调离宋哲元的要求，并决定由土肥原直接与宋哲元交涉，目的是宋哲元所部今后无法阻碍日军在察哈尔省内的行动。日方对宋哲元态度的前后变化令国民政府难以应付。行政院长汪精卫与何应钦等人商讨后，决定罢宋。6月18日，国民政府行政院会议决定免除宋哲元察哈尔省主席职务，改由秦德纯暂行代理，试图妥协退让达到息事宁人的效果。土肥原步步紧逼。6月23日，土肥原贤二、松井源之助、高桥坦至秦德纯北平住处，与秦德纯、萧振瀛等中方代表正式谈判。为配合谈判，关东军调动部队在长城一带实弹演习向中方施压。土肥原提出5项要求事项："（一）将宋哲元部队，调至其西南地区；（二）解散排日机构；（三）[对日]表示遗憾，并处罚负责人；（四）从六月二十三日起，在两星期内完成以上各点；（五）制止山东移民通过察哈尔省。"此外，土肥原还提出6项"作为要求事项的解释"，涉及聘请日本人

---

① 沙健孙主编：《中国共产党通史》第3卷，湖南教育出版社1997年版，第680页。
② 《本庄繁日记》，原书房1989年版，第217—218页。

担任军事、政治顾问,停止移民,承认日本、伪满洲国对内蒙古工作等。①秦德纯口头表示全部答应。

6月27日,秦德纯书面答复土肥原贤二,完全答应了日方提出的种种要求。《秦土协定》就这样出炉。《秦土协定》比之《何梅协定》对于中国主权的侵犯尤有过之。经过这两个协定,中国在察哈尔省、河北省的主权几乎丧失殆尽,加速了"华北特殊化"进程。

由于日本受制于国内政治力量之间斗争影响及国力所限,且顾虑国际上英法美等国可能的干预,日本的侵略策略依据时局变化作了新的调整,其对于华北的侵略方针、政策呈现出迥异于侵略中国东北的特征。1934年4月17日,日本外务省情报部长天羽英二发布声明,公然视中国为日本势力范围,引起了世界舆论及中国政府强烈谴责。此后,日本陆军省、海军省、外务省开始磋商具体对华政策,经过反复协商,于1934年12月7日出台《关于对华政策的文件》,明确规定日本对华政策的宗旨是"使中国追随帝国的方针",涉及华北地区是"希望在华北地区出现南京政权的政令不达的形势",意图造成"不论华北政权的负责人是谁,都不能无视华北地区的日、满、华特殊关系"②的局面。该文件为此后日本在中国华北策划一系列事变提供了政策依据。

中日达成《何梅协定》及签署《秦土协定》后,国民党中央政治势力撤离华北地区,使得国民政府在当地的权力基础荡然无存。这为日本驻华军队谋求将华北从中国分离出去提供了绝好机会。日本趁机加紧实施更大规模扩张行动,意图全面控制华北。1935年8月,被视为侵华急先锋的多田骏受命担任"中国驻屯军"司令。9月24日,多田骏在记者招待会上发表谈话,表示日军有责任对组织华北5省"联合自治"团体给予帮助,公开鼓动"华北自治运动"。多田骏的声明虽受到日本政府刻意淡化,却得到日本驻华陆军方面的支持。10月,日本参谋本部第二部长冈村宁次来到中国后,召集多田骏、板垣征四郎等日本驻华高级将领及各

---

① 中央档案馆、中国第二历史档案馆、吉林省社会科学院编:《日本帝国主义侵华档案资料选编·华北事变》,中华书局2000年版,第587—588页。
② 转引自臧运祜:《论华北事变的来龙去脉》,《北大史学》(辑刊),北京大学出版社2003年版,第291—292页。

地总领事、领事开协商会议。土肥原贤二等人来到华北开始密谋策动"华北自治运动",目标是使华北5省(察哈尔、河北、绥远、山西、山东)2市(北平、天津)脱离南京国民政府,成立日军直接控制下的亲日政权。

华北各省实际上并没有"自治"的社会基础。日方为达到"华北自治"目的,从策动华北当地实权派入手。特别是河北事件、张北事件发生后,南京国民政府被迫屈从日方压力,调离于学忠、宋哲元等人,引发华北地方实力派对自身处境的忧虑。在日军兵威之下,中央与华北地方的结构性矛盾越发激化。宋哲元所部第29军原属冯玉祥西北军,中原大战后为国民政府收编。张北事件后,宋哲元痛感孤立无援,遂利用华北地区的特殊形势,多方折冲,不断扩大自己势力,并不失时机地由察哈尔省主席改任平津卫戍司令。国民政府中央与地方派系之间的矛盾为日方所窥视。土肥原贤二有意撺掇有反蒋经历的宋哲元在华北建立亲日政权。宋氏则依据华北形势变化及地方各派态度不断调整其"华北自治"计划。11月中旬,关东军集中兵力于山海关附近,以此支援土肥原贤二施压宋哲元。面对日军强硬态度,宋哲元采取敷衍策略,仅是口头约定实施"自治",却不付诸行动。

以阎锡山为首的晋系是华北地区势力最为雄厚、影响最大的派系。有鉴于此,阎锡山是土肥原贤二拉拢以实现"华北分离"的重要对象。对国民政府处置张北事件早就心生不满的宋哲元为保护自己权益亦表示:"华北在日本压迫、中央不管的处境下,不能不自己联合,阎先生首领、向方副之。"①土肥原贤二拉拢阎锡山的行为引起蒋介石警觉。1935年10月13日,蒋介石亲赴太原与阎锡山会谈。10月26日,阎锡山不顾日方威逼利诱前往南京与蒋介石再次商谈。②晋系向中央靠拢的行为使得日方图谋基本落空。

在此过程中,日本特务指使河北香河劣绅武宜亭、安厚齐等人实施了以减税为借口率领民众冲击县政府的行动,占领县城后宣布"自治",安厚齐担任"自治县"县长,制造了香河事件。以此为肇端,安次、庆云、曲阳等县相继发生日本人支持下的"自治运动"。11月24日,在土肥原贤二唆使下,滦榆区行政督察专

---

① 《徐永昌日记》第3册,(台北)"中央研究院"近代史研究所1991年版,第312页。
② 《民国阎伯川先生锡山年谱长编初稿》第5册,(台北)台湾商务印书馆1988年版,第1860—1868页。

员殷汝耕公开叛国,于通县发表"自治宣言",宣布成立"冀东防共自治委员会",脱离国民党中央控制。天津、北平等地也出现由日本人背后支持的"自治"团体要求"自治"的事件。

面对上述一系列变故,11月26日,国民政府做出紧急应对,撤销北平军分会,任命何应钦担任国民政府行政院驻北平长官,宋哲元担任冀察绥靖主任,免职并立即查办殷汝耕。何应钦视察河北各地情况后,向蒋介石汇报日方逼迫宋哲元情形,并建议设立冀察政务委员会,避免当地出现"自治"名目与"独立"状态。[①] 为避免出现不可控局面,国民政府很快有所因应。12月11日,国民政府同意设置冀察政务委员会,派遣宋哲元担任委员长。同月18日,冀察政务委员会在北平正式成立。

国民政府设立冀察政务委员会的出发点是保全中国政府在华北地区主权,而日方却也企图利用该委员会使之成为其"华北自治运动"的工具。华北地区传统的行政体系、行政机构被彻底改变,河北、察哈尔两省主权陷入严重危机。

学界多将1935年间日本谋划并实施的以侵吞中国华北为目的一系列事件总称为华北事变。1935年上半年,以蒋介石为首的南京国民政府在坚持"攘外必先安内"国策前提下,提出并实行了对日亲善外交政策,从其初衷来看,该政策具有一定合理性,也得到日方一定程度的反馈与互动。但是,蒋汪合作下的国民政府对于新形势下日本侵华政策的严重性认识不足,也高估以及误判了苏联、日本冲突可能性等国际形势,外交效果极其有限。日本的侵华政策有其连贯性,依据内外形势的新变化呈现出阶段性特征。签订《塘沽协定》成为日本染指华北的重要一步。此后,日本变本加厉地实施其侵华计划,强迫中国达成与签订《何梅协定》《秦土协定》,策划制造"华北自治运动",达成其侵略中国计划之重要一步,肆无忌惮地威逼中国至最后关头。中日两国处于全面战争的边缘。

---

① 秦孝仪主编:《中华民国重要史料初编——对日抗战时期》绪编(1),(台北)中国国民党中央委员会党史委员会编印1981年版,第730—731页。

六、一二·九运动与绥远抗战

九一八事变之后，日本人鲸吞东北，蚕食华北，兵锋直抵北平城下。1935年，日本人一手策划的"华北自治运动"制造了严重的华北危机。国民政府被迫谋划成立冀察政务委员会加以应对。华北主权名存实亡，亡国灭种的危机日甚一日。北平学生悲愤地表示："眼见华北的主权，也要继东三省热河之后而断送了！这是明明白白的事实，目前我们友邦所要求于我们的，更要比'二十一条'厉害百倍……华北之大，已经安放不得一张平静的书桌了！"[1]

国难当头，越来越多人认清了挽救民族危亡唯有彻底抵抗一途。大批知识分子自九一八事变后即呼吁停止内战，一致抗日。华北事变后，中国大部分知识分子的抵抗立场日趋坚定。胡适、傅斯年、张季鸾等原先主张对日交涉，试图谋求有条件妥协的知识分子对日态度转向强硬。华北事变使他们觉悟到中国的妥协与迁就难以遏制日本的侵略，"屈辱是永无止境的，求全是决不可能的。只有我们能守卫的力量才是屈辱的止境"[2]。国统区各类知识分子政治态度出现趋同迹象。在民族危机到了最后生死关头，中国的知识分子们凭借独有的知识优势与政治嗅觉，与其他各界一起走上全民族抗战之路。

彼时中共中央尚在长征途中，而北平当地的中共党组织在1934年遭受严重破坏。直至1935年初，与中共河北省委重新取得联系后组建了中共北平临时市委，整个临时市委共有党员10余人，主要成员仅有王学明、杨子英和彭涛。随着日本步步紧逼，华北形势变化剧烈，学生愤懑之情愈演愈烈，重新发动组织学生抗日活动的时机慢慢成熟。1935年11月1日，平津两市10所大、中学校的学生自治会联合起来，向国民政府公开呈递自由宣言书，吁请政府开放言论、禁止非法逮捕学生，以激励共肩责任、奋起救存。[3]1935年11月18日，大中学校抗日救国学生联合会在北平成立，主席郭明秋与秘书长姚依林均是共产党，彭涛担任书记。

---

[1] 中共北京市委党史资料征集委员会编：《一二·九运动》，中共党史资料出版社1987年版，第143页。
[2] 胡适：《华北问题》，《独立评论》第179号，1935年12月1日。
[3] 清华大学校史编研组：《战斗在"一二·九"运动的前列》，清华大学出版社1985年版，第155—156页。

北平地区有了组织与发动学生开展抗日救亡活动的组织。11月26日，国民政府为应对在日本人怂恿下波澜渐起的华北数县"自治"风潮，任命何应钦为国民政府行政院驻北平长官。学生联合会决定向何应钦请愿，反对华北"自治"，要求抗日救亡。

1935年12月6日，北平学联召开成立后的第二次代表会，决议发表《北平市学生联合会成立宣言》，表示"现在华北的危机，已经到了极点了"，号召华北民众、全国民众一致联合起来，"作伟大的民族革命战争"，宣言最后提出了包括立即停止内战、反对秘密外交、反对华北防共"自治"运动等在内的"反对日本帝国主义并吞华北九大纲领"[①]。同时，中共河北省委特派员李常青也指示要将学生们团结起来开展斗争。当事人彭涛回忆筹划请愿运动时的情形：一二·九运动"用合法斗争……我们还是决定开始用请愿的形式……我们的主张是搞统一战线，把各种力量组织起来"[②]。12月8日，北平学生联合会召集各校学生代表在燕京大学举行会议，决议于次日举行全市学生请愿活动。

1935年12月9日，北平城外的清华大学、燕京大学等校爱国学生集合队伍后准备按照原计划经西直门进入城内与东北大学学生会合。不料，北平军警已经控制并关闭了城门。两校学生就地召开群众大会，向周围民众及守城军警宣传抗日救亡道理。北平城内学生以东北大学学生为首，他们喊出了"反对华北自治""争取救国自由""反对投降外交"等口号，向市政府请愿途中遭到北平军警阻挠。双方发生冲突，学生多人受伤、被捕。

爱国和平请愿活动反遭阻挠乃至镇压，彻底激发了北平学生的爱国激情及斗争情绪。12月9日夜，北平学联发表《北平学生罢课宣言》，以罢课形式反击政府出卖华北主权，决心唤起民众认识到华北乃至整个中国的危机。12月10日，北平各校学生基本进入罢课状态。

12月11日，国民政府准备成立冀察政务委员会，任命宋哲元为委员长。华北局势正向着更恶劣方向演变。12月16日，北平爆发更大规模学生示威。爱国学生

---

① 中共北京市委党史资料征集委员会编：《一二·九运动》，中共党史资料出版社1987年版，第147—148页。
② 中共北京市委党史资料征集委员会编：《一二·九运动》，中共党史资料出版社1987年版，第314页。

不但针对时局提出"反对冀察政委会及一切傀儡政权",还进一步提出"人民自动武装起来""争取民族解放"①等以追求中华民族最终解放为旨趣的口号。在爱国示威游行过程中,学生再次遭到军警镇压,被打伤、抓捕多人。

在大罢课期间,平津学生在中共组织下发起了南下扩大宣传活动,旨在对更广大民众做宣传与组织。学生们成立了"民族解放先锋队","以抗日反汉奸卖国贼为当前任务,以反帝反封建为终极目标"②,还制定了详细的斗争纲领与工作纲要、规约。1936年一二月份,500余名学生南下,沿途发表演说,向普通民众宣传抗日救亡道理。

虽然大多数学生参加运动的出发点是为挽救民族危亡,有学生坦言参加运动的初衷,即"我们的运动完全是由于纯真的民族自觉意识所激起;因为不甘我中华民族的沦亡和坐待国命的摧折,我们才不得已起来作唤醒民众的自救运动"③,但这并不影响中国共产党在运动中"起了骨干的作用"④。早在学生运动发生之前,中共即有意识地利用进步学生所掌握的报刊着力宣传马克思主义民族解放理论,隐藏身份的中共党员也通过与学生座谈形式指导着学生运动方向。在运动中,中共"把马克思主义的民族解放理论与学生中蕴藏的民族主义情绪有效地结合起来,使之成为一种有目的的政治力量"⑤。正是这种结合推动这场爱国运动不断向前发展。

北平学生的爱国举动通过报刊媒介很快传播到全国其他地区。各大城市的青年学生们纷纷行动起来呼应北平学生义举。上海作为与北平南北并称的近代中国两大中心城市之一,其新闻消息传播十分迅速,故当地爱国学生首先做出反应。1935年12月9日,复旦大学学生联合附近高校学生举行示威游行,并向市政府请愿。随后,当地学生还制定了"进京(南京)请愿"的计划,但由于当地国民党政府阻挠而没有实现。广州、杭州、长沙、南京、天津、太原、西安等地的大、中学学生相继走上街头举行大规模请愿游行,宣传抗日救亡。

---

① 柳青:《更广大的意义和目标》,《大众生活》第1卷第9期,1936年1月11日。
② 中共北京市委党史资料征集委员会编:《一二·九运动》,中共党史资料出版社1987年版,第206页。
③ 吴山马:《十二月十六日》,《独立评论》第183号,1935年12月29日。
④ 《毛泽东文集》第2卷,人民出版社1993年版,第256页。
⑤ 欧阳军喜:《一二·九运动再研究:一种思想史的考察》,《中共党史研究》2014年第2期。

学生反对国民政府妥协退让，争取抗日救亡的爱国行动迅速超越了学生运动范畴，激发了社会各阶层人民挽救民族危亡的热情。城市工人罢工，爱国团体发表通电，文艺界出版救亡书籍，各界救国联合会相继成立，抗日救亡运动席卷全国。总而言之，"这决不是仅仅北平一个地方，仅仅北平数千的热血青年对于国事的态度。这个运动实在是足以代表全国大众对于救亡的坚决的意志的一种强有力的表现"①。

一二·九运动也受到国外舆论关注。来华任教的美国记者埃德加·斯诺与其妻子海伦支持学生爱国运动，他们利用驻华记者身份及其人际关系网络，多渠道联系西方主流媒体。在他们的努力下，《太阳报》《每日先驱报》《密勒氏评论报》《芝加哥每日论坛报》《亚细亚》等报刊对此多有关注，为学生运动争取西方主流媒体同情，占领国际舆论阵地，推动运动的酝酿、发生与扩展发挥了重要作用。②

日军策划的"华北自治运动"所造成的华北危机直接促成了一二·九运动爆发，中共北平临时委员会在团结组织同学和进一步扩大运动影响力方面起了重要指挥作用。该运动被赋予了民族解放运动的性质，它直接打击了日伪妄图分裂中国的图谋，捍卫了国家主权，推动了全国性抗日救亡运动新高潮的到来，同时促进了西安事变的发生。

日本在制造"华北自治运动"的同时，也在紧锣密鼓地筹划针对内蒙古西部地区的扩张行动。早在1933年，日本特务松室孝良曾拟定《关于蒙古建设意见》，主张3年内在长城以北的内蒙古西部区域建立"蒙古国"，以便利之后日本与苏联作战。③ 1935年7月，关东军为控制内蒙古地区而制定了《对内蒙施策要领》，其方针为：关东军首先设法扩大和加强内蒙古的亲日、"满"区域，随着华北工作的进展，而使内蒙古脱离中央而"独立"。④ 在上述方针指导下，关东军逐步对内蒙古地区施策。绥远省位于内蒙古地区西部，其北连蒙古国，南望山西，西通晋陕，位于中、苏、伪满洲国交界点，既是日本庇护伪满洲国边界，筹备对苏作战的战略

---

① 星期评坛:《学生救亡运动》，《大众生活》第1卷第6期，1935年12月。
② 张牧云:《再论斯诺、海伦与一二·九运动之关系》，《中共党史研究》2018年第6期。
③ 任月海编译:《多伦文史资料（第1—4辑合编）》，内蒙古大学出版社2017年版，第414页。
④ 任月海编译:《多伦文史资料（第1—4辑合编）》，内蒙古大学出版社2017年版，第414页。

要地，也是其推行蚕食政策，进一步肢解中国西北的前进基地。1936年9月，日本关东军司令部批准了特务田中隆吉制定的《绥远工作实施要领》，决定侵犯绥远地区。《要领》计划先由日本特务部队组成"谋略部队"进犯绥远，伪蒙军紧随其后占领绥远。[①]

绥远省彼时属阎锡山势力范围，省主席乃晋绥军重要将领傅作义。就傅作义本人而言，早在长城抗战中，他就曾率部与日军鏖战于怀柔。面对即将来犯之敌，傅作义曾言道："日寇占我察北，又犯我绥东、绥远，是我全军将士的耻辱。爱国军人守土有责，我们一定要打！"[②]其具有坚定的御侮救国信念。对于傅作义及其驻守绥远的军队，日本方面也明确了如果得不到傅作义的合作就使用武力将其驱逐到绥远省外的方针。[③]从1936年春起，日本关东军及各大特务机关头目利用各种机会，不断拉拢、策反傅作义，傅作义始终不为所动。屡次碰壁后，日军最终决定唆使德王及伪军李守信军事进攻绥远。

德王全名德穆楚克栋鲁普，为内蒙古锡林郭勒盟代理盟长，兼苏尼特右旗札萨克亲王。在日本人煽动下，他以"团结蒙古各阶层，复兴民族"的名义，要求"内蒙高度自治"，妄图成立"蒙古国"。1936年2月，关东军为谋求树立内蒙古地区"统一"政权，协助德王成立所谓"蒙古军总司令部"。同年5月12日，日本人一手扶植的傀儡性政权"蒙古军政府"在化德（嘉卜寺）成立，德王担任总裁。土匪出身的李守信为另一民族分裂分子，其所部伪军的武器、经费主要由关东军提供，部队中充斥着大量日本顾问。1933年9月，李守信伪军攻占察哈尔省重镇多伦后成立察东伪政权。当年12月，李部伪军在日本军方协助下，占领察哈尔省东部的张北、宝昌、康保等8县，并控制了察省8旗。察省大部疆土沦入日伪之手。"蒙古军总司令部"成立时，李守信任伪蒙古军副总司令。日本达成侵略目标后遂向西指向绥远。

---

① 日本防卫厅防卫研究所战史室：《中国事变陆军作战史》第1卷第1分册，田琪之译，中华书局1979年版，第84页。
② 中国人民政治协商会议全国委员会文史资料研究委员会编：《傅作义生平》，文史资料出版社1985年版，第5页。
③ 任月海编译：《多伦文史资料（第1-4辑合编）》，内蒙古大学出版社2017年版，第423页。

日本加紧对中国侵略，严重威胁中华民族生存。在绥远局势日趋紧张的过程中，国民政府不再一味退让，主动做出应对举措，为抗战进行了一定准备。

就国民党而言，九一八事变以来的事实证明了指望国际调停制止日军侵略几乎毫无成效。日本策划华北事变将国民政府近乎逼至绝境。如此严峻局势下，蒋介石及国民政府开始调整其内外政策。1936年7月13日，蒋介石发表演说，明确阐述其对于中国"最后牺牲""最低限度"的观点："假如有人强迫我们承认伪国等损害领土主权的时候，就是我们不能容忍的时候，就是我们最后牺牲的时候。就是要危害到我们国家民族之根本的生存，这就是为我们不能容忍的时候。到这时候，我们一定作最后之牺牲。所谓我们的最低限度，就是如此。"[1]蒋介石表态其退让容忍是有底线的。彼时，中日双方在南京进行外交谈判，双方就绥远问题争执不下。9月23日，日方代表川越茂向国民政府外交部长张群提出包括扩大华北缓冲区域、华北五省"自治"、取缔排日宣传与活动在内的5项要求，张群强硬地表态拒绝，并向日方提出废止《上海停战协定》《塘沽协定》、解散察东与绥北伪军等5项要求。[2]10月12日，国民政府做出相应军事部署。中央军第13军汤恩伯部及骑兵第7师门炳岳部奉命由陕入绥。之后，蒋介石同意上述部队换用晋绥军番号、旗帜，与友军协力抗敌。11月10日，蒋介石电示张群，划定对日谈判底线，即"应以完整华北行政主权为今日调整国交最低之限度"，否则"虽至任何牺牲，亦所不恤"[3]，体现了蒋介石及国民政府前所未有的对日强硬态度。

日军将侵略目标指向绥远，进而窥视山西，引起了阎锡山的警觉。不论是从民族大义出发还是从个人利益出发，都使他积极支持傅作义在绥远抗敌。太原绥靖公署在财政、政治、军事方面为绥远抗战提供必要保障。晋绥当局调遣晋军独立第7旅、第8旅及炮兵部队4个团在大同一带集结，随时准备入绥参战。10月24日，傅作义与阎锡山商议后，决定统一指挥晋军驻守绥东地区的赵承绶骑兵部

---

[1] 秦孝仪主编：《中华民国重要史料初编——对日抗战时期》绪编（3），（台北）中国国民党中央委员会党史委员会编印1981年版，第666—667页。
[2] 转引自刘维开：《国难期间应变图存问题之研究》，（台北）"国史馆"1995年版，第456页。
[3] 秦孝仪主编：《中华民国重要史料初编——对日抗战时期》绪编（3），（台北）中国国民党中央委员会党史委员会编印1981年版，第680页。

队、绥西的王靖国第 19 军及驻晋北的李服膺第 68 师。

此外，中国共产党对绥远局势十分关切，鼓励与支持傅作义与日伪开展斗争。1936 年秋，南汉宸受中共中央委派，携毛泽东致傅作义亲笔信抵达绥远。在信中，毛泽东表示："保卫绥远，保卫西北，保卫华北，先生之责，亦红军及全国人民之责也。""近日红军渐次集中，力量加厚，先生如能毅然抗日，弟等决为后援。"[1]彰显中共愿意为其后援坚决抗日的立场。同年 12 月 1 日，绥远抗战激战正酣时段，中共发表《中共中央及中国苏维埃中央政府关于绥远抗战的通电》，再次表明抗日态度："只要给我们抗日去路，我们准备立刻开赴晋绥前线""为保卫晋绥，保卫华北，保卫中国而血战到底！"[2]

1936 年 11 月 14 日，自称"大汉义军"总司令的汉奸王英率所部伪军从商都出发，进犯绥察两省交界要冲之地红格尔图。次日，伪军在日本人指挥下仰仗飞机、大炮火力掩护展开猛烈攻击。绥军英勇抵抗，数度击退来犯伪军。绥远战争就此爆发。

11 月 15 日夜，傅作义与赵承绶赶赴前线指挥作战。16 日上午，傅作义等人制定作战部署，决心以迅猛的行动歼灭来敌。18 日凌晨，绥军各部发起全线反攻。伪大汉义军猝不及防，溃不成军。至上午 8 时许，绥军骑 1 师进驻红格尔图。红格尔图之战，晋绥军大获全胜，3 天战斗累计毙敌上千人，俘虏 20 余人。

战斗胜利的当晚，傅作义决定携胜利之威扩大战果，相机发动百灵庙战役。同一阶段，蒋介石致电阎锡山，指示晋绥军应积极进取百灵庙与商都等要地，一举安定绥远，且保证外交方面绝无顾虑。[3]位于绥北地区的百灵庙正处于德王控制下，被日伪视为侵扰绥远的重要前进基地。11 月 20 日，傅作义在归绥召集孙长胜、孙兰峰、袁庆荣等主要将领部署作战事宜，议定 24 日前"以迅疾动作，敏快手段，于增加之敌到庙以前，袭取成功，期能各个灭敌"[4]。23 日晚 11 时，业已集

---

[1] 《毛泽东文集》第 1 卷，人民出版社 1993 年版，第 422 页。
[2] 中国人民政治协商会议内蒙古自治区委员会文史资料委员会编：《内蒙古文史资料》第 25 辑，内蒙古文史书店 1986 年版，第 2 页。
[3] 秦孝仪编：《西安事变史料》下册，台湾正中书局 1985 年版，第 422 页。
[4] 傅作义：《绥战经过详记》，《军事杂志》（南京）第 101 期，1937 年 4 月 1 日。

结完毕的晋绥军各部队向伪军发动猛烈夜袭。经过浴血搏杀，至次日上午9时许，晋绥军攻克所有阵地，胜利收复百灵庙。该战共计歼灭伪军七八百人，俘虏300余人，缴获炮3门、重机枪5挺、步枪400余支、电台3架，以及大量弹药军资。

百灵庙大捷后，王英部及德王部伪军损失惨重，败退至锡拉木楞庙（大庙），准备以此地为反扑基地。傅作义决心乘胜追击，歼灭残敌的同时一举收复失地。12月3日，百灵庙绥军驻守部队击退来犯伪军，击毙伪大汉义军副司令雷中田及其部下500余人。12月6日，晋绥军各部集结兵力向伪蒙古军、伪大汉义军发起围攻。王英部下师旅长石玉山、金宪章等人先后率部临阵反正。12月9日上午，绥军部队胜利进入锡拉木楞庙。绥远抗战胜利结束。

绥远抗战属中国局部抗战过程中极其重要的一次胜利。国内出现了前所未有的声势浩大的援绥运动。从政界、军界到学界、工商界，从城市到农村，从上层人士到底层群众，均投身援绥运动中。全民族抗战浪潮已经汹涌澎湃，不可阻挡。中国军队收复百灵庙等地的行为，挫败日军企图西侵绥远，继而进击中国西北地区的阴谋。它的胜利也影响了国民党对日外交政策。此后，国民政府主动停止了与日方在南京的谈判。

七、西安事变

1935年，日本紧锣密鼓策动华北事变，中日之间民族矛盾呈现不可调和之势头。亡国灭种危机当前，国内要求抗战声浪此起彼伏。自1935年起，南京国民政府着手改变其内外政策，对内加速抗日战争准备工作，调整国防机构，整编军队，加快军备建设，提高对日作战能力。对日外交政策一改妥协退让，转为强硬对待。不过，对于中共及其领导下的红军，蒋介石依旧坚持"剿共"政策。

1935年1月，西北军将领兼西安绥靖公署主任杨虎城指挥所部第17路军，针对活跃在鄂豫陕根据地红二十五军发动"围剿"。自2月初起，红军先后在蓝田县葛牌镇、华阳镇一带重挫西北军部队。当年4月，国民政府增调4个师协助杨虎城再次发动"围剿"。袁家沟一战,红军全歼杨虎城警备第 1 旅 2 个团,俘虏旅长唐嗣同,再次打退西北军围攻。

1935 年夏秋阶段,中共及其领导下的红军部队历经长途跋涉陆续抵达陕甘一带。蒋介石决心趁红军疲惫不堪之际一举将红军彻底消灭在西北黄土高原。同年,蒋介石调张学良所部东北军至西北,和杨虎城西北军一道对西北红军和中央红军进行"围剿"。自 9 月下旬至 11 月,参与"围剿"的东北军王以哲部、董迎斌部在劳山、榆林桥、吴起镇、直罗镇等地区遭受红军重创。不足 3 个月,东北军累计损失 3 个师兵力,折损被张学良所重视的优秀将领牛元峰、何立中等,6 个团长、2 个参谋长或被俘,或受伤。张、杨两军连续"围剿"中央红军及西北红军失利后,国民政府决定组织更大规模进攻。1935 年 11 月初,蒋介石在西安正式设立西北"剿匪"总司令部,自任总司令,张学良任副总司令。西北"剿匪"总司令部统辖东北军张学良各部、杨虎城西北军、中央军朱绍良部队及马鸿逵、马步芳、阎锡山等部,下辖西北地区陕、甘、宁、青 4 省。

东北军、西北军数次进攻红军,迭遭败绩,且部队官兵迫切渴求抗日复土。张学良、杨虎城不得不有想法。与此同时,中共方面提出团结抗日主张,积极联络张、杨二人。

1935 年 11 月 26 日,毛泽东致信东北军第 57 军军长董英斌,表示红军愿意与东北军休战,双方订立条约共同抗日。[①] 瓦窑堡会议后,中共中央成立了专事东北军统战工作的东北军工作委员会,由党内高层人物周恩来、叶剑英分任正副书记。为表善意,红军主动释放了此前战斗中俘虏的东北军官兵。1936 年 1 月 19 日,中共派遣联络局局长李克农赴洛川,先后与王以哲、张学良面谈,为双方进一步联合奠定了基础。同月 25 日,红军以毛泽东、周恩来、彭德怀等的名义联名发表致东北军公开书,提出红军愿意和东北军等一切抗日武装队伍组成抗日联军,希望与东北军互派代表共同协商。[②] 为进一步释放善意,1936 年 4 月 9 日,周恩来代表中

---

① 中共中央政策研究室编:《毛泽东年谱(1893—1949)》上卷,人民出版社、中央文献出版社 1993 年版,第 490 页。
② 中央档案馆编:《中共中央文件选集》第 11 册,中共中央党校出版社 1991 年版,第 4—8 页。

共中央与张学良在肤施（延安）举行双方领导人高级别会谈。双方达成停止发动各种斗争等9项协定。此后，刘鼎受中共中央委派，作为驻东北军代表开展工作。中共中央又派遣叶剑英奔赴西安，协助张、杨改造部队。1936年春，中共也与杨虎城所率领的西北军就双方互不侵犯、互派代表等问题达成一致。1936年8月13日，毛泽东亲自致信杨虎城，称"先生如以诚意参加联合阵线，则先生之一切顾虑与困难，敝方均愿代为设计，务使先生及贵军全部立于无损有益之地位"[1]，彰显了中共为争取杨虎城参与联合抗战所做的努力。在西北军掩护下，红军建立了秘密交通站、运输站等。就这样，红军、东北军、西北军3方结束敌对关系，形成"三位一体"[2]军事同盟，议定停止内战，联合抗日。

  1936年10月22日，蒋介石处理完两广事变后飞赴西北，亲自坐镇西安着手布置"围剿"陕甘红军事宜。10月26日，蒋介石在王曲军官训练团发表讲话，反复强调"剿共"事业，"我们最近的敌人是共产党，为害也最急；日本离我们很远，为害尚缓。如果远近不分，缓急不辨，不积极'剿共'而轻言抗日，便是是非不明，前后倒置，便不是革命"，他要求东北军、西北军军官们服从命令，否则予以军法制裁。[3]10月29日，蒋介石一行乘坐火车抵达洛阳，继续筹划消灭红军事宜。在召开高级军事会议后，国民党制定了4路围攻红军计划。对此，中共领导红军积极应对，山城堡一战击溃胡宗南所部。尽管张学良致电蒋介石要求停止内战，愿意领军北上抗日，依旧不能改变蒋"剿共"政策。11月1日，蒋介石出席洛阳军分校扩大纪念周，发表题为《国家之现势与前途》的公开演说，表示"今后国家必有自救之办法，民族必有光明之前途"，而"欲谋复兴民族，必先肃清一切危害国家之汉奸，必须尽先消灭有知识有组织之汉奸，亦即为整个国家民族最大祸害之赤匪"。[4]至此，蒋介石依旧坚持消灭中共及其领导下的红军。11月下旬，张学良受绥远抗战胜利鼓舞，向蒋介石数次要求带兵抗日。且正值七君子

---

[1] 中共中央政策研究室编：《毛泽东年谱（1893—1949）》上卷，人民出版社、中央文献出版社1993年版，第569页。
[2] 参见杨奎松：《西安事变新探：张学良与中共关系之研究》，台湾东大图书公司1995年版。
[3] 中国社会科学院现代史研究室编：《西安事变资料》第1辑，人民出版社1980年版，第11页。
[4] 《蒋院长讲国家现势勖勉军民自强奋斗》，《大公报》1936年11月2日。

事件发生，张学良飞赴洛阳，当面向蒋求情，引得蒋介石颇为不满。当月 28 日，《蒋介石日记》记载二人之争执："汉卿要求带兵抗日，而不愿'剿共'，是其无最后五分钟之坚定力也。"[1]

鉴于张、杨"消极怠工""剿共不力"的境况，蒋介石甚是不悦。12 月 4 日，蒋介石再赴西安，约集部下、积极部署，威逼张、杨二人进军"剿共"。蒋提出两个使张、杨均无法接受的方案供其选择：服从"剿共"命令，"中央军"在后督战；或把东北军、西北军调至福建、安徽，改由"中央军"进驻西北。并威胁张、杨二人，若违抗命令则给予处置。二人多次哭谏无果。12 月 9 日，正值一二·九运动 1 周年之际，西安各界救国联合会组织数万名青年学生发动声势浩大的请愿活动。正是在抗日救亡的呼声日渐高涨的情境下，张、杨二人决定实行"兵谏"。

12 月 12 日凌晨 5 时左右，东北军包围华清池、扣留蒋介石，拘捕陈诚、卫立煌、钱大钧等一众军政要员 10 余人，控制了西安全城。这就是震惊中外的西安事变，亦称双十二事变。随后，张、杨等 18 位高级将领向外界发表《对时局通电》，申明蒋介石安全无虞，发动兵谏的原因在于蒋"自绝民众，误国咎深"，劝蒋无果后"促其反省"，其中提出 8 项主张：(1) 改组南京政府，容纳各党各派共同负责救国；(2) 停止一切内战；(3) 立即释放上海被捕之爱国领袖；(4) 释放全国一切政治犯；(5) 开放民众爱国运动；(6) 保障人民集会结社一切政治自由；(7) 确实遵行孙总理遗嘱；(8) 立即召开救国会议。[2] 上述主张针对的是蒋介石方面以自我为中心、片面的政策，旨在集中全国力量一致抵抗日本侵略，即"不过发动抗日必备之条件"[3]。

西安事变的发生，在全国乃至国际上引起了巨大反响，受到了各界人士的普遍关注，一时形成了错综复杂的局面。皆因该事变牵扯极为复杂，涉及国民党内部派系争斗、国共两党政治较量、民族情感与个人情感抉择、国际社会与国内利益纠葛等诸方面，各派各方的反应也大不相同。

---

[1]《蒋介石日记》，1936 年 11 月 28 日，美国斯坦福大学胡佛研究所馆藏。
[2]《张杨发表对时局宣言》，《解放日报》(西安) 1936 年 12 月 13 日。
[3]《张学良文集》第 2 册，新华出版社 1992 年版，第 1100 页。

事变之后，张、杨对所属部队进行了重新部署，以防国民政府军队进犯。张学良发动西安事变得到了东北军全体官兵上下一致的支持。在如何处理蒋介石的问题上，东北军中以中下级军官为主的少壮派和以高级军官为主的元老派有不同意见。少壮派军官主张采取强硬态度，甚至通过决议，要公审"卖国贼"蒋介石及其幕僚。[①]元老派则支持和平解决的方针。

张、杨二人对于"扣蒋"之后的安排并无十分明确的计划。张学良当天即向中共发"文寅电"，通报事件概况。中共方面迅速回复"文亥电"请求证实，决定派遣周恩来前赴西安与张、杨共同商议对策。次日，中共召开政治局常委扩大会议商讨应对举措。众人肯定了事变的重大意义，表示应旗帜鲜明地给予支持。然而在如何处置蒋介石问题上，与会者持不同立场。当天会议基调主要是"审蒋"与"除蒋"。当日，中共党报《红色中华》刊文《西安抗日起义蒋介石被扣留》，对张、杨义举称赞，将事变定性为"抗日起义"，同时表示"全国人民要求将汉奸蒋介石交付人民审判"[②]。党报通常是政党向外界表达政治主张的传声筒。西安事变发生数日后，所涉各方态度逐渐明晰。16 日，《红色中华》针对该重大政治事件展开议程设置，以消息、通讯、评论等方式集中报道，呈现南京方面、日本方面、全国各地事后反应。报纸第 2 版发表专论《蒋介石罪大恶极：十年反革命五年卖国》，历数蒋介石对日妥协、对内镇压之罪行，再次呼吁"把蒋介石交给人民公审"[③]。很快，中共经过对于时局及社会各界舆论反应的观察，对处置蒋介石的策略重新回归到"逼蒋抗日"方针下。12 月 19 日，中共中央再次举行政治局常委扩大会议，最终做出了反对内战，以此作为抗日的旗帜加以和平解决的方针。

得知张、杨二人以武力之强硬手段控制了蒋介石及国民党的一众军政要员，南京国民政府方面形成了截然对立的两派："武力派"与"和谈派"，前者以军政部长何应钦为首，主张武力"讨伐"以维护中央政府合法性与权威性；后者以财政部部长宋子文、行政院长孔祥熙、宋美龄等人为首，在意的是国民党核心人物

---

① ［美］埃德加·斯诺：《西行漫记》，董乐山译，生活·读书·新知三联书店出版社 1979 年版，第 373 页。
② 《西安抗日起义蒋介石被扣留》，《红色中华》1936 年 12 月 13 日。
③ 《蒋介石罪大恶极：十年反革命五年卖国》，《红色中华》1936 年 12 月 16 日。

蒋介石的个人安危。"武力派"积极部署，准备以武力施压。12月16日，国民党中央委员会任命何应钦为"讨逆总司令"，兵分东西两路，由刘峙、顾祝同分别指挥。"讨逆军"由潼关西进，宋希濂、董钊、樊崧甫等率部进抵渭南、华县、赤水一带展开进攻，双方几十万军队进入武装对峙态势，大有内战一触即发之风险。而"和谈派"也在积极斡旋，很快得到更多人的支持，渐趋上风。于是宋氏姐弟二人往来穿梭于南京、西安两地，希望在保证蒋介石人身安全的前提下，和平解决。

由于西安事变爆发太过突然，国民党地方派别反应不一，起初绝大多数采取中立与观望态度。随着事态演变，各地对西安方面扣蒋举动表现出不同的反应，或劝解，或谴责，或支持。坐镇两广的李宗仁、白崇禧、李济深等人以民族国家为重，主张和平解决方略的同时，为张、杨行为进行辩白。身处绥远前线的傅作义从大局出发，表示愿意奔赴西安加以调解。拥兵山西的阎锡山、四川的刘湘等人采取谨慎保留的态度，明面上支持中央政府出兵"营救领袖"，暗地里联络西安方面表示支持与同情。地方上责难张、杨的声音亦不绝于耳。他们认为实行"兵谏"，以武力扣留国家领袖不成体统，容易造成混乱，更不利于抗战。国民党地方实力派的作用与地位举足轻重，他们的态度与反应影响了国民政府中央的决策与部署。

国内舆论界的反应空前强烈。南京方面对此进行了有策略的管控。一方面严密封锁西安方面消息，另一方面要求舆论界遵从中央政府立场。12月15日，包括《申报》《时事新报》《新闻报》《大公报》等各大知名报刊及中央通讯社、申时通讯社在内的百余家报社、通讯社联署发布《全国新闻界对时局共同宣言》，从国家民族大义立场出发，督促张学良恢复蒋介石自由，送其出境。① 西安事变在全社会范围内形成的舆论声浪可谓巨大，此举从整体上显著影响了全国舆论及受众。与国民党高层交往甚密的商业性大报《大公报》连续发表主笔张季鸾的4篇社评，严厉敦促张、杨忏悔认罪，从速释放蒋介石。北平、上海、南京等国内各高校、

---

① 《全国新闻界对时局共同宣言》，《中央日报》1936年12月16日。

各学术团体纷纷表明态度，几乎一致要求尽早恢复蒋人身自由。蒋梦麟、胡适、罗家伦、张伯苓、傅斯年等国内知识精英或刊文或致电张、杨，多数站在国家的立场拥护南京政府。社会舆论相当程度上代表以及引领了民意导向，对参与谈判各方政治团体产生了直接影响。

此外，由于事态严重，英、美、日、苏等国均从本国利益出发表态。日本政府对外宣称采取静观态度，实际上却在幕后准备了应对事变的各种《对策案》，对华北和内蒙古地区继续施加影响力，企图浑水摸鱼，搅乱中国政局，攫取在华更大权益。[①]英美与"和谈派"想法一致，希望在保证蒋介石人身安全及领袖地位的前提下，与张、杨妥协以换得和平解决。苏联则由于事发突然，初始对事态判断失误，指责张、杨"是日本帝国主义的走狗，抓蒋介石是适应日本的要求"[②]。苏联方面经过磋商后，也改变了之前态度。

虽然在对事变的态度上，国内各派别、各团体及国际舆论多有不同，但迅速和平解决西安问题以求得国内和平已是绝大多数人看法，为促进西安事变的和平解决营造了外部条件。

12月17日，周恩来、秦邦宪、叶剑英等中共代表一行人抵达西安，与张学良展开会谈。两日后，中共中央致电周恩来等人，要求他们坚持"扶助左派，争取中派，打倒右派、变内战为抗战"的策略，争取蒋介石、陈诚等和平谈判，并在"排除亲日派""保障民主权利"、停止"剿共"、联合抗日等条件下，"恢复蒋介石之自由"[③]。南京方面主和派积极往来奔走斡旋。14日，曾先后担任过张学良、蒋介石私人顾问的端纳携带宋美龄信件受命前往西安，为宁陕双方建立了信息沟通渠道。他向南京方面汇报了张、杨发动事变的动机与诉求，为双方进一步和谈提供了必要条件。20日，宋子文以私人身份抵达西安，分别与张学良、蒋介石、周恩来等人会面，为双方居中调解。次日，宋子文了解各方面态度后返回南京进一步斡旋，为事变和平解决奠定了基础。12月22日，宋子文、宋美龄作为南京方

---

① 王希亮：《西安事变与日本的对应——以日本档案文献资料为中心》，《抗战史料研究》2016年第2期。
② 《周恩来选集》下卷，人民出版社1984年版，第311页。
③ 中央档案馆编：《中国共产党关于西安事变档案史料选编》，中国档案出版社1997年版，第244页。

面正式代表至西安谈判。交涉谈判期间,南京方面命令"讨逆军"停止进攻3日。1936年12月23至24日,宋氏姐弟代表国民政府与张、杨进行正式和谈,中共全权代表周恩来也参加了谈判。经过两天商议,双方达成了肃清亲日派;中央军撤军并调离西北;释放爱国领袖;联合红军抗日;召集救国会议;联俄,与英、美、法联络等数项协议。周恩来、宋子文与宋美龄也分别向中共中央、蒋介石汇报谈判结果。蒋介石做出新内阁绝不会再有亲日派;释放在上海被捕的爱国领袖;同意将中央军调离陕、甘;中日一旦发生战争,所有军队一视同仁;将与张学良讨论双方共同撤军等答复。[①]12月25日,张学良亲自陪同蒋介石离开西安,经洛阳转至南京。两日后,国民党高级将领陈诚、卫立煌、蒋鼎文等人亦被释放。西安事变和平解决。

西安事变的和平解决是国内外多种力量合力的结果,可谓功在国家,利在民族。它从根本上扭转了国内时局,迫使蒋介石放弃"剿共"政策,基本结束了国共之间10年内战局面,为两党重新合作、共赴国难创造了必要的条件,全民族协力抗敌的大局面逐渐成形。毛泽东评价道:"西安事变的和平解决成了时局转换的枢纽:在新形势下的国内的合作形成了,全国的抗日战争发动了。"[②]同时,蒋介石顺应时代及人民呼声的行为也使他开始得到全国范围内的拥护。

八、抗日民族统一战线的形成

日本策动华北事变之后,国共皆有谋求国内和平以抗日的打算。

1935年7月共产国际七大召开,会议指示各国共产党为抵御法西斯国家瓜分世界的图谋应建立人民统一战线。根据会议精神,及鉴于国内抗日形势变化,1935年8月1日,中共驻共产国际代表团以中华苏维埃政府、中共中央名义发表《为抗日救国告全体同胞书》(即八一宣言),主旨思想是停止内战,号召各党派、

---

① 宋子文:《西安事变日记》,1936年12月24日,美国斯坦福大学胡佛研究所馆藏。
② 《毛泽东选集》第3卷,人民出版社1991年版,第1037页。

各团体组成统一的国防政府及其领导下的抗日联军。① 显然，中共此时所提倡的停止内战、成立统一政府方案很难为蒋介石所接受。同年12月25日，中共中央在瓦窑堡召开会议，通过《关于目前政治形势与党的任务决议》，明确了中共所提倡之抗日民族统一战线的策略路线与方针、政策。决议宣称"不但要团结一切可能的反日的基本力量，而且要团结一切可能的反日同盟者，是在使全国人民有力出力，有钱出钱，有枪出枪，有知识出知识，不使一个爱国的中国人，不参加到反日的战线上去。这就是党的最广泛的民族统一战线策略的总路线"，而中国当前的公敌是"日本帝国主义与卖国头子蒋介石"②。将反蒋的国内战争与抗日的民族战争并列，表明历经残酷斗争考验的中共对于国民党最高层的警觉与不信任。

虽然蒋介石本人民族主义立场较为强烈，有全面抗击日本侵略的打算，但身为国民党及中华民国政府最高领袖，其长期推行对日妥协容忍政策饱受国民党内外的批评，很大原因在于军事实力占尽优势的国民党难以割舍其"剿共"主张。蒋介石试图优先彻底解决共产党"内患"，以尽量少的代价对日委曲忍让。1936年，日军指使伪军进犯绥远进而图谋山西、西北的行为已经逼近蒋介石退让之底线。蒋介石指示晋绥军主动出击抗日，随之国民政府对日外交政策也转向强硬。1936年9月24日，蒋日记记载"以倭寇之横逆，决不能避免战争，而倭寇未料及启衅以后，决无谈和之时，非我亡即彼亡也"③，可见蒋本人抗日决心与意志。两广事变解决后，蒋介石认为国内已具备较好抗日条件，将主要精力放在处理中共及其领导下的红军上。当年12月，蒋介石亲自坐镇西安，决定政治、军事双管齐下夹击中共。

1936年8月，共产国际曾来电尖锐批评中共"抗日反蒋"的策略方针，要求将苏区纳入统一的中华全国民主共和国，联合作战时红军服从统一指挥④。虽然中共面临着外有共产国际压力，内有国民党军事进攻的局面，但权衡内外形势后，中共并没有泛泛接受共产国际指示的"联蒋抗日"主张，而代以"逼蒋抗日"。

---

① 中央档案馆编:《中共中央文件选集》第10册，中共中央党校出版社1991年版，第522—524页。
② 中央档案馆编:《中共中央文件选集》第10册，中共中央党校出版社1991年版，第605页。
③ 《蒋介石日记》，1936年9月24日，美国斯坦福大学胡佛研究所馆藏。
④ 《共产国际执委会书记处致中共中央书记处电（1936年8月15日）》，《中共党史研究》1988年第2期。

1936年9月1日，中共中央发出《关于逼蒋抗日问题的指示》，明确说"目前中国的主要敌人，是日帝，所以把日帝与蒋介石同等看待是错误的，'抗日反蒋'的口号，也是不适当的"，指示强调"我们的总方针，应是逼蒋抗日"①。中共之所以如此主张，既有源自大革命失败血淋淋的教训，对蒋介石顽固反共立场有清醒认识，确保自身与国民党平等地位的考量；也有保持独立性，正确处理与共产国际关系的意味。呈现出来的便是中共与国民党谈判中在原则问题上的坚决不让步："红军仅可在抗日救亡之前提下承认改换抗日番号，划定抗日防地，服从抗日指挥，不能减少一兵一卒，并须扩充之""我们愿以战争求和平，绝对不作无原则让步。"②

自1935年12月底开始，国共双方开始秘密接触与谈判。蒋介石严厉督促张学良、杨虎城全力"剿共"的同时，国民党要员陈立夫主持的与中共方面的秘密谈判持续进行，但延续至1936年12月，经过数十次接触，两党仍就"红军改编、苏维埃改制"等问题僵持不下。随后，突如其来的西安事变改变了蒋介石所坚持的"剿共"政策，发挥了时局转换枢纽的作用，为国共结成统一战线提供了必要条件。不过，如何真正实现国共合作依旧是一个复杂而艰难的问题。

被扣留于西安期间，蒋介石曾口头允诺宋子文、宋美龄与张学良、周恩来所商议的协定。虽并未签署文件材料，但主体内容涉及"停止内战""联共抗日"当确凿无疑。蒋获释回南京后，于12月31日将张学良送上军事法庭加以审判。南京方面撤兵迟缓，当初讨伐张、杨的中央军暂时后撤后重新集结西进。内战似乎迫在眉睫。

国内各界对于有可能发生的大规模内战基本持反对态度，许多城市出现各种集会，反对内战，呼吁抗日的活动。中共方面从和谈大局考虑，积极同东北军、西北军协商应对策略，促成西安方面接受南京提议的西北军事善后"甲方案"③，以期消弭战乱。如此背景下，1937年2月15日，国民党五届三中全会召开。

---

① 中央档案馆编：《中共中央文件选集》第11册，中共中央党校出版社1991年版，第89页。
② 中共中央文献研究室编：《毛泽东年谱（1893—1949）》上卷，中央文献出版社2013年版，第620—621页。
③ 指的是1936年1月13日，蒋介石所提出的解决问题方案。甲方案为东北军调甘肃，17路军驻陕西；乙方案是17路军调甘肃，东北军调河南、安徽。

为最大限度地表示善意，争取国共和谈，1937年2月10日，中共致电国民党五届三中全会，向国民党提出"停止一切内战""迅速完成共同抗战之一切准备工作"等5项要求。倘若国民党确定上述5条为国策，中共愿意做出"停止推翻国民政府之武装暴动方针"等"四项保证"[①]。2月13日，中共党报《新中华报》全文刊登上述内容。这是中共在原则问题上所做出的重大让步，目的在于改变国内两个政权对立的局面，"便利于组成抗日民族统一战线，一致的反对日本的侵略"[②]。

国民党五届三中全会并没有正面回应中共中央上述通电，反而制定并通过所谓《关于根绝"赤祸"之决议》，宣称必须彻底取消红军编制、苏维埃政权，旨在"根绝'赤祸'"。国民党左派及部分军政要员对中共通电做出响应。宋庆龄、何香凝、冯玉祥、孙科、李烈钧等14人在开会期间提出《恢复孙中山先生手订联俄、联共、扶助农工三大政策案》，指出中共"愿停止危害本党政权之企图，拥护统一抗日"，提议国民党应乘此机会恢复孙中山三大政策，重现国共合作[③]。国民党五届三中全会实际上没有拒绝中共联合抗战的解决方案，为国共两党重开合作谈判提供了条件。

从1937年2月起，国共之间开始为恢复合作、协同抗日举行接触与谈判。双方首先在西安举行谈判。从2月11日起至3月15日，中共代表周恩来先后与国民党代表顾祝同、张冲等人举行多次会谈，双方围绕红军改编及编制、苏区政府改制、中共土地政策、中共党员参与政府等问题展开磋商。在红军改编后人数与编制等焦点问题上双方并未达成一致意见，决定继续商谈。

3月下旬，周恩来受邀同蒋介石在杭州直接会面。杭州会谈收到较好效果，虽然没有直接签订书面协议，但双方协力合作已是共识，具体问题尚待进一步协商。6月8日开始，周恩来与蒋介石在庐山再度进行谈判。蒋介石企图通过成立"民族革命同盟会"的方式实现国共合作，但其核心意图是实现"溶共"。此外，双方在

---

① 《中共中央给国民党三中全会电》，《新中华报》1937年2月13日。
② 西北大学历史系中国现代史教研室、西安地质学院中共党史组、八路军西安办事处纪念馆编：《西安事变资料选辑》，内部参考资料1979年版，第106—107页。
③ 荣孟源主编：《中国国民党历次代表大会及中央全会资料》下册，光明日报出版社1985年版，第435—436页。

边区政权、组织原则、红军指挥及人事问题方面存在明显分歧。

　　日军挑起卢沟桥事变后,中国大规模抗战的局面已经来临。7月15日,周恩来、博古等人再次与蒋介石、邵力子等人在庐山展开会谈。会谈前,周恩来向蒋介石递交《中共中央为公布国共合作宣言》。双方争执的最大焦点依旧是红军改编后的人事与指挥问题。中共方面决定从大局出发,同意在师之上设置行使指挥权的政治机关,但要求战时务必设立军事指挥部。蒋介石则坚持红军改编后的3个师的参谋长均由南京方面指派。蒋介石的意见不能为周恩来所接受。

　　8月中旬,中共代表周恩来、朱德与叶剑英飞赴南京,与国民党代表张冲、邵力子等人开始新一轮谈判。国共双方就《中共中央为公布国共合作宣言》争执不下。8月13日,淞沪会战打响。日军兵锋直指国民党统治中心。中日之间全面战争已是箭在弦上,国共联合抗日不可再行拖延,国共双方迅速就红军改编后的指挥问题达成一致意见。1937年9月22日,国民党正式对外公布了《中共中央为公布国共合作宣言》。次日,蒋介石发表谈话承认中共合法地位,标志着国共之间第二次合作正式达成,全民族抗日统一战线实际建立。

　　九一八事变不仅是中国人民抗日战争的起点,也揭开了第二次世界大战暨世界反法西斯战争的序幕。中国共产党率先擎起抗日大旗,倡导并建立了最广泛的抗日民族统一战线,振奋了全国人民的抗战精神。中国各党派、各民族、各阶级、各阶层、各团体以及海外华侨华人开始以共同的意志和行动携手并进,全民族抗战局面逐渐形成,象征着中华民族未来与希望的火苗蓬勃跃动。九一八事变后中国人民奋起抵抗日本法西斯的侵略具有不容忽视的世界意义,自此开启的中国战场是第二次世界大战中开始时间最早、持续时间最长的战场,是当之无愧的世界反法西斯战争的东方主战场。

第二章　全民族奋起抗战[①]

一、卢沟桥事变：全民族抗战的起点

（一）事变前日本的蓄谋与准备

日本于1931年发动九一八事变后，迅速占领了中国东北三省，并于次年建立伪满洲国傀儡政权，由此日本开始逐步实施其占领"满蒙"、征服中国、称霸世界的战略计划。而对华北地区进行的军事入侵则是这一计划的必然产物。

当时，华北地区包括冀、察、绥、晋、鲁5省以及天津、北平、青岛3市，不单在政治、经济、文化上具有重要意义，更是在军事上居于全国战略地位。一是物资资源丰富。据当时统计，冀、察、晋、鲁4省小麦年产量即达11000万担。全区棉花产量约占全国1/3。铁的贮藏量是关内各地之最。煤贮藏量，仅山西1省就达1271万吨，占全国一半以上。华北的长芦盐场是中国最大的盐场，年产量达100万担。而这些物资，可以说都是日本发动侵华战争的急需物品。二是地区交通便利。华北汇聚了中国两大交通命脉——平汉铁路和津浦铁路。而在航运方面，日本对华商品输出和资本输出，绝大多数是从天津、青岛入关。此外，华北的地理位置、在军事上的战略地位，就更毋庸赘言了。总之，只有占领华北，日本才有可能实现其由来已久的全面侵华计划。

1936年，日本关东军驻北平特务机关长松室孝良的秘密情报曾提到，日本占

[①] 作者：徐超（上海理工大学）。

领东北后,"虽然稍微缓和了国内的原料和市场问题",但"仍不能与生产率之增进相调和"。日本为确保东北并使万全,开始染指内蒙古地区。然而,内蒙古地区除军事位置重要外,资源与市场皆贫乏,所以必须着眼于华北。[①] 为此,松室还分析了华北各方面的情况,并提出了侵略方针:首要的便是以武力威胁各实力派,以期收到不战而胜的效果。他建议,要事先为侵华找口实,而这种口实轻易可以获得,进而日本可乘势进攻,一举夺取特殊权益。

1935年,日本还加紧了入侵华北的军事准备。4月17日,广田内阁决定加强中国驻屯军。6月1日军队改编完成,驻屯军由原来的10个中队、1个小队的总人数1771人,增编为中国驻屯军司令部、中国驻屯步兵旅团司令部、步兵第1联队、步兵第2联队、战车队、骑兵队等,总人数多达5774人,兵力较前增强3倍多,并将原来的一年交替制变为永驻制。新增兵力绝大部分部署在平津地区。同时在冀东、张北等地建立了数万人的敌伪武装部队。这次增兵以保护侨民为借口,而其实际目的则是配合外交攻势,向冀察政权施加压力,同时为以后的军事进攻作准备。

此外,日本一直没有放弃外交努力,并与军事威胁密切配合,企图在军事威胁下和平达到侵略目的,再不然,则以外交掩护军事进攻达到侵略目的。多年来,日本军部始终把中国作为假想敌,并经常性地根据形势变化制定新作战计划。1936年8月,日军在关于1937年度对华作战计划中规定,对华北作战时,除原定的5个师团外,再增加3个师团,加上预计在华中和华南作战的师团,共计14个师团30万人,从而为大规模侵华战争做好了部署。9月,驻华北日军在丰台演习,故意寻衅与中国守军发生冲突,并借此机会大量增兵占领了丰台,控制了平津间和全华北最重要的交通枢纽。丰台事件实际上是卢沟桥事件的预演,是日本夺取平津的序幕。就在同月,日本采取秘密外交方式,向蒋介石提出了极其苛刻的条件,包括:(1)以冀、察、绥、晋、鲁华北5省为缓冲区域。南京政府在以上各省内仍保留宗主权,惟一切其他权利与义务——如官吏之任免、赋税征收及军事管

---

① 复旦大学历史系日本史组编译:《日本帝国主义对外侵略史料选编(1931—1945)》,上海人民出版社1975年版,第56页。

理等，皆移交当地"自治"政府；（2）仿照华北经济提携方式，在中国全境进行中日经济合作；（3）订立共同防共协定；（4）建立中日间的航空交通线，特别是上海至福冈线；（5）中国政府聘用日本顾问；（6）订立特别优待日本货物的关税协定；（7）完全压制排日宣传，包括修改各级教科书。[1] 简而言之，通过这些条件的提出，日本不仅要完全控制华北，而且更进一步地要求变全中国为日本殖民地。同年12月，西安事变爆发，日本陆军省在《西安事变对策纲要》中更明目张胆地提出：准备毫不犹豫地运用自卫权，即准备果断地出兵干涉。1937年6月9日，关东军在《关于对苏对华战略的意见书》中公然提出："观察目前中国的形势，我们相信，如为我武力所许，首先对南京政权加以一击，除去我背后的威胁，此最为上策。"由此可见，日本军部早就跃跃欲试地准备着发动大规模侵华战争了。

西安事变和平解决后，在国共两党重新合作旗帜下抗日民族统一战线日益形成。日本此前的外交努力可以说没有完全达到预期目的。而此时的日本已走上了军国主义道路，日本政府已变成了鼓吹战争的军人内阁。日本的工业乃至整个国民经济都已走上了以军需生产为中心的轨道。日本的经济虽然暂时尚未受到新的世界经济危机的沉重打击，但也受到了强大的压力。重压之下，日本垄断资产阶级便将目光进一步投向军事工业，向战争寻求出路。可以说，借助于战争掠取原料产地，开拓贸易市场，这是日本制造卢沟桥事变的本质内因。

日本国民经济具有高度军事化的特点，故而军事实力迅速膨胀，使其具备了发动一场大规模战争的客观条件。1931年，发动九一八事变当年，日本全年政府总开支达14.7亿日元，其中军费开支占29%，到1937年总开支翻一番以上，达30多亿日元，军费开支更提高为占总额的60%以上。[2] 常备军的总兵力，由1931年的23万人上升到1937年的45万人。由于日本实行预备役制度，随时可迅速动员使用的军事力量约448万人。卢沟桥事变前，日军拥有作战飞机2700余架，舰艇190万吨，还拥有大量的飞机、坦克等武器生产能力，能制造全世界最大的航

---

[1] 转引自《新华文摘》1987年第3期。
[2] 日本防卫厅防卫研究所战史室：《中国事变陆军作战史》第1卷第1分册，田琪之译，中华书局1979年版，第235页。

空母舰。可以说，在装备与战争实力上，日本同中国军队相比，占绝对优势。而日本军部对自己的力量估计得更高，信心十足地认为能够在很短时间内打败中国。

出于上述原因，驻华日军自1931年起一直伺机寻衅，意图制造事端。自1937年4月起，日军经常在卢沟桥附近搞军事演习，次数越来越频繁，并由白天发展为夜晚。6月以后，驻丰台日军几乎每晚都搞挑衅性演习，有时甚至进行实弹射击。同时，日本驻华军、政机构频繁举行各种会议，研究协调对华侵略部署与计划。直到卢沟桥事变爆发前，日军在平津地区已摆开了包围进攻之态势。日军虽说只有6000余人，但步、骑、炮、坦克、飞机应有尽有，主力集中于平津及外围。驻本土及被日本占领的朝鲜、台湾的日军主力，尤其是关东军随时处于戒备状态，可以通过受其控制的北宁路迅速运抵华北，也可经海运来塘沽、青岛。后来的事实已证明，事变发生后半个多月，华北日军已增至10万人左右。除日军外，北面和东面分别有伪冀东自治政府的保安队1.7万人驻通州等地，察北伪蒙军约4万人驻德化、张北等地。

综上不难看出，在日本有计划、有步骤地长期性侵略准备下，中日两国间已然风雨欲来，战事一触即发。

（二）卢沟桥事变爆发与事态扩大化

1937年7月7日夜晚，驻丰台日军第1联队第3大队第8中队，由中队长清水节郎带领，以卢沟桥为假想进攻目标，在宛平县城以北地区进行夜间军事演习，第3大队长一木清直在日军现场训话中，反复以"七夕"（7月7日）为题大做文章。7月7日，这个笼罩着神秘、险恶气氛的日子，一个多月来时隐时现，越来越频繁地出现在日本军政人士和亲日分子关于华北特别是北平形势的谈话中。日军蓄意制造的一场阴谋开始了。晚10点40分左右，在卢沟桥东北的大瓦窑和永定河之间进行军事演习的清水节郎，"仿佛"听到几发步枪射击的声音，集合点名时又发现少了一名名叫志村菊次郎的士兵。日军在没有任何确切证据的情况下，竟然武断地判定是中国军队开枪，且诬指所谓失踪士兵已被中国军队胁迫进入宛平城，因此欲闯入县城搜寻。驻城的第29军第37师219团团长吉星文"以值深夜，日军进城足引起地方不安,且我方官兵正值睡眠,枪声非我方所发,当经拒绝"[1]。虽然志村菊次郎失踪20分钟后已经归队,但日方称,疑放枪系中国驻卢沟桥军队所为,该"放枪"士兵已入城,要求立即入城搜查。日本驻屯军北平特务机关长松井太久郎向冀察政务委员会外交委员会反复提出要求,声称"如不允许,即将以武力进城"。[2]

事变发生时,冀察政务委员会委员长、第29军军长宋哲元不在北平,其职务由第29军副军长、北平市长秦德纯代理。事件发生后,秦德纯令师长冯治安和团长吉星文严加戒备,同时令驻宛平城部队和河北省第三督察区专员兼宛平县长王冷斋迅速查明真相。经查,城内并无放枪之事,亦无失踪日军踪影。然日方仍坚持要求入城搜查。秦德纯令冀察政务委员会外交委员会主席魏宗瀚与松井太久郎谈判。迫于日方要以武力进入宛平城搜查的威胁,秦德纯指派王冷斋同冀察政务委员会外交委员会专员林耕宇与松井太久郎等人到宛平城调查。

8日凌晨4时20分,日军第1联队联队长牟田口廉也下令开始战斗。[3]5时左右,正当王冷斋与其他调查人员在宛平城内专员公署谈判时,城外日军以机枪、大炮向卢沟桥、宛平城发起射击。第29军守军初未还击,终以日军攻击甚烈,连续不止,不得已予以抵抗还击。

8日凌晨,日军向卢沟桥铁路桥守兵猛烈进袭,其炮兵亦加以轰击,桥东段第29军一排全部牺牲。日军另一部则由龙王庙渡永定河,企图进袭长辛店。卢沟桥中国守军迫不得已,毅然实行抵抗。激战4小时,驻丰台日军第1联队第3大队长一本清直被击毙。[4]8日,日军发动3次进攻。晚6时30分许,日军集中炮火向卢沟桥石桥和宛平城内猛烈射击,城内居民颇有伤亡,民舍多被毁。守军副营长金振中亦负伤。日军攻占龙王庙及其附近永定河东岸地区,并有一部突过永定河,

---

[1] 《张志忠、冯治安、秦德纯致何应钦电》(1937年7月9日),国民政府军司令部战史会档案,中国第二历史档案馆藏。
[2] 秦孝仪主编:《革命文献》第106辑,(台北)"中央"文物供应社1986年版,第122页。
[3] 中国史学会、中国社会科学院近代史研究所编:《抗日战争(资料)》第2卷,四川大学出版社1997年版,第22页。
[4] 《抗日战史·七七事变与平津作战(第2版)》,台湾防卫部门史政编译局编印1981年版,第10页。

占领铁路桥墩以西地区。但中国守军坚守阵地，誓与卢沟桥共存亡。9日零时，吉星文率部由长辛店猛袭永定河西岸敌军，经过4小时肉搏战斗，将日军赶至永定河东岸。

此后，日方为争取时间，等待援军到达，重新部署了进攻计划，改策略为利用和谈压迫中国当局让步。经过反复磋商，中方为和平解决做出让步，双方终于在7月11日20时初步达成了《卢沟桥事件现地协定》，由秦德纯和松井签署。主要内容包括：第29军代表向日军道歉并处分责任者，中国军队撤出宛平周围并改派保安队防守，彻底取缔共产党及其他抗日团体。[1]同时约定日军主动撤回丰台，此后中国驻军如约尽撤，但日军却只撤出少量部队，随后便以搜寻两具阵亡日兵尸体为由，拒绝撤退，且复增兵。后来，日军背弃成约，阻止中方保安队如数进宛平接防，并不断向宛平射击，一直拖至大量日军配备的飞机、大炮、坦克、铁甲车源源不断地开到丰台，遂占领宛平城外之大井村、五里店等地，并完全阻断了平卢公路。

同样，驻天津的日本驻屯军司令部在事发后立即命令驻津部队于8日3时做好出动准备。8日9时，日军参谋长桥本群下令驻天津的第1联队及战车、炮兵、工兵部队迅速调往通州应援。关东军也于8日命令独立混成第11旅团主力于9日晚向平津靠近，空军主力集结于锦州、山海关，随时准备轰炸平津。

事变爆发后，日军政府非但未实行所谓"不扩大、就地解决"方针，反而不断使事态恶化。日本外务省和内阁会议曾分别在7月8日晨和午后，先后决定了不扩大方针。但未及3天，到7月11日，正当战斗双方准备签订协议和平解决时，日本政府"不听取当地意见，单凭独自的形势分析，突然改变方针，决定向华北出兵，甚至发出了动员的密令"[2]。当天日本首相近卫发表了《关于向华北派兵的政府声明》。经天皇亲自批准，日本军部决定立即向华北增兵3个师团，19日以前分别集结于顺义、高丽营、天津、唐山等地，关东军派遣1个航空团于12日集结

---

[1]《抗日战史·七七事变与平津作战（第2版）》，台湾防卫部门史政编译局编印1981年版，第23页；秦孝仪主编：《革命文献》第106辑，（台北）"中央"文物供应社1986年版，第162页。
[2]《今井武夫回忆录》，天津市政协编辑委员会译，中国文史出版社1987年版，第41页。

于天津，海军也密切协同陆军作战。同时，为加强对驻华北日军的指挥，决定由香月清司取代病中的田代皖一郎，担任中国驻屯军司令。当日，香月清司到任之前，中国驻屯军司令部已决定了下列强硬方针，包括：以此次事件为转折，从根本上解决华北问题，确定停止过去的和平谈判，逐步集结兵力，伺机对河北省的中国军队给予彻底打击和"扫荡"。12日上午，新到任的香月又命令全军做好适应全面作战的准备。[1]

随着大量援军接连到达华北平津地区，日方总兵力已达10万人左右。随着新的军事部署即将完成，日本陆军省于7月17日决定了下列强硬方针，并向天津军部下达了相应命令：（1）规定7月19日为限期，履行协定，最低条件是：宋哲元正式道歉，处罚责任者（包括37师师长冯治安），驻八宝山附近中国军队撤退，11日的协定改由宋哲元签字；（2）中国方面在上述限期内不履行上述要求，即停止交涉，武力讨伐第29军，为此，准备动员国内部队派往华北；（3）即使中国方面履行条件，也要使第29军撤出永定河右岸地区；（4）向南京政府提出：中央军恢复旧态势（即不许来华北援助第29军），并不得妨碍就地解决（即不许干预华北地区）。[2]不难看出，这不仅是单方面撕毁了原订协议，而且无异于下达了蛮横的最后通牒。只要中方说一个"不"字，大战爆发就在顷刻之间。

在这种危机情况下，宋哲元一再屈从日方要求，表示对日不抵抗。18日，宋哲元亲自到日军司令部，名为祝贺香月接任司令，实为向日军道歉。19日返回北平下令拆除市内防御工事，撤退增援军队。第二天又向市民发布了和平解决方针布告，同时还致电蒋介石、何应钦，婉言谢绝中央军5个师北上增援一事，以此向日方表示诚心求和之意。尽管如此，日军仍步步进逼。19日22时，日本驻屯军司令发表声明："从20日午夜以后，驻屯军将采取自由行动。"日本参谋本部也于20日晨召开部长会议，决定使用武力解决事变，为此给予中国驻屯军新任务和职权，并着手国内师团的动员。在大战即将爆发的千钧一发关头，宋哲元再一次

---

[1] 日本防卫厅防卫研究所战史室：《中国事变陆军作战史》第1卷第1分册，田琪之译，中华书局1979年版，第160页。
[2] 秦孝仪主编：《革命文献》第106辑，（台北）中国国民党中央委员会党史委员会印行1986年版，第146页。

让步。第 29 军代表张自忠、张允荣，于日本驻屯军司令声明发表后 1 小时，即 19 日 23 时，在尚待解决的实施条款上签了字，基本按日方要求，答应将驻北平的抗日较坚决的冯治安的第 37 师撤到保定，由赵登禹的第 132 师接任防务，同时还答应彻底镇压共产党及一切抗日团体的活动，取缔一切抗日活动。20 日 5 时，宋哲元命令第 37 师即日开始集结南撤。

正当局势稍转平静的时候，7 月 25 日夜，日军又制造了扩大事端的廊坊事件。日军借口军用电线发生故障，遂派一个步兵中队配合通信队一部前往廊坊车站，当夜 23 时左右，在修理通过中国驻军守备区域内电线时，故意挑起事端，随后炮击中国驻军。26 日晨，日军派遣 10 余架飞机猛烈轰炸廊坊中国兵营，第 20 师团也派重兵前往助战。由于敌强我弱，始终未和日军发生过冲突的第 38 师（张自忠部）驻廊坊部队被迫撤退，日军控制了平津之间的重要交通点。当日下午，驻天津的日军一个大队奉命由铁路输送到北平后，分乘 30 余辆汽车强行进城，在广安门与中国守军发生冲突，制造了广安门事件，导致事态更加恶化。日军参谋本部确认已到了决定性阶段，立即命令中国驻屯军坚决攻击中国军队。驻屯军于 26 日晚上向第 29 军发出最后通牒，限第 37 师于 28 日中午前全部撤离北平，否则将采取单独行动。27 日晚，日军向北平南苑、北苑发动猛烈进攻。28 日，日军继续猛攻，并派飞机轮番轰炸。这时，10 万侵华日军按既定部署分 4 路向平津展开了全面进攻：第一路，以关东军酒井、铃木两个混成旅团，由热河向北平北侧进攻；第二路，以从朝鲜调来的川岸师团，向北平南侧进攻；第三路，以华北驻屯军河边旅团为基干，向北平东侧进攻；第四路，从日本调来的第 5 师团，配合海军向天津进攻。平津中国驻军虽经浴血奋战，但已陷入敌强我弱的极为不利的形势，不得不在伤亡惨重之后撤离。平津于 29、30 日先后弃守，沦于日军铁蹄之下。

（三）全民族抗战局面的形成

日本加紧发动全面侵华战争，给中华民族提出了迅速建立以国共合作为基础的全国抗日民族统一战线的迫切要求。中国共产党为实现这一目标进行了不懈的努力。

如前所述，1937年2月国民党五届三中全会时，中国抗日民族统一战线已初步形成。为谋求国共第二次合作和全国抗日民族统一战线的正式建立，2月中旬、3月下旬和6月中旬，中共代表周恩来、秦邦宪、叶剑英等同国民党代表蒋介石、顾祝同、宋子文等，先后在西安、杭州和庐山举行了3次高级会谈。在这几次会谈中，由于国民党企图以成立国民革命同盟会，向红军和陕甘宁边区派遣主要官员等办法，取消中共在组织上的独立性，控制红军和陕甘宁边区，谈判无进展。6月25日，中共重新提出合作方案，在一些重大问题上再次作了让步，谈判尚未达成协议，卢沟桥事变爆发。在中华民族生死存亡的危急关头，中共又一次呼吁与国民党合作，共同抗日。

事变后的第二天，中共中央就发出通电，提出"国共两党亲密合作抵抗日寇的新进攻"[①]。为了尽快促成国共合作抗日，中共代表周恩来、秦邦宪、林伯渠等，二上庐山与国民党谈判。7月15日，中共代表团向蒋介石提交了《中共中央为公布国共合作宣言》。《合作宣言》提出了发动全民族抗战、实行民权政治和改善人民生活等3项政治主张，以此作为国共合作的总纲领和全国人民的共同奋斗目标。同时向全国郑重声明：愿为彻底实现孙中山的三民主义而奋斗；停止推翻国民党政权和没收地主土地的政策；取消苏维埃政府，改称特区政府；取消红军名义及番号，改编为国民革命军。这个宣言，再次显示共产党以民族利益为重，促成全民族抗战的诚意。7月17日，中共中央代表周恩来、秦邦宪、林伯渠与国民党代表蒋介石、张冲、邵力子举行第4次国共谈判。在谈判中，蒋介石把《合作宣言》搁在一边，另提一套方案。他坚持红军改编后不设统一的指挥机关，3个师的管理教育直属西安行营，3个师的参谋长由南京派遣，政训处只管联络，无权指挥部队。由于他不愿承认共产党的平等地位，坚持按他的一套改编红军，并企图通过改编逼毛泽东、周恩来"出洋"，谈判未获结果。7月底平津失守，8月中上海又起事端，中国军队被迫在华北和华中两面作战。这时，蒋介石才不得不重视国共合作这一有关民族存亡的大事。8月9日，中共中央应邀派周恩来、朱德、叶剑英

---

① 中央档案馆编：《中共中央文件选集》第11册，中共中央党校出版社1989年版，第275页。

赴南京参加国防会议，并同国民党举行第 5 次谈判，由于蒋介石欲调动红军开赴抗日前线，放弃了一些不合理要求，双方于 18 日就陕甘宁边区人事、红军改编和设立总指挥部以及在若干城市设办事处、出版《新华日报》等问题，达成协议。8 月 22 日，南京国民政府军事委员会发布命令，将西北红军改编为国民革命军第八路军，并任命朱德、彭德怀分别为正副总指挥。9 月中旬，国共两党代表康泽和秦邦宪等，在南京举行最后一轮会谈。双方就发表《合作宣言》问题取得一致意见，并签了字。9 月 22 日，国民党终于通过中央通讯社发表了《中国共产党为公布国共合作宣言》。23 日，蒋介石发表《对中国共产党宣言的谈话》，指出团结御侮的必要，认为："此次中国共产党发表之宣言，即为民族意识胜过一切之例证。"事实上承认了共产党在全国的合法地位。共产党宣言和蒋介石谈话的发表，宣布了国共两党第二次合作的正式成立。第二次国共合作的实现，是大势所趋，人心所向；是中国共产党顺应历史潮流采取正确政策的结果，也是与国民党政策的转变分不开的。

第二次国共合作的实现，受到了全国人民、各民主党派和爱国民主人士的欢迎。国民党左派领袖宋庆龄表示："中共宣言与蒋委员长谈话都郑重指出两党精诚团结的必要。"[①]"国难当头，应该尽弃前嫌。必须举国上下团结一致，抵抗日本，争取最后胜利。"[②]国共合作的实现，也推动了全民族的抗日统一战线的发展。中国国家社会党、中国青年党、中华职业教育社和乡村建设派等党派，都先后表示拥护国共合作抗日，并对抗战表现出极大的热情。全国救国会领袖沈钧儒、邹韬奋等 7 人从国民党政府监狱获释后，拥护以国共合作为基础的全国抗战大团结，更加积极地从事抗日活动。中华民族解放行动委员会向国民党政府提出了普遍动员民众、实行民主政治等 8 项政治主张，并积极投入抗日工作。国民党内的李济深、陈铭枢等领导的中华民族革命同盟，也以大局为重，从原来抗日反蒋的立场转到拥蒋抗日的方面。在日本发动灭亡中国战争的大是大非面前，一个以国共两党合作为基础的，全国各族人民、各民主党派、各爱国军队、各阶层爱国人士以及海

---

① 《抵抗》第 12 号，1937 年 9 月 26 日。
② 宋庆龄：《为新中国奋斗》，人民出版社 1952 年版，第 109 页。

外华侨参加的抗日民族统一战线，终于建立了起来，汇成一股不可抗拒的洪流，去猛烈冲击日本侵略者。对此，毛泽东曾给予很高的评价："这在中国革命史上开辟了一个新纪元，这将给予中国革命以广大的深刻的影响，将对于打倒日本帝国主义发生决定的作用。"[1]

在抗日民族统一战线的号召下，广大民众抗日热情高涨，社会各界都积极投身于抗日救亡活动中。7月8日，卢沟桥事变发生的次日，消息刚刚传来，政府决策未定，国民党上海市党部组织部长吴开先即访晤知名大佬杜月笙，希望他出面重组一·二八淞沪抗战时期的上海市抗敌后援会，发动民众，支援前线将士。其后，由杜月笙、虞洽卿、钱新之等社会知名人士发起的上海市抗敌后援会于12日成立。[2] 22日，国民党上海市党部又组织商会、地方协会、工会、农会、教育会、妇女会、银行公会、钱业公会、律师公会等15家团体，共同发起成立上海市各界抗敌后援会，由王晓籁、杜月笙、钱新之、潘公展、黄炎培等组成主席团，发表宣言，号召"凡属国人，皆当奋起，统一组织，集中力量，以铁血求生存，作抗敌之后援，一心一德，念兹在兹，各竭其能，各尽其力，非达到国土完整、民族复兴之目的，誓不稍懈"[3]。抗敌后援会主要由国民党操控，具有强烈的官方色彩，但在发动民间力量支援前线作战、救治资助难民以及宣传鼓动等方面，发挥了一定的作用。28日，上海文化界救亡协会成立，国民党元老蔡元培、代表官方的右翼文人潘公展、代表民间的左翼文人胡愈之共同担任常务理事，并出版《救亡日报》，由郭沫若任社长，分别由具有国共两党身份的樊仲云和夏衍出任总编辑。

上海的工商界，无论是资本家还是工薪阶层，都参加到支援抗战的工作之中。8月12日晚，就在淞沪战事即将爆发的前夕，上海市商会主席王晓籁发表广播演讲，声言："诸位同胞，现在真到了最后关头了。每个人只该埋头工作，有力的出力，有钱的出钱，我觉得为了国家，流血、流汗、捐钱、捐物，都是最光荣、最有价值的行动。我们大家不愿做奴隶，不愿做汉奸，人同此心，心同此理，还有什

---

[1] 《毛泽东选集》第2卷，人民出版社1991年版，第364页。
[2] 李新总编：《中华民国史大事记》第8卷，中华书局2011年版，第5478—5479页。
[3] 《上海抗日救亡运动资料选编》，上海市中共党史学会编印1985年版，第285页。

么话说！"全民族抗战爆发后，在各方抗日热情的激励下，9月2日，上海市商会发表通电，号召大家踊跃捐输，提出："此次对日抗战关系全国存亡，政府发行救国公债伍万万元，实为厚集财力，持久制胜之准备，意义重大。"上海市商界为此成立劝募总队，各商店以其资本额承购5%、公积款项承购10%为标准，店员月薪满50元者承购10%，不及50元者自由认购。上海市商会及银钱业同时宣布对日实行经济绝交。①上海多家日商工厂的工人举行反日罢工，不少日本洋行的华人雇员辞职离岗。"日人大起恐慌，多允增加工资，而各职员及雇工，毅然不受金钱诱惑，断然告退。"②10月1日，上海市商会举行执监委员联席会议，发表《国民对日经济绝交宣言》，提议"国人为自卫计，为协助政府长期应战，消耗敌人实力计，实有速行国民对日经济绝交之必要"。宣言发表后，得到上海全市一百数十家同业公会的一致响应。③

与上海的抗日动员相一致，全国各地的抗日动员活动也都在热烈展开。7月14日，全国商会联合会通电各省区商会联合会，迅速联合当地各界，组织抗敌将士后援会，劝告各界自由捐输，并转知各商店工厂，先捐一日营业额十分之二，汇往慰劳前方将士。④8月1日，中国妇女慰劳自卫抗战将士总会在南京成立，宋美龄发表演说："凡是自爱的民族所能忍耐的，我们都已经忍受了，我们不要再迟疑，要勇往向前，用尽我们全副力量，来救国家的危急。……我们要保全国家的完整，保护民族的生命，应该尽人人的力量，来抵抗敌人的侵略。我们妇女也是国民一分子，虽然我们的地位能力和各人所能贡献的事项各有不同，但是每人要尽量的贡献她的能力来救国。……打仗的时候，男子都要上前线去杀敌，后方工作是我们妇女的责任，我们须要鼓励着男子，使他们知道我们有我们的方法来拥护他们，使他们无后顾之忧，不是来阻碍他们；我们也能够牺牲一切，就是我们的生命也能牺牲，来拥护我们前线的忠勇将士。……我希望我们大家能联合一起，成为一个大团体，使我们的力量更加雄厚，真的团结便是力量，前线将士的勇气，

---

① 上海社会科学院历史研究所编：《"八一三"抗战史料选编》，上海人民出版社1986年版，第313—316页。
② 延安时事问题研究会编：《抗战中的中国政治》，中国现代史资料编辑委员会1957年版，第209页。
③ 李新总编：《中华民国史大事记》第8卷，中华书局2011年版，第5619页。
④ 李新总编：《中华民国史大事记》第8卷，中华书局2011年版，第5486页。

全靠后方的拥护。我们永远不要忘记，应该时常牢牢记着，国家最后的胜利，无论延迟到哪一天，终久会达到目的，我们一定能扫清重重叠叠堆在我们心头的日历的国耻！"[1] 早前，宋庆龄、何香凝等妇女界人士，在上海成立妇女抗敌后援会，由何香凝任主席。中国妇女慰劳自卫抗战将士总会在南京成立后，上海妇女抗敌后援会于 8 月 4 日改名为中国妇女慰劳自卫抗战将士总会上海分会。如宋庆龄所言，在当时的上海，大家"并肩在火线上一起工作。千千万万妇女都出钱出力或者既出钱又出力"，"人民成立了志愿队，将伤兵从前线抬回来，替伤兵们缠绷带，缝织伤员的衣服，看护他们，替他们写信和组织娱乐活动"[2]。

为了配合中国军队在战场的英勇抵抗，各种宣传方式尤其是那些通俗易懂的宣传方式迅速流行开来。何香凝、胡愈之、史良等发起成立了上海战时壁报工作服务团，"每天把抗战的消息、战时应有的知识、后方民众应尽的义务，经过壁报来贡献于市民，并经过壁报来辅助其他工作团体进行工作"[3]。壁报曾经对"八百壮士"坚守四行仓库的壮举这样写道："闸北没有天，看四行仓库上飘扬着我们的国旗，他们八百勇士不愿撤退，誓与倭寇拼性命，誓与闸北共存亡，忠勇的八百勇士呀，你们是中国的抗战中勇士，你们光荣的牺牲精神，将掀起抗战复仇的决心！"[4]

文化界是抗日宣传的主力。卢沟桥事变刚刚发生，上海左翼文化人便集体执笔创作了三幕话剧《保卫卢沟桥》，由 100 余位电影话剧演员参加演出，在卢沟桥事变发生 1 个月之后的 8 月 7 日搬上了舞台。剧中主题曲唱道："敌人从哪里来，把他打回哪里去。中华民族是一个铁的集体！我们不能失去一寸土地！兵士战死，有百姓来抵！丈夫战死，有妻子来抵！中华民族是一个铁的集体！我们不能失去一寸土地！敌人从哪里来，把他打回哪里去！"

此时此刻，全场观众无不热血沸腾，齐声欢呼！卢沟桥，这座横亘于北平郊外永定河上默默无言、饱经沧桑的 800 年古桥，已然成为 1937 年 7 月中国的象征，"保卫卢沟桥"，也是在那些不眠夏夜中，无数关心国家民族前途命运的中国人发

---

[1] 秦孝仪主编：《革命文献》第 106 辑，（台北）"中央"文物供应社 1986 年版，第 286—287 页。
[2] 《宋庆龄选集》，人民出版社 1966 年版，第 159—160 页。
[3] 上海市档案馆编：《上海档案史料研究》第 1 辑，上海三联书店 2006 年版，第 309 页。
[4] 上海市档案馆编：《上海档案史料研究》第 1 辑，上海三联书店 2006 年版，第 325 页。

自内心的心声!

二、蒋介石对日主张的变化

1936年12月西安事变发生后,蒋介石开始认识到"剿共"内战不可能再继续进行下去,在国内实现和平,团结一致抗日,是不可逆转的历史潮流。西安事变和平解决后,国内政治生活开始进入了一个停止内战,改变对日妥协退让政策,国内抗日民族统一战线初步酝酿形成的新阶段。1937年2月中旬召开的国民党第五届中央执行委员会第三次全体会议,由于形势的需要和国民党内爱国进步人士宋庆龄、何香凝、冯玉祥、杨虎城、孙科等的推动,开始由内战、独裁和对日不抵抗政策,向着和平民主抗日方向转变,并接受了抗日民族统一战线政策。五届三中全会是"国民党国策基本转变的开始"[①]。蒋介石在卢沟桥事变发生前后的对日方针政策,基本上就是沿着上述路线确定的,是其延伸和发展。

(一)卢沟桥事变后蒋介石的备战部署

卢沟桥事变爆发时,蒋介石与国民政府许多重要官员正在江西庐山。7月8日,获悉卢沟桥事变发生后,蒋介石对日本"将乘我准备未完之时,使我屈服乎",抑或"与宋哲元为难乎,使华北独立化乎",尚无明断。他认为"此时倭无与我开战之利",对是否"决心应战,此其时乎"也不无斟酌。蒋介石在事发后第一时间的决策,以地方因应为中心,"归宋负责解决","与倭折冲",希冀能够将事变解决在地方层面,同时,令宋哲元"守土应具决死决战之决心,与积极准备之精神应付。至谈判,尤须防其奸狡之惯技,务期不丧丝毫主权为原则"[②]。不过值得注意的是,蒋介石在事发之初即部署"积极运兵北进备战","准备动员,不避

---

① 金冲及主编:《周恩来传》,中央文献出版社1998年版,第358页。
② 中国第二历史档案馆编:《中华民国史档案资料汇编》第5辑第2编军事(2),江苏古籍出版社1998年版,第3页。

战事",表现出与以往因应类似情况的明显不同。虽然卢沟桥中日两军冲突的规模起初并不大,照以往经验,以地方事件处理亦无不可,但这一次蒋的态度却大为不同,认为"此为存亡关头,万不使失守也",并认为"如我不有积极准备,示以决心,则不能和平解决也"。蒋的准备和决心,就是以保定为中心,调动中央军6个师集结北上。① 7月9日,蒋介石手令军委会办公厅主任徐永昌转参谋总长程潜、训练总监唐生智和军政部长何应钦,明示:"倭寇挑衅,无论其用意如何,我军应准备全部动员,各地皆戒备,并准备宣战手续。"② 12日,他决定"在永定河与沧保线持久战"③。13日,蒋介石又向国民党高层明确,"中央决派兵北上增援。虽蔓延至全面战争,亦在所不顾"④。同日,他致电宋哲元曰:"卢案必不能和平解决,无论我方允其任何条件,而其目的则在以冀察为不驻兵区域,与区内组织用人皆须得其同意,造成第二冀东,若不做到此步,则彼必得寸进尺,决无已时。中正已决心运用全力抗战,宁为玉碎,毋为瓦全,以保持我国家与个人之人格……中央决宣战,愿与兄等各将士共同生死,义无反顾。总之,此次胜败全在兄与中央共同一致,无论和战,万勿单独进行,不稍与敌方以各个击破之隙,则最后胜算必为我方所操。请兄坚持到底,处处固守,时时严防,毫无退让余地也。今日对倭之道,惟在团结内部,激励军心,绝对与中央一致,勿受敌欺则胜矣。除此之外,皆为绝路。"⑤ 这些举措表明,蒋介石此时对中日开战已有考虑,准备和进取替代了过往的妥协与退让,大规模的军事调动,也预示着卢沟桥事变后来的走向和结局。

蒋介石的部署也反映到国民政府的决策中。日军发动卢沟桥事变的消息传开后,据时人观察,蒋介石"对此已抱有决心,不再使主权受丝毫之损失,决派兵北上,以为援助",同时令外交部长王宠惠、军政部长何应钦返京,"调度一切"。之所以如此,是因为多数国人尤其是执政的国民党人认识到,"日人此次对于平汉

---

① 《蒋介石日记》,1937年7月9日、10日,美国斯坦福大学胡佛研究所档案馆藏。
② 中国第二历史档案馆编:《中华民国史档案资料汇编》第5辑第2编军事(2),江苏古籍出版社1998年版,第104页。
③ 《蒋介石日记》,1937年7月12日,美国斯坦福大学胡佛研究所档案馆藏。
④ 姚崧龄编:《张公权先生年谱初稿》上册,社会科学文献出版社2014年版,第172页。
⑤ 张世瑛编:《蒋中正总统档案事略稿本》第40册补编,(台北)"国史馆"2015年版,第67—69页。

有必得之决心,故亦不惜秣马厉兵,大动兵戈。吾人素知日人之用心在蚕食中国,此次卢沟桥事件,又为进一步之侵略,苟能得手,必使我方撤兵,平津孔道又入彼掌握之中,不成,乃以万钧之力,压迫宋哲元,使其屈服为第二殷汝耕"[1]。正因如此,卢沟桥事变发生后,国民政府自军至政便开始了由平时状态向战时状态的转变。从7月11日至8月12日,军方高层就卢沟桥事变的因应,每天举行会报,连续一月无中断。第一次会报即指示"各部速就国防位置";12日的第二次会报,又指示宋哲元:"只可在不丧失领土主权原则之下,与彼方谈判,以求缓兵,但仍须作全般之准备,卢沟桥宛平城不可放弃。"[2]蒋介石的对日交涉底线则是,重返河北的中央军不再南调,卢沟桥驻军不受限制。但是,此时中方对外的表达,还是比较温和有度的。7月11日,中国外交部发表声明表示:"中国国策,对外在于维护和平,对内在于生产建设,举凡中日间一切悬案,均愿本平等互惠之精神,以外交之方式,谋和平之解决,深盼日本立即制止军事行动,遵照前约,即日撤兵,并为避免将来冲突起见,切实制止非法之驻军与演习,庶使事态好转,收拾较易,否则一误再误,日方固无以自解其重责,远东之安宁或将不免益趋于危险,恐尤非大局之福也。"[3]

中国方面对于卢沟桥事变的严正态度,并未得到日本方面的重视,相反,日本仍然大体沿用过去的做法,在北平地方和南京中央的交涉一线向中方软硬兼施,文武并用,企图逼迫中方让步。然而时移势易,1937年7月的中国,已经不是1931年9月的中国,国民党和国民政府及其领导人蒋介石,在日本的逼迫下,不仅不再有后退的空间,而且已经有了开战的准备。

(二)庐山谈话与蒋介石的"应战而不求战"方针

随着日本的步步紧逼,卢沟桥事变的地方化处理日渐困难,而且过往那些"现地处理"对中国国家主权的伤害历历在目。为了凝聚人心和共识,并向日方表

---

[1] 《王子壮日记》第4册,(台北)"中央研究院"近代史研究所2001年版,第190页。
[2] 中国第二历史档案馆编:《抗日战争正面战场》上册,江苏古籍出版社1987年版,第209页。
[3] 朱汇森主编:《中华民国史事纪要》,(台北)"国史馆"1987年版,第85页。

达中方最高层的立场，蒋介石考虑正式对外公开发声的必要性，盖因"倭寇使用不战而屈之惯技暴露无余，我必须战而不屈之决心待之，或可制彼凶暴，消弭战祸乎"。庐山谈话会便为蒋的公开发声提供了最佳时机和场合。

1937年7月17日，蒋介石在庐山谈话会第二次会议发表演说，系统阐述了中国方面对解决卢沟桥事变的立场、态度和方针。蒋首先回顾了他在国民党五大所言，"和平未到根本绝望时期，决不放弃和平，牺牲未到最后关头，决不轻言牺牲"，以及1937年2月国民党五届三中全会对于"最后关头"的解释，[①] 警示"全国国民要认清，所谓最后关头的意义，最后关头一到，我们只有牺牲到底，抗战到底。唯有牺牲到底的决心，才能博得最后的胜利。若是彷徨不安，妄想苟安，便会陷民族于万劫不复之地！"蒋接着表示："这一次的事件，并不是偶然。从这次事变的经过，知道人家处心积虑的谋我之亟，和平已非轻易可以求得，眼前如果要求平安无事，只有让人家军队无限制的出入于我们的国土，而我们本国军队反要忍受限制，不能在本国土地内自由驻在；或是人家向中国军队开枪，而我们不能还枪。换言之，就是人为刀俎，我为鱼肉！我们已快要临到这极人世悲惨之境地。这在世界上稍有人格的民族，都无法忍受的。"

蒋特别以悲情的态度警示国人："如果卢沟桥可以受人压迫强占，那么我们五百年故都、北方政治文化的中心与军事重镇的北平，就要变成沈阳第二；今日的北平，若果变成昔日的沈阳，今日的冀察，亦将成为昔日的东北四省；北平若可变成沈阳，南京又何尝不可变成北平。所以，卢沟桥事变的推演，是关系中国国家整个的问题，此事能否结束，就是最后关头的境界。"

蒋对卢沟桥事件性质的判断，在此清晰明了，这就是"最后关头"的到来！而"万一真到了无可避免的最后关头，我们当然只有牺牲，只有抗战！""如果放弃尺寸土地与主权，便是中华民族的千古罪人，那时候便只有拼民族的生命，求我国最后的胜利。"那么，对于如何不使"最后关头"发展为中日两国的战争，蒋则认为"全系于日本政府的态度"，"全系于日本军队之行动"，为此，他提出了4

[①] 何智霖编：《陈诚先生书信集——与蒋中正先生往来函电》上册，（台北）"国史馆"2007年版，第284页。

点明确的主张：一是任何解决，不得侵害中国主权与领土之完整；二是冀察行政组织，不容任何不合法之改变；三是中央政府所派地方官吏，如冀察政务委员会委员长宋哲元等，不能任人要求撤换；四是第29军现在所驻地区，不能受任何的约束。

蒋强调，这4点立场，是弱国外交最低限度，如果对方犹能设身处地为东方民族作一个远大的打算，不想促成两国关系达于最后关头，不愿造成中日两国世代永远的仇恨，对于我们这最低限度之立场，应该不至于漠视。

在演说的最后，蒋介石郑重宣示："政府对于卢沟桥事件，已确定始终一贯的方针和立场，且必以全力固守这个立场。我们希望和平，而不求苟安；准备应战，而决不求战。我们知道全国应战以后之局势，就只有牺牲到底，无丝毫侥幸求免之理。如果战端一开，就是地无分南北，人无分老幼，无论何人皆有守土抗战之责任，皆应抱定牺牲一切之决心。所以政府必须特别谨慎，以临此大事；全国国民亦必须严肃沉着，准备自卫。在此安危绝续之交，唯赖举国一致，服从纪律，严守秩序。"[1]

自1935年11月蒋介石在国民党五大发表"最后关头"的演说之后，什么是中日关系和中国对日立场的"最后关头"，中国在这样的"最后关头"来临时如何因应处置，便是中国社会各界以及日本当局关注的中心所在。随着中日关系的持续紧张，在中国虽然也还有人主张对日妥协，尽量避免"最后关头"的到来，但有越来越多的声音认为，"最后关头"已到，或者有意无意地在推动"最后关头"的到来（比如1936年先后发生的两广事变和西安事变，提出的中心诉求都是抗日救亡），期望以对日抗战为契机，以牺牲和血火，纾缓近代以来中国屡屡受制于列强压迫尤其是受制于日本压迫的沉郁心理，完成中华民族争取民族独立和国家主权的跃进。这种社会氛围的形成，不仅仅是当时中日关系现实状况的产物，也有其长远的历史、文化、社会和心理基础，从而不能不影响执政的国民党及其领袖蒋介石的对日决策，他们受制于这种社会氛围的强烈影响，不能太过脱离社会的

---

[1] 张其昀主编：《先总统蒋公全集》第1册，（台北）中国文化大学出版社1984年版，第1064页。

所思所虑，两者间的互动和共谋，塑造了1937年7月的中国社会环境和语境，从而也才有了蒋介石这篇演说。因此，当蒋介石在庐山高调而明确地提出对于"最后关头"的界定，并以悲情慷慨的语言，论说"牺牲到底，抗战到底"的决心时，呼应了全社会的抗日心声，也因此而得到了此前他还不曾有过的广泛支持。

庐山演说不乏与先前蒋介石的对日态度和政策相连续的一面。在蒋发表演说前，7月15日，英国驻华大使许阁森在南京向外交部长王宠惠提出调解意见时，"询中国是否愿意事态扩大"。王以电话询蒋意，蒋介石"告以中国绝对的只谋自卫，不愿扩大，并愿接受英方斡旋"[①]。在这篇演说中，蒋介石在开篇即提及，"国民政府的外交政策，向来主张对内求自存，对外求共存"，并坦承"我们是弱国，对自己国家力量，要有忠实估计。国家为进行建设，绝对的需要和平，过去数年中，不惜委曲求全，对外保持和平，即系此理"。其后则反复言明，"我们的态度只是应战，而不是求战，应战是应付最后关头必不得已的办法"；"因为我们是弱国，又因为拥护和平是我国的国策，所以不可求战"；"我们希望和平，而不求苟安，准备应战，而决不求战。"[②] "应战"，是蒋在这篇演说中反复申述的关键词之一，而"应战"所包含的被动性与防御性，则又或多或少可以在蒋介石先前的对日态度和政策中发现端倪，何况，过往的类似冲突也多以解决地方事件的方式得以缓和处理。当然，我们也可以认为，蒋是以此凸显日本的主动挑衅和中国的被动防御，以"哀兵"之态争取对外宣示的最大效果，但如果由蒋的内心世界观察，似又非全如此。据《蒋介石日记》所载，他认为："倭寇既备大战，则其权在倭王，若我宣言能感动彼倭，或可转危为安……若果不能避免战争，则余之宣言发亦无害，故发表为有利也。"所以，蒋介石发表这篇演说的目的，大概也有期待日本在中国表明不动摇的抵抗决心后知难而退的意图。在演说发表之初，蒋介石对演说效果的判断比较积极，认为"倭寇之弱点"使战争可能"在华北局部而不敢扩大"，"战争最多限于局部"，因此考虑是否停止北上军运以及中央军撤兵的时机。虽然蒋介石也意识到，卢沟桥事件的了结"当非如此之易"，因此要求"从速"完

[①] 《王世杰日记》上册，（台北）"中央研究院"近代史研究所2012年版，第22页。
[②] 萧继宗主编：《革命文献》第69辑，中国国民党中央委员会党史委员会印行1986年版，第311—313页。

成沧州石门（今石家庄）防线的布置，但直到7月24日，他还认为"以后当注重撤兵与交涉问题"①。可见此时蒋还未必有立即全面对日开战的预期，他对外反复强调的"应战"可以理解为是他此时的真实想法。

但是，日本的强横无理态度让蒋介石退无可退之处。7月18日，在蒋介石发表庐山演说之后，日本驻华代办向中国外交部递交备忘录，要求中方停止"挑战"言论，"不妨碍"日方与冀察地方当局商定的解决办法；日本驻华使馆还声称，卢沟桥事件的解决条件为，中方"道歉"，宛平不驻军，"防共及禁止排日"，处罚有关负责当局。②

日本如此的态度和要求显然与蒋介石在庐山演说中提出的解决条件直接冲突，日本的要求，是当时情况下蒋介石不愿、不能也不敢接受的。蒋介石在通过各种渠道反复得悉日本的态度后，认为"政府对和战表示决心，此其时矣"，决定公开发表其庐山演说的全文，且"告书既发，只有一意应战，不再作回旋之想矣"。他决定自庐山回南京，并准备核发战斗序列，全面动员。③

（三）蒋介石抗战决策的最终实现

自7月底到8月初，蒋介石密集召开各种会议，与党政军方高级官员讨论时局，决定抗战方略，打消一些人尚存的畏战避战之心。

7月27日，蒋介石决定召开国防会议，讨论抗战决策，并表示"预备应战与决战之责任，愿由一身负之"。29日，在北平失陷的当天，蒋介石决定令汤恩伯部"从速集结待命"，并"开会讨论军事外交内政之方针"④，"一则商作战新方略，一则商量发表对内对外宣言"⑤。同时，蒋介石屡屡对外发声，传达出将实行对日抗战的信息和决心，以动员社会各界和外部舆论的支持。29日蒋介石对记者发表谈话称："今既临此最后关头，岂能复视平津之事为局部问题，任听日军之宰割，或更

---

① 《蒋介石日记》，1937年7月16日、20日、22日、23日，美国斯坦福大学胡佛研究所档案馆藏。
② 朱汇森主编：《中华民国史事纪要》，（台北）"国史馆"1987年版，第150页。
③ 张世瑛编：《蒋中正总统档案事略稿本》第40册补编，（台北）"国史馆"2015年版，第96—103页。
④ 《蒋介石日记》，1937年7月27日、29日，美国斯坦福大学胡佛研究所档案馆藏。
⑤ 《王世杰日记》上册，（台北）"中央研究院"近代史研究所2012年版，第27页。

制造傀儡组织？政府有保卫领土主权与人民之责，惟有发动整个之计划，领导全国，一致奋斗，为捍卫国家而牺牲到底，此后决无局部解决之可能……总之，我政府对日之限度，始终一贯，毫不变更，即不能丧失任何领土与主权是也。"①

8月1日，蒋介石在国防会议开幕词中提出，这次会议集合了全国各地方高级将领长官，共商今后处置国防的计划，以收集思广益的效果。他特别强调："目前中国之情势，乃是生死存亡的最后关头，尤其是我们高级的长官，必定要切实认清国家的利害，为国家的利害着想，撇开个人的利害，求实际上牺牲个人的私益，谋所以复兴之道。"②同日，蒋介石在中央军官学校召集各院部会官员讲话说："我们国家遭受了非常之大的耻辱，我们民族已到了生死存亡的最后关头""今后我们只有全国一致，发动整个应战的计划，拼全民族的力量，来争取最后的胜利，以保障国家民族的生存"，希望"大家一致奋起，切实猛省，根据过去失败的教训，激发自动奋战的精神，迅速充实各种必要的准备"，"只要大家从此下决心，拿平津失败作教训，在一个命令之下，共同一致，沉着应战，愈挫愈奋，愈奋愈进，持久不懈，拼战到底，我相信最后的胜利终属于我们的"③。

经过密集的内部讨论和协商，国民党领导层大体达成了对日抗战的共识。8月7日，蒋介石在南京主持召开国防联席会议，决定对日抗战大计，国民党党政军高层悉数出席，应召到京的各重要地方长官，如山西的阎锡山、广西的白崇禧、广东的余汉谋、湖南的何键、四川的刘湘等，共41人出席会议，以此体现全国对日态度的一致性。会议于晚8时在南京励志社举行。军政部长何应钦首先介绍了卢沟桥事件后的军情与处置，军委会办公厅副主任刘光介绍了中日双方的军力对比。随后蒋介石作为议长讲话说："现在这回中日战争，实在是我们国家生死存亡的关头，如果这回战争能胜利，国家民族就可以复兴起来，可以转危为安，否则必陷国家于万劫不复之中。"所以，蒋请与会者"尽量的为民族为国家多多的发表意见，务须完全站在民族的立场上着想，不要以个人的主见来主观的判断，完全要拿

---

① 秦孝仪主编：《革命文献》第106辑，（台北）"中央"文物供应社1986年版，第5—6页。
② 章伯锋、庄建平主编：《抗日战争》第2卷上册，四川大学出版社1997年版，第76页。
③ 秦孝仪主编：《革命文献》第106辑，（台北）"中央"文物供应社1986年版，第11—17页。

实际的状况,替国家作一个总的打算","我们应该赤裸裸坦白的有意见便提出来,明白的加以商讨,既决定之后,我们便应切实的遵行"。对战争的前景,蒋认为,日本在军事上比中国强,但在经济上有财政困难,国际上时时在顾虑,英美在道义精神上可以对我有帮助。针对国民党内对日缓和、局部解决的主张,蒋说:"如果能以长城为界,长城以内的资源,日本不得有丝毫侵略之行为,这我敢做。"但是,蒋同时又认为,"日本是没有信义的,他就是要中国的国际地位扫地,以达到他为所欲为的野心。所以我想如果认为局部的解决,就可以永久平安无事,是绝不可能,绝对做不到的。"对于有学者说"你不能将几百千年的民族结晶,牺牲于一旦,以为无事我们不可以打仗,难打胜仗",蒋回应称:"我对这般学者说,革命的战争,是侵略者失败的。日本人只能看到物质与军队,精神上他们都没有看到。"

蒋介石发言后,与会者的发言都表示支持发动抗战。国民政府主席林森认为:只有抗战,予打击者以打击,才能谈生存的要义。军事委员会副委员长阎锡山认为:应以决心抗战为我后盾,最后胜利必操左券。四川省政府主席刘湘认为:最后的胜利,必属于我,惟有持久抗战,可以奏杀敌致果之效,方知多难兴邦言之不谬。他还表示:四川人民愿在政府领导下,作不顾一切的为民族求生存战。会议秘书厅长程潜提出:凡是他没有决心的时候,我们应具决心,并阐明议长决心抗战之大义;解释一般学者梦想和平的错误;只有决战可以求生。

会议议决,如决定抗战,请各自起立,以资决定,并示决心。与会者不约而同,起立作决心抗战之表示,并决定共同遵守之态度与步骤:一是在未正式宣战之前,与彼交涉仍不轻弃和平;二是今后军事外交上各方之态度,均听从中央指挥与处置。

蒋介石最后致闭幕词强调:"刚才已经议决了今后的方针,大家应共同的一致去努力,预料一定能达到目的,此后就要请各位分头努力,最重要的,要团结一致的向目标迈进,我很相信最后的胜利,必属于我。善于侵略的日本,终于是失败的。"[①]

[①] 《蒋介石日记》,1937年8月7日,美国斯坦福大学胡佛研究所档案馆藏。

8月8日，蒋介石发表《告抗战全体将士书》，进一步为即将开始的全国抗战进行动员。他首先表示：这次卢沟桥事变，日本用了卑劣欺骗的方法，占据了我们的北平、天津，杀死了我们的同胞百姓，奇耻大辱，无以复加，思之痛心！自从九一八以后，我们愈忍耐退让，他们愈凶横压迫，得寸进尺，了无止境。到了今日，我们忍无可忍，退无可退了，我们要全国一致起来，与倭寇拼个你死我活。接着他提出抗战要有牺牲到底的决心，要相信最后胜利一定属于我们，要运用智能自动抗战，要军民团结一致亲爱精诚，要坚守阵地有进无退。最后，他宣示：现在既然和平绝望，只有抗战到底，那就必须举国一致，不惜牺牲，来和倭寇死拼。我们大家都是许身革命的黄帝子孙，应该要怎样的拼死，图报国家，以期对得起我们总理与过去牺牲的先烈，维持我们祖先数千年来遗留给我们的光荣历史与版图，报答我们父母、师长所给我们的深厚的教诲与养育，而不至于对不起我们后代的子孙。将士们！现在时机到了，我们要大家齐心，努力杀贼，有进无退，来驱除万恶的倭寇，复兴我们的民族！①

作为执政党的领袖，蒋介石也注重凝聚国民党内的共识。8月8日，蒋介石邀宴在京的国民党全体中央执行委员，他在致辞中表明："目前和平既成绝望，战争即将爆发，此次战争系全面的战事，非如以前数年之局部的，所以关系我们国家前途是非常重大，我们必须小心应付，牺牲卫国，以临此大难。有人以日人准备已久，力强势大，我国颇难取胜，但此非真理。要知一个国家之对外战争，首须注重国家是否上下一心，全国一致，其力甚强，对外必能取胜，否则，实力虽大，亦将失败，此我中央同人所应深切注意者。战事一开，务必各尽所能，统一命令，一致对外，最后的胜利必在我方。"

从以后抗战的实际进程看，国民党内除了中央的汪精卫派和一些地方派系投敌降日外，其中央领导层及各主要派系基本做到了坚持抗战，这也反映出国民党的民族主义立场。

---

① 朱汇森主编：《中华民国史事纪要》，（台北）"国史馆"1987年版，第242—244页。

三、国防最高委员会成立：规划全国抗战

卢沟桥事变后，中国人民民族情绪不断高涨。这使 10 年内战时期纷争不息，甚至兵戎相见的各种政治力量聚集到国民党政府的旗下共同抗敌成为可能。中国共产党采取有条件有限度的合作态度；地方实力派不同程度地表示听命于中央；自由派人士及其政团大多输诚拥蒋领导抗战。这些因素使国民党政权对全国的统治获得了前所未有的实际内容。

（一）《抗战建国纲领》对全国抗战的规划

面对抗战的严峻形势，国民党为了统一党内各方面的认识，制订领导抗战的路线、方针和政策，遂决定召开一次全国代表大会。出于战争原因，难以在全国范围内展开代表的选举工作，国民党中央常委会决定，以 1935 年原出席第五次全国代表大会的代表作为此次临时全国代表大会的代表。这是国民党历史上唯一一次临时全国代表大会，也是对抗战前途具有重要意义的一次大会。

1938 年 3 月 29 日，国民党临时全国代表大会在重庆开幕。[①] 同日晚，预备会及第一次正式会议在武汉举行。出席及列席此次会议的人员共 403 人，其中国民党中央执行委员和监察委员 98 人，候补中央执、监委员 50 人。由于担心日机的轰炸，会议于每日晚间举行，会期 4 天。

大会先后听取了叶楚伧所作党务报告、汪精卫所作政治报告、王宠惠所作外交报告、何应钦所作军事报告、孔祥熙所作财政报告，并就上述报告及各项议程有热烈的讨论，最后通过了有关政治、军事、经济、文教、社会等方面的一系列议案，如《拟请在已沦陷区域树立新政治机构案》《在抗倭战争中必须举国一致，一切建设以军事为中心，以期完成国军建设案》《为达成长期抗战之目的，必须一致努力推行兵役制度案》《关于党务改革案》《组织非常时期国民参政会以统一国民意志增加抗战力量案》《战时土地政策草案》《确定文化政策案》《请加紧实施国

[①] 荣孟源主编、孙彩霞编：《中国国民党历次代表大会及中央全会资料》下册，光明日报出版社 1985 年版，第 474 页。

际宣传案》《改进战时县政机构促进行政效率以增抗战力量案》《工业政策实施大纲要案》《改善保甲制度，确定本党以保甲组训民众之政策，促进地方自治，以完成训政而利抗战案》《非常时期经济方案》《战时各级教育实施方案纲要案》等。会议总结和检讨了抗战以来的工作，制订了若干较为切实可行的决议案。

会议将抗战与建国两大任务并举，认为这是两个不可分开的进程。大会宣言指出："此抗战之目的，在于抵御日本帝国主义之侵略，以救国家民族于垂亡；同时于抗战之中，加紧工作，以完成建国之任务。""今日之事，非抗战建国同时并行，无以解目前之倒悬，辟将来之坦途。"

这次会议最重要的成果是通过了作为国民党指导抗日战争的纲领性文件《抗战建国纲领》。《抗战建国纲领》开宗明义："中国国民党领导全国从事于抗战建国之大业，欲求抗战必胜，建国必成，固有赖于本党同志之努力，尤须全国人民勠力同心，共同担负。因此本党有请求全国人民捐弃成见，破除畛域，集中意志，统一行动之必要，特于临时全国代表大会制定外交、军事、政治、经济、民众、教育各纲领，决议公布，使全国力量得以集中团结，而实现总动员之效能。"《抗战建国纲领》"总则"突出了国民党和蒋介石对抗战的领导地位，强调"确定三民主义暨总理遗教为一般抗战行动及建国之最高准绳"，"全国抗战力量应在本党及蒋委员长领导之下，集中全力，奋励迈进"。虽然它无可避免地包含一党专政和片面抗战的内容，但其基本精神为团结、抗战和进步，是一个积极的领导抗战的纲领性文件。

关于外交，纲领提出：本独立自主之精神，联合世界上同情中国的国家和民族，为世界和平与正义共同奋斗；对于国际和平机构及保障国际和平之公约，尽力维护，并充实其权威；联合一切反对日本帝国主义侵略之势力，制止日本侵略，树立并保障东亚之永久和平；增进与世界各国现存的友谊，扩大其对中国的同情；否认及取消日本在中国领土内以武力造成的一切伪政治组织及对内对外之行为。

关于军事，纲领提出：加紧军队的政治训练，使全国官兵明了抗战建国的意义，一致为国效命；训练全国壮丁，充实民众物力，补充抗战部队；指导及援助各地武装人员，与正规军队配合作战，以充分发挥保卫乡土、捍御外侮之效能，并在敌人后方发动普通的游击战,以破坏和牵制敌人的兵力;抚慰伤亡官兵,安置残废军人,优待抗战人员家属,以增强部队士气。

关于政治,纲领决定:组织国民参政机关,团结全国力量,集中全国之思虑与见识,以利国策的决定与推行;以县为单位,改善、健全民众自卫组织,加速完成地方自治条件,以巩固抗战的政治和社会基础,并为宪法实施做准备;改善各级政治机构,使之简单化、合理化,并提高新政效率;整饬纲纪,责成各级官吏忠勇奋斗,不忠职守,贻误抗战者,以军法处置;严惩贪官污吏,并没收其财产。

关于经济,纲领提出:经济建设应以军事为中心,同时注意改善人民生活,实行计划经济,奖励人民投资,扩大战时生产;全力发展农村经济;开发矿产,树立重工业的基础,鼓励轻工业的发展;推行战时税制,彻底改革财务行政;统制银行业务;巩固法币,统制外汇,管理进出口货物,以安定金融;整理交通系统;严禁奸商垄断居奇、投机操纵,实施评价制度。

关于民众运动,纲领提出:要发动全国民众,组织农、工、商、学各职业团体,有钱者出钱,有力者出力,为争取民族生存之抗战而动员;在不违反三民主义最高原则及法令范围内,对于言论、出版、集会、结社,当予以合法之充分保障;救济战区难民及失业民众,实施以组织和训练,以加强抗战力量;加强民众的国家意识,对于汉奸严行惩办,并依法没收其财产。

关于教育,纲领提出:要改订教育及教材,推行战时教程;训练各种专门技术人员,以应抗战需要;训练青年,训练妇女,以增加抗战力量。[①]

作为指导国民党战时施政和"建国"的基本政策纲要,《抗战建国纲领》既体现了对战前国民党施政的连续性和继承性,如强调国民党和三民主义的至高无上地位,也体现了国民党因应战时需要的新思考和战时执政的新路线,即突出持久抗战的精神,并为此提出一系列施政纲要,如联合一切反对日本侵略的势力,否认伪政权,发动普遍的游击战,实行计划经济和战时统制,发动全国民众,注重

[①] 荣孟源主编、孙彩霞编:《中国国民党历次代表大会及中央全会资料》下册,光明日报出版社 1985 年版,第 484—488 页。

战时教育，等等。与国民党过往通过的各种施政纲领相对保守、脱离实际和大而化之的含糊其词相对照，此次通过的纲领确实有进步、切合抗战实际而又不乏具体的可操作性，其中最大的亮点则在于政治路线的调整，如实行适度的政治开放、成立参政机关、推动地方自治、保障个人政治表达权利的合法化等。这些方面的内容，是战前和战时国民党体制外人士的一致要求，也是全民族抗战开始后中共及其他党派向国民党提出并呼吁其实行的重要方面。因此，在纲领通过并公布之后，舆论的反应是积极的，中共及其他党派也是支持的。《大公报》认为，"此次大会之特值称道者，为充分表现卫国建国的积极精神，而抗战建国纲领，就是此种精神之具体化。我们通读一过，感觉其内容与半年来各方论者之志愿，大体相符，且有许多是当然的事实需要，无可论辩。这个纲领之宣布，一方可以更齐一全国同胞之意志，一方更可以打击敌阀屈服中国的迷梦。我们惟有希望政府必依此纲领，全力推行，则国民一定共同遵守"[1]。原先反蒋的第三党认为，这是"国民党掌握全国政权以来最进步的一个决议"[2]。中共中央则在下发给各地的指示中提出，对于国民党临时全国代表大会的宣言与纲领应"立在主动地位，取积极赞助与拥护的态度，指出其基本精神同我党的主张是一致的"，"用一切方法推动其具体实施"，"赞助国民党的进步与扩大"[3]。由此可知，纲领基本呼应了全民族抗战爆发后国内各方各界之关注及有待解决的一些急迫问题，适应了抗战形势的需要，也体现出国民党力图通过抗战而扩大建构其统治基础的政治意图。

（二）国防最高委员会的成立与战时体制的形成

全民族抗战爆发前，国民党中常会实行委员合议制，未设个人领导职位，即不存在党的个人领袖。根据国民党的训政理念，国民党通过中央政治委员会来指导国民政府的工作。如1935年公布的《中央执行委员会政治委员会组织条例》便规定"政治委员会为政治之最高指导机关"，"政治委员会之决议直接交由国民政

---

[1] 《全代会之决议及宣言》，汉口《大公报》1938年4月4日。
[2] 袁继成、李进修、吴德华主编：《中华民国政治制度史》，湖北人民出版社1991年版，第505页。
[3] 中央档案馆编：《中共中央文件选集》第11册，中共中央党校出版社1991年版，第491页。

府执行"①。全民族抗战爆发后，由于统一指挥军政的需要，各项权力迅速向负军事指挥责任的蒋介石手中集中。1937年8月11日，国民党中政会决定撤销以前设立的国防会议及国防委员会，另行成立高度集权的国防最高会议。《国防最高会议组织条例》规定国防最高会议为全国国防最高决定机关。国防最高会议以军事委员会委员长为主席，中政会主席为副主席，其成员囊括了国民党系统内、国民政府系统内和军事系统内所有最高主管。国防最高会议主席拥有巨大权力："作战期间，关于党政军一切事项，最高国防会议主席得不依平时程序、以命令为便宜之措施。"②通过这一设置，国民党中政会主席已被置于国防最高会议主席之下，成为其副手。但条例依然规定最高国防会议应"对政治委员会负责"。到11月，这一形式上的负责也不存在了。国民党中央常委会第59次会议决定停止召开中政会，其职权交由国防最高会议代行。

军事委员会的权力得到了空前的加强。1937年9月，国民党中央常委会通过决议，决定"由军事委员会委员长行使陆海空军最高指挥权，并授权委员长对于党政统一指挥"。这样，军事委员会便成了战时军政的最高指挥机关，其组织大加扩充，分设6个部：第1部主管作战，第2部主管政略，第3部主管国防工业，第4部主管国防经济，第5部主管国际宣传，第6部主管民众训练。此外，还有后方勤务部、管理部、卫生部、国家总动员设计委员会等机构。10月，又增设军法执行总监部、农产调整委员会、工矿调整委员会、贸易调整委员会及水路运输办事处，若干原属政府行政部门的职权都转移到了军事委员会，军委会由一个纯粹的军事机关扩展成为军政一体的机关。

11月，根据国防最高会议常务委员会第31次会议及国民党中央常委会第59次会议的决议，军事委员会的机构又进行了一次重大调整：国民党中央组织部、训练部、宣传部也改为隶属军事委员会；第5部事务由中央宣传部办理；中央组织部和训练部则与第6部合并；第2部取消，其与总动员相关的职能由国家总动员设计委员会担负。此外还规定，政府各机关中与军事委员会有关系者，如军政

---

① 中国第二历史档案馆：《国民党政府政治制度档案史料选编》上册，安徽教育出版社1994年版，第45页。
② 中国第二历史档案馆：《国民党政府政治制度档案史料选编》上册，安徽教育出版社1994年版，第49页。

部、海军部、外交部、财政部等机构应在军事委员会所在地。[①] 至此，国民党中央党部系统也纳入军委会体制，在体制上实现了由军委会对党、政、军的统一指挥。军委会起到战时内阁的作用。

然而，经过一段时间的实践后逐渐发现，以一个原来的军事指挥机关来总领党、政、军各方面事务，其过于庞大的组织反倒有臃肿不灵和指挥不便之弊，且一些机构在职能上与行政院相应部门重叠。如经济行政部分，既有属于政府部门的全国经济委员会、建设委员会、实业部，又有军事委员会下辖的资源委员会、第3部、第4部等，它们便有职能重叠交叉、政出多门的现象。为改变机构重叠、权限不清、号令不一的状况，国民政府于1938年1月颁布《调整中央行政机构令》，确定了如下两项调整原则：一是裁并性质重复或职能一致的机关，停办或撤销骈枝机关，或受战事影响工作不能进行的机关，以求经费的撙节与行政单位的减少；二是划清行政与军事机关的权限，并厘定隶属的系统。全民族抗战以来的军委会所设置的统制物资各机关，概合并于行政院各部会。

根据这两大原则，国民政府对中央机构作了大规模的调整。原实业部、建设委员会，全国经济委员会的水利部分，军事委员会第3部、第4部、资源委员会、工矿调整委员会、农产调整委员会合并为经济部，统管全国经济行政事务；原交通部、铁道部、全国经济委员会管辖的公路处、军委会所辖的水陆运输联合办事处合并为交通部，统管全国交通、电信、邮政的规划、建设和经营；贸易调整委员会改名为贸易委员会，转隶财政部；国际贸易局则改归贸易委员会管辖，负责管制进出口贸易、管理外汇、借款偿债、对敌封锁及抢购敌占区物资等，统一对外贸易的管理权；海军部撤销，其事务归并海军总司令部办理；卫生署改隶内政部；原军委会所属的禁烟委员会总会改隶内政部，撤销禁烟总监一职，原派各省禁烟特派员也一律撤销，其事务由各省民政厅办理。

在将政务工作分别回归到行政和党务系统后，军事委员会本身也进行了调整，设为军令、军政、军训、政治四部。参谋本部与第1部合并为军令部，掌管国防

[①] 李云汉：《中国国民党史述》第3编，（台北）中国国民党中央委员会党史委员会1994年版，第405页。

建设、地方绥靖及海陆空军的动员作战事宜；原隶属行政院的军政部改隶军事委员会，并与第2部合并，掌管军务、军需、兵工、军医的设施与监督；训练总监部改为军训部，掌管军队的训练、整理、校阅及军事学校的建设与改进；第6部与政训处合并为政治部，掌管全国军队的政治训练、国民军事训练、战地服务及民众的组织与宣传。此外，军事委员会还辖有军事参议院、军法执行总监部及航空委员会等机构。经过这次调整，各部门的设置较为合理。原来机构重叠、政出多门的状况得到改变，有利于战时各项工作的有效进行。

1938年3月，国民党召开临时全国代表大会，决定调整其领导体制，重新建立孙中山去世后即告中止的国民党内的领袖制度。大会通过了确立领袖制度的决议，称国民党负有救国建国的重大使命，"诚欲增强抗战之力量，必先整饬领导抗战之机构，而改进党务与调整党政关系，乃为急不容缓之图"。因此有必要在中央和地方都采取比此前的委员制更为集权的制度。会议决定"确立领袖制度：中央党部应在制度上明确规定全党之领袖，俾此革命集团有一稳固之重心"。蒋介石在这次大会上当选国民党总裁。决议赋予总裁以巨大权力，可以代行国民党党章过去所给予总理孙中山先生的职权。而国民党党章给予总理的权限是很大的，"总理对于全国代表大会之决议有交复议之权"，"总理对于中央执行委员会之决议有最后决定之权"。总裁制度的建立，使国民党由集体领导又回归到个人领导。决议规定，国民党中央党委会"对总裁负其责任"。

在中央加强集权的同时，国民党地方党部也加强了集权。决议规定"地方党部于设置委员会外，在省应采取主任委员制，在县采取书记长制，在区以下采取书记制，以补救通常委员制之缺点"，并规定"主任委员对于会议之决议，有最后决定权"，"县党部会议，以书记长为主席，对会议之决议有最后决定权"[①]。

检讨以前的党政关系，国民党临时全国代表大会认为，自执政以后，"党政似成为两个重心"，尤其是在地方，"此两个重心始终处于似并立而非并立之地位"，地方政府的工作与党部的工作，往往有未尽协调之处。因此，大会确定了今后党

---

① 荣孟源主编、孙彩霞编：《中国国民党历次代表大会及中央全会资料》下册，光明日报出版社1985年版，第476—483页。

政关系调整的原则：中央采取以党统政的形态，省及特别市采取党政联系的形态，县市采取党政融化的形态。[1]

1939年1月，国民党召开五届五中全会，会议决定改组国防最高会议为国防最高委员会，作为战时党政军一元化的最高领导机关。全会在宣言中称："后期抗战开始，生死存亡所系之关头，尤宜组成中央党政军统一指挥之机构，使全国党政工作均与军事相切合，以收共同行动之效，故特设置国防最高委员会。"[2]全会通过了《国防最高委员会组织大纲》。2月7日，国防最高委员会成立，正式开始办公。国防最高委员会的成立，从法制上确立和保证了国民党中央党政军大权的高度集中和统一，标志着国民党战时体制的最终形成。

《国防最高委员会组织大纲》规定，国防最高委员会设委员长1人，由国民党总裁蒋介石兼任，委员若干人，以国民党中央执行委员会常务委员、中央监察委员会常务委员、国民政府五院院长和副院长、军事委员会委员以及由国防最高委员会委员长提出经国民党中常会通过的其他人员组成。同时规定由委员长从委员中指定经中常会通过的11人为常务委员，组成国防最高委员会常务委员会，每星期开会一次。此外，国防最高委员会还设有组织相当庞大的秘书厅，作为它行使至高无上权力的常设机构，张群任秘书长，下面设有襄理事务的副秘书长、机要室和第一、二、三处等机构，分别办理各方面事务。

国防最高委员会除设有常务委员、委员外，还设有若干执行委员，目的是便于决议案的执行。其人选为：国民党中央党部秘书长及各部部长，国民政府文官长、行政院秘书长及其各部会长，军事委员会正副参谋总长及所属各部会长；战地党政委员会和总动员委员会正副主任委员等。国防最高委员会做出决议后，各执行委员在其各自职责范围内负责执行。由此可见，国防最高委员会还是一个决策与执行相统一的机关。

为进一步形成国防最高委员会的内部体制，提高其决策和执行水平，从1940

---

[1] 荣孟源主编、孙彩霞编：《中国国民党历次代表大会及中央全会资料》下册，光明日报出版社1985年版，第501页。

[2] 荣孟源主编、孙彩霞编：《中国国民党历次代表大会及中央全会资料》下册，光明日报出版社1985年版，第548页。

年开始国民党决定实行"行政三联制",即将行政管理中的设计(计划)、执行、考核三个环节加以连接,规定办理任何一件事情都必须"经过设计、执行与考察三个程序,而且要互相联贯,不能脱节"[1]。为此,国防最高委员会设立了两个专门机关:中央设计局和党政工作考核委员会,分别主持设计与考核工作,而以国民党党政军现有各机关作为执行机关负责执行,国防最高委员会作为三方面互相联系和统一的领导机构。

《国防最高委员会组织大纲》规定:"中央执行委员会于抗战期间设置国防最高委员会,统一党政军之指挥,并代行中央政治委员会之职权。中央执行委员会所属之各部会及国民政府五院、军事委员会及其所属之各部会,兼受国防最高委员会之指挥。"[2] 按照这个规定,国防最高委员会的职权主要有:

第一,代行中央政治委员会的职权。中央政治委员会是国民党中央执行委员会下设的最高政治指导机关,担负着对国民政府指导和监督的职责。其职权具体包括:一是讨论、决议建国纲领,决定训政的根本大计。国民党第三次全国代表大会通过的《确定训政时期党、政府、人民行使政权、治权之分际及方略案》中规定:"决定县自治制度之一切原则,及训政之根本政策与大计,由中国国民党中央执行委员会政治会议行之。"[3] 二是讨论、决议施政方针。如内政、外交、司法、教育、实业等,由中政会决定方针,交国民政府执行。三是讨论、决议军事大计。如国防建设、重要军事策略、军事实施方针等。四是讨论、决议财政计划。如发行公债、确定税率、国家总概算核定及其他财政政策等。五是讨论、决议政府重要官吏之人选。其范围主要有国民政府主席及委员,五院院长、副院长及委员,以及特任、特派官吏之人选。六是讨论、决议立法原则。国民政府的最高立法机关立法院,根据中政会决议的立法原则起草法规条文,甚至有需要时,中政会还可以直接拟好法律条文交立法院完成立法手续。全民族抗战爆发后,由于中政会

---

[1] 陈之迈:《中国政府》第1册,商务印书馆1947年版,第121页。
[2] 荣孟源主编、孙彩霞编:《中国国民党历次代表大会及中央全会资料》下册,光明日报出版社1985年版,第563页。
[3] 荣孟源主编、孙彩霞编:《中国国民党历次代表大会及中央全会资料》下册,光明日报出版社1985年版,第658页。

"组织庞大，事实上已不召集"，而新设立的国防最高会议则包括了中政会的主要成员。国防最高委员会成立后，其组织大纲明确规定由国防最高委员会"代行中央政治委员会之职权"。这样，国防最高委员会就成了战时全国的最高政治指导机关，拥有对国民政府指导、监督的最高权力。

第二，拥有对党政军的统一指挥权。国防最高委员会作为战时一元化的最高领导机关，拥有对党政军的统一指挥权，国民党中央执行委员会所属各部会、国民政府五院、军事委员会及其所属各部会，均受其指挥。可见，国防最高委员会是凌驾于国民党中央、国民政府五院及军事委员会之上的一元化最高领导机关，集党政军大权于一体。

第三，拥有最高立法权。国防最高委员会的这项权力是从它"代行中央政治委员会之职权"和"对于党政军一切事务得不依平时程序，以命令为便宜之措施"两条演化而来的。前一条的规定在前文已提及，这里的国防最高委员会与立法院的关系等同于过去中政会与立法院的关系，即由国防最高委员会决定立法原则后交立法院执行，立法院可以提出意见，是否采择决定于国防最高委员会。后一条"得不依平时程序"的规定破坏了"一切法律均须经立法院通过才算完成立法程序"，而"紧急特殊之情形之存在与否，应由国防最高委员会自行认定"。这样，立法院在紧急特殊之情形下就退居一旁了，而国防最高委员会无论在什么样的情形下都拥有最高立法权，立法院的职权所剩无几。

第四，国防最高委员会实行委员长负责制，确保权力的高度集中和统一。《国防最高委员会组织大纲》规定："国防最高委员会设委员长一人，由国民党总裁兼任。"与国防最高会议相比，国防最高委员会在领导体制上有以下两点变化：一是主席制改为委员长制。原来设有主席、副主席，现在仅设委员长1人，以确保权力的高度集中和统一；二是国防最高会议主席由军事委员会委员长兼任，国防最高委员会委员长则由国民党总裁兼任，虽然二者均为蒋介石，但规定以总裁为国防最高委员会委员长，显见其地位之隆崇。此外，大纲还规定："国防最高委员会委员长，对于党政军一切事务得不依平时程序，以命令为便宜之措施。"① 这就是所谓的"紧急处分权"。这是利用战时环境需要赋予委员长蒋介石的特殊权力,是原来的中央政治委员会主席以及其他任何机构的领导人所没有得到过的权力,使蒋介石得以随时根据需要以合法程序对党政军行使统一指挥权,从法制上确立和保证了战时党政军大权高度集中和统一于蒋介石一人。

国防最高委员会 1939 年 2 月成立,至 1947 年 4 月才被正式宣布撤销,存在长达 8 年之久,是全民族抗战时期及战后初期拥有国家最高权力的机构,国民党的一切大政方针及政策、措施都必须经过国防最高委员会通过才能施行。国防最高委员会的成立标志着国民党战时体制的最终形成,有利于集中各方面力量进行抗战,在一定程度上适应了抗战的需要。全国抗战开始后,中国处于战争状态。在战争中国家权力需要高度的权威、迅速的集中、高度的灵活性。国民党正是利用这个特殊环境,以适应战争需要为借口,逐渐完成了由平时体制向战时体制的转变。在经历了军事委员会、国防最高会议阶段以后,最终确立了国防最高委员会的战时体制,由这一机构实行一元化的最高领导,统一指挥党、政、军各方面进行抗日。

四、逐步转向战时经济

战争不只是军事力量的较量,从根本上来说,更是两国经济力量的较量。经济的维持和发展是将战争进行下去的基础。全国抗战爆发后,国民政府虽然对日军的侵略进行了较为积极的抵抗,但由于敌强我弱,日军还是占领了大半个中国,包括华北、华东、华中和华南的大部分地区。我国东部沿海经济发达地区和几乎所有重要的大中城市都落入敌手,国民政府被迫西迁重庆,退居西南一隅。中国半壁河山沦入日军铁蹄之下,这不仅仅只是国统区缩小的问题,更重要的在于日军所侵占的都是中国最富庶的地区。据估计,"战前中国工业 90% 集中在华北华

---

① 荣孟源主编、孙彩霞编:《中国国民党历次代表大会及中央全会资料》下册,光明日报出版社 1985 年版,第 563—564 页。

中华南的一些大中城市，日军占领了这些重要地区和工业城市，对国民政府的经济造成了十分严重的打击"[1]。同时，作为我国抗战大后方的西南地区，经济基础本就比较薄弱。随着大批军政公教人员和难民的涌入，政府财政支出迅速扩大，而收入则由于沿海省区的沦陷锐减。在严重的困难局面下，国民政府为了坚持抗战，有必要对国民经济进行一系列调整和改组，使之迅速由平时经济转入战时经济，以适应抗日战争的需要。

（一）国民政府对经济的紧急调整

全国抗战爆发前，国民政府金融与经济行政管理机构除财政部统管全国财政金融外，还有实业部、全国经济委员会和全国建设委员会。实业部主管全国经济行政，辖林垦、农业、渔业、工业、劳工、矿业、商业、合作各署司以及中央农业实验所等附属机关；全国经济委员会主管国家经济建设或发展计划之设计、审核与督导，特定经济事业或发展计划之实施，尤重公路、水利、公共卫生和农村建设事业；建设委员会主管国家基本建设，如电气和一部分矿业、铁路建设等。同时，国民政府军事委员会第三部、第四部和资源委员会还分别主管重工业、轻工业、农业和贸易之动员，以及人才和物资资源的调查、统计与计划，并组织工业建设。以上机构建制重叠，政出多门，职责不清，很难适应战时的需要。

全国抗战开始后，国民政府在战争紧迫的情况下，加强了中央尤其是军事委员会对经济的干预，对金融和经济行政机构进行了一系列调整。1937年7月27日，财政部授权中央、中国、交通、农民四大银行组成联合贴放委员会，负责办理战时贴现和放款等业务，以救济银行和工商各业。八一三事变后，四大银行又奉令在上海成立四行联合办事处，在各重要城市筹设分处，以加强国家银行的联系与协调，集中资力帮助政府应付危局。9月，国民政府决定在军事委员会下设立农产、工矿、贸易3个调整委员会和1个水陆运输联合办事处，以周作民、翁文灏、陈光甫、卢作孚分别为主任委员，负责调剂农村经济、保育实业生产、保持

---

[1] 朱英、石柏林：《近代中国经济政策演变史稿》，湖北人民出版社1998年版，第468页。

国际市场和运输等事务,并在一些重要地点分设办事处,以增强对各地专项经济的统制。

军委会新设立的经济管理机构,对稳定全国抗战初期的战争危局发挥了一定作用。但是,由于原有经济行政机构也在运行,因而出现了权限交叠和政出多门的现象,增加了经济管理的混乱;同时军事机关过多地干涉大量的一般的经济事务,也在某种程度上影响了其对军事和战争的指导。鉴于上述情况,国民政府为加强领导,提高行政效率,理顺各部门之间的关系,决定对政府机构进行重大调整。1938年1月,国民政府颁布《调整中央行政机构令》,规定:凡因战事影响不能继续进行工作之机关,暂行停办或裁撤;凡某一机关之工作与另一机关工作性质重复者合并之;凡工作有继续进行之必要之机关加强之;凡工作有进行之必要,而尚无机关办理者创设之。[①]根据上述原则和规定,国民政府决定原行政院下属之实业部改组为经济部,成为掌握全国经济行政事务的最高机关。原军委会所属第三部、第四部、资源委员会、工矿调整委员会、农产调整委员会以及国民政府所属之建设委员会、全国经济委员会所属之水利部分均并入该部。部长为翁文灏,次长是原全国经济委员会秘书长秦汾,下辖总务、管制、农林、水利、矿业、工业、商业、渔业、国际贸易、电业10个司,农本、物资、采金、商标、度量衡、商品检验等9个局,资源委员会、燃料委员会等7个委员会,会计、统计、工矿调整、燃料管理、平价购销等7个处,参事、技术等3个厅以及林垦署,形成比较集中的经济领导体制。

同月,铁道部撤销,其经管之铁路事业划入交通部。同时划归交通部的还有全国经济委员会所辖之公路处和军委会所辖水陆运输联合办事处。该部负责全面规划、建设、管理和经营全国国有铁路、公路、电信、邮政、航政事业,对公有及民营交通事业有监督之责。

2月16日,原军事委员会贸易调整委员会改组为贸易委员会,划归财政部。其主要职责是管制进出口贸易,推动国营、民营对外贸易的发展并考核其效绩,

---

① 秦孝仪主编:《中华民国政治发展史》第3册,(台北)近代中国出版社1985年版,第1162页。

管理外汇、借款和易货偿债，向国外购货，对敌封锁以及抢购敌占区物资等。

对基层经济职能机构，国民政府本着便于统一和发挥实效的原则也做了归并和调整。如将全国稻麦改进所、中央模范林区管理局、蚕丝改良委员会、中央棉产改进所、中央种畜场、西北种畜场并入中央农业实验所，将有关工业实验和研究机构并入中央工业实验所等，尽可能避免机构重叠、臃肿，以适应战时的需要。

全国抗战初期，国民政府对经济行政管理机构的一系列调整，对促进战时社会经济的运行发挥了重要作用。调整后，"中央经济行政机构编制由战前3684人减至1561人，精简率达58%，提高了办事效率"[①]。经过此次调整，从体制上统一了事权，原来分属于政府和军队的经济机构，基本上归口在经济部、交通部和财政部之下，最后又受国防最高委员会领导，适应了全国抗战的需要，标志着国民政府战时经济领导体制的形成，为战时统制经济的实行提供了制度保证。

经济统制与抗日战争联系起来是在1935年，这一年国民政府先后对金融和重要战略物资锑、钨实行了统制。全国抗战爆发后，国民政府立即扩大了经济统制的范围。1937年7月21日，国民政府召开实施总动员谈话会，决定立即对粮食、资源、交通、卫生机关及其人员材料实行统制，对财政金融进行统一筹划，以适应战时的需要，并部署有关部门立即执行。[②] 随后，在上海成立的中央、中国、交通、农民四大银行联合办事处（简称"四行总处"）以及由资源委员会主持的大规模沿海工厂内迁，实质上均是经济统制的产物。

全国抗战开始后，最早颁发的经济金融法令是1937年7月15日的《修正妨害国币惩治暂行条例》，[③]决定对破坏法币稳定，危害金融秩序的行为予以严惩。8月13日淞沪会战爆发后，财政部为防止金融发生剧烈动荡，命令上海各银行和钱庄停业2天。财政部于15日颁布《非常时期安定金融办法》七条，规定"自八月十六日起，银行、钱庄各种活期存款，如须向原存银行、钱庄支取者，每户只能照其存款余额，每星期提取百分之五，但每存户每星期至多以提取法币一百五十

---

① 陆仰渊：《抗战期间国民政府的战时经济统制》，《安徽史学》1995年第3期。
② 《抗战时期工厂内迁资料选辑（一）》，《民国档案》1987年第2期。
③ 第二历史档案馆编：《中华民国史档案资料汇编》第5辑第2编财政经济（3），江苏古籍出版社1997年版，第2页。

元为限";"定期存款未到期者,不得通融提取,到期后如不欲转定期者须转作活期存款,但以原银行、钱庄为限"。同时鼓励续存或开立新户。[①] 上述办法旨在限制提存,防止资金外流。因为如不加限制,则存户皆可尽量提取存款,购买外汇,从而导致资金外流,汇率崩溃,金融将无法收拾。所以,在全国抗战爆发之后,采取必要的金融限制措施是非常必要和必需的。

此种安定金融办法颁布后,虽然遏制了挤兑提存浪潮,但也给工商业务周转和人民生活带来许多困难和不便,致使市场法币流通减少,银行、钱庄业务紧缩,工商业资本周转困难。为便利货物流通,调剂金融,活跃市场,上海银钱业公会又拟定了《补充办法四条》呈财政部批准施行。其条文如下:"(一)银钱同业所出本票,一律加盖同业汇划戳记,此项票据只在上海同业汇划,不付法币及转购外汇。(二)存户所开银钱同业本年八月十三日以前所出本票与支票,亦视为同业汇划票据。(三)银行、钱庄各种活期存款,除遵照部定办法支付法币外,其在商业部往来,因商业上之需要,所有余额得以同业汇划付给之。(四)凡有续存或新开存户者,银行、钱庄应请注明法币或汇划,支取时仍分别以法币或汇划支付之。"[②] 这4条补充办法只适用于上海,用意是激活上海金融,而免除法币的使用。财政部同时要求上海银钱业公会组织联合准备库及票据交换所,由财政部委托中央、中国、交通三大银行切实管理,以保持金融正轨和维护正常业务。

鉴于内地情形与上海不同,上海银钱业同业汇划办法不能适用于内地。8月27日,国民政府财政部修正公布了《四行内地联合贴放办法十一条》,[③] 下令四大银行在上海设立联合办事处,在内地重要地点汉口、重庆、南京、南昌、广州、济南、郑州、长沙、杭州、宁波、无锡、芜湖等12处设立分处,具体办理各地的贴放事宜。四大银行联合办事处和贴放委员会的成立以及各项贴放工作的开展,较好地解决了当时的金融难题,使得因限制提存而奄奄一息的工商各业得以复苏。

---

① 中华文化建设协会主编、张素民:《抗战与经济统制》,商务印书馆1937年版,第23页。
② 中华文化建设协会主编、张素民:《抗战与经济统制》,商务印书馆1937年版,第24—25页。
③ 第二历史档案馆编:《中华民国史档案资料汇编》第5辑第2编财政经济(4),江苏古籍出版社1997年版,第1页。

此外，为防止金银外流，国民政府于9月先后公布了《金类兑换法币办法》和《人民捐献金银物品收受及保管办法》，规定金银兑换法币按照中央银行每日挂牌行市计算，且只能交中央、中国、交通、农民四大银行及邮政储金汇业局收兑办理。由于中国在1935年11月法币改革时，即已宣布金银国有，禁止流通，所以，此一办法的颁布，有助于进一步集中现金，增加法币储备金和国家的财力。

在物资方面，1937年8月国防最高会议通过的《总动员计划大纲》中即决定加强粮食管理，禁止面粉出口。8月20日，行政院又颁布《战时粮食管理条例》，决定设立战时粮食管理局，统筹粮食的生产、消费、储藏、价格、运输、贸易及分配等事宜。8月底又公布《食粮资敌治罪暂行条例》，禁止非常时期私运食粮出口或资敌，违者将予以严惩。1937年12月12日国民政府公布《战时农矿工商管理条例》，使经济统制开始渗透到工业、农业、矿业、商业、交通运输、金融、物价等各方面，包括许多民用必需品，如棉、丝、麻、羊毛及制品、粮食、油、茶、糖、盐、火柴等矿产品、日用品。

（二）沿海工业内迁

卢沟桥事变后，上海面临战争危险日益严重，一些爱国民族企业家提议拆迁工厂，以免遭战火破坏和资敌，南京国民政府支持了这一建议。1937年7月21日，何应钦在南京主持召集政府各有关部门会议，决定由资源委员会负责主持工厂内迁事宜。7月24日，国民政府资源委员会通过"资源统制"事项，组成以林继庸为主任委员的工厂迁移监督委员会。7月30日，资源委员会派专员林继庸等前往上海，与实业界代表商讨具体迁厂办法。8月10日，行政院第324次会议通过"工厂迁移案"，决定拨款56万元作为迁移补助费用，进行内迁总动员，组织民族企业有序地向大后方迁移。

由于八一三事变突发，日军大举进攻上海，使迁厂工作陷于困境。监督委员会只能抱着"能救多少则救多少"的原则，抢运出一部分，而大部分工厂终被毁于战火。经过此次教训，国民政府加快了搬迁进度。9月18日，资源委员会向行政院提出《迁移工厂扩充范围请增经费办法》，决定追加52.6万元迁移补助费，增加低息贷款195万元。①随着战争的不断扩大，为了尽可能多地将沿海地区及中国中部地区的工矿业迁至抗战后方，同时安排好迁移企业尽快在新的地方恢复生产，支援抗战，1937年9月23日，国民政府决定在军事委员会下设立工矿调整委员会，由资源委员会秘书长翁文灏担任工矿调整委员会的主任委员，全面负责工厂的内迁工作。据此，行政院第330次会议决定将资源委员会主持的内迁工作归口于新成立的工矿调整委员会，由翁文灏牵头，林继庸和钱昌照具体负责。

全国抗战初期，国民政府由于思想认识和准备不足，开始规划迁厂的范围很小。规定首先应迁的是"指定军需工厂"和"国防上可利用者"，其次是"现在民生必需者"。后来，才扩大到"不属以上两种而可藉培植工业中心者"以及普通工厂。从地域上，国民政府安排搬迁的步骤，"一为苏浙一带之工厂，二为河北之厂矿，三为山东之厂矿"②。由于资金匮乏，政府下拨的迁移补助费，主要供那些与军事有关的机械、冶金、化工、医药类大型企业使用。为数众多的中小工厂没有得到迁移补助费，只得自行雇用民船。

有的企业无力自迁，被政府"以救国公债收买"，价格非常低廉。由于政府对迁厂没有从增强全国抗战的经济力量着眼，加之做出迁厂的决策过迟，结果大部分工厂毁于战火。到11月12日上海失守，靠499艘木船抢运，仅从上海迁出148家工厂，抢运机器和设备12400多吨，随迁的技师和工人2100多人。从其他地方迁出的企业，主要有：无锡公益铁工厂、常州大成纱厂、淮南煤矿、南京永利机器厂和京华印书馆、青岛冀鲁制针厂和华新纱厂、济南陆大铁工厂等。许多工厂是冒着被敌机轰炸的危险拆卸机器的，由于车船紧张，加上车站、码头又是重点轰炸目标，搬迁工作的进展异常艰难。

全国抗战开始后的最初几个月里，由于战争形势的紧张和瞬息万变，国民政府最高当局主要忙于应付军事，组织对日本侵略的全面抵抗，先后进行了淞沪会战、忻口会战、徐州会战等，沉重打击了日本侵略者，粉碎了其"速战速决"和"三个月灭亡中国"的美梦，使抗日战争向持久抗战发展，而对于抗战期间整体经

---

① 薛毅：《国民政府资源委员会研究》，社会科学文献出版社2005年版，第194页。
② 《抗战时期工厂内迁史料选辑（一）》，《民国档案》1987年第2期。

济方针和政策尚未来得及认真考虑，因此，上述国民政府对经济金融的紧急调整和将沿海工厂内迁等措施带有明显的补救性质和应急特征。

（三）统制经济的提出与确立

在全国抗战初期战时经济政策的调整阶段，国民政府企图通过整个国家的物资总动员，使经济转入战时经济的轨道，适应和满足抗战的需要。为此，国民政府根据抗战形势的发展和需要，进一步调整经济政策，将前面临时应急补救措施转向比较稳定的方针政策，以利于实行长期抗战。

1938年4月在武昌召开的国民党全国临时代表大会通过了《抗战建国纲领》，提出实行统制经济。这次会议通过的《非常时期经济方案》进一步规定了战时经济政策的目标、原则和实施方针与办法，是对上述战时经济纲领的阐述和具体化。该方案指出："非常时期一切经济设施，应以助长抗战力量，求取最后胜利为目标。凡对抗战有关之工作，悉应尽先举办，努力进行，以期集中物力财力，早获成功。"该方案强调，"目前之生产事业，应以供应前方作战物资为其第一任务。战争之胜负，每以后方对于前方物资供给之能否补充为断，……故为前方物资计，亟应提倡生产""在抗战初期，前方将士之一切需要，固应充分接济，而后方民众日常生活所必需，亦应由国内设法供给。……是后方民众日常生活必需品之求自给自足，亦为当前之要务""为实行促进生产起见，……金融交通以及对外贸易，亦为经济计划中之要端"。根据上述目标和原则，《方案》拟定了一套实施方针和办法。[①]

按照上述方针政策，国民政府经济部拟定了《西南和西北工业建设计划》《1939—1941三年国防建设计划》等，这些计划的制订与实施，在全民族抗战初期起了一定的作用，例如确定以国防建设为中心的重工业建设，对沿海部分工业的内迁等；提出以四川、云南、贵州和湘西为主要地域，开发新的工业基地，从而形成以西南为中心发展大后方经济的战略。这也是战时经济政策调整的一个重

---

① 秦孝仪主编：《中华民国经济发展史》第2册，（台北）近代中国出版社1983年版，第608—611页。

要方面，是其加强后方经济建设和国民经济计划化的重要步骤。

这一时期，国民政府的战时经济政策是以计划经济为指导，以统制经济政策为辅，其计划经济的实质也是经济统制。为此，国民政府先后颁布了《购买外汇请核办法》（1938年3月）、《特种物品消耗统制办法》（1938年7月）、《非常时期农矿工商管理条例》（1938年10月）、《战时各区统制食盐牌价暂行办法大纲》（1938年11月）等一系列经济法规，以加强经济统制的力度，并为以后的各项经济统制政策的实施奠定了基础。

到1938年底，国民政府通过上述一系列法规，已经在较大范围内初步实施了经济统制措施，虽然没有公开提出统制经济的口号和概念，但其提出和推行计划经济的方针政策，就是要对全国的经济，按照战时的原则和需要进行全面调整和管理，使国民经济实现计划化和军事化，由平时经济转向战时经济，以适应战争的需要。

随着1938年10月广州和武汉相继沦陷，国民政府退居西南一隅，其所统治的西南、西北地区又是中国比较落后的地区，基础薄弱，交通不便，其经济实力显然难以支撑如此大规模的抗日战争。

1939年1月国民党召开的五届五中全会讨论了当时所面临的严重经济形势，提出要加紧后方经济建设，增强持久抗战能力。对于经济的重要性，蒋介石在五届五中全会的开幕词中明确提出："就经济来说，现在战争起因往往在经济的掠夺，而成败胜负也往往以经济能否持久为决定的因素。"[①]为此，国民党五届五中全会宣布要根据战争的实际情况，"分别轻重，斟酌缓急，实行统制经济"，并具体指出："为调节物质之生产消费，举凡抗战必需之重工业、矿业、民生日用必需之轻工业、手工业，急要之铁道、航空线、公路等，应竭力之所能，努力兴举。更以巩固币制，流畅金融，促公私产业之发展，例如农、林、畜、牧之改进，内地蕴藏之开发，后方各省生产能力之增加，尤当合政府人民一切资本技术之力，切实加

---

① 荣孟源主编、孙彩霞编：《中国国民党历次代表大会及中央全会资料》下册，光明日报出版社1985年版，第537页。

紧推行。"①这是国民党和国民政府首次正式公开提出要实行统制经济政策,这样计划经济就暂时被搁置一边。随着战争的进行,后方经济困难加剧,再加上当时缺乏实行计划经济的条件,这一结果在所难免。

五届五中全会后,国民政府颁布了大量的法规,进一步采取了经济统制政策,加强了对战时物资、工矿业、消费、物价、货币、贸易等各方面的管理和统制,统制经济政策遂成为国民政府战时经济政策的主轴,对全民族抗战时期国统区和后方人民的生产生活及工矿业的建设发展产生了重要影响。

1939年,国民政府颁布了《战区粮食管理办法大纲》《矿产品运输出口管理规则》《非常时期采金暂行办法》《非常时期禁止出口物品办法》《汞业管理规则》《川康铜业管理规则》《管理锡业规则》《管理水泥规则》《农本局花纱布买卖暂行办法》《管理煤炭办法大纲》《全国茶叶进出口贸易办法大纲》《全国猪鬃统购统销办法及实行细则》《非常时期评定物价及取缔投机操纵办法》《取缔囤积日用必需品办法》《日用必需品平价购销办法》等。1940年,国民政府颁布了《钢铁管理规则》《管理土铁实施办法》《全国桐油统购统销办法》《非常时期省营贸易管理规则》《取缔进口物品商销办法》《非常时期管理银行办法》《出口货物注销外汇办法》《管理国产纸张暂行办法》《民营金矿业监督办法》《督导工商团体办法》《粮食管理紧急实施要项》等。

上述法规分别对工、矿、农、商、金融、外汇、粮食、棉花等不同经济部门和对战时经济的生产、流通、分配、消费及物资、物价等各个环节和不同对象采取了统制措施,表明统制经济政策正在得以全面制定和实施。

到1941年,中国的全国抗战已经进入了第4个年头。随着战争的长期化,国统区的面积不断缩小,经过4年的巨大的物资消耗,后方各种物资开始出现短缺。全国抗战开始后的最初两年,后方工矿业发展曾经历过高潮阶段,但此后经济陷入停滞。此一现象的出现,主要是因为战争的破坏和影响,后方缺乏资金、设备,生产的潜力已经基本耗尽。与此同时,日本帝国主义为了迫使国民政府投降,加强

---

① 荣孟源主编、孙彩霞编:《中国国民党历次代表大会及中央全会资料》下册,光明日报出版社1985年版,第548页。

了对后方的经济封锁和轰炸，给后方人民和物资财产造成巨大损失。日本利用欧洲战争爆发的时机，于 1940 年占领越南，切断了滇越铁路。在日本的压力下，英国于 1941 年初宣布封闭滇缅公路，使中国对外陆路通道断绝，大批抗战急需的战略物资和机械设备无法运入，进出口贸易中断，这进一步加剧了后方的经济困难。

为克服经济困难，动员国统区的人力物力财力积极投入抗战，确立战时经济体系与纲领，国民党于 1941 年 3 月在重庆召开了五届八中全会。蒋介石在开幕词中指出："今后抗战的胜负，一方面固然仍要取决于军事，但另一方面还要取决于军事以外之经济战争。所以今后的抗战，军事与经济实应同时并重。而且就现代战争的特质而言，我们毋宁说今后敌我成败的决定力，经济要占七分，军事仅占三分。""今后胜负的关键，一大半要取决于经济了。所以大家对于加强经济上的持久力，改善经济上一切设施，增进经济战斗的效能，一定要积极奋斗，不惜牺牲，来克服我们这次抗战期中最后的困难。"[①] 会议发表的宣言指出："战争之胜负决于经济"，经济建设"在于充实国防之力量，以保障民族之生存，与统筹全国人民之生计，以维持社会之安定"。为此，会议认为："物品之消费，必须受严格之限制；农工之生产，必须为积极之增加；必使全国人民之一切经济活动完全受国家法令之保障与支配，然后可以支持长久之抗战，以求得最后之胜利。本会议根据国父遗教，对战时经济政策详加研讨，决定调整财政收支系统，将全国田赋统一于中央整理，以为实施建国大纲及本党土地政策之基本，并决定今后当努力推行粮食管理与各种人民生活必需主要物品之公卖，及统制经济政策，以期均衡人民生活需要之分配。"[②]

根据上述经济方针，国民党五届八中全会通过的《积极动员人力物力财力确立战时经济体系案》指出："国家在战时，其经济力之能否持久，为最后胜利之关键。而经济力之能否配合军事之发展，又有赖于其机关之健全独立，以及灵活运

[①] 荣孟源主编、孙彩霞编：《中国国民党历次代表大会及中央全会资料》下册，光明日报出版社 1985 年版，第 667 页。

[②] 荣孟源主编、孙彩霞编：《中国国民党历次代表大会及中央全会资料》下册，光明日报出版社 1985 年版，第 675 页。

用。"① 为求生产之增加，分配之公允，使一切经济之力量，得收全盘控制之运用，以保障军事需要之供应不匮，奠定持久抗战胜利之基础，决定"积极动员全国人力物力财力，加强战时经济体系"，"以军事第一，与经济国防化"为原则，实行全面经济统制。

同时，会议制定了《战时经济体系基本纲领》，其内容如下：

（一）确认当前对敌经济斗争为胜利之主要关键。放弃一切不合时宜之经济观念，而代之以军事第一，与经济国防化之基本信念，确立战时经济体系努力之方向。

（二）全体同志应深切了解新时代国防经济政策之重要。领导全国国民，不避任何艰苦与代价，全力推行，达成抗战最后胜利之目的。

（三）决定统一步骤，限最短期间，充实并调整各级经济机构，特别注重基层组织。如金融及税务机关、合作机关、运输机关、缉私机关、盐粮机关及仓储机关等，务须建立健全之经济有机体，以为实行全面经济统制之据点。

（四）动员全国专门人才，分配于各级经济机构中，使之担任管理及技术工作，确定其权责，保障其地位，使成为经济抗战之干部。

（五）动员全国优秀青年，实行短期训练，充任经济抗战之战斗员。应认定其重要性等于前线浴血苦战之将士，国家当予以前方将士同样之优遇与奖进。

（六）动员全国工人农民及妇女，分别加以组训，积极从事生产事业。

（七）经济机构，均以军事部署与科学管理统一指挥，分层负责，简化手续，以达军令式之迅速切实化。并确定效率标准，厉行定期考核，对各级人员之待遇，应加调整，使其合理化，必要时以实物支付之。

（八）对于人民经济活动，从生产过程以及最后消费，应作有体系之计划，并逐渐加强，使能全盘控制，以配合军事之运用。

（九）对于金融贸易运输生产等关键事业，以扩大国营，联合民营，加强联系

---

① 秦孝仪主编：《中华民国经济发展史》第2册，（台北）近代中国出版社1983年版，第612页。

等手段，使成为整个经济抗战集体。并运用公营方式，及财政手段，力求分配之公允。对于过分利得，及不劳受益，实行收归国有。对于人民生活最低需要，由政府统筹平定物价，并以公营合作方式分配之。同时发动民众厉行节约，并逐渐养成集体生活之习惯。

（十）厉行对敌经济斗争。凡军事及后方迫切需要之物资，鼓励爱国商人透过敌人封锁线，售交公营贸易机关。不需要之奢侈品或敌货，应由缉私机关绝对严格予以查禁。①

上述《战时经济体系基本纲领》的制定，标志着国民党已完成计划经济向统制经济的转变，通过制定完备的经济统制方案，建立健全战时经济体系，全面动员全国的人力物力财力投入抗战，加强对生产、消费、贸易、金融、税收、对敌经济斗争等方面统制，以与抗战的军事相配合，奠定持久抗战争取最后胜利的基础。

为全面实行统制经济，国民党五届八中全会通过了11项有关经济的决议案：（1）改进财政系统，制定国家与自治两大财政系统。（2）田赋直接归中央，施行田赋征实，以解决民需、军用粮食问题。（3）实行统制经济，务使全国人力、物力集中于战争用途。（4）在行政院下设贸易部（此前在财政部下设置贸易委员会）以统制战时贸易。（5）确立战时经济体系。（6）举办盐、糖、烟、酒等消费品专卖，以求物价稳定和财源增加。（7）实行土地政策，举办地价申报。（8）改进桐油统制，以求外汇增加。（9）发展边区交通文化经济，以求长期抗战之维持。（10）扩大水利，以求农产之增加。（11）战时计划经济之确立。②

国民党五届八中全会的召开及其对实行统制经济的全面部署，标志着国民政府战时统制经济体制的正式确立，也使国民政府的战时统制经济政策进入了全面推行的阶段。随着形势的发展和后方经济困难的加剧，国民政府的经济统制也越来越严厉，越来越全面，涉及国民经济的各个部门。

---

① 秦孝仪主编：《中华民国经济发展史》第2册，（台北）近代中国出版社1983年版，第613—614页。
② 清庆瑞主编：《抗战时期的经济》，北京出版社1995年版，第250—251页。

随着战时经济体制的逐渐确立和经济统制程度的加深、范围的扩大，国民政府决定强化战时经济决策的能力和效率。早在1940年7月国民党召开的五届七中全会上，蒋介石就提出战时经济"千头万绪，息息相关，非有统一决策，集中管理之机构，无以达调节管理之任务"。"为适应长期抗战起见，亟应确立战时经济行政体系，集中运用，以求设计、决策与执行督导之统一"，全会通过相应决议，决定在行政院内设经济作战部，并设置战时经济会议。根据这个决议，1941年3月国防最高委员会决定在行政院内设立战时经济会议，由行政院院长、军委会及有关部委负责人组成，以行政院院长蒋介石为主席，下设政务、粮食、物资、运输、金融、贸易、合作、调查、检查、军事10个组，分别办理各项经济事务。战时经济会议每星期开一次，主要任务是审定和协调战时各项经济运行措施。经济会议内设有秘书处作为办事机构，"承主席之令，策划经济重要事务"。此后政府有关战时经济的一切政策措施均由经济会议审定，其决议案以行政院命令行之。经济会议成立后，原属国防最高委员会物价审查委员会的经济检查队改隶经济会议检查组，派驻各地执行经济检查任务，对于经济统制政策的贯彻实施起了很大作用。

为加强物资管理，确保战时人民生活和军需供应的稳定，1941年国民政府先后颁布了《战时管理进出口物品条例》《管理工业机器、化工材料细则》《管理液体燃料规则》《非常时期粮食管理暂行条例》《非常时期取缔日用重要物品囤积居奇办法》等一系列经济法规，涉及国民经济的各个部门、各种产业和供产销各个环节，统制的面极广，统制的程度极高，表明国民政府的战时统制经济已完全确立，并开始全面实行，并使之成为国民政府战时经济的中心和主要特征。

第三章 全民族抗战初期的对日作战[①]

卢沟桥事变后，日本占领了平津地区。日军在遭到中国军队顽强抗击的同时，也激起了中国人民的抗日热情。日本内部对战争前途发生分歧，其中温和派认为应限制战争规模，否则日本将陷入一场旷日持久的全面战争之中不能自拔；而强硬派则狂妄地断言，中国不堪一击，可"三个月灭亡中国"。结果强硬派的主张占了上风，日本遂调集大军投入对华作战，走上了全面战争的道路。

中国尽管领土广阔，人口众多，但经济落后，政治脆弱，军事实力远逊于日本。全民族抗战初期，在敌强我弱的情况下，中国施行持久消耗、节节抵抗的战略方针，以空间换时间，掩护国力重心向后方转移。

一、华北战场

（一）平绥线重镇的失陷

日军所以断言能在3个月内结束战事，基本判断是在此期间能以重兵歼灭中国军队的精锐，攻占政治经济中心地区，因而采取了"速战速决"战略，南北两个战场同时开战，沿铁路线长驱直入，夺取具有战略影响力的中心城市，并乘机消灭中国的主力部队。为加强华北日军的力量，日军先后从国内紧急动员了第5、

[①] 作者：徐超（上海理工大学）。

第 6 和第 10 共 3 个师团赶赴华北增援，企图以大兵压境之势沿平汉线、津浦线快速南下，与中国部署在平津以南的部队进行决战，"将其击败后进入保定、独流镇一线"，再伺机南下与华中日军会合。平绥线方面，日军原计划派独立混成第 11 旅团集结在南口和北平之间，监视该方向中国军队的动向，视情况变化占领南口，以保证平汉线作战时的右翼安全。最初，日本关东军曾数次要求进攻平绥线，以彻底安定华北，巩固"满洲国"的基础，被陆军部以"并非当前之急务"为由加以否决。①

然而，战场形势瞬息万变。日军在集结过程中发现汤恩伯第 13 军已经抢先在南口附近布防，对其未来作战威胁甚大，且关东军一再坚持向平绥线挺进。日本中国驻屯军便决定先派独立混成第 11 旅团及板垣征四郎第 5 师团沿平绥线向西攻击南口，以排除主力南下作战的背后威胁。同时关东军也派出由 3 个旅团组成的察哈尔派遣兵团，沿热河、内蒙古一线作战，直攻张家口，与第 11 旅团等部对平绥线上的中国军队形成东西夹击之势。由于这场突然决定的战事主要是在察哈尔（旧省名，辖今河北西北部及内蒙古一部分）进行的，故日本方面又称其为"预料外的察哈尔作战"。

平绥线是连接华北、西北的大动脉，该线上的南口是阻止战火燃到山西的屏障，又可予平津日军威胁。张家口是西北重镇，中国方面预计日军会沿平绥线西犯，故对此线的防卫颇为重视。蒋介石在 1937 年 7 月 30 日致电绥远省主席傅作义，对局势作如斯分析："平汉线与津浦线之正面作战，若不从察绥方面向敌侧背攻击，则战无了局。"② 次日，他连发数次电报，布置察省防务。他令第 13 军军长汤恩伯、第 17 军军长高桂滋急速率部入察，协助察哈尔省主席、第 68 军军长刘汝明准备平绥线的作战，电称"俾部队一到，即可随时进入阵地作工，不致废时，总须我部队阵地深沟宽壕，使敌骑与唐（坦）克不能侵入阵地"③；命令刘汝明"从

---

① 日本防卫厅战史室编：《日本军国主义侵华资料长编》上册，四川人民出版社 1987 年版，第 339 页。
② 秦孝仪主编：《中华民国重要史料初编——对日抗战时期》第 2 编作战经过（2），（台北）中国国民党中央委员会党史委员会编印 1981 年版，第 80 页。
③ 秦孝仪主编：《中华民国重要史料初编——对日抗战时期》第 2 编作战经过（2），（台北）中国国民党中央委员会党史委员会编印 1981 年版，第 96 页。

速将平绥线青龙桥、八达岭等处各要点铁路炸毁，勿使敌利用"①。8月1日，蒋介石命令组成第7集团军，从绥远和山西增援平绥线，委任傅作义为总司令、汤恩伯为前敌总指挥。

8月初，日军独立混成第11旅团向南口附近开进。由于沿途洪水暴发，日军行动稍缓，使中国军队有了少许构筑工事的时间。8月8日，日军千余人在重炮掩护下进攻南口，中国士兵凭险抗击，展开激战。日军采用了多点攻击战术：除混成第11旅团主攻南口外，第5师团一部绕出南口背后的居庸关、镇边城等处；关东军的察哈尔派遣兵团经张北直攻张家口；大井支队从北方扑向延庆；另有伪蒙军在商都一带频繁活动，牵制中国骑兵第1军，其目的是要截断平绥线，各个击破中国军队，迅速结束该方面战事，保证津浦、平汉线作战的顺利展开。

日军8日的进攻被击退后，重新调整部署，于12日拂晓发动了更大规模的攻势。当天5000名日军在飞机、坦克、重炮掩护之下，同时向南口及其附近的得胜口、虎峪村、苏林口一线阵地全面进攻。中国守军顶着猛烈的炮火，顽强战斗。在敌人重点攻击的南口阵地，中国士兵身陷焦土，在残缺不全的工事中作战，誓死不退。日军凭着强大火力，一度冲入南口镇，但当晚中方即组织逆袭，成功地将敌人驱出，守住了南口。是役中日双方各伤亡500余人。②

两次猛攻受挫，日军便再次向该方面增加兵力。第5师团主力投入战斗，全线作战由板垣征四郎统一指挥。中国方面也感到南口"防线太长、兵力太单薄"③，在敌军优势兵力进攻之下恐难持久，决定增援第13军。蒋介石希望阎锡山的晋绥军能就近支援，但阎反应冷淡。13日，军事委员会电令在石家庄的李默庵第14军及陈铁第85师编成第14集团军，由卫立煌任总司令，紧急用列车运往易县，从北平以西山地向南口迂回，驰援汤恩伯部，限令10天内到达，并令孙连仲第1军团进占房山西北高地，掩护第14集团军的前进。同时，军事委员会又电令平绥线西段的第143师（师长由刘汝明兼）出击张北、崇礼城，骑兵第1军（军长赵承

---

① 秦孝仪主编：《中华民国重要史料初编——对日抗战时期》第2编作战经过（2），（台北）中国国民党中央委员会党史委员会编印1981年版，第97页。
② 张宪文：《抗日战争的正面战场》，河南人民出版社1987年版，第45页。
③ 《阎锡山致蒋介石电》（1937年8月12日），国民政府军令部战史会档案，中国第二历史档案馆藏。

绥）出击德化、商都和南壕堑等地，一面策应南口，一面消耗此处的敌人，便于未来作战，蒋介石还直接给属晋绥军的傅作义发电报，请他出兵"援助汤军，以全公私，勿使其孤军受危，南口失陷"[1]。

13日，日军对南口中方阵地再兴攻势，战斗到了白热化的程度。日军先以猛烈炮火轰炸，然后以坦克横冲直撞，士兵则随战车之后冲进南口，火力上处于劣势的中国守城官兵不避牺牲，与敌殊死血战，反复肉搏争夺，致阵地得而复失，失而复得，数度易手。至14日，南口主阵地守军一团官兵几乎全战死，阵地陷于敌手。以后数天，日军乘势向南口左右两侧的阵地攻击，想一举解决战事，但中国士兵寸土不让，顽强阻击。第13军虽形势渐趋不利，仍据险固守待援，并不时对敌军实施逆袭，双方在南口周围地区形成僵持之势。

此时，第143师攻克崇礼并威逼张北城下，骑1军在察北的牵制行动也取得相当战果。第7集团军总司令傅作义率部乘火车急赴怀来支援南口，日军感到硬攻南口一时难奏效，决定改变进攻策略，把重点从南口改为张家口，得手后再攻南口。

军事委员会于8月20日将全国划分成5个战区，规定各战区的作战任务及方针。平绥线划归第二战区，其作战任务的中心是"应以战区现有之兵力，最低限度，必须固守南口、万全之线"[2]。可是，在日军的猛攻下，中国军队处处被动，根本无法贯彻实施。

张家口是平绥线上的重镇，察哈尔省府所在地，由刘汝明所率领的第68军防卫。该军实力较弱，主力部队是第143师。平绥线东段开战后，第143师策应作战，比较顺利，但对敌人的全力进攻缺乏准备。8月中旬，该师派兵向张北周围地区追击敌军，不料遭到从西北扑向张家口的日军关东军察哈尔派遣兵团当头迎击，顿时陷入被动，转攻为守。该地中国军队本来就显薄弱，刘汝明处处设防，没有集中收缩兵力，结果各处阵地均被轻易击破，日军很快占领张家口附近的重要据

---

[1] 秦孝仪主编：《中华民国重要史料初编——对日抗战时期》第2编作战经过（2），（台北）中国国民党中央委员会党史委员会编印1981年版，第104页。
[2] 蒋纬国总编著：《国民革命战史第三部——抗日御侮》第4卷，（台北）黎明文化事业有限公司1978年版，第11页。

点，兵临城下。

8月21日，日军集重兵猛攻张家口，当天天气恶劣，下起了倾盆大雨，中国守城部队泡在泥泞的水中抗击敌人，战况至为激烈。占有火力优势的敌军选择中方较弱的右翼为主攻方向，终于由此处打开缺口，冲入城内。刘汝明因手边机动兵力不足，一味防守，未能组织有效的反击。傅作义曾率两旅由下花园等处回援张家口，但仍无法挽回败局。经过长时间的争夺，日军在27日基本控制了张家口，刘汝明奉命率部向宣化、涿鹿一带突围，后撤向洋河南岸。张家口失守。其后傅作义部试图反攻张家口，受挫退至柴沟堡。

日军进攻张家口，企图沿平绥线东进。已陷困境的汤恩伯第13军腹背受敌，在南口一线的处境更为困难，不得不收缩防线，苦守延庆、居庸关、怀来等要点，凭长城天险抵抗，等待援军。8月23日，日军第5师团经镇边城突向第13军司令部所在地怀来，将其占领，而中国增援的卫立煌第14集团军先头部队虽赶到青石口，与镇边城日军接触，对第5师团的侧背发起冲击，令日军震惊不小，但"因渡永定河迟滞，且通信器材不全，与汤部未取得联络，亦未能阻敌于途中"[①]。25日，南口及周围要点全失。次日，蒋介石仍希望能守住平绥线的一段，电令汤恩伯："必须死守现地，切勿再退；否则，到处皆是死地，与其退而死，不如固守而死，况固守以待卫（立煌）军之联络，即是生路。"[②]然而，第13军因连日鏖战，伤亡大半，和卫立煌第14集团军也一直联系不上，便不顾蒋介石死守待援的命令，向桑干河南岸突围。

张家口、南口的失守，使平绥线东段全为日军占据。察南已无险可守，日军很快侵占察哈尔全境，山西门户洞开。但日军由于遇到中国军队较顽强的阻击，只能在这个原先认为属于辅助的战场方面不断投入兵力，影响了其对平汉线、津浦线的作战准备。故日方在战后总结时认为，由于其主力的集中迟缓，一段时间内"华北战线的主动权在于中方"[③]。

---

① 《白崇禧回忆录》，解放军出版社1987年版，第154页。
② 秦孝仪主编：《中华民国重要史料初编——对日抗战时期》第2编作战经过（2），（台北）中国国民党中央委员会党史委员会编印1981年版，第108页。
③ 日本防卫厅战史室编：《日本军国主义侵华资料长编》上册，四川人民出版社1987年版，第341页。

此后，日军兵分两路：板垣征四郎第5师团自怀来攻击晋北门户天镇、阳高，矛头直指晋北重镇大同；关东军察哈尔派遣兵团则以重兵继续从张家口沿平绥线西侵，企图完全占领平绥线。

9月初，第5师团逼近大同前哨天镇，与中国奉命设防的李服膺第61军发生遭遇战。5日，日军3000余人在飞机、坦克的掩护下猛攻天镇。中国士兵面对强敌，殊死抵抗，不避牺牲，多次打退敌人优势火力的进攻，激战5天杀伤大量日军，但自己也损失惨重。10日，日军攻克天镇周围的据点，守军的处境很危险，李服膺下令所部弃防后撤。天镇弃守，大同门户洞开，第5师团乘胜抵大同城下。中国军队不及布防，城内兵力薄弱，第二战区司令长官阎锡山不顾军事委员会的阻止，决定弃守大同，集中兵力在内长城一线设防。12日，日军在未遭遇抵抗的情况下，占领了大同。

负责在平绥线西段扰击日军的是赵承绶骑兵第1军。蒋介石命令该军要固守晋北及绥远要地，"另一部固守集宁，不得已时对集宁以西地带尽量破坏交通设施、桥梁、水井，逐次西退，最后死守绥远待援"[①]。然而，在日军的强大攻势面前，以骑1军一军兵力（2个骑兵师、2个步兵旅）防守如此漫长的铁路线，显得力量单薄，该军也无顽强抗敌的斗志，所以一再溃败，节节后退。10月10日关东军察哈尔派遣兵团1个旅团配合伪蒙军9个骑兵师攻击平绥线上的要点归绥，并于3天后将其占领。16日，日军进入平绥线最西端的包头，完全控制了平绥线。

日军侵占包头，已经深入中国的西北地区，但因战线太长，兵力不敷分配，无力再兴攻势。中国军队退至五原、临河一带与敌对峙。为便于该方面的统一指挥，特于11月9日设立第八战区，以蒋介石兼任司令长官，朱绍良为副司令长官，统辖绥远、宁夏、甘肃的部队，防敌进犯西北。

（二）中国军队在津浦路的溃败

津浦、平汉两条铁路线是华北通往华中的大动脉，日军要实现其"速战速决"

---

① 《蒋介石致第二战区电》（1937年9月18日），国民政府军令部战史会档案，中国第二历史档案馆藏。

战略，迅速占领中国腹地，歼灭中国军队主力，便一定要沿两线南下。平津作战结束，日军就着手准备进攻津浦、平汉线。8月开始的平绥线作战，原本是为保障未来平汉线、津浦线作战时侧翼安全的。日本华北方面军针对中国军队在河北的集结，制定了"迅速击灭河北省中部之中国军，以确保平津地区安定"的作战目标，计划于9月上旬分别击溃在保定、沧州一带集结的中方部队。① 根据日方计划，香月清司指挥第1集团军进攻平汉线，西尾寿造统率第2集团军负责津浦线作战。

中国军事当局对华北防务颇为重视。卢沟桥事变一发生，就于7月9日命令尚在庐山受训的孙连仲率第26路军速往保定、石家庄集中，"令庞炳勋部与高桂滋部，皆向石家庄集中"②，支援平津，阻敌南下。8月初，又设立了以徐永昌为主任、林蔚为参谋长的军委会石家庄行营，统一指挥河北境内的作战。华北的军队编为宋哲元为总司令的第1集团军和刘峙为总司令的第2集团军，分别负责津浦、平汉线作战。8月20日，新的战斗序列公布，两线作战统归第一战区指挥，石家庄行营撤销。作战开始不久，军事委员会鉴于第一战区部队实际上被分割成两块，加之华北地区连降暴雨，战场间联系不便，又将8月划定的第一战区一分为二：平汉线北段为第一战区，蒋介石兼任司令长官（程潜代理）；津浦线北段为第六战区，冯玉祥任司令长官，鹿钟麟为副司令长官。

在津浦线上，宋哲元第29军从平津败退至静海、马厂一线与日军对峙；吴克仁第67军、庞炳勋第40军、刘多荃第49军等部分别向沿线沧县（今沧州）、德县（今德州）等战略要地集结，构筑防御工事，准备正面阻敌。同时，平汉、津浦两线之间地带也布有郑大章骑兵第3军、万福麟第53军。平津开战后，蒋介石知敌人之南侵势不可免，7月间一再催促尽快完成沧（县）保（定）、德（县）石（家庄）两线国防工事的修筑。

9月11日，日军攻占马厂一线阵地，其配置为第10师团沿津浦线，第19、第109师团在该线西侧，分途南犯，直趋中国第六战区预定的重点防守地区沧县

---

① 蒋纬国总编著：《国民革命战史第三部——抗日御侮》第4卷，（台北）黎明文化事业有限公司1978年版，第22页。
② 秦孝仪主编：《中华民国重要史料初编——对日抗战时期》第2编作战经过（2），（台北）中国国民党中央委员会党史委员会编印1981年版，第35页。

和德县。沧县不仅是津浦线的重镇，还是从侧翼策应保定、石家庄的关键，蒋介石为弥补兵力上的不足，曾指示第40军军长庞炳勋："沧县以北之运河如可造成泛滥，则可以决堤阻敌。"① 破堤限敌的计划虽未实现，却是以后花园口决堤的先声。

21日，日军第10师团先头部队沿津浦线攻至沧县以北的姚官屯，遇中国第39师（师长由庞炳勋兼任）的正面抵抗。双方在姚官屯附近展开激战。日军以飞机、大炮轰炸第39师阵地，将外围堑壕铁丝网全都炸毁，阵地几乎被炸平。一天战斗下来，守军官兵伤亡2000余人。② 22日、23日两天，战况至为激烈，守军在外围阵地被突破后，退到主阵地继续顽强作战，击落敌机1架，大量杀伤敌人。23日，第10师团一部曾在优势炮火及坦克掩护下冲入姚官屯车站等几处中方的主要防御阵地，守军士兵与敌肉搏苦战近20小时，终于驱赶走敌人，夺回了阵地。24日，日军再度大举进攻，连续血战的中国军队伤亡惨重，兵员装备严重不足，且"天气已凉，该军官兵多穿单衣，终日在泥水之中，夜间实难支持"③。后援部队也迟迟未到。庞炳勋面对敌人大军压境，自感孤军难撑，下令弃防西撤。日军第10师团遂进占沧县，并随即继续南侵。同时，由津浦线西侧南下的日军第16师团也突破中国守军防线，策应津浦路方面的作战。

沧县失守后，第六战区把防御重点南移至德县，沿路逐次抵敌。29日，战区副司令长官鹿钟麟赴南皮指挥第40、49、59军的主力乘夜色侧击日军第10师团，打击敌人，取得一定战绩。但因敌情不明，部队间配合不良，"未收大获，乃沿铁路东侧向南撤退"④。10月3日，日军第10师团前锋抵达德县，军委会曾命令第3集团军总司令韩复榘以2个师的兵力快速进驻德县布防。然而，直到日军攻至德县城下，也只有1个团到达。该团官兵凭城防守，与敌激战，终因寡不敌众，伤亡惨重。5日，津浦线上的重镇德县再告陷落。之后，日军仍沿津浦线南下，韩复榘部利用河道等天然屏障设置防线，一部则在津浦线东侧机动。

---

① 《蒋介石致庞炳勋电》（1937年9月12日），国民政府军令部战史会档案，中国第二历史档案馆藏。
② 《津浦路作战概要》，国民政府军令部战史会档案，中国第二历史档案馆藏。
③ 《冯玉祥致蒋介石电》（1937年9月23日），国民政府军令部战史会档案，中国第二历史档案馆藏。
④ 蒋纬国总编著：《国民革命战史第三部——抗日御侮》第4卷，（台北）黎明文化事业有限公司1978年版，第29页。

随着战局变化，中国方面调整兵力部署，原在津浦线作战的第 1 集团军移向平汉线，划归第一战区。军委会决定撤销第六战区，津浦线上的作战改隶第五战区负责。第五战区的主要任务是确保山东。

1937 年 10 月下旬，淞沪和山西两个战场鏖战正急，日军兵力不敷分配，从津浦、平汉两线抽调主力支援他处。蒋介石命韩复榘以第 3 集团军主力击破正面敌人，反攻沧县、德县，扰敌后方，牵制日军向山西战场增兵。然而，韩复榘意图保存实力，迟疑观望，失去良机。

日军第 10 师团为争取主动，避开中国军队在铁路线正面的防御工事，于 11 月 5 日分兵以三路南下：一部向东南攻击，先后占领陵县、临邑；一部向西南攻占恩县、高唐；一部仍沿津浦线南下，侵占禹城。11 月中旬，三路日军威逼黄河北岸，韩复榘见黄河以北阵地难保，便命令所部退至河南岸，并炸毁了黄河大桥，企图借黄河天堑阻止敌人南侵。津浦线北段的战事以中国军队的溃败告终。

津浦线北段的作战持续 2 个月时间，中国军队在兵力上远远超过日军，加上作战期间连续阴雨，不利于敌人发挥其机械性能好的优势。但中国军队除在沧县有正规的抵抗外，几乎是一触即溃，一路败退。究其原因：一是指挥系统混乱，津浦线作战先后曾归第一、第六和第五共三个战区指挥，号令不一。参战各部队又是临时组合而成，相互间分属不同派系，心存芥蒂，无法密切配合。设立第六战区的一个重要因素是在该线作战的宋哲元、庞炳勋、韩复榘等均系冯玉祥西北军旧部，军委会希望冯出面指挥协调各部。不料，"冯之部下，或对冯之指挥有所畏惧与表示不信任，或以密电，或经口头，屡向军委会报告，不服冯之指挥"[①]。最后，军委会只好将第六战区裁撤。二是大敌当前，某些将领仍根深蒂固地存在着保存实力的思想，不能全力抵敌。韩复榘一再拥兵自重，就是典型的例子。三是在战术上只知在铁路沿线死守硬拼，不能充分利用人多、熟悉地形等条件，灵活机动地对敌人的侧背予以打击，进行消耗和牵制。

---

① 《白崇禧回忆录》，解放军出版社 1987 年版，第 158 页。

（三）平汉北线作战的失利

与平津线北段作战同时进行并有密切联系的，是平汉线北段作战。

平津作战结束后，中国军队多集中于保定，平汉线及保定的战略地位更显突出，保定成为双方必争之地。对中方来说，拥有保定，进可以收复平津，退可以沿路拒敌，粉碎其"速战速决"战略。为防敌人南侵，拱卫保定，中方在平汉线保定以北地段上设置了三道防线，其配置如下：孙连仲第1军团（第26路军）及檀自新骑兵第10师在房山、琉璃河、固安一线布防；曾万钟第3军在易县、涞水、高碑店一线构筑阵地；关麟征第52军在满城、保定及新安一线设防。此外，又以裴昌会第47师集结在第一与第二道防线之间的涿县，作为机动。蒋介石一再催促有关将领加速修筑御敌工事，他在给石家庄行营主任徐永昌等的电报中称："构筑据点、赶修城防，与构筑阵线同样重要；而据点尤宜固守也。此时应严令各县长赶修城防，速为固守之备。遵办如期完成者，加赏晋级；否则严惩勿贷，并作为有意放弃城垣，不尽职守，以汉奸罪论也。此事比任何防务为急要，务希派员督促，并筹划守城之准备为要。"[①]

平绥线作战先期发动后，蒋介石曾有利用平汉线支援平绥线，甚至两线合击反攻平津的设想。他先命令卫立煌率第14集团军北上增援南口，后又批准第2集团军反攻北平的计划，该计划称第2集团军"应以一部在固安附近牵制当面之敌，另一部沿平汉线前进。主力由房山县西北山地向北平进出，协同南口友军会攻北平"。[②] 1937年8月19日，蒋电令徐永昌、刘峙，"各路各派有力之一部，向平汉路攻击前进，使敌军首尾不能相应，以达成卫（立煌）军之任务。如津浦路不及出动，则平汉路亦应单独前进"。[③] 然而，随着日军大举增兵华北，中方反攻计划成为泡影。

[①] 秦孝仪主编：《中华民国重要史料初编——对日抗战时期》第2编作战经过（2），（台北）中国国民党中央委员会党史委员会编印1981年版，第116页。
[②] 秦孝仪主编：《中华民国重要史料初编——对日抗战时期》第2编作战经过（2），（台北）中国国民党中央委员会党史委员会编印1981年版，第124页。
[③] 秦孝仪主编：《中华民国重要史料初编——对日抗战时期》第2编作战经过（2），（台北）中国国民党中央委员会党史委员会编印1981年版，第126页。

为掩护第14集团军的北上行动，孙连仲率第1军团向良乡、坨里作局部进攻，牵制日军。8月21日，该部与日军第20师团接触战斗，南口失守，第1军团即后退设防。9月4日，日本华北方面军司令寺内寿一下达作战命令，要求日军第1集团军"消灭面前敌之先遣兵团……准备攻击保定附近之敌"[①]。10天后，日本第1集团军对平汉线发起总攻击，分三路南下：第20师团沿铁路线向房山、琉璃河正面攻击；第6师团、第14师团则在平汉线东侧分别渡过永定河，攻固安和永清，对保定以北的涿县成合击之势。中国守军均在正面凭借所筑工事抗击来犯之敌，战况甚烈。至9月18日，日军首先从右路突破防线，中国部队纷纷后撤，放弃涿县。其中第3军退向保定，万福麟第53军移至任丘，其余各军则撤到石家庄一带重新布防。这样，中方设置的第一道防线被敌突破，第二道防线则是不战而溃。

日军决心全力攻击平汉线，迅速占领保定。其第1集团军沿铁路两侧急速南下，21日已经到达保定以北。在铁路西侧，日军第20师团一部与关麟征第52军在满城发生激烈战斗，占领守军阵地，并抵达方顺桥，抄了保定守军的后路。一部直攻曹河，从正面压迫保定。同时，日本华北方面军命令在津浦线作战的第2集团军以一个师团朝正定突击，切断平汉线中国军队的退路，命令第5师团派主力配合第1集团军强攻保定。平汉线上的态势不利于保定城的防守，第52军第2师郑洞国部以孤军力战二昼夜，城破后与敌巷战，后在第47师裴昌会部策应下突围。9月24日，日军占领平汉线上战略要地保定。

从保定后撤的中国军队退至石家庄以北的滹沱河南岸，沿河筑防。此时战区划分有所变化，程潜主持的第一战区专门负责平汉线作战，他将主力集中于滹沱河以南的石家庄附近，"预期由左翼转移攻势，与敌决战"[②]。其部署为：第14集团军司令卫立煌指挥平汉线（含）以西作战，第20集团军司令商震指挥该线以东作战，其中卫立煌部是所设想与敌决战的主力。然而，部队尚未到达指定位置，日军在晋北攻克雁门关，太原告急。蒋介石为挽救晋北危局，速令第14集团军赶往

---

① 日本防卫厅战史室编：《日本军国主义侵华资料长编》上册，四川人民出版社1987年版，第356页。
② 秦孝仪主编：《中华民国重要史料初编——对日抗战时期》第2编作战经过（二），（台北）中国国民党中央委员会党史委员会编印1981年版，第140页。

忻口增援。平汉线上中国部队骤减,只能放弃与敌决战的计划,由商震部逐次抵抗,尽力阻敌迅速沿线南下。日军已有再在石家庄附近对中国军队实施"重大打击"的设想,[1] 沿津浦线南侵的日军第2集团军派出一部沿子牙河西进,配合第1集团军的作战,严重威胁第一战区的右翼。敌强我弱,石家庄的失守已势不可免。

1937年10月6日,日军前进至东长寿,遭鲍刚独立第46旅的顽强阻击,双方激战甚烈,中国守军"苦战一昼夜,牺牲殆尽"[2]。8日,日军对正定发起总攻,守军抵抗。战斗中,中国空军战机曾轰炸交通线,企图阻敌增援,但日军火力凶猛,坦克入城横冲直撞,中国守军伤亡较重,渐渐不支,退出城外。10日,日军乘胜强渡滹沱河,攻击中国守军主阵地,石家庄危在旦夕。蒋介石怕主力遭厄运,同时顾忌山西战场更加吃紧,便令第1军、第14军及第3军等部先期转移至晋东娘子关阵地,只留商震第32军在藁城、万福麟第53军在石家庄附近地区阻击和牵制敌人。由于石家庄的防御十分薄弱,日军在入城时只遇到象征性的抵抗,当天即占领了河北重镇石家庄。

此后,日军顺着平汉线长驱南攻,如入无人之境,"各兵团利用列车及汽车连续急迫,到处捕捉中国军"[3],数日内连陷元氏、高邑、临城、内丘、邢台、邯郸等地。中国军队无法组织有效的抵抗,一味退却,至10月17日主力又集结在漳河南岸。19日,日军第14师团强渡漳河,中国第52军顽强抗击,与敌激战两昼夜,终于遏止住了日军的势头。但平汉线河北境内段已经全部落入敌手。

随着全国战场的形势变化,10月下旬,中日双方均变更了其在平汉线上的兵力部署。中方第一战区将主力编为第20军团,集结在林县、汤阴等处整理,由升任军团长的汤恩伯指挥;撤销了第六战区,宋哲元第1集团军转属第一战区指挥,受命守备大名、内黄一带;日方则因平汉线北段基本打通,便抽调第6师和第16师团转用于上海战场,第109师团转用于娘子关方面,仅留第14师团在该线,以牵制中国军队。平汉线在双方的战略上都降为次要地位,减少了兵力。

---

[1] 日本防卫厅战史室编:《日本军国主义侵华资料长编》上册,四川人民出版社1987年版,第364页。
[2] 蒋纬国总编著:《国民革命战史第三部——抗日御侮》第4卷,(台北)黎明文化事业有限公司1978年版,第24页。
[3] 日本防卫厅战史室编:《日本军国主义侵华资料长编》上册,四川人民出版社1987年版,第367页。

当山西战场吃紧时，军事委员会曾命令第一战区派部队"星夜向石家庄及娘子关前进，攻击敌之侧背，以解娘子关之危"①。可是中国军队尚未行动，日军已有觉察，并先发制人。11月4日攻击豫北要邑安阳。中国军队虽有主动出击，但一触即退，安阳、大邑迅告失守。平汉线北段的战事暂告一段落。

平汉线北段作战的失利，保定、石家庄的陷落，使华北战局发生了逆转，日军占领了整个河北，打开中国腹地，直接威胁华北晋、豫、鲁各省，也牵制了中方在其他战场（如上海）的用兵，而日军占据平汉、津浦两大铁路动脉，便于其充分发挥机械化部队的优势，对日后作战有重要影响。

二、淞沪抗战

（一）日军进犯淞沪的企图

淞沪地区位于长江下游黄浦、吴淞两江汇合处，扼长江门户，其中上海市是我国最重要的经济、金融中心和最大的国际贸易港口，在政治、经济和军事上具有重要战略地位。日本统帅部认为，占领上海"使其丧失经济中心的机能""切断其对外联系"，能使中国"军队和国民丧失战斗意志"②，迫使中国政府尽快屈膝投降。因此，日本军部在入侵华北的同时，拟在华东地区进行作战。

淞沪地区从1932年第一次淞沪战役后，事实上已成为不设防地带，上海更是一座不设防城市。按照当时签订的《淞沪停战协定》，中国军队无权在安亭经太仓到长江岸边的七丫口一线（当时的停战线）以东驻兵，这样，中国军队不能在上海市区及周围驻防，市内仅有淞沪警备司令杨虎所辖上海市警察总队及江苏保安部队两个团担任守备。然而，日军在沪兵力却有驻上海日本海军第3舰队及其所属陆战队3000余人。卢沟桥事变发生后，驻上海日本海军第3舰队司令长谷川

---

① 蒋纬国总编著:《国民革命战史第三部——抗日御侮》第4卷,(台北)黎明文化事业有限公司1978年版,第25页。
② 日本防卫厅防卫研究所史室:《中国事变陆军作战史》第1卷第2分册,齐福霖译,中华书局1981年版,第18页。

清于 8 月 4 日要求军令部秘密陆续向上海派遣特别海军陆战队。军令部的答复是："要慎重，待继续观察形势再作考虑。"8 月 7 日上午，日本海相米内光政提出为了保护青岛和上海的侨民，应准备紧急派遣陆军兵力的议案，并将此案交陆相杉山元，建议内阁审议。可这一议案未得到内阁讨论而被搁置起来。

与此同时，卢沟桥事变发生后，中国方面为应付突发事变，于 7 月 8 日正式任命张治中为京沪警备司令，指挥第 87 师（驻常熟、苏州）、第 88 师（驻无锡）及江苏、上海保安部队数团，在淞沪地区对日戒备。不久，又增调第 2 师补充旅开往苏州归张指挥。张治中即令该旅 1 个团化装为保安队进驻虹桥和龙华机场警戒；另以 1 个团化装成宪兵开驻松江。7 月 30 日，张治中向南京政府提出了"先发制敌"的建议，可得到的答复是："应由我先发制敌，但时机应待命令。"[①] 双方在淞沪地区达到剑拔弩张的程度。中国方面对于作战的准备较日方更为积极充分。8 月 1 日张治中发表文告，鼓励所属官兵："期以忠勇坚毅，共迎行将到来之无限艰苦，但必有无限希望的岁月。"同日，张发表《告京沪区民众书》，呼吁"惟我亲爱同胞，共勉前程，共纾大难，时乎不再，凛凛勿忽"[②]。

1937 年 8 月 9 日下午 5 时左右，日军驻上海海军特别陆战队西部派遣队队长大山勇夫等 2 人乘摩托车闯入中国保安队警戒线，向虹桥机场方向疾驰，不仅不听中国方面的停车命令，反向我守兵开枪。中国保安队员被迫还击，将 2 人击毙。这就是所谓虹桥机场事件。事件的发生使上海的形势顿时紧张。上海市长俞鸿钧闻讯后即向日方领事提出交涉，谋求外交途径解决冲突，以防事态扩大。但驻沪日军却以此为借口，向中国方面提出苛刻条件：一是撤退市内保安队；二是所有保安队防御工事应拆除。[③] 并以武力解决相威胁。中国政府拒绝了这一无理要求。于是日海军第 3 舰队司令长谷川清下令在佐世保待命的机动部队迅速向上海增援，并动员驻沪海军陆战队和日侨义勇团备战，将日舰 30 余艘集中于吴淞一带，随时

---

① 中国人民政治协商会议全国委员会文史资料研究委员会《八一三淞沪抗战》编审组编：《八一三淞沪抗战》，中国文史出版社 1987 年版，第 17 页。
② 中国人民政治协商会议全国委员会文史资料研究委员会《八一三淞沪抗战》编审组编：《八一三淞沪抗战》，中国文史出版社 1987 年版，第 19 页。
③ 中国第二历史档案馆编：《抗日战争正面战场》上册，江苏古籍出版社 1987 年版，第 263 页。

准备采取行动。日本陆军亦开始向上海调动,战争处于一触即发之势。

中国政府已意识到日军制造虹桥机场事件是大规模进攻上海的征兆,上海战事已不可避免,遂进行了一系列军事部署。京沪警备司令张治中在事变刚发生时即令,第87、88两师,做输送前进的准备。[①]8月11日晚,国民政府军事当局决定围攻上海,密令张治中率领所部第5军第87、88两师于当晚向预定之围攻线推进,准备对淞沪发动攻击,并急令该军在西安的第36师火速南返,参加上海保卫战。同时令在蚌埠的第56师、在嘉兴的炮2旅1团、在华北的炮团之1营"星夜开赴苏州归张治中指挥"[②]。是日夜半,张治中离开苏州,统率全军从苏州、常熟、无锡一带,利用事先控制了的火车和汽车向上海挺进。12日晨,进驻上海。张治中令第87师的一部进至吴淞,控制罗店、浏河,主力前进至市中心区,第88师前进至上海火车北站与江湾间,炮兵第10团第1营及炮兵第8团进至真如、大场,独立第20旅在松江的一个团进至南翔,炮兵第3团第2营及第56师之一部自南京、嘉兴各地向上海输送;派刘和鼎为江防指挥官,率领第56师及江苏保安第2、4团,负责东自宝山西至刘海沙的江防,并将主力布置于太仓附近。[③]至12日黄昏前,中国军队的战役部署基本就绪,原在上海的地方部队主力于真如、闸北和江湾市中心区、吴淞各要点布防,一部警戒沪西沪南,掩护我军前进。中国军队进入了上海及其附近预定阵地。

张治中在所部完成对上海日军进攻的部署后,决定先发制敌,准备于8月13日拂晓以前开始对虹口和杨树浦日军据点发动进攻,以在日军援军和日军对中国军队的作战意图捉摸不定时,乘其措手不及,"一举将敌主力击溃,把上海一次整个拿下",然因接获南京方面"不得进攻"电令而未能行动,致使军事计划耽搁,给了日军从容部署的机会,中国军队痛失进攻良机。

日军方面,虹桥机场事件发生后,长谷川清一方面向中国方面提出无理要求,

---

① 中国人民政治协商会议全国委员会文史资料研究委员会《八一三淞沪抗战》编审组编:《八一三淞沪抗战》,中国文史出版社1987年版,第19页。
② 中国第二历史档案馆编:《抗日战争正面战场》上册,江苏古籍出版社1987年版,第126页。
③ 中国人民政治协商会议全国委员会文史资料研究委员会《八一三淞沪抗战》编审组编:《八一三淞沪抗战》,中国文史出版社1987年版,第20页。

另一方面命令在日本佐世保待机的海军一部进入上海。在日本国内,海军中央部研究了这一事件后,要求第 3 舰队"慎重行事"。10 日召开的日本内阁会议上,海相米内光政表示尚待判明真相,并希望派遣陆军部队。12 日,日本参谋本部和军令部达成陆海军共同作战的决定。13 日上午 9 时,日本内阁会议正式做出了向上海派遣陆军部队的决定。

中日双方的战役部署表明,上海战事虽已不可避免,但这时双方的战略重点都在华北方面,所以双方投入的兵力是有限的。中国方面在平津陷落后,军事当局认定日军向上海进攻不可避免。在这种情况下,乘日军的注意力还放在华北而尚未动员国内兵力发动对上海进攻之前,采取主动行动,首先消灭驻沪日军,然后抵抗和消灭登陆之敌较为有利。因此,中国方面对于作战的准备较日方更为积极充分,中国军队决定采取"先发制敌"的方针,主动向驻沪日军发动攻击。

(二)上海市区反击作战

1937 年 8 月 13 日 3 时许,日本海军陆战队以虹口区预设阵地为依托,向淞沪铁路天通庵站至横浜路的中国守军开枪挑衅。9 时许,日军在坦克掩护下沿宝山路进攻,中国守军第 88 师予以还击。15 时,日军在海、空火力支援下,由租界再次向闸北地区宝山路、八字桥和天通庵路发起进攻,又被中国守军击退。

8 月 14 日,国民政府外交部受权代表国民政府发表《自卫抗战声明书》,虽然仍然希望事态不扩大,但表示:"中国为日本无止境侵略所逼迫,兹不得不实行自卫,抵抗暴力。""中国今日郑重声明:中国之领土主权,已横受日本之侵略,国际盟约、九国公约、非战公约已为日本所破坏无余。此等条约,其最大目的在维持正义与和平。中国责任所在自应尽其能力,以维护其领土主权,并维护上述各种条约之尊严;中国决不放弃领土之任何部分,遇有侵略,则当于两国外交谋合理之解决,同时制止其在华一切武力行动。如是则中国乃当其和平意志,以期挽救东亚与世界之危局;要之吾人此次非仅为中国,实为世界而奋斗,非吾为领土与主权,实为公法与正义而奋斗。吾人深信,凡我友邦既与吾人以同情,又必能在其郑重签订之国际条约下各尽其所负之义务也。"[1]中国在日本步步侵略面前，实已到了忍无可忍的地步，准备全力进行抗战。

中国政府发表《自卫抗战声明书》的同时，军事委员会将京沪警备部队改编为第9集团军，任命张治中为总司令，并于"14日攻击虹口及杨树浦之敌"；苏浙边区军改编为第8集团军，张发奎为总司令，守备杭州湾北岸，并扫荡浦东之敌，炮击浦西汇山码头及公大纱厂；空军于14日出动，协同陆军作战，并进行要地防空。14日下午3时，张治中下达总攻击命令，出动炮兵和步兵向日军阵地进攻。中国空军也出动3架飞机对虹口及汇山码头等处日军据点进行轰炸。随后第87、第88两师协同，向虹口、杨树浦之敌发起进攻，战斗至日暮，夺回八字桥、持志大学、沪江大学等地。傍晚，张治中接到蒋介石命令："今晚不得进攻，另候后命。"[2]

1937年8月15日，日本政府发表声明，声称"为了惩罚中国军队之暴戾，促使南京政府觉醒，于今不得不采取之断然措施"。同日，日本下达了编组上海派遣军的命令，以松井石根为司令，下辖第3、第9、第11师（欠天谷支队）等部，作战任务为"与海军协同消灭上海附近的敌人，占领上海及其北面地区的重要地带"。

与此同时，蒋介石下达全国总动员令，将全国临战地区划为5个战区，沪杭地区为第三战区，冯玉祥任司令长官，顾祝同任副司令长官，并任命陈诚为第三战区前敌总指挥。决定以主力集中于华东，迅速扫荡淞沪敌海军基地，阻止后续敌军登陆。8月17日，中国军队再次向虹口、杨树浦方面之敌反击。第87师攻占了日海军俱乐部，并击退敌多次反扑。第88师在八字桥、法学院、虹口公园等处与敌反复争夺。8月19日，中国军队又一次发起攻势，从西安到达的宋希濂所属第36师加入战斗，与第87师、第88师一起，经一昼夜激战，突破日军阵地全纵深，攻入汇山码头。日军凭借坚固工事顽抗待援，中国军队进展困难。第36师第215团第2营300余名官兵攻入华德路十字街口，突入巷内与敌展开白刃格斗，不

---

[1] 复旦大学历史系中国近代史教研组编：《中国近代对外关系史资料选辑（1840—1949）》下卷第2分册，上海人民出版社1977年版，第11页。
[2] 中国人民政治协商会议全国委员会文史资料研究委员会《八一三淞沪抗战》编审组编：《八一三淞沪抗战》，中国文史出版社1987年版，第21页。

料被日军以坦克阻塞路口，遭到火力袭击，全部壮烈牺牲。

在此期间，中国空军亦与日本航空队展开激战，并积极攻击进犯的日本陆军和舰艇。8月14日，日本飞机分批袭击中国杭州及广德机场，中国空军第4大队由笕桥机场紧急升空作战，由大队长高志航率队长郑少愚、李桂丹两机群共27架战斗机分途拦击，击落日轰炸机3架，首创空战胜利的纪录。

8月15日，日本鹿屋及木更津等海军航空队，以轰炸机60余架，分别袭击中国杭州、嘉兴、曹娥、南京等机场。中国空军第9大队于曹娥上空，击落日军飞机4架。第4大队于杭州上空击落日军飞机16架，并协同第3、第5大队及航校暂编部队，于南京上空共同击落日军飞机14架。至16日，日本航空队又以轰炸机20余架分别袭击各地，又被击落8架。经3日激战，共击落日机45架，给日本鹿屋、木更津航空队以歼灭性打击。

8月17日，中国空军第4、第2、第7大队出动飞机44架，由副大队长孙桐岗及队长刘粹刚、董明德、杨鸿鼎等率领，分批前往轰炸虹口日军阵地，予以重创，并击落日机2架。日军高射炮火猛烈回击，中国空军队员阎海文座机被敌高射炮弹击中跳伞降落于敌阵地，举枪击毙包围之敌数名，最后饮弹自尽，壮烈殉国。

8月19日，中国空军为打击长江口外活动之日本舰艇，由第4、第2大队出动飞机20架，轰炸白龙港水域日舰。队员沈崇海驾机向日舰俯冲，炸沉日巡洋舰一艘后壮烈牺牲。

（三）淞沪地区防御作战

日本编组上海派遣军后，日军参谋部制定该军的作战方针是：以精锐的兵团在浏河镇方面登陆，以主力在吴淞方面登陆，占领上海及其北面的重要地带。1937年8月18—20日，日军第3、第11师团先后由日本出发，至22日到达上海以东120公里的海域，换乘小舰艇准备登陆。第三战区鉴于敌登陆威胁增大，遂以第9集团军专门负责上海市区之作战，以新编成的第15集团军（总司令陈诚）负责吴淞镇以下沿江防线的作战。

8月23日晨，日军上海派遣军第3、第11师团在优势火力掩护下，于川沙河口、狮子林、吴淞一带强行登陆。中国守军与之展开激战，未能阻止日军进展。日军后续部队陆续上岸，即向吴淞、主山、罗店、浏河之线发起进攻。第9集团军总司令张治中立即抽调部队支援江防军作战，以第87师一个旅增援吴淞，以第98师、第11师向主山、罗店、刘行疾进，阻止上陆之敌。当日17时，第11师在敌机不断的轰炸下进至罗店附近，向敌展开攻击，毙伤其一部，收复罗店。此役影响重大，它不仅稳住了正面，而且掩护了后方的交通，保证了后续部队的陆续增援。与此同时，第98师亦将狮子林之敌驱逐。教导总队第2团与张华浜之敌形成对峙。24日，陈诚第15集团军先后进至上海，中国军队向登陆之敌发起反击。第98师向吴淞、宝山地区日军展开反攻，至傍晚将敌压缩至江边，歼其300余人，将进攻吴淞之敌击退。另一部收复宝山，残敌向狮子林撤退。27日晚，第15集团军再由同浦镇、新镇、罗店、蒲家庙之线向敌展开反击。日军第11师主力向罗店方面反扑，守军与敌反复进行巷战，罗店数次易手，终因伤亡过重被敌夺占。31日，日军第3师团第68联队在吴淞登陆，守军伤亡惨重，吴淞镇失守。9月1日，日军1000余人围攻狮子林炮台。第98师一部与敌反复白刃搏斗，多数牺牲。

9月5日，日军集中30余艘军舰，掩护陆军向宝山发起猛攻，中国军队顽强抵抗，守卫宝山的第18军第583团第3营500名官兵，在营长姚子青率领下，浴血奋战，击退日军数次攻击。日军以炮击摧毁城墙，攻入宝山城内。第3营官兵同日军展开巷战，奋战2昼夜，多数壮烈牺牲。迄9月17日，中国军队全线退守北站、江湾、庙行、罗店西南、双草墩之线，继续与日军对峙。

9月上旬，上海中国守军尽管伤亡较大，但斗志高昂，拼死抵抗，使日军进展缓慢。这一形势使日本统帅部焦虑不安。日本上海派遣军司令松井石根在8月31日向日军参谋部紧急呼吁，请求派遣5个师团速向上海增援。9月6日，日本海军军令部总长伏见宫博恭王向日本天皇上奏说，"上海的陆上作战迟迟未有进展，需要增加陆军兵力"。为此，日军中央统帅部决定再次增兵，加强上海派遣军的力量。9月7日，以"台湾守备队"扩编而成的重藤支队，乘海军舰艇疾驶上海。日军还将华北方面军后备步兵10个营及炮兵、工兵一部调到上海。9月11日，日军又下令调华北方面军第9、第13、第101师团及直属部队、兵站部队到上海作战，正式编入上海派遣军战斗序列。在9月20日制定的《作战计划大纲》中，日军提出"大致以10月上旬为期，在华北与上海两方面发动攻击，务必给予重大打击，造成使敌人屈服的形势"，"以上海派遣军击败上海周围之敌"。日军决心将侵华战争的主要作战方向由华北转移到上海。

由于日军不断增兵，战争逐步升级，中国军队也陆续增援，不断调整部署。9月11日以后，蒋介石自兼第三战区司令长官，顾祝同任副司令长官。以陈诚的第15集团军为左翼作战军，以张治中的第9集团军为中央作战军，以张发奎的第8集团军为右翼作战军。9月21日，再次调整部署，朱绍良任中央作战军总司令兼第9集团军总司令；陈诚任左翼作战军总司令，下辖第19集团军（薛岳为总司令）和第15集团军（罗卓英为总司令）；张发奎任右翼作战军总司令，下辖第8集团军（张发奎兼总司令）和第10集团军（刘建绪为总司令）。

1937年9月下旬至10月初，日军第101、第9、第13师团等增援部队陆续在上海登陆，加入上海派遣军之作战。日军总兵力达20万人。9月30日拂晓，日军向中国军队发起猛攻，突破万桥、严桥、陆桥等处阵地。刘行方面的中国守备部队陷于苦战，伤亡较重。为了避免日军继续突破，10月1日晚，第三战区司令长官部令左翼作战军各兵团，向蕴藻浜右岸陈行、施相公庙、浏河之线阵地转移，至3日拂晓前，完成新阵地的占领。10月5至8日，日军第3、第9师团在第11师团和第13师团一部的掩护下，向蕴藻浜地区实施猛攻。中国军队经数日激战，予敌以重大杀伤。11日后，日军继续猛攻，企图进占大场，向南翔发展，截断京沪铁路。中日双方军队在蕴藻浜南岸阵地进行了激烈的争夺。

10月15日，中国军队第三战区重新调整部署，将蕴藻浜南岸地区划归中央作战军，令廖磊的第21集团军归中央作战军指挥，加入大场方向作战。中国守卫蕴藻浜南岸之部队，在第21集团军统一指挥下，19日发起反击，适逢日军主力亦发动步、坦、炮联合进攻，双方展开大规模激战。中国军队由于装备落后，加之连日战斗，伤亡过大，攻击陷于停顿，26日大场失陷。中央作战军遂放弃北站至江湾之间的阵地，向苏州河南岸转移，左翼作战军向姚家渡至唐家桥之线转移。中央作战军主力27日转至苏州河南岸新阵地，各掩护部队完成任务后亦陆续恢复为原来的建制。唯第88师第524团第2营在副团长谢晋元、营长杨瑞符的指挥下，据守苏州河北岸四行仓库，继续阻击敌人，誓死不退。该营800名壮士孤军奋战至30日，乃退入英租界。国际上将中国军队这次英勇作战，赞为奇迹。日军占领苏州河北岸后，即发起攻势，双方死伤惨重。至11月4日，日军仍未突破苏州河。此时，第三战区根据战局变化，乃撤销中央作战军，将部队划分为左、右两作战军，分别由陈诚、张发奎指挥。

（四）杭州湾反登陆及撤退

淞沪会战在中国军队的英勇坚持下，延续2个月，日军虽增援至5个师团，兵力达20万人，且在武器装备上占有很大优势，但仍未能获得决定性胜利。日军每前进一步都要付出重大代价，这对其"速战速决"战略无疑是一个沉重的打击。日本统帅部急于在上海方面取得预期战果，决心采取新的措施。10月6日，日军参谋部在给日本天皇的上奏中指出，要攻占上海，"预料还需要相当的时日和付出相当的代价"，"因此，目前刻不容缓的是迅速结束上海战役"[①]。10月9日，日军决定增派一个集团军在杭州湾北岸登陆，攻击上海守军侧背。

1937年10月20日，日军参谋部决定抽调第6、第18、第114师团，国崎支队、独立山炮第2团、野战重炮兵第6旅和第1、第2后备步兵团，组成第10集团军，柳川平助为司令，与海军协同，在杭州湾北岸登陆，以协助上海派遣军作战。10月20日，日军又从华北抽调第16师团等部编入上海派遣军的战斗序列。至此，进犯淞沪地区的日军已达2个集团军9个师团，侵华日军的作战重点，已经转移到华中。当时日本留在国内的部队只有近卫师团和第7师团。日军在中国，特别是在华中下的赌注，表明了在上海附近进行决战的意图。

日军选定的登陆地点，位于上海南侧杭州湾北岸。这里海岸线平直，近岸有10米以上的水深，是淞沪地区最好的登陆场。日军登陆后如占领松江城，即可切

---

① ［日］岛田俊彦等编：《现代史资料》12，美铃书房1973年版，第477页。

断沪杭甬铁路，与北面的上海派遣军配合，对淞沪地区之中国军队形成包围。

淞沪会战初期，中国军队曾设置杭州湾北岸守备区，以第8集团军4个师1个旅担任防守，防止日军增援部队在沿江沿海登陆。后因上海方面战事紧张，部分守备部队先后被调往浦东一带协助正面作战，以致从全公亭到乍浦几十公里长的海岸线，仅有第62师之一部及少数地方武装担任守卫。

11月5日拂晓，日军先以舰炮对金山卫附近中国军队阵地轰击数小时，然后第10集团军第一梯队登陆部队（第6师团与第18师团）在航空兵火力掩护下，于全公亭、金丝娘桥、金山卫、金山咀、漕泾等地登陆。中国守军在沿海担任警戒的部队为第28军步兵第63师的2个连，兵力薄弱，为敌军击破，日军登陆成功。5日上午，全公亭方面登陆日军已达3000余人，第三战区指挥官急调第62师、独立第45旅及新到枫泾之第79师前往阻击，并令在青浦之第67军推进至松江。但部队联络困难，行动迟缓，未能如期实施反击。

日军乘机突击，后续部队陆续登陆。日军登陆成功后，即以第18师团一部向沪杭铁路前进，第6师团和第18师团主力向松江进攻，当晚进抵金山县城、松隐镇、亭林镇一线。11月6日，敌先头部队到达米市渡附近，傍晚渡过黄浦江，突破守军阻击，以主力向松江前进。中国守军第62、第79师分别向亭林镇、金山城发起反击，伤亡较大。指挥松江地区防御的第8集团军副总司令黄琪翔，组织第62、第107、第108、第26、第79师固守黄浦江各主要渡口，阻敌第6师团、第18师团渡江。

日军参谋部为统一上海方面作战指挥，11月7日决定将上海派遣军与第10集团军编组成华中方面军，任命松井石根为司令。其目标是："以挫伤敌之战斗意志，获得结束战局的机会为目的，与海军协同消灭上海附近的敌人。"并规定："华中方面军作战地域为联接苏州—嘉兴一线以东"。8日拂晓，日军第10集团军主力渡过黄浦江，与中国军队第108师激战。9日占领松江城。

中国军队对日军第10集团军在金山卫的登陆未能扼制，并未能阻止日军向纵深扩张，在此情况下，中国军队本应果断撤出上海，向第二防线转移。当时副总参谋长白崇禧、军委会第一部作战组长刘斐及第15集团军总司令陈诚等人，都曾就此向蒋介石提出正确的建议，蒋也采纳了意见，并对前线下达了向吴福线转移的命令。但下令后的第二天，蒋又突然召开紧急会议，幡然变计，说现在准备召开九国公约会议，只要我军在上海继续顶下去，九国公约国家将会主持正义，制裁日本，结束中日战争。因此，要收回撤退命令，让各部队仍回原阵地死守数日。这一决定使守军丧失了主动转移的有利时机，直至阵脚开始混乱，第三战区指挥部才于 8 日夜命令各部队向吴福国防线转移。9 日，守军开始全线撤退。右翼作战军第 9、第 15 两集团军开始沿京沪线两侧地区撤退，因遭敌机轰炸，联络中断，陷于混乱，险成溃退。为掩护右翼作战军后撤，左翼作战军第 15、第 21 两集团军在新泾河一线坚守至 12 日夜，完成任务后，始向吴福线转移。

为掩护上海方面中国守军顺利撤退，第 67 军在松江阻击由金山卫登陆的日军深入。11 月 6—8 日，该军在松江县城与日军展开激战，击退敌多次进攻，完成了"死守三日"的任务，在向昆山突围过程中，军长吴克仁壮烈牺牲。11 月 11 日夜，中国守军在上海市南侧地区及浦东担任掩护之部队撤离。被隔绝于上海市内的守军 4000 余人撤至租界。日军即向上海市西、南方向推进。11 月 12 日，上海市区沦陷。

在淞沪会战中，中国海军与日本海军在长江展开战斗。8 月 16 日晚，江阴区江防司令部派出 102 号快艇，自江阴经内河航至上海黄浦江，进至距日军旗舰"出云"号 300 米处，向该舰施放 2 枚鱼雷，均命中爆炸，使日军旗舰遭受重创。102 号快艇在返航中被敌击沉，官兵泗水离艇。8 月中旬，中国海军派出"甘露"号等舰在江阴下游破除航海标志，堵塞港道，阻止日舰溯江上驶，同时，抽调"通济"号、"大同"号、"自强"号、"德胜"号、"威胜"号、"辰字"号、"宿字"号等舰艇，以及国营招商局和各轮船公司征集的轮船 23 艘，合计 35 艘，下沉堵塞航道。随后，又征用一批民船、盐船陆续下沉，填补航道空隙，并在江阴一段布置水雷。8 月下旬，中国海军为保卫南京，派"平海"号、"宁海"号、"应瑞"号、"逸仙"号等舰艇开往江阴封锁线，协同其他舰艇实施防卫，并与来袭的日本飞机进行了频繁战斗，至 11 月下旬，共击落日本飞机 7 架，重伤日本军舰 2 艘。中国舰艇损失惨重，大部分被炸沉或炸伤。

11月13日，日军占领上海后，为了切断中国军队主力的退路，并策应第10集团军登陆，让从华北调来的日军第16师团在白茆口、浒浦口附近登陆，向常熟进攻。日军上海派遣军除以2个师团担任上海及后方要点的警卫外，集中7个师团沿京沪铁路及其南北地区向吴福线进攻。在杭州湾登陆的日军第二梯队第114师团于10日在金山卫登陆后，向嘉兴方向进攻。担任江防的中国守军第40师及第21集团军所属各师，与日军展开激战，掩护战区主力向吴福线转移。

1937年11月19日，日军分别攻占常熟、莫城镇，苏州亦同时失陷。第三战区为避免与敌决战，乃于当日夜里命各部撤向锡澄线。这样，吴福线国防工事未来得及发挥作用即被日军占领。日军统帅部曾规定华中方面军作战地域为苏州—嘉兴一线以东，至19日其各部进抵该线后，并未停止前进，决定乘中国军队撤退混乱之机，继续向西追击。20日，日本华中方面军决定向南京追击。日军突破吴福线后继续西进。23日开始向锡澄线发起进攻。蒋介石下令死守现有阵地，但溃退之势无法挽回。25日无锡失陷。中国军队放弃锡澄线，一部沿京沪铁路向常州撤退，大部经宜兴往浙赣边境撤退。27日日军切断江阴、无锡公路，29日攻入常州。

自锡澄线弃守后成为孤军的江阴要塞守备部队，从11月28日起受到日军围攻，与敌激战5日后，工事大部被摧毁，官兵伤亡甚多，遂向镇江方向突围。12月2日，江阴要塞失陷。11月9日，右翼作战军开始向乍平嘉国防线撤退，遭敌第6、第18师团追击，与敌激战至14日，嘉善失守。19日，苏嘉线与沪杭线交会点嘉兴被日军攻陷，乍平嘉国防线被突破。守军退向南浔、青镇、长安、海宁一线。20日，蒋介石命令刚到达之第7军向吴兴急进，加强吴兴、广德地区防御，11月24日拂晓，日军在30余架飞机掩护下，攻占吴兴。30日占领广德。12月初向宣城、芜湖西侵，主力北上进攻南京。此时，中国第七战区已经编成，刘湘为司令长官，即命第23集团军（川军6个师）支援第7军。12月初，第21、第15集团军在第23集团军掩护下，经宜兴向孝丰、宁国附近地区转移；第23集团军亦向宣城以西及宁国转移；锡澄线守军即向南京转移。淞沪会战至此结束。

淞沪会战从1937年8月13日开始，至11月12日中国军队西撤，历时3个月。在此期间，日本侵略军华中方面军，编成上海派遣军、第10集团军，下辖近

10个师团的兵力，共约 28 万人，动用军舰 30 余艘，飞机 500 余架，坦克 300 余辆，大举进犯上海。中国先后调集中央部队和驻广东、广西、湖南、四川、贵州、云南等地部队，总计兵力 70 余个师，海军舰艇约 40 艘，空军飞机 250 架，投入战斗。广大官兵同仇敌忾，斗志昂扬，以劣势装备与有优势装备的敌人拼搏，毙伤日军 4 万多人，坚守上海达 3 个月之久，粉碎了日本军国主义者"速战速决"的迷梦。这次会战极大地鼓舞了全国人民的抗日热情，也为上海工厂内迁，保存经济实力，以及掩护国家转入战时体制赢得了时间，淞沪会战在世界反法西斯战争中，亦有其重要地位和影响。

淞沪地区是中国的经济中心和首都的门户，日本帝国主义早已虎视眈眈。因此，在淞沪地区进行一战势必难免。在淞沪地区进行多大规模和多长时间的作战，要从中日双方的特点及中国长期抗战的全局利益考虑。在上海地区给敌以相当的反击和消耗，达到一定的战略目的后，逐次转移至第二、三防线，再从正面阻击，侧翼反击给敌以更大的消耗，如此在战略上于我是有利的。然而，把 70 余万人的大军部署于敌掌握主动权、制海权的滨海城市，单靠拼消耗、拖时间，幻想求得国际干涉来解决中日战争，这是违背持久战战略方针和不利于坚持长期抗战的表现，是战略指导上的严重失误，因而给以后保卫首都南京的作战造成极为不利的影响。陈诚也认为："这次战略受政治的影响极大，乃是国家的不幸。"[①]

三、迁都

一国首都不仅是一个国家的政治、经济、文化的中心，更是一国尊严和信仰的象征。战争中交战双方也多以占领对方首都为取得胜利的最后荣耀，所以德军占领巴黎，法国投降；苏联保卫了莫斯科，成为苏军战胜德国法西斯的精神堡垒；而日军千方百计攻陷南京，其目的就是逼迫中国政府屈服而作城下之盟，"中国首

---

① 方庆秋、陈宝珠：《陈诚私人回忆资料（1935—1944 年）》上，《民国档案》1987 年第 1 期。

都之攻陷已经剜掉了中国抗战的心脏，觉得蒋会愿意讲和"[1]。故在战争中保卫首都或将首都移至何地，本质上等同于保卫国家和未来。

（一）国民政府迁都重庆决策的形成

国民党中央和国民政府最初选择陪都、行都时，首先将目光投向了西北和中原地区。一·二八事变第二天，即1932年1月29日，国民党中央政治会议立即召开紧急会议，讨论迁都问题。会上，汪精卫认为南京政府机关已在日军长江舰队的炮火射程之内，政府在南京办公已不可行。这一点与蒋介石看法颇为一致。蒋认为："决心迁移政府，与倭长期作战，将来结果不良，必归罪于余一人，然而两害相权，当取其轻，政府倘不迁移，则随时遭受威胁，将来必作城下之盟，此害之大，远非余一人获罪之可比。"[2] 蒋汪观点接近，使此次会议作了一个重大决定，即政府由南京迁往洛阳。嗣后，国民党中央又成立西京筹备委员会，以专门的组织和力量对陪都西京的建设作了若干筹划，对整个西北地区也进行了一系列的调查。

但是，国民政府的此种决策，是根据当时的历史情形和政治环境决定的，是国民政府在尚未实现全国真正统一的前提下做出的一种迫不得已的选择，因而这种选择也就有其不可避免的局限性。将中国的西部地区作为中国对外战争时期的根据地，从长远与全局观点看，也是极不合理的。这主要是因为：第一，西北地区虽然土地广阔，资源丰富，但地瘠民贫，经济普遍落后，粮食更为缺乏，缺乏作为战时首都的经济基础和物质条件。第二，西北地区毗邻华北，日本帝国主义对华北垂涎已久，志在必得。一望无际的华北平原易于受到日本强大武力的威胁，且又有陇海铁路与西北地区相接。华北一旦不守，西北地区即完全暴露于日军的威胁之下，其在国防上并不具备多少优势。第三，西北地区与苏联接壤，对于当时尚未与苏联恢复正常外交关系，仍坚持反苏反共政策的国民政府来说，苏联的

---

[1] ［美］白修德、［美］贾安娜：《中国的惊雷》，端纳译，新华出版社1991年版，第58页。
[2] 秦孝仪主编：《中华民国重要史料初编——对日抗战时期》，（台北）中国国民党中央委员会党史委员会编印1981年版，第430页。

潜在威胁不小。且作为西北地区后大门的新疆，也从未被国民政府真正控制，统治新疆的盛世才，反复无常，此点对于国民政府来说，无疑也是一块心病。凡此种种说明，将西北地区作为中国的战时中枢所在地，是极为不利的。因此，作为国民党中央负主要军事与国防责任的军事委员会委员长，蒋介石认为：抵抗暴日，即使将中枢机构迁到洛阳，"而政府所在地，仍不能算作安全"。中国要下定对日抗战的最后决心，就必须寻觅一个比洛阳、西安更为安全且地大物博、资源丰富的地区，来作为战时国家与政府的根据地。为达此目的，蒋介石率其主要幕僚，自1934年秋开始，用1年多的时间，马不停蹄地对华北、西北以及西南的10余个省份进行巡视、考察、分析和研究。最后，蒋介石通过对各地地形、物产、交通、人文诸方面的综合考察，在逐渐控制了西南诸省后，于1935年10月做出了将战时国家的最后根据地定在西南四川的决策。

四川，位于中国西南部，"北以岷山山脉与陕甘二省分界，西和西藏高原毗连，南以金沙江与云南、贵州接壤，东以巴山山脉和湖北、湖南相连"。其面积广阔，人口更在中国各省中位居第一。盆地内气候温和，风调雨顺，土地肥沃，物产富饶，自古以来即有"天府之国"的美称。因为四川的这个地理环境，也因为四川的这种物质环境，其在整个中国历史上占有十分重要的地位，起着举足轻重的战略作用。这一点孙中山早有认识。护法运动失败后，上海、广州等城市革命处于低谷，孙中山对革命前途深感担忧。当时远在西南的重庆的政局稳定给了孙中山一丝希望，激起了他在重庆再建民国的热情。孙中山遂决定将国会迁往重庆，继续为共和大业而奋斗。1918年9月16日，非常国会参、众议院议长林森、吴景濂及议员70余人抵达重庆。后因川中政局又起动荡，孙中山企图在重庆挽救护法军政府的努力，最终失败。[1] 孙中山对四川战略地位的肯定，直接影响了蒋介石对四川的认知。蒋介石也认为：在中国各省之中，能作"革命根据地"的，"只有两省可当选，第一是广东，……其次就要算是四川了。因为四川人口众多，物产丰富，都在任何各省之上，而四川同胞的天性，富于民族的情感，一贯的忠于主义，

---

[1] 周勇：《论孙中山与重庆辛亥革命的关系》，《重庆社会科学》2011年第10期。

勇于革新……"①自此之后，蒋介石就始终看好四川，始终坚持其"蜀粤并重"的思想。南京国民政府成立后，以蒋介石为首的国民党中央仍是以极大的兴趣关注着四川的一切，对四川这个中国的重要省份，也是志在必得，只因长时期陷于与各地新旧军阀及中国共产党的战争之中，他无暇也无力顾及罢了。

1935年3月，蒋介石打着"'追剿'红军"的公开旗帜，怀着"'追剿'红军"、统一川政、寻觅对日抗战最后根据地的三重目的，率其高级幕僚陈诚、顾祝同、杨永泰、晏道刚等飞抵重庆，开始了他长达半年之久的西南之行，也开始了其策定四川抗日根据地的历程。3月4日，即抵达重庆的第3天，蒋介石即在重庆作了《四川应作复兴民族之根据地》的公开讲演，再次表示了他对四川的高度重视和殷切希望。②这以后，随着蒋介石在西南3省逗留时间的延长，也随着他对西南3省地势、气候、矿藏、物产、历史、民风民俗的进一步了解和认识，还随着中国共产党及其领导的工农红军的撤出四川，更随着国民党中央势力对西南诸省的深入渗透及对该3省政治、经济、军事控制的加强和巩固，蒋介石对西南3省特别是对四川有了进一步认识。10月6日，蒋介石在成都四川省党部扩大纪念周上作了题为《建设新四川的根本要道》的讲演，再次强调了四川地位的重要性及其与国家治乱、民族兴衰的密切关系，第一次公开、明确地提出了四川是中国首屈一指的省份，"天然是复兴民族最好的根据地"的观点。蒋称："我自入川以来，直到昨天为止，留心体察四川的情形，总觉得我们中国其他任何一省，都比不上我们四川。你们看：四川的土地广大而又肥美，所产的东西，不仅种类繁多，几乎无所不备，而且量多质美，更为别省所不及。……尤其是山川形势的雄伟奇峻，格外难得。……再加气候之温和，和人民之众多与勤劳优秀，更增加四川之伟大。……四川因为有如此伟大优良的自然环境，与悠久深厚的文化基础，实在是我们中国首屈一指的省份。""四川在天时地利人文方面，实在不愧为我们中国的一首省，天然是复兴民族最好的根据地。"③两天后，蒋介石又以《四川治乱为国家

---

① 秦孝仪编：《先总统蒋公思想言论集》卷32，(台北)中国国民党中央委员会党史委员会编印1984年版，第146页。
② 周勇：《重庆通史》，重庆出版社2002年版，第870页。
③ 蒋介石：《建设新四川之根本要道》，《政训半月刊》1935年4—5合期。

兴亡的关键》为题,再一次阐明了四川在中国抵御外来侵略的战争中所处的重要地位,演讲词中说道:现在我们就中国政治、经济、文化各方面来讲,中国的精华——国家生命的根基是在长江流域。长江流域不能统一安定,无论是华北或华南都不能统一安定。我们四川既居长江上游,又有本部各省之中拥有最广的土地,最多的人口,最大的富源与最好的形势之所在,所以四川的治乱,不但影响长江流域的治乱,而且可以定整个国家的治乱。……大家要晓得:今后的外患,一定日益严重,在大战爆发以前,华北一定多事,甚至要树立伪政府都不一定。但是我们可以自信,只要四川能够安定,长江果能统一腹地能够建设起来,国家一定不会灭亡,而且定可以复兴!日本人无论在东四省或者将来再在华北弄什么伪组织,都不相干,都不足以致我们的死命。我们今后不必因为在华北或长江下游出什么乱子了,就以为不得了,其实没有什么!只要我们四川能够稳定,国家必可复兴!①

蒋介石明白无误而又颇为自信地宣称:在中日战争正式发生后,无论中国的东北、华北及长江下游出现什么乱子,产生何种困难,但只要川滇黔三省存在,国家必可复兴,"其实不必说川滇黔三省存在,就是只剩下了我们四川一省,天下事也还是大有可为。"至此,蒋介石以四川为对日抗战根据地的思想,遂牢固地确立下来。

随着平津等重要城市的陷落与华东局势的紧张,国民党最高层也越来越感到迁都是一个紧迫的任务。军委会于1937年8月4日举行卢沟桥事件第25次会议,主持会议的军政部部长何应钦即要求与会者对战时政府所在地加以慎重、周全地考虑,并讨论是否以武汉为宜。

8月7日晚上8时,最高规格的国防会议与国防委员会的联席会议在南京励志社召开,四川省主席刘湘赴南京参会。刘湘的到来使先前疑虑川内稳定的蒋介石倍感四川的忠诚。在会上,刘湘抗战态度坚决,对中央迁入四川提出积极建议:"一、四川人民愿在政府领导下,作不顾一切的为民族求生存战。二、最后的胜

---

① 蒋介石:《四川治乱为国家兴亡之关键》,转引自叶育之:《四川史地表解》,蓉新印刷工业合作社,1941年。

利，必属于我，惟有持久抗战，可以奏杀敌致果之效，方知多难兴邦，言之不谬。三、以两年为期，四川可筹出兵员五百万。"①8月13日，淞沪会战爆发当天晚上，刘湘即通过宋子文向国民政府主席林森和蒋介石呈递了中央迁川以作长期抗战准备的建议书。这份建议书正合蒋介石心意，蒋介石即向一些高级幕僚表示："我们将迁都四川重庆。"②这可能是蒋介石决定将国民政府迁往重庆的最早的明确表达。几日后，蒋又命令行政院政务处处长何廉做好迁都重庆的准备。

1937年10月29日，蒋介石在南京召开国防最高会议，正式决议国民政府迁往重庆办公。会上，蒋介石作了《国府迁渝与抗战前途》的讲话："胜利要立于主动地位，就是退却也要有主动地位。""今天我们主动而退，将来即可以主动而进。"③他主张进行战略性撤退，以四川为抗日战争的大后方，以重庆为国民政府驻地。

11月12日，日军攻入上海市区。消息传到南京，军委会首脑何应钦、白崇禧、徐永昌都认为迁都已迫在眉睫。蒋介石紧急会见林森，"上海战况不利，国军吃紧。四川以两年多的部署，近日整顿军政业已完成，作为民族抗战复兴基地，为国府办公理想之处。迁都之事，宜尽快进行"④。11月15日，国防最高会议召开常务会议，主要是针对军事机构的迁移作了部署，议定："国民政府及中央党部迁重庆，军事委员会迁移地点，由委员长酌定；其他各机关或迁重庆，或随军委会设办事处，或设长沙以南之地点。"⑤即军事指挥等重要机构暂时或设于长沙等地。这样的决策符合战争规律，在日军不断深入内陆之时，军事指挥机关要在战争第一线，同时也为行政机关完全迁入重庆做时间上的准备。事实证明，最高军事指挥机构军事委员会在蒋介石率领下抵抗日军，直到12月7日才匆忙撤离南京，后经江西，抵达武汉继续抗战。

---

① 《国防联席会议记录》(1937年8月7日)，中国第二历史档案馆馆藏档案，档号：七八七—22431。
② 刘航深、章君毅：《戎幕半生》，(台湾)《新闻天地》1967年12月。
③ 秦孝仪编：《先总统蒋公思想言论总集》卷14，(台北)中国国民党中央委员会党史委员会编印1984年版，第653页。
④ 刘晓宁：《国府还都》，南京出版社2015年版，第4—5页。
⑤ 方明：《抗战时期国民政府大撤退秘录》第6部，团结出版社2013年版，第16页。

11月16日晚9时，蒋介石主持召开的国防最高会议在铁道部防空洞举行。这次会议提出国民政府及中央党部首先迁入重庆。邹鲁回忆了当晚会议场景："国防会星夜召集紧急会议，筹商迁都事宜。关于应迁至何地，议论极多；有的主张西安；有的洛阳；有的汉口；甚至有主张广东的；惟蒋先生主张迁到四川的重庆。"蒋说："对于首都应迁至何处，我曾有周详的考虑，前因'剿共'到四川，觉得那儿是最好的地方；四境都有险可守，而且人口众多，物产丰富，可为我们争取最后胜利的抗战根据地。"对于蒋介石的讲话，国民政府主席林森首先表示赞同。他说："我们迁都，只能有一次，决不能有第二次。迁都到重庆，我们就可以抗战到底，不必再迁了。"[1]这是国民政府移驻重庆前最后一次最高规格的会议，但此次会议非同寻常。即将失去首都，离家西上的国民政府要员们，倍增伤感，故当时会场气氛凝重，弥漫着国破山河失的凄然氛围。可以看出国民政府做出迁离首都南京，迁入重庆办公的决策是何等艰难与悲壮。

（二）国民政府迁都重庆的过程

国防最高会议结束后，林森便率领文官、参军、主计三处800余人乘车前往下关海军码头，于深夜乘"永绥"号炮舰、"龙兴"号轮船离开南京西上重庆。20日，船到汉口，国民政府主席林森公开发表《国民政府移驻重庆宣言》："国民政府兹为适应战况，统筹全局，长期抗战起见，本日移驻重庆。此后将以最广大之规模，从事更持久之战斗。"[2]林森等人的先行西迁揭开了南京国民政府西迁重庆的序幕。

此时重庆已经做好迎接国家最高行政机关到来的准备。四川省主席刘湘早在11月20日就给林森发电报表示欢迎国民政府来渝："顷读我政府宣言，知为适应战况，统筹全局，长期抗战起见，移驻重庆。有此坚决之表示，益昭抗敌之精神，复兴既得根据，胜算终自我操。不特可待国际之同情，抑且愈励川民之忠爱。欣

---

[1] 邹鲁：《回顾录》，岳麓书社2000年版，第385页。
[2] 林森：《国民政府移驻重庆宣言》，《中央日报》1937年11月21日。

诵之余，谨率七千万人翘首欢迎，伏乞睿鉴。职刘湘叩。"①26日，林森坐船驶抵重庆。12月1日，迁都后的国民政府即在重庆大溪沟四川省立高级工业学校正式办公。

由于重庆远在西南，沿江溯流入渝，迁徙路途遥远，加上战时条件艰难，政府各部门到渝和办公时间则很不一致。如国民政府财政部、外交部、内务部于11月26日开始在武汉办公；行政院则因只有参事1人、秘书1人到达重庆，大部分职员及重要长官或在途，或尚在汉，行政院文件和电报等仍暂转汉。②内政部也于11月12日到达重庆，"择定通远门外新市区一四八号，为办公地址。即于17日开始办公"③。

由于蒋介石、汪精卫等国民党要人未到重庆，国民党中央党部在重庆、武汉两处兼顾办公。1937年11月30日，国民党中央执行委员会秘书长叶楚伧、监察委员会秘书长王子庄及中央委员丁惟汾、吴稚辉、钮永健等率中央党部职员40余人抵达重庆。1938年3月22日下午4时，国民党第五届七十三次中常会首次在重庆召开。此后一段时间内，国民党中常会亦多次在武汉召开，一直到1938年8月13日，才恢复在重庆上清寺中央党部召开国民党第五届八十八次中常会。

外交部第一批人员到达重庆的时间是1938年初。外交部长王宠惠等要员因蒋介石等主要军事指挥者尚在武汉而留汉，直到1938年夏，所有外交人员才迁渝办公。驻华大使以及使领馆到来则要艰难得多。在外交意义上首先到达重庆的外交官是苏联新任驻华大使卢干兹。为了向国民政府主席林森递交国书，卢干兹于1938年1月19日由武汉飞抵重庆向林森递交了国书，旋又返回武汉。最早到达重庆的使团是美国驻华使团。美国使团在驻华大使詹森的带领下于1938年3月到达重庆。随后，法国驻华使团乘坐法船"福源"号抵达重庆。1938年夏，驻武汉的外国外交官开始大规模撤离，前往重庆。苏联使团则于1938年10月20日乘车进入重庆。英国驻华使

---

① 周开庆：《民国川事纪要》上册，四川文献研究社1974年版，第31页。
② 刘湘：《四川省政府为欢迎国民政府移驻重庆致林森电》，载重庆市档案馆、重庆师范大学编：《中国战时首都档案文献》，重庆出版社2014年版，第29页。
③ 内政部：《呈报本部到达重庆择定部址及开始办公日期》，载《民国时期内政公报三种》，国家图书馆出版社2012年版，第45页。

团来渝较迟，直到武汉沦陷六天后，才乘坐"猎鹰"号炮艇抵达重庆。截至 1938 年底，美国、比利时、英国、德国、意大利、苏联大使馆及荷兰公使馆均在重庆设立办公室，其中美国、苏联大使常驻重庆。外交使团的到来，既是国府迁渝必有内容，也说明各国对迁入重庆的国民政府的外交认同，以及对中国抗战的理解和支持。

尽管当时中国政府最高行政机构已在重庆运转，但国民政府多个部门和国民党中央党部事务性工作仍然是武汉与重庆两地兼顾。国民党中央绝大多数部门，特别是军政、外交、财政、经济、内政、交通等重要职能部门，都暂时迁到了武汉或长沙等地，蒋介石、汪精卫、何应钦、白崇禧、孔祥熙、陈诚、张群、徐永昌等国民政府主要负责人也均齐集武汉。这一时期的武汉实际上成了中国战时的指挥中枢和政治中心。直至武汉沦陷，国民政府、国民党中央党部以及战时指挥中心才完全迁入重庆。

四、南京沦陷与南京大屠杀

（一）南京保卫战

自中国军事当局下令由淞沪战场撤退、日军追逐西进起，首都南京的防卫问题，就被正式提到了议事日程上来。蒋介石多次召开高级幕僚会议，并个别征求过一些高级将领的意见，商讨南京之守与不守的问题。大多数将领主张不守或只作象征性的防守，而军委会军法执行总监部总监唐生智认为："南京是我国的首都，为国际观瞻所系，又是孙总理陵墓所在，如果放弃南京，将何以对总理在天之灵？"[①] 蒋介石的看法与唐生智相近，主张对南京作短期固守。

蒋介石于 1937 年 11 月 19 日以手令特派唐生智为南京卫戍司令长官。20 日，唐生智走马上任，并随即将自己执掌的军委会军法执行总监部改组为卫戍司令长官部。24 日，国民政府正式发布任命唐生智为南京卫戍司令长官的公告。新组建

[①] 中国人民政治协商会议全国委员会文史资料研究委员会《南京保卫战》编审组编：《南京保卫战》，中国文史出版社 1987 年版，第 9 页。

的首都卫戍部队最初的战斗序列为："（一）司令长官唐生智；（二）第七十二军孙元良部；（三）第七十八军宋希濂部；（四）首都警卫军谷正伦：（甲）桂（永清）总队，（乙）宪兵部队；（五）其他特种部队之一部。"① 后来，随着锡澄线被突破，日军逐渐向南京郊区逼近，南京卫戍部队阵容不断扩大。12月6日，正式明令以罗卓英、刘兴为南京卫戍副司令长官。南京卫戍部队，除配属性质的运输、炮兵、防空、装甲、通信、特务等部队外，其主力部队共为13个建制师又15个建制团（教导总队11个团，宪兵部队4个团），计15万人。

唐生智在接受南京卫戍司令长官的任命之后，便在南京现有人员和装备的基础上，制订了首都城防计划的概略：利用雨花台、天堡城、红山及幕府山已完成的若干工事编成核心阵地；命要塞用全力掩护长江的封锁线，并协同核心守备队战斗；各守备部队须作物资及械弹上准备，都要有独立作战的能力。②

1937年12月上旬，激烈的战斗在南京外围地区逐次展开。

句汤线战斗。12月5日下午，日军突破句容防线，由步炮协同之部队3000余人到达土桥镇，并有向新塘市前进企图，另一队1000余人，经牧马场向汤水镇前进。此两路日军之深入前进，使防守句容之第160师第478旅陷入重围。该旅于6日与敌搏击终日，顽强守卫阵地，并于7日成功突围，到达白家场附近集中。在突围战斗中，第478旅共歼敌300余名，而该部官兵亦伤亡300余人。

孟塘、大胡山战斗。12月7日，第41师之第242团、246团在石洞山附近共同对敌激战，经反复冲锋，终夺得乌山、丁家山、鸡笼山、东山头等阵地，毙敌甚多，两团亦伤亡过半。8日，第160师自拂晓起，全线发起攻击，在大胡山方面取得进展，面对日军后续部队源源到达，该师"官兵咸抱与阵地共存亡之决心，不稍后退"③，直至奉命调整阵地。第41师部队在东西斗山、丁家山一带与日军进行激烈争夺。据战史档案资料载，该处"终日肉搏，旋失旋得，该师官兵伤亡甚大，迄至十八时仍固守原阵地"④。至晚，该师及刚到之第48师，奉命撤退至乌龙

---

① 《蒋介石颁布首都卫戍部队战斗序列代电》（1937年11月25日），中国第二历史档案馆藏。
② 吴相湘：《第二次中日战争史》上册，（台北）综合月刊社1973年版，第399页。
③ 《陆军第一六〇战斗详报》，中国第二历史档案馆藏。
④ 《淞沪会战史稿》，中国第二历史档案馆藏。

山至杨坊山一线。

湖熟、淳化战斗。守卫湖熟、淳化一线的部队，为刚由淞沪战场撤下来的第74军之第51师王耀武部。自5日以来的3天战斗中，日军向淳化附近一带阵地发起全力进攻不下10余次，但都为守军击溃。第51师共缴获敌步枪30余支、战旗13面、地图2幅，毙敌200余名，伤敌300余名。至12月8日，战斗更达到白热化程度。"战况之烈，炮火之密，前所未有"。守卫宋墅、淳化的第51师部队，"虽在硝烟弹雨中仍拼死撑持，与敌肉搏冲锋，杀声震天"[1]。在这一天的战斗中，第51师损失严重，第301团代团长纪鸿儒重伤，连长伤亡9人，排长以下伤亡1400余人。当晚，第51师接到唐生智的命令，放弃淳化、方山阵地，向河定桥、麻田之线转移。

牛首山战斗。守卫牛首山阵地的为第74军之第58师冯圣法部。12月7日，日军从早至晚，以陆空联合部队，向牛首山阵地发动持续猛攻。中央通讯社对第58师坚守牛首山的战况报道说："我据高临下，以手榴弹及钢炮弹阻截敌机械化部队，我某师一营死守山前高地，为敌射击之的，牺牲殆尽，另一营立即挺至，继续奋战。"[2] 9日，日军向牛首山阵地重又发动新的攻势。第58师官兵严守阵地，与日军血战终日，终因其右侧部队过早撤退，阵地益显孤立。至8日前后，位于南京东南两面的大弧形外围阵地，已有多处被突破，少数虽未被突破，但也已呈现不支之势。鉴于外围战斗和部队调动的实际情况，南京卫戍司令长官部于当晚下达"卫参作字第二十八号"命令，决定退守复郭阵地。该复郭防线，西自靠长江边的板桥镇、牛首山，向东延伸至河定桥、紫金山，再至杨坊山、乌龙山，而达下游长江边。

12月9日上午，日军华中方面军司令松井石根用飞机在南京上空散发了数千份《劝降书》，以最后通牒的口吻，规定中国军队必须于12月10日中午，派代表到中山门外句容道的警戒线上，谈判投降，否则日军"将断然开始进攻南京"[3]。南京守

---

[1] 《第五十一师战斗详报》，中国第二历史档案馆藏。
[2] 《大公报》1937年12月9日。
[3] 松井石根：《劝降书》，中国第二历史档案馆藏。

军在唐生智的指挥下，用猛烈的炮火和激烈的战斗，回答了日军的劝降之举。日军为中国军队的拒降而恼羞成怒，他们按照"最后通牒"中规定的时间，于10日午后1时整，正式下达了对南京的总攻击令。自此，中日两军在南京城的东、南、西郊，开始了更加猛烈的战斗。其主要战况如下。

紫金山战斗。12月10日，日军第16师团第33联队，从麒麟门出发，向紫金山麓发起猖狂进攻，并放火烧山。守军沉着应战，屡次击退日军的冲锋。经白刃格斗，日军以重大伤亡夺取紫金山第三峰。是夜，日军继续向第二峰猛攻。守军以手榴弹顽强抵抗，并组织200余名官兵从左侧进行反冲击，毙敌甚众。日军第33联队野田部队的羽田武夫报告称："在我重火器部队的掩护射击和其他部队的增援下"，"经过三天的殊死战斗"，方于12日下午6时，占领紫金山。[1] 事后连松井石根也不得不承认，"南京的教导总队曾发挥了相当勇猛的抵抗"[2]。

杨坊山战斗。12月10日，日军开始向第48师防线中之和尚庄发动猛攻，经守军痛击，未能得逞。11日晨，日军以大炮30余门、飞机10余架，连续不断向杨坊山发起攻击，先将山上工事毁平，续以坦克16辆掩护2000余名步兵，将该山包围，频频实施攻击。守卫杨坊山阵地之第288团第3营官兵，在营长陈庆勋指挥下，顽强抗击，与日军反复混战。终因日军炮火猛烈，第3营官兵全部壮烈牺牲，陈庆勋亦身负重伤，被救下火线，该阵地遂为日军占领。日军占领杨坊山之后，紧接着又向附近的银孔山发起攻击，"轰炸惨烈，尤倍于前"。据第2军团战斗详报记载："我守该山的第一营营长单喆渊、连长孙卉考，身先士卒，血战半日，饮弹殉国，而全营官兵亦伤亡殆尽。"[3] 银孔山遂为日军所占。

光华门战斗。12月9日拂晓，由淳化、高桥门方向攻击光华门的日军先头部队步兵约2000人及坦克10余辆，攻占光华门外的大校场及通光营房。日军将野山炮推进至高桥门附近，向光华门轰击，洞穿二穴。百余名日军从砖块隙孔中爬入，立即被歼灭。南京卫戍军在战斗报告中称：光华门"几濒于危者三数次，赖

---

[1] ［日］田中正明：《"南京大屠杀"之虚构》，军事科学院外国军事研究部译，世界知识出版社1985年版，第134页。
[2] 《松井与山本对话》，张一正译，《文摘》第11号，1938年2月8日。
[3] 《第二军团增援南京战斗详报》，中国第二历史档案馆藏。

八十七师后续部队之反攻及直属特务队之增援，至午后四时，始将大校场之敌击退，但盘踞通光营房内及城门内之少数敌人则始终顽抗"[1]。10日，战斗更趋激烈。城外第87师之第259旅与第261旅，自下午2时开始对进至光华门附近的日军实施反击，一度将这股日军赶至中和桥以外，第259旅旅长易安华等在战斗中牺牲。是夜，城里的守军为了将白天潜藏在城门洞里的少数日军歼灭，"一五六师选敢死队坠城，将潜伏城门洞内之少数敌军焚毙，将盘踞通光营房之敌歼灭，光华门及通济门方面遂转危为安"[2]。

雨花台战斗。12月9日，日军以一个联队向雨花台发起进攻，遭守军奋勇反击，向后败退。下午，日军又增加一个联队，再次发起进攻。守军第264旅旅长高致嵩亲自率部反击，毙伤日军数百人，高部本身也付出了巨大的伤亡代价。10日至11日，日军加强了轰炸、扫射与进攻，战况十分惨烈，阵地仍为第88师坚守，迄未动摇。12日的战斗，达到了白热化的程度。清晨，日军即集中大批轰炸机和数十门重型大炮，配合数千名步兵，向雨花台阵地发起猛攻，第262旅旅长朱赤、第264旅旅长高致嵩亲临第一线，身先士卒，率部浴血奋战，击退日军一次次的集团冲锋。在激烈的战斗中，朱赤、高致嵩相继牺牲，两个旅的官兵也大部殉难，雨花台阵地遂告失守。

中华门战斗。12月10日下午4时许，日军一部在两辆坦克的掩护下，企图通过架设在中华门外河上的军桥，向中华门发起攻击。守军第51师之第306团，集中步兵炮数门，同时瞄准日军坦克射击，将这两辆坦克击中，使其摔入河中，日军步兵失去坦克的掩护，纷纷后退。接着第306团以一个加强连出击，毙敌数十，士气为之一振。12日中午12时，日军第6师团之第47联队的三明保真中队，在中华门附近的城墙下架起竹梯，利用城墙上长出的小树帮助攀登，冲上了城墙。守军第306团迅以炮火集中射击，与登城日军展开肉搏战，再实施反冲击，日军伤亡重大。日方形容此次战斗，"双方短兵相接，刺刀见红，其情景宛如一幅'地

---

[1] 《南京卫戍军战斗详报》，中国第二历史档案馆藏。
[2] 《南京卫戍军战斗详报》，中国第二历史档案馆藏。

狱图'"①。后来日军又有援军登城，方于是日下午，逐次占领了中华门城楼两侧城垣。

水西门战斗。12日晚9时，水西门与中华门间的一段城垣被日军突破，日军攻城士兵利用绳梯陆续爬上城墙。正在城墙上指挥战斗的第51师第306团团长邱维达，立命第3营营长胡豪率100名敢死队员前往堵击，同时组织机枪、火炮等火力为之掩护。经1小时格斗、冲杀，将突入城垣之日军全部消灭，并俘10余人。第306团在战斗中也付出了重大伤亡，少校副团长刘历滋与营长胡豪壮烈牺牲。②

赛公桥战斗。12月12日，第51师所辖之第302团之一部，受命防守赛公桥至关帝庙以东一线。日军集中炮火轰击赛公桥及西南城角，旋以坦克10余辆、飞机20余架掩护步兵发起进攻。守卫赛公桥一带的官兵奋起抵抗，反复冲杀，使日军遭受了较大伤亡。第302团团长程智亲临第一线指挥战斗，以"与阵地共存亡"的口号，激励全团官兵，最后壮烈牺牲在阵地上。是役中，赛公桥虽数次为日军所占，但每次均被第302团夺回，直至该部奉命撤退。据中国军方档案记载：在赛公桥战斗中，共毙敌500余名，缴获轻重机枪10余挺、步枪40余支，击毁敌战车4辆，而中国军队亦伤亡1700余名。③

自日军10日正午开始对南京城发动总攻后，各路日军即从不同方向，倚仗其巨大的军事优势，对南京复郭阵地发动猛烈、全面的进攻。中国军队据城坚守，浴血奋战，虽形势极为严峻，但其守土抗敌的决心惊天地而泣鬼神。

（二）南京沦陷与南京大屠杀

1937年12月11日中午，唐生智收到蒋介石发来的"真侍参"撤退令，内称："如情势不能待久时，可相机撤退，以图整理，而期反攻。"④数小时后，蒋介石于当晚又一次发来"真戌侍参"撤退令，内容同前。

---

① ［日］田中正明：《"南京大屠杀"之虚构》，军事科学院外国军事研究部译，世界知识出版社1985年版，第132页。
② 邱维达：《我参加的南京保卫战经过》，《江苏文史资料选辑》第16辑。
③ 《第五十一师战斗详报》，中国第二历史档案馆藏。
④ 《南京卫戍军战斗详报》，中国第二历史档案馆藏。

12 日下午 5 时，唐生智在唐公馆召开了师以上高级将领会议，副司令长官罗卓英、刘兴，参谋长周斓，副参谋长佘念慈等均出席。在唐生智宣读蒋介石前一天两次发来的撤退令后，随即由参谋长周斓将印刷好的撤退命令，发给每人一份。这个由南京卫戍司令长官召集的最后一次高级指挥官会议，一共只进行了大约 20 分钟，便宣告结束。由于复郭、城垣阵地已有多处被突破，撤退命令又需要迅速贯彻执行，因此，与会者散会后大多立即部署了本部队的撤退方案。一些被打乱的，以及撤退行动较早的部队，很快便离开了原阵地，向江边运动。

按照唐生智发布的撤退命令，南京守军应"大部突围，一部渡江"，即只有各直属部队、第 78 军，以及宪兵部队渡江，但到了召集师长以上指挥官开会宣读撤退令时，他又口头命令，第 87 师、第 88 师、第 74 军（含第 51、58 师）及教导总队，"如不能全部突围，有轮渡时可过江，向滁州集结"[1]。当时卫戍司令部手中，一共只掌握了几艘小火轮和为数不多的民船。一夜之间，要运送约两个师以上的部队，已属不易；经口头命令宣布后，又使渡江部队一下子猛增 5 个师以上，形成"大部渡江，一部突围"的局面。这是当时的运输力量以及所能争取到的时间，根本无法承受的。

第 78 军宋希濂部奉命维持渡江秩序，凡未经命令批准渡江的部队，一律不得通过挹江门，并开枪加以制止。在通往江边的道路上，有被相互间枪战打死的，有被踩死的，靠少量的部队维持秩序，根本制止不住涌向江边的狂潮。宋希濂曾这样描述："因载重过多，船至江中沉没者有之，因争夺船只，互相开枪毙伤者有之，将船击毁沉没者亦有之。许多官兵拆取店户门板，制造木筏，行至江中，因水势汹涌，不善驾御，惨遭灭顶者数以千百计。哀号呼救之声，南北两岸闻之者，莫不叹伤感泣，真可谓极人世之至惨。"[2]

身为南京卫戍司令长官的唐生智在 12 日下午向高级将领宣布撤退命令后，于晚 9 时与副司令长官罗卓英、刘兴等高级指挥官乘小火轮渡江，撤退至江北。

在南京失陷前后，15 万守军中，约有 1 万名战斗伤亡，5 万名安全撤退至后

---

[1]《南京卫戍军战斗详报》，中国第二历史档案馆藏。
[2] 宋希濂：《鹰犬将军》，中国文史出版社 1986 年版，第 133 页。

方，而有多达9万人滞留于城内、江边，既不能安全撤离，又不能组成有战斗力的武装集团。这9万名群龙无首的官兵或成建制地被俘虏，遭集体屠杀，或换上便衣混入民间后又被日军搜出加以杀害。

第一线防守部队交替撤守的过程，大约进行到深夜。至13日凌晨，各路日军已经蜂拥进城。其第6、第114师团从中华门、水西门入城；第9师团以及第3师团的先遣队从光华门入城，第16师团从中山门、太平门入城；第13师团的山田支队则从乌龙山、幕府山攻入和平门。13日这一天，南京城终告失陷。这是全中国人民最感耻辱和最为悲惨的一天。南京城的失陷，标志着南京保卫战的结束。从此，南京人民开始了一段腥风血雨、惨遭杀戮和蹂躏的悲惨经历。

日军侵入南京后，对无辜的居民和放下武器的士兵进行了长达6个星期的野蛮、血腥的大屠杀。古城内外，尸横遍野，江水为之赤。死难同胞达30万人以上。其屠杀规模与残酷程度，在世界现代史上是无以复加的。

侵华日军在南京进行的大屠杀，基本可分作两类，即集体屠杀与分散屠杀。根据历史档案记载，千人以上的集体屠杀有：12月15日，在汉中门外屠杀2000余名军警，在鱼雷营江边屠杀9000余人。16日，在中山码头屠杀由华侨招待所押来之5000余名难民，在下关屠杀由难民区大方巷押来之青年4000余人。17日，在煤炭港屠杀被拘禁者3000余人。18日，在草鞋峡屠杀军民57000余人。此外，分别在水西门外上新河一带屠杀28000余人，在城南凤台乡、花神庙一带屠杀军民7000余人，在燕子矶江边屠杀放下武器之军民50000余人，在宝塔桥、鱼雷竹一带屠杀军民30000余人。[①]

至于遍布城郊的分散屠杀，则更是面广量大、手段残忍、骇人听闻。日军使用种种别出心裁的方法，残酷折磨遇难者，杀人取乐，如砍头、锥刺、活埋、活剐，或以活人作靶供日军士兵练习刺杀、先浇煤油再开枪射击等。日本侵略军在南京城郊进行的"杀人竞赛"暴行，更令人发指。日军第16师团的少尉炮兵小队长向井敏明和副官野田毅在攻击南京的途中相约开展"杀人竞赛"，谁先杀满100

[①] 《谷寿夫战犯案件判决书》及其附件，中国第二历史档案馆藏。

人，谁就是胜者。12月10日，两人又相遇在紫金山下，《东京日日新闻》的随军记者从紫金山麓发出电讯称：向井已杀死106人，野田已杀死105人，但不能决定谁先杀死100人。现两人同意不以100人为标准，而以150人为标准，在此次竞赛中，向井的刀锋，已略受挫损，因为他把一个中国人，连钢盔及身体劈成两半。①

据南京大屠杀遇难同胞尸体的收埋的情况，其有据可查者计有：各慈善团体收尸19.8万具，市民群体收尸4.2万余具，伪政权收尸1.6万余具，为日军毁尸灭迹者15万具，若简单相加，总计已达40万具以上。考虑到有关埋尸之间、毁尸之间、埋尸与毁尸之间可能出现的交叉，以及部分未及掩埋的阵亡官兵尸体，扣除其中若干万具，认定有30万以上同胞被屠杀，应当是没有疑问的。通过以上对收埋尸体数字的分析与研究，可以判定，1947年中国审判战犯军事法庭在谷寿夫战犯案件判决书中认定，南京同胞"被杀害总数共三十余万人"的统计，是有充分依据的。

在日军的暴行中，受难最深的要算妇女。她们除了与男人一样，被屠杀外，大多还要先被强奸或轮奸，遭受各种非人的凌辱。据后来远东国际军事法庭判决书称："在占领后的一个多月中，在南京市内发生了二万左右的强奸事件。"②

除了采用残忍的屠杀和奸淫的暴行来残害我南京同胞的肉体外，侵入南京的日军还肆意纵火、抢劫，将六朝古都破坏殆尽。随着日军铁蹄的侵入，南京城陷入一片火海之中。中国军事法庭审判战犯判决书认定："日军锋镝所至，焚烧与屠杀常同时并施。我首都为其实行恐怖政策之对象，故焚烧之惨烈，亦无与伦比。城陷之初，沿中华门迄下关江边，遍处大火，烈焰烛天，半城几成灰烬。我公私财产损失殆不可以数字计。"③南京安全区国际委员会主席拉贝在1938年1月14日写给德国西门子中国公司上海理事会的信中证实，日军纵火行为已持续了一个月，城中大批房屋被毁。他写道："德国60幢房屋有40幢遭受不同程度抢劫，4幢全

---

① 《东京日日新闻》1937年12月13日。
② 《远东国际军事法庭判决书》，群众出版社1986年版，第485页。
③ 《谷寿夫战犯案件判决书》及其附件，中国第二历史档案馆藏。

部烧毁。这座城市约三分之一被日本人烧毁。纵火行为仍在继续。"①日军长时期的纵火焚烧，给南京人民和南京城造成了巨大的损失。据美国斯迈思博士"尽量保守"的调查统计，在所有遭到破坏的房屋中，有24%毁于纵火焚烧；城外有62%的房屋被烧毁，通济门外被烧毁房屋达78%。②

日军对南京的抢劫，由于面广量大，时间较长，其所造成的损失几乎无法精确统计。仅战后不完全的调查统计，计有：器具2406套又309232件；衣服5920箱又914725件；金银首饰6345件又14222两；图书15箱2859套又148619册；字画28482件；古玩73214件；车辆956辆；粮食12087975石，合值国币2300多亿元。③

作为南京社会生产支柱的近代工业，在浩劫中被摧残殆尽。1938年1月，南京永利锤厂正式被日本三井物产株式会社侵吞。之后，日本侵略者又将该厂全套设备，包括8座吸收塔、1座氧化塔、1座浓硝塔等共1482件，550吨重，全部劫往本国，安装在大牟田东洋高压株式会社横须工厂，用于军事生产。④日军又以"军事管制"名义，将日产500余吨水泥的中国水泥厂，交给日本三菱公司所属磐城水泥株式会社经营，并将许多机器设备拆卸劫走。据统计，整个南京工业，因日军破坏，损失率高达80%。⑤

对中国图书的掠夺，历来是日本侵华政策的一个重要组成部分。日军士兵在文化特务的指挥下，从70余处机关、学校，劫掠了大量的图书、文献，用卡车运往珠江路地质调查所内。在这70余处劫掠目标中，中文图书数量较大者有：中央研究院33319册，国学图书馆167923册，国立中央博物院筹备处1365种，中央文化教育馆58735册。⑥

日军肆无忌惮地纵火和劫掠，使工商业素来发达的南京萧条冷落，生产停滞，

---

① 《德国档案馆中关于侵华日军南京大屠杀档案资料》，《抗日战争研究》1991年第2期。
② "南京大屠杀"史料编辑委员会、南京图书馆编：《侵华日军南京大屠杀史料》，江苏古籍出版社1985年版，第286页。
③ 孟国祥等：《中国抗战损失与战后索赔始末》，安徽人民出版社1995年版，第49—50页。
④ "南京大屠杀"史料编辑委员会：《侵华日军南京大屠杀史稿》，江苏古籍出版社1987年版，第179页。
⑤ "南京大屠杀"史料编辑委员会：《侵华日军南京大屠杀史稿》，江苏古籍出版社1987年版，第179—180页。
⑥ 中央档案馆等编：《南京大屠杀》，中华书局1995年版，第942页。

经济破败。昔日的六朝古都变得满目疮痍，不堪言状。这是日本侵略者在大肆屠杀平民、奸淫妇女的同时，犯下的又一项无可推卸的严重罪责。

五、游击战

在全民族抗日战争中，中国共产党领导的八路军、新四军坚持敌后游击战争，发展和壮大了人民革命武装，开辟了广阔的敌后战场，造就了战争史上的奇观，对夺取抗战胜利发挥了重大的作用。国民党及其军队于抗战初期在坚持正面战场作战的同时，也抽调相当数量的军队深入敌后，开展游击战争，一定程度上牵制了日军，配合了正面战场。

（一）共产党领导的敌后游击战

全民族抗战初期，中国共产党根据国内外形势、中日战争的基本特点和敌我双方的基本情况，果断地做出了由正规战争向抗日游击战争转变的方针。1937年8月，中共中央在洛川会议上正式确定了党领导下的八路军、新四军等抗日武装实行军事战略转变，其方针是"基本的是游击战，但不放松有利条件下的运动战"。毛泽东指出："必须把过去的正规军和运动战，转变成为游击军和游击战。"[1]还说，分散进行游击战争，"是决定地制胜敌人、援助友军的唯一无二的办法"[2]。共产党认为：在抗日战争中，游击战不仅是个战术问题，而且具有特殊的战略内涵。朱德在《论抗日游击战争》中写道："抗日游击战争是抗日战争的一部分，是抗日战争中的一种形式和一个阶段。"[3]因为抗日战争是长期的，日军兵力不足，占地甚广，一定会留下许多空隙，这就决定了游击战主要不是在内线配合正规军的战役战斗，而是应当并有可能在外线独立作战，创造战争奇迹。在战略相持阶段，"一

---

[1]《毛泽东选集》第2卷，人民出版社1991年版，第551页。
[2]《毛泽东文集》第2卷，人民出版社1991年版，第20页。
[3]《朱德选集》，人民出版社1983年版，第32页。

方面因敌在其占领的大城市和大道中取战略守势,一方面因中国技术条件一时未能完备,依托一切敌未占领区域,配合民众武装,向敌人占领地作广泛的和猛烈的游击战争",因此,游击战原则的运用不仅是战役战术上的微观要求,而且成为战略上的宏观指导方针。

1937年8月,新组建的八路军的第一一五师、第一二〇师、第一二九师东渡黄河,昼夜兼程开赴华北抗日前线,开始实行军事战略转变。1937年9月25日,第一一五师在山西灵丘的平型关成功伏击歼灭日军第5师团第21旅团一部。平型关战役的胜利,极大振奋了国人抗战的信心。10月19日,第一二九师一部还夜袭山西代县的日军阳明堡机场,毁伤日机20余架。11月,太原失守,华北"以国民党为主体的正规战争已经结束,以共产党为主体的游击战争进入主要地位"[①]之后,八路军逐步开辟了晋察冀、晋冀豫、晋绥等抗日根据地,又大规模地展开平原游击战争,挺进冀鲁豫大平原。这样,八路军依托山区,发展平原游击战,又以平原游击战争巩固山区抗日根据地,胜利完成了在华北的战略展开,还创立了冀热辽根据地、冀鲁豫根据地、山东根据地、大青山根据地等广阔的根据地。1937年10月,根据国民政府的命令,南方的红军和游击队改编为新四军,叶挺任军长。随后新四军于1938年2月正式完成组建,成立四个支队。新四军挺进大江南北,创建了苏南、皖南、皖中和豫东等敌后抗日根据地,八路军和新四军相互策应,华北、华中敌后战场密切配合,山区与平原以及河湖港汊游击战争融为一体,创造了战争史上的奇迹。

中国共产党领导的武装力量深入敌后,开展游击战争,"关系于整个抗日战争的坚持、发展和胜利,关系于中国共产党的前途非常之大"[②]。游击战争的普遍开展,抗日根据地的不断壮大,成为抗战胜利的重要因素。八路军、新四军深入敌后,广泛发动群众,最大限度地调动了广大人民的抗日积极性。到1938年10月,八路军发展到15.6万人,新四军发展到2.5万人,为抗战的胜利和新民主主义革命的胜利作出巨大贡献。共产党的游击战遍及大江南北、长城内外,开辟了极为

---

① 《毛泽东选集》第2卷,人民出版社1991年版,第388页。
② 《毛泽东选集》第2卷,人民出版社1991年版,第551页。

广阔的敌后战场，使日军真正陷入人民战争的汪洋大海之中，也使人民革命力量获得了坚实的基地。

随着华北的逐渐沦陷，沦陷区出现了很多抗日武装。吕正操在冀中领导的人民自卫军，马本斋在河北组织的回民抗日武装，李运昌在冀东组织的华北抗日联军，薄一波等领导的山西新军，山东地区出现的华北民众抗日救国军等比较活跃，对日伪军不断发起进攻。中共重视对各种抗日游击武装的团结与改造，如派干部到范筑先的鲁西北根据地工作，并组建了中共掌握的武装。马本斋、吕正操的部队1938年也都加入八路军的冀中军区。

此外，东北抗日联军到1937年10月已发展到11个军，继续在东北坚持与日伪军作战。杨靖宇领导的由第一、第二军组成的东北抗日联军第一路军，在辽宁省东部、吉林南部活动，不断袭扰日伪军。1938年初，周保中领导的第四、五、七、八军组成的东北抗联第二路军正式编成，后在当年7月开始派第四、五军主力进行了西征作战，虽然取得一些战斗胜利，但也损失惨重。其他的第三、六、九、十一军则在北满地区开展游击战争。

（二）国民党领导的敌后游击战

国民党开展敌后游击战的决策，并不是抗战一开始就确定的，而是在正面战场作战屡遭失败，中共领导的八路军已经开赴华北敌后的情况下做出的。据白崇禧回忆，国民党在1937年冬天召开武汉军事会议，"研讨对敌战法，于战略上国军采取消耗持久战，于战术上，我曾于大会中提议'应采取游击战与正规战配合，加强敌后游击战，扩大面的占领，争取沦陷区民众，扰袭敌人，使敌局促于点线之占领'"[①]。白崇禧的建议被蒋介石采纳，随即通令各战区加强游击战，这样，不少战区组织了零星的游击队。1938年11月25日，蒋介石在第一次南岳军事会议上提出："政治重于军事，游击战重于正规战，变敌后为其前方，用三分之一力量于敌后。"[②]命令各战区划分若干游击区，指派部队担任游击任务，还组建了专门实

---

① 参见《白崇禧先生访问纪录》上，（台北）"中央研究院"近代史研究所编印1985年版。
② 何应钦：《日军侵华八年抗战史》，（台北）黎明文化事业公司1982年版，第265页。

施敌后游击任务的冀察、鲁苏两战区，命令第一、第二、第三、第九各战区派出10余个师的兵力进行游击战，兵力占其战区总兵力的1/5，这样，国民党开始了初期零星游击战向有组织的敌后游击战的转变。

为了培养游击战的指挥人才，第一次南岳军事会议还决定在湖南衡山举办游击干部训练班，聘请中共领导人和八路军将领担任教官，蒋介石自兼校长，白崇禧、陈诚任副校长，叶剑英担任副教育长。中共还派边章五、薛子正、李涛、吴溪如、张经武等到训练班分别担任政治、军事教官，参加训练班学习的均系国民党军队从连级到师级的军官。除此以外，国民党还在各战区聘请共产党人帮助举办军事训练班，如1939年1月，中共河南豫西特委帮助国民党第15军举办军事训练班；同月，国民党第五战区司令长官李宗仁办"青年学生抗敌军团"训练班，中共派匡亚明、张勃川等担任教官，把共产党擅长的游击战术传授给学员。

南岳军事会议以后，各战区普遍开展了游击战，鼎盛时期从事敌后游击战的国民党军队达100多万。为了加强对游击战争的指导，1939年10月，国民党军训部编成《游击战纲要》一书，下发各战区及军事学校作为开展游击战之教材，该书对于游击战的任务、战术、根据地的创建、军民关系都作了详细的阐述，规定"游击队之战斗，主在敌军后方行之，以运用敌进我退、敌退我进、敌驻我扰、敌疲我攻、声东击西、避实就虚、乘敌不意、出奇制胜之妙诀，求达扰乱、破坏、牵制、消耗敌人之实力为目的。故攻坚、硬战、死守等，皆须力求避免"。[1]1940年2月22日，国民党在柳州举行冬季攻势总结会，蒋介石在会议闭幕词中强调："今后不但我们有一军、一师可以断行攻击，即是一团、一营亦可以单独作战、大胆进攻。"要求国民党军队积极、主动地从事运动战和游击战。

在国民党最高当局的倡导下，抗战初期的国民党敌后游击战曾经发展到相当规模，地区广泛、参加军队多，一度成为日军重点进攻的对象。因此，武汉、广州失守以后，侵华日军把主要矛头转向后方，不仅仅是因为中国共产党领导的游击战争的存在，也是由于国民党军队的敌后游击战争的发展。国民党军队在华北、

---

[1]《游击战纲要》，军事委员会军训部军事编译处编印1939年版，第33—34页。

华东、华中、华南敌后广泛开展游击战争，先后开辟了豫东游击区、山西游击区、浙西游击区、豫鄂皖边区游击区、海南游击区、冀察游击区、鲁中游击区等。在抗战初期，这些敌后国民党军队的对日作战还是比较努力的。如1938年春，留在山西省的国民党军队在卫立煌的指挥下，对太原发起反攻，卫部第14集团军在临汾以北的韩信岭，与日军激战20多天，有力地牵制了日军，配合了正面战场的徐州会战。同年1月，日军由胶东向鲁中进犯，鲁中地区的国民党游击武装和地方民众一起进行了顽强的阻击，沂水游击司令刘震东在作战中壮烈牺牲。浙西游击队广泛活跃于杭嘉湖、沪杭铁路、京杭国道、天目山南北，袭击日伪据点，仅1938年一年，就毙敌9700多人，进行主要战斗200余次。[①] 浙西游击队第五支队更是闻名遐迩，威震敌胆。浙西海盐、海宁、嘉兴、嘉善、崇德、桐乡、平湖7县国民党政权，由于有了第五支队雄厚的军事力量来掩护，得以顺利地推行县镇工作，巩固乡镇保甲，并且办学校、办报纸，使被摧毁的文化教育重新恢复起来。[②] 海南游击队从1939年2月日军登陆海南到1945年8月投降，将近7年之内进行战斗千余次，军民牺牲二三十万人。[③]

应当承认，国民党的敌后游击战在对日作战中曾发挥过重要作用，特别是在抗战初期，其作用更不应低估。一方面，国民党的敌后游击战在抗战初期牵制了不少日军，扩大了作战空间，消耗了敌人的力量，有力地配合了正面战场的作战。如1940年5月初，日军发起枣宜会战，国民党大别山游击队、豫南游击纵队、豫东游击纵队分别由麻城、礼山、浠水向日军发动袭击，迟滞了日军进攻，对枣宜会战获胜发挥了较大作用。再如1941年9月，在第二次长沙会战中，豫南游击队、鄂东游击队等袭击平汉线两侧之敌，截断长江航运，破坏敌人运输，牵制日军不下3个师团，积极配合了正面战场的作战。

另一方面，国民党所开辟的几块游击区，除1944年上半年鲁苏战区被撤销，冀察战区名存实亡以外，山西游击区、豫鄂皖游击区、浙西游击区及海南游击区

---

① 汪浩：《抗战中之浙西》，天目书店1940年版，第16页。
② 新野：《浙西游击散记》，绍兴战旗分店1939年11月版，第58页。
③ 沈云龙主编：《近代中国史料丛刊续辑》，(台北)文海出版社1978年版，第707页。

等一直坚持到抗战胜利,而且这些游击区的战略地位相当重要,成为揳入日寇占领区的楔子,对日军威胁较大。但是,国民党的敌后游击战存在着明显的弱点,因而不可能发展壮大起来,相反,随着抗战的进行,每况愈下。

六、海空作战

(一)长江沿线的抵抗

中国海军实力薄弱,在淞沪会战中发挥作用有限。1937年8—9月,日军不断派飞机轰炸海军在江阴的主力战舰,中国舰队用高射炮奋起反击,但自身也损失惨重。中国军队撤离淞沪地区后,上海、无锡、常州等地相继沦陷,日军从陆路向中国海军要塞江阴进逼,江阴要塞处于孤立状态。1937年12月1日,中国海军奉命从江阴撤离。日军海军为配合日军陆路西攻武汉,则在突破江阴封锁线后,将部分舰艇开入长江,以第11战队、第11水雷队等部组成扬子江部队实施西上进击武汉的计划。

与此同时,为打破日军企图,并配合国民政府军事当局武汉会战计划,破坏长江中下游航运,1937年12月南京失陷后,中国海军开始在位于长江通往江西、湖北的要冲马当要塞布置新防线。中国海军以水雷作为主要封锁手段,在马当布雷800余枚,并为加强江防力量,"在田家镇、葛店各附近江面,依沉船、布雷等方法施以阻塞,而以要塞炮火掩护之;其未施阻塞区域,另配置漂雷队或游动炮兵,随时要以袭击敌舰"[①]。海军投入了40多艘舰艇参加武汉会战,在鄱阳湖以东迎战日军,阻击日军溯江向九江集中,并在长江沿线各要点节节抵抗。海军总司令陈绍宽先后划"咸宁"号、"永绥"号、"江犀"号等舰为旗舰,往来于马当、汉口、岳阳、长沙等地指挥。

1938年3月27日起,日军开始向马当进攻。日军舰队因被封锁线阻碍,无

---

① 方庆秋、陈宝珠:《陈诚私人回忆资料(1935—1944年)》上,《民国档案》1987年第1期。

法西犯，便派3架飞机向防守封锁线的"义胜"号炮艇攻击，炮艇望台中弹起火，官兵抢救了5小时。炮艇前段除弹药舱保存下来，其余均被焚毁。副艇长马世炳及1名信号员负伤。4月，日舰开始在大通、贵池活动，窥探马当要塞。中国海军派出游击队在香口、羊山矶等地施放定雷、漂雷。14日，炸沉敌舰两艘，沿江防务得到暂时缓和。6月21日，日军舰艇40余艘开始向马当炮台迫近。次日，10多艘满载日军的汽艇，在军舰的掩护下，向中国守军炮台发起进攻。各炮台官兵沉着应战，当敌迫近时，突发子母弹，击沉日军汽艇3艘。24日，日军出动9架飞机向巡防的"咸宁"号炮艇狂轰滥炸，中国官兵阵亡3名，伤16名。[1]中日海军在此相持不下。

26日，日军海军陆战队从香口登陆，迂回进攻马当要塞，对中国海军炮台实行陆海军立体夹击，形成包围态势。该日晨，中国海军江防守备队第2总队与敌激战，导致日军伤亡200多人。日军恼羞成怒，悍然对中国守军施放毒气。争夺要塞的战斗十分激烈，南岸香山阵地先后4次失而复得。要塞海军炮兵和护守的海军陆战队同敌浴血奋战，大批官兵壮烈殉国。26日，日军从陆上攻陷马当。

马当激战之时，中国海军加紧在湖口组织第二道阻塞线，布置水雷区。6月21日，中国海军派舰艇布雷，先后投入了1200多枚，水雷线路密集，使日舰无法进犯，只得改由陆军担任前锋。7月4日，湖口要塞被日机炸毁后陷落。为防止日海军经由鄱阳湖深入江西腹地，中国海军派出炮艇数艘并改装数艘商船担任湖防，在湖内布放了一批水雷，并多次截击进犯鄱阳湖的日军舰艇，将其击退，阻止了日军沿鄱阳湖向南昌进攻。

湖口陷落后，中国海军随即又在田家镇加紧组织第三道防线。田家镇、葛店位于武汉以东，是拱卫武汉的长江要冲。海军以田家镇为保卫武汉的前卫，以葛店为后防线，在田家镇宅山、象山编组田一台、田二台，装炮8尊，以彭瀛为队长，全队共197人，在此构成了第三道防御线。同时，中国海军为"保卫我长江南北两岸作战之联络起见，随将田家镇半壁岚间、蕲春岚头矶间、黄石港石灰窑

---

[1] 李安庆：《国民党政府海军抗战纪事》，《民国档案》1986年第1期。

间、黄冈鄂城间均划作主要雷区。各区附近，先后布雷，计共布下1500余具"[1]，并派出数股布雷别动队潜至日舰前方布设漂雷，击沉日舰2艘。

8月22日起，日军向田家镇要塞发起进攻。中国海军在陆军协同下，同日军进行了一个多月的激战。8月，日军的攻势未能得手，遂改变顺江西进计划，转而进攻广济，攻击田家镇之背，切断田蕲交通。9月7日，广济失陷，日军主力由广济西南推进，在武穴方面会合后，向田家镇进犯；同时以飞机、舰炮连日向马头镇轰击，掩护扫雷。15日，马头镇失陷，长江南岸遂陷入困境，武穴一带陆上难以控制。于是，日军开始大量扫雷，江防顿时吃紧，田家镇江面形势告急。

18日，两艘日舰逼近晒山，被中国要塞炮兵击中左右两舷后带伤撤退。20日，日军加强攻势，利用雨雾迷蒙之际，由6艘军舰掩护，11艘汽艇向炮台发起登陆进攻，企图通过田家镇。中国海军以炮火予以压制。日军又派出4艘炮舰和驱逐舰增援，双方展开猛烈的炮战。中国海军击沉8艘日军舰艇。22日，日军再派汽艇进攻，中国海军以子母弹炮击，击沉敌2艘汽艇。

日军由北岸屡犯田家镇要塞受挫，遂改攻南岸富池口。24日晚，南岸中国守军撤退，富池口失守，使北岸田家镇要塞失去策应。日军在富池口高地部署炮位后，田家镇要塞炮台完全暴露在日军炮火下，日军遂趁夜进行扫雷作业。中国海军立即调77毫米野炮2个连、105毫米轻榴弹炮和75毫米高射炮各1个连赶赴江南增援。25日，日本陆海空军合力向田家镇要塞发起攻击，将田家镇四面包围。第一、第四分台被炸毁，日军汽艇虽被击沉多艘，但仍向要塞日益逼近。次日，马口湖失守。当晚，东南方面日军从上洲头登陆，北面日军占领黄谷脑，距中国海军炮台不足3000米，西南日军与中国海军隔湖在东北一带拉锯，南面日军则已推进到半壁山。陷入重围的中国海军炮队冒着弹雨坚守阵地，并击沉插入黄莲洲的2艘日军汽艇。28日，20余艘炮舰满载日军强行登陆，距炮台仅数百公尺。中国海军官兵拼死抵抗，先后十数次肉搏。由于日军舰炮和飞机的狂轰滥炸，田家镇海军炮台全部被毁；28日晚7时，日军发起总攻，中国海军守备部队通信断绝，

---

[1] 李安庆：《国民党政府海军抗战纪事》，《民国档案》1986年第1期。

双方展开混战。29日凌晨，中国海军被迫撤退，田家镇失陷。

田家镇要塞失守后，武汉正面的江防仅剩葛店炮台一处。9月30日，中国海军在葛店增布水雷1120枚，使日舰在半个月内不能沿江西上武汉。10月中旬，日军向葛店发起攻击，被中国海军岸炮和水雷先后击沉舰艇10艘。10月24日，日军企图在赵家矶登陆，被葛店炮台击沉汽艇4艘。当日，数十架日机轮番对中国舰艇和要塞进行轰炸。"中山"号舰在遭受15架日机轮番轰击的情况下，全舰官兵坚守战位，英勇奋战直至舰艇沉没。25日，中国军队弃守葛店，武汉三镇遂告沦陷。中国海军的浴血奋战，有力地配合了武汉会战。

正当武汉激战之时，武汉上游荆河、湘江也加紧设防，以阻止日军继续西上。海军总司令部把城陵矶作为荆湘之门户，划为要塞区，并下令组成洞庭湖区炮队，以罗致通为队长。炮队共280人，在临湘矶、白螺矶、洪家洲、杨林矶、道人矶等适要地点分设炮台，装置海炮25尊，并计划在湘江、荆河各段节节布雷封锁。荆河方面，于7月间布防筹备就绪。洞庭湖方面，则在岳阳、鹿角、营田等处设置雷区。同时，在金口、城陵矶、岳州、长沙四地驻扎海军舰队担负防御。

7月20日，日军出动27架飞机向岳州方面空袭，专以中国海军舰队为目标。日机分批从高空俯冲投弹，中国海军各舰组织火力，与陆炮配合构成防空火力网。相持1小时后，日机不支逃遁。"民生"号、"江贞"号受损严重，舰舱进水，机件损坏亦多，遂移位搁浅。"江贞"号舰副舰长张秉焱殉国，"民生"号舰副舰长林赓尧负伤，官兵伤亡数十人。10月21日，"永绩"号、"江元"号舰分别在新坝、岳州遭日机空袭，中国海军以舰炮还击，经过一番激战，"永绩"号受损搁浅，"江元"号舰壳多处被炸坏，中国海军官兵伤亡数十人。

10月25日，日海军继续沿江西进攻，而中国方面则由陈诚坐镇"江犀"号舰，指挥武汉上游荆、湘两河部队继续抗击。11月9日，日海军攻陷城陵矶，12月攻陷岳阳。经过一年多的浴血抗战，中国海军实力大减，至1939年1月，仅剩9艘只能在长江上游航行的小型浅水舰。由于中国海军主力已丧失，国民政府又无力再造新舰，所以武汉失守后，中国海军的抗战便进入了"以发挥水雷战为中心"

的新阶段，①水雷封锁成为中国海军对日作战的主要任务。

为此，中国海军在长江沿线组建了三个布雷游击总队。第1布雷总队设于长沙，配合第九战区在湘江、洞庭湖一带行动；第2布雷总队设于湖北藕池口，配合第六战区在武汉沿江一带行动；第3布雷总队设于上饶，配合第三战区在长江中下游行动。

中国海军在长江沿线的节节抵抗，虽然未能阻止日军沿长江向中国内地进犯，海军主力也遭到严重损失，但是它给日本海军以重大杀伤。其中，从马当要塞保卫战至田家镇之战，中国海军在长江上共击沉日舰13艘，击伤7艘；1937年至1939年，日舰被水雷炸沉48艘，炸伤15艘，共63艘；1940年，中国海军在长江加强游击布雷后，共击沉击伤日军大小舰艇81艘，共约88800吨，海军兵员近3000人。②中国海军的水雷战给日军舰船在长江航行造成巨大威胁。与此同时，中国海军的英勇抵抗迟滞和阻击了日军对正面战场的进攻，支援了陆地作战，如马当要塞保卫战把日军舰船压迫在芜湖方面达半年之久，破坏了日军对武汉实行沿江突破的企图，并使中国军队争取了一段时间从事武汉保卫战的准备工作；中国海军在长江上的英勇抗战，在一段时间内维持了长江航道的畅通，使上海、江浙、武汉等地许多工厂的物资设备通过长江水道迁往西南大后方，从而为正面战场的长期抗战奠定了经济基础。

（二）东南沿海保卫战

全民族抗战爆发后，国民政府海军部队因为沿海形势日益严重，"复饬马尾要港司令李世甲侦察密报，以资应付"③。陈绍宽从英国回国后，命马尾要港司令部从速构筑闽江口阻塞线，确保乌江、长六地区。9月18日，中国海军将川石、马尾间所有航行标志一律破除，征用商船、帆船、沙石等，于10月中旬将堵塞线建成，并开始布雷。在加强封锁的同时，还在乌江长门地区沿江构筑工事，加强闽江口要塞的防御。

---

① 陈绍宽：《三年来海军抗战工作之检讨及今后发展方针》，中国第二历史档案馆。
② 陈绍宽：《二十九年一年间海军战绩之检讨》，中国第二历史档案馆。
③ 李安庆：《国民党政府海军抗战纪事》，《民国档案》1986年第1期。

1937年9月上旬，日军出动飞机协同海军舰艇进攻厦门、汕头，均未得逞。随后，日军又集中兵力猛攻厦门，袭击泉州港口。中国海军各机关、陆战队被炸，要塞各炮台也遭到袭击，但登陆之敌都被中国守军击退。10月26日，日本海军占领金门，并进犯五通、何厝、泥金。中国守军调拨部分大炮移置五通、何厝，予日舰以重创。

5月10日，日本海军第5舰队舰艇20余艘和飞机30余架，向海军厦门要塞发起攻击。日军先向何厝猛攻，掩护20余艘汽艇在五通附近登陆。中国海军香山、霞边两炮台进行英勇还击，日军飞机和军舰以炮火击毁2炮位，何厝、江头、禾山相继失守。同时，日军驱逐舰队从正面进攻厦门港外的白石炮台，一部日军从海边的黄厝、塔头登陆，围攻胡里山、白石、盘石炮台。日军出动几十架飞机不断轰炸，中国守军弹尽援绝，被迫后撤，总台长张元龙失踪。11日午，日军占领厦门。要港司令高宪申奉陈仪令转移到漳州待命，当晚在嵩屿收容部队。时厦门对岸的屿仔尾炮台仍在中国海军手中，盘石炮台长邓宝初率本台余部渡海支援。日军再次发动猛攻，守军拼力苦守，一直坚持到13日下午，中国守军炮台弹药与备件全部被敌炸毁，无法继续抵抗，最后退出厦门。所有驻厦海军人员撤到马尾，与马尾要港司令部合并，厦门海军的7个机关单位全部裁撤。

厦门既失，福州受到威胁。5月23日，日舰向梅花、黄岐、北菱各处炮击，飞机亦出动轰炸。5月31日，扼守闽江封锁线的"抚宁"号、"正宁"号、"肃宁"号炮艇迎战日军飞机，日军不支遁去，"抚宁"号炮艇也中弹下沉。6月，日海军攻占闽江口川石岛，在岛上构筑工事，设立炮台，与中国海军马尾长门要塞相对峙，彼此不断发生炮战，日机也不断向马尾中国海军轰炸。防卫闽江口的中国舰艇全部被日机炸沉或炸伤搁浅。但中国海军始终坚守要塞，同日军对峙了3年。1941年4月，日军攻陷福州后，中国海军奉命弃守马尾。

在广东沿海，1937年9月6日，日舰炮轰珠江口的赤湾，占领东沙群岛。13日，又轰击大鹏湾，海军陆战队登陆。次日，日舰又攻虎门。虎门要塞和广东海军"肇和"号等舰奋力还击，并出动飞机攻击日舰，共炸沉敌舰1艘，炸伤3艘。这是中日海军在抗战中唯一一次舰队交锋，以中国海军获胜而告结束。从16日始，日军频繁向中国海军发起进攻,并派出飞机轰炸中国海军军事目标,先后将"肇和"号、"舞风"号等多艘舰艇炸沉。次日晚,广东当局宣布封锁珠江口,不许任何舰船通过虎门炮台。

1938年9月14日,日本海军依据9月7日日本御前会议关于进攻中国华南、夺取广州的决定,以巡洋舰1艘、驱逐舰3艘自零丁洋驶向虎门,准备进犯广州。中国海军第4舰队和虎门炮队向其发起炮击,击沉日驱逐舰1艘,余舰退去。日海军受挫后,乃改以飞机向中国军舰实行轰炸。9月25日以后,日军轰炸更为集中、猛烈。中国舰艇由于防空火力差,大多被日机炸沉炸伤。第4舰队主力遭到严重损坏后,将余舰重新编组,在珠江口警戒。同时,中国海军在珠江口海域加紧布雷,使企图进犯广州的近10艘日军舰艇在珠江口触雷。日军无法经由珠江口攻占广州,乃于10月12日出动飞机百余架,掩护舰船500余艘,分路由大亚湾登陆,经东江迂回包抄广州。21日将广州攻陷。同日,日海军配合其陆军第5师团由珠江口溯江而上,猛攻虎门,海军虎门要塞官兵在腹背受敌的情况下,同日军激战2日,终于不支。23日,日军攻占虎门。

广州失守后,广东省江防司令部转进西江,封锁肇庆峡,主要任务是游击布雷。粤海军布雷队在韩江、西江、东江、北江等水道及重要支流布雷,阻止日军沿江内侵。1939年11月,日军攻陷南宁,海军即于邕江上下游布雷封锁,限制日军水上行动。从1939年至1944年,两广地区布雷封锁先后炸沉炸伤日军舰艇15艘,并捕俘伪广州要塞司令等重要官员7名。

海军在闽浙地区水域也实行布雷封锁。同时,中国海军拆卸搁浅舰艇之火炮,移装各要塞炮台,加强防御力量。1939年至1940年,中国海军在此水域先后击沉击伤日舰5艘。1941年春,日军进攻闽浙时,在瓯江、闽江各江口均遭到中国水雷和要塞炮队之打击。1942年5月,日军发动浙赣会战,中国海军为阻止日舰溯江上驶,从5月中旬起,分别在椒江、桐江、瓯江、蓝江各军事要点布放了一批定雷。因浙东沿海各江雷区严密,日海军无法与陆军协同作战。金华失陷后,中国海军布雷队集结于福建建阳,留置漂雷队于浙江乐清,在瓯江口相机布雷,配合要塞炮队打击进犯之日舰。日本海军向瓯江的进攻,由于雷区的封锁,始终无法前进。

中国海军在东南沿海的英勇保卫战和布雷作战，迟滞了日军在沿海港口的登陆，给日本海军以不小的杀伤，有力地配合了中国军队在东南沿海的陆地作战。

（三）中国空军作战

中国空军实力较弱，卢沟桥事变爆发时仅拥有35个中队305架飞机，在淞沪、南京的一系列空战中，中国空军消耗殆尽。1937年底，苏联航空志愿队来华后，中国空军得到苏联的大力援助，至1938年2月拥有作战飞机249架。然而，日军到1938年六七月份，仅在华中用于武汉会战的就有德川航空兵团和海军第2联合航空队，拥有飞机463架。在武器补充方面，日本年产飞机1000余架，中国则不能生产飞机，全部仰赖进口。自1937年9月4日第一批苏联援华作战飞机到达中国，至1940年12月苏联驻华军事总顾问崔可夫向蒋介石报告又一批援华军火到达时止，苏联共援华飞机1562架。[①] 虽然苏联在抗战期间给中国以大力援助，但与日军实力相比毕竟还是有限，而且因运输困难，不能及时补充。面对空中力量对比的敌强我弱，中国空军克服了重重困难，英勇出击，在空中战场给日军以沉重打击，有力地配合了中国军队在武汉等地的作战。

1938年2月18日上午，日军12架重型轰炸机和26架三菱九六式战斗机从南京、芜湖等地起飞，沿长江向武汉飞来，企图对武汉进行一次大规模空袭。中国空军出动已有击落数架敌机之光荣的第4大队在武汉近郊拦击日机。大队长李桂丹和中队长董明德分别率第22中队的11架伊-15战斗机和第21中队的10架伊-16战斗机从汉口机场起飞迎战。随后第23中队长吕基淳率8架伊-15战斗机从孝感机场起飞投入战斗。经过一番激战，中国空军取得击落11架日机的辉煌战绩。同时，中国空军损失严重，除损失4架飞机外，大队长李桂丹，中队长吕基淳和队员巴清正、王怡、李鹏翔壮烈殉国。中国空军赢得了武汉保卫战中的首次空中大捷。

---

① 据中国第二历史档案馆藏杨杰档案数字综合计算而得。

4月29日，日军不甘心首战武汉的惨败，再次出动海军航空兵精锐的佐世保第12航空大队21架战斗机和18架重型轰炸机空袭武汉。中国空军出动了两个大队67架战斗机进行空中拦击，并在战斗中采用了新战术，即由刘宗武队长先率一队战斗机引开、缠住日军战斗机群，然后由董明德队长率另一队战斗机专门攻击日军重型轰炸机。中日空军在武汉上空展开激战。中国空军勇士陈怀民在驾机与敌战斗机群作战时，遭到5架日机围攻，并且座机中弹受伤。陈怀民遂毅然驾机猛撞敌机，与敌机同归于尽，谱写了壮丽的生命之歌。经过半小时激战，日军共有11架战斗机和10架重型轰炸机被击落，50多名飞行员毙命，2人被俘。中国空军损失了12架飞机，伤亡飞行员数人，再次取得了空中大捷。[1]

"2·18"和"4·29"两次大空战沉重打击了日军的气焰。在这之后一个月内，日军不敢贸然大规模空袭武汉。5月31日，经过休整的日军又派出战斗机36架，重型轰炸机18架空袭武汉，并加强了战斗机护航，企图用战斗机阻止中国空军的拦击，缠住中国空军的战斗机，然后用轰炸机乘隙潜入市区投弹。中国空军识破了日军阴谋，对日机进行包围、四周压迫。日军见我有备，心无斗志，纷纷掉头东逃，未敢进入市区投弹。中国空军乘日机退却，队形混乱之时，穷追不舍，又一举击落日机14架，自己则付出2架飞机的轻微代价，赢得了"5·31"空战大捷。

中国空军在进行空中拦击、防空作战的同时，还主动出击，对日军机场进行轰炸，把日机消灭在地面上。据不完全统计，于1938年1月至6月间，中国空军轰炸日军机场20次以上，共炸毁日机百余架。仅1939年4月就炸毁停在地面的日机31架。[2]1938年6月，日军开始从地面对武汉发动进攻后，为配合地面战场作战，日军进一步加强了对武汉的空袭。仅1938年8月一个月内，日军就空袭武汉12次，武汉三镇落弹1715枚，居民死伤3112人。8月3日，日军出动了重型轰炸机18架，由50架战斗机护航进犯武汉，中国空军及时拦击，于武汉南郊上空与日军激战，取得击落日军战斗机11架，重型轰炸机1架，自己6架飞机受损的空中大捷。与此同时，中国空军还以武汉为基地在武汉外围许多城市上空展开

---

[1] 陈富安、刘光明主编：《武汉会战研究》，武汉大学出版社1991年版，第257页。
[2] 陈富安、刘光明主编：《武汉会战研究》，武汉大学出版社1991年版，第257页。

防空拦击作战。如 1938 年 2 月 17 日长沙空战，中国空军击落日机 2 架；2 月 25 日南昌空战，中国空军击落日机 6 架；4 月 10 日归德空战，中国空军击落日机 2 架；7 月 18 日南昌空战，中国空军击落日机 4 架等。

中国空军除防空作战外，另一主要任务为配合支援地面战场陆海军作战。为从心理上震慑日军，打击其士气，中国空军组织了数次跨海远征作战。1938 年 6 月，中国空军出动飞机炸伤长江中敌舰 12 艘，击沉 2 艘，阻止了日军沿江西侵武汉。7 月，中国空军与苏联空军志愿队共出动飞机 50 多架次，昼夜不停地对东流、九江间敌舰敌船及沿江敌机场进行轰炸，共炸沉敌舰 12 艘。8 日，中国空军轰炸安庆一带日舰及日本登陆部队，以阻滞其增援，断绝其接济，共炸沉大小敌舰 9 艘，炸伤 23 艘。据不完全统计，中国空军仅 7、8、9 三个月内就出动机群 55 次，炸沉日舰船 53 艘，重创 80 多艘。[①] 与此同时，中国空军为直接打击日军地面部队，支援陆军作战，出动飞机攻击日军的指挥部、车站、军用列车、仓库、浮桥、炮兵阵地、步兵集结点、机械化部队及行军队列等目标，给日军造成重大损失。如 9 月 27 日、10 月 2 日、10 月 5 日，中国空军连续出动大批飞机，协助地面部队扫荡罗山之敌，日军伤亡惨重。10 月 9 日和 10 日，中国空军袭击田家镇江面的敌舰和日军阵地，取得重大战果。

1938 年 2 月 23 日，中国空军从武汉出动轰炸机，低空飞越台湾海峡，对被日军占领的台北机场进行空袭。中国空军以 3 架飞机为一队，对机场进行轮番轰炸。日军对此次突袭毫无防范，中国空军炸毁日机达三四十架。5 月 19 日下午，中国空军第 14 队队长徐焕升和副队长佟彦博，带领队员分驾重型轰炸机，从汉口起飞，开始了中国空军历史上空前的壮举——跨海远征日本本土。5 月 20 日晨 2 时许，中国空军轰炸机到达日本长崎市上空，日军毫无防备。中国空军在长崎、福冈等地撒了大量传单和小册子，揭露日军侵华暴行。5 月 20 日上午 11 时许，远征的空中勇士凯旋。中国空军远征日本，显示了中国空军拥有打击日本本土的力量，打击了日军的嚣张气焰。

---

① 陈富安、刘光明主编：《武汉会战研究》，武汉大学出版社 1991 年版，第 257 页。

第四章　全民族抗战初期的外交与文化[①]

日本在 1937 年 7 月发动全面侵华战争后，国民政府在坚持武装抵抗的同时，还希望通过外交途径和平解决中日争端，求助于英美德等国出面调停，并借助国联及九国公约会议申诉，希望赢得国际社会的同情和援助。同时，文化界人士也积极投入到抗日救亡运动中，广大海外华侨还通过各种方式对祖国抗战进行大力支持，成为全民族抗战的重要组成部分。

一、全民族抗战初期的中外关系

（一）中德关系的逆转

卢沟桥事变后，在中德关系方面，国民政府进行了战略调整，一方面，对德国采取亲和政策，以改变自身处境，努力从德国获取武器、技术和资金，利用德国来遏制日本，实行传统的"以夷制夷"外交策略；另一方面采取拖延战术，调整对日关系，以期争取时间和他国援助。[②]

全民族抗战爆发后，德国宣布中立。1937 年 7 月 14 日，德国外交部长牛拉特（即康斯坦丁·冯·纽赖特）对中国驻德大使程天放表示，希望中日和平解决冲突，

[①] 作者：张德明（中国社会科学院）。
[②] 陈仁霞：《陶德曼调停新论》，《历史研究》2003 年第 6 期。

德政府对双方都很友好，采取中立政策，决不会帮助日本压制中国。①7月20日，德国外交部宣布，对中日保持严格中立。7月27日，蒋介石会见德国驻华大使奥斯卡·陶德曼时称，虽然日本已申明不愿意第三国干涉，但他仍希望与日本有密切关系的德国出面调停缓和局势。在陶德曼随即向德国外交部汇报后，7月28日，德国外交部致电驻日大使赫伯特·冯·迪克森，称德国不支持日本继续扩大侵华战争，认为这会最终迫使中国投入苏联怀抱，不认可日本宣称的其是在进行反共作战的宣传。②

早在1937年6月，中德达成的军火货物交换协议及中国聘用德国军事顾问事宜，在抗战爆发后仍然执行。7月13日，日本对此提出抗议，要求德国政府召回在华德国军事顾问，停止向华运输军火。但德方表示日军在华北行动严重损害了中德经济关系，德国只对中国供应有限武器，并且《日德防共协定》并不针对中国。③在南京国民政府的积极努力下，德国继续执行中德贸易协定，供给中国作战物资，德国军事顾问团继续留在中国服务。如1937年8月，中方汇给德方2500万马克，其中1000万马克用于购买子弹，1500万马克用于购买铁制品。④同时，中方还用米麦、棉花、花生油、桐油等农产品交换德国的武器。9月下旬，牛拉特会见程天放时表示，德国与中国将继续合作，希特勒的态度仍是严守中立，只须双方不正式宣战，德国对于中国之经济合作办法仍然继续。⑤1937年德国运送到中国的作战物资总值达8278.86万马克，其中包括枪、炮、坦克、飞机、战车等，中国则向德国提供农矿产品。德国顾问仍继续活跃在中国抗日战场上，除了在后方训练中国军队外，还参与了前方对日作战的指挥。鉴于日本的一再抗议和要求，德国政府对军事顾问的在华活动做出限制，不准他们前往前线指挥作战，对向中国提供军事物资规定了条件，但实际的执行情况仍对中国有利。⑥但是，1937年

---

① 陶文钊等：《抗日战争时期中国对外关系》，中国社会科学出版社2009年版，第27页。
② 章伯锋、庄建平主编：《抗日战争》第4卷，四川大学出版社1997年版，第914页。
③ 石源华：《中华民国外交史新著》，社会科学文献出版社2013年版，第681页。
④ 中国第二历史档案馆编：《中德外交密档：1927—1947》，广西师范大学出版社1994年版，第257页。
⑤ 陶文钊等：《抗日战争时期中国对外关系》，中国社会科学出版社2009年版，第95页。
⑥ 王建朗主编：《中华民国时期外交文献汇编（1911—1949）》第7卷，中华书局2015年版，第222页。

8月《中苏互不侵犯条约》的签订,使一向警惕苏联的德国中立态度发生动摇。1937年10月中旬,德国内部亲日派一度要求国防部终止向中国供应军火,但这将使德国在中国失去许多重要的经济利益,而日本方面却不能保证德国在华贸易的优势。在这样的考虑下,德国决定其供应商可以继续向中国提供军火,但需由丹麦货船运送,并通过新加坡的一家英国公司中转。[①]但是在日本的怂恿下,德国并没有参加11月3日在布鲁塞尔召开并试图解决中日问题的九国公约会议。

1937年11月初,国民政府派特使蒋百里出使德国,会见德国军政要员,缓和中德关系。但在11月18日,德国政府根据希特勒的指令,推迟中德军火贸易及工业贸易谈判,并部分停止德中原军火贸易合同的履行,停止向中国提供新的贷款。[②]德国对华贸易形式有所改变,希特勒命令只要中国用外汇支付或用原料抵偿,过去按中德间易货协定已同意供华的武器和物资就要尽快运往中国,并"相应地运回原料,此事必须尽最大的可能瞒住日本人",但应拒绝进一步对华提供信用贷款,或新的军火订货。[③]实际上在全民族抗战爆发后,德国出于倾销军火、进口军备原料的现实需要,仍决定尽可能持中立的态度,继续维持对中国的军火供应。据估计,在全民族抗战爆发的最初16个月内,中国的军火进口,来自德国的约占60%。在苏联大批援华物资到达之前,德国军火对于维持中国初期的抗战是起了一定作用的。此外,一批德国军事顾问仍继续在中国活动。[④]

随着中日战争的不断扩大,德国既不想日本实力在中国战场上受损,也不想日本占领中国,影响其战略原料供应,故德国在1937年10月表示希望中日和谈停战。为与即将召开的布鲁塞尔会议可能出现的集体仲裁相对抗,日本发出欢迎德国充当中日谈判斡旋者的信息。德国接受了日本的这一请求。[⑤]10月25日,国民政府在国防会议上对停战利弊进行了讨论,认为在有利条件下可以接受停战。1937年10月底,陶德曼在上海会见了即将回国的日本驻华大使川越茂,试探日

---

① 刘怡、阎京生:《逆天而行》,武汉大学出版社2011年版,第216页。
② 军事科学院军事历史研究部:《中国抗日战争史》中卷,解放军出版社2015年版,第42页。
③ 马振犊、戚如高:《蒋介石与希特勒:民国时期中德关系研究》,九州出版社2012年版,第319页。
④ 黄华文:《抗日战争史》,湖北人民出版社2007年版,第315页。
⑤ 王建朗主编:《中华民国时期外交文献汇编(1911—1949)》第7卷,中华书局2015年版,第250页。

本停战条件的底线。川越茂表示，日方的基本条件是中国必须断绝与苏联的关系，加入"反共产国际协定"，以及同意"华北自治"。①10月29日，陶德曼拜会国民政府外交部次长陈介，将德国愿意进行调停的想法告诉陈介。陈介表示蒋介石需要先知道日方的谈判条件，随后陶德曼向柏林作了汇报。11月2日，陶德曼拜会蒋介石，提到德国政府随时准备为和平出力以及他本人希望中国结束战争，不要像德国在一战中那样落到无条件投降的下场。②

11月2日，德国驻日大使迪克森在与日本外务大臣广田弘毅会面后，于11月3日同时致电陶德曼、德国外交部，转达了日本提出的七项和平条件："一、在中国主权下，内蒙自治，地位等于外蒙。二、沿满至平津以南一带设立非战区。三、上海扩大非战区，由国际警察管理。四、取缔排日政策。五、共同防共。六、减低日货进口税。七、尊重外国人权利。"③后根据德国外交部命令，11月5日，陶德曼将日方条件当面转达给蒋介石。陶德曼在当天的日记中称，蒋介石对他表示："如果日本人不准备回到战前的状态，那他没办法接受日本人的要求。关于条款细节当然可以详谈，由此寻找一种友好的共处方式，但前提一定是回到战前的样子。"④中国起初对布鲁塞尔会议存有某种期望，对日方第一次提出的条件反应冷淡。但布鲁塞尔会议并未采取实质性的援华措施，而中国军队又新败于华北和华东战场。于是，中国政府开始考虑与日本进行谈判。⑤11月22日，日本外相广田弘毅通知迪克森，希望其向中国声明日本仍然愿意和谈，且条件没有升级。12月初，国民政府正式决定接受德国调停，与日本议和。12月2日下午，蒋介石会见了陶德曼，提出决定接受这些条件作为和谈的基础，但提出华北的主权和完整不得侵犯，在谈判中不涉及中国与第三国的协约。⑥后迪克森、陶德曼与德国外交部进行了多次沟通，12月5日，陶德曼向国民政府递交了德国调停记录。陶德曼在12月6日

---

① 周明、王逸之：《血肉长城：徐州会战》，武汉大学出版社2010年版，第17页。
② 陈仁霞：《陶德曼调停新论》，《历史研究》2003年第6期。
③ 中国第二历史档案馆编：《中华民国史档案资料汇编》第5辑第2编外交，江苏古籍出版社1997年版，第656页。
④ 《陶德曼日记选译》，崔文龙译，《抗战史料研究》2017年第1辑。
⑤ 王建朗主编：《中华民国时期外交文献汇编（1911—1949）》第7卷，中华书局2015年版，第250页。
⑥ 章伯锋、庄建平主编：《抗日战争》第4卷，四川大学出版社1997年版，第166页。

的日记里还称于 5 日收到迪克森的电报中称：日本军方现在并不反对和谈，和谈条件并没有改变，只是现在中国政府必须同意特别政府的存在，而且要延长日军对中国某些地区的占领时间。①12 月 7 日，迪克森也将德国有关调停问题的英文备忘录，提交给日本外务大臣广田弘毅。但是广田表示由于日本的军事胜利，之前谈判条件已经过时。陶德曼在 12 月 11 日的日记中也称日本内阁在 10 日的会议中做出决定，日本不愿意再和蒋介石进行和平谈判，称日方认为中国是"虚情假意地为和平而努力。中国完全没有表现出真心希望和日本讨论未来和平的愿望"②。特别是随着 12 月 13 日南京的沦陷，日本军部主战势力抬头，中日和谈难度加大。12 月 22 日，广田弘毅将当月 21 日日本内阁会议通过的最新决议转交德国驻日大使，提出了更为苛刻的四项和平条件，诸如正式承认伪满洲国、实行"日满华"在经济上的合作、设立非武装区与特殊政府、中国应对日赔款等③，并附上了"日华和谈交涉条件细目"，具体说明了日方的条件。12 月 24 日，日本又召开内阁会议决定"支那事变对处要纲"，提出如果国民政府坚持长期抗战，则排除与南京政府交涉的可能性，必要时以军事行动来对抗南京的长期抵抗。④经过抉择，12 月 26 日，陶德曼才将日方新提的四项新要求转告中方。12 月 28 日，国民政府召开非正式会议，经过讨论认为日方条件侵犯了中国国家主权的底线，决定暂时不向日本作正式答复。因国民政府迟迟不答复日本，1938 年 1 月 10 日，日本提出了第三次对华和谈条件，内容共 9 项，比之前条件更为苛刻，旨在灭亡中国，并要求国民政府 1 月 15 日前必须答复。1 月 11 日，日本御前会议决定对华新方针，指出如果国民政府不接受条件，则将其摧毁并扶植建立新的政府。1 月 13 日，王宠惠约见陶德曼，称中方 12 日行政院会议决议希望知道日方新提出的条件性质与内容，然后加以仔细研究，做出确切的决定。⑤1 月 14 日，迪克森将陶德曼转告的中方答复交给广田弘毅，但日方对中方有些不置可否的答复表示不满，于是在 1 月

---

① 《陶德曼日记选译》，崔文龙译，《抗战史料研究》2017 年第 1 辑。
② 《陶德曼日记选译》，崔文龙译，《抗战史料研究》2017 年第 1 辑。
③ 王建朗主编：《中华民国时期外交文献汇编（1911—1949）》第 7 卷，中华书局 2015 年版，第 272—273 页。
④ 吕芳上主编：《中国抗日战争史新编》第 5 册，（台北）"国史馆"2015 年版，第 202 页。
⑤ 章伯锋、庄建平主编：《抗日战争》第 4 卷，四川大学出版社 1997 年版，第 186 页。

15 日决定停止中日交涉，并在 1 月 16 日发表了《对华政策声明》，即第一次近卫声明，称今后不以国民政府为对手，期待日本提携的新政府成立，并与之调整两国国交，协力建设新中国。①18 日，国民政府发表维护主权声明，即中国政府于任何情形之下，必竭全力以维持中国领土主权与行政之完整，任何恢复和平办法，如不以此原则为基础，绝非中国所能忍受；同时在日军占领区内，如有任何非法组织潜窃政权者，不论对内对外，当然绝对无效。②后中国于 1 月 20 日召回了驻日大使，日本驻华大使也于 1 月 28 日返回日本，两国外交关系从此断绝，陶德曼调停以失败告终。

陶德曼调停失败后，为了让日本可以在远东牵制苏联等其他列强，以便利于其在欧洲的作战，德国开始调整远东政策，在外交上亲善日本。1938 年 1 月 26 日，德国驻日本大使迪克森向德国外交部递交了一份冗长的报告，要求改变德国对东亚的方针，包括结束调停、中日冲突与德日关系、军事顾问、军火输出、承认伪满和转向华北等六个方面。③希特勒对德国政府进行了大清洗、大换班，比较亲华的官员均被撤换。希特勒于 1938 年 2 月 20 日在其国会发表演说时，除攻击国联外，还宣布："德国将承认'满洲国'，以抛弃过去不可解之幻想政策，而尊重现实。"国民政府对德方此种不友好举动，特于 2 月 24 日向德国政府提出抗议，然为维持中德邦交，暂不作进一步之表示。④3 月 3 日，德国又宣布不收中日两国的军事类留学生，原已在学或训练者，限于 8 月 31 日以前结束。5 月 13 日，又下令召回全体在华德国军事顾问。5 月 21 日，德国政府又以保持中立为由，下令所有德国顾问一律返回，中国政府则试图拖延。6 月 21 日，陶德曼向总军事顾问亚历山大·冯·法肯豪森上将转达德国政府指示称："全体德籍军事顾问，凡职务未停止者，一律立即停止，并尽速离华，必要时虽违反中国政府意旨，在所勿恤。"⑤同

---

① 王志昆等主编：《中国战时首都档案文献：战时外交》上，西南师范大学出版社 2017 年版，第 468 页。
② 本书编委会编：《中国抗日战争时期外交密档》第 4 卷，人民日报出版社 2017 年版，第 30—31 页。
③ 胡德坤主编，马振犊编：《反法西斯战争时期的中国与世界研究》第 9 卷，武汉大学出版社 2010 年版，第 363 页。
④ 本书编委会编：《中国抗日战争时期外交密档》第 4 卷，人民日报出版社 2017 年版，第 31 页。
⑤ 吕芳上主编：《中国抗日战争史新编》第 5 册，（台北）"国史馆" 2015 年版，第 178 页。

日,陶德曼偕同法肯豪森以严重态度向外交部次长徐谟口头声明:"如于六月二十三日以前,中国国民政府对于全体德国顾问之即时离华不予明白表示同意,并担保该顾问等之离华,则本大使奉令立即将所有职务移交于代办,离华返国。"①6月26日,陶德曼奉令离华,再未返回,德国在华军事顾问也在1938年7月初全部回国。德国政府虽然不顾《中德贸易协定》规定,在4月27日下令禁止向中国提供军事物资,许多订货因此被取消,但中德贸易的大门并未完全关死,仍有少量的军事物资经伪装后运往中国。②中国已经订购的军火仍然可以秘密起运,但不能直接运往中国,须经另一国家转手,另外续订新的军火则再无可能。这以后仍有少量军火得以从德国运出,如原定7月初交付运华的一批军火,就假借芬兰订货的名义,秘密起运赴华。这批军火内有榴弹炮炮弹6000发,47厘米炮弹18000发,毛瑟枪5000支,枪弹3700万发。③此后仍有不少德国军火、设备通过香港进入内地。

(二)中英关系的演变

卢沟桥事变爆发后,为了防止日本侵华破坏英国在华利益,1937年7月12日,英国照会中、日两国,要求两国:不要扩大纠纷,停止增派军队,通过和平谈判解决事变。英国外交大臣艾登也在下院就远东局势发表的演说中指出:"对于此次纠纷,极为关切,希望获得和平解决。但和平解决办法,或仅由中日双方直接磋商,最有成功之希望。至于第三国,则除对于维持和平一层,表示当然的关切外,可不出面干预。"④

国民政府积极与英、美两国沟通,希望英美合作,制止日本侵略。7月12日,南京政府秘密询问英、美两国是否愿意出面调停中日危机。英国最初并不认为这是一个严重事件,但仍在7月13日与美国进行了沟通,希望能联合行动,共同劝

---

① 本书编委会编:《中国抗日战争时期外交密档》第4卷,人民日报出版社2017年版,第31页。
② 王建朗主编:《中华民国时期外交文献汇编(1911—1949)》第7卷,中华书局2015年版,第289页。
③ 王建朗、曾景忠:《中国近代通史》第9卷,江苏人民出版社2009年版,第200页。
④ 李良志等主编:《中国新民主主义革命史长编·全民抗战气壮山河(1937—1938)》,上海人民出版社1995年版,第171页。

解中日不要升级冲突。此即英国第一次联美尝试。英、法均认为美国的参与非常关键，但美国通过赫尔声明表明无意参与调停行动。[①]英国主张通过国际努力，特别是依靠美国来进行调停。故英国迅速提出调停计划，又在20日联系美国共同调停中日争端，劝告东京节制，但美国反应冷淡，不想参加任何外交阵线，而是坚持中立。7月21日，英国驻华大使许格森应邀来见蒋介石，蒋介石说："现在的局势，只有英、美两国努力从中设法，或可变为和缓，而东亚和平亦可维持。此意请即转达贵国政府。"[②]许格森随即用电文向英国政府进行了汇报，英国外交大臣艾登立即约见日本驻英大使吉田茂，忠告日本应该自我节制，中国的忍耐是有限度的，称日本对中国的态度过分强硬，足以损害英日间关系，英政府希望中日纠纷可以成立折中方案。[③]7月28日，英国再次向美国提出希望英美合作倡议中日和平谈判，但美国仍不愿意，只同意由驻日的英、美大使分别向日本提出建议。

英国政府为保护其在华利益，希望和平解决中日争端，反对日本侵略中国。英国在事变后多次警告日本政府其行动威胁到了英国在华安全和利益，希望日本结束冲突，曾称：如果日本将华北变为另一个伪满洲国，英日关系将很难真正改善。英国还试图以正在进行的英日谈判为杠杆，迫使日本尽快与中国恢复和平。[④]当时国民政府派孔祥熙、胡适、蒋百里等人前往英、美等国开展积极外交，争取各国的援助。英国在不触犯日本的情况下给予了中国有限的支持。7月30日，孔祥熙在伦敦和英国银行团签订了2000万英镑借款合同，供中国订购铁路器材和巩固法币基金用，同时向英国购得战斗机36架。[⑤]上海局势的紧张引起了英国的高度关注。8月9日"虹桥机场事件"发生后，驻扎在威海卫的英国海军中国分舰队司令查尔斯·利特尔海军中将立即带兵前往上海，以备必要时保卫租界免遭攻击。英国驻华外交官奉命联合各国先后提出3个"调停"方案，以防止战火蔓延到上

---

① 侯中军：《论七七事变与英国的最初因应》，《近代史研究》2018年第2期。
② 李世安、陈淑荣：《卢沟桥事变后英国对日政策的转变》，《河南师范大学学报》2018年第4期。
③ 卢勇辑，本社编：《卢沟桥事变》，广西师范大学出版社2009年版，第225页。
④ 胡德坤主编，陶文钊编：《反法西斯战争时期的中国与世界研究》第6卷，武汉大学出版社2010年版，第82页。
⑤ 唐培吉主编：《抗战时期的对外关系》上册，北京燕山出版社1997年版，第152页。

海，保护英国的在华利益，[①]但都遭到日本的拒绝。英国虽然同情中国，但仅限于口头的支持。在1937年底卡尔接替许格森任英国驻华大使后，情况有所改变。卡尔不断要求英国政府改变其远东政策，用物质力量支持中国的抗战。当然，他的考虑也是从维护英国在华利益出发的。日本拉拢英国的政策并没有奏效，英国决定继续坚持援华抗日的立场。1937年12月，英国政府同意从《出口担保法案》规定的由商务部支配的1000万英镑中，拨借给中国300万英镑。[②]

当时英国为了自身在华利益，也采取了有损中国利益的行动。华北海关已完全落入日本手中，更使中国的金融货币基础受到严重打击。为了使中国的经济免遭崩溃，中国于1938年3月15日再次向英国提出2000万英镑贷款的要求，并说明以中国向英国出口的钨锑来担保。但是，结果仍然令人失望，英国根本不考虑中国的这一要求。直到5月底，中国向英国提出的2000万英镑贷款的要求仍未得到答复。[③]为了维护自身在海关的利益，经过多次谈判，1938年5月2日，占据海关总税务司及多数在华高级海关职务的英国与日本订立《关于中国海关之协定》，将沦陷地海关税收交日本正金银行存储，对日庚子赔款应即付，同时沦陷区关税按比例偿付外债、赔款。[④]但中国表示坚决反对，并且停付对日庚子赔款，日本为此也拒绝交付各国外债、赔款，英国愿望落空。

为争取英国的援助，1938年1月1日及18日，国民政府驻英大使郭泰祺两度拜访英国外交大臣安东尼·艾登，希望英国援华抗日，但艾登仅表示英国将量力而行。3月28日，国民政府立法院长孙科在拜访艾登时，又提出英国向中国财政援助，艾登却予以婉拒。[⑤]1938年春，中国曾向英国提出2000万英镑贷款的要求，但英国内部经过讨论，并没有达成共识。与此同时，1938年4月12日，立法院长孙科、驻英大使郭泰祺拜见英国首相，英国首相称：不赞成日本在华行动，对中

---

① 石源华：《中华民国外交史》，上海人民出版社1994年版，第500页。
② 石源华：《中华民国外交史新著》第2卷，社会科学文献出版社2013年版，第674页。
③ 唐培吉主编：《抗战时期的对外关系》上册，北京燕山出版社1997年版，第177页。
④ 中国近代经济史资料丛刊编辑委员会主编：《一九三八年英日关于中国海关的非法协定》，中华书局1983年版，第2页。
⑤ 萨本仁、潘兴明：《20世纪的中英关系》，上海人民出版社1996年版，第221页。

国近日良好战讯表示欣慰;英政府于相当时机,愿出面调停,但觉时机未到,正在研究对中国财政援助的具体办法。① 5月31日,英国外交大臣哈里法克斯子爵(即爱德华·伍德)在向英国战时内阁提交的《关于中国请求援助的备忘录》中,承认"如果日本赢得战争,我们在那里的利益将注定要被消灭","中国现在从外部得到的援助越少,战争就可能结束得越快,日本就更可能将它的计划付诸实现,应该在中国的利益被扫地出门的时刻就会更快地到来"。因此,"关于荣誉和自身利益的每一种考虑都敦促我们尽我们所能去帮助中国。花费一笔数额非常有限的金钱,我们也许可能因此而保存我们在远东的至关重要的利益"②。但在1938年10月前,英国贷款一直没有兑现,如1938年7月13日的英国内阁会议上对中国提出的5000万英镑金融借款未予通过,因英内阁以为在当时的国际情势下,批准贷款恐增加纠纷及英方责任,也恐日本在远东乘机报复。③1938年10月16日,丘吉尔在对美国人民的广播中,对中国军民的抗战给予了肯定,此后英国的对日政策日趋强硬。

（三）中美关系的变化

卢沟桥事变爆发后,美国奉行中立主义,竭力避免卷入中日冲突,既不给中国援助,也不制裁日本。7月12日,针对中国要求美国出面调解的请求,美国国务卿科德尔·赫尔表示,美国对中日双方保持"公正、友好的态度",希望双方"都要克制",拒绝了中国的要求。④赫尔表示:"吾人主张保持和平,对政治问题,均不欲用武力解决,更反对干涉他国内政。现行各种条约,务当尊重。"⑤美国还多次拒绝了英国提出的英美联合出面"调停"中日冲突的建议。但在7月16日,美国国务卿赫尔发表了一个声明,重申美国过去在国际关系上所主张的而为当时中

---

① 本书编委会编:《中国抗日战争时期外交密档》第3卷,人民日报出版社2017年版,第9页。
② 胡德坤主编,李世安等编:《反法西斯战争时期的中国与世界研究》第7卷,武汉大学出版社2010年版,第65页。
③ 本书编委会编:《中国抗日战争时期外交密档》第3卷,人民日报出版社2017年版,第199页。
④ 王巧荣:《论抗日战争时期美国对华政策》,《河南师范大学学报》2006年第1期。
⑤ 张宪文等:《中华民国史》第3卷,南京大学出版社2005年版,第46页。

日纠纷所应适用的若干条规，诸如维护和平；国际间不得使用武力；不得干涉他国的内政；以和平谈判和订立协定的程序，调处国际关系上的问题；忠实遵守国际协定；本着互助互谅的精神，按照正规的程序，以修改国际条约；一切国家都应当尊重他国的权利，并且履行既定的义务；美国政府的政策为维护国际和平，维护国际法和国际条约之尊严等[①]，此声明未涉及指责日本侵略，只是提到了中日应遵循上述原则。8月10日，美国曾非正式地向日本提出可居间斡旋中日商谈解决争端，但日本未予理会。淞沪会战爆发后，8月23日，赫尔再度发表声明，表示"本政府不信奉政治联盟或介入，也不信奉极端孤立。它信奉国际协作……正力图在太平洋地区和全世界保持、加强和复兴上述原则"。赫尔的两次声明成为接下来几个月美国对待中日战争的官方政策的基础而被反复提及。[②]

为维护在华利益，美国不想与日本在远东发生冲突，故在抗战初期态度比较消极。8月27日，美国驻日本大使约瑟夫·格鲁就向国务卿建议避免介入中日争端，保持中立。9月14日，美国总统富兰克林·罗斯福宣布对中日两国施行"中立法"，其中规定："美国政府所拥有的商船在未接到新的通知前，即日起不准向中国或日本运输任何武器弹药或1937年5月1日总统公告中所列举的战争工具。其他任何飘挂美国国旗的商船若在接到新通知前企图向中国或日本运输任何公告所列举的物品，一切后果自负。"[③]若是有美国私船运输则自担风险。美国政府甚至对其公民以私人身份服务于中国某些重要部门亦加以限制，阻止美国飞行员来华服务。中国政府努力推动美国政府改变其中立政策，美国外交界、军界一些有识之士亦开始反思其远东政策，他们强烈呼吁政府采取援助中国限制日本的措施。[④]

10月5日，罗斯福在芝加哥发表演说称：爱好和平诸国之和平志愿，必须明白表现，以期彼冀图违反现行条约与他国权利之国家，幡然改变其行为。维护和平实有待于积极之努力，美人痛恶战争，希望和平，故对于觅求和平，现方积极

[①] 《中美关系资料汇编》第1辑，世界知识出版社1957年版，第92页。
[②] 胡德坤主编，陶文钊编：《反法西斯战争时期的中国与世界研究》第6卷，武汉大学出版社2010年版，第84页。
[③] 王建朗主编：《中华民国时期外交文献汇编（1911—1949）》第7卷，中华书局2015年版，第888页。
[④] 王建朗主编：《中华民国时期外交文献汇编（1911—1949）》第7卷，中华书局2015年版，第880页。

从事也。①次日，美国国务院发表宣言，谴责日本在华行动，称其不符合国际关系之原则，实违背《九国公约》与《非战条约》。②10月12日，胡适和中国驻美大使王正廷前往白宫，与美国总统罗斯福会谈，争取总统和美国的支持。因美国国内孤立主义的反对，美国不愿卷入美洲之外的争端，此声明立场虽然随后改变，但仍未制裁日本。

美国在中国全民族抗战初期并未想制止日本侵略，虽然奉行不干涉中日争端的政策，但仍然同日本保持贸易往来，供给日本大量的军事物资，当然也给中国抗战一定的援助。从1937年7月到11月，准许运往中国的军火价值8600万美元，运往日本的军火价值150万美元。③当时美国在华的公司、教堂及其他财产经常遭到日军轰炸或破坏，虽然美国经常向日本抗议，但无济于事。12月13日，日军将在南京长江江面活动的美国军舰"帕奈"号和美孚石油公司的船只炸沉，但美国仍然保持克制，只是接受了日本的赔偿与道歉，未采取任何惩罚措施。④

国民政府在全民族抗战初期，还积极争取美国的援助。1937年7月上旬，孔祥熙赴美国争取美国贷款，并受到罗斯福的接见。孔祥熙征得罗斯福同意，订购汽油一批，由美国运至香港再转运到内地。⑤但由于对华贷款在美国国内被视为非中立的行为，故美国对中国抗战的支持最初是通过购买白银的方式进行的。7月10日，孔祥熙与美方达成中美白银互换协定，"中国将存在美国的白银以每盎司0.45美元的价格售予美国，再以售银所得购进美国黄金，存于美国纽约联邦储备银行，作为中国发行货币的准备；该银行再以此存金为抵押，贷给中国五千万美元"⑥。中国以此款项来购买军火物资，稳定外汇，后美方又多次以上述方式购入中国白银。从1937年7月至1938年7月，美国共分6批购买了中国31200万盎司

---

① 王志民等主编：《中国战时首都档案文献：战时外交》上，西南师范大学出版社2017年版，第431页。
② 本书编委会编：《中国抗日战争时期外交密档》第1卷，人民日报出版社2017年版，第29页。
③ 邱建群、李惠：《中美关系史略：从"中国皇后"号驶华到改革开放初期（1784—1989）》，辽宁人民出版社2008年版，第198页。
④ 章伯锋、庄建平主编：《抗日战争》第4卷，四川大学出版社1997年版，第166页。
⑤ 王正华：《抗战时期外国对华援助》，（台北）环球书局1987年版，第189页。
⑥ 完颜绍元：《"废约"外交家王正廷》，福建教育出版社2015年版，第252页。

白银，价值 1.38 亿美元①，为中国提供了大量的外汇，其中有 4800 万美元用以采购军事物资。当时国民政府继续多次提出向美国贷款，但直到 1938 年底仍无实质性进展。

1938 年开始，随着日本侵华活动加剧，美国态度开始转变。1938 年 1 月 30 日，蒋介石致电罗斯福称："要请尽力设法，务使日本之侵略，能得从速终了，俾贵我两国所确信之主义，得以实现。吾人急迫之愿望，则美国即于此时在经济上及物质上予中国以援助，俾得继续抵抗。"②蒋介石还多次致电罗斯福，希望修改中立法案。他在 3 月 5 日的电文中写道："某种法案原为应付两国间某种事态而设，乃于实施时与立法者初衷相反，在实际上竟助长侵略者而对被侵略者不予援助，未免有失公允。"③同年 5 月 22 日，蒋介石再次致电罗斯福，希望美国勿再继续严格执行中立法案，要求美国绝对禁运军用材料及器具与日本，尤以钢铁与煤油为最。④在此形势下，美国做出转变。1938 年 6 月 11 日，美国国务卿赫尔在记者招待会上发表公开声明："我们谴责针对平民的轰炸，也谴责对此种轰炸物质上的鼓励。我们要这样告诉国内外，告诉美国公民，尤其是轰炸机的制造商们……我们的态度是劝阻向把飞机用于轰炸平民的地区出售飞机。"7 月 1 日，国务院又向飞机制造商和出口商发出劝告信，表示"美国政府强烈反对向从事那种轰炸的国家出售飞机或航空设备。因此，国务院将极不乐于签发许可证，授权向正使用军队攻击平民的国家出口任何飞机、航空武器、飞机引擎、飞机部件、航空设备附件或炸弹"。这就是所谓"道义禁运"，最后绝大部分厂家都采取了与政府合作的态度。⑤在政治上，美国通过外交途径向日本施加压力。1938 年 10 月 6 日美国驻日本大使格鲁照会日本首相近卫文麿，要求日本政府注意它从前所给予的"明确保证"，要使门户开放原则在中国维持下去。照会要求日本停止在中国占领区内强

---

① 王建朗主编：《中华民国时期外交文献汇编（1911—1949）》第 7 卷，中华书局 2015 年版，第 938 页。
② 本书编委会编：《中国抗日战争时期外交密档》第 1 卷，人民日报出版社 2017 年版，第 4 页。
③ 陶文钊：《中美关系史（修订本）》第 1 卷，社会科学文献出版社 2016 年版，第 154 页。
④ 石源华：《中华民国外交史新著》，社会科学文献出版社 2013 年版，第 689 页。
⑤ 胡德坤主编，陶文钊编：《反法西斯战争时期的中国与世界研究》第 6 卷，武汉大学出版社 2010 年版，第 112 页。

制施行的、有歧视性的外汇管制与他种措施；停止任何剥夺美国人民在华从事任何合法贸易或工业之权利的独占或优先制度；停止在华的日本当局对于美国财产及他种权利的干涉[①]，并于10月28日由国务院全文公布，此后美国加大对华援助力度。

（四）中苏关系的改善

全民族抗战爆发后，由于日本在东北直接威胁到苏联，苏联希望中国抗战能拖住日本作战，故对中国给予了大力支持。1937年7月8日，蒋介石命令孙科和王宠惠提请苏联驻华大使鲍格莫洛夫催促苏联政府从速订立苏中军事互助协定，同日王宠惠也将《中苏互助协定草案》发给蒋介石过目。孙科于7月9日、13日和16日连续三次与德米特里·鲍格莫洛夫会谈，敦促苏中密切合作。7月19日，陈立夫拜会了正在上海的鲍格莫洛夫，提出了中国从苏联购买军火的意图，希望中苏签订互助条约，但鲍格莫洛夫提出苏联政府的态度是以太平洋地区公约为当务之急，同时还有互不侵犯条约，然后才能谈双方互助条约。[②]当时苏联出于自身利益考虑，不仅明白地支持中国，更打破外交惯例，不顾蒋介石的冷淡和犹豫，主动示好。其驻华大使鲍格莫洛夫频繁会见孙科等国民党要人。[③]7月底，陈立夫代表中国政府向苏联提出签订互助条约，同时要求苏联提供军事援助及贷款。苏联政府仍不同意签订互助条约，以免激怒日本，陷入与日本的战争，但批准向中国政府提供贷款和军火，苏联同意："武器的订货拟增至1亿中国元，一年内交货"，"可给200架飞机并带装备和200辆坦克"，不过苏联主张向中国"提供军事物资必以先签订互不侵犯条约为先决条件"[④]。当时中方因亟须获得苏联军事物资用以抗日，故做出了让步。8月2日，蒋介石亲自接见鲍格莫洛夫，提出如果互不侵

[①]《中美关系资料汇编》第1辑，世界知识出版社1957年版，第94页。
[②] 王建朗主编：《中华民国时期外交文献汇编（1911—1949）》第7卷，中华书局2015年版，第391—392页。
[③] 张宪文等：《中华民国史》第3卷，南京大学出版社2005年版，第56页。
[④] 胡德坤主编，汪金国编：《反法西斯战争时期的中国与世界研究》第8卷，武汉大学出版社2010年版，第46页。

犯条约中不含有侵犯中国主权内容，他原则上同意签约[1]，其表态加快了中苏谈判。

经过多次讨论，国民政府与苏联政府于1937年8月21日在南京签订《中苏互不侵犯条约》，其中除了规定中苏两国互不侵略外，还称："倘两缔约国之一方受一个或数个第三国侵略时，彼缔约国约定，在冲突全部期间内，对于该第三国不得直接或间接给予以任何协助，并不得为任何行动，或签订任何协定，致该侵略国得用以施行不利于受侵略之缔约国。"[2] 8月29日，《中苏互不侵犯条约》在南京和莫斯科同时全文公布。与此同时，作为条约第二款的扩展，苏联和中国全权代表互换了严格保密的共同宣言。根据该宣言，苏联承诺，在中国与日本的正常关系未正式恢复之前，不与日本签订任何形式的条约；中国则承诺，在条约有效期内，不与第三国签订联合反共的条约（实际上是指反苏条约）。[3] 作为对该条约的补充，1937年9月14日，中苏代表在莫斯科达成了向中国提供军事技术、弹药和装备的协议，同时双方约定，南京政府应把1/5到1/4的武器分给中国共产党领导的军队。[4]

《中苏互不侵犯条约》签订后，苏联根据规定，断绝了同日本的贸易关系，禁止向日本出口军事战略物资。苏联于1938年在莫斯科举办援华抗战展览会，呼吁各国关注中国抗战。应中国的请求，苏联还在国联多次会议及九国公约会议上表示了对中国的支持与对日本侵略的谴责，呼吁对日本实行集体制裁与共同援助中国，但遭到英、美等国反对。而且苏联还单独提出对日本的谴责。如1938年6月苏联向日本政府提出交涉，谴责其对广州的野蛮轰炸。在1938年9月30日国联理事会议上，苏联代表团再次呼吁对日本采取共同行动，声明苏联政府准备参加这种集体措施的协调。[5]

---

[1] 中国人民抗日战争纪念馆编：《抗战时期苏联援华史论》，社会科学文献出版社2013年版，第43页。
[2] 中国第二历史档案馆编：《中华民国史档案资料汇编》第5辑第2编外交，江苏古籍出版社1997年版，第199页。
[3] 胡德坤主编，汪金国编：《反法西斯战争时期的中国与世界研究》第8卷，武汉大学出版社2010年版，第45页。
[4] 田保国：《民国时期中苏关系：1917—1949》，济南出版社1999年版，第61页。
[5] 胡德坤主编，汪金国编：《反法西斯战争时期的中国与世界研究》第8卷，武汉大学出版社2010年版，第56页。

蒋介石多次希望苏联出兵，并展开交涉。11月1日，杨杰奉命向苏联国防人民委员利缅特·伏罗希洛夫提请苏联参战，并希望苏联告知参战时间。11月11日，苏共中央总书记斯大林会见杨杰、张冲时提出：若中国不利时，苏联可以向日开战，但目前苏联不宜对日开战。此后，伏罗希洛夫对杨杰表示，当中国抗战到了生死关头时，苏联将出兵参战，绝不坐视中国失败。① 11月30日，蒋介石再次致电斯大林、伏罗希洛夫称："切盼友邦苏俄实力之应援，望先生当机立断，仗义兴师，挽救东亚之危局，巩固中苏永久合作之精神。"② 12月6日，斯大林与伏罗希洛夫致电蒋介石，答复他11月30日请求苏联出兵的来电。电报说：假若日本不向苏联挑衅，苏联即刻出兵，将被认为是侵略行动，国际舆论将改善日本的地位。只要在九国或其中主要一部，允许共同应付日本侵略时，苏联就可以立即出兵。③ 但当时苏联并不想与日本直接开战，只是想通过增强中国抵抗力量来制约日本。1938年5月5日，蒋介石致电斯大林称："我恳切地请求你们尽快同意签订给予中国武器和飞机贷款的协定，并开始成批地装运……我请求先提供购买轰炸机和发动机的贷款，与此有关的协议已经达成，请尽快把它们运到中国。"④ 5月10日，斯大林回信给予肯定答复，坚持援助中国，承诺提供中国急需的飞机。6月14日，蒋介石在会见苏联驻华全权代表卢干兹时提出，希望其向斯大林、伏罗希洛夫转达，中苏两国协商合作再向前迈出一步，可实行秘密的军事合作，并保证中国不会对日做出任何妥协。⑤ 9月18日，苏联政府就出兵问题委托驻华全权代表卢干兹向蒋介石作如下答复："苏联只有在下述三个条件下才可参加对日作战：如果日本进攻苏联；如果英美加入对日战争；如果国联责成太平洋国家对日宣战。"⑥ 虽然苏联一再拒绝出兵，但蒋介石在10月1日致电在苏联的杨杰时，仍

---

① 陶文钊等：《抗日战争时期中国对外关系》，中国社会科学出版社2009年版，第83页。
② 李玉贞编译：《蒋介石斯大林战时通信》，《近代史资料》第132号，中国社会科学出版社2015年版，第220页。
③ 本书编委会编：《中国抗日战争时期外交密档》第4卷，人民日报出版社2017年版，第16页。
④ 齐赫文斯基整理，娄杰、左凤荣译：《1937—1939年蒋介石同斯大林、伏罗希洛夫的通信》，《民国档案》1996年第3期。
⑤ 李玉贞编译：《蒋介石斯大林战时通信》，《近代史资料》第132号，中国社会科学出版社2015年版，第224页。
⑥ 田保国：《民国时期中苏关系：1917—1949》，济南出版社1999年版，第65页。

然提出:"我方认为此时苏联应对远东之侵略者作最有效之制裁,而对我国作进一步之接近。一则国联既议决各会员国有权施行第十六条,则苏联正可实行向日对我之诺言(即谓如国联议决则苏可出兵)。"①但苏联仍然没有出兵,直到1945年8月才出兵中国东北对日宣战。

苏联还应国民政府的要求,对中国提供了大量的财政和军事援助。当抗战开始时,中国空军遭受了巨大损失,因此获取作战飞机成为中国最迫切的要求。1937年8月下旬,中国政府即派航空委员会的沈德燮处长出使苏联,商洽飞机采购事宜,希望苏联提供200架驱逐机和100架重轰炸机,并聘用苏联部分飞行员来华。为了进一步争取苏联的援助,9月上旬,中国政府又派遣军事委员会参谋次长杨杰和国民党中央执行委员张冲出使苏联。②在代表团到达苏联之前,陈立夫在8月27日同苏联大使就贷款问题达成协议,向苏联贷款1亿元国币,用以购买苏联飞机200架、坦克200辆,中国以金属、茶叶等货物偿还,具体细节由杨杰到莫斯科后商定。③经过中苏多次谈判,争取苏联援助取得重大进展,9月14日杨杰报告:苏联已同意向中国提供包括轰炸机62架、驱逐机163架、坦克82辆、反坦克炮200门、高射炮一营装备在内的战争物资,总价高达1亿元国币,其中飞机已谈定在10月底前务必启程运出。④1937年10月下旬,苏联首批援华飞机及2个飞行大队飞抵中国,极大增强了中国空军力量。1937年12月,中国又向苏联提出了紧急进行武器援助的要求,后苏联同意除步枪由中国自备外,苏联按每师重炮4门、野炮8门、战车炮4门、重机关枪15挺、轻机关枪30挺及足额的炮弹、子弹的配额,向中国提供20个师的装备,另有双翼驱逐机62架,并附武器和弹药全副。⑤这些武器通过陆运、海运陆续来华,中国则以茶叶、羊毛和钨、锡、锑等矿产与苏联交换军用品。苏联向中国提供的第一批飞机和军火物资

---

① 武汉地方志编纂委员会办公室编:《武汉抗战史料》,武汉出版社2007年版,第369页。
② 陶文钊等:《抗日战争时期中国对外关系》,中国社会科学出版社2009年版,第75页。
③ 雪融开、闫晶:《苏联与中国抗日战争史话》,四川人民出版社2017年版,第48页。
④ 陶文钊等:《抗日战争时期中国对外关系》,中国社会科学出版社2009年版,第75—76页。
⑤ 中国第二历史档案馆编:《中华民国史档案资料汇编》第5辑第2编外交,江苏古籍出版社1997年版,第239—240页。

在1937年10月至1938年2月间陆续运到中国。到1938年3月，苏联已经向中国提供价值5000万美元的军火，包括军用飞机297架、各式火炮390门、坦克82辆、汽车400辆、机关枪1900挺及各类零配件和大量枪支弹药。①

中苏在1938年还签订了多笔贷款协定。1938年3月1日，中苏两国在莫斯科签订了《关于使用5000万美元贷款之协定》。这笔贷款年息3%，以5年为期。苏联把中国急需的飞机、火炮、坦克、汽车、机枪、弹药、燃料等军用物资折为贷款，经新疆运往内地。这是中国自全民族抗战开始后，从国外获得的第一笔贷款。②这个贷款协定数额为5000万美元（苏联从中国战时需要考虑，在第一个贷款协定签订前，就已向中国提供了282架飞机，第一批军用物资也在1937年10月17日运抵中国）。这一协定分3笔合同实现，3笔合同累计：中方实际用于购置军火费用计4399.13万美元，运费及行政费（组织费和派遣费）440.66余万美元，剩下160.2余万美元为苏联军事专家生活费。之后还不到半年，1938年7月1日，苏联又向中国提供贷款5000万美元，以便中国购买苏联的军事物资。款项及贷款条件与第一个贷款协定相同，分2笔合同实现。③

苏联还派遣大量军事人员来华支援中国抗战。如到1938年6月初，在参加武汉会战的中国第一、第二、第三和第九战区的军队中，大约有50名负责训练中国军队的苏联技术员和教练员，200名苏联志愿飞行员和大约400名苏联顾问，与中国军队一起参加了保卫武汉的作战。④1938年6月之后，应中国政府的邀请，苏联又派大批有丰富作战经验与理论素养的军事顾问先后来到中国，对中国的陆军、空军、炮兵、工程兵等诸兵种进行训练指导，帮助其掌握各种作战技术，并参与拟订对日作战计划，指挥对日作战，建立了比较完整的军事顾问体系。到1939年1月中旬，在中国不同兵种中有3665名苏联军事专家。⑤

---

① 章伯锋、庄建平主编：《抗日战争》第4卷，四川大学出版社1997年版，第804页。
② 熊志勇、苏浩：《中国近现代外交史》，世界知识出版社2005年版，第386页。
③ 李良志等主编：《中国新民主主义革命史长编·全民抗战气壮山河（1937—1938）》，上海人民出版社1995年版，第178页。
④ 薛衔天：《民国时期中苏关系史：1917—1949》，中共党史出版社2009年版，第110页。
⑤ 李嘉谷：《合作与冲突——1931—1945年的中苏关系》，广西师范大学出版社1996年版，第69页。

（五）国民政府诉诸国联和布鲁塞尔会议

为了尽早解决中日争端，当时国民党政府还寄望于国联组织，主要通过国联大会和布鲁塞尔会议来进行。1937年7月16日，中国政府向九国公约国及英、法政府递交备忘录。7月22日，国联人士针对中日冲突发言称：当事双方，若不能达成和平解决方案，中国或当向国联提出申诉。[1] 8月30日，中国驻国联负责人胡世泽向国联秘书长递交了《关于卢沟桥事变以来日本侵略中国照会》。9月10日，第九届国联行政院常会开幕，中国代表顾维钧等出席了例会。同日，国民政府向国联发去声明书，详细陈述了日军的侵略事实。9月12日，国民政府又向国联发去申诉书，称："本代表兹奉本国政府训令，谨请贵秘书长注意日本以其陆、海、空军全力侵犯中国，且仍继续侵犯中国之事实，此系对于中国领土完整与政治独立之侵犯行动。中国为国联会员国，故此种行动明白构成应依国联会章第十条处理之案件。又日本之侵犯行动，如此造成之严重情势，亦在同会章第十一条范围以内，故亦为国联全体有关之事件。"[2] 中国要求根据《国联盟约》第10条、第11条和第17条采取必要行动，对日本进行制裁。15日，第十八届国联大会开会，顾维钧在会中陈述远东局势，请求国联明确表示反对日本侵略政策，阻止日本封锁中国海岸。16日，国联行政院开会，决议将中国的申诉交付远东顾问委员会处理。21日，远东顾问委员会开会，中国代表顾维钧照会该委员会，要求采取措施制止日本对中国不设防城市及平民的狂轰滥炸，希望宣布日本采取的行动为侵略行为，制裁日本，援助中国。但这些诉求都未得到英、法的支持，仅在9月28日，国联通过决议案，对日本在中国不设防城市进行轰炸给予了谴责。10月1日，顾维钧向远东顾问委员会递交了宣布日本为侵略者的决议草案，但是遭到英、法代表的反对。最终在10月6日，国联大会通过了远东顾问委员会提出的两份报告，第一份报告主要内容为：（1）日本军事行动远超初起事件范围以外；（2）不能依据条约或正当防卫以自解，实属违犯《九国公约》及《非战公约》。第二份报告为办法之建议，说明中日事件世界各国皆有关系，不能认为仅系中日两国之事，建议由九国公

---

[1] 卢勇辑，本社编：《卢沟桥事变》，广西师范大学出版社2009年版，第230页。
[2] 王建朗主编：《中华民国时期外交文献汇编（1911—1949）》第7卷，中华书局2015年版，第92页。

约各国讨论共同调停办法，大会予中国以精神上之援助，会员国不得为任何减少中国抵抗力量之行为，并由各国各别考量援助中国之办法。[①] 从决议来看，日本未受到任何制裁，甚至都未被界定为侵略者。

根据国联此次会议精神，经过讨论，各国决定在比利时布鲁塞尔举行九国公约会议。1937年11月3日布鲁塞尔会议开幕，19国代表出席，日本及德国缺席。在3日的开幕会上，中国代表顾维钧陈述了日本的侵略罪行，驳斥了日本侵华的各种借口，希望各国援助中国。会议期间，当时苏联外长李维诺夫支持中国，要求采取集体措施制止日本侵略，但他的主张并未被英、美、法等国接受。因日本拒绝与会，美国政府对处理中日冲突态度也不积极。期望布鲁塞尔会议进行的调停实际失败，中国代表团转而向与会各国请求经济援助，也被婉拒。[②]16—21日的会议休会期间，中国希望的对日制裁问题也受到各国无视。11月22日会议重开，24日举行最后一次会议，通过了报告和宣言后便闭会。报告只是重申，《九国公约》各项原则是对世界和平和国内国际生活有秩序地向前发展的必不可少的基本原则。会议相信，立即停止远东的战争行动，不仅符合中日两国，也符合所有国家的最大利益。会议强烈要求应该停止战争行动，必须求助于和平程序。[③] 这种决议对中国无任何实际帮助，也未宣布日本是侵略者。顾维钧曾在回忆录中写道：中国"是非常失望的，主要不是因为会议本身不能有任何作为，而是由于在远东有巨大利益的大国不愿采取任何措施来抑制日本，这不仅是为了中国的利益，也是为了他们自己和世界和平事业和利益本应采取的"[④]。因各国对日侵略纵容，11月24日，顾维钧在布鲁塞尔会议闭幕会上的声明称："中日战争，迄未终止，中国代表团深信仅口头复述原则，决无补于实际，尤其在此种严重情形之下。中国代表团对于大会，不能采取积极而完备步骤，实为遗憾。因此等一致行动，在阻止日本侵略，恢复世界和平上，实为必需。"[⑤]

---

① 王建朗主编：《中华民国时期外交文献汇编（1911—1949）》第7卷，中华书局2015年版，第108页。
② 唐培吉主编：《抗战时期的对外关系》上册，北京燕山出版社1997年版，第155—156页。
③ 王建朗主编：《中华民国时期外交文献汇编（1911—1949）》第7卷，中华书局2015年版，第219页。
④ 顾维钧：《顾维钧回忆录》第2分册，中华书局1985年版，第696页。
⑤ 王建朗主编：《中华民国时期外交文献汇编（1911—1949）》第7卷，中华书局2015年版，第219页。

国民政府虽然在国联会议和九国公约会议的外交活动遭到失败，但仍然寄希望于国际援助。1938年1月24日，国民政府外交部致电顾维钧，希望其继续向国联申诉，争取可以制裁日本。为此，顾维钧等拟在国联会议上提出对日本制裁问题，表示如果不能对日本实行全面禁运，那么至少要采取某些限制性的措施，如实行日本发动全面侵华战争初期国民政府边抗战边谋求的对日的钢铁、军火等禁运。[1]1月26日，国联大会开幕，顾维钧等就此提案探询各国代表态度，但均未获得支持。中国政府仍坚持提交国联处理，争取国联支援，最终未有结果。1938年2月2日，国联行政院再次通过了关于中日争端的决议案，称：行政院对于远东情势，既经加以考虑，知悉中国境内之敌对行为仍在演进，且自本院上次会议以降，转趋剧烈，引为遗憾；当此中国国民政府在政治上经济上努力建设，卓功功绩之际，而发生此种恶劣情势，尤堪痛惜，后又重申1937年10月6日决议内容。[2]此决议仍是一纸空文，对中国抗战并无实质性帮助。

1938年5月，国联理事会举行第101次会议，中国代表顾维钧于5月10日的理事会上发言，根据盟约第17条正式重申了中国的申诉。在13日的理事会秘密会议上，顾维钧又概述了中国的迫切愿望，要求迅速采取行动援华，但英美等国仍然反应冷淡。[3]5月14日，国联做出决议案，仍然是要求各成员国对之前国联决议尽最大努力使之发生效力，并对中国英勇抗战表示同情；谴责了在战争中使用毒气，为国际公法所斥责之战争方法，请求各国政府，就其所处地位，可将关于此事所得之任何情报，通知联合会。[4]同年9月12日，国联行政院第102次常会召开，国民政府决定在会上再次提出要求国联援助中国，但是英、法等国仍然不主张对日制裁。9月19日，顾维钧在国联理事会上作了发言，"要求行政院立即实施盟约第十七条的提议"，"对日本采取某些禁运措施"，"对中国给以财政和物资援助，以贯彻国联以前所通过的关于中日冲突事件的决议"[5]。最终，经过争取，

---

[1] 唐培吉主编：《抗战时期的对外关系》上册，北京燕山出版社1997年版，第175—176页。
[2] 王志昆等主编：《中国战时首都档案文献：战时外交》上，西南师范大学出版社2017年版，第401页。
[3] 唐培吉主编：《抗战时期的对外关系》上册，北京燕山出版社1997年版，第177页。
[4] 王志昆等主编：《中国战时首都档案文献：战时外交》上，西南师范大学出版社2017年版，第401—402页。
[5] 赵佳楹编：《中国现代外交史》，世界知识出版社2005年版，第685页。

9月29日，国联通过了《关于中日争端决议案》，其中要求各会员国驻华代表提供日本使用毒气的各项资料报告，以便进行调查，后在30日决定组织国联中立调察团来华调查日军施用毒气事件。9月30日，国联行政院通过的报告书中，也仅仅重提1937年10月6日、1938年5月14日的决议精神，呼吁各国对中国抗战进行同情及援助，但实际没有任何援华抗日的有效措施。

二、文化界的抗战救亡活动

全民族抗战爆发后，广大文化工作者团结起来，通过成立救亡团体、开办报刊及各种文艺活动，走向前线、城市与乡村，进行抗战宣传，为全民族抗战贡献了力量。对于当时抗战文化活动盛况，时人总结称："无数的刊物、小册子，在全国各地流行起来了。抗战电影的摄制风起云涌，那种影片的放映已由戏场转到都会或农村的广场，使一般的人都能够接触了。歌咏音乐普遍地发达起来，充分地发挥了它的发扬蹈厉的作用。街头剧和简单的舞台剧也都可以在战区、乡村演出了，而且为抗战将士和民众所欢迎、所接受，此外更有无数的抗敌将士也由各地的文化人教育出来了。"[①]当时文化下乡、文化入伍风起云涌。教育、宣传、鼓励士兵民众抗战，并增强其战斗意志的歌咏、戏剧、绘画、新闻报道、木刻活跃在敌前、敌后，以及后方的每个平常不为文化人足迹所履的角落。[②]

（一）独具特色的文化抗战

卢沟桥事变爆发后，文化工作者创办了一批抗日救亡报刊。报刊在武汉、广州、西安、重庆、成都等地大量出现，有百余种之多，比较著名的有《抗日（三日刊）》《救亡日报》《烽火》《七月》《金箭》《抗战日报》《新华日报》《群众》

---

① 中国第二历史档案馆编：《中华民国史档案资料汇编》第5辑第2编文化（1），江苏古籍出版社1998年版，第54页。
② 中国现代史资料编辑委员会翻印：《抗战中的中国文化教育》，中国现代史资料编辑委员会1957年版，第230页。

《抗到底》《全民抗战》《抗战文艺》《文化战线》《救亡周刊》《救亡漫画》《战时联合旬刊》等抗战刊物也陆续出版，刊发了大量的抗日救亡文章。①《抗战（三日刊）》是淞沪会战后由邹韬奋创办的宣传抗日救国的著名刊物，翌年 7 月 7 日和《全民（周刊）》合并，在汉口出版《全民抗战（三日刊）》。《全民抗战（三日刊）》在传递战时信息和舆论导向上发挥出不可替代的重要作用，作为抗战舆论宣传的有力"武器"，激发了无数民众的抗日热情，为振奋全国抗日精神做出了巨大的贡献。邹韬奋还出版了《全民抗战（战地版五日刊）》《全民抗战（通俗版周刊）》《抗战画报（六日刊）》，在当时影响甚大。郭沫若等人创办的《救亡日报》于 1937 年 8 月 24 日创刊，作为上海文化界救亡协会机关报，举起团结、抗战、救亡的旗帜，对前线战事、各界救亡运动都进行了及时报道，并发表评论文章分析抗日形势，成为上海呼吁抗战的重要阵地。②

文化界人士成立救亡团体，掀起了广泛的救亡活动。北平沦陷以后，广大学生到济南组织了流亡学生救亡工作队一类团体，从事演剧、写壁报、歌咏等宣传工作的大抵就是部分爱好文艺的青年，也许可以说，这就是抗战以后中国文艺界最初较实际的抗战文艺活动。③北平还成立学生移动剧团，在平津附近乡村宣传。1937 年 7 月 28 日，上海文化界 500 多人集会，正式成立上海文化界救亡协会。之后加入上海文化界救亡协会所属团体的有上海戏剧界救亡协会、上海游艺界救亡协会、上海漫画界救亡协会、上海电影界救亡协会、上海国民歌咏救亡协会、话剧界救亡协会等。9 月 18 日，为纪念九一八事变 6 周年，文化界救亡协会联合全市 40 余个救亡团体，组成 3000 人的宣传队，分赴各伤兵医院、难民收容所、里弄，运用演讲、歌咏、演戏、散发传单、张贴标语等方式，宣传抗日救亡。协会还募集大批毛巾、罐头等慰劳品，分赴各医院慰劳伤兵。④协会还通过广播电台邀请名人进行救亡讲演，并进行广泛的国际宣传。上海文艺工作者还组织了"文艺界战时服务团""报告文学者协会""诗人协会"等组织。为了集中力量，这些团体

---

① 张宪文等：《中华民国史》第 3 卷，南京大学出版社 2005 年版，第 300 页。
② 肖效钦、钟兴锦：《抗日战争文化史（1937—1945）》，中共党史出版社 1992 年版，第 44 页。
③ 文天行编：《中国抗战文化编年》，四川辞书出版社 2015 年版，第 45 页。
④ 肖效钦、钟兴锦：《抗日战争文化史（1937—1945）》，中共党史出版社 1992 年版，第 44 页。

于1937年10月合并组成"上海战时文艺协会"。[①]后文艺界人士于1937年10月成立了上海文艺界救亡协会。八一三事变后,上海还成立了上海教育界战时服务团、教育界救亡协会、学生界救亡协会、美专学生战时服务团、大众科学社战时服务团、文化界妇女战地服务团等团体,推动形成抗日救亡热潮。

1937年南京沦陷后,武汉成为中国战时首都,文化界提出了"到武汉去"的口号。从上海、平津、东北、华东、华北等沦陷区来的作家、诗人等文化界人士及各种抗日救亡文化团体、宣传队,都会集在武汉三镇。这一时期,武汉产生一批有影响的艺术作品,成为新的全国文化中心,文化艺术救亡团体多达二三百个。如1937年12月,武汉文化界抗敌协会成立,出版《时事月报》,组织保卫大武汉宣传周,举行战时工作干部训练班。当时在武汉还成立了中华全国戏剧界抗敌协会、中华全国电影界抗敌协会、中华全国文艺界抗敌协会、中华全国漫画作家抗敌协会、中华全国美术界抗敌协会、中华全国木刻界抗敌协会及中华全国歌咏界抗敌协会等全国专业性的抗日文化社团,并各自开展了多样的救亡活动。1938年7月1日,第五战区战时文化工作团成立,团长为臧克家。该团主要任务是为前线士兵、民众提供文化食粮,动员第五战区的文化人努力开展活动、与后方各文化团体密切联系,相互促进[②],深入河南、湖北、安徽农村及大别山区,开展抗日文艺宣传和创作活动。

当时的戏剧救亡活动尤为热烈。7月15日,中国剧作家协会在上海成立。在会上,通过了集体创作剧本《保卫卢沟桥》的决定。8月7日,第一部抗战话剧《保卫卢沟桥》正式上演,用戏剧发出了抗战的吼声。八一三事变后,上海文化界救亡协会所属的"戏剧界救亡协会"还组织了13个救亡演剧队,其中除2个队留在上海外,有11个队开赴内地各战区及乡村做演剧宣传工作,演出《八百壮士》、《我们要反攻》及《在烽火中》等剧目。有5个队在上海沦陷后,到武汉改编为战地演剧队。[③]上海戏剧家联谊会和上海剧作家协会提出了"国防戏剧"的口号,

---

① 王建朗、曾景忠:《中国近代通史》第9卷,江苏人民出版社2009年版,第160页。
② 文天行:《国统区抗战文艺运动大事记》,四川省社会科学院出版社1985年版,第84页。
③ 戴知贤、李良志主编:《抗战时期的文化教育》,北京出版社1995年版,第387页。

广泛地团结爱国剧人。在协会的倡导下,国防戏剧作品大量出现,《汉奸的子孙》《走私》《回声》《秋阳》《东北之夜》等剧作在各地演出时都盛况空前。[1]上海沦陷后,文化工作者于 1937 年 12 月在租界成立青鸟社,1938 年又成立上海剧艺社开展救亡活动。淞沪会战爆发后,《八百壮士》《大上海一日》等剧本便纷纷出现,仅报刊上发表的直接反映这一战事的剧本便接近 30 种。据统计,到 1938 年底,全国共发表剧本 142 个。[2]

戏剧在武汉也很活跃。1937 年 12 月 20 日起,武汉举行全国戏剧界援助各战区游击军大公演,便有话剧、京剧、汉剧、楚剧等各种剧种的 40 多个剧团参加,其中大型话剧《最后的胜利》引起强烈反响。同年底,来自上海的多个剧团来到武汉,演出《上海战争》《青纱帐里》《保卫祖国》《一片爱国心》等爱国话剧,激励了民众抗战情绪。[3]1937 年 12 月 31 日,中华全国戏剧界抗敌协会在汉口成立,统一筹划戏剧界救亡运动,组织戏剧走向农村与战场。在武汉还出版有《抗战戏剧》、《戏剧新闻》及《新演剧》等戏剧类报刊。特别是全国 18 个戏剧团体,超过 95%的戏剧人才都集中到汉口。在第三厅组织下,编成 10 个抗敌演剧队和 5 个抗敌宣传队,各演剧队、宣传队分头进行巡回演出,深入部队、乡村进行抗日宣传工作。旅居香港的戏剧工作者仅 1938 年就开展了近 200 次抗战演出活动,演出剧目有六七十种之多,其影响之大波及南洋华侨。[4]戏剧演出更加平民化、通俗化,文化工作者演出的通俗易懂的街头剧、活报剧、独幕剧受到民众欢迎,《三江好》《最后一计》《放下你的鞭子》《上火线》等是在各地演出最多的独幕剧。《塞上风云》《台儿庄》等剧目也在各地上演。

重庆也掀起了各种形式的救亡文化活动。如 1937 年 9 月,怒吼剧社成立,后于 10 月 1—3 日连续公演抗战话剧《保卫卢沟桥》,还曾组织街村演剧队,在重庆街头演出,并组织了赴前线慰问演出的"六七战地工作团"。救亡歌咏团体也纷纷建立,并在此基础上成立了救亡歌咏协会,街头基层、穷乡僻壤,教唱抗战歌

---

[1] 黄兴涛主编:《中国文化通史》民国卷,北京师范大学出版社 2009 年版,第 378 页。
[2] 王建朗、曾景忠:《中国近代通史》第 9 卷,江苏人民出版社 2009 年版,第 164 页。
[3] 张昭军、孙燕京主编:《中国近代文化史》,中华书局 2018 年版,第 320 页。
[4] 军事科学院军事历史研究部:《中国抗日战争史》中卷,解放军出版社 2015 年版,第 309 页。

曲、唤起民众抗敌的动人场面随处可见。[①]1937年11月，重庆文化界救国联合会改组成立重庆文化界救亡协会，设总务、宣传、慰劳、训练及组织五个部门。该会后组织文字、戏剧及歌咏三组分头开展宣传活动，举行慰劳前方将士的戏剧公演，并成立移动剧团表演抗战戏剧。[②]重庆大学抗敌宣传队、重庆大学抗敌后援会乡村宣传团等也深入城乡进行演剧宣传，而且当时还有上海、北平等地来重庆的文艺团体进行抗战话剧展演。1938年3月25日，重庆还举行主题为"祖国总进行曲"的大型文艺公演，不仅演出了《放下你的鞭子》《反正》《火中的上海》《八百壮士》等抗战戏剧，而且还通过歌舞、平剧、汉剧等丰富多彩的艺术形式进行抗日宣传，并且为川军将士出川抗日进行了寒衣募集。[③]1938年9月18日，重庆戏剧界为了纪念九一八事变，演出了《血祭九一八》《流亡三部曲》《为和平自由而战》等抗战题材戏剧。同年10月10日，中国第一届戏剧节在重庆举行，上海业余剧人协会、复旦剧社等20多个剧团公演了40多个剧目，前后为期22天，受到观众好评。自14日起，还举行"五分钱公演"（五分钱一张票），连演十余场，7000余元收入全部捐献给前线，为战士添置寒衣。10月29日，各剧团联合演出了压台四幕话剧《全民总动员》，盛况空前。[④]桂林于1937年10月成立了国防艺术社话剧团，并冒着日机轰炸的危险开展演出活动。1937年冬，由国防艺术社和乐群社共同发起组织了一个抗战歌咏团。这个歌咏团除举行公开演唱外，还举行过火炬歌咏大游行及广西省会国民基础学校抗战歌咏比赛。[⑤]1938年，欧阳予倩在桂林进行桂剧改革，通过戏剧宣传抗战。

上海沦陷后，文化工作者继续在外国租界中开展"孤岛"文化斗争，其中组织和领导者是中共上海地下党的"文化委员会"（简称"文委"）。在文委领导下，通过创办《译报》《译报周刊》《上海周报》，开展影响很大的抗日救亡宣传。此外，在党的间接领导下，还创办了《文汇报》。在文委领导下，1938年还以"复

[①] 唐正芒等：《中国西部抗战文化史》，中共党史出版社2004年版，第59页。
[②] 袁佳红等主编：《中国战时首都档案文献：战时文化》，西南师范大学出版社2017年版，第644—645页。
[③] 郝明工：《抗战时期的重庆文化》，商务印书馆2016年版，第94页。
[④] 苏智良等编著：《中国抗战内迁实录》，上海人民出版社2015年版，第296页。
[⑤] 唐正芒等：《中国西部抗战文化史》，中共党史出版社2004年版，第59页。

社"名义出版发行了美国记者埃德加·斯诺的《西行漫记》和 20 卷《鲁迅全集》。[①] 蒋锡金等还发起成立上海诗歌座谈会，进行抗日爱国诗歌的创作。全民族抗战前期，上海"孤岛"的文化工作者利用租界的特殊环境，继续开展各种公开和隐蔽的抗战文艺运动，对奴化教育与"和平文学"进行了有力批判，团结和动员了一批有爱国心的文艺工作者。

作家面对全国人民高涨的抗日情绪，纷纷通过创造可以进行宣传鼓动、反映战斗生活的战地通讯、报告文学、街头剧、各种民间通俗文艺等，投身抗日救亡的实际工作或文艺运动。文艺工作者因为着重于对民众宣传，所以日渐向着通俗方面努力。他们或采取当地谣曲的调子，创作些歌词，或利用当地土戏的格式，编排些剧本。因为情形熟悉，写作起来自然是较为便当的，而所产生的作品，自然也较为适合当地民众的口味。[②]文艺通俗除了作品是口语大众化的，创作者还利用旧形式书写抗战内容。新的旧剧、新的鼓词、新的小调都有人拟制，并且被拿到戏园与街头演出，《八百壮士》《空中大战》《台儿庄胜利》等都被编成歌词，谱入了民众熟悉的歌调。报纸与刊物都登载此类歌词与戏文。[③]急切反映现实的、短小的煽动剧、活报剧、街头剧、群众剧在全民族抗战初期占据极大优势，流行于各战区城乡，其剧本题材分为三类：以离乡为背景，体悟颠沛流离的苦难，加强国家意识，建构国家民族观念，如《放下你的鞭子》；传播战争情势，如《保卫卢沟桥》；鼓励从军报国，如《打鬼子去》。[④]

在抗战电影方面，当时中国电影制片厂、西北影片公司等各大电影公司拍摄或录制了《卢沟桥事变》《空军战绩》《八百壮士》《保卫我们的土地》《淞沪前线》《东战场》《光复台儿庄》《长空万里》《华北是我们的》《热血忠魂》《抗战特辑》等多部抗战题材的影片与纪录片，鼓舞了军民的抗战斗志。1938 年 1 月，中华全国电影界抗敌协会在武汉成立，并创办《抗战电影》期刊，进行抗战电影的创作。此外，由儿童组成的新安旅行团和孩子剧团、儿童保育会、抗战儿童读书会、七

---

① 戴知贤、李良志主编：《抗战时期的文化教育》，北京出版社 1995 年版，第 355—356 页。
② 魏孟克：《抗战以来的中国文艺界》，《抗战文艺》第 2 卷第 6 期，1938 年 10 月 15 日。
③ 吕芳上主编：《中国抗日战争史新编》第 4 册，（台北）"国史馆" 2015 年版，第 331 页。
④ 吕芳上主编：《中国抗日战争史新编》第 4 册，（台北）"国史馆" 2015 年版，第 330 页。

七少年剧团、抗战周年剧团、儿童先锋队、中国童子军武穆队、铸抗儿童歌咏队等一起投入保卫大武汉抗日宣传活动。①

文化工作者此时期注重文艺通俗化，短小的报告和诗歌、各种话剧成为文艺创作主流，并借此来宣传中国军民的抗日事迹，揭露日军罪行，激励全国抗战。诗歌的创作在全民族抗战初期最为活跃，诗歌语言倾向通俗化，特别是朗诵诗、街头诗因富有鼓动性与群众性，更为流行，并且在创作上多采用自由体，具有强烈的号召力，诸如郭沫若的《战声集》、田间的《给战斗者》等，显示了诗歌的战斗性。武汉等地还兴起了诗歌朗诵运动。武汉的街头、集会和电台，都出现了诗朗诵节目。②1938年，胡风主编的《七月》在武汉创刊，刊发了艾青、田间等人写的大量的爱国新诗，歌颂了中国军民的抗日斗争，激发了军民的抗日热情。通讯、特写、报告等报告文学能及时反映战争生活，受到读者关注，于是在全民族抗战初期空前地兴盛起来。《抗战中的中国》《抗战动员丛刊》等大型报告文学丛书及各种报刊上的短篇报告文学纷纷出版。如汝尚的《当南京被虐杀的时候》、丘东平的《第七连》、以群的《台儿庄战场散记》、范长江的《台儿庄血战经过》、刘白羽的《逃出北平》等反映了全民族抗战初期的战事与民众生活，鼓舞了人民的战斗意志。

当时抗战救亡歌曲盛行，1938年初，武汉成立了中华全国歌咏协会，领导歌咏抗战工作。音乐工作者则创作很多适合抗战需要的歌曲，如《全民抗战》《壮丁上前线》《干一场》《牺牲已到最后关头》《到敌人后方去》《救国军歌》《洪波曲》《赶豺狼》等作为抗战的号角③，在当时颇为流行，并且很多歌咏团体也到前线、后方用歌唱呼吁民众抗日。

在美术方面，上海出版了《救亡漫画》刊物，广大美术工作者还通过创作救亡漫画、木刻等作品宣传抗战，特别是武汉还一度成立了抗战美术工厂，创作了大量的抗战美术宣传画。徐悲鸿、张大千、张善子等著名画家也进行了爱国作品

---

① 文天行：《抗战文化运动史》，中国文联出版社2015年版，第145页。
② 霍丹琳：《文化抗战》，中国民主法制出版社2015年版，第17—19页。
③ 张天社：《中国抗战纪略》，西北大学出版社2014年版，第130页。

的创作。如 1938 年八一三事变周年纪念，张善子创作了《怒吼吧，中国》，画面上端为怒吼的老虎，下端为摇摇欲坠的日本富士山，寓抗战必胜之意。①

（二）第三厅与文协的救亡活动

1938 年 4 月 1 日，国民政府军事委员会政治部第三厅在武汉正式成立，郭沫若任厅长，成为领导全国抗日文化运动重要机构。第三厅会聚了田汉、徐悲鸿、冼星海、胡愈之、光未然等一批文化界的名流巨子。此外，第三厅还附属有 4 个抗敌宣传队、10 个抗敌演剧队、3 个电影放映队、1 个漫画宣传队、1 个"孩子剧团"，这些队伍开展了各种抗日文化宣传活动。1938 年 7 月，"战地文化服务处"成立，直属于第三厅，并在长沙、桂林、上饶、西安等地设总站，在各县城设立提供各种抗日宣传品书刊的服务站。

第三厅在当时组织各种规模颇大的抗日文化活动。如筹办的武汉各界第二期抗战扩大宣传周于 1938 年 4 月 7 日至 13 日举行。一周内每日均有特别注重之一种宣传，计 4 月 7 日为文字日，8 日为宣讲日，9 日为歌咏日，10 日为美术日，11 日为戏剧日，12 日为电影日，13 日为游行日。②当时，宣传队不仅在武汉三镇的大街小巷和市郊进行演讲，并且深入伤兵医院、难民收容所等地进行抗战宣传。民声歌咏队、海星歌咏队、量才歌咏队、青年女子歌咏社等近百个歌咏团体，除分头上街演唱抗战歌曲，还组织了抗战歌曲大合唱；美术工作者创作了数百幅抗战宣传画，并在武汉三镇大街小巷的醒目处绘制了许多巨幅壁画和漫画。③武汉的剧院、电影院还上演抗战话剧、抗战戏曲、抗战电影，免收门票，特别招待伤兵和难民，还把抗战电影用卡车送到从未放过电影的穷乡僻壤去，配合演讲。④

第三厅还在 1938 年 5 月 3—9 日举行雪耻与兵役扩大宣传周，发动各团体每日组织宣传队 800 余队，在武昌、汉口、汉阳一带宣传，尤侧重附近乡间。至 5

---

① 霍丹琳：《文化抗战》，中国民主法制出版社 2015 年版，第 117 页。
② 中国第二历史档案馆编：《中华民国史档案资料汇编》第 5 辑第 2 编文化（1），江苏古籍出版社 1998 年版，第 50 页。
③ 陈乃宣：《澎湃激昂的武汉抗日文化》，《党史天地》1995 年第 7 期。
④ 曲青山、高永中主编：《抗日战争回忆录》第 3 册，中共党史出版社 2015 年版，第 16 页。

月9日，干部训练团100队入乡宣传。此外尚有抗战西洋镜宣传队在武昌及乡间表演宣传，并进行文字宣传、戏剧宣传、电影宣传、美术宣传、歌咏宣传。①此外，还有公开讲演及播音宣传。1938年4—8月，第三厅统一推进全国各种抗战宣传，指导各级政治部及其他宣传机构之宣传工作。如调查各种民众团体，先从武汉三镇入手；以"保卫徐州"为中心，号召全国军民捍卫国土；宣扬抗战建国纲领的真谛；设计并推动各项扩大宣传运动；注重对敌宣传，搜集敌情研究资料；暴露敌人暴行，搜辑暴行实证。②第三厅还于1938年7月7日在武汉发起七七献金运动，在5天活动中，献金者50万人以上，共献金超过100万元。③8月13日，在汉口举行纪念八一三保卫大武汉宣传运动；1938年8—11月，陆续迁到衡山、长沙工作。第三厅在该段时期号召国人到前方服务，追悼阵亡将士；参加前线慰劳及后方征募工作；组织并训练演剧队、歌咏队及宣传队，分派各战地工作；每周由日人作日语广播，发起慰问武汉难民及伤兵运动；在长沙举行九一八事变纪念会并于双十节扩大宣传；举行战利品展览及抗战美术巡回展览；发起救护伤兵工作运动；分发日寇暴行实录；开办电影放映人员训练班。④

为了慰劳前方将士，第三厅筹建了全国慰劳抗敌将士委员会和全国寒衣委员会。这两个组织向国民政府申请20万港元外汇，到香港购买了10大卡车的药品和医疗器械，又为前方将士赶制了20万套暑衣、40万套棉衣，分送前线，其中分给八路军万套。⑤第三厅还在武汉发动了为前线将士写慰问信的活动，得到了各界群众的广泛响应，极大鼓舞了将士士气。在对日宣传上，第三厅还组织搜集日方情报，定期出版《敌情研究》简报送各单位；印发大量日语宣传品，组织前线喊话，并且有对日反战广播，号召日军起来反对侵略战争。他们所编印的世界语刊

---

① 中国第二历史档案馆编：《中华民国史档案资料汇编》第5辑第2编文化（1），江苏古籍出版社1998年版，第41—43页。
② 中国第二历史档案馆编：《中华民国史档案资料汇编》第5辑第2编文化（1），江苏古籍出版社1998年版，第62页。
③ 李良志等编：《抗战时评》，河南大学出版社2005年版，第212页。
④ 中国第二历史档案馆编：《中华民国史档案资料汇编》第5辑第2编文化（1），江苏古籍出版社1998年版，第63页。
⑤ 曲青山、高永中主编：《抗日战争回忆录》第3册，中共党史出版社2015年版，第17页。

物《中国导报》半月刊，寄发四五十个国家，宣传中国抗战情况。[1]为了鼓舞民心士气，第三厅派话剧团赴前线和后方演出，团结、教育、组织了大批戏曲艺人投入抗日救亡运动，并为他们举办了由郭沫若任主任的"战时歌剧演员讲习班"。第三厅于1938年10月下旬撤离武汉，于同年底辗转到达重庆。

1938年3月27日，由冯玉祥、邵力子、茅盾等各界人士共96人发起组织的中华全国文艺界抗敌协会在汉口总商会举行了成立大会。中华全国文艺界抗敌协会（简称"文协"）是当时文艺界最大的组织。中华文艺界抗敌协会在其成立宣言中指出：我们相信文艺是政府与民众间的桥梁，所以必须沿着抗战到底的国策，把抗敌除暴的决心普遍地打入民间；同时，把民间的实况转达给当局。[2]之后，文协还在昆明、成都、长沙、桂林、香港、延安、贵阳等地成立分会，发动当地文艺工作者参加救亡文化活动。文协在成立会上，提出了"文章下乡，文章入伍"的口号，为此多次组织作家战地访问团到前线慰问将士，鼓励作家深入广大民众中去，宣传抗战，推动了文艺工作者下乡和入伍。特别是文协还提倡文艺大众化，组织创作了街头剧剧本、大鼓书、儿童读物、通俗小说、民歌集等通俗读物，并召开通俗读物座谈会，办了两期通俗文艺讲习会，有力地推动了文艺通俗化运动的开展。[3]文协团结了各方面的文艺工作者，发动他们为抗战出力服务，推动了抗日文艺运动的蓬勃发展。

（三）根据地文化活动

在中共领导的根据地，随着沦陷区文化界人士纷纷云集延安，抗日文化救亡运动蓬勃开展，不仅成立了各种救亡团体，同时也进行了各种抗日文艺作品的创作。

当时各根据地成立了很多文化救亡团体。如1937年11月，陕甘宁边区文化界救亡协会成立，它是陕甘宁边区抗日文艺运动的领导机构，其先后下辖的社

---

[1] 戴知贤、李良志主编：《抗战时期的文化教育》，北京出版社1995年版，第85页。
[2] 文天行等主编：《中华全国文艺界抗敌协会史料选编》，四川省社会科学院出版社1983年版，第14页。
[3] 戴知贤、李良志主编：《抗战时期的文化教育》，北京出版社1995年版，第91页。

团有诗歌总社、文艺突击队、戏剧救亡协会、文艺战线社、抗战文艺工作团、讲演文学研究社、大众读物社、文艺顾问委员会等[①]，开展各种抗日救亡文艺活动。1938年1月，陕甘宁边区音乐界救亡协会成立。同年9月，涵盖范围更广的陕甘宁边区文艺界抗战联合会成立，成为领导群众文化运动的重要团体。从沦陷区来到延安的文艺工作者还同根据地文艺工作者合作建立了一些文化社团。除了一些全国性社团的分会外，各根据地还建立了诸如山东文化界救亡协会、苏北文化协会、华中文化协会、东北文化协会等地域性的社团。各根据地专业文化工作者还建立了一批专业文化社团，如晋察冀边区的战地社、铁流文艺社、晋察冀诗会等，晋西北地区的根据地文社，太行地区的太行诗社，华中地区的湖海诗社等。[②] 为了培养文艺干部，鲁迅艺术学院于1938年4月成立，开展了诸多文化活动。此外，很多文艺工作者还到前线宣传。1937年8月，以丁玲为主任的西北战地服务团从延安出发，东渡黄河，进入山西的抗日前线进行演剧等抗战文艺的宣传。1938年5月又有抗战文艺工作团从延安出发，分6个组深入华北前线进行宣传，考察战地情况，进行文艺创作。新四军军部则成立了战地服务团，分戏剧、歌咏、绘画、舞蹈及民运5组分别开展抗战文艺活动。

为了及时为抗战服务，轻便的街头诗在根据地盛行。这些抗战诗歌在街头张贴，或印成传单散发，受到群众欢迎。1938年1月，诗人田间、柯仲平等在延安倡导街头诗运动，得到了积极响应，同月延安举行了第一次诗歌朗诵晚会。1938年的延安，已成立战歌社、路社、延安新诗歌会、怀安诗社、延安诗会等许多诗歌会社。[③] 诗歌运动在根据地的工厂、农村和部队中得到普遍和深入的开展。而且各根据地还创办了《晋察冀文艺》《太岳文艺》《文艺突击》《大众文艺》《文艺战线》《部队文艺》《边区文艺》《西北文艺》等各具特色的文艺刊物，推动了抗日文化的繁荣。中共在根据地及大后方创立的《新中华报》《新华日报》《拂晓报》《解放》《群众》等重要的综合性报刊上，宣传了中共的抗战路线，通过广泛的宣传坚

---

① 虞和平：《抗日战争时期中国新文化的新发展》，《光明日报》2005年9月13日。
② 中共中央史研究室宣教局、中共党史出版社编：《第二届全国党史文化论坛文集》第3册，中央党史出版社2015年版，第49页。
③ 李仲明：《抗日战争时期的中国文化》，团结出版社2015年版，第229页。

定了人民对抗战胜利的信心。

当时群众演剧盛行，在根据地成立有陕甘宁边区民众剧团、抗战剧团、抗战文艺工作团、实验剧团、烽火剧团、火线剧社及铁血剧社等，演出《放下你的鞭子》《亡国恨》等抗日剧。1938年5月，彭雪枫领导的新四军游击支队则在河南竹沟成立了拂晓剧团等，进行了流动歌舞、短剧等演出，激励军民抗战。1938年春，抗大、陕北公学等单位的60多位青年艺术工作者为纪念一·二八事变6周年，公演四幕话剧《血祭上海》，20天内观众共万余人。[①] 同时，形式简单的墙头画、杂志上的漫画与木刻等抗战美术作品及以《游击队歌》《太行山上》为代表的抗战歌曲在根据地广为传播，鼓舞了军民的抗日情绪。此外，1938年9月，延安影剧团成立，次月拍摄了大型纪录片《延安与八路军》。

（四）学者的经世致用

在全民族抗战的大背景下，历史研究者转变以往对现实问题漠然的考据史学风气，转而研究民族历史，提倡经世致用的治学之风，适应现实需要，以史学为抗战服务。正如时人所称：抗战"虽然搅乱了历史学术正在进展中的步骤和原有的秩序，但新的方向和新的中心，却因此建立起来，新的作风也就此造成。那就是，一切为国家，一切为民族，眼光由故纸堆，或书本上，放开到整个现实上。虽然历史学术离不开故纸堆，离不开书本，但眼光却必须放开到面前的现实上，目标必须放到国家民族上"[②]。

民国考据学派代表人物陈垣、陈寅恪的治学方向在全民族抗战爆发后发生了重要变化，从传统考据转向实用史学，期望唤醒国人抗战。如陈垣曾在致友人的信中写道："从前专重考证，服膺嘉定钱氏；事变后，颇趋重实用，推尊昆山顾氏；近又进一步，颇提倡有意义之史学。"[③] 陈寅恪则提倡从历史中求得教训，为民族国家寻求出路，振奋民族精神，《隋唐制度渊源略论稿》写作于卢沟桥事变后日寇大

---

① 戴知贤、李良志主编：《抗战时期的文化教育》，北京出版社1995年版，第252页。
② 李孝迁编校：《中国现代史学评论》，上海古籍出版社2016年版，第214页。
③ 刘乃和：《陈垣年谱》，北京师范大学出版社2002年版，第156页。

举入侵，学人纷纷南迁，中华民族及其文化处于生死存亡的紧急关头。他写作此书的目的，便是希望南迁学人能像魏晋战乱中的河西诸儒一样，为保存中华文化而做出自己的贡献。①1938年春，熊十力因感于"国家艰危，民族忧患，莫甚于今日"，而"发扬民族精神，莫切于史"，遂专门写作《中国历史讲话》，探讨了中国种族、通史编写等问题，提出五族同源，意在促进各民族团结抗战②，认为日本不可能灭亡中国及其民族、文化。对于历史学家的此种治学转变，正如朱谦之在《考今》一文中指出："七七抗战展开以后，这种纯粹考古考证的史风，似乎已经急剧地转变了。研究工作与现实问题发生密切的联系，不能不说是很有重大的历史意义的。"③

学者们希望通过研究祖国的历史来增强民族自信，激励军民抗战。因此，不论是延安、重庆的马克思主义历史学者，还是史料学派的历史学者都注意到中国社会的历史的发展规律或历史上的可资借鉴的史迹，从历史的规律中证明抗战胜利的可能性及今后建国应走的道路。或者从历史上民族斗争的光荣史迹来鼓励抗战的信心。④学术界还兴起了一股研究中国文化和历史的热潮，特别是重视国史的编著及边疆史地的研究，以宣传民族主义思想，直接服从或服务于反对日本侵略斗争的需要。历史学者们还注重研究帝国主义的侵华史，并撰文反击日本法西斯文化谬论。有的从历史发展的规律中指出抗战发展必走的道路和必能达到的成就；有的从民族抗战的史迹中证明我中华民族潜在的力量和投降分子的危险性；有的从外国抗战的史迹叙述来以资借鉴；有的从写作抗敌民族英雄个人传记上来激发抗敌热诚。⑤当时学者为发动民众抗战，还重视通俗化史学，从平话式的简明历史课本、传奇式的个人传记，到大鼓、鼓词、旧戏、小调、诗歌等形式皆被利用，而内容总不外取材于抗战中英伟壮烈的史迹或古代可歌可泣的民族抗敌故事。⑥此时

---

① 郑大华：《从"整理国故"到"国故整理"——九一八后中国学术研究的新趋向》，《史学月刊》2017年第2期。
② 熊十力：《中国历史讲话》，岳麓书社2011年版，第126页。
③ 牛润珍、杜学霞：《略论抗日战争时期中国史学的学术趋向》，《中共党史研究》2005年第4期。
④ 李孝迁编校：《中国现代史学评论》，上海古籍出版社2016年版，第282页。
⑤ 李孝迁编校：《中国现代史学评论》，上海古籍出版社2016年版，第292页。
⑥ 李孝迁编校：《中国现代史学评论》，上海古籍出版社2016年版，第292页。

期，表现为弘扬民族气节的历史人物传记诸如屈原、张骞、班超的大量出现，岳飞、文天祥、于谦、戚继光、史可法等历代的节烈之士的事迹受到极大的关注。充当汉奸出任伪职的张邦昌、刘豫，对敌妥协残害著名将领的秦桧、贾似道之流，则受到无情的鞭挞。[1] 学者们在全民族抗战时期的历史研究，面对民族危亡，肩负起了经世致用的时代使命，弘扬了民族精神与气节，也唤起了民众的爱国心。

全民族抗战爆发后，知识界随着民族复兴思潮的兴起，以他们的专业知识积极服务于民族复兴。他们以自己的研究，认为无论从中华民族历史上的复兴案例，还是从其他国家复兴的经验来看，中华民族都能够实现复兴。为帮助国人恢复和树立民族自信心，他们积极从事中国历史尤其是文化史的研究，同时主张对教育特别是历史教育进行改革。[2] 还有学者注重历史教育的功用，试图以祖国光荣史迹来增强民族自信心，来鼓励抗战精神。学术界特别强调历史教育对于民族复兴的重要作用，认为历史教育是"复兴民族的原动力"或"民族复兴的必由之路"，并就历史教育怎样为民族复兴服务，展开了热烈讨论。讨论的主要问题，是如何发挥历史教育的培养民族意识、发扬民族精神、树立民族自信心的功能，从而为实现中华民族的复兴提供必不可少的"精神条件"。[3]

三、华侨对抗战的支持

全民族抗战爆发后，身处南洋、欧美、非洲、大洋洲等世界各地的华侨积极投身抗日救亡运动。1937年8月31日，国民党的侨务委员会发出《为全国抗战告侨胞书》，希望广大侨胞出财出力，充实抗战力量。国民党的海外部也经常发出号召华侨抵制日货的通告。[4] 广大华侨通过成立救亡与战时服务团体、捐款捐物、

---

[1] 田亮：《抗战史学与民族精神——作为抗战文化的史学及其历史贡献》，《抗日战争研究》2007年第4期。
[2] 郑大华：《学术研究如何服务于民族复兴——九一八事变后的中国学术界》，《史学月刊》2018年第10期。
[3] 郑大华：《历史教育与民族复兴：抗战时期学术界对历史教育于民族复兴之意义的认识》，《史学理论研究》2017年第3期。
[4] 吕芳上主编：《中国抗日战争史新编》第3册，（台北）"国史馆"2015年版，第325页。

扩大国际宣传、抵制日货及回国参战等各种形式，支援祖国的抗日战争，为抗战的进行贡献了力量。

（一）成立救亡组织

当时世界各地的抗日救亡团体，通过开展各种活动援助中国抗战，团结和领导海外千百万侨胞，在抗日救国的旗帜下凝聚成广泛的抗日爱国统一战线。

卢沟桥事变发生后，南洋华侨立即组织了众多的抗日救亡团体，如新加坡的马来亚新加坡筹赈祖国伤兵大会委员会，菲律宾的华侨援助抗敌委员会，缅甸的华侨救灾总会、缅甸华侨妇女救灾总会、华侨公债劝募委员会，泰国的华侨学生界抗战救国联合会，越南的华侨抗日救国会、华侨救国总会，马来亚的柔佛州华侨救济祖国难民总会、华侨筹赈会等，开展募捐战款及公债、抵制日货及宣传活动。为统一组织南洋各地华侨团体的筹赈工作，华侨在1938年10月10日成立了南洋华侨筹赈祖国难民总会，由陈嘉庚任主席。南侨总会以联络南洋各地华侨研究筹赈办法，策动救亡工作；筹款助赈祖国难民，并倡导集资发展祖国实业；劝募公债及推销国货为基本任务。[1]

在美洲，1937年8月，旧金山侨胞在中华会馆的协调和推动下，把美洲华侨拒日救国后援总会和中华民国国民抗日救国总会两大组织联合起来，成立旅美华侨统一义捐救国总会。该会在美洲各地建立分会47个，为战时美洲华侨规模最大、救国成绩最显著的华侨团体。[2]致公党创始人司徒美堂于1937年10月发动美国纽约市54个华侨团体，成立纽约华侨抗日救国筹饷总会，为中国抗战进行筹款。同年秋，旅美中国战事救济联合会于旧金山成立，开展各项救亡活动。如海员工会、铁路工会编辑中文抗日周刊，专对南北美洲华侨宣传；编定宣传大纲；派员轮流向礼拜堂讲演；召开宣传大会等10多项。[3]美国纽约、华盛顿、芝加哥、檀香山等城市还成立了华侨妇女救国团体，发动妇女从事募捐、宣传等抗战救国运动，

---

[1] 吕芳上主编：《中国抗日战争史新编》第3册，（台北）"国史馆"2015年版，第334页。
[2] 蔡仁龙、郭梁主编：《华侨抗日救国史料选辑》，中共福建省委党史工作委员会1987年版，第612页。
[3] 任贵祥：《海外华侨与祖国抗日战争》，团结出版社2015年版，第235页。

如檀香山华侨成立的妇女献金会贡献颇大。在加拿大、墨西哥、秘鲁、巴拿马、智利、厄瓜多尔等美洲其他各地华侨中，有华侨救国会、义捐救国会、抗日救国会、抗敌后援会、抗日筹饷会等各种抗日救国团体。

此外，澳大利亚华侨成立华侨抗敌救国后援会。欧洲华侨则组织全欧华侨抗日救国联合会、巴黎中华民国国民抗日救国会等。非洲毛里求斯成立了华侨救国委员会，后更名为华侨抗敌后援会。南非华侨也建立抗日救国组织，华侨妇女还成立了南非华侨妇女救国会。马达加斯加华侨成立了全岛统一的华侨抗战救国总会，还建立了华体剧团为抗战举行义演募捐。[①] 留尼汪华侨则有中华妇女救国会的救亡组织，1938年还成立救国后援会。

卢沟桥事变后，国内妇女界于1937年8月初成立中国妇女慰劳自卫抗战将士总会，菲律宾华侨妇女随后响应于当月成立了菲律宾分会。缅甸、法国、英国、瑞士、美国等国家的华侨妇女也先后组织了妇慰会分会。[②] 新加坡则成立了星华妇女筹赈会，马来亚也成立华侨筹赈会妇女部等机构。缅甸华侨妇女协会与缅甸妇女、侨缅的印度妇女联合组成华印缅妇女抵制日货团，号召妇女不买日货，主张缅甸政府与日本断绝经济往来。泰国华侨妇女界组织了暹罗华侨妇女抗日救国联合会，并在各地设立分会进行募捐，将募捐到的药品、衣物等运回祖国。[③] 越南、印尼等地华侨妇女亦成立救国团体开展活动。

华侨不但在海外成立各种抗日救国团体，国内的归侨也成立了爱国团体。其中以华侨抗敌动员总会最具代表性。1938年9月16日至22日，华侨抗敌动员总会在广州召开第二次大会，大会议决向前方抗敌将士致电，并通过鼓励华侨投资国防工业、组织海外华侨服务团等抗日救国的议案10多项。[④] 此外，各国华侨还积极参加了英国援华委员会、法国中国人民之友社、美国援华委员会、中菲协会等各国的援华团体。

---

① 蔡仁龙、郭梁主编：《华侨抗日救国史料选辑》，中共福建省委党史工作委员会1987年版，第17页。
② 蒋红彬：《华侨妇女在祖国抗战中的贡献》，《广西师范大学学报》1995年第3期。
③ 任贵祥：《华侨支援祖国抗战纪实》，中国民主法制出版社2015年版，第109页。
④ 任贵祥：《海外华侨与祖国抗日战争》，团结出版社2015年版，第49页。

(二) 多样的抗日宣传

全民族抗战爆发后，各地华侨组织也通过报纸刊物、街头散发传单、张贴标语，讲演、演剧、歌咏队、剧团宣传等多种形式，宣传抗日救国，大力介绍中国的抗战，揭露日本侵华暴行，呼吁华侨与世界人民对中国给予支持。

散发外文传单和宣传册子，是华侨对外宣传的重要方式。1937年7月18日，纽约华侨衣馆联合会（洗衣业华侨团体）召开了空前规模的抗日群众大会，印刷10万份英文的《告美国人民书》，揭露日本侵略中国的罪行，动员美国人民在道义上支持中国抗战。随后，印发10万份鼓动美国人民抵制日货的传单进行散发。① 8月22日，在华盛顿的美京中国学生会举行会议，决定成立11人组成的宣传委员会，每周集会一次，编辑英文抗日周刊，专对美国人士进行宣传；编辑中文抗日周刊，专对南北美洲华侨进行宣传；编定宣传大纲；派员轮流向礼拜堂讲演；召开宣传大会等事项。② 加拿大华侨在温哥华、域多利两地抗敌后援会，对外作各种国际宣传，以争得友邦同情。常常用英文编印抗日宣传册，分送各地，揭露日本罪行，呼吁加拿大人民的支持，尤以《中国的战争与加拿大》及《救中国与救世界和平》两书影响最大。③ 在欧洲，1937年9月19日，全欧华侨抗联会为揭露日本侵华暴行，呼吁各国人民奋起支援中国抗战，发表了《告世界人士书》，并被译为英文、德文、法文，先后在欧洲各地的进步报刊上登载，表达了全欧华侨请求世界各国声援中国抗战的强烈心声。④ 1938年新年之际，全欧抗联印发《抵制日货援助中国》的法文传单20万份及《日本侵略中国与中国人民之英勇抗战》的法文小册子2万份，赠送法国各界。⑤

抗战期间，各地华侨报刊都开辟了抗战专栏，并不断发表社论，出版号外，报道抗战的最新动态，揭露日军侵华罪行，动员华侨声援祖国抗战。在南洋的泰国、菲律宾、越南、马来亚、新加坡、缅甸等国华侨也在创办的报刊上为中国抗

---

① 聂皖辉：《抗日战争时期的爱国侨胞》，《党史纵横》2005年第8期。
② 任贵祥：《海外华侨与祖国抗日战争》，团结出版社2015年版，第235页。
③ 蔡仁龙、郭梁主编：《华侨抗日救国史料选辑》，中共福建省委党史工作委员会1987年版，第612页。
④ 任贵祥：《华侨支援祖国抗战纪实》，中国民主法制出版社2015年版，第166页。
⑤ 曾瑞炎：《华侨与抗日战争》，四川大学出版社1988年版，第104页。

战呐喊。如菲律宾很多中文报纸设有中国抗日的专号，刊登祖国抗日消息；在南洋有广泛影响的马来亚的《星洲日报》与新加坡的《南洋商报》，也大量刊登中国抗战的消息与评论。1938年2月，缅甸华侨妇女联合会创办刊物《女声》宣传抗战，号召华侨妇女为抗战服务。在欧洲各国，《救国时报》《祖国抗战情报》《解放》《抗战消息》《抗联会刊》《抗战情报》《抗敌报》等中文报刊，都在报道中国抗战及华侨抗日救国消息，推动了海外华侨抗日救国运动的开展。此外，美国、加拿大、澳大利亚、新西兰及非洲等地的华侨报纸，也都大力从事抗日救国的宣传。

为了更好地帮助海外侨胞了解祖国抗战的情形，1937年底，《星洲日报》《马华日报》等10多家南洋侨报的15名记者组成华侨战地记者通讯团回国，后在汉口设定总办事处后，便分头到东、西、北三个战场的前线去，用他们的笔向南洋华侨报道战争进展，密切结合实际，利用民众熟悉或易于接受的形式进行宣传。[1]他们到武汉及各战场进行战地采访，向广大侨胞宣传报道祖国抗战消息，开展抗战新闻采访工作。

1937年底，新马华侨组织了新加坡华侨抗日流动宣传队，进行抗日救国宣传活动，后又组织成立了以华侨青年学生为主体的新加坡铜锣合唱团，经常演唱各种抗日救亡歌曲以唤醒华侨抗日。1938年上半年，马来亚吉隆坡华侨黄志强、颜金榜等10余人，发起成立马华蜜蜂歌剧团，深入新马各地巡回义演，演出《到敌人后方去》《打回老家去》《中华民族不会亡》等一批抗日歌曲。[2]

（三）捐款献物，支援抗日

全民族抗战爆发后，华侨还发动募款，为祖国捐款捐物，购买公债，为抗战提供急需的武器、药品来支援祖国抗战。

因前线伤兵需要大量药品，各地华侨进行了积极捐献。1937年7—12月仅5个月时间，海外华侨共捐药棉560公斤又40箱，金鸡纳霜1000公斤。金鸡纳霜

---

[1] 戴知贤、李良志主编：《抗战时期的文化教育》，北京出版社1995年版，第460页。
[2] 任贵祥：《华侨支援祖国抗战纪实》，中国民主法制出版社2015年版，第29页。

（也称奎宁丸），印尼特产，是治疗疟疾的特效药。1937年下半年，印尼华侨即募捐购买金鸡纳霜1900万粒。① 缅甸华侨也捐赠100箱计500万粒金鸡纳霜。菲律宾华侨为祖国捐凡士林油膏15万磅，防疫浆苗100万剂及许多防毒面具。华侨妇女团体捐救伤袋10万个。新加坡南洋筹赈会捐赠阿司匹林药片350万粒。越南华侨捐药棉40箱。② 衣物方面，缅甸华侨妇女救灾会在1937年10月发动侨胞捐献旧衣服80袋计11300件给祖国受难同胞。1937年冬，马来亚侨胞为祖国难民发起募集旧衣运动，侨胞热烈响应，纷纷献交，很短时间内就募得2万多件。③ 全民族抗战期间，华侨还捐献了许多其他物品。1938年初，泰国华侨秘密组织捐米活动，一周之内捐献大米10万包，用船只运回国内。菲律宾华侨为祖国赈济大米250万包，粜米5000包。还有其他杂物约合300万元。④ 华侨还针对中国空军急需飞机，发起献机运动，捐款购买飞机。如中国航空建设协会直属菲律宾协会在全民族抗战爆发后的短期内即发动各界捐献7架飞机。1938年10月"双十节"期间，缅甸华侨捐献4架战斗机，定名为"缅甸华侨"号。此外，华侨还捐赠了大量的运输汽车、救护车运到前线使用。

广大爱国华侨在开展抗日救国宣传运动的同时，为了支援国内抗战，无不慷慨解囊，华侨捐款援助祖国的形式是多种多样的。海外华侨通过举办特别捐、常月捐、劳军捐、娱乐捐、寒衣捐、汽车捐、飞机捐等数十种募捐方式，开展义卖、义演、献金、救济、节约等运动，为祖国抗战募集资金。据统计，在全民族抗战爆发后的1937年华侨捐献1669万余元国币，1938年捐献4167万余元国币。⑤

当时南洋华侨捐款极为踊跃，在各地区华侨捐献中总额最多。1937年，卢沟桥事变不久，新加坡华侨在陈嘉庚先生的带领下，组织成立了马来亚新加坡华侨筹赈祖国伤兵难民大会委员会。短短的4个多月，新加坡华侨便捐出国币300万元。1937年10月，马来亚槟榔屿华侨筹赈会率先发布"常月捐"宣言。南洋华侨

---

① 任贵祥：《海外华侨与祖国抗日战争》，团结出版社2015年版，第160页。
② 任贵祥：《华侨支援祖国抗战纪实》，中国民主法制出版社2015年版，第118页。
③ 任贵祥：《海外华侨与祖国抗日战争》，团结出版社2015年版，第168页。
④ 任贵祥：《海外华侨与祖国抗日战争》，团结出版社2015年版，第168页。
⑤ 吕芳上主编：《中国抗日战争史新编》第3册，（台北）"国史馆"2015年版，第340—341页。

在1937年7—12月的半年内捐款达1700余万元，每一个侨胞平均捐款8元上下，而菲律宾的侨胞每人平均捐款11元以上。①

在美洲，华侨除了常规的各种捐献外，1938年6月，美国旧金山华侨联合美国知名人士发起"一碗饭、一元钱"运动，即侨胞每人每天节食一碗饭，将所省餐费捐献给中国抗日。到7月17日，全美有2000多个城市参与该运动。旧金山举办了3次"一碗饭、一元钱"运动，分别筹得5万、8万及10万多美元。②其他地区华侨也纷纷致力于捐款。欧洲华侨人数不多，从全民族抗战爆发到1939年，共计捐款251514.89元；大洋洲华侨捐款国币1467304.67元；非洲华侨除了捐款外，还认购国民政府发行的"爱国储蓄券"。③

华侨除了常月捐以外，还用购买义捐、献金及国民政府发行的各种公债等方式进行抗战捐献。如1938年元旦，美国旧金山华侨华人在一天之内就募集3万多美元。菲律宾华侨援助抗敌委员会于1938年7月第一次发起义捐助战，先后募集274万余元，后举办救国常月捐，以1938年4—9月底为第一期，汇解237.8万余元。④1938年卢沟桥事变一周年之际，新加坡、马来亚等地华侨还发起了大型献金运动。在购买公债方面，1937年8月，国民政府发行第一期救国公债5亿元国币，海外华侨便认购了一半以上，缅甸华侨还专门成立缅甸华侨公债劝募委员会。从1937年7月到1938年10月，东南亚华侨购买公债2177多万元，其中新加坡、马来亚华侨1286多万元，荷属东印度197多万元，菲律宾551万元，缅甸121多万元。⑤

在欧美华侨方面，1937年9月18日全欧华侨抗联会在巴黎举行第二次会议，决议推动全欧华侨的抗日救亡活动，呼吁全欧华侨踊跃认购救国公债。德国华侨从全民族抗战爆发到1938年冬，除捐款3万多马克为国内伤兵购药外，复购救国公债5万多元。加拿大华侨在抗战第一年捐款和购债200万美元。美国华侨到

---

① 张宪文主编：《抗战时评》，河南大学出版社2005年版，第210页。
② 吕芳上主编：《中国抗日战争史新编》第3册，（台北）"国史馆"2015年版，第338页。
③ 张宪文、张玉法主编：《中华民国专题史》第14卷，南京大学出版社2015年版，第311页。
④ 蔡仁龙、郭梁主编：《华侨抗日救国史料选辑》，中共福建省委党史工作委员会1987年版，第201页。
⑤ 吕芳上主编：《中国抗日战争史新编》第3册，（台北）"国史馆"2015年版，第348页。

1938年底认购公债达150万元。① 此外，非洲的华侨也积极捐献，1938年1月19日《新华日报》就对南非、葡属东非、马达加斯加等地华侨踊跃捐款的情况作了报道，其中马达加斯加华侨捐款40490法郎。从1937年7月到1938年1月半年时间里，毛里求斯华侨给祖国就汇款7次。②

当时华侨捐款、购买公债和输入侨汇成为国民政府收入的重要来源，其中多半用于军费开支。全民族抗战初期，新加坡和马来亚的华侨每月捐助军饷2000多万元，几乎占当时全部抗战军饷的三分之一。华侨汇款也是其在财力上支持抗战的重要方式。据国民政府统计，全民族抗战开始后，1937年的侨汇为4.27亿元，1938年为6.44亿元。全民族抗战爆发后，华侨华人对祖国的投资也很踊跃，陈嘉庚、侯西反、郭兆麟等侨领，集资在重庆开办中国药产提炼股份有限公司，可以生产90多种成药供前线使用。侨商胡文虎以1000万元投入云南矿物公司，大大促进了云南的矿产开发。③

华侨捐款大部分交给国民政府，但一些华侨救国团体将捐赠的部分款项和物品，专门交给八路军、新四军和抗日游击队。如全民族抗战爆发后不久，纽约华侨衣馆联合会曾将募捐而来的两辆救护车及部分棉衣、医药和捐款送交八路军，车上题词"献给八路军忠勇守土将士"。在南洋方面，1937年10月，暹罗华侨各界抗日救国会通过募集，向八路军捐献了药品、衣物，后转交延安。1938年初，新加坡华侨各团体募捐医药费援助八路军大会成立后，积极进行募捐。1938年3月10日，妇慰会菲律宾分会致信朱德谓：公率三军，捍卫华北，捷报频传，侨众欣跃，并汇国币1万元购置雨具为八路军将士应用。④ 马来亚也在当年8月成立援八募捐团，专门负责捐款事宜。1938年10月，美洲、南洋等地华侨捐赠的卡车12辆、轿车2辆交给桂林八路军办事处，后转送到中共的抗日根据地使用。1938年冬，香港的八路军、新四军办事处与宋庆龄领导的保卫中国同盟收到海外华侨、

---

① 任贵祥：《华夏向心力：华侨对祖国抗战的支援》，广西师范大学出版社1995年版，第41页。
② 黄小用、贺鉴：《论非洲华侨对祖国抗日的贡献》，《抗日战争研究》2001年第3期。
③ 军事科学院军事历史研究部：《中国抗日战争史》中卷，解放军出版社2015年版，第261页。
④ 任贵祥：《海外华侨与祖国抗日战争》，团结出版社2015年版，第172页。

国际友人及港澳同胞捐赠的药品、医疗器材 130 多箱，转送到延安。①

（四）参军参战，报效祖国

全民族抗战爆发后，很多华侨青年回国参战。如 1937 年 9 月，新加坡 10 余名华侨青年组成星洲华侨战地服务团决死队，回国参加淞沪会战。缅甸华侨救国义勇军 160 多人，参加了淞沪会战和三次长沙会战，大部分为国捐躯。特别是在全民族抗战初期的空军中，回国参战的华侨飞行员数量颇多。美国、菲律宾、印尼、缅甸等众多华侨青年，在各种航空学校学习航空技术后，参加中国空军对日作战，屡立战功。如美国华侨飞行员陈瑞钿在对日空战中战功卓著，击落日机多架，因功提升为空军大队长。据不完全统计，从全民族抗战爆发到 1938 年 2 月，仅取道广州回国参战的华侨青年就有 30 批，计 34 个团体，近 2000 人。②

海外华侨还组织救护队回国参加救护工作。卢沟桥事变后，越南组织了由林鹭英率领的安南华侨救护队，第一批队员 66 人，随国民党 151 师莫希德部服务于惠州、博罗、增城、龙门、从化一带；第二批 74 人在粤北服务；第三批 33 人驻潮州。③很多东南亚的华侨医生积极参加救护队，组建了诸如马来亚华侨槟城救伤队、菲律宾战地服务团、缅甸华侨救护队、星洲华侨救护队、巴达维亚华侨救护队、暹罗华侨西医团和中医救护队等团体，他们携带药品和救护车，到祖国的战场前线参加救护工作。如 1937 年 10 月，荷属东印度组建巴达维亚华侨救护队共 19 人，于 12 月启程回国，在广州、长沙、徐州、许昌、信阳等地从事救护工作，表现出色。此救护队前后共有 4 批，每批 10 余人。④再如在菲律宾，华侨们踊跃集资购买药品和医疗器械，先后组织了 4 批战地服务队回国。印尼的爪哇华侨救护队和吧城华侨救护队，成立于 1937 年 10 月，是回国较早的两个华侨救护队，他们携救护车、药品，在武汉、长沙等抗日前线救护了大量伤员。⑤澳大利亚华

---

① 吕芳上主编：《中国抗日战争史新编》第 3 册，（台北）"国史馆" 2015 年版，第 342 页。
② 蔡如今：《海外华侨与抗日战争》，《党史资料与研究》1987 年第 4 期。
③ 任贵祥：《海外华侨与祖国抗日战争》，团结出版社 2015 年版，第 80 页。
④ 吕芳上主编：《中国抗日战争史新编》第 3 册，（台北）"国史馆" 2015 年版，第 362 页。
⑤ 军事科学院军事历史研究部：《中国抗日战争史》中卷，解放军出版社 2015 年版，第 261 页。

侨在卢沟桥事变后,组织赴华医药救护队委员会,募捐资金,购买救护车及药品捐赠祖国。

此外,还有华侨支持八路军、新四军的抗战。如 1938 年初,暹罗的 7 名华侨青年到达陕北,参加抗战。菲律宾华侨组成的归国宣传义勇队则于 1938 年初到达福建,后编入新四军第二支队,赴皖南抗日前线进行宣传工作。1938 年 8 月,马来亚 15 名华侨组成华侨汽车司机回国服务团,携 2 辆救护车及医药救急品回国抗战,其中 2 名华侨携 1 辆救护车赴新四军工作,其余 13 人则于 11 月初到达延安进行抗战工作。①

除组织救护队外,华侨还组织各种战地服务团归国进行战地服务。如菲律宾的华侨战地服务团及华侨学兵队、越南华侨童子军战地服务团、南洋学生团、暹罗华侨归国杀敌义勇军、法国里昂中法大学华侨学生回国参战服务团以及华侨记者战地服务团等。②当时菲律宾还成立华侨青年战时服务团,专门负责训练回国为抗战服务的华侨青年。至 1938 年广州沦陷前夕,菲律宾华侨青年组织服务团分 4 批回国服务——第一批为汽车司机和修理工 15 人,第二批为侨生童子军 22 人,第三批为华侨救护队 27 人,第四批华侨飞行员 16 人。③为了确保军事物资运输需要,南洋华侨总会还从 1939 年起,先后组织 10 批共 3200 多名南洋华侨汽车司机和汽车修理技工回国服务,确保了抗战物资可以通过滇缅、滇桂、滇黔公路运输到内地。

除东南亚一带大批华侨青年回国外,欧美和非洲也都有华侨回国抗战。如 1937 年 9 月全欧抗联召开第二次代表大会,决定组织华侨服务团回国参战。10 月 25 日,首批参战服务团 7 人启程回国;1938 年初,英国华侨 40 人,组成汽车工友回国服务团回国;1938 年 4 月,非洲罅沙汽车工友回国服务团 54 人回国抗日。④还有很多华侨回国加入了中共的八路军、新四军及在广东的游击队,参与对日作战。

---

① 许肖生:《华侨与祖国民族解放运动》,暨南大学出版社 1992 年版,第 118 页。
② 黄慰慈、许肖生:《华侨对祖国抗战的贡献》,《近代史研究》1984 年第 2 期。
③ 任贵祥:《海外华侨与祖国抗日战争》,团结出版社 2015 年版,第 82 页。
④ 曾景忠:《抗日烽火群英》,湖北少年儿童出版社 1996 年版,第 470 页。

（五）抵制日货

全民族抗战爆发后，华侨还通过抵制日货及对日不合作运动，从经济上打击日本，使日本在当地的经济遭受了严重的损失。华侨救国团体还以各种形式展开抵货宣传，如散发传单、演讲、唱歌、演剧等，呼吁华侨广泛参与。

在南洋，各地华侨几乎都成立了抵制日货的专门机构，宣传不买日货，举行抵制日货大游行，对日本在南洋的贸易给予重创。如马来亚的铁矿，大部分为日人所经营，而矿工则多为我侨胞，他们为了祖国，宁肯牺牲自己的工作，也不为敌国做工。如龙运铁矿有3000多名华工，都主动地离开了矿厂，使日人经营的公司不得不关门，在这种情势之下，相继关门的有七八家之多。[1] 在马来亚，华侨联合发起救国连索运动，呼吁当地华侨禁卖禁买日货，不卖货与日本人，不为日本人工作，得到华侨的热烈响应。新加坡、马来亚侨团大都成立了抵货会和锄奸团，广泛宣传华侨不买、不卖、不用日本货。如在麻坡地区，福安堂、永昌和等数百家华侨商号结成了抵制日货的统一战线，他们互相监督，限期肃清并立誓不再出售日货。[2] 如从1937年8月9日始，新加坡中华总商会发起抵制日货运动；菲律宾华侨也踊跃开展抵货运动。在马尼拉，1938年初，菲律宾华侨援助抗敌委员会抵制日货委员会和中华商会合作，决定共同抵制日货，后又召开华侨餐馆工人联合抵制日货大会，决定凡华侨餐馆一律不为日本人服务，不卖货给日本。[3] 1938年5月1日，全菲华侨劳工召开抵货代表大会，事前发表《致国内外工运同志及全体工友书》，呼吁彻底抵制日货。在越南、印尼等南洋各国，许多经营日货的华商，纷纷转卖国货和欧美货，对日货"除将存货自行标封，及定货全部取消外，各商号并联合订立契约，誓不贩卖"[4]。

缅甸华侨抵制日货运动颇有声势。1937年10月成立的缅甸华侨抵制日货总会，负责统一领导全缅抵货运动，除了提倡国货外，还设置日货与沦陷区所产、假冒国货之样品的陈列所，以供侨民识别和根绝日货，并组织日货侦缉队，严查

---

[1] 张宪文主编：《抗战时评》，河南大学出版社2005年版，第210页。
[2] 潮龙起主编：《历史丰碑：海外华侨与抗日战争》，暨南大学出版社2015年版，第208页。
[3] 黄慰慈、许肖生：《华侨对祖国抗战的贡献》，广东人民出版社1991年版，第201页。
[4] 曾瑞炎：《华侨与抗日战争》，四川大学出版社1988年版，第92页。

奸商偷售各类日货。①缅甸华侨与当地友人及侨缅印度人联合成立的华印缅联合抵制日货委员会，劝导当地缅甸人与印度人也参与抵制日货。1938年5月5日，全缅华侨第一次代表大会成立了缅甸华侨抵货总会，促进了抵制日货运动的深入发展。在成立当天，总会就颁发了"限期肃清日货"的通告，定于1938年6月1日起开始肃清日货，要求至12月1日止，全缅华侨不再与日方有任何经济联系，并制定了《抵制日货的规约与奖罚》，使抵制日货运动有章有法可循。②

在欧洲，1937年9月，全欧华侨抗日联合会召开第二次代表大会，通过《抵制日货运动大纲》，号召华侨抵制日货，得到了德国、英国、法国、比利时等欧洲各国华侨的大力支持。欧洲华侨在全欧华侨抗联会的发动下，用2周时间散发抵制日货传单1000张、法文传单800张。1937年12月22日，法国各界华侨2500多人召开反日大会，宣传抵制日货，会后抵货运动在法国迅速展开。③此外，在非洲的马达加斯加、南非、留尼汪的华侨也开展了抵制日货的运动，取得了一定成效。

美国华侨则开展了反对美国售废铁给日本的运动。侨众不仅组成纠察队，在港口码头昼夜巡视，还分别向美国总统罗斯福和中国领事吁请，禁止将废铁运往日本，产生了很大的宣传效应。④如旧金山的华侨青年在唐人街散发卡片，请求西方人支持抵制日货，并在日本商店周围劝阻其他人购买日货，旧金山华侨还成功阻止了"广源"号轮船将废铁运往日本。1937年8月，纽约中华商会召开抵制日货讨论会，到会侨胞一致要求坚决抵制日货，后纽约中华商会发出通告，号召侨胞断绝与日的贸易。10月18日，芝加哥华侨救国后援会发布了《抵制日货条例》，制定了十条详细的抵制日货的具体措施。⑤纽约中国人民之友社曾在1937年10月发起援华抵制日货群众大会，后组织了一次示威游行，呼吁妇女拒买日本长筒丝

---

① 蔡仁龙、郭梁主编：《华侨抗日救国史料选辑》，中共福建省委党史工作委员会1987年版，第30页。
② 潮龙起主编：《历史丰碑：海外华侨与抗日战争》，暨南大学出版社2015年版，第213页。
③ 任贵祥：《华侨支援祖国抗战纪实》，中国民主法制出版社2015年版，第104页。
④ 中国人民抗日战争纪念馆、中华全国归国华侨联合会文化交流部编：《华侨与抗日战争》，中国华侨出版社2006年版，第99页。
⑤ 张学强：《论全面抗战时期海外华侨的抵制日货运动》，《求索》2006年第9期。

袜，推动了美国抵制日货运动的发展。[①] 华侨的抵制日货运动，有组织、有纲领，且持续性强，并与提倡国货运动同时进行，重创了日本在华侨居住国的贸易。

四、全民族抗战初期知识界的抗战认识

1937 年 7 月，随着全民族抗日战争的爆发，包括教育、科技、文化领域的知识分子在内的广大中国知识界人士也同社会各界一样投身全民族抗战的洪流。知识界人士呼吁全民抗战，动员号召全国各民族、阶级、团体、党派特别是广大民众加入全民族抗战的洪流中，共同驱逐日寇，保家卫国。同时，他们在支持国民政府抗战建国的同时，还要求国民党开放党禁，改进民主政治，呼吁国共团结，并坚持持久抗战的思想，提升民族自信，争取中华民族伟大复兴。

（一）对全民族抗战的认识

卢沟桥事变爆发后，在中华民族生死存亡之际，知识界人士认同中国共产党提出的全民族抗战的主张，纷纷号召全民团结起来，一致奋起，不分阶层、党派，都应发动举国的人力、物力进行抗战，实行全国总动员与总抵抗，将日本驱逐出中国，实现中华民族的完全独立与自由。当时知识界感到民众不能与抗战相配合，故在各大报刊呼吁全民抗战，启发民众觉醒，强调发动广大民众参与抗战，是抗战胜利的基本条件。

对于全民族抗战的必要性，有人士称："我们对日抗战，不是单纯的军队的作战，而是中华民族与日本民族整个的斗争，因之我们也要用整个民族的力量来对抗暴日的侵略。在这个非常的时期内，每一个同胞都有神圣的义务，尤其是年壮的人，尤应把自己的力量，贡献给国家，绝不能稍存侥幸苟安的心理。"[②] 很多知识界人士认识到了发动民众的重要性，如在如何发动民众问题上，陈独秀在《怎样

---

① 潮龙起主编：《历史丰碑：海外华侨与抗日战争》，暨南大学出版社 2015 年版，第 217 页。
② 石之：《持久战应有之认识》，《克敌周刊》1938 年第 16 期。

才能够发动民众》一文中认为："抗战需要发动和武装的全国民众，动员全国的财力人力需要民众，军队前进作战固需要民众之援助，即军队后退亦需要民众之援助，救济伤兵，肃清汉奸，巩固后方，无一不需要民众的力量。"[1] 还有人士提议要利用民众的力量与援助来支持抗战。如邹韬奋则指出："我们有四万万五千万的伟大的民众力量，这是事实，但是如不尽量运用，那也只是一个空的数量，仍然不会发生实际的效用。我们有着这个优点——拥有伟大的民众力量——为我们的敌人所不及，这也是事实，但是如不尽量运用，有若无，无异消灭自己的优点，替敌人消灭一种顾虑。"[2] 他在《坚持抗战与积极办法》一文中还呼吁开放民众运动，武装民众，军民打成一片，但国民党对此并未认同。

对于如何发动全国各阶层的抗战，知识界也有讨论。如张亮侯则指出："所谓全民抗战，当然不是要我们全国男女老幼工农商学，都要和士兵一样上前线去冲锋，而是须要全国不论男女老幼，工农商学，都要对于抗战尽他所能尽的力，国家存亡的大命运，民族生死的大关头，都在这次抗战胜败来取决，每个人对于此次抗战所担负的责任都是一样重，所应尽的义务都是一样多。"[3] 针对广大文化界人士如何参与抗战，邹韬奋在《国民公论》创刊号中曾提出："我们文化人，在今天国家民族最严重的关头，最重要的工作，是唤醒民众，激发士气，但是同时有一样重要意义的是批判与建设，批判的建设与建设的批判。而尤其重要的是养成一般国民的批判精神与建设精神。我们相信这是我们对于抗战建国大业中所应该尽的最可宝贵的贡献。"[4] 还有学者看到了要发动妇女参加抗战，指出："参加救亡工作的妇女，除了学习一般的救亡理论问题以外，还应当学习对于救亡工作直接有关的智识与技能，例如救护伤兵、防空防毒、军事、侦探等智识，也都应当认真地学，其中尤以救护术，对于妇女更属重要。"[5] 再如针对庞大的农民群体，晏阳初还呼吁发动农民参加抗战，称："农民在全面抗战上的地位，实居一绝对的重

---

[1] 张永通、刘传学：《后期的陈独秀及其文章选编》，四川人民出版社1980年版，第74页。
[2] 韬奋基金会、上海韬奋纪念馆编：《韬奋全集》增补本8，上海人民出版社2015年版，第135页。
[3] 张亮侯：《全民抗战与长期抗战》，《民族战线》1937年第7期。
[4] 邹韬奋：《批判的精神，建设的精神》，《国民公论》1938年创刊号。
[5] 莫湮：《妇女怎样认识抗战与怎样参加抗战》，《东方杂志》第35卷第1期，1938年1月1日。

心。不把农民全体武装起来,整个后方一崩溃,中国民族便要沦亡而永不可复兴!所以这次战争的胜败,实际于农民抗战之是否成功;而中国民族生死存亡的险机,亦实取决于农民抗战的有无办法。"①而发动农民,他则提倡必须加强对民众的教育与训练,倡导全民战时教育,推动农民抗战教育工作,并且在四川、湖南等地大力推行此工作。知识界的此类主张,与中共的主张不谋而合,其充分发动了民众在敌后抗战,而国民党却出于种种顾忌,未能利用好各方面的力量投入抗战。

对于如何应对当前的中日作战,学者也有分析。如郁达夫强调称:"我们这一次在过去抗战中的失败,并不是军事上的失败,如战略不行,统帅无力,士兵少勇等;也不是物质上的失败,如炮火不继,运输不灵,给养不足等;归根结底,却要归罪于政治的不澄清,民众的不训练与不组织,国是国策的不确立这三点。"②何兹全则称只有发动全民抗战才能获得最后胜利,并需要做到四点:我们要自动的焦土抗战;有计划的武装邻近战区的民众与难民;加强大众政治教育,改善大众生活;建立县单位的抗战政治结构。③梁漱溟在《怎样应付当前的大战》一文中则称:第一,全国军民的动作乃至他们的生活都要在最高统一的军令政令下面而动作而生活;第二,政治要民主化,政府与社会要打成一片;第三,有钱的出钱,有力的出力,有知识的出知识。④郭沫若则提出:"要使抗战持久,务须及早确定外交路线以求军火接济,务须及早武装民众,以求兵员的补充,这两层是目前最切实的必要条件。"⑤还有学者提出抗战应拥护国民党的领导,指出:须知道现在无论何党何派,无论何人,只要是中华民国国民,都应该集中在三民主义的革命旗帜之下,拥护中央政府和最高领袖,精神团结,共赴国难,才能把握最后胜利。⑥对于国民党奉行的焦土抗战,也有一些人士表示了支持,称:"中华民族的抗倭战争——也就是中华民族的解放战争,既已决定了焦土抗战为总策略,我们觉得它

---

① 宋恩荣编:《中国近代思想家文库·晏阳初卷》,中国人民大学出版社 2015 年版,第 247 页。
② 李良志等编:《抗战时评》,河南大学出版社 2005 年版,第 177 页。
③ 何兹全:《全民抗战论》,《抗战教育》1938 年第 2—3 期。
④ 中国文化书院学术委员会编:《梁漱溟全集》第 5 卷,山东人民出版社 2005 年版,第 1033 页。
⑤ 郭沫若:《持久抗战的必要条件》,《公教周刊》1937 年第 9 卷第 29 期。
⑥ 邵令江:《持久抗战的精神条件》,《新粤周刊》1937 年第 1 卷第 18 期。

底正确性是百分之百的，这样，它就把握了以弱胜强，以劣胜优的基本条件。焦土抗战是最切合于抗战行动的总目标，也只有中华民族在争取民族解放的抗倭战争中才能实行这一战争的基本策略。"①

日本侵华对中国的教育事业造成了重大破坏，引起了教育界人士的强烈抗议与反对，并且为如何抗日建言献策。1937年11月，中央研究院院长蔡元培、南开大学校长张伯苓、北京大学教授胡适、北京大学校长蒋梦麟、中央大学校长罗家伦、清华大学校长梅贻琦等102人，联合发表长篇之英文事实声明，叙述日本破坏中国教育机关之经过及破坏之广泛，并在最后郑重向世界人士提出吁请："以为日本此种举动，实为对于文明之大威胁，应请世界开明人士，协同我国，一致谴责。如果此种威胁不能制止，则世界将无进步与和平之可言，且以为迟疑不决，即不啻与侵略者以鼓励。惟有举世决心，实施有效制裁，始为保障文明最简便最迅速之唯一方法。"②黄文山则提出抗战进展中教育界的任务，称："教育界的人们，此时应当负着全责，与党、军、政当局采取一致的行动，严加戒备，勿令敌方宣传及汉奸思想、言论、情报，间谍得以乘隙而入。同时更应大规模地激励民众，保持紧张程度，勿令稍有松懈"。③著名教育家陶行知则建议动员知识分子，推进普及教育以加强抗战力量，提出："我们要有全面教育来配合全国抗战，以造成全面的军民合作与各党派、各阶层、各宗教、各职业、各民族之全面团结，以争取最后之全面胜利……我们必须把民族意识的教育普及到敌人的后方去粉碎敌人以华制华之阴谋。我们要用教育的力量来帮助做到'地失人在'之境界，以恢复所失之领土。"④对于学校中的广大青年学生，知识界人士也建议充分发动他们参与抗战，鼓励他们锻炼体格，研究战时应用科学，练习战时应用技能，并提出了具体办法：充实青年的抗战能力；整顿青年学生的组织；成立群众团体；开展援助前线和后方工作；进行宣传和鼓动工作；参加武装组织；组织游击队或义勇军；发

---

① 曾纪勋：《抗倭战争总策略的焦土抗战》，《全面战周刊》1938年第28期。
② 《敌毁我教育机关，教界发事实声明》，《大公报》（汉口）1937年11月6日。
③ 黄文山：《抗战进展中教育界的任务》，《时代动向》1937年第2卷第4期。
④ 周洪宇编：《陶行知教育名篇精选》，福建教育出版社2013年版，第326页。

动民众援助军队抗战等。①罗家伦则号召青年学生称："我希望全国有志气有作为的青年，对于这抗战建国，复兴民族的大业，坚忍的沉着的担负起来……决心从军的不妨从军，决心研究学术担负同样艰巨工作的，仍应该继续求学。"②当然也有人士主张青年学生不应参军，安心在校园读书即是最大的救国。

除了发动国内力量外，知识界还注意到需要利用国际力量进行抗战。因全民族抗战初期，英美等国对日本侵略采取绥靖政策，中国面临严峻的国际形势，知识分子对此有所分析，并且称国际形势会越来越有利于中国。如有人士指出："目前的国际形势是会很快的改变过来的。要是我们还顾虑眼前国际形势，听从一些帝国主义外交家的欺骗，而不立刻发动全面抗战，只一味的等待着时机，那末只有死路一条了。"③对于中日战事发生后中国的外交政策，黄文山认为中国应做到："第一，凡是帮助中国抗战，或同情中国的抗战，或能守中立的国家，都是我们的友邦。第二，我们要利用各国的矛盾，但不以别国之间的矛盾为别国与中国之间的矛盾。换句话说，中国只有一个敌人，除了这一个敌人以外，决不任意敌视别个国家，尤其不跟随别个国家仇视另一个别的国家。"④因苏联更加担心日本侵华对其造成的威胁，还有学者建议加强与苏联的联合，称："我们应该与苏俄进一步作运用国际外交上的联系。在军事上，我们虽不必急急使不侵犯条约立即演进为互助公约，但是在外交上，我们不妨与苏俄取一致性的步骤，使国联这一座和平殿堂的实际功效能够在太平洋中表现出来。几句话说，就是加紧地完成太平洋集体安全制度这一机构，以集体的行动，来制裁日本的侵略。"⑤知识界还看到中国需自力更生，不能把抗战完全寄望于国际帮助。如曹养吾认为中国自身应加强努力，在前线上经常获得胜利，"那么苏联将更加信任吾们，英美底态度将坚强起来，法国自然随着也加强了反侵略的决心和力量"⑥。莫林也指出："我们如不能自力更生，

---

① 徐冰：《抗战中的青年学生》，《战时大学》1937年第1卷第2期。
② 张晓京编：《中国近代思想家文库·罗家伦卷》，中国人民大学出版社2015年版，第299页。
③ 辅：《国际形势与全面抗战》，《申报》（上海）1937年8月4日。
④ 黄文山：《再论复兴民族的几个基本原则》，《更生评论》1938年第3卷第1期。
⑤ 纪：《怎样推进有利的国际形势》，《申报》（上海）1937年9月12日。
⑥ 曹养吾：《九国会议后的国际形势与我抗战前途》，《民族生路》1937年创刊号。

断难希望得到友邦的继续支持，但只要我们坚持抗战的决心，友邦在精神上物质的支持，只有一天天增加，断不会中途抛弃我们。一切在于我们自己，真正能够对于国际形势发生主动作用的，也只有我们自己。"①章乃器同样认为："战争的最后胜利，主要的靠我们自己的力量去争取，国际对于我们的态度，主要的靠我们的决心去转移。换句话说：要我们自己有力量，才能动员国际上的援助力量；要我们自己有决心，才能坚定国际上的援助决心。"②实际从全民族抗战初期的国际形势看，只有苏联对中国提供了援助，英美法等对日本侵华实行纵容态度，知识界的主张也符合当时外国对中国抗战的态度。

（二）对抗战时局的认识

全民族抗战爆发后，国共虽然停止内战，进行了第二次合作，共同抗日，但国内时局仍然不稳，影响了抗战建国的进行。因此，知识界也主张国内各党派团结抗日，并且呼吁国民党推动政治民主，特别是通过分析坚定了中国抗战必胜的信念，驳斥了投降派的言论，支持国共两党进行持久战。

当时国民党发动的反共摩擦时有发生，因此知识界人士也呼吁党派加强团结。如马相伯指出："大敌深入，山河破碎的时候，绝对不是各方闹意见，争权利的时候，大家应该认清当前的国难，民族的危机。彼此消弭私见，联合一致，凝固成坚强的力量，向着唯一的敌人进攻，到了把敌人击退。"③陈独秀在《各党派应如何巩固团结》一文中则称："现在的中国，无论政府党或在野党，都更不应该利用抗战的机会，效法这种人为的外表形式来消灭异己！能够使各党派合作团结的口号，只有一个，即'抗日救亡'，这就是说，无论各党各派在思想信仰上如何不同，而对于抗日救亡的行动，必须一致。"④林乃武则指出："我们认为，至少在抗战的现阶段，多党并存（主要自然是国共两党）是并不影响国家政权的统一……吾们所望于各党的，是要在相互间极端捐弃成见，消除意气，避免偏激的态度；同时，

---

① 莫林：《最近的国际形势与抗战前途》，《团结周报》1938年第14期。
② 李良志等编：《抗战时评》，河南大学出版社2005年版，第174页。
③ 《精诚团结，一致对外》，《申报》（汉口）1938年3月31日。
④ 张永通、刘传学：《后期的陈独秀及其文章选编》，四川人民出版社1980年版，第124页。

更要有自我批判自我教育的精神，检讨自己的是非功过，学习事物的客观真理。"①还有学者提出了党派统一问题，因对国民党认识不足，提出各党派都加入国民党，如吴敬仪认为，各党各派要彻底觉悟，要有民族自觉，站在中华民族底立场，为民族利益、抗战利益，抛弃派系利益，自动地解散各自底组织，加入到国民党去。这是团结的最好办法，它可以使国民党成为中国唯一的、最大的、强固的党，于现在的抗战及将来的建国说来非常有益。同时，它就保证了现在的抗战及将来的建国之胜利的前途。②此类主张实际配合了国民党提出的"一个政党，一个主义，一个领袖"的倡议，对抗战团结造成了不利影响。还有广东知识界人士乐观估计国共合作前景，并没有看到两党深层次的矛盾，其称："国共的团结不是暂时的，它含有永久性质的结合。经过长时期对日寇的艰苦奋斗，铁与血的搏斗之后，摆在这两个革命政党之前的，还有建立起崭新的中华民主共和国这一伟大工作，还有那包括全地球九分之一的广阔大地的社会建设工作。这是幸福同享，患难与共的结合。"③对于中共倡导的抗日民族统一战线，知识界人士也给予了支持，认为是抗日斗争的现实需要，为历史发展的必然，并且指出："决不能看作是共产党一党的理论。共产党人不是神仙妖怪，他决不能在违反实际环境的需要中臆造出适合己党脾味的任何口号和理论。统一战线是全民族所需要的，是全国各党各派凡不愿做汉奸亡国奴者所热诚拥护的。"④

知识界面对国民党在政治上的专制，呼吁借抗战改进民主政治，并认同其提出的抗战建国主张。当时知识界认识到，要打败日本帝国主义的侵略，就必须实现政治的民主化，使全国人民享有各种民主权利，使各党各派能够真诚地团结起来。一个四分五裂的国家，民族是不可能复兴的，而只有实行民主政治，国家才有可能实现长久的统一。⑤如邹韬奋提出：我们要全国人民热烈拥护抗战，当然要

---

① 林乃武：《抗战中的党派问题平议》，《游击》1938年第9期。
② 吴敬仪：《党派团结问题》，《抗战向导》1938年创刊号。
③ 中共广东省委党史研究室编：《广东党史资料》第22辑，广东人民出版社1993年版，第159页。
④ 严北溟：《从国内政治形势说到国共合作的前途》，《浙江潮》1938年第7期。
⑤ 郑大华：《民主政治对于民族复兴的重要意义——以抗战时期知识界对"中华民族复兴"的讨论为中心》，《安徽史学》2016年第4期。

使他们有民族自信心，但同时政治上必须有种种展开有利战局的事实，与天下以共见，然后才能使全国人民振作奋发，向着共同的大目标向前迈进。[1]他还对国民党提出期望称：一是希望国民党在实际上联系全国各方面的力量共赴国难，而不拘泥于形式上的合并；二是希望国民党在积极方面领导民众的活动而不在消极方面提防民众运动。[2]但陈之迈则认为当时不宜实行民主政治，指出："这个时候是举国集中力量的时候，不是争权夺利的时候。我们可以抱怨中国以前没有实行民主政治，但不能在此时主张立刻实行民主政治。政治主张得有时代性，国家做事得有个缓急先后，不能乱来。"[3]对于1938年3月国民党临时全国代表大会提出的《抗战建国纲领》，知识界给予支持并对如何落实此纲领进行了广泛讨论。重庆文化界人士指出：国民党所制定的《抗战建国纲领》，如果各方真能捐弃成见，相与结合于三民主义之下，统一其行动，而同时全国同胞，如果能够一致奋起，共同迈进，《抗战建国纲领》的实现，指日可期，而整个民族斗争之成功，也就操之左券。[4]黄香山指出该纲领和孙中山《建国大纲》基本精神是一致的，并具有独特的时代精神，是贯通战时与平时的需要的，但又提出全体国民必须集中全力，贯彻实施此纲领，以求彻底成功，不可光依赖政府，或是依赖领袖个人。[5]还有学者撰文从政治、文化、教育、经济贸易、军事等诸多方面，对如何进行抗战建国发表了自己的看法。

知识界人士还在分析中日在军事、经济等方面的优劣后，坚信经过长期抗战，中国必胜，但中国不会"速胜"。如对于中国抗战的艰苦性，有人在为民国《陇县新志》写的序言中指出抗战存在的困难，如后方运输，则供应浩繁之为难；部队复杂，军、团纠纷，则整顿调剂之为难；伤兵纷繁，难民麇集，则慰劳救济之为难。至于军需孔亟，正赋杂款，上有难缓之征，下多宿逋之课，则催科为难。[6]还

---

[1] 韬奋基金会、上海韬奋纪念馆编：《韬奋全集》增补本8，上海人民出版社2015年版，第147页。
[2] 韬奋基金会、上海韬奋纪念馆编：《韬奋全集》增补本8，上海人民出版社2015年版，第410页。
[3] 陈之迈：《论民主与抗战》，《民意》1938年第31期。
[4] 《重庆文化界拥护抗战建国纲领宣言》，《四川省政府公报》1938年第117期。
[5] 黄香山：《关于抗战建国纲领的三个认识》，《民力周刊》1938年第6期。
[6] 王芳：《抗日战争时期我国地方志编修概况》，《中国地方志》2005年第10期。

有学者提出："现在我们的抗战所凭借的就是这种坚强的民族意志。我们即使武器再差些，我们即使对于战争的准备再差些，只要抗战的意志不因一时的挫折而懈怠下去，一定可以获得最后的胜利。因为在被压迫民族的抗战中，正同在革命战争中一样，决胜负的力量在民众方面比在军队方面更大。而武器和战士的补充在军民彻底地打成一片的时候是很容易的。"[1] 知识界通过分析也认为中国最终会胜利，如萧公权在1938年《政治上的最后胜利》一文中坚持抗战必胜，称："我们的失地虽然还未收复，伪组织虽然苟延残喘，依旧存在，然而敌人经长期消耗后，已是外强中干，崩溃不远。何况他们的野心和暴行已为世界上爱好和平的国家所深恶痛绝。失道寡助，这更是敌人覆亡的预征。反观我们自己，自抗战以来确已表现愈战愈强的能力，而全国人民对抗战有信心，对政治能团结，友邦人士更能予以同情的援助。我们所预期的最后胜利不久必可到来。"[2] 钱端升提出："但我坚决相信，无论由于我方力量的增长，或是由于敌方力量的衰落，或是由于友邦援助的加强，在不久的将来，我们的抗战会得到差可满意的胜利和结束。"[3] 钱俊瑞还分析称："因为敌我互有长短强弱，所以这次的战争是一个长期的斗争。然而单单了解是不够的。我们必须了解，敌人主观上的长处在逐渐消失，而我们主观上的优点却在逐渐成长起来。敌人的弱点在用几何级数掩盖他们的优点，而我们的优点却在用几何级数克服我们的弱点。最后是敌我两方力的对比上发生巨大变化，这便是我们最后胜利的时期。只有这样了解，我们才能知道，我们的抗战是长期的，而且长期抗战的结果，必然是我们得到胜利。"[4] 在1938年10月广州沦陷、武汉危急的时刻，有学者仍然呼吁坚持抗战，指出："在目前我们还有一些困难，须要坚持沉着地去克服，然而敌人的困难更大，而且无从克服。因此，我们不应该仅仅悲痛愤激，亦不应该张皇丧气，我们应该更鼓励我们的勇气去战胜暂时的困难，克服一时的困难，坚持持久抗战，坚决全面抗战，以达到最后的胜利。"[5]

---

[1] 《抗战的前途》，《申报》（上海）1937年8月8日。
[2] 张允起编：《中国近代思想家文库·萧公权卷》，中国人民大学出版社2015年版，第275页。
[3] 孙宏云编：《中国近代思想家文库·钱端升卷》，中国人民大学出版社2015年版，第203页。
[4] 钱俊瑞：《全民抗战的三个阶段》，《全民抗战三日刊》1938年第2号。
[5] 《坚持持久战》，《新华日报》1938年10月26日。

对于中日战争的结果,社会上出现了"亡国论",鼓吹投降日本,知识界对此也进行了批评,认为中国经过长期的战争会取得最终的胜利。如胡愈之坚决反对妥协投降,提出当时"我们必须做,而且不可不做的事是:(一)召回驻日大使领事;(二)对外宣布在平津未收复之前,拒绝一切对日谈判;(三)立即实行全国对日经济绝交;(四)明令严惩通敌卖国官吏;(五)赶快把后方民众动员、武装起来,作为抗战的后备队伍。这样,把屈服妥协的道路,完全堵塞,全民族抗战的决心,才有了行动上的表现"[①]。著名学者胡适在全民族抗战爆发后曾受命赴美进行抗日宣传,他在为旅美华侨演讲中也称:"不管日本能打多久,不管国际能否帮助中国,只要中国能持久,那时,日本内部便会发生问题,国际也缓缓会起变化,最后的胜利是属于我们的。"[②] 对于"中国速亡"的汉奸理论,邹韬奋分析道:"中国必须持久抗战才能得到最后的胜利,这是一般人所常常听到的话,但是有些人看到我们的敌人在目前的武力较占优势,同时感觉到我国在目前的力量比较地薄弱,往往觉得越拼越消耗,多拼多消耗,是否终能拼得过敌人,达到最后的胜利?因此有些人便利用这种心理来动摇国人持久战的决心,甚至有人嘴上虽主战,而同时却倡言'弱国牺牲论',认为不战亡、战亦亡的似是而非的汉奸理论。"[③] 知识界还宣传中国抗战的正义性,称:"为生存、公理、正义、和平而战,为民族解放的神圣伟大使命而战,我们是死里求生,不抗战只有亡国,并且还要灭种。"而日本则是少数穷兵黩武的军阀"毁灭公理、正义、人道而战",不会得到人民的支持。[④] 但是,知识界人士对于抗战局势也不是盲目乐观,而是保持清醒认识。如1938年4月台儿庄大捷后,有人提出:"在军事上我们的胜利,还不过是局部的开端,敌人的损失和挫折,也还不过是部分的开始。敌人在中国作战虽开始陷入困难的境地,但并没有失去对我继续进攻的能力,而且敌人更会因他的部分挫败,而作报复的反攻。因此,我们在解释这次胜利中,应当是在这次胜利的基础上,提高胜利的信心,紧张抗战的努力,而绝不能(因)部分胜利而发生丝毫骄惰的

---

① 李良志等编:《抗战时评》,河南大学出版社2005年版,第165页。
② 胡适:《中国究竟能抗战到什么时候》,《半月文摘》1937年第1卷第5期。
③ 韬奋基金会、上海韬奋纪念馆编:《韬奋全集》增补本7,上海人民出版社2015年版,第656页。
④ 吴雁南等主编:《中国近代社会思潮:1840—1949》第4卷,湖南教育出版社2011年版,第56页。

情绪。"①

当时国共两党都提出了持久战的看法,知识界也给予关注。他们在分析了中日力量的对比后,认为中国虽然在军事上处于劣势,但在人力、物力上有充足优势,中国经过持久战会取得最终的胜利。如对中国抗战军事策略,有人认为不必在乎短期内一城一地得失,而是对日本实行持久消耗,称:在这次的抗战中,我们应该有一个觉悟,这就是一城之失,不足悲观,一地之得,不足乐观,换句话说,我们这次的抗战,决不是与日本较量武力的高下,而不过是用武力来抵抗侵略,同时是用武力来作为衡量"谁能持久"的尺度的,所以,失地是决没有关系,只要"步步为营"的失,同时,要屡失屡攻,不使日本在军事上能透一口气,我们不但要使它"消耗",而且要使它"疲乏"。这样,纵令中国在军事上不能制胜,但日本也会弄得"焦头烂额"。② 晏阳初则称:"中国对日抗战,武力不如敌人,谁都知道我们迫不得已,起来和敌人拼死,胜败利钝,本已置之度外,惟一的胜利希望在于持久抗战。持久战的重心在于后方,后方充实,前方就可不断地推陈出新。"③ 许涤新则分析了持久战进行的经济条件,指出:"敌人的经济力是在不断地削弱,中国的经济力却不断地增长,敌人的其他弱点是在不断地加深其严重性,而中国的社会经济上的其他优点,则在不断地发扬其长处。"但他还指出这些经济条件仅是决定中日战争为持久战的一部分,尚有军事、政治、地理及国际各方面的条件需要配合。④ 邹韬奋1937年8月在《持久战的重要条件》一文还强调持久战需要物质上的准备,必须"一面抗战,一面应注意生产的继续",并且还要在"整个的国防经济建设的计划之下,作加速度的更紧张的生产工作"。⑤ 特别是毛泽东的《论持久战》在1938年7月出版后,更是在知识界中产生了广泛影响,毛泽东的论断也得到了他们的认同。如有学者指出:"毛先生精深博大的著作,完全是根据现实的周密剖析而出之以政治家的风度,在中日战争问题上尤为划时代的杰作。它不但将对于远东,包括

---

① 《庆祝台儿庄胜利!》,《新华日报》1938年4月8日。
② 孙怀仁:《抗战军事刍议》,《申报》(上海)1937年11月15日。
③ 晏阳初:《对长沙办事处同仁之讲话——关于抗战形势的报告》,《平讯》1937年第2卷第9期。
④ 许涤新:《持久战底经济条件》,《时事类编》1938年第26期。
⑤ 韬奋基金会、上海韬奋纪念馆编:《韬奋全集》增补本8,上海人民出版社2015年版,第80—81页。

日本在内，发生巨大影响，即在欧美人士对于此次战争的考察上，也会发生深远的意义。"①

（三）对抗战与民族复兴的认识

随着全民族抗战的爆发，日本侵华不断加剧，民族危机空前严重，这也使知识界认识到需要恢复民族自信，发扬民族精神，增强民族凝聚力，共同借助抗战推动中华民族复兴。正如罗家伦在《新民族》创刊号中提出抗战为新民族的前奏曲，称："感谢日本的飞机大炮，把我们散漫的民族，轰炸成铁的团结，把我们沉迷的大众，轰炸得如梦方醒；把我们衰落颓废的思想，轰炸得烟消云散——不把我们包裹重重的脓血炸开，那有新的肌肉产生？"②知识界当时对民族精神、民族文化、民主政治、学术研究与中华民族复兴的关系进行了深入研究，在政治、经济、学术、文化等方面提出了各自的主张，以增强各族人民对中华民族和国家认同感，并激励民众的抗战信心。

在恢复民族自信上，知识界认为中华民族要实现复兴，首先就必须重新树立和恢复民族的自信力。为此，他们认为既不能夸大中国历史和文化的辉煌，也不能将中国历史和文化说得一无是处；而要实现中华民族的伟大复兴，除了要认同和弘扬民族历史和文化的优点外，还要尽力克服民族的劣根性或不好的方面。③如林同济指出："抗战需要自信力，而中国民族尤不应该缺乏自信力。我们民族过去的伟大成就，是我们自信力的源泉。我们根据这些过去的成绩，更可以相信我们民族此后的成就必尤有独到之处者。所以我们的抗战，不但对过去自信，对将来尤须自信。"④还有学者强调需要提高国民的"中华民族意识"，增强各民族的团结，形成对中华民族的整体认同。如王敬斋称：需要唤起民族意识，一致抗敌，才能实现民族解放，其中在消极的方面，应该打破种族的界限；在积极的方面，

---

① 纯：《持久战的理论与实际》，《民族公论》1938 年第 1 卷第 2 期。
② 张晓京编：《中国近代思想家文库·罗家伦卷》，中国人民大学出版社 2015 年版，第 253 页。
③ 郑大华：《民族自信力与民族复兴——近代知识界关于"中华民族复兴"的讨论之二》，《学术研究》2016 年第 1 期。
④ 江沛、刘忠良编：《中国近代思想家文库·雷海宗、林同济卷》，中国人民大学出版社 2014 年版，第 502 页。

最重要的是团结民族的精神；同时还需要养成民族自尊的高尚情绪，发扬我们固有的文化来恢复民族自信心。[①]

知识界还提出了通过文化复兴来实现民族复兴，并呼吁推进民族文化建设。如贺麟1938年在《抗战建国与学术建国》一文中指出："一个民族的复兴，即是那一民族学术文化的复兴。一个国家的建国，本质上必是一个创进的学术文化的建国。抗战不忘学术，庶不仅是五分钟热血的抗战，而是理智支持情感，学术锻炼意志的长期抗战。学术不忘抗战，庶不致是死气沉沉的学术，而是担负民族使命，建立自由国家，洋溢着精神力量的学术。"[②]张涤非等在《抗战向导》发刊词中提到建设民族文化重要性，称："在战争时代，民族文化的建设，比平日还更重要。它能巩固我们的思想，奋起我们的精神，统一我们的意志，集中我们的力量，指导我们的行动，使我们与敌人作坚决的斗争。要动员全国人民的行动，不应该从思想的动员开始么？在积极方面，只有民族文化的建设，才能从思想上摧毁帝国主义一切力量的泉源；在消极方面，只有民族文化的发扬，才能克服一切错误的理论，以增强国民抗敌的勇气与能力。"[③]对于抗战与民族文化建设的关系，阎宗临则指出："这次的战争，是我们文化上的一个大转变，统一便是我们民族意识的象征。所以我们不惜任何牺牲，任何破坏，我们要建设自己的独立，更往深一步看，有了民族意识，始能建立文化，因为文化是民族智慧的结晶。"[④]胡秋原在1938年底写的《中国文化复兴论》一文中也指出："今日是我们为复兴民族而奋斗之日，也是为复兴民族文化而奋斗之时。我们在抗战建国的过程中，客观上也是在复兴文化之过程中。为了抗战之胜利，我们必须加强主观努力，巩固统一，抗战到底，树立法治，发展工业。而这一切，也就是复兴文化的根本之道。"[⑤]

对于抗战中的民族精神的恢复与弘扬，也被很多学者论及，他们看到了民族精神在抗战中的重要性，故也提出了很多恢复中华民族精神的主张。针对中华民

---

① 王敬斋:《现阶段的历史教育问题》,《文化与教育旬刊》1937年第118期。
② 贺麟:《抗战建国与学术建国》,《新动向》1938年第1卷第3期。
③ 《民族文化建设宣言》,《抗战向导》1938年创刊号。
④ 阎宗临:《抗战与民族文化》,《今论衡》1938年第1卷第26期。
⑤ 蔡尚思:《中国现代思想史资料简编》第4卷，浙江人民出版社1983年版，第153页。

族精神的日渐消沉，叶青指出："建设民族文化是我们底心思才力来创造适于当前历史阶段的文化，只要这样，才有民族精神独立可言……要把中国民族从奴隶底命运中振拔出来，使他独立，须从民族的精神独立做起。我们应该发扬民族精神，发扬民族的创造精神，以建设民族文化。"[1]陈凤岐则认为战争大有助于民族精神之发展，"我们要趁着此时国家未亡的时候，应加强爱国心，发挥民族精神，与敌人拼个你死我活的斗争，把我们国家民族从危亡中救回来！"[2]知识界通过总结中华民族的伟大精神与特征，激发了团结抗战的力量，为民族复兴思潮提供了支持。如陈凤岐指出："我们要从困苦中锻炼国民的意志，发扬民族的精神，培植钢般似的新国力，创造适合战时要求的环境，向着抗战光荣的前途迈进，全国农工商学兵团结起来！抗战到底，牺牲到底。最后的胜利，终属于我最大努力，最不畏牺牲的我们。"[3]

许多学者对于如何实现民族复兴，还纷纷撰文讨论，以帮助民众树立中华民族必将复兴的信念。如有学者指出："盼望举国同胞要自励，不要在民族复兴的途径上作了障碍物；而且也要认清惟有各个份子健全起来，那才算稳固了民族复兴的基础，而我们对于中华民族复兴的惟一信念也就在这里。我们对于中华民族复兴的惟一信念既然寄托在整个民族的觉悟上，因此这次的抗战的重担，也只得由全国民众一同担起来，而不可存侥幸的念头，依赖任何的一个国家。"[4]黄文山则称："今后我们如何继往开来，转危为安，转弱为强，转败为胜，恢复民族的独立自由，这个责任完全落在本民族身上，决不能希望别个民族，替我们来负担……所以我们以为救国建国的最要条件，是深信历史之过去，以增进自己的自信力，不忘国际大势之归驱，以谋所以因应。"[5]张君劢在其1938年著作《立国之道》中，则提到中华民族复兴的基础为："要一方加强自信力，一方尽量容纳外来文化，使其与我们固有的并行不悖；我国在政治上经济上之缺点太多，经济方面的物质建

---

[1] 叶青：《民族精神独立问题》，《抗战向导》1938年第2期。
[2] 陈凤岐：《发扬民族精神与抗战到底》，《新运导报》1938年第14期。
[3] 陈凤岐：《发扬民族精神与抗战到底》，《新运导报》1938年第14期。
[4] 西山：《中华民族复兴的信念》，《经世》1938年战时特刊7。
[5] 黄文山：《再论复兴民族的几个基本原则》，《更生评论》1938年第3卷第1期。

设，应努力赶上前去。"[1]根据郑大华的研究，当时知识界对民族复兴讨论热烈，并得出以下四个认识：第一，民族复兴不是汉族或某个少数民族的复兴，而是包括汉族和所有少数民族在内的整个中华民族的复兴；第二，民族复兴不是复古，而是中华民族的新生或再生；第三，民族复兴是一个系统工程，不能片面强调某一方面，更不能把民族复兴等同于文化复兴；第四，要实现民族复兴，就必须调动一切积极因素，实现中华民族的大团结。[2]

1937年全民族抗战爆发后，广大中国知识界人士体现了强烈的爱国心与民族责任感，利用自身的学术优势，撰写了大量的抗战评论文章，从舆论上支持全民族抗战，成为全国抗战救亡运动的重要组成部分。对于知识界人士的贡献，曾有时人称："知识分子的笔枪与舌剑，就其本身而言，虽好像空洞无力；但是一经接触大众的心灵，鼓动起他们的情绪，那不可抵御的伟大力量就发生了。在这个全民族大抗战中，全国军民抗战情绪的高涨，当然是保证胜利的必要条件。要实现这个条件，要把全国抗战情绪鼓动起来，这个责任当然要知识分子特别担负。"[3]正如此论所言，知识界人士出于抗日救国的使命意识，对于全民抗战、持久战、党派团结、民主政治、民族复兴等问题的讨论，的确振奋了民族精神，促进了各界、各族人民团结抗战，抨击了汉奸投降言论，有利于提升广大军民的抗日信心及抗日民族统一战线的形成。知识界的抗战观与国共两党当时的抗战主张有许多共同之处，同时也提出了诸多新的看法。但是也应该看到，部分知识分子的抗战言论认识仍然存在偏见，虽然大多支持中共的全面抗战主张，但对国民党领导抗战的期望过高，对中共地位估计过低。而且部分知识界人士并未考虑到当时中国的客观条件，提出的一些抗战建议缺乏实际操作的可能性。

---

[1] 翁贺凯：《中国近代思想家文库·张君劢卷》，中国人民大学出版社2014年版，第476页。
[2] 郑大华：《抗战时期有关"中华民族复兴"的讨论及其意义》，《民族研究》2016年第3期。
[3] 嵇文甫：《在全面抗战中知识分子能贡献些什么》，《经世》1937年战时特刊第1期。

第五章　日伪政权的建立及其在沦陷区的统治[①]

"以华制华"是日本针对占领区实行的一项重要政策，扶植伪政权即是其中一个重要体现。日本对伪政权重要性的认识是一个变化过程。全民族抗日战争爆发初期，日本更加注重武力的侵略，不断追求扩大占领区域，企图将中国完全占领，而对伪政权的重视不够，尽管如此，其每占领一地，也会扶植伪政权。随着日本在华占领面积的扩大和中国军队的顽强抵抗，抗日战争进入战略相持阶段。在日本占领地区，诸多的敌后抗日力量不断涌现，维持、巩固占领区的所谓治安便逐渐成为日本的战略重点。日本的兵力日渐不敷分配，使日本不能完全依靠自己的力量维持统治，伪政权建设的重要性随之提高。

全民族抗战初期，日本对中国的侵略采取以军事进攻为主，政治诱降为辅的方针，对伪政权采取"分而治之"的政策，华北、华中等地分别建立伪政权。随着形势的变化，日本开始着手将"分而治之"的伪政权合并，试图在占领区建立一个统一的"中央"政府，最后日本扶植汪精卫建立了一个伪国民政府。日本在中国沦陷区建立伪政权，是为加强对沦陷区的统治。日本还从沦陷区掠夺各种资源，以服务于其侵略战争。

[①]　作者：杜恩义（山东大学）。

一、伪中华民国临时政府

（一）建立与组织

1937年7月7日，卢沟桥事变爆发，日本发动全面侵华战争。11日，日本内阁召开会议，针对华北问题，"决定采取必要的措施，立即增兵华北"[①]。日本集结兵力后，便对华北地区展开全面进攻，29日，北平沦陷，30日，日军占领天津，之后日军继续在华北战场展开大规模攻势。8月，日本参谋本部组织了华北方面军，全部兵力约有37万人。日本在全面侵华战争初期追求速战速决，在华北地区沿主要交通线分几路发动攻势。

日军向西沿平绥路进攻，8月攻下南口、张家口，9月攻占天镇、大同等地。平汉线方向，9月下旬攻下失守，10月初攻占石家庄，后日军相继占领顺德（今邢台）、邯郸，11月侵占安阳、大名等地。津浦线方面，9月底日军攻陷沧州，接着继续南下，10月初，日军攻陷德县（今德州），占领恩县、平原县，11月中旬，日军抵达黄河北岸，12月下旬，渡过黄河，12月27日攻陷济南，随后占领泰安，并继续南下。1938年1月10日，日军一部从海上登陆占领青岛，并沿胶济铁路西进。随着日军的进攻，华北大部分地区沦陷。

平津沦陷后，日本随即图谋扶植所谓的"治安维持会"。1937年7月29日，国民党军第29军撤出北平，日本驻北平使馆陆军助理武官和北平特务机关长即秘密协商，由曾代理过北京政府国务总理的江朝宗组织伪北平地方维持会。维持会成立后制定简章及办事细则，江朝宗任会长，下设常务委员、委员和顾问。常务委员和顾问分5组，分别主管社会、经济、公安、交通、文化等事项。每组有主任1人，副主任1—2人，组员1—3人，专门委员、雇员若干，每组还设有几名日本顾问。伪北平地方维持会实行委员制，委员由本市各伪局长、处长，自治团体、商会、银行公会、文化团体等代表组成。另有顾问60余人，日籍顾问约占四分之一。虽然会长、组长均为中国人，但日籍顾问掌握实权。10月，伪维持会改

[①] 复旦大学历史系编译：《日本帝国主义对外侵略史料选编（1931—1945）》，上海人民出版社1983年版，第240页。

"北平"为"北京"[①]。

8月初，曾任北京政府内务总长的高凌霨受命组织伪天津治安维持会。伪维持会下设总务、财政、工务、公安、社会、教育、卫生7局和长芦盐务管理局等机构。伪天津治安维持会组织制度为合议制，高凌霨为"委员长"，其他高级职员主要有北京政府失意政客、南京国民政府天津市政府滞留人员和本地绅商等。一般职员主要为南京国民政府天津市政府滞留人员，如总务局定额为80人，其中原天津市滞留人员即有50余人。[②]

9月，北平、天津、冀东三地伪治安维持会联合组成"平津地方治安维持会联合会"，主要负责处理平津有关共同事务及对外问题，联合会设秘书局作为办事机构，秘书局中设有日本顾问。

北平和天津伪治安维持会成立后，山东、山西、河南、河北等各地伪治安维持会也陆续建立。为统一华北各地伪治安维持会，日本华北方面军司令部命特务部筹建华北伪政权。日本华北方面军强调在华北建立伪政权"不是华北地方政权，而应是取代南京政府的新的中央政府，其政令应在日军势力范围内的全部地区普遍行施"[③]。

1937年12月13日，日本华中方面军攻陷南京，南京国民政府首都沦陷，日本认为建立伪政权的时机已成熟。12月14日，伪中华民国临时政府在日本华北方面军的支持下于北京居仁堂举行成立仪式。继续承袭中华民国年号，"定都"北京。恢复五色旗为"国旗"，以《卿云歌》为"国歌"。因其筹备等工作还未完成，此次成立只是仓促行之，直到1938年1月1日伪临时政府才正式开始办公。伪行政委员会"委员长"称："华北各省，相继沦陷以还，政失其本，民无所归。我等同人，不忍坐视，爰纠合同志，树立临时政府。"[④]伪临时政府仿效英美，原则上

[①] 日本占领时期，改"北平"为"北京"，但南京国民政府和中共仍称"北平"。以下行文为方便起见，直接使用"北京"，不再加引号，指日伪改称后的地名。
[②] 郭贵儒等：《华北伪政权史稿：从"临时政府"到"华北政务委员会"》，社会科学文献出版社2007年版，第147页。
[③] 日本防卫厅防卫研修所战史室编：《华北治安战》上，樊友平、朱佳卿译，团结出版社2015年版，第41页。
[④] 中央档案馆、中国第二历史档案馆、吉林省社会科学院编：《日本帝国主义侵华档案资料选编·汪伪政权》，中华书局2004年版，第217页。

实行三权分立体制，暂不设主席，下设"议政委员会"，"委员长"为汤尔和；"行政委员会"，"委员长"为王克敏；"司法委员会"，"委员长"为董康。"行政委员会"为伪临时政府的主体，下设"内政部"（"总长"王克敏）、"治安部"（"总长"齐燮元）、"教育部"（"总长"汤尔和）、"赈济部"（"总长"王揖唐）、"司法部"（"总长"朱深）、"实业部"（"总长"王荫泰）和"建设总署"（"督办"殷同）。"委员长""总长"大多为北京政府时期的政客。

1937年12月24日，日本内阁制定《处理中国事变纲要》，对于华北方面的处理，"目标是建立防共亲日满的政权，经济的目标是建立日满华不可分割的关系。在指导时，加以谋求促进，逐步扩大和加强这个政权，使它成为重建新中国的中心势力"[1]。伪临时政府成立之前，日本即打算将其建成伪中央政府，而非只是华北地方政权。

伪临时政府成立之初设立北京、天津两个特别市，江朝宗任伪北京市长，高凌霨任伪天津市长兼伪河北省省长。12月15日，"平津地方治安维持会联合会"解散。华北各地伪治安维持会归入伪中华民国临时政府管辖。1938年2月初，"冀东防共自治政府"与伪临时政府合并，冀东22县划归河北省统辖，河北分为冀东、天津、保定、冀南四道，伪省公署设在天津。1938年1月，山东省的济南、青岛先后成立伪治安维持会，3月5日，伪山东省公署组织成立，下辖鲁东、鲁西、鲁南、鲁北四道，伪临时政府任命马良为伪省长。4月，伪河南、山西省公署成立，肖瑞晨、苏体仁分别任伪省长。

伪临时政府成立之前，日本华北方面军企图使其成为全国性的"中央"政权，但实际上，其管辖范围仅是日本华北方面军的占领范围，即逐渐由平津、河北、山东扩及至山西、河南等省及江苏一部分。设立北京、天津、青岛三个特别市伪公署，山东、山西、河南、河北四个伪省公署，以及伪苏北行政区。

伪临时政府所辖各省地方政权机构主要为省、道（市）、县三级。各级伪地方公署设置各厅、局、科等机构，具体负责各项事务。伪省公署设"秘书处"、

---

[1] 复旦大学历史系编译：《日本帝国主义对外侵略史料选编（1931—1945）》，上海人民出版社1983年版，第253页。

"民政厅"、"财政厅"、"教育厅"、"建设厅"和"警务厅",道、县公署设"警务科"、"财政科"、"教育科"和"建设科",伪市公署设"警务局"、"财政局"、"教育局"和"建设局"。伪特别市公署设"社会局"、"警察局"、"财政局"、"教育局"、"工务局"和"卫生局"。伪省公署还设立"省政会议",全省范围内如政令、经费、官员任免等各项事项均须"省政会议"议决。伪临时政府所辖的各级政权中均有日本顾问、辅佐官和联络员等,负责各地有关政治、经济、文化等问题的策划,各级伪政权的诸多事务必须经顾问同意才能实行。在县以下,为推行地方"自治",加强对基层的控制,华北伪政权在沦陷区推行保甲制度。

日本华北方面军不仅扶植伪中华民国临时政府,还建立了一个与伪政府表里一体的民众团体,即"新民会"。"新民会"的活动主要有:对民众进行奴化教育和宣传,协助、配合日伪发动的各项运动等。1937年12月24日,"新民会"在北京正式成立,北京设立"新民会中央指导部",下设"总务部"、"教化部"、"厚生部"、"指导委员会"和"联合协议会"。省道县各级分别设立"新民会指导部"。"新民会"是伪政权的辅佐机构,存在于政府与民众之间,成为协助日伪维持秩序、加强控制、维护统治的重要工具。根据日伪的统计,截至1939年底,华北各沦陷区共组建"新民会"分会292个,会员125582名,"新民会"开设青年训练所115家,毕业学员12822名,青年团58个,少年团及少女团86个。[①]

"新民会"成立初期的各项活动与"宣抚班"交织在一起,"宣抚班"也是日军在侵略中国过程中组织的。1937年8月,天津沦陷后,南满洲铁道株式会社(简称"满铁")派遣要员数十名,组织"宣抚班"。华北沦陷区"宣抚班"最初为70个班,主要在北宁路沿线从事"宣抚"工作。后随战事的扩大,"宣抚班"班数和人数均增加。1938年1月,华北"宣抚班"总部迁移至北京,分为随军"宣抚班"和固定"宣抚班"两种,其成员除由"满铁"派出外,又从日本国内召集众多人员。"宣抚班"班员在北京接受一个月的短期训练后,即分配至前线各部队。日军每侵占一地,"宣抚班"便跟随日军进入,进行"宣抚"工作。例如,山东沦

---

① 日本防卫厅防卫研修所战史室编:《华北治安战》上,樊友平、朱佳卿译,团结出版社2015年版,第200页。

陷后，济南、青岛、烟台等地便组织"宣抚指挥班"，胶济、津浦铁路及其他主要交通沿线县城和站点均设有"宣抚班"，对民众进行"宣抚教化"。至1940年2月，日伪在山东沦陷区组成"宣抚班"共105处（其中本班37处，分班68处），部员551人，22处"新民会指导部"，人员总共370人。①

组建伪军。全民族抗战初期，日军为求速战速决，没有建立伪正规军的计划，只是将原有地方自卫武装纳入伪政权，协助日军及伪政权维持统治。1938年初，日军计划在占领各省组建2万名警察和2个师的正规军，以便协助日军维持治安。武汉会战前后，随着抗战形势的变化，日本开始注重伪正规军的组建。

伪临时政府为加强统治效力，配合日军的作战和维持占领区统治，在日军的指导下，亦开始注重组建伪军。1938年8月，日军在华北实行"治安肃正"作战时，即命伪临时政府组建"治安军"，由日军担任教官和顾问。伪临时政府还建立诸多军事学校，以培养伪军干部人才，如伪陆军军官学校、伪陆军宪兵学校。至1939年10月，伪治安军共成立3个集团司令部和2个独立团。后伪治安军经过几次整编和建军，到1942年，共建成11个集团司令部，下辖34个步兵团和1个步兵教导团，总兵力约3.7万人。但其战斗力不佳，仅起辅助日军"治安肃正"作战的作用。伪军的一个重要来源是收编国民党军队或地方武装，但直到1940年，日军对伪军的收编是选择性的，"原因是降日的军队太多，成员多为土匪或吸食鸦片者，他们武器少，体力差，战力与素质均不佳，日军与伪政权经费又有限，无法全部接纳，日军不敢也不肯全部收编"②。

建立地方自卫武装。伪中华民国临时政府的地方武装主要有伪警察、警备队及自卫团。1937年12月22日，日本华北方面军制定《日军占领地域治安维持实施要领》，指出地方伪自卫机关分别由"警察队（公安局）和保卫团（联庄会、民团、保甲）组成。前者常驻县城和县内要塞，担任警备与公安工作；后者设于各乡镇，按壮丁编组，协助警察队，共同担任清乡和剿匪工作"。③1938年后，伪临

---

① 日本防卫厅防卫研修所战史室编：《华北治安战》上，樊友平、朱佳卿译，团结出版社2015年版，第341页。
② 刘熙明：《伪军——强权竞逐下的卒子（1937—1949）》，（台北）稻香出版社2002年版，第20页。
③ 日本防卫厅防卫研修所战史室编：《华北治安战》上，樊友平、朱佳卿译，团结出版社2015年版，第50页。

时政府颁布《治安警察法》等一系列法律法规，以作为各省市伪警察组织的依据。在日伪的组织下，各省市建立了较为严密的警察体系，伪临时政府治安部、各省市县伪警务厅、警察局、警察所等具体负责警察、伪警备队和伪自卫团等地方武装事项。

现以伪山东省公署和伪青岛特别市公署为例，说明伪政权地方武装的组织状况。1938年4月，伪山东省公署设立警务厅，下设4科，分别负责总务、保安特务、司法、训练各事项，另外还设有秘书室、督察室、情报处。济南作为伪山东省公署省会，设有省会警察局（后改为警察署），分设总务、行政、司法、卫生、特务5科及督察处、秘书室，下设13分局（署），另有消防队、商埠清道队、城内外清道队、妓女检查所等。各道公署设有伪警务科，各县设伪警务局（1939年改编为伪警察所），县以下设伪警察分所（局）。至1940年底，伪山东省公署共管辖省会警察署、龙口特别警察署、烟台警察所、威海卫警察所以及各县警察所及分驻所等警察机关，共有伪警人员13951人[①]。除了警察机关，伪山东公署还组织了伪警备队、自卫团等地方武装。济南设有伪山东省警察总队，所属4道设立伪自卫团（后改编为伪警备队）。1940年10月，伪山东省警察总队与各道伪警备队合并，组成伪省警备队，至1941年，伪山东省警备队共有4000人。[②]伪山东省公署还命各县组织伪自卫团，各县依据"实际状况及各地匪患消长情形，或一县设一团，或各区分设数团"，用以"辅助警团力量之不及，确保地方之治安"[③]。据伪山东省公署工作报告称，至1940年底，有关伪自卫团山东沦陷各县"共计有福山县等七十余县之表报，总计自卫团人数为307164"[④]。

青岛沦陷后，在所谓治安维持会时期即设立伪警察部（1939年初伪青岛市公署成立后改为伪警察局），设总务、行政、司法、特高、卫生5科，另有警察队、清洁队和侦查队等。警察部下辖市南、市北、海西、台东、四沧、李村6个分局，

---

① 《山东省公署二十九年工作报告》（1940），山东省档案馆藏，档案号：J102—01—0200—001。
② 日本防卫厅防卫研修所战史室编：《华北治安战》上，樊复平、朱佳卿译，团结出版社2015年版，第402页。
③ 民国时期文献保护中心、中国社会科学院近代史研究所编：《民国文献类编》政治卷187，国家图书馆出版社2015年版，第354页。
④ 《山东省公署二十九年工作报告》（1940），山东省档案馆藏，档案号：J102—01—0200—001。

共有警察 1400 余名。至 1942 年，伪青岛特别市共有警察 2284 名。1944 年，伪青岛特别市警察局下设分局增加至 14 个，分驻所 49 个，派出所 72 个，警员计有 3668 名。[①] 以伪山东省和伪青岛市为例，大致能说明伪临时政府统辖各省市的地方武装概况。

伪军与伪政权均是日军的傀儡，主要为日军服务，但伪军与伪政权中两面或三面派模式也存在，伪军和伪政权中有一些人也会为抗日力量服务。

（二）统治策略

伪中华民国临时政府作为日本华北方面军扶植的傀儡政权，处处受到日军的影响，日军在伪临时政府中扮演指导者和领导者的角色。如日本驻地长官亦为当地的最高领导者，"省长对于军司令官是绝对服从的"，"无论是道或县，如果不按照各自地方特务机关和日本军部队长的意图行事，便一事无成。这种体制基本上遍及整个占领地区，'军方的要求'成为绝对至上的命令"[②]。

日本设于沦陷区各地的特务机关，为其指导各地伪政权的组织。日本华北方面军第 1 集团军配属有山西省特务机关，第 12 集团军配属有山东省特务机关和河南省特务机关，保定设河北省陆军特务机关，各省下设若干地方特务机关。北京、天津、青岛 3 个伪特别市亦设有以市命名的特务机关，由华北方面军直辖。日本华北方面军在伪临时政府成立时名义上并未直接干涉其政治，而是用"政治技术指导协定"的办法，向伪临时政府派遣顾问，以指导华北政治。伪临时政府的各项政务，不经过顾问的同意便不能付诸实施。"日本军最高指挥官令中央顾问及其所用之辅佐官协力援助中华民国之行政、法制、军事、治安及警务等事项。"[③] 顾问主要分为行政顾问、法制顾问、军事顾问、地方顾问、辅佐官等。1938 年 4 月，日本派遣汤泽三千男为首的行政、法制、军事 3 名顾问进驻伪临时政府，另派 15

---

① 《民国山东通志》编辑委员会：《民国山东通志》第 1 册，山东文献杂志社 2002 年版，第 532—533 页。
② 中央档案馆、中国第二历史档案馆、吉林省社会科学院编：《日本帝国主义侵华档案资料选编·汪伪政权》，中华书局 2004 年版，第 282 页。
③ 秦孝仪主编：《中华民国重要史料初编——对日抗战时期》第 6 编傀儡组织（3），（台北）"中央"文物供应社 1981 年版，第 129 页。

名辅佐官进驻各部。各省顾问，自设立至 1942 年一直由特务机关长兼任，下设数名辅佐官。1942 年 8 月，改为专职顾问。

伪中华民国临时政府建立后，统治不断加强，但其仍面临诸多问题，日本武力侵略给华北各地带来了巨大破坏，与此同时，中共等抗日力量在沦陷区开展了一系列抗日斗争，并逐渐占据了华北广大农村地区。为此，伪临时政府采取了诸多措施巩固其在华北的统治，亦积极为日本的侵略服务。

伪中华民国临时政府成立同日即发布施政方针。内政方面清除国民党的统治；经济方面坚持以农为本，开发资源；东亚政策以体现"东亚道义"的"民族协和"精神为准则，与日本和伪满洲国"睦邻友好"；防共方面要求绝对排除"容共"政策，坚决反对共产党。伪中华民国临时政府的一系列统治政策，其中一个主要针对对象即是国共等抗日力量，其成立之日发布《施政方针》和《成立宣言》，两份文件均指出要剿灭国共等抗日力量。《成立宣言》主张"煎涤污秽党治，同时绝对排除共产主义，发扬东亚道德，辑睦世界友邦"[①]。随后伪临时政府的各种机构及控制影响的报纸，均积极推行"剿共灭党"的政策。

在经济方面，日本侵占华北后，在华北实行经济统制政策，先以武力强占华北交通、通信、煤、铁、棉、盐等各项产业。日本对强占的产业实行"军管理"，在这一过程中，"兴中公司"扮演重要角色，它常跟随日军第一线的战斗部队，协助日军在占领地区的经济工作。据统计，"兴中公司"所属军管理公司 61 家，其中 21 家为煤矿，其经营范围涉及华北地区除铁道之外的大半重要产业。随着日本占领范围的扩大，"兴中公司"已不适应形势的发展，在此基础上，日本成立了一系列的公司。1938 年 11 月，日本成立全面统治华北经济的"华北开发公司"，总部设在东京，北京设分部，在天津、太原、青岛、济南设立办事处，并设立了诸多下属公司，对华北沦陷区的交通、通信、矿产、盐业、电力等产业实行全面统制。日伪通过"华北开发公司"控制了华北各地的经济命脉。

在税收上，日伪接收华北沦陷区各地海关，改组各地盐务局，整顿税收，并

---

① 中国第二历史档案馆选编：《中华民国史档案资料汇编》第 5 辑第 2 编附录上，江苏古籍出版社 1997 年版，第 21 页。

陆续征收烟酒税、所得税等各项税款。日伪还会根据实际，增加各种摊派和临时税，以增加财政收入。伪临时政府根据南京国民政府旧例，制定《划分国家收入地方收入标准》，以明确各级税收标准。伪临时政府针对日本商品，成立之初即停止征收日本商品的进口附加税，并且减免生铁、棉花、矿砂等的出口税。1938年6月，再次降低日本商品的进口税。

伪中华民国临时政府与日本合作设立"中国联合准备银行"，作为伪临时政府的"中央银行"，统制华北各省市的金融，以与未沦陷地区的金融相割离。伪中国联合准备银行内设管理局、总务局、发行局、计算局、营业局、调查室、秘书室、顾问室，后又增设外汇局。至1939年底，共在天津、青岛、济南、唐山、太原、烟台、山海关等15处设立分行，遍布华北各城市。同时，日伪还改组华北各地的地方银行，将其纳入伪政权的统辖之下。

伪中国联合准备银行发行"联银券"，与日元等值，作为管辖范围内的法定货币，并设立兑换所，对旧货币进行兑换，旧通货流通期限截至1939年3月10日。日伪企图借助"联银券"实现金融垄断，但到截止日期之后，日伪"联银券"流通范围也仅限于其占领的铁路沿线地带，广大的农村地区"联银券"并不流通，仍以法币为主。即便到了1942年7月，根据日伪的调查，"联银券"主要流通地区也仅为北京、天津、青岛、石家庄、唐山、烟台等设有伪中国联合准备银行分行的地区。

日伪对于占领区只能做到点和线的控制，日伪经济统制政策受到敌后抗日根据地和占领区民众的抵制，统制成效大打折扣，日伪的银行等金融机构滥发"联银券"以筹措军费，导致其运行效能逐渐降低，结果引发占领区严重的通货膨胀。日伪的"商业贸易统制导致原有正常的市场流通体系解体，同时也造成民用物资缺乏、物价上涨和市场混乱"。[①]

在文化教育方面，伪中华民国临时政府教育部具体负责管辖范围内教育、文化等事项，各省市道县亦设有伪教育厅、局、科，负责本地文化教育事业。除伪

---

① 庄维民、刘大可：《日本工商资本与近代山东》，社会科学文献出版社2005年版，第517、625—626页。

政权各级教育行政机关，日伪还成立了一些教育团体，如"教育研究所""中华民国教育会"等，协助日伪推行教育文化事业。"新民会"也是日伪教育文化政策的重要推行机关，对民众进行奴化教育和宣传是其一项重要工作。伪临时政府的教育方针为取缔党化排日教育，大肆宣扬"新民主义""中日亲善"以及以日本为中心的"东方文化"。日伪的教育文化政策及其实施目的是灌输日伪的统治思想，实现日伪宣称的"王道政治"及"大东亚共荣"。

日伪为实现其文化教育目标，采取了诸多的措施。如恢复、整顿各级学校，伪临时政府发布训令称先恢复小学，然后恢复中学。据统计，至1939年，华北沦陷区共有完全小学1248所，初等小学20356所，幼稚园25所，约为战前的五分之一；中等学校134所，约为战前的三分之一。[1] 如青岛市，至1938年10月底，恢复上课的中小学数量仅为战前的44%，教师数量为战前的42%，学生数量为战前的35%左右。至于高等院校，因全民族抗战爆发，北京大学、清华大学、南开大学等高校迁往西南、西北后方，还有一些高校因战事而停办。为此，伪临时政府在北平建立了几所高校，如"国立北京师范学院"、"国立北京女子师范学院"、"外国语学校"等。日伪还改组了一些原有的高校，如取消北京大学和北平大学，改组为"国立北京大学"。另外，至1939年，华北沦陷区还有专科院校14所。

日伪的教育方针首先是要取缔党化排日教育，伪临时政府控制下的各级学校在教学过程中注重"学风之整顿与思想之净化"，思想净化主要是剔除三民主义、共产主义、民族意识、抗战思想等，使学生和教师认同日伪的统治。对于教师，伪临时政府进行定期"检定"和考核，还利用寒暑假等时间，对教师进行短期讲习。对于日常教学，伪临时政府制定新的教科书，至1938年8月，日伪共编纂各级学校教科书155种，9月各级学校开学即开始使用。除日常上课，各级日伪长官还会前往学校进行"精神讲话"，宣扬日伪统治思想，向学生灌输"新民主义""中日亲善""大东亚共荣"等思想。

日伪制定各种政策在沦陷区普及日语教育。如1939年6月，"兴亚院"制定

---

[1] 齐红深：《日本侵华教育史》，人民教育出版社2004年版，第373—374页。

《普及日语方策要领》,"兴亚院"华北联络部还设立了日语普及部,专门负责各地日语教育事项,并对日语教师进行培训。在伪中华民国临时政府各级学校的课程设置中,日语均为必修课。日伪还编印各种日语教材,如《小学日本语读本》《日本语会话读本》等,各地使用的日语教材多种多样,并不统一,仅河北保定道即有19种日语教材。伪临时政府还设立许多日语学校,对社会各界人士进行日语教育。据日伪的统计,1939年6月,北京市有日语学校57所,天津市24所,济南市16所。[①]

日本与伪政权为加强"中日亲善",伪政权还推行留日教育,派遣留学生前往日本接受教育。社会教育亦受日伪的重视,社会教育主要由伪临时政府教育机关和"新民会"等负责,机构主要为"新民教育馆"、"新民学校"、各种补习学校,另外还有图书馆、文化宫、博物馆等社会教育场所。

在宣传方面,伪临时政府采取多种措施加强对新闻媒体、出版等行业的管制。伪临时政府情报局和各省市警察厅、局情报处,负责情报宣传工作。各级伪政权设有新闻事业管理所,负责对新闻事业的监督、管理事项。日本和伪临时政府还扶植设立了诸多文化宣传团体,如"华北新闻协会""华北广播协会""华北宣传联盟"等。华北各级伪政权制定各种新闻、出版等法规,对沦陷区内的新闻、出版等进行严格的管制。如伪临时政府的《出版法》,伪天津特别市政府的《审查图书戏曲规则》《查禁反动图书刊物暂行办法》《检查电影暂行规则》等。凡有关国共等抗日力量及反对日伪的出版物、新闻报道、电影戏曲等均遭到日伪的查禁。除了管制,日伪还设立诸多的新闻出版机构,出版大量报刊,如在北京、天津、保定、济南、青岛、太原等地即有报社60余家,出版《庸报》《华北日报》《新民报》《济南日报》《青岛新民报》《鲁东日报》等报刊近百种。日伪借助这些出版机构宣传其统治政策,为日本侵略辩护,诋毁国共等抗日力量的反抗斗争。

---

① [日]兴亚院文化部:《华北日语教育状况》,转引自王士花:《华北沦陷区教育概述》,《抗日战争研究》2004年第3期。

二、伪中华民国维新政府

（一）建立与组织

华中地区为南京国民政府政治、经济中心，尤以长江三角洲经济最为发达。长江三角洲地区亦是日本侵略中国的重点所在。1937年8月，日军进攻上海，淞沪会战爆发，中国军队虽极力抵抗，但终究归于失败，日军占领上海。12月13日，日军又攻占南京国民政府首都南京，制造骇人听闻的南京大屠杀。与华北不同，日军在侵略华中地区时，遭到顽强的抵抗，对于伪政权的组织只能就实际占领的区域分散组建。如1937年9月，日军攻占宝山县，即扶植成立宝山县自治委员会。此后，各路日军均在其占领区域内扶植大小不等的伪政权。这些伪政权分布分散，各自为政，没有统一的上级机构，甚至同一地方会出现两个伪政权。如12月，苏州沦陷区内同时存在"吴县自治委员会"和"苏州自治委员会"，两个"自治委员会"互不相属。

直到1938年1月下旬，日军在上海、南京一带共建立了26个自治委员会。到伪中华民国维新政府成立前，长江三角洲地区各地共建有49个伪政权。日军对这些分散的伪政权也无法统一指挥和管理，只得就其主要活动事项做出规定，以令各伪政权遵照，主要为："打倒国民党容共政权；确立绝对的亲日政策；谋求一般民众之幸福；发展亚洲民族之团结。"[①]亲日、反对国民党和共产党是各地伪政权的主要任务。

华中沦陷区各地伪政权分散，互不统属，并非日军的长久之计，日军在侵占华中大部后即在谋求建立一个统一的伪政权。如在上海，1937年12月5日，日军扶植曾留学日本的苏锡文成立"上海大道市政府"，统一管理上海地区的各个自治委员会。苏锡文任市长，下设警察、财政、交通、社会4局，另有秘书处、肃检处、五区联合办事处及教育科。伪大道政府名义上下辖14个区，实际上其权限范围仅在浦东地区附近，其他地区由日军直接控制。伪上海大道市政府设有日籍顾

---

① 余子道等：《汪伪政权全史》上，上海人民出版社2006年版，第124页。

问，由日本特务机关"西村班"具体负责伪市政府的顾问事项。伪上海大道市政府成立后，12月底，日本华中方面军特务机关扶植上海工商界的一些人物建立伪上海市民协会，以恢复上海经济秩序。

南京沦陷后，1937年12月23日，日军先是扶植成立了"南京自治委员会"筹备会，1938年1月1日，"南京自治委员会"正式成立。陶锡山出任会长，孙叔荣和程朗波任副会长。日军制造南京大屠杀后，恢复南京市的秩序是其首要任务，"南京自治委员会"成立后很快便设立"警察厅"，王春生担任伪厅长，下设总务、保安等6科，全市设立5个警察局。

1937年12月24日，日本内阁制定《处理中国事变纲要》，对于上海方面的方针，要求在"军事的占领区域内，考虑在时机成熟时，建立与华北新政权有联系的新政权，但目前由治安维持会以及因需要而组成的联合会，负责维持治安"[①]。纲要中还规定，除租界外，上海其他管辖区域为特别市，日本派遣顾问辅助伪市长处理行政事项。伪上海特别市为维持秩序，设伪特别警察部，日本亦派遣顾问。在经济方面，日本试图以上海为据点，作为其向华中地区经济侵略的基础。

华中地区与华北地区不同，中日发生激烈对抗，双方均遭受重大损失，再加上日本内部、驻华中地区的海军和陆军存在矛盾，军方与其他系统亦有不同意见，日军在华中组建伪政权的阴谋推进并不顺利。华中伪政权的筹备工作主要有日军华中方面军（1938年2月中旬改编为华中派遣军）主持。

日本为在华中地区建立统一的伪政权，早在占领南京前后，即由华中地区的日本陆军、海军、外务三省派员组成一个现地联络委员会，具体工作由陆军特务部负责。日军一直在物色一位具有足够影响力的头面人物，由其出面组织伪政权。寓居上海的唐绍仪被日军选中，遂动员其担任华中伪政权首脑，唐绍仪曾为北京政府第一任内阁总理，在以前的北京政府和当时的南京国民政府中均有重要影响力。自1937年12月中旬，日本华中方面军特务部原田熊吉即亲自或派人劝说唐绍仪，唐出于多种考虑，迟迟未表态。因唐绍仪的迟疑，日本于1938年1月中旬

[①] 复旦大学历史系编译：《日本帝国主义对外侵略史料选编（1931—1945）》，上海人民出版社1983年版，第255页。

建立华中伪政权的计划被推迟。随后，华中日本陆军特务部成立以臼田宽三为首的机构，专门负责组建伪政权的各项工作。

1938年1月下旬，日本陆军参谋本部制定战争指导计划大纲，计划在华中、华南分别建立一个伪政权，最后将其合并成一个伪中央政府。在华中地区，日本在各地方分散的伪政权基础上，积极推动建立统一的华中伪政权。2月中旬，日本遂拟定《华中政务指导方案》，方案规定要在华中组织亲日政权，最初的管辖范围为江苏、浙江、安徽3省日军占领区域，并逐渐扩大。

日本华中方面军因唐绍仪态度犹豫，遂将动员目标转移至梁鸿志、温宗尧和陈群等人。梁鸿志为北京政府时期安福系核心人物之一，曾任安福国会参议院秘书长、段祺瑞执政府的秘书长。已经成立的伪中华民国临时政府主要成员亦为北京政府时期的旧官员，梁鸿志与他们有密切的联系，日军遂认为梁鸿志为组建华中伪政权最合适的人选。经过一番谈判，梁鸿志等人表示愿意出面组织伪政权。2月中旬，梁鸿志、温宗尧、陈群等人与原田熊吉、臼田宽三等人会面，商讨成立华中伪政权的事宜。梁鸿志等人后来拜见华中方面军司令松井石根时，表示"我等为拯救因错误国策而牺牲的悲惨民众，虽力量微薄，仍将竭尽全力，以建设新中国而求东亚的永久和平。在如此环境之下，还望日本友邦在各方面给予援助"[①]。此后，梁鸿志等人与日本特务机关进行了多次协商，讨论华中伪政权建立的具体事项。至2月底，梁鸿志等人与日本华中派遣军达成一致协议，华中伪政权定于3月16日成立，名称为"中华民国新政府"，"国旗"为民国初年的五色旗，"政体"为民主立宪制，"政府所在地"设在南京，伪政权成立后临时在上海处理政务。

3月初，日本外务省、陆军省和海军省部分主管官员举行会议，商讨华中伪政权的成立问题。会议表示赞成建立华中伪政权，以此可以起到威胁蒋介石政权的效果；对于"国旗"、"政体"和"政府所在地"没有异议；但政权名称要定为"华中民国政府"，要把该政府作为一个地方政权，以便将来与伪中华民国临时政府合并。[②]会议内容转告华中派遣军参谋长及特务部长时，华中派遣军对修改名称，

---

① 章伯锋、庄建平主编：《抗日战争》第6卷，四川大学出版社1997年版，第735页。
② 章伯锋、庄建平主编：《抗日战争》第6卷，四川大学出版社1997年版，第735页。

将华中伪政权作为地方政权表示不满。

在筹备华中伪政权的过程中,日本华北方面军与华中的日军为发展各自的势力,双方之间就建立伪政权问题存在矛盾。伪临时政府成立时,华中方面军曾向华北方面军表示抗议,称此举将给上海方面的伪政权建设带来坏的影响。华中地区筹建伪政权时,华北方面军及王克敏等人也反对在华中建立与伪临时政府平行的新政权,矛盾的焦点即是南北两个伪政权哪一个为伪中央政府的问题。为调和华北方面军和华中派遣军之间的矛盾,日本政府推迟了原定于3月16日成立华中伪政权的计划。3月24日,日本内阁召开会议,制定《调整华北及华中政权关系要纲》,规定华中伪政权是作为一个地方政权成立的,以伪临时政府为伪中央政府,华中伪政权成立后应尽快与伪临时政府合并。要纲对华中伪政权创办后的机构、各项业务及有关人事安排也做了规定,目的是有利于将来的合并。南北伪政权还应建立联络协商会议。其《谅解事项》还规定"以中华民国临时政府为中央政府的宗旨,是作为中国各地政权指导上的原则而规定的,至于帝国承认它为中国的中央政府的问题,应根据另行考虑决定"[1]。相比于华中,日本更加看重华北,其中一个重要原因是日本在华北方面的力量占有优势。

随后,华中派遣军特务部与梁鸿志等人最终商议于3月28日正式成立华中伪政权。作为折中,最终将名字定为"中华民国维新政府"。3月26日,梁鸿志、温宗尧、陈群、任援道、王子惠等一行人在日军的护送下由上海抵达南京。

3月28日上午10时,在日军的扶植下,梁鸿志在南京原国民政府大礼堂举行"中华民国维新政府"成立典礼,日本华中派遣军、海军和外务省均派官员参加。同日发表成立宣言,称"其惟一使命,则在使领土主权,复现战前状态,与邻邦樽俎折冲,归于敦睦""维新政府之成立,系根据苏、浙等省之事实,原为暂时性质,与临时政府初无对立之心,向来中央所管事项之不可分析者,仍由临时政府商酌办理,一俟津浦、陇海两路恢复交通,即与临时政府合并"[2]。伪维新政府名义

---

[1] 章伯锋、庄建平主编:《抗日战争》第6卷,四川大学出版社1997年版,第736页。
[2] 中央档案馆、中国第二历史档案馆、吉林省社会科学院编:《日本帝国主义侵华档案资料选编·汪伪政权》,中华书局2004年版,第487页。

上尊伪临时政府为伪中央政府。伪维新政府成立之初下辖上海、南京2个特别市和江苏、浙江、安徽3省，后来扩大至武汉地区及江西省沦陷区。

伪中华民国维新政府的要职大多由北京政府及国民党失意政客担任。伪维新政府虽在南京成立，但成立之初，南京的伪政权机关未及时设立，其政务处理主要在上海进行，梁鸿志等人在南京宣布就职后，也返回上海，在新亚饭店办公，因此还被戏称为"新亚政府"。6月下旬后，伪维新政府各机关陆续返回南京，10月1日，正式在南京办公，日本华中派遣军特务部也由上海迁移到南京。

根据民主立宪政体，伪维新政府由"行政院"、"立法院"和"司法院"组成，设"院长"和"副院长"各一人。梁鸿志为"行政院院长"、温宗尧为"立法院院长"，"司法院"因章士钊拒绝就任院长，遂暂缓设立。三院之外，设有"议政委员会"，梁鸿志、温宗尧、陈群为"常务委员"，"行政院"各部"部长"为"当然委员"。"行政院"为伪维新政府最高行政机关，下设"外交部"（"部长"陈篆）、"内政部"（"部长"陈群）、绥靖部（"部长"任援道）、"财政部"（"部长"陈锦涛）、"教育部"（"部长"陈则民）、"实业部"（"部长"王子惠）、"交通部"（"部长"梁鸿志），另有"铨叙"、"考试"、"统计"、"典礼"、"印铸"和"侨务"6局及"秘书厅"。"立法院"下设"法制"、"外交"、"财政"、"经济"、"治安"和"审计"6个委员会。伪维新政府各部、委员会官员变动较为频繁。

伪维新政府地方政权分为省（特别市）、县（区）两级。伪特别市直属行政院，设社会局、公安局、财政局、工务局、教育局、卫生局、土地局、公用局、港务局，其中主管社会、公安、财政、工务事务的4局为必须设置的部门，其余各局各特别市根据实际情况设置。伪维新政府的特别市一般先是设立伪市政督办公署，后改为伪市政府。如上海，4月22日，伪维新政府任命苏锡文为伪市政督办，几日后，伪督办公署正式成立。10月中旬，伪上海市督办公署取消，伪特别市政府成立，伪市长由傅宗耀担任，苏锡文任伪市政府秘书长并兼任教育局长。伪维新政府成立后，"南京市自治委员会"直接改组为伪市政公署，伪绥靖部部长任援道兼任伪市政公署督办。1939年3月，伪南京市政督办公署改为伪特别市政府，高冠吾任伪市长。

伪维新政府成立后，江苏、浙江、安徽3省伪省政府先后成立。1938年4月上旬，伪江苏省政府成立，陈则民出任伪省长，设伪民政、伪教育、伪财政、伪建设4厅和伪秘书处、伪警务处。各县"自治委员会"或"维持会"改称伪县公署。至1940年4月，伪江苏省政府共设有39个伪县公署。伪浙江省政府于1938年5月中旬建立，汪瑞闿任伪省长，汪瑞闿就任后先在上海设立筹备处，6月下旬才正式建立伪浙江省政府，其组织与伪江苏省一样。伪浙江省政府控制范围有限，仅在嘉兴、平湖等14个县建立伪县公署。伪安徽省政府直到10月才在蚌埠成立，组织机构亦与伪江苏省一样。伪安徽省政府管辖范围也较小，到1939年12月，仅在凤阳、芜湖等13个县建立伪县公署。

组建伪军。直到1938年1月下旬，日军在华中地区还没有建立伪正规军的计划。武汉会战前后，日军开始在中国占领区组建大规模的伪正规军，但伪中华民国维新政府直到1939年四五月份，才组建伪绥靖军官学校及伪绥靖军水巡学校，成为组建伪绥靖军的基础。伪绥靖军的主要来源为南京国民政府溃兵、地方部队、失业军人等。1939年，伪绥靖军共有4个师，每个师两三千人，军长由伪绥靖部部长任援道兼任。至1940年初，伪绥靖军扩展至7个地方部队，人数达万余人，成为维持日伪在沦陷区"治安"的辅助力量，战斗力普遍不高。

（二）统治策略

伪中华民国维新政府由华中地区的日本势力扶植建立，与伪中华民国临时政府一样，日军在伪维新政府各地设有特务机关，并派有日籍顾问。"中国方面各机关间相互为事务之联络，其重要事项亦应先与所属顾问商量，然后实施。"[①]原田熊吉担任特务机关本部部长及伪维新政府最高顾问，至1939年7月，日籍顾问在伪维新政府中有27人，控制伪维新政府政治、经济、文化等各项事务。

伪维新政府成立后，发表施政纲领，主要内容为排斥南京国民政府，宣布取消一党专政，同时反对共产主义，促进"中日亲善"。

---

① 中央档案馆、中国第二历史档案馆、吉林省社会科学院编：《日本帝国主义侵华档案资料选编·汪伪政权》，中华书局2004年版，第495页。

经济方面。华中地区为近代中国经济最发达的地区，人口众多、交通便利、工厂聚集，尤其上海战前为中国最发达的城市。日军占领华中后，亦对各项产业实行军事管理，日本借助"华中振兴公司"对华中进行经济统制。"华中振兴公司"与"华北开发公司"一样，为日本在占领区经济统制的实施机关，对所属区域内的各项产业进行经营。1938年11月，"华中振兴公司"正式成立，总部设在上海，下设诸多子公司，经营领域涉及交通运输、通信、矿产资源、水产、电气、自来水及其他相关产业，控制华中沦陷区的经济命脉。

在税收上，伪维新政府成立后即接收上海海关，并下令限制各种物资的任意流通。在盐政方面，伪维新政府接收上海松江等盐务局，设伪苏浙皖盐务总局，垄断华中沦陷区盐政。

华中沦陷初期，伪政权暂时没有发行货币。日军在华中地区购买物品用日本银行券支付，后来随着日军战争规模的扩大，日本内阁决定在华日军使用军票，军票的流通区域基本限制在华中和华南，华北发行新的货币，军票使用较少。日军采取强制措施在华中等地推行军票，华中地区的大宗买卖和支出需用军票支付。自1938年11月起，日军还强制在陇海线以南的占领区，其费用支付全部用军票。自此，军票在华中、华南地区的发行量急剧扩大，1938年发行量3000万元，至1940年底发行量超过6亿元。1939年4月，伪维新政府还与日本一起在上海创办"华兴商业银行"，发行"华兴券"，与法币等值，但自其发行之日起，即困难重重，发行量较少，流通区域较小。

文化教育、宣传方面。伪维新政府接受日籍顾问的建议，在中小学校进行日语教育。除特定学校外，小学日语教师主要任用中国人；中学及同等以上学校日语教师，中日两国人一体任用。为培养日语教师，伪维新政府还设立许多专修班等。伪维新政府还制定"思想善导"办法，对各级学校的学生进行"中日亲善"教育。另外，伪政府还会利用假期等业余时间举办一些教师短期讲习班，对教师进行思想教育。

与伪中华民国临时政府一样，伪维新政府对新闻媒体、出版等行业进行统制。如电影业，日本对华电影政策的目的为"确立中、日、满一体思想的基础使之强化,将蒋政权十余年来培养之抗日侮日之思想于国民脑海者使之绝灭,故利用电影宣传,收效果甚巨,且有重大之意义"[1]。为此由伪维新政府出面设置伪电影统制委员会,下设剧本审查、影片检查等委员会,具体负责统制工作,委员会中设有日方委员。委员会制定相关章程,内容涉及电影政策、法规以及电影片制作、分配、开映等方面的统制政策。另由"中、日、满三方"合作成立一个制片公司。

1938年6月,伪维新政府为加强舆论、思想控制,设立伪宣传局,主要负责管理报刊、出版物等。随后,伪维新政府创办《南京新报》《苏州新报》等报纸,还与日军合作设立"中华联合通讯社",作为舆论宣传的工具。9月,伪南京广播电视台设立,多播放伪维新政府各项训令及日本歌曲等。

1938年6月,伪维新政府在与日本商谈后,以华北地区的"新民会"为蓝本,在上海建立"兴亚会"。"兴亚会"设立之初主要在上海活动,宣传"中日亲善""东亚新秩序"等。7月,伪维新政府将"兴亚会"改组为"大民会",将其总部设在上海,并在江苏、浙江、安徽等省市县设立该地的总部、支部、分支部,宗旨为建设"东亚新秩序"。10月,"大民会"总部迁往南京,并逐渐得到伪政权的认可和支持,梁鸿志出任总裁,温宗尧任副总裁兼会长。"大民会"的公开口号包括:一为振兴实践"民德主义",确立"新中国国民精神"。二为"普及政教",同时"上达民情"。三为"革新生活,强化民力"。四为"中日提携,以图东亚之自主隆兴",即宣传"中日亲善"。该组织通过奴化宣传和思想控制,配合日本的殖民统治。至1939年底,"大民会"在上海、江苏、浙江、安徽等地建有支部、分支部共100余处,会员达96000余人。

外交方面。伪维新政府成立后,其"外交部"向日本、苏联、德国、意大利、美国、英国等国驻上海领事发出"照会",希望各国予以承认。直到伪维新政府宣告取消,也没有任何一国对其表示承认,就连扶植其成立的日本也未在外交上对其表示承认。但伪维新政府与伪临时政府、伪满洲国之间存在所谓"外交"联系,互派"使节",互相访问,签订"友好"协议。

---

[1] 中央档案馆、中国第二历史档案馆、吉林省社会科学院编:《日本帝国主义侵华档案资料选编·汪伪政权》,中华书局2004年版,第543页。

三、汪精卫出走

（一）出逃重庆

全民族抗日战争进入相持阶段，日本对中国的政策发生变化，由军事进攻为主，政治诱降为辅，改为政治诱降为主，军事进攻为辅。日本开始更加注重从南京国民政府内部寻找"一流人物"，扶植其组织统一的伪中央政府，汪精卫在日本诱降下，最终投降日本。

早在日本发动全面侵华战争之前，面对日本的武力侵略，汪精卫即主张"一面抵抗，一面交涉"的对日政策，以妥协求和。日本发动全面侵华战争后，汪精卫也曾表示要抵抗日本侵略，曾发表言论称"中国今日受日本帝国主义的侵略，穷凶极恶，无所不用其极，惟有抗日才能争取国家民族的生存，惟有全国同胞一致的自动牺牲之精神，从事抗战，才能争取最后的胜利"[1]。但自全民族抗战爆发后，汪精卫对抗战前景的估计是悲观的，一直主张求和，并力推国民政府如此。而且对于蒋介石主张的持久战，汪精卫也不赞同，认为持久战将会使中国陷入混乱和分裂，并且将使中国更加贫困。

汪精卫在公开投敌之前，其秘密与日本联系主要是通过周佛海、高宗武等人进行。1938年初，时任南京国民政府外交部亚洲司司长的高宗武等人与日本取得联系，随后即到香港、上海等地与日本代表进行多次秘密会谈。会谈中，高宗武等人向日本代表透露汪精卫等在重庆的活动及其"和平"主张。刚开始的会谈，蒋介石是知情的，但蒋介石对日本提出的要求不能全部答应，逐渐不再相信日本。后来的谈判，日本也表示不愿意与蒋介石继续谈判，而希望说服汪精卫，由其出面与日本实现"和平"。日本对汪精卫的诱降工作也是从1938年春开始的，即日本代表与高宗武等人谈判之时。

7月，高宗武抵达日本，会见了日本参谋次长、陆军大臣等重要人物，还曾受到日本首相的接见。高宗武的日本之行，与日本达成由汪精卫出面实现中日"和

---

[1] 余子道等：《汪伪政权全史》上，上海人民出版社2006年版，第199页。

平"的协议。武汉会战前后,汪精卫一派与日本交涉更加频繁。8月底至9月初,高宗武因病住院,遂由梅思平代替与日本代表松本重治等人在香港进行五次会谈。梅思平表示中国的"和平运动"非由汪精卫出面不可,而且与汪精卫共同行动的还有云南的龙云、广东的张发奎、四川的地方势力等实力派。

1938年10月,汪精卫公开宣称"如日本提出议和条件,不妨碍中国国家之生存,吾人可接受之,为讨论之基础"[1]。武汉、广州等地沦陷后,汪精卫对抗战前途更加悲观,投降日本的意愿更加坚定。王子壮在1939年1月的反省中认为"汪先生年余之言行,对于抗战多抱悲观之见解"[2]。1938年11月,汪精卫命高宗武、梅思平为代表,借道香港前往上海与日本代表会谈,地点选在上海虹口公园附近的重光堂,日本代表为影佐祯昭大佐和今井武夫中佐等人。

11月下旬,双方签订《日华协议记录》及谅解事项,此协议也被称为"重光堂密约"。主要内容有:中日缔结防共协定;中国承认伪满洲国;中国承认日本人在中国的居住、营业自由;日本容许废除在华治外法权;中日经济提携,平等互惠;中国补偿在华日本侨民因战争所受的损失等。双方议定,自《日华协议记录》发布后,汪精卫即声明与南京国民政府断绝关系,表示愿意与日本合作,共同反共,并相机组建新政权。协议中还制订了汪精卫等人详细的出逃计划,汪精卫出逃成功后,日本也表示将发表声明支持汪精卫。

日本方面接到影佐祯昭等人的报告后,于11月底,召开会议制定《调整日华新关系的方针》,正式提出中日两国"善邻友好""共同防共""经济提携"的对华政策。日本对于汪精卫工作的政策,也从谋略上升为国策。

汪精卫打算投降日本后,还曾暗中联络西南地方实力派龙云、张发奎等人,希望组成反蒋阵线。《日华协议记录》签订后,汪与周佛海、陶希圣、陈璧君等人进行了数次讨论,汪精卫的思想有所反复,后在周佛海等人的劝说下,最终下定决心。1938年12月1日,梅思平先至香港,将汪精卫的决心告诉日本代表。同时,汪精卫等人也在重庆秘密谋划出逃时间和路线,最终决定借道昆明出国至越南。

---

[1] 章伯锋、庄建平主编:《抗日战争》第6卷,四川大学出版社1997年版,第798页。
[2] 《王子壮日记》第5册,(台北)"中央研究院"近代史研究所出版社2001年版,第3页。

12月5日，周佛海按照预定计划先行飞往昆明，随后，陈春圃也带汪精卫的两个孩子至昆明。因蒋介石突然从桂林返回重庆，汪精卫原定于8日飞往昆明的计划被打乱，出逃时间只得延迟。汪精卫延迟出逃的消息被日本获悉后，日本政府和军队内部一些人对汪精卫的行为表示怀疑，认为汪精卫是在和蒋介石一起演戏，所谓投降是缓兵之计，日本首相也只得将定于11日发表的宣布中日关系"新方针"的演说推迟。18日，汪精卫趁蒋介石飞往西南，计划召开军事会议的时机，携带陈璧君、曾仲鸣等人从重庆珊瑚坝机场秘密逃往昆明。次日，在龙云的协助下，汪精卫、周佛海、陈璧君、陶希圣等人由昆明飞至越南河内。21日，陈公博亦转由昆明飞往河内。汪精卫等人在河内人身安全受到法印当局的保护。

汪精卫和日本商定的原计划是，汪精卫出逃后，日本发表声明表示支持，汪精卫亦发表声明与蒋介石断绝关系，接着云南等地方实力派响应汪精卫的号召，反对蒋介石，宣布"独立"，拥护汪精卫在云南、四川、两广等地建立新政权。但张发奎、龙云等人并未公开响应汪精卫的号召。尤其是龙云，在汪精卫的计划中是一个重要人物，汪精卫至昆明后，受到龙云的盛大欢迎。汪精卫到达昆明的当天夜里曾与龙云进行一次深谈，将其计划和盘托出，龙云当时曾表示拥护汪精卫。但出于各种考量，龙云在汪精卫一行人飞离昆明后，将消息轻描淡写地电告了蒋介石。汪精卫出逃后，龙云一直与其保持较为密切的联系，后来蒋介石派人前往河内刺杀汪精卫后，龙云亦曾派人携款慰问。1940年3月，汪伪政权成立后，龙云甚至还曾图谋将滇军从抗战前线撤出，并通电主和。蒋介石对龙云的行为亦有所察觉，但也不想将云南等地推向对立面，遂对龙云等人进行拉拢。最终，龙云等人虽与汪精卫、日本一直有联系，但也都没有公开表示支持汪精卫，投降日本。汪精卫的计划受挫，但仍在谋求与日"合作"。

蒋介石对汪精卫的出逃非常痛恨，声称"党国不幸乃出此无廉耻之徒，无论如何，诚心义胆终不能当其狡诈奸伪之一顾，此诚奸伪之尤者也"[①]。但在公开的场合只得解释汪精卫去河内为个人行为，与政治无关。

---

① 《蒋介石日记》，1938年12月23日，美国斯坦福大学胡佛研究所档案馆藏。

汪精卫出逃是多种因素造成的。随着日军的大肆进攻，华北、华中大片领土沦陷，汪精卫对中国抗战的前途产生悲观情绪。广州、武汉沦陷后，汪精卫对抗战前途更加悲观。再加上汪精卫在国民党和国民政府内部的斗争中屡次败给蒋介石，成为其投降日本的一个重要原因。汪精卫曾任国民党副总裁、国防最高委员会副主席、国民参政会议长，大多是没有实权的职位。尤其是汪精卫以国民党元老的身份屈居国民党副总裁，为此他不满，在即席演说中有不自然的状态见于辞色。汪精卫对蒋介石领导下的国民党表示不满和失望。在国际方面，汪精卫对国联、英美等制裁日本的可能性感到绝望，认为在当时欧洲仍在追求和平，英法等国不愿意与德国开战，更无力制裁日本。在一系列因素的综合影响下，汪精卫最终选择了投降日本。

汪精卫的出逃及投降日本等问题也引起了国际上的关注。除了日本，国际舆论对汪精卫的行为均表示谴责和不满。如英国的《字林西报》发表社论称汪精卫的"艳电"声明实际上是让中国放弃主权以与日本求和。伦敦的《每日工人报》《伯明罕邮报》则对国民党开除汪精卫党籍表示赞赏。1939年1月，美国驻巴达维亚总领事认为蒋介石的抗战政策可以成功，而汪精卫的"和平"提议，实非其时。上海的英文报纸《大美晚报》于1939年上半年曾数次发文抨击汪精卫，如4月上旬，发表题为《汪氏之冒牌国民党》的社论，对汪精卫的行为大加鞭笞。1939年7月，美国《密勒氏评论报》发文将汪精卫在全民族抗战初期的言论与1939年的主张相比较，对其投降日本的行为和主张进行痛斥。苏联的《红星报》在1939年1月亦发文称，叛逃的汪精卫实为中国人的叛徒和公敌。《真理报》也发文称赞南京国民政府开除汪精卫党籍的行为。海外华侨亦纷纷发表言论或致电南京国民政府，表示应严加惩办汪精卫等人。

（二）在河内、上海、日本的活动

1938年12月20日，在香港的今井武夫接到汪精卫已到河内的消息，立即电告日本参谋本部。22日，日本首相按照之前的约定发表声明，提出与中国政府"善邻友好"、"共同防共"和"经济合作"等原则。声明中提出"为了防共，日本军在特殊地区驻屯""以内蒙作为特殊防共地区",要求日本人在中国需拥有"居住和营业的自由",并且"华北和内蒙地区在资源的开发和利用上,须向日本积极提供方便"①。此即为第三次近卫声明。声明指出中国政府接受上述各条件,即可以停战,希望以此动摇国民党内部的亲日分子。针对日本的近卫声明,南京国民政府表示大力反对,强调不会与日本谈和,并将准备大规模抗战。

日本近卫声明发表后,汪精卫等人即在河内筹拟声明,以呼应日本。声明拟定后,汪精卫便于12月29日委托陈公博、周佛海、陶希圣等人前往香港,将声明发表在《南华日报》上。当时南华日报社社长为林柏生,跟随汪精卫多年。汪精卫于12月29日签署的电报式声明,最终于30日的《南华日报》发表,此即为"艳电"。汪精卫的声明呼吁南京国民政府接受日本的声明,称对于日本提出的三点原则,南京国民政府应即以此为依据,与日本政府交换意见,进行商谈,以期恢复"和平"。"中国抗战之目的,在求国家之生存独立。抗战年余,创巨痛深,倘犹能以合于正义之和平而结束战事,则国家之生存独立可保,即抗战之目的已达。"②此电报表面上是针对南京国民政府的劝降书,实际上是其投降日本的公开声明。汪精卫的"艳电",引起一片反对之声。在香港的国民党元老何香凝发文驳斥,正面战场各战区、各省政府官员亦发表通电,要求严惩汪精卫。1939年初,国民党中央常务委员会召开谈话会,讨论汪精卫的"艳电"及其近期的行为。会上对如何处理汪精卫也出现了意见分歧,吴稚晖、孙科等多数人主张将其开除党籍或通缉,孔祥熙主张设法令汪精卫远去欧洲,蒋介石则主张可先以私人名义致电劝告,或者以政府名义进行警告,通缉则无意义。最终与会人员共68人进行表决,其中64人同意开除汪精卫的党籍。除此,南京国民政府还罢免其一切职务,并谴责和声讨其叛国投敌的行为。中共及西南地区的地方实力派亦发文声讨汪精卫的行为。

陈公博、周佛海、陶希圣、梅思平与高宗武等人一起在香港策划投降事宜,并制定各项方案。据称,1939年1月中旬,高宗武与日本代表谈判时,指出有关

---

① 中央档案馆、中国第二历史档案馆、吉林省社会科学院编:《日本帝国主义侵华档案资料选编·汪伪政权》,中华书局2004年版,第279页。
② 中央档案馆、中国第二历史档案馆、吉林省社会科学院编:《日本帝国主义侵华档案资料选编·汪伪政权》,中华书局2004年版,第654页。

伪中央政府的党、政、军各事项的方案已制定完成，只等汪精卫做出裁决。

汪精卫发表"艳电"后不久，日本首相近卫文麿突然下台，新任首相未将扶植汪精卫的事项及时提上日程。汪精卫在河内的那段时间，没有日本人来拜访他。1939年2月1日，高宗武到达汪精卫所在的越南河内。1日至5日，汪精卫与高宗武进行交涉和讨论，最终拟定三种针对目前形势的方案：一为日本与蒋介石直接妥协；二为以王克敏、梁鸿志、吴佩孚等人负责统一中国，建立新政权；三为由汪精卫出面收拾时局。前两种方案在当时不具有实际的可行性，而提出此三种方案，是以退为进，希望日本能继续支持汪精卫。

随后汪精卫派高宗武去东京与日本政府会面，高宗武于2月中下旬抵达东京，共在日本滞留10天左右。高宗武在东京与日本代表谈判，说明汪精卫已经同意日本提出的"中日合作"方案，并将与汪精卫商定的三种方案告诉日本代表，其实是希望日本支持汪精卫出面收拾时局。日本新内阁对汪精卫的态度表示赞赏，并表示将会支持汪精卫出面。

在河内期间，汪精卫发表了一些言论，阐述其对日的态度和观点。如1939年1月30日，汪精卫在答记者问中提到"保卫国家之生存独立是目的，抗日不过是手段。前年七月为什么主张抗战呢？为的是不如此不能保卫国家之生存独立。如今为什么主张议和呢？为的是如此才可以保卫国家之生存独立"[1]。3月30日，又称"二十个月的苦战，中国人固然了解日本作战能力之强，日本人亦了解中国不是可以随便欺负的，为使将士之血不致白流，人民之颠连困苦，不至于为无代价之牺牲，两国的政府及人民，总应该有较为长远的打算"[2]。汪精卫长远的打算即是以其为首建立伪中央政府，实现与日本的"合作"。

汪精卫在河内的时间里，日本方面除了军部和所谓民间力量与汪精卫等人接触外，外务省、"兴亚院"等机构也开始与汪精卫方面发生联系。但此段时间内汪日接触仍是秘密的，并未公开。

汪精卫在河内期间，蒋介石曾派人前往，劝说汪精卫，最终遭到拒绝。刺杀

---

[1] 黄美真、张云编：《汪精卫集团投敌》，上海人民出版社1984年版，第386页。
[2] 黄美真、张云编：《汪精卫集团投敌》，上海人民出版社1984年版，第392页。

汪精卫也未能成功，但汪精卫的得力助手曾仲鸣被刺身亡。汪精卫等人也难以在河内继续居住，日本决定将其营救出河内，前往上海。汪精卫也同意离开，并出面组织伪中央政府。

1939年4月下旬，日本内阁决定派代表前往越南河内，将汪精卫等人"解救"出来，由原陆军省军务课课长影佐祯昭上校具体负责，影佐一行人租了一艘名为"北光丸"的货船，乔装打扮潜入越南。18日下午，汪精卫与日本代表秘密会面，商谈约三个半小时。日本代表说明日本政府同意由汪精卫出面组织新政府，汪精卫表示感谢后，称重庆政府已不能代表中央政府，建立"能安定民心和进行和平交涉的中央政权，并由日本予以承认，使之担当和平交涉，乃今后本人等工作根本之所在"。会谈中汪精卫还表示要离开河内，转移至"某一安全而且与同志联络方便的地方"，为此，日本代表制订详细的转移计划。此次会谈，日本代表也称感受到了汪精卫的"决心坚定，成败在天，为和平建国之大业而出山的诚意溢于言表"[1]。

4月底，汪精卫等人先是乘坐一艘租来的法国小货轮在海上漂泊几日后，最终登上了"北光丸"号货船，在影佐祯昭等人的护送下离开越南河内。在前往上海的货船上，汪精卫与影佐祯昭进行了几次交谈，表露了自己的设想和接下来的计划。汪精卫主要是想获得日本的支持，以其为首在日本占领区内组建"和平政府"，希望日本继续遵守近卫声明。经过十几天的海上漂泊，5月初，"北光丸"号到达上海黄浦江。因行程被泄露，"北光丸"号到达时早已有大批记者等候，汪精卫只得在船上暂留一日。汪精卫在船上还会见了从日本专程赶来迎接的日军参谋本部中国课课长今井武夫。

在汪精卫离开河内之前，周佛海、梅思平等人已奉命前往上海，先行与日本代表接洽。汪精卫到达上海后，即在重光堂与周佛海、梅思平等人会合，汪精卫的活动中心转移到上海。汪精卫会见今井武夫时，重申其在日军占领区内建立新政权的设想，并表示将亲自到东京与日本政府会谈相关事宜。

汪精卫等人至上海后，即积极谋划组建新政府的各项事务。5月下旬，汪精卫

---

[1] 中央档案馆、中国第二历史档案馆、吉林省社会科学院编：《日本帝国主义侵华档案资料选编·汪伪政权》，中华书局2004年版，第682—684页。

等人拟定《关于收拾时局的具体办法》，此办法明确了以汪精卫为首组建新"中央政权"的原则，要求不变更"政体"和中断"法统"。《办法》计划首先召开国民党全国代表大会，以国民党为中心，以大会决议的形式授权汪精卫，以党内同志和党外人士组织中央政治会议，担负改组国民政府的责任。接着召开中央政治会议。最后国民政府"还都"南京，"还都"后宣告改变国策，"以和平建设、睦邻反共为指导方针"，伪临时、伪维新两政府即宣告取消。

汪精卫到达上海后，也逐渐认识到必须与日本建立紧密的联系，并获得日本的公开支持，否则无法实现其目标。而且，上海当时为日本的占领地，汪精卫身处上海，只得听命于日本。有鉴于此，5月底，汪精卫、周佛海、梅思平等一行11人带着《关于收拾时局的具体办法》从上海转赴东京，与日本政府商谈所谓改组政府诸事项。

汪精卫至上海后，日本更加注重对汪工作。对于由汪精卫出面组建所谓新中央政权的问题，日本内部意见并不统一，对此一直在进行协商。直到汪精卫一行人已到达日本，日本政府还没有拿出一个具体针对汪精卫工作的指导方针，遂未及时与汪精卫等人进行会谈，只是让汪精卫等人在东京等待。后日本内部各方势力又经过多次谈判协商，最终于1939年6月6日制定《树立新中央政府的方针》，指出"新中央政府"以汪精卫、吴佩孚、"既成政权"（包括伪临时政府等）及"毅然转变的重庆政府"共同构成。从而否定了汪精卫提出的不变更"政体"和"法统"，以国民政府"还都"的形式组织伪中央政府的设想。对于中国将来的政治形态，《方针》指出"适应其历史及现实，应按分治合作主义原则"，华北应为经济上、国防上中日紧密结合的地区，蒙疆为高度"防共自治"区域，长江下游在经济上与日本紧密结合，华南沿海特定岛屿应处于"特殊地位"。关于中国将来政治形态问题，日本早在1938年11月底的《调整日华新关系的方针》中即已提出，在此是继续坚持和强化。《树立新中央政府的方针》提出，对于"内政问题委由中国方面进行为原则，努力不加干涉，特别应适应新中央政府的形态，尊重其为政者的意志"；对于国民党及三民主义问题，"如以放弃容共抗日、亲日满防共为方针加以改变，与其他亲日防共主义者相同，不妨其存在"。《树立新中央政府的方针》制定的同时，日本还拟定一份"汪工作指导腹案"，其方针为"使汪与吴及既成政权协力，建立具备文武实力的有力政府。为此，首先进行必要的准备，且在其间特使其努力获得重庆政府各派势力，尤其其中的要人"[①]。日本赞同组建新的伪中央政权，但也要求汪精卫承认日本在华北、华中等地建立的伪政权，以"分治合作"为原则，在此基础上加强各地的"中日合作"，组建伪中央政府。

汪精卫等人在东京等待10余日后，终于受到日本首相的接见。汪精卫在寒暄夸赞之后，提出由其组建政府的设想，希望获得日本首相的同意。日本首相并未直接表态，只是总体上同意中国内部亲日反共的各党派联合组织伪中央政府。对于具体事项，则要求汪精卫与其他有关大臣商谈。此后，汪精卫受到日本陆军大臣、海军大臣、大藏大臣、外务大臣、枢密院议长等人的接见，具体商讨相关事项。当日本拿出之前制定的《树立新中央政府的方针》时，因方针与汪精卫的期望相去甚远，双方的谈判一度陷入僵局。尤其是在伪中央政府与伪地方政权关系的问题上，日本主张"分治合作"，伪中央政府成立后，伪临时政府、伪维新政府只是取消其名而保留其实，汪精卫则希望完全解散两伪政府。但处于绝对弱势的汪精卫无可奈何，最后只得同意日本的要求，好在日本同意由其组建新的伪中央政府。但日本是希望组成中国所有亲日势力相互合作的新伪政权，既包括汪精卫、吴佩孚等人，亦包含伪临时政府、伪维新政府等伪既有政权。

汪精卫回国后的主要任务即是按照日本的要求，谋求与吴佩孚合作，并同伪临时政府、伪维新政府商谈联合组建新伪政权的问题，最终实现建立伪中央政府的目标。6月中旬，汪精卫离开日本，直接经天津到达北京，汪精卫回国后开始为建立伪中央政府而奔走。汪精卫此次访日，即是将其与日本的关系公开化了，日本对汪精卫的工作也由秘密策划变成公开策划了。

[①] 中央档案馆、中国第二历史档案馆、吉林省社会科学院编：《日本帝国主义侵华档案资料选编·汪伪政权》，中华书局2004年版，第693—694页。

四、汪伪政权建立

（一）南北伪政权合流

伪中华民国临时政府建立后，日本华北方面军最初即打算将其建设成统一的伪中央政府，后因各种因素尤其是缺乏一个"一流人物"担任伪中央政府的首脑，而未能实现。日本只能在各占领区实行"分而治之"的政策。华北、华中分别成立伪政权。

华北和华中伪政权虽分而治之，但两地伪政权自成立后即相互沟通，在日本的指导下，实行"分治合作"，并谋划合流。在伪维新政府成立之前，日本内阁会议决定伪维新政府是作为一个地方政权成立的，以伪中华民国临时政府为中央政权，并尽快实现合并。日本还要求伪维新政府在机构设置和制定各种业务措施时，要有利于将来的合并，两伪政权还应成立联络协商会议。这只是原则上的规定，实际上伪维新政府虽尊伪临时政府为中央政府，但其在内政运作上是一个独立的伪政权。可见，日本最初的政策是以伪临时政府为中央政府，作为中国各地伪政权的指导。后来，汪精卫的出现使日本逐渐改变策略，转而支持汪精卫组建伪中央政府。

1938年4月初，伪临时政府和伪维新政府首脑在北京会谈，双方商定互设联络机关，加强联系。4月中旬，日本内阁依然决定，使伪维新政府成为地方政权，将伪临时政府当作中央政府，两伪政府尽快合并。但当时日军尚未打通津浦铁路，南北伪政权在地理上尚未连接在一起，实现合并非常困难。同时，伪维新政府和华中派遣军也并不情愿合并。5月，两个伪政府均在东京设立办事处。

徐州会战结束后，日本在武力侵略的同时，还通过政治诱降手段分裂中国的抗战阵营。6月中旬，日本大本营制订谋略计划，决定动员唐绍仪、吴佩孚等"一流人物"，组建强有力的伪政权，加快伪临时政府、伪维新政府及其他反蒋政权的合并。为加强对唐绍仪等人的劝降工作及建立统一伪中央政权，日本在上海设立对华特别委员会，由日本陆军、海军、外务三省派官员组成，土肥原贤二为委员会主要人物，该委员会又称"土肥原机关"。此后，日本一直谋求在中国建立新的伪中央政权。

1938年7月，日本先是发布《伴随时局的对华谋略》，决定起用中国"一流人物"，削弱南京国民政府及中国民众的抗战意识；利用操纵反蒋实力派人物，在占领区建立反蒋、反共、亲日的伪政府。随后制定《建立中国新中央政府的指导方针》[1]，对占领区的伪政权继续实行"分治合作"的原则，指出建立新的伪中央政府，先使伪临时政府和伪维新政府加强合作，建立联合委员会，再让"蒙疆联合委员会"与之联合，最终联合各界势力，成立伪中央政府。日本为建立伪中央政府，首先将各地伪政权组成联合委员会，作为一个过渡性的机构。

9月，伪临时政府和伪维新政府在北京成立伪中华民国政府联合委员会，"以便统制关于政务上的共通事项，使新中央政府易于成立"，伪联合委员会"对于交通、通信、邮务、金融、海关、统税、盐务、文教及思想等，其中需要统制事项协议之"[2]。伪联合委员会设在北京，由伪临时政府的王克敏、朱深、王揖唐，伪维新政府的梁鸿志、陈群、温宗尧等人组成，王克敏任主任委员，朱深、温宗尧任常任委员，梁鸿志、王揖唐、陈群任委员。伪联合委员会成立后大致每月召开一次会议，轮流在北京、南京召开。虽成立伪联合委员会，各地伪政权的一些权限名义上交由伪联合委员会，但最终仍由各地自行处理。在伪联合委员会的指导方针中，华北、华中、内蒙古等伪地方政权，各以适应其特殊性，实行广泛的"自治"。每月一次的会议，前几次会议对于两伪政权的联合等事项并没有取得实质性的进展。

徐州会战、武汉会战之后，日伪将华北、华中连成一片，南北两个伪政权之间的联合更加密切。抗日战争进入相持阶段，日本更加重视伪政权的建设。

1939年3月，日本再次指出中国占领区内的政治形态将实行"分治合作"，华北占领区作为国防和经济方面的、长江下游地区作为经济方面的中日高度结合地区，蒙疆为特殊的高度"防共自治"地区，内政方面则由中方自行处理，并逐

---

[1] 中央档案馆、中国第二历史档案馆、吉林省社会科学院编：《日本帝国主义侵华档案资料选编·汪伪政权》，中华书局2004年版，第552—553页。
[2] 中国第二历史档案馆选编：《中华民国史档案资料汇编》第5辑第2编附录上，江苏古籍出版社1997年版，第57页。

渐指导中方组成伪中央政府。1938年11月日本即已提出此原则。1939年6月，日本政府在东京与汪精卫等人会谈时，仍坚持此项原则。

汪精卫回国后，即开始筹谋建立伪中央政府。1939年6月27日，汪精卫拜访日本华北方面军司令杉山元后，即与伪临时政府行政委员会委员长王克敏进行会谈，试图说服王克敏支持其成立伪中央政府，王克敏未做出正面答复。日本企图推动汪精卫与吴佩孚合作，由汪精卫主政治，吴佩孚主军事。但汪精卫回国后，两人因各种因素都没有见面，汪、吴合作最终化为泡影。

北京之行受阻，汪精卫只得返回上海，与伪维新政府行政院院长梁鸿志等人商谈，梁鸿志表面上支持汪精卫出马，完成统一，同时又提议以伪维新政府为基础改组新的中央政府，甚至连人员亦维持现状。汪精卫与三方的会谈均未取得实质性效果。

汪精卫返回上海，最终在公共租界内站住脚跟。为公开开展工作，他还将《中华日报》复刊，作为其喉舌。汪精卫在上海发表言论，打出"和平反共建国运动"的旗帜，公开表示要与日本合作建立新的伪政权。7月，伪中华民国政府联合委员会在青岛举行第五次会议，伪临时政府和伪维新政府表面上表示愿意全力支持汪精卫。

8月，日本在上海成立以影佐祯昭为首的"梅机关"，负责控制汪精卫的活动。同月，汪精卫在上海主持召开所谓中国国民党第六次全国代表大会，地点设在极司菲尔路76号，也即汪伪的特工总部。汪精卫为大会主席，梅思平为秘书长，大会制定《修订中国国民党政纲案》，修改国民党党章，废除总裁、副总裁制度，改设中央执行委员会，汪精卫任主席，负责组织中央政治会议。大会还通过了一系列的方案，汪精卫企图以继承国民党党统和国民政府法统的名义组建伪中央政府。大会还通过所谓《中国国民党第六次全国代表大会宣言》，承认日本之前提出的"善邻友好""共同防共""经济提携"三原则。9月上旬，汪伪在上海组建所谓国民党中央党部。

9月1日，第二次世界大战爆发，日本决定不介入欧洲战争，而应加快解决中国的问题。同时，日本动员吴佩孚出山的希望渺茫，对重庆工作收效不大，只得扶植汪精卫组建伪中央政府。日本的政策开始发生变化，着手促使伪临时、伪维新两政权与汪精卫进行合作，并同意由汪精卫组织伪中央政权。

9月下旬，伪中华民国政府联合委员会第六次会议在南京召开，汪精卫、周佛海等人，伪临时政府的王克敏、王揖唐、朱深等，伪维新政府的梁鸿志等人参加，三方继续商讨建立伪中央政府的问题。此次谈判中，汪精卫带着起草好的所谓《中央政治会议组织条例》《中央政治委员会组织条例》等文件，试图组织由其主导的伪中央政府，取消伪临时、伪维新两政府，并限制王克敏、梁鸿志等人的权力。日本虽然支持汪精卫，但对于伪临时、伪维新两政府只是希望取消其名，而存其实，不想过分削弱其权力。最终在会谈过程中，王克敏、梁鸿志等人不赞同汪精卫的提案。汪精卫主张的伪中央政府的地位与伪临时、伪维新两政府之间的关系问题暂时无法达成一致协议。

但此次会谈三方也达成了初步的协议，就是要召开伪中央政治会议，进行建立伪中央政府的准备工作。伪中央政府成立后设立伪中央政治委员会，委员名额国民党占三分之一，伪临时、伪维新两政府占三分之一，伪蒙疆及其他无党派人士占三分之一。在伪中央政治会议召开前，应先就"政府名称"、"首都"位置、"国旗"等事项进行充分协商。

会谈后，汪精卫、王克敏、梁鸿志分别发表声明，表示三方互相支持和合作。1939年9月21日，汪精卫返回上海后即发表声明，表示继续致力于"和平建国运动"。同日，伪中华民国联合委员会发表声明称"根据本会成立之使命，此时愿以全力协助汪精卫先生成立中央政府"[1]。9月23日，伪临时政府亦发表拥汪声明，称临时政府"之所以不设首领者，盖有待乎贤能之士也。幸得友邦日本之谅解，协力新兴，以及于今日。兹读汪精卫先生发表之大文，尝赞本政府同人，殊有过当，虽不胜惭悚，然倘有裨益国事民政，则自应贯彻初志，以期达于成功"[2]。同日，伪维新政府梁鸿志等人发表声明称"吾人所翘首跂足，旦夕彷徨，而未遽达此期望

---

[1] 黄美真、张云编：《汪精卫国民政府成立》，上海人民出版社1984年版，第395页。
[2] 中央档案馆、中国第二历史档案馆、吉林省社会科学院编：《日本帝国主义侵华档案资料选编·汪伪政权》，中华书局2004年版，第217页。

者，得汪先生挺身任之，中日永久之和平，不难实现"①。汪精卫组建新政权的工作取得一些进展。

10月初，周佛海、董道宁受汪精卫之命，前往日本，与日本政要进行会谈，周佛海等人还携带了许多汪精卫的亲笔信。周佛海等人在日本10余日，日本对汪精卫的工作表示赞赏，并指出以汪精卫为首组织伪中央政权的政策不会变化，请汪精卫不要担心。周佛海等人回国后，汪精卫即与日本代表进行正式会谈，商讨建立新的"中日关系"，谈判共进行了2个月左右。此次谈判，日本企图从汪精卫手中取得在中国的一切特权，参加谈判的汪精卫代表陶希圣曾言"日本提出的条件，所包含的地域，从黑龙江到海南岛；包含的事物，下至矿业，上至气象，内至河道，外至领海。大陆上则由东南以至于西北，这一切的一切，毫无遗漏的由日本持有或控制"②。因日本方面企图攫取的特权太多，双方的谈判经常不欢而散。但经过2个多月的谈判，双方还是于12月30日签订了《日华新关系调整要纲》，此即"汪日密约"，除要纲外，还包含2个附录和8个秘密谅解事项。中日关系继续坚持"善邻友好""共同防共""经济提携"三原则，并对三项原则做出细致解释。汪伪政府承认日本侵略中国的既成事实，且日本从中国获得了大量的利益。汪伪承认伪满洲国；华北占领区设置的"华北政务委员会"，在政治、经济、军事、外交上处于特殊地位，拥有高度的自治权；长江下游在经济上实现中日之间的紧密合作；日本在华南沿海特定岛屿享有"特殊地位"；中国要补偿事变以来日本侨民遭受的损失；日本可在蒙疆和华北等地驻军；对于各地的资源开发，给予日本以便利条件，沦陷区的财政、金融、贸易、交通、农业等各方面，日本以"援助""合作"的办法加以控制。

日本对汪精卫的工作取得成功，1940年初，日本拓务省大臣致管理局长的函称"对于汪精卫的工作，既具有作用于瓦解重庆政府的策略性质，也是自近卫内阁以来三届内阁所实施的最高国策的产物"③。

---

① 黄美真、张云编：《汪精卫国民政府成立》，上海人民出版社1984年版，第396页。
② 陶希圣：《日本对所谓新政权的条件》，《大公报》（香港），1940年1月23日。
③ 臧运祜：《日本秘档中的"汪精卫工作"考论》，《民国档案》2007年第2期。

在汪精卫紧锣密鼓筹备新政府的时候，汪派核心成员高宗武、陶希圣出于不满汪精卫对其的安排等原因，决心反正，脱离汪精卫。

1940年1月，汪精卫、王克敏、梁鸿志三巨头在青岛举行会谈，商谈建立伪中央政府的具体事项。汪精卫方面参加会谈的还有汪伪国民党秘书长褚民谊、中央执行委员会常务委员周佛海、组织部长梅思平、宣传部代理部长林柏生；王克敏方面参加的还有伪临时政府内政部总长王揖唐、司法部部长朱深、治安部总长齐燮元；梁鸿志方面参加的还有伪维新政府立法委员长温宗尧、内政部长陈群等；另外，伪蒙疆联合自治政府蒙军总司令李守信代表德王出席会谈。日伪报刊称此次会议"惟为全中国四万万同胞期待之复兴新中国、发展东亚新秩序之扩大会谈，且亦实为集世人视听之焦点所在，其意义至为重大，殊值注目"[1]。

青岛会谈的中心议题是关于伪中央政治会议的组成，用其包容汪派国民党和伪临时政府、伪维新政府及其他无党派人士各方意见，共同协商建立伪中央政府。

会谈于1月24日至26日举行，共进行3天。会谈要旨指出，青岛会谈为伪中央政治会议的预备会议，以调整伪中央政府与既成伪政权之间的关系为重点。会谈之后，汪精卫主张的伪中央政府及伪中央政治会议，得到伪临时、伪维新两政府的支持，汪精卫并与伪蒙疆联合自治政府确立新的联系。会议决定以汪精卫为首组织新的"中央政府"，伪临时政府取消，但华北设立一个与其他地方政权不同的，具有高度自治权的"华北政务委员会"。伪维新政府取消，其原有人员继续留用。会谈还决定"中央政府"定名为"国民政府"，"首都"设在南京，"国旗"为青天白日旗。

青岛会谈奠定了汪伪政权重要的政治组织基础，伪临时、伪维新两政府发表联合声明，支持汪精卫组建伪中央政府，称"今经青岛会谈，进而将见中央政治会议之召集，关于内外政策，汪先生谈话所发表者，悉为吾人所冀求望其实现者，全国贤达之士，亦必深谅其苦心，而冀助成此大业也"[2]。周佛海亦称"今次会议姑

---

[1] 郭贵儒等：《华北伪政权史稿：从"临时政府"到"华北政务委员会"》，社会科学文献出版社2007年版，第408页。
[2] 美真、张云编：《汪精卫国民政府成立》，上海人民出版社1984年版，第669页。

不论将来有无变化，结果实可谓完满也。此皆事前筹备周到之效，吾辈运动又告一段矣"[1]。青岛会谈之后，汪精卫即返回上海着手筹备伪国民政府，建立"还都筹备委员会"，准备在1940年3月26日举行伪国民政府"还都"仪式。

1940年3月20日，伪中央政治会议召开，与会代表有汪派国民党10人，伪临时政府、伪维新政府、伪蒙疆联合自治政府代表12人，其他党派及无党派人士8人，另有2名列席人员，共32人。会议通过《中央政治会议组织纲要》《中央政治委员会组织条例》《国民政府政纲》《临时政府与维新政府之名称废止及其善后方案法》等一系列条例、法案，并确定汪伪政府人员名单。伪中央政治会议的召开，标志着汪精卫集团完成了组建新的伪政府的全部程序。

在汪精卫筹备"还都"的过程中，日本中国派遣军总司令部也在继续谋求与南京国民政府"合作"。为此，日本要求汪精卫"还都"仪式延迟几日。后重庆方面迟迟未作答复，日本遂与汪精卫一起商议将仪式最终定于3月30日，在南京成立伪国民政府，汪精卫出任伪政府代理主席，主席为远在重庆的林森。

1940年3月30日，以汪精卫为首的伪国民政府在南京正式成立，仍奉国民党为正统。汪伪政府成立后，日本发表声明表示支持。4月下旬，日本派原总理大臣阿部信为特派大使，率日本各界人士前往南京，对汪精卫表示祝贺。但日本在汪伪政府成立后，并未立即与其缔结条约。日本中国派遣军总司令部仍在与南京国民政府接触。直到11月30日，日本才与汪伪政府签订《日本国与中华民国间关于基本关系的条约》，条约签订后，日本正式承认汪伪政府，汪精卫正式就任伪国民政府主席。

汪伪政府成立当日，伪中华民国临时政府即宣布取消，但仅是名义上的取消，日伪在华北占领区设立"华北政务委员会"。3月30日，伪中华民国维新政府亦宣布解消，称"其所管三省两市之官吏军民，务以拥护中央政府之宣言，各安职业，佇待新猷，蔚成东亚新秩序之初基"[2]。伪维新政府解消后，未能与伪临时政府

---

[1] 《周佛海日记》上，中国文联出版社2003年版，第237页。
[2] 中央档案馆、中国第二历史档案馆、吉林省社会科学院编：《日本帝国主义侵华档案资料选编·汪伪政权》，中华书局2004年版，第506页。

一样获得较高的独立权，而是完全融入汪伪政府，梁鸿志等人遭到排挤。伪蒙疆联合自治政府因日本的要求，并未取消，但需给予伪中央政府协力。汪伪政府成立后伪中华民国政府联合委员会亦宣告结束。

汪伪政府成立后，遭到广泛的讨伐。3月30日，汪伪成立同时，南京国民政府即对汪精卫、周佛海、陈公博等百余人发出通缉令，并宣布汪伪政府为非法。各地、各界人士亦纷纷发表讨汪通电。

（二）汪伪政府的组织和统治策略

1940年3月31日，汪伪政府成立后，汪精卫公开发表《还都宣言》，自称汪伪政府为中国范围内"唯一合法的中央政府"，继续坚持日本提出的"善邻友好""共同防共""经济提携"原则，认为中共为"国家民族之大敌，必当摧陷廓清，使无遗毒"，对于重庆政府宣布其对内各项法令和对外缔结的协约均为无效，并要求重庆军政人员"回京报到"。[①] 汪伪政府彻底放弃容共抗日政策，开始实行所谓"确立和平，反共建国"政策。汪伪政府采取"以党治国"的政治体制，设立伪中央政治委员会作为最高政治机关。

汪伪政府实行五院制，汪精卫担任代理主席兼伪行政院院长，陈公博任伪立法院院长，温宗尧任伪司法院院长，梁鸿志任伪监察院院长，王揖唐任伪考试院院长。汪伪政府下设外交、内政、财政、警政、军政、海军、教育、宣传、司法、工商、社会、铁道、交通、农矿等部，另有侨务、边疆、赈务等伪委员会。

汪伪政府的地方政权方面，"华北政务委员会"是一个特殊的存在，介于汪伪中央政府与省政府之间，对华北沦陷区拥有较高的治理权。"华北政务委员会"成立时宣称"过去临时政府管辖区域内实行的政治、经济、金融、建设等项工作，悉如既往，不因本会的成立而改变"[②]。"华北政务委员会"虽隶属于汪伪政府，但实际上拥有较大的独立性和特殊性，"外交权属于中央，但保留与日满两国处理地方问题之权限"，"华北关、盐、统税机关由华北管辖，收入方面以关余50%、盐

[①] 章伯锋、庄建平主编：《抗日战争》第6卷，四川大学出版社1997年版，第863页。
[②] 日本防卫厅防卫研修所战史室编：《华北治安战》上，樊友平、朱佳卿译，团结出版社2015年版，第258页。

余 70% 及统税全部归华北"[1]，另外还拥有自己的军队。

伪省政府下设秘书处及民政、财政、教育、建设 4 厅。各省设伪省政会议，由伪省长、各伪厅处长及伪参事组成，以伪省长为主席，讨论议决本省重要事项。汪伪政府实际管辖范围除去"华北政务委员会"和蒙疆所辖地区，还有 7 个省。江苏省为汪伪政府控制的基本区域，伪省会设在苏州。1940 年，伪江苏省政府控制 26 个县，后逐渐增加至 35 个县。1942 年，汪伪政府还在苏北和安徽部分地区设立一个伪苏淮特别行政区。汪伪政府成立之初，伪浙江省政府仅能勉强控制浙北 13 个县。浙东于 1942 年成立直属于伪行政院的伪浙东行政长官公署。伪浙江省控制范围最大时为 1 市 33 个县，也仅占全省县市的一半左右。伪安徽省控制的区域主要为津浦、淮南等铁路沿线及长江、淮河沿岸，共 27 个县。后控制范围有所变化，但基本维持在以上地区，对外扩展不大。伪湖北省政府划归汪伪政府时共有 36 个县，其后范围变化不大。伪江西省实际上大多时间是不受汪伪政府控制的，直到 1943 年，汪伪才在九江成立伪江西省政府，控制区域不过 10 余县市。日本在广东占领的地区亦归汪伪政府管理，日军占领后的海南岛也归伪广东省政府统辖。最盛之时，伪广东省政府下辖 2 市 30 个县。汪伪政府管辖下的伪福建省徒有其名，实际控制区域仅有厦门市。

除了省政权，汪伪政府还设有特别市。上海为远东第一大都市，划归汪伪后继续将其作为特别市，汪伪将上海视为财政、金融中心，比较注意在上海的经营。傅宗耀、陈公博、周佛海等重量级人物先后任伪上海特别市市长，伪上海特别市政府下设秘书处、社会局、财政局、教育局、地政局、公用局、工务局、卫生局，下辖 14 个区。除了上海，汪伪政府还曾设有南京、广州、厦门、汉口（1943 年降为由伪湖北省政府管辖的普通市）、北京、天津、青岛等特别市，其中北京、天津、青岛归"华北政务委员会"管辖。

汪伪政权成立之初各县设伪县公署（后改为伪县政府），下设若干科、局。汪伪政府地方政权在组建和运行的过程中存在诸多问题，行政人员的缺乏是其中重

---

[1] 中央档案馆、中国第二历史档案馆、吉林省社会科学院编：《日本帝国主义侵华档案资料选编·汪伪政权》，中华书局 2004 年版，第 248 页。

要一项，如江苏省，直至 1941 年 11 月，汪伪直接任命的伪县长也仅有 27 位。汪伪政权的实际统治范围有限，沦陷区的广大农村仍由共产党和国民党等敌后抗日力量实际控制。即便是建立伪县政权的县，也有许多地方被共产党和国民党等抗日力量控制。

汪伪政府由日本一手扶植而成，其建立后，日本又通过各种方式对其加强控制，其中最重要的为派遣顾问。1940 年 4 月，汪伪政府聘请影佐祯昭少将为政府最高军事顾问，军事顾问握有大权，控制伪军、特务机关及警察系统等，还可染指汪伪人事、财政、金融、宣传等部门。青木一男担任最高经济顾问，此后，伪政权各机关部门均聘有日籍顾问，接受日本的控制。除了派遣顾问，1941 年 2 月，日本中国派遣军总部还与汪伪政府组成了一个联络委员会，日本的诸多政策和命令，多通过联络委员会向汪伪政府传达。

组建伪军。抗日战争进入相持阶段后，日军被迫放弃军事进攻为主，政治诱降为辅的方针，转而实行"三分军事，七分政治"的政策，更加注重强化伪政权建设，并大量组建伪正规军等各种武装，收编伪军是日伪扩大军事规模的重要方式。汪伪政府建立后，即开始加强军队建设，先在中央设置伪军事委员会，为最高军事机关，汪精卫任伪委员长。军令权属于伪军事委员会，但军政权属于伪行政院，下设军政部、海军部、航空署，分别掌控陆军、海军和空军。伪军事委员会之下，汪伪政府在各地设置绥靖主任公署和绥靖总司令部，如"苏浙皖绥靖军总司令部"、"苏豫边区绥靖总司令部"等。另外，在广州设置"军事委员会广州办事处"，北京设置"华北绥靖总司令部"。各省市还设置伪保安司令部。汪伪政府为培养中下级军官，还在上海设立了伪中央陆军军官训练团，汪精卫任团长。汪伪政府在其存在的时间内，一直较为注重伪军的建设和扩张，据统计，汪伪政府军事力量强盛时，共有"42 个师、5 个独立旅及 12 个独立团，华北方面有 12 个集团军及 8 个独立旅"[①]。"伪军在强势日军下的功能，平时是保护伪政权，协助日军维持其占领区治安，提供军事物资，战时协助日军扫荡或防卫。此外，抗战

---

① 申报年鉴社：《申报年鉴（民国卅三年）》，上海申报社 1944 年版，第 1053 页。

末期伪军成为日本沟通国府或中共的桥梁之一。"[1]

汪伪政府建立后，比较注重警政建设，以作为维持其统治的重要辅助力量。自中央至地方，汪伪政府建立了一套系统的警政体制和警察机关。在中央设立伪警政部，管理全国警察行政事务，设总务、警务、保安、训练4司及政治警察、特种警察2署。省一级的警察机关，分为伪首都警察厅、伪省警务处和伪特别市警察署。以伪上海特别市为例，1941年初，伪上海特别市警察署改为伪警察局，各区伪警察分署改为伪警察分局，警察总人数达7500余人。伪警察局下设5科，另设伪督察处，伪警察局直属机构还有水巡总队、警察总队、侦缉总队、消防队、拘留所、警士教练所和警察医院。各分局下设警察分驻所、派出所。

汪伪政府成立后不久，于1941年初在日本的支持下成立"东亚联盟中国总会"，汪精卫兼任"会长"，周佛海任"理事长"，汪伪政府各部长官和各省政府主席担任"理事"或者"监事"。总会设在南京，上海、武汉、广州等地陆续设立分会。华北地区不设分会，其类似机构为"新民会"。汪伪借此推动"东亚联盟运动"，以"大亚洲主义"为指导原理，以汪派国民党为中心发动"国民运动"，意图从思想上、理论上加强日伪统治。

文化教育方面。汪伪的教育方针为"反共、和平、建国"，教育行政机关主要为伪行政院下设的教育部、各省市的教育厅（局）及各县的教育局。另外，汪伪还指示民间创设各种为其服务的伪教育团体，如"中国教育建设协会"、"中华民国教育总会"和"大学教授协会"等。汪伪政府建立后，各教育机关及团体即开始恢复和整顿各级学校教育。汪伪政府控制下的高等教育，主要集中在华中的上海、南京和华北的北京、天津。北京、天津属于"华北政务委员会"管辖，汪伪政府对华北教育插手较少，其管辖范围主要在华中地区。上海、南京等地的高校在全民族抗战爆发后，也纷纷迁往大后方。汪伪政府建立后开始恢复高等教育，如创办伪国立中央大学，组建伪国立上海大学、浙江大学、广东大学，恢复伪国立交通大学等一些高校，汪伪政府还向日本派遣留学生。因战争破坏，各地中小

---

[1] 刘熙明：《伪军——强权竞逐下的卒子（1937—1949）》，（台北）稻香出版社2002年版，第149页。

学损失较大，汪伪政府建立后虽采取措施试图恢复各地中小学教育，但总体而言，汪伪控制区域的中小学数量和在校人数均未达到战前的状态。据统计，截至1942年，汪伪控制区域内共有中等学校（包含初中、高中、职业学校和师范学校）819所，在校学生192128人；初等学校（包含初小、高小、幼稚园等）51557所，在校学生2427499人。[1]

汪伪政府成立后，建立一个所谓"计划新闻制度"，加强对新闻报刊、广播通讯和图书等的管制。汪伪政府建立了一套自上而下的宣传管理机构。伪行政院设立的伪宣传部，是汪伪政权对包括新闻报刊等在内的所有文化宣传事项的最高管理机关。各省市亦设立伪宣传处（科），汪伪政府还令各省市召开宣传会议，主要由当地伪教育宣传部门，如伪省市党部、伪中央电讯社、电报社、学校等方面人员共同构成，负责协调和决定当地宣传事项。汪伪政府为统一管辖区域内的图书、报刊等的发行，还在伪维新政府中华联合通讯社的基础上设立"中央书报发行所"，并在各地设立分所、支所、分销处、代理处。伪中央书报发行所几乎垄断沦陷区内报刊等的发行业务。截至1943年10月，汪伪政府管辖区域内，受其控制的报纸80余家、杂志110余种，还有日本人创办的报刊10余种。对于抗日反汪报刊等的宣传，汪伪政府也采取多种措施甚至暴力手段进行打击、取缔。

汪伪政府成立后，关税、盐税、统税成为其财政收入的重要来源。在日本的支持下，汪伪政府控制了上海、广州、武汉、厦门等地海关。对于统税，汪伪接收原苏浙皖税务总局，设立伪武汉统税局和伪广东统税局，并制定和修订诸多税收条例，加强统税的征收。汪伪政府设立盐务署，具体负责盐的生产、销售和税收等事务。

1941年1月初，汪伪政府在南京正式建立伪中央储备银行，随后在上海、苏州、杭州、蚌埠、广州、武汉等地建立分行，在芜湖、厦门、九江、嘉兴、扬州等地设立办事处，据统计其分支机构达38处之多。原先伪维新政府创办的伪华兴银行成为一般的商业银行。伪中央储备银行发行中储券，作为管辖区域内的法定货

---

[1] 余子道等：《汪伪政权全史》下，上海人民出版社2006年版，第1023页。

币，用以统一华中、华南等地的货币，汪伪政府企图借此与法币相抗衡，控制沦陷区的金融。

外交方面。汪伪政府建立后即谋求各国的"承认"。当然，汪伪政府最密切的"外交"对象是扶植其建立的日本。汪伪政府一经成立，日本即遣特派"大使"常驻南京，1940年11月底，汪、日正式确立"外交"关系后，日本即向南京派遣"大使"和"公使"。汪伪政府也在日本设立办事处，1941年升级为驻日本"大使馆"。除了日本，汪伪政府还与伪满洲国建立"外交"关系，双方相互承认，互派代表，加强各方面的联系。汪伪政府最大的"外交"成就应该是1941年7月初，得到轴心国德国和意大利的承认。随后，受德国和意大利控制的几个欧洲小国也"承认"了汪伪政权。

五、日本在沦陷区的掠夺

（一）军事、经济资源掠夺

日本发动侵华战争，占领中国的大片领土，奴役中国民众，并在占领区进行了疯狂的掠夺，各种军事、经济资源是日本在中国沦陷区掠夺的重要方面。

1. 东北地区

九一八事变爆发后，日本很快占领了东北全境，并扶植建立了伪满洲国。日本与伪满洲国相勾结，在东北地区采取各种措施加强统治，力图将资源丰富的东北建设成日本侵华的稳固基地。日伪在东北推行诸如"产业开发五年计划"、"北边振兴计划"、百万户移民计划等策略，对东北的各种资源进行了疯狂的掠夺。

九一八事变爆发前，日本在东北成立的"南满洲铁道株式会社"，是掠夺东北地区各项资源的中枢机关。九一八事变爆发之后，日本强占东北地区的银行，伪满洲国于1932年成立"中央银行"，发行货币，垄断东北地区的金融。

日伪在东北实行经济统制政策。1934年6月，伪满洲国宣布"国防上重要事业、公共公益事业、一般产业之根本基础产业，即交通通信、钢铁、轻金属、金、煤、汽车、硫氨、采木等事业特别讲求措置外，其他则顺从一般企业之事业性质，附加行政的统制"①。即对国防上重要产业实行统制。1937年以后，日伪先后颁布《重要产业统制法》《产业统制法》，对东北经济的统制日益加强。日伪为加强经济统制，先后建立了诸多会社，如"满洲电信电话株式会社"、"满洲航空株式会社"、"满洲炭矿株式会社"、"满洲重工业开发株式会社"等。截至1943年9月，日伪共在东北设立了104家各式会社，控制东北的各个重要行业。全民族抗战爆发前，东北各会社大部分由"满铁"控制。全民族抗战爆发后，1937年12月，日本产业会社与伪满洲国共同组建"满洲重工业开发株式会社"（简称"满业"），"满铁"和"满业"控制了东北的铁路交通和重工业等重要行业，控制东北的经济命脉。

东北地区的煤、铁、石油等资源储量丰富，日伪非常注重对煤、铁等资源的掠夺，试图将东北建成为日本侵略战争服务的重工业基地。东北生产的战略物资不仅要满足日本侵华的需要，还要向日本国内输出。1937年至1941年，日本在东北的第一个"产业开发五年计划"期间，东北对日本的物资输出，"农产物中的主要粮谷，从最初每年支援130万吨开始，逐渐增加，最后年度是180万吨；煤（抚顺煤）从100万吨减少到60万吨（因为满洲也缺乏煤）；黄金1940年是1500万元，1941年是2500万元（2—3吨）；盐从30万吨增加到50万吨；石油由5万吨增加到8万吨；铅3000吨；钼最后达到400万吨；轻金属，铝2000吨，镁80吨"②。

太平洋战争以前，日本所需要的38种军需物资中，有24种由东北提供。太平洋战争爆发后，日本加紧掠夺东北的资源，以为其扩大的战争服务。据统计，1942年，东北地区生产的钢材占日本产量的三分之一以上，日军所需钢铁一半以上由东北提供，铝约44%由东北生产。③

日伪在东北的掠夺，注重重工业和军事工业，这就造成了沦陷时期东北工业的畸形状况。重工业、军事工业产量显著增加，如1937年至1944年，煤炭产量

---

① 中央档案馆、中国第二历史档案馆、吉林省社会科学院编：《日本帝国主义侵华档案资料选编·东北经济掠夺》，中华书局1991年版，第43页。
② 中央档案馆、中国第二历史档案馆、吉林省社会科学院编：《日本帝国主义侵华档案资料选编·东北经济掠夺》，中华书局1991年版，第207—208页。
③ 刘克祥、陈争平：《中国近代经济史简编》，浙江人民出版社1999年版，第563页。

增加了 84.4%，生铁增加了 57.1%，电力增加了 175.9%。生产指数方面，1937 年至 1943 年，重工业增加了 213.5%。[①]而轻工业、民用工业则增长甚少，有的还大量减产。

在农业方面。日本向东北地区进行武装移民，掠夺土地。1936 年以前，日本向东北移民的数量还较少。1936 年，日本制订了一个百万户移民计划，计划 20 年向东北移民 100 万户 500 万人。自 1937 年开始大量向东北移民，主要分为由日本政府组织的"集团开拓民"和民间组织的"集合移民""分散移民"等。据统计，至 1945 年日本投降，日本向东北移民 10.6 万户 31.8 万人。为了安置移民，日伪通过各种方式掠夺土地。截至 1944 年底，日本移民占有的土地达 152.1 公顷，约为当时东北耕地总面积的十分之一。[②]

自九一八事变之后，日伪即对东北的棉花、粮食等农产品实行统制。全民族抗战爆发后，统制进一步加强。日伪先后颁布《棉花统制法》《粮谷管理法》等。1940 年发布《粮谷管理法》，对高粱、小麦、苞米等农产品实行全面的"征收出荷"，也即强迫低价收购。日伪对农产品的强迫收购逐渐升级为暴力手段，全面封锁粮食。日伪在东北地区出荷的粮食逐年增加，1940 年粮食出荷总量为 620 万吨，1941 年为 680 万吨，1942 年为 720 万吨，1943 年为 780 万吨，1944 年为 820 万吨，1945 年达 900 万吨。这些粮食有相当一部分运往日本及其他沦陷区，如 1942 年至 1944 年，共运往日本 970 万吨、朝鲜 100 万吨、华北 110 万吨、"关东州" 21 万吨。[③]在当时东北的粮食产量每年约为 1800 万吨，粮食出荷量占总产量的 40% 以上，有些地区甚至达到 100%。[④]

1931 年至 1945 年，日本在东北共掠夺煤炭 2.4 亿吨，生铁 1200 万吨，黄金 22 吨，粮食 2.28 亿吨，木材 1 亿立方米。[⑤]

[①] 刘克祥、陈争平：《中国近代经济史简编》，浙江人民出版社 1999 年版，第 568 页。
[②] 张海鹏主编：《中国近代通史》第 9 卷，江苏人民出版社 2007 年版，第 302 页。
[③] 中央档案馆、中国第二历史档案馆、吉林省社会科学院编：《日本帝国主义侵华档案资料选编·东北经济掠夺》，中华书局 1991 年版，第 545、549 页。
[④] 刘克祥、陈争平：《中国近代经济史简编》，浙江人民出版社 1999 年版，第 574 页。
[⑤] 张宪文、张玉法主编：《中华民国专题史》第 12 卷，南京大学出版社 2015 年版，第 129 页。

2. 华北地区

日本占领华北后，即开始大肆掠夺其各项资源和产业。日本通过"军管理"或者创办开发公司的方式强占中国各公司。如北平沦陷后，被日军强行接管的企业有华商电灯公司、石景山炼铁厂、清河制呢厂等。华北铁路上所有的设施亦被日军占有，其中铁路工厂10余个、机车300余台、客货等车辆4600余辆。

"华北开发公司"成立后，成为日本掠夺华北沦陷区各项资源的重要机构。"华北开发公司"一经成立，即制订1939年至1942年的"华北产业开发计划"，内容涉及交通运输业、通信业、发电业、铁矿和炼铁业、煤炭业、盐产及化学工业，目的是恢复沦陷区交通通信，增加矿产等资源的产量以支持日本的侵略战争。为完成计划，"华北开发公司"全面接管各相关产业。如1939年4月，"华北开发公司"以3亿日元的资本设立"华北交通公司"，垄断华北沦陷区的铁路、水运、公路、海运等与交通有关的所有产业。除此，"华北开发公司"还设有"华北电信电话公司""华北盐业公司"等子公司。至1939年底，"华北开发公司"基本完成对相关产业的接管和统制。随后，日伪借助"华北开发公司"对华北的资源进行了疯狂掠夺。1943年以后，为适应战时体制，加紧掠夺，"华北开发公司"在日伪的推动下，迅速膨胀。到1945年日本投降时，"华北开发公司"的子公司由1942年33个增加至70多个，增加的子公司多为制铁、冶金、铁矿、煤炭等与战争密切相关的行业。

交通行业既能给日伪带来丰厚的财富，亦能为掠夺其他资源提供交通保障。为此，日伪积极恢复和兴建各种交通设施，至1941年底太平洋战争爆发后，日伪基本在华北建成了铁路、公路、水运、海运相结合的交通网络，为其进一步地掠夺提供极大的便利。

华北煤炭等矿产资源储藏丰富，沦陷后，日本对华北各地的矿产资源实行军管，委托"满铁"下属的"兴中公司"管理经营，后又由"华北开发公司"经营。卢沟桥事变前，华北地区共有官办、商办、中外合办等煤矿26个。日本占领华北后，除如开滦煤矿、鲁大煤矿等个别煤矿外，全由日军接管。至1939年底，华北沦陷区产煤量达1527万吨，恢复到全面抗战前水平。1940年，"华北开发公司"

创办大同炭矿公司，后又重组井陉煤矿公司，接管中兴、大汶口、磁县、山西、焦作、柳泉等6个煤炭矿业所，成立"华北煤炭组合"。太平洋战争爆发后又接管开滦煤矿，至此，日伪基本控制华北的煤炭产业。至1942年，日伪在华北每年开采煤炭总量达2500万吨，每年至少有三分之一出口日本。1942年是抗战时期华北煤炭开采量的最高峰，此后逐渐下降。

铁矿方面。华北沦陷区以龙烟铁矿为主，1940—1941年，龙烟铁矿共采铁矿石100万吨，加上华北沦陷区其他各小铁矿，总产量达125.7万吨，运往日本的即有77万吨，约占总量的61.2%。1942年后，为适应战时体制，日伪更是扩大铁矿的掠夺规模。1942年，华北沦陷区铁矿石产量实际为111万吨，1943年144.4万吨，1944年118.1万吨。[①]1943年后，华北地区的铁矿产量一半以上在华北就地炼钢使用。

冶金业方面。日本占领华北后，接管其原先的3家官办炼铁厂。另外，1940年又接管石景山炼铁所和太原、阳泉2个炼铁所。至1941年底，日伪在华北产铁量为6.5万吨、钢1.3万吨。盐业方面，"华北开发公司"创办"华北盐业公司"，先后接收长芦盐场和山东盐业公司。在日伪的统制和扩大经营下，1939年华北沦陷区产盐总量为90万吨有余，1940年为75万吨左右，1941年达126万吨以上。产盐大部分运往日本，1939年实际运往日本的盐为40万吨左右，1940年增加至71.5万吨，1941年为104.7万吨。[②]

抗战期间，华北地区的主要工业产品大多被日伪控制，其产品被运往日本或供日本驻华军队使用。如华北地区经铁路运往日本、伪满洲国、华中地区的主要物资，1939年为5906千吨，1940年为7920千吨，1941年为10438千吨，1942年为11876千吨，1943年为9521千吨，1944年为8876千吨。以输出最多的1942年为例，在各项物资中，煤炭运往日本5079千吨、伪满洲国2543千吨、华中地区1968千吨，铁矿石运往日本484千吨、伪满洲国350千吨，矾土矿运往日本178千吨，磷矿石运往日本90千吨，硫化矿运往伪满洲国6千吨、华中地区8

---

① 居之芬、张利民主编：《日本在华北经济统制掠夺史》，天津古籍出版社1997年版，第204、279页。
② 居之芬、张利民主编：《日本在华北经济统制掠夺史》，天津古籍出版社1997年版，第205、208—209页。

千吨，盐矿运往日本 1134 千吨，棉花运往伪满洲国 36 千吨。各项物资运往日本总数为 6965 千吨，占 58.6%。①

日伪除了对国防、军事等相关资源、产业的垄断外，对华北沦陷区的轻工业也加强控制。如棉纺织业，棉纺织业是近代华北的重要支柱产业之一，日本占领华北后，即将棉纺织业置于其控制之下，对华北棉纺织业的控制大多是通过日商进行。日商在天津、青岛等地设立日本在华纺织同业会事务所，事务所同"华北棉花公司""华北棉产改进会"等机构相互勾结，操纵棉花生产、运输、收购及产品生产。至1941年，日商纱厂占有绝对垄断地位，华商份额较少。日本控制棉纺织业后，企图对其恢复和发展，但华北沦陷区棉纱产量一直未能达到全民族抗战前状态。1941年与1936年相比，华北地区纱厂数量仅增加2个，但纱锭总数减少10万余枚。

农产品亦为日伪对沦陷区掠夺的重要物资。华北沦陷区的农业因战争破坏而大量减产，1939年华北地区又发生水旱灾害，农产品产量受到极大影响，但日伪还是在加紧控制和掠夺。

华北为中国主要棉产区，而日本对棉花的需求量极大。华北大部沦陷后，日伪即宣布棉花为统制产品。1938年12月，伪临时政府实业部制定《关于棉花输出许可暂行条例》，规定棉花未经伪实业部许可，不得运出伪临时政府的管辖范围。伪临时政府还与日本一起成立了"华北棉花公司"，在天津、石家庄建立棉花仓库，在天津、济南、安阳等地建棉花工场，主要负责华北沦陷区棉花收购、运送与输出。1938年，日本外务省即制定了"华北棉花增产九年计划"，企图从华北掠夺大量的棉花。1939年，伪中华民国临时政府在北京改组建立"华北棉产改进会"，各省设立分会。另外，日伪在华北还建立了"棉花地产委员会""棉花合作社"等组织。对于华北沦陷区各地的棉花，日伪采取强制方式进行收购，收购价格远低于市场价格。如1938年，日伪在山西汾阳棉花收购价格仅为市场价的55.66%，1939年为50%。1939年5月，"华北棉花公司"等日伪棉花统制机构指

---

① 居之芬、张利民主编：《日本在华北经济统制掠夺史》，天津古籍出版社1997年版，第417页。

定收购价格，石家庄58元、保定60元、天津62元，以价格差促使棉农自行将棉花运往天津销售，但其价格仍比市场价低20元左右。[①]据统计，在整个抗日战争期间，日本共从华北掠夺棉花2000余万担。

日伪掠夺粮食的措施主要有勒令强征、设法收购、强令献粮等。受战争和自然灾害影响，1940年以前，华北地区日军和侨民的粮食供应主要靠从东南亚、朝鲜等地进口。1940年3月，为促进华北地区的粮食生产，日伪改设"华北农事试验场"，总部设在北京，在石家庄、青岛、济南设分场，又陆续设立诸多的棉花、小麦等试验区，企图在华北全境开展粮、棉试验，进行所谓农事指导。但因日伪对华北农村控制效力较低，对所谓农事指导作用不大。除此之外，1941年，日伪在华北占领地区组建"华北垦业公司"，总部设在天津，专门负责在华北各地圈地建农场。如"华北垦业公司"在滦河地区、永定河沿岸地区、小清河地区等地开发田地，设有许多农场。日伪还设立"华北小米协会"等机构强制收买农产品。

据统计，1937年至1945年，日本在华北占领区掠夺的煤矿1.2亿吨，铁矿石450万吨有余，海盐1200万吨上下，矾土矿300万吨左右，棉花2000余万担。[②]

3. 华中地区

"华中振兴公司"及其下属各子公司成为日伪掠夺华中地区各种资源的主要机构。"华中振兴公司"下设16个子公司，大致分为6类：矿业类2个，分别为"华中矿业公司"和"淮南煤矿公司"；水电类2个，分别为"华中水电公司"和"上海瓦斯公司"；交通类5个，分别为"华中铁道公司""上海内河轮船公司""中华轮船公司""华中都市公共汽车公司""华中运输公司"，统制华中沦陷区的铁路、公路、水路、城市交通等行业；通信类1个，为"华中电气通信公司"；纺织类1个，为"华中蚕丝公司"；另外还有"华中水产公司""华中盐业公司""华中火柴公司""上海恒产公司""振兴住宅组合"。这些子公司主要分布于上海、江苏、浙江、安徽等地。

日伪对华中地区矿产资源掠夺主要是通过"华中矿业公司"和"淮南煤矿公

---

① 居之芬、张利民主编：《日本在华北经济统制掠夺史》，天津古籍出版社1997年版，第233页。
② 居之芬：《日本对华北经济的统制和掠夺》，《历史研究》1995年第2期。

司"进行的。华中地区的当涂、大冶等地富藏优质铁矿,"华中矿业公司"将其生产的铁矿大部分运往日本。如 1939 年,"华中矿业公司"分别向日本本土的日本制钢输出铁矿石 143915 吨、鹤见制钢 60161 吨、小仓制钢 46530 吨、中山制钢 18258 吨。[①] 沦陷期间,华中地区的铁矿石开采因战争破坏而减少,直到 1939 年才恢复到战前 1934 年的产量,华中每年生产的铁矿石大部分运往日本。据日伪的统计,1939 年华中矿石实际产量 486 千吨,输往日本 404 千吨;1940 年产量 755 千吨,输往日本 691 千吨;1941 年产量 1461 千吨,输往日本 1270 千吨;1942 年产量 1290 千吨,输往日本 1367 千吨(多出部分由原先储存的矿石填补);1943 年产量 1160 千吨,输往日本 986 千吨。[②] 华中地区煤矿贫乏,日伪经营的煤矿主要为"淮南煤矿",1940 年实际产量开始突破战前的水平,所产煤炭主要供应华中本地使用,同时还需从华北购买。

"华中水电公司"成立后,即接管原先由日军委托"兴中公司"经营的电气和自来水产业,随后又接收南京、杭州、安庆等地电灯厂及各地自来水公司。至 1942 年,"华中水电公司"共管辖电气公司 23 家,自来水公司 9 家。

日伪对于华中地区的棉花、稻米等农副产品也加紧统制和掠夺。1940 年,日伪在华中成立"华中棉花协会",不久改组为"华中棉花统制会",用以统制华中地区的棉花。据日伪统计,1939 年至 1944 年,日本从华中地区收购的棉花达 6949 千担之多。[③] 华中地区的长江下游三角地区(主要为江苏、安徽、浙江三省)为中国稻米的重要出产地,华中沦陷后,日军即宣布该地区的稻米由日本军司令部管辖,日军指定三井物产、三菱商事、一郡商会等大的商行进行收购,华中的苏南和皖北地区还成为日军军用稻米的收购专区。1942 年,日伪在华中成立"华中米谷收买组合",1943 年日本在华中地区收购大米 21.7 万吨,1944 年收购 25.47 万吨,这些收购的大米仅能供应日本驻地陆海军军用米和汪伪政权的军

---

① 中国第二历史档案馆选编:《中华民国史档案资料汇编》第 5 辑第 2 编附录下,江苏古籍出版社 1997 年版,第 1074 页。
② [日]浅田乔二等:《1937—1945:日本在中国沦陷区的经济掠夺》,袁愈佺译,复旦大学出版社 1997 年版,第 131 页。
③ 张宪文:《中华民国史》第 3 卷,南京大学出版社 2005 年版,第 528 页。

警米。1942年日本在华中收购的小麦37.8万吨,1943年收购45.3万吨,1944年收购22.9万吨。[①]日本所谓收购,其实际上是用远低于市场价格的价格强迫收购,如1941年,湖北汉阳县日军货物厂的主要农产品收买价格仅为汉口市场价格的三分之一至二分之一;1942年,日本商行三井物产会社新隄收买站的白米收买价格只为市场价格的三成,小麦为七成;1944年2月,江苏沦陷区主要粮食市场的统制米价格仅为市场价格的40%左右,上海沦陷区统制米价格跌至市场价格的20%至40%。[②]

据日伪的统计,自全民族抗战开始至1944年9月,"华中振兴公司"在华中沦陷区开采铁矿石573万余吨,88%左右运往日本;开采萤石24万余吨,52%左右运往日本;开采锰矿4.7万余吨,57%左右运往日本;开采硫化铁矿3万余吨;开采煤炭316万余吨。太平洋战争爆发后,日本的海陆交通被英美等国封锁,华中各种矿产资源,运往日本的数量逐渐减少,留在本地的数量增加。1940年10月至1943年3月,华中沦陷区的盐由"华中盐业公司"运往日本的即有14.6万余吨,留在当地的有35万余吨。

4. 华南地区

华南地区主要为广东等地,日军占领广州之后,即制定了广州经济"复兴"的几个要点。恢复水电、交通、各种工厂,同时对特殊金属及其他土产品等资源进行开发。日本占领广东等地后,直接控制了沦陷区的交通运输,粤汉、广九、广三铁路被日军接管。沿海港口的船只亦被日伪收缴,大小船舶共计1300余艘。[③]1939年,日本还封锁珠江,只准日本船只通行,1940年4月,重新开放珠江,商船可以通行。广东等地的内河航运由日本航运公司垄断。华南地区的公路运输由日本的"台湾拓殖株式会社"下属子公司"福大公司"经营。

广东沦陷区的主要工业、农业均由日本的各种株式会社、财阀控制。如"台

---

① [日]浅田乔二等:《1937—1945:日本在中国沦陷区的经济掠夺》,袁愈佺译,复旦大学出版社1997年版,第45、50页。
② [日]浅田乔二等:《1937—1945:日本在中国沦陷区的经济掠夺》,袁愈佺译,复旦大学出版社1997年版,第66—67页。
③ 左双文:《华南抗战史稿》,广东高等教育出版社2004年版,第116页。

湾拓殖株式会社"经营广东地区的自来水、煤矿、五金、船舶等行业，"福大公司"统制交通、造船、铁工厂等，"台湾电力"主要经营电气行业，日本水产公司统制广东等地的鲜鱼、制冰等，"南方开发糖业组合"专营制糖业等。日本控制沦陷区各种企业的方式主要有军管理、委任经营、中日合办、收买等。沦陷时期，广东的民营工业大部分被日伪占领或者破坏，幸存者也多处于停工或半停工的境地。

广东等沦陷区的商业交易、进出口贸易等需经日伪的许可方得进行，而日本商号在沦陷区不用交税，进口亦免税。对于战争需要的粮食、军需物资，则由日本的大商社进行统制，如三井物产、三菱商事、杉院产业3家株式会社垄断广东等沦陷区的铁、钨、锰等金属和矿石贸易。三井物产还统制了大部分蚕丝交易。"广东鱼市场组合"垄断广州等地鱼类批发和鱼类制品贸易。

日伪在沦陷区除了直接掠夺矿产等资源外，还从民间抢掠资源。日伪在沦陷区开展一系列的"献金""献铜"等运动，强令民众无偿捐献，即是民间掠夺的一种主要形式。以"献铜"为例，战时日本的铜矿有相当一部分来自美国等国的进口，但随着战争的发展，美国等国开始对日本禁运铜矿，而伴随战争的发展铜需求量逐渐增加。1942年下半年后，日本与美国在太平洋上的对抗，使其飞机、舰艇损失重大。1943年，日本的物资动员计划首先即是要确保钢铁生产和供应。日本只得设法扩大铜的来源，"献铜运动"即是其中一个重要方式。如1943年，日伪在华北开展了一场持续1年有余的"献铜运动"，"华北政务委员会"制定实施纲要，计划收集废铜及其他铜器共400万斤，四省三市分别分配任务，北京、天津为80万斤，山东、河北60万斤，河南、山西、青岛各40万斤。收集方法为献纳和收买，收买的价格也较低。如伪青岛市，为完成献铜任务，特成立"献铜委员会"，具体负责相关事务，制定规则，分配各区、办事处任务，进行广泛动员宣传。青岛市"献铜运动"持续1年多的时间，先后进行3次运动，采取各种方式对民间的铜进行搜刮，终于完成40万斤任务。日伪"献铜运动"不仅造成中国铜矿的大量流失，而且给中国古代铜制文物带来深重灾难，沦陷区的古董商成为日伪搜刮铜的主要对象之一。直至日本投降，日伪在沦陷区掠夺的铜矿还有大量储备,如日本投降时,上海共和祥码头 2 个仓库中还存有 100 多万斤的铜。①

(二)人力资源掠夺

抗日战争时期,劳工亦是日本在沦陷区掠夺的一个重要资源。日伪在沦陷区掠夺劳动力的方式主要有 3 种:一是在战争中直接强迫壮丁充当劳工;二是通过成立一些机构、办事处,诱骗沦陷区民众前往日本、东北等地打工;三是就地强迫民众承担各种劳役,如修路。在此主要叙述第二种。

战争的发展,使日本国内劳动力严重不足,日本占领下的伪满洲国等地一些战略物资的生产在不断扩大,亦需要大量的劳动力。尤其是东北,日本将其视为侵华的稳固基地。东北地区土地肥沃、资源丰富,使日本非常注重对其的经营,试图将东北建成日本统治下的重工业基地和粮仓。日本还计划在东北修建永久性大型军事基地。为此,日本制订诸多的开发、掠夺计划,即需要大量廉价劳动力,而东北地区地广人稀,劳动力资源不足。而毗邻东北的华北地区,人口稠密,成为日伪掠夺劳工的重要地区,掠夺而来的劳工大部分被送往东北,也有一部分被送往日本、华中、南洋等地。从华北掠夺劳工也即成为抗战时期日伪的一项重要劳务政策。

日伪为掠夺沦陷区各地劳动力,成立了许多的机构、组织。早在 1934 年底,日本关东军等部门就与伪满洲国一起制定《统制性招募的根本方针》,主要针对华北地区的劳工,并规定由"大东公司"具体负责招募劳工。"大东公司"是日本在伪满成立的专门负责贩卖华北劳工的私营合资会社。自 1935 年起,"大东公司"便开始在华北地区诱骗、掠夺劳工。1937 年后,日本在东北地区实行第一个"产业开发五年计划",对劳工的需求量进一步增多。伪满洲国成立劳动委员会,日伪共同组织"满洲劳工协会",对伪满境内的所有本地和外来劳工进行统制、管理。1939 年 7 月,"大东公司"并入"满洲劳工协会",自此,在华北招募劳工的事项由"满洲劳工协会"负责。"满洲劳工协会"在天津等地设立 2 个支部和 9 个事务

---

① 赵秀宁:《抗战时期日本对华资源的另类掠夺——青岛特别市"献铜运动"研究》,《抗日战争研究》2018 年第 1 期。

所，具体负责招募劳工工作。

不论是"大东公司"还是"满洲劳工协会"，其在华北招募劳工都是在华北伪政权的支持下，与"新民会"等机构联合，派遣日本人和投降分子前往华北城乡各地，进行诱骗，甚至是抓捕。"新民会"设置劳工协会，如山东设"山东劳务公司"，青岛设"劳工福利局"，协助"大东公司""满洲劳工协会"招募华北劳工。尤其是 1940 年以前，华北地区的战争和自然灾害，造成大批人员失业，成为流民，日伪以低廉的报酬为诱饵，将大量华北失业人员、农民诱骗到东北做苦力。至 1941 年底，华北地区就有近 500 万人被招募到东北等地区从事劳动。

太平洋战争爆发后，日本随着战线扩大，其国内青壮年男子几乎全部参军被派往前线，日伪占领区内的军工相关产业急剧膨胀，对劳工的需求随之迅速增加，日伪在华北沦陷区对劳工的掠夺更加疯狂，开始大规模采取强制方式掠夺。1941年 7 月，日伪在华北设立"华北劳工协会"，将"满洲劳工协会"在华北各地的支部、事务所等机构与"新民会"的各级劳工招募相关机构统一在一起。"华北劳工协会"成为华北沦陷区内劳工调查、统制、征收、分配管理的一元化机关。总部设在北京，各省市设有 9 个办事处和 14 个办事分处，由日本人实际掌控。

"华北劳工协会"自 1942 年开始，在华北沦陷区划分区域，以计划定点强制和公开抓捕的方式掠夺劳工。其掠夺而来的劳工既供应本地需要，亦送往东北、日本、华中、内蒙古甚至南洋等地的战场、矿山等。自 1941 年底开始，"兴亚院"每年召集华北、东北、华中、内蒙古各地伪政权劳务机构召开"华北满蒙华中劳务联络会"，以确定次年华北地区劳工征募及分配计划。1942—1943 年，"华北劳工协会"共向东北、华中、内蒙古地区输送劳工 209 万余人，随行家属 128.4 万人。[①] 日伪抓捕的抗日分子及战俘成为其中的组成部分。

据统计，仅华北地区，1935 年至 1945 年，即有 7178287 名劳工及 2212229 名劳工家属被诱骗至东北，171164 名劳工及 10115 名劳工家属被掠夺至内蒙古，59221 名劳工及 14917 名劳工家属被掠夺至华中地区，另有 38935 名劳工被掠夺至

---

① 居之芬、张利民主编：《日本在华北经济统制掠夺史》，天津古籍出版社 1997 年版，第 385 页。

日本从事劳动，为日伪服务的华北劳工及其家属共计960万余人。[①]

被抓走的劳工，失去人身自由，从事超强度的劳动，大多是从事修筑军事工事、修路、开矿、开荒等工作，而且生活条件恶劣，还时常受到虐待，劳工饿死、病死的现象经常发生，甚至有些劳工被日伪无辜杀害。如山东潍坊坊子区沟西乡郭家村的郭水田，于1944年被诱骗至日本做劳工。郭水田曾回忆道，本村保长开会说要招人去青岛修飞机场，可以获得8000元钱（劳工走后，并未兑现）。郭水田当时20岁，年轻力壮，遂报名前往。当时潍县共招300人，各地在动员时，说法不一，待遇也不一样，但没人知道是去日本。最后从各地招募的劳工被从青岛港运往日本，到达日本后又转乘火车前往北海道，这批人即被安排在北海道开采铁矿。每100人编为一队，2队为一个工区，住在一个大窝棚里。吃饭主要为玉米面饼子，一天约1斤粮食，只能吃半饱。北海道天气寒冷，劳工缺衣少食，许多人冻掉了手指、脚趾。因缺医少药，郭水田所在队1年时间内先后死掉十几个人。再如，黑龙江的虎林地区，为日本的军事重地，在1936年至1945年间，有数以万计的劳工被送到虎林从事各种超强度的工作，如修筑军事设施、飞机场、挖河等。劳工主要是被诱骗、强征而来或俘虏等。据日伪记载，1939年至1941年，华北地区有大量的中国军队俘虏被送到虎头、完达山等地修建地下要塞。在虎林的中国劳工，一年四季住在席棚子里，吃的刚开始为发霉的小米和玉米面，后来只能吃橡子面。衣服一年只发一身单衣和一身棉衣，而且质量差，劳工只得将水泥袋子套在身上。劳动强度大，劳工一天要工作十几个小时。累死病死的劳工有许多，还有一些劳工是在完成任务后被故意杀害的。如1941年，共有3500名左右的劳工在虎头小南山工作，至秋天工作完成后，加上北山的劳工也仅剩2000余人。[②]在抗战时期，此种例子不是个案，还有很多。

抗战时期，慰安妇亦是日本对中国沦陷区人力资源掠夺的一个方面，更是日本在中国制造的罪行之一。为日军配备"慰安妇"，设立"慰安所"，是日本在二战期间的一项制度。其实，在日本在发动全面侵华战争之前，即在其一些占领区

---

① 居之芬、张利民主编：《日本在华北经济统制掠夺史》，天津古籍出版社1997年版，第420页。
② 全国政协文史和学习委员会编：《劳工血泪》，中国文史出版社2005年版，第11—21、47—51页。

设置"慰安所"。1937年以后，日军迅速增加"慰安所"的数量，在中国占领区内广泛设置，范围包含吉林、山西、湖北、湖南、广东、广西等20余省。"慰安所"在各地设置数量众多，如在上海可以确定至少存在过172个"慰安所"，南京也至少有70个，而这只是冰山一角。"慰安妇"的来源相当一部分是日军从沦陷区抓来的女性。随着现代学者的调查发现，仅中国大陆地区，有"慰安妇"幸存的省市即有"黑龙江、吉林、北京、河北、河南、山东、山西、安徽、江苏、上海、浙江、湖北、湖南、广西、云南、海南等"[1]。

日本发动全面侵华战争，在武力侵略的同时，还在占领区扶植伪政权，以加强统治。日本发动全面侵华战争，是多头并举，其对中国的占领是分块占领，但始终不能完全占领中国。即便是在沦陷区内，日军也很难将各沦陷区连成一片，日军仅能做到点、线的占领，而不能推广至面。再加上各日本占领军之间并非铁板一块，亦存在诸多矛盾。各沦陷区伪政权在战争初期是分而治之，如华北、华中、内蒙古等地均建立了伪政权，每一个伪政权的组织结构和统治策略并不完全一致，但效忠日本是一致的。

随着沦陷区域的扩大，日本也在不断谋求将"分而治之"的伪政权合并在一起，组成一个统一的伪政权。在日本谋求各伪政权合并的时期内，汪精卫逐渐进入日本的视线，亲日的汪精卫最终决定投降日本，叛逃重庆。在日本的支持下，汪精卫经过一系列的活动，最终将关内各伪政权实现了名义上的统一，并由汪精卫组织了伪国民政府，成为沦陷区的伪中央政权。

日、伪联合在一起，对沦陷区的各项资源进行掠夺，以服务于日本发动的侵略战争，对沦陷区的经济发展造成重大破坏，给沦陷区民众带来深重灾难。

---

[1] 苏智良：《文献、口述与研究：重建日军"慰安妇"的历史事实》，《上海师范大学学报》2018年第5期。

第六章　希望：敌后抗日根据地[①]

如何应对日本侵略者的疯狂进攻，打赢这场敌强我弱的民族解放战争呢？中国共产党明确给出了全民族共同抗战的全面抗战路线的答案，并且认为自己"应该最积极的站在斗争的最前线，应该使自己成为全国抗战的核心，应该用极大力量发展抗日的群众运动"[②]。据此，中国共产党提出了"独立自主的山地游击战"的战略方针，制定了深入敌后建立根据地的基本战略，形成了拉动持久抗战的"三驾马车"（游击战、根据地、正规军）[③]的战略思想。对于这种战略思想，敌后抗日根据地的建立和发展无疑是非常重要的，毛泽东认为："它是游击战争赖以执行自己的战略任务，达到保存和发展自己、消灭和驱逐敌人之目的的战略基地。没有这种战略基地，一切战略任务的执行和战争目的的实现就失掉了依托。"[④]其实，从中国抗日战争形势的变化来看，敌后抗日根据地存在和发展的意义更多，它不仅是中国共产党坚决落实全面抗战路线的标识，还是中华民族不屈于侵略勇于坚持抗争的象征，更是中国定会战胜日本侵略者的希望。

[①] 作者：李军全（扬州大学）。
[②] 中央档案馆编：《中共中央文件选集》第11册，中共中央党校出版社1991年版，第326页。
[③] 黄道炫：《中共抗战持久的"三驾马车"：游击战、根据地、正规军》，《抗日战争研究》2015年第2期。
[④] 《毛泽东选集》第2卷，人民出版社1991年版，第418页。

一、扎根于敌后

1937年7月7日，日军策划卢沟桥事变全面侵华，中华民族开始了全国性的抗日战争。面对侵华日军的疯狂进逼，中国共产党一再催促国民党加快合作谈判，期望早日建立抗日民族统一战线，开赴抗日前线。7月8日，毛泽东、朱德、彭德怀等中国共产党领导人致电国民党总裁、国民政府军事委员会委员长蒋介石，发出抗日战争要实行全国总动员的倡议，同时表达了红军上前线抗日的意愿。7月9日，彭德怀等红军将领致电林森等国民政府领导人，表示红军愿意变更番号，改称国民革命军，奔赴抗日前线。7月15日，中共代表向国民党中央递交《中共中央为公布国共合作宣言》的文件，内中表示"愿立即取消苏维埃政府，红军改名为国民革命军，受国民政府军事委员会指导"[1]，奠定了国共两党合作的政治基础。7月17日，周恩来率领中共代表团在江西省庐山与国民党开展合作谈判。在中共代表的积极推动下，国民党总裁蒋介石发表庐山谈话，声明"如果战端一开，那就地无分南北，人无分老幼，无论何人皆有守土抗战之责任"[2]。但是国民党政府仍将卢沟桥事变视为"地方事件"，希望通过"和平外交"解决冲突，致使两党谈判未有实质性进展。同时，中国共产党开始自行改编，准备奔赴抗日前线。7月22日，在红军前敌总指挥部召开红军高级干部大会，彭德怀作了《红军改编的意义和今后工作》的讲话，集中阐述了红军改编对于推动全国抗战的重大意义。7月28日，张闻天、毛泽东请周恩来转告国民党设立总指挥部、政治部等红军改编的原则和事宜。8月1日，中共中央组织部发出《关于改编后党及政治机关的组织的决定》，规定："红军改编后共产党的组织，师以上及独立行动之部队，组织军政委员会；师、团两级及总部和师的直属队，组织党的委员会。改编后的政治机关，师以上设政治部，团设政治处。"[3]

8月13日，日军大举进攻上海，威胁到国民党的统治中心。国民党当局在国

---
[1] 彭明主编：《中国现代史资料选辑》第5册，中国人民大学出版社1989年版，第215页。
[2] 中国抗日战争军事史料丛书编审委员会编：《八路军·大事记》，解放军出版社2015年版，第2页。
[3] 中国抗日战争军事史料丛书编审委员会编：《八路军·大事记》，解放军出版社2015年版，第3页。

共两党谈判中展现出积极姿态，同意了中共提出的红军改编方案，两党合作迈出实质性一步。8月22日，国民政府军事委员会正式发布红军军事改编命令，将红军主力改编为国民革命军第八路军（简称"八路军"），下辖3个师，每个师1.5万人，并设立总指挥部。8月25日，中共中央革命军事委员会发布红军编为八路军的命令，开始落实改编事宜，决定红军前敌总指挥部改称八路军总指挥部（下称"总部"），任命朱德、彭德怀为正、副总指挥（9月11日，按照新的全国军事战斗序列，八路军改称第十八集团军，习惯上仍称八路军，朱德、彭德怀为正、副总司令），叶剑英、左权为正、副参谋长，任弼时、邓小平为正、副政治部主任。决定编成3个师：以红军第一方面军为主编为第一一五师，任命林彪、聂荣臻为正、副师长；以红军第二方面军为主编为第一二〇师，任命贺龙、萧克为正、副师长；以红军第四方面军为主编为第一二九师，任命刘伯承、徐向前为正、副师长。同时，延安设立八路军后方留守处，留在陕北的红军编为留守部队，由萧劲光担任指挥。9月6日，陕甘宁革命根据地的苏维埃政府改称陕甘宁边区政府[①]，林伯渠担任主席，延安为首府，陕甘宁边区成为中国共产党开展敌后抗战的政治中心和总后方。10月12日，留在南方的红军和游击队也接受了国民政府的军事改编，改称国民革命军陆军新编第四军（简称"新四军"）。随后，任命叶挺、项英担任正、副军长，下辖4个支队，陈毅、张鼎丞、张云逸、高敬亭担任各支队司令员，全军约万人。至此，中国共产党领导的武装力量完成了军事改编，实现了国内战争向抗日民族战争的历史转变。

按照既定战略，中国共产党领导的抗日武装力量分批分次奔赴抗日前线，深入敌后。8月22日，八路军第一一五师从三原县开赴晋东北抗日前线。9月3日，八路军第一二〇师从富平县开赴晋西北抗日前线。9月6日，朱德率领总部开赴山西抗日前线。9月30日，八路军第一二九师也从富平县开赴晋东南抗日前线。1938年春，新四军开赴华中抗日前线，10月，中国共产党领导的抗日武装开始活跃在华南抗日前线。深入敌后的八路军和新四军，一边配合正面战场，对敌开展

---

① 1937年11月—1938年1月称陕甘宁特区政府。对于陕甘宁根据地区域名称的变化及其原因，请参阅杨东：《从特区到边区——陕甘宁根据地区域名称的政治博弈与生成逻辑》，《人文杂志》2019年第3期。

游击战，一边分散兵力，发动群众，建立抗日民主政权，创建抗日根据地，扎根于敌后。宽泛地讲，敌后抗日根据地由华北、华中、华南三大块组成，贯穿中国南北，区域辽阔，威慑力大。

华北抗日根据地是中国共产党领导抗日武装力量在敌后开辟最早的、规模最大的根据地，主要区域处于"陇海路以北，黄海、渤海以西，黄河、包头、百灵庙以东，察哈尔之多伦、热河之赤峰、辽宁之锦州以南，包括山西、山东、河北三省之全部，绥远、热河、察哈尔、辽宁、江苏、河南的一部，总面积约333万平方华里，总人口约8300余万"[1]，主要包括晋察冀、晋冀豫、冀鲁豫、晋绥、山东五大块抗日根据地（1941年冀鲁豫与晋冀豫合并，改称晋冀鲁豫）。

晋察冀抗日根据地是八路军在华北敌后建立的第一块抗日根据地，包括北岳区、冀中区、冀东区、平西区，拥有108个县、2500万人口，被誉为"敌后模范抗日根据地"。北岳区，主要包括平汉、平绥、同蒲、正太四条铁路线之间的地带，境内盘踞着恒山、五台山、太行山、燕山诸山脉，地势险峻，战略位置突出，是晋察冀抗日根据地中建立最早的一块山岳根据地，也是晋察冀边区的指挥中心所在。1937年10月，第一一五师聂荣臻副师长率领独立团、骑兵营等部队留守五台山地区，创建抗日根据地。随后，留守部队以五台山为基地分兵向外扩展，杨成武率部挺进察南，刘元彪率部开进冀西。同时，赵尔陆等带领队伍活动于晋东北，周建屏等指挥部队活跃在正太路以北地区。11月7日，晋察冀军区正式成立，聂荣臻担任司令员兼政委，下设三个军分区，11月13日又增划第四军分区。第一军分区以广灵、灵丘、蔚县和浑源等县城为中心，活动在雁北、察南；第二军分区以五台、定襄和繁峙等县城为中心，活动在晋东北；第三军分区以阜平、曲阳、唐县、完县等县城为中心，活动在冀西；第四军分区主要以平山、盂县为中心，活动在正太路以北地区。[2]北岳抗日根据地基本形成。1938年1月，晋察冀边区临时行政委员会成立，这是中国共产党在华北敌后成立的第一个抗日民主政

---

[1] 魏宏运、左志远主编：《华北抗日根据地史》，档案出版社1990年版，前言。
[2] 河北省社会科学院历史研究所等编：《晋察冀抗日根据地史料选编》上册，河北人民出版社1983年版，第484—485页。

权。以北岳抗日根据地为依托，冀中等平原抗日根据地逐渐建立起来。

冀中区，主要包括河北省中部平汉、津浦、平津、沧石四条交通干线之间的平原地带，境内面积不大，但是人口稠密，大清、滹沱等河流交织，土地肥沃，盛产棉花、粮食、水果等产品，是华北比较富庶的地区，是中国共产党在敌后建立的第一块平原抗日根据地。1937年8月，中共平汉线省委（10月改为保属特委）发出坚守本地开展武装抗日的指示，加强了对冀中地区的抗日斗争工作。此时，侵华日军沿平汉线南进，接连侵占保定、沧州、石家庄等地，而奉命阻击敌军的国民党第29军、第53军不断南撤，冀中地区一时间陷入混乱状态。由共产党员吕正操率领的第53军一三〇师六九一团拒绝南撤，留在冀中抗日，并取消第53军番号，改称人民自卫军。1938年1月，经过整训的人民自卫军回到冀中，在地方抗日武装的配合下，不断粉碎敌军"扫荡"，在深泽、安平、安国、博野、任丘、河间等18个县建立抗日民主政权。4月，冀中行政公署成立。5月，冀中军区成立，人民自卫军和河北游击军合编为八路军晋察冀军区第三纵队，吕正操担任司令员。至此，冀中抗日根据地形成。在对敌斗争中，冀中军民发挥了英勇顽强的抗日精神，创造了地道战、破袭战、麻雀战等平原游击战术，马本斋率领的回民支队成为回族群众坚持敌后抗战的旗帜。冀中抗日根据地的建立，不仅直接威胁到被敌人占领的北平、天津、保定、石家庄等大城市，以及供给敌军战略物资的交通干线，还为山岳根据地提供了外围支撑，创造了在平原地区坚持抗日游击战争的奇迹，成为晋察冀抗日根据地一个重要组成部分。

冀东区，主要包括平津以东、热河以南，北宁和平古两条铁路线包围的地区，北靠长城，南临渤海，既有交通干线，又有塘沽、秦皇岛等港口，是东北与华北联结的咽喉要道。境内工农业发达，矿产资源丰富，拥有唐山、赵各庄、林西等工业中心，还盛产棉花、高粱、花生等农作物，因此日本侵略者总想完全控制冀东。卢沟桥事变后，中国共产党派遣大批干部深入冀东乡村，发动群众抗日。1938年5月，总部发出开辟冀热察根据地的决定，并组建第四纵队，宋时轮、邓华分任司令员、政治委员。第四纵队的任务就是"进据冀东、热南、察东北创造抗日根据地，用一切努力争取伪军反正与瓦解，扩大本身，及与辽热一带义勇军呼应配合行动，以至联络传达党的统一战线政策，及配合津浦、平汉各路作战"①。6月，第四纵队收复宛平、房山、涞水等县城，打通了平西到冀东的通道，接着进击平谷、蓟县等地，南下冀东。与此同时，冀东的党组织、各界救国力量和广大爱国民众也加紧准备武装抗日大暴动，策应八路军挺进冀东。7月6日，滦县港北率先暴动，打响了第一枪，紧接着丰润、遵化、卢龙、蓟县、乐亭、开滦矿区等地起来暴动，威震华北。趁此形势，中央军委指示第四纵队立即"派遣一营左右之兵力，并带干部东出玉田、丰润、滦县，配合当地暴动起来的游击队行动，并给那些游击队以各种帮助的必要"②。在冀东人民武装大暴动和第四纵队的共同斗争下，冀东抗日斗争取得重大胜利，先后攻克9个县城，在17个县城之间开展了游击战争。8月20日，中共中央、北方局发出贺电，同时指示"要继续发展胜利，创造冀热边抗日根据地，坚持长期抗战，收复冀东"。月底，第四纵队党委、冀热边特委、冀东抗日联军各部负责人在遵化铁厂召开大会，会议坚持了在冀东建立根据地的战略方针。铁厂会议后，敌军加强了对抗日武装的进攻，第四纵队和抗日联军被迫西撤，建立冀东抗日根据地的计划暂时搁浅。1938年底，中央军委在分析了冀东前期抗日工作后，认为冀东地区存在诸多建立根据地的有利条件，决定成立冀热察挺进军，再进冀东。1939年2月，冀热察挺进军在平西根据地成立，萧克担任司令员。6月，中共中央北方局在军城召开会议，决定整合冀东地区的抗日队伍，发出将小块游击根据地发展成大块游击根据地的指示。9月，冀东地区的抗日武装统一改编为八路军冀热察挺进军第十三支队，李运昌任司令员。10月，丰滦迁联合县政府成立，这是冀东地区第一个抗日民主政权。1940年夏，冀东地区初步形成了东、西两大块抗日游击区。7月，冀东军分区成立，下辖两个团，撤销第十三支队番号。8月，冀东军分区按照总部"百团大战"的军事部署，四处出击，不断取得胜利，扩大了游击区，至年底建立了7个联合县抗日政权，基本上形成了冀东抗日根据地。

平西区，是指平汉路以西、平绥路以南的地带，主要包括河北西北宛平、房

---

① 章伯锋编：《抗日战争》第2卷，四川大学出版社1997年版，第734页。
② 章伯锋编：《抗日战争》第2卷，四川大学出版社1997年版，第735页。

山、涞水、涿县、蔚县等县，以及察哈尔南部宣化、涿鹿、怀来等县，境内山地多，经济文化落后，有的村庄还过着传统的部落生活。卢沟桥事变后，中共地方党组织深入乡村，发动群众，并整合境内的抗日武装力量，组成国民抗日军。1937年12月，国民抗日军改编成八路军晋察冀军区第五支队，赵侗、高鹏担任正、副司令员。1938年3月，晋察冀军区组建挺进平西的邓华支队，深入开辟平西地区。在第五支队的配合下，邓华支队逐渐创建起以宛平县八区为中心的抗日根据地。平西抗日根据地的建立为八路军挺进冀东提供了前沿阵地。1939年11月，平西抗日根据地召开军政委员会议，制定了"巩固平西，坚持冀东，开辟平北"的战略方针。1940年1月，冀热察挺进军派一个主力连，与平北游击支队进入平北，建立根据地。4月，冀热察挺进军再派白乙化的第十团进入平北，协助建立抗日联合县政权。

至抗日战争胜利时，晋察冀抗日根据地"面积已达30余万平方公里，人口近4000万，在164个县、27个旗、4个自治区（县）建立了抗日民主政权"[1]。晋察冀抗日根据地的建立与发展沉重地打击了日本侵略者，1937—1945年期间，"牵制和抗击着1/3到1/2的华北日军和1/2左右的华北伪军及部分伪蒙军、伪满军、关东军"[2]，成为华北敌后抗日的一个坚强堡垒。同时，作为敌后战场的第一块抗日根据地，晋察冀根据地示范了如何在敌后建立抗日根据地，证明了中国共产党建立敌后战场并坚持游击战争理论和战略的正确性，增强了夺取抗日战争胜利的信心。

晋冀豫抗日根据地，又称太行抗日根据地，是指平汉路、同蒲路、正太路、黄河四条线之间的地带，主要包括晋东南、冀西南和豫北三省地区，境内地形复杂，资源丰富，既有矿产，又有米粮。该区对敌作战地形十分有利，无论从哪个方位出击，都可以威胁到敌人。晋冀豫根据地的外围情况也比较理想，东面是冀南、冀中抗日根据地，西面是吕梁山抗日根据地，南有晋东南、豫北抗日游击区，北有强大的晋察冀抗日根据地，敌军在不清除外围根据地的情况下，很难有效打

---

[1] 谢忠厚、肖银成主编：《晋察冀抗日根据地史》，改革出版社1992年版，第21页。
[2] 谢忠厚、肖银成主编：《晋察冀抗日根据地史》，改革出版社1992年版，第589页。

击太行抗日根据地。因而,晋冀豫抗日根据地是八路军总部、中共北方局的所在地,是华北敌后游击战争的心脏和指挥中枢。晋冀豫抗日根据地的真正经营始于抗日民族统一战线的形成,在与阎锡山集团达成合作后,中共组织以合法身份进入山西,并且领导具有统一战线性质的山西牺牲救国同盟会(简称"牺盟会")和以山西青年抗日决死队为骨干力量的山西新军。在中共领导下,牺盟会在晋东南的发展比较快,尤其是当薄一波带领山西青年抗日决死队第一纵队挺进沁县、戎伍胜(戎子和)带领第三纵队挺进长治后,晋东南的抗日斗争兴盛起来。与此同时,冀西、豫北等地抗日救亡运动在中共组织的领导下也发展起来,这为晋冀豫抗日根据地的创建提供了有利条件。

1937年10月,八路军第一二九师开赴晋东南地区。13日,毛泽东致电第一二九师,要求其以正太路以南平定、昔阳至榆次南部地区创建根据地。不久,第一二九师在平定、昔阳等地成功伏击日军,在晋东南站稳了脚跟。10月底,中共冀豫晋省委成立,李菁玉任书记。11月,八路军总部、第一二九师先后在和顺县石拐镇召开军事会议,研究以太行山为中心分兵出击建立根据地的战略计划。会后,第一二九师立刻化整为零,分散活动。秦基伟、赖际发带领的第一二九师教导团挺进平定等地,第一二九师骑兵营进击冀西赞皇等地,宋任穷带领部分兵力进入沁县、长治、晋城、沁源等地,张贤约等带领的第一二九师先遣支队活跃于辽县以东、平汉线邢台至磁县段以西及漳河以北的地区,桂干生、张贻祥率领游击队活动在井陉、获鹿、内丘等地区,赵基梅、涂锡道、王卓如等率领队伍活动在太行山南部,陈赓带领部队活跃在林县、辉县、修武等豫北地区,晋豫游击支队开往中条山地区,决死队一纵、三纵分别活动在太岳、曲沃等地。[①] 在第一二九师各部努力下,太行抗日根据地逐渐成形。1938年1—2月,中共冀豫晋省委在辽县西河头村首次召开集体会议,大会强调了"建立抗日根据地"的重要性,讨论了根据地初建时的注意事项。3月中旬,中共冀豫晋省委在辽县召开扩大会议,太行山10个县区委以上的干部参加了会议,大会重申了建立根据地的意义,提出

---

① 魏宏运、左志远主编:《华北抗日根据地史》,档案出版社1990年版,第49—50页。

根据地的建立和发展应坚持"利用自然山，建立'人造山'"的基本精神。24日，中共中央向北方局驻冀豫晋省委代表朱瑞发文，指示"冀晋豫全区的中心任务是以最快的速度创造冀晋豫边区成为抗战的巩固根据地"①。上述系列会议促进了太行抗日根据地的建立。4月5日，张闻天、刘少奇致电彭德怀、朱瑞、李雪峰，指示晋冀豫抗日根据地建立相关问题，提议由薄一波出面组织建立晋冀豫边区临时行政委员会等问题。不久，晋冀豫军区在辽县成立，倪志亮、黄镇分别任司令员、政委，下辖5个军分区：第一军分区是秦赖支队活动的晋中地区，第二军分区是八路军游击支队活动的晋冀地区，第三军分区是先遣支队活动的冀豫地区，第四军分区是谢（谢家庆）张（张国传）大队活动的榆社、武乡、襄垣、黎城地区，第五军分区是赵（赵基梅）涂（涂锡道）支队活动的太南地区。②与此同时，冀西的抗战形势迅速发展，赞皇、临城、高邑、井陉等县建立了抗日民主政权，构成了"北起获鹿、南到沙河、东自平汉路、西至太行山"③的抗战新局面。豫北的抗日形势也有了进展，"十八集团军驻第一战区司令长官联络处"于新乡成立，修武县成立北山抗日自卫队，沁阳成立豫北人民抗日游击第三支队等。

在太行山根据地逐渐建立起来的时候，第一二九师开始向平原扩展，期望建立平原抗日根据地，互为照应。1938年4月21日，中央军委指示第一二九师要在河北、山东的平原地区，"坚决采取广泛发展游击战争的方针"。在此精神指示下，第一二九师分别挺进冀南、豫北的平原地区，经过数月斗争，晋冀豫抗日根据地的基本区域形成。其中，冀南抗日根据地连接着冀中、冀鲁豫、山东根据地，是太行抗日根据地向外延伸、寻求平原支持的基本依靠，主要包括平汉路以东、津浦路以西、沧石公路以南、漳河以北之间的区域。卢沟桥事变后，中共直南临时特委成立，马国瑞任书记，负责恢复和发展党的组织、进行抗日救亡宣传、建立和发展抗日武装。在直南临时特委的领导下，冀南地区的抗日形势发展起来。马玉堂等人在藁城、栾城等地建立了"人民抗日自卫军"（后改编为东纵独立支队），

---

① 山西省档案馆编：《太行党史资料汇编》第1卷，山西人民出版社1989年版，第570—573页。
② 山西省档案馆编：《太行党史资料汇编》第1卷，山西人民出版社1989年版，第576页。
③ 魏宏运、左志远主编：《华北抗日根据地史》，档案出版社1990年版，第52页。

张子政等人在隆平、尧山等地建立了"冀南抗日游击队"（后改编为冀南抗日模范游击支队）；唐哲明等人在清丰、南乐、濮阳等地建立了"抗日游击大队"（后改编为八路军东进纵队第七支队）；赵一民等人在南宫、巨鹿等地建立了"冀南抗日联军"。这种形势为冀南根据地的建立奠定了基础。[①] 1937年12月，孙继先、胥光义带领八路军第一二九师挺进支队进入冀南隆平地区，在地方党组织和抗日武装的配合下，挺进支队发展迅速，达到数百人。1938年1月，第一二九师组建"八路军东进抗日游击纵队"（简称"东纵"），陈再道任司令员，李菁玉任政治委员。15日，东纵到达隆平县，与挺进支队会师，冀南地区的抗日斗争迎来了新的发展。3月，中共冀南省委成立，李菁玉担任书记。第一二九师不断增强冀南地区的军事力量，又派师政治部副主任宋任穷和骑兵团到冀南，与东进纵队会合，冀南地区的抗日武装力量逐渐统一起来。27日，冀南军区成立，宋任穷担任司令员兼政治委员，下设5个军分区。4月，第一二九师调整军事部署，配合徐州会战，以平汉路为线，分为路东、路西两个纵队。5月，徐向前、刘志坚率领路东纵队挺进冀南平原。路东纵队的到达加速了根据地建立的进程。7月，第一二九师政委邓小平、冀西游击队领导人杨秀峰也到冀南开展军事领导工作。8月14日，冀南行政主任公署成立，杨秀峰、宋任穷担任正、副主任，冀南抗日根据地的工作走上正轨。1943年初，面对敌军的分割、"蚕食"，冀南军区决定开辟运（运河）东、卫（卫河）东新区，在武城、恩县、馆陶、冠县、临清、永智、武训等地建立起来游击根据地，巩固和扩大了冀南根据地。11月，中共冀鲁豫分局（又称"中共平原分局"）成立，领导冀南和冀鲁豫两区党委。为了统一领导，1944年6月，中共中央决定合并冀南和冀鲁豫两区党委，同时合并两大军区，成立新冀鲁豫军区。

冀鲁豫抗日根据地是华北敌后最大的平原抗日根据地，是指津浦、平汉、陇海、德石四条铁路线之间的地带，主要包括河北、山东、河南三省交界的广大区域，处在敌伪顽多种势力的接合部，因而是在反"扫荡"、反摩擦的斗争中建立起来的。1937年10月，刘大风、曹哲甫等人组建"冀南民众抗日救国会"，聂真等

---

① 冀南军区战史编辑委员会编：《冀南军区战史》，蓝天出版社1993年版，第5—6页。

人在成安等地组织抗日武装，平杰三等人活跃于豫北地区，组建河北濮阳专区民军第八大队，并在濮阳、清丰、南乐、内黄、滑县等地组织抗日救亡团体。11月，由中共领导的直南抗日武装改编为河北民众第四支队，唐哲明、刘大风担任正、副队长，不久河北濮阳专区民军第八大队等抗日武装也加入第四支队，这是冀鲁豫边区首支人民抗日武装。随后，中共北方局抽调肖汉卿等干部到第四支队，加强其政治素养和作战能力。在第四支队的引领下，冀鲁豫边区的抗日力量统一起来。1938年春，带有半政权性质的抗日救亡团体"冀鲁豫抗日救国总会"成立，各地成立了分会，与此同时，陈再道率领东进纵队、第一一五师六八九团挺进冀鲁豫边区。9月，经过"漳南战役"，冀南、豫北部分地区的敌军基本肃清，安阳、内黄、汤阴等地建立起抗日民主政权。不久，第四支队编进东进纵队，直南特委组建的黄河支队继续坚持敌后游击战争。年底，杨得志、崔田民率领的第一一五师三四四旅再次挺进冀鲁豫边，与黄河支队等地方武装统编为冀鲁豫支队。此后，冀鲁豫支队活跃在直南、鲁西南地区，不断建立抗日民主政权。1939年10月，泰西、鲁西分别成立行政委员会。为了适应不断扩大的战斗形势，1940年4月中共冀鲁豫边区党委成立，王从吾任书记，同时成立冀鲁豫军区，黄敬任司令员，崔田民任政治委员。1941年1月，冀鲁豫边区行政公署成立，曹哲甫、贾心斋为正、副主任，下辖3个专区15个县，冀鲁豫抗日根据地正式建立。[①]

晋绥抗日根据地，是由晋西北、晋西南和大青山三块根据地组成的，西靠黄河，东到同蒲路，北至绥远百灵庙、武川一线，南到晋南的风陵渡，主要包括晋西北、绥东南的广大地区，是陕甘宁边区的东部屏障，也是华北、华中诸根据地进入陕甘宁边区的唯一通道。晋西北抗日根据地位于黄河、同蒲路、雁门关、平绥路之间形成的三角地区，境内山脉延绵，包括管涔山、云中山、洪涛山等山脉，地势险峻，以盛产马匹、羊皮、大黄闻名。卢沟桥事变后，八路军第一二〇师奉令在晋西北地区开展敌后游击战争，创建抗日根据地。1937年10月，第一二〇师组建晋西北救亡工作团，由政委关向应率领分赴兴县、岚县、静乐、保德等地，

---

① 魏宏运、左志远主编：《华北抗日根据地史》，档案出版社1990年版，第57—60页。

开展抗日救亡宣传，同时配合地方党组织，组织抗日武装力量，晋西北的抗日情绪高涨起来。不久，晋西北区党委在岚县成立，赵林、罗贵波任正、副书记。太原沦陷后，第一二〇师主力分兵全面创建晋西北抗日根据地，宋时轮支队活跃在朔县以北地区，第三五九旅活跃在雁门关、崞县等地区，第三五八旅活跃在太原以西、交城以北的山区等。兴县是第一二〇师的指挥部所在，起初还有部分新军、晋军驻扎，部队之间时有摩擦，第一二〇师与新军在斗争中取得团结，一起创建晋西北根据地。1938年春，第一二〇师接连粉碎日军围攻，稳固了晋西北的抗日局面，同时在雁北游击抗日，并准备挺进绥远。7月，"牺盟晋绥边工作委员会"在右南县成立，加强了雁北、绥远的抗日救亡工作。12月，第一二〇师主力挺进冀中，留在晋西北的队伍组建成新第三五八旅，彭绍辉、罗贵波分别担任司令员、政治委员。此时，晋西北的斗争形势是比较严峻的，不仅面临着日军的围攻，还有国民党顽固派的进攻，在一些地方政权中新旧势力并存。1939年3月，晋西北的八路军粉碎了日军的五路围攻，稳固了岚县、方山、静乐等县的抗日斗争局面。不料，年底阎锡山策划了"晋西事变"，全力进攻山西新军和牺盟会。为稳住晋西北局面，1940年1月，贺龙、关向应率领部分第一二〇师主力返回晋西北，粉碎了顽固派的进攻。2月，晋西北军政委员会成立，贺龙任书记，关向应任副书记，同时晋西北区党委成立，林枫任书记，赵林任副书记，晋西北新军总指挥部成立，续范亭、罗贵波分别任司令员、政治委员。至此，晋西北抗日根据地走上正轨。

晋西北抗日根据地的建立为开辟大青山抗日根据地奠定了基础。大青山是在敌后开展游击战的一个天然屏障，中共中央非常重视在此建立根据地，八路军第一二〇师也是以此为依托逐渐建立起来了晋绥抗日根据地。1938年5月14日，毛泽东致电朱德、彭德怀、贺龙、萧克、关向应等人，指出"在平绥路以北沿大青山脉建立游击根据地甚关重要"[①]。随后，八路军总部和第一二〇师部认真研究了在大青山建立根据地的重要性和可能性，形成了创建大青山抗日根据地的统一意见。6月15日，朱德、彭德怀致电第一二〇师部，指示派往大青山的部队要迅速完成

---

① 章伯锋编：《抗日战争》第2卷，四川大学出版社1997年版，第764页。

准备工作，包括部队休整、干部配备、保密教育、通信联系等内容。[1]月底，八路军第一二〇师抽调兵力，组建绥蒙游击支队（也称大青山支队），任命李井泉为司令员。8月，大青山支队穿越平绥铁路，进入大青山地区，随同行动的还有第二战区民族革命战争战地总动员委员会（简称"总动委会"）[2]成立的晋察绥边区工作委员会[3]的一支工作队和中共大青山特委组建起来的游击第四支队（太原成中师生游击队）。在杨植霖领导的蒙汉人民骑兵游击队以及当地群众的配合下，大青山支队取得了陶林城、乌兰花镇两次战斗的胜利，开辟了绥中游击区。随后，大青山支队分兵，一路进绥西，另一路进绥南。在绥西，大青山支队先后成功地在武川县蜈蚣坝伏击敌军、后脑包等地突围、破袭陶思浩等地车站，建立起绥西游击区，成立了绥西动委会。在绥南，大青山支队的主要敌人是土匪、伪军，为此特别注重获取当地群众的信任和支持，一边宣传抗日救亡道理和党的民族政策，一边打击欺压群众的土匪、伪军武装，还组建起来一支骑兵队伍，逐渐建立起绥南游击区。至此，大青山抗日根据地基本成形。11月，中共绥远省委成立，包括河套、绥中、归陶、绥东四个区域。1939年9月，八路军绥蒙总动委会成立，王廷弼为主任，不久归武、萨固、萨托三县成立抗日民主政权。1940年8月，中共绥远省委在武川西梁村召开各界代表大会，决定成立绥察行政办事处，设置绥西、绥中、绥南3个专员公署，下辖9个县级抗日民主政权。

山东抗日根据地，主要包括山东大部和河北、江苏小部，西至津浦路，东达大海，南到陇海路，北接天津，是连接着华北和华中抗日根据地的纽带，战略位置突出。1937年底，山东省几乎全境沦陷。对此，中共中央认为要保卫山东就要武装群众进行敌后抗日，并且选派郭洪涛等优秀干部到山东指导工作。同时，中共北方局也向山东各地党员发出"脱下长衫到游击队去"的指示。在中国共产党的组织领导下，山东的抗日形势发展起来。至1938年春，山东各地爆发了20余次抗日武装起义，影响最大的是天福山、黑铁山、徂徕山的起义（简称"三山"

---

[1] 章伯锋编：《抗日战争》第2卷，四川大学出版社1997年版，第766页。
[2] 总动委会是在中国共产党推动下1937年9月在太原成立的，具有统一战线性质的组织，主要负责地方的动员、行政、组织等工作，续范亭担任主任。
[3] 晋察绥边委会成立于1938年7月，受总动委会的领导，主要负责地方的行政工作，武新宇担任主任。

起义)。天福山起义是在胶东特委理琪等人领导下进行的,起义队伍编为山东人民抗日救国军第三军,不久与掖县的三支队合编为八路军山东人民抗日游击队第五支队,在平度、招远、莱阳、掖县建立抗日民主政权,逐渐开辟了胶东抗日根据地。黑铁山起义是以马耀南任校长的长山中学为基地,在中共党员廖容标、姚仲明等人领导下进行的抗日武装起义,起义队伍编为山东人民抗日救国第五军,活跃在小清河以南、胶济铁路沿线一带,逐渐成长为八路军山东纵队的一支主力军。徂徕山起义是中共山东省委直接领导下的武装起义,起义队伍编为山东人民抗日游击队第四支队,洪涛任司令员,黎玉任政治委员,一度收复了莱芜县城,队伍发展到约 5000 人,在鲁南扎下了根。

在八路军主力尚未进入山东前,山东各地的抗日武装起义为山东抗日根据地的开辟创造了有利条件,胶东、鲁中、鲁南、冀鲁边、清河、湖西、泰西等地已经建立了抗日游击根据地。徐州会战之际,八路军第一二九师主力分成两个纵队,其中徐向前率领的路东纵队在冀南平原稳住局面后,便将战略眼光放到山东根据地的发展上,他认为:"从战略的整体布局看,不能小看山东;从冀南根据地的存在看,也不能小看山东。山东在抗日游击战争中有着举足轻重的地位。"[1] 并向师部、八路军总部提议派出部队挺进山东。徐向前的建议得到了支持,1938 年 5 月第一二九师决定派曾国华的第五支队、孙继先的津浦支队(由第一二九师工兵连和抗大分校干部组成)挺进冀鲁边地区。7 月,第五支队和津浦支队到达冀鲁边地区。同时,八路军总部抽调第一一五师三四三旅部分力量进入冀鲁边,统一领导当地的武装斗争。9 月 27 日,第三四三旅政治委员萧华率领队伍到达山东乐陵县,与第一二九师的曾国华支队、孙继先支队以及当地抗日武装会合。随后,各支队伍合组成八路军东进抗日挺进纵队,并成立冀鲁边军政委员会,萧华担任纵队司令员兼政治委员,下辖第五、六支队和津浦支队。1938 年 12 月,八路军山东纵队成立,张经武任指挥,黎玉任政治委员,下辖 4 个旅、4 个支队,全军约 5 万人。中共六届六中全会后,"巩固华北、发展华中"的战略方针开始落实,山东的重要

---

[1] 王文仲:《游击三千里:抗战中的徐向前》,国防大学出版社 1997 年版,第 252 页。

性凸显出来，成为八路军南进华中的跳板。八路军总部加强了派往山东的军事力量，指令第一一五师主力进入山东。1939年2月，罗荣桓、陈光率领第一一五师师部、第三四三旅六八六团到达山东微山湖以西一带（简称"湖西"），与当地抗日武装合编为苏鲁豫支队，在运河以西地区打开了局面。3月，第一一五师挺进泰山以西地区（简称"泰西"），罗荣桓、陈光等在东平县常庄召开干部会议，为全面创建泰西抗日根据地进行动员。第一一五师进入山东后逐渐控制了津浦路以西、运河两侧、黄河以南的地带，将运西、泰西根据地连在一起，并且努力打通山东各地根据地以及与华中地区的联系。9月，第一一五师攻克滕县山亭、白山、上下石河、孔庄等日伪据点，建立了以抱犊崮山区为中心的鲁南根据地。10月，攻克码头镇和郯城，向滨海地区发展。1940年，第一一五师独立支队抵达山东，鲁西、鲁南的军事力量得到加强，第一一五师主要领导人也在山东分局担任重要职务，第一一五师在山东扎下根，不断壮大，至1941年初，"第一一五师所辖部队发展到6个教导旅，山东纵队发展到4个旅、4个支队，共约13万人，占当时八路军总数的1/3"[1]，成为山东抗日根据地创建和发展的中流砥柱。至抗战胜利时，山东抗日根据地下辖鲁中、鲁南、滨海、渤海、胶东5个区，拥有2400万人口和12.5万平方公里土地。

华北抗日根据地为华中、华南抗日根据地的建立和发展提供了丰富的经验和教训，也是华中、华南根据地生存与发展的依靠。重要的是，华北抗日根据地完全证明了中共应对日军侵略者基本战略的正确性，开辟了打击日军的敌后战场，提供了中国能够最终取得这场战争胜利的崭新路径。

华中抗日根据地处于中国中部地区，东到大海，西至武当山，北达陇海铁路线，南至浙赣，包括江苏、安徽、湖北的大部分，以及河南、浙江、湖南的一部分，至抗日战争胜利时，全区约有60万平方公里，5000多万人口。

华中地区，是中国物产最富庶的地区，不仅盛产米棉，还是各种工业集中地，自然是兵家必争之地。1938年春，徐州会战后，日军分兵沿陇海路、长江西进，

---

[1] 魏宏运、左志远主编：《华北抗日根据地史》，档案出版社1990年版，第76页。

直逼武汉。针对敌情，中共中央积极开展战略部署，指示新四军"应利用目前的有利时机，主动的、积极的深入到敌人后方去，以自给灵活坚决的行动，模范的纪律与群众工作，大大的去发动与组织群众、建立地方党、组织与团结无数的游击队在自己的周围，扩大自己，坚强自己，解决自己的武装和给养，在大江以南，创立一些模范的游击根据地，以建立新四军的威信，扩大新四军的影响"[1]。4月，粟裕率领新四军先遣支队，进入苏南，开展军事侦察和抗日救亡宣传等工作，为主力军挺进创造条件。6月，陈毅率领新四军第一支队抵达茅山地区，随后以茅山为依托，在镇江、句容、金坛、丹阳等地开展敌后游击战争。7月，张鼎丞率领第二支队也进入苏南，活跃于京芜铁路与京杭国道之间，张云逸率领第三支队在完成策应第一、二支队任务后，进入皖南地区，高敬亭率领第四支队挺进皖中，在舒城、庐江、巢县、无为等地进行游击战。至此，新四军主力全面挺进华中敌后，创建抗日根据地的任务随之展开。

不同于华北抗日根据地，华中抗日根据地一般创建于湖泊港汊、平原水网等地带，境内虽有武当山、伏牛山、桐柏山、黄山、天柱山、大别山、会稽山等山脉，却大都属于国民党军队控制区域，新四军只能依托于湖泊港汊、平原水网地带，面临很大困难。有的学者言道："(新四军)初到华中敌后，对在平原水网、河湖港汊地带进行游击战争，建立根据地，不习惯、不适应。面对四通八达，缺少隐蔽，无山可据，无险可凭的广阔平原，以及遇到敌人梅花桩式的据点和蛛网般的封锁线等许多困难。"[2] 虽有困难，毛泽东认为："只要有广大群众，活动地区充分，注意指挥的机动灵活，也会能够克服这种困难。""在广德、苏州、镇江、南京、芜湖之间广大地区，创造根据地，发动民众的抗日斗争，组织民众武装，发展新的游击队，是完全有希望的。"[3] 刘少奇也认为："华中敌后的根据地是在抗战三年以后才开始建立，并且是在反磨擦斗争胜利之后才开始建立的。由于这两个特点，再加其他特点，就使华中敌后根据地建设的条件，比华北更困难些。然而，

---

[1] 章伯锋编：《抗日战争》第2卷，四川大学出版社1997年版，第853页。
[2] 刘银生：《华中抗日根据地的建立及其特点》，《上海海运学院学报》1994年第1期。
[3] 章伯锋编：《抗日战争》第2卷，四川大学出版社1997年版，第852页。

我们有了华北建设根据地的经验，有中央的许多指示，我们可以少犯许多错误，可以较快地纠正各种错误。因此，也就使我们在中下级干部较少较弱的条件下，能够运用大刀阔斧的工作方式，迅速恢复敌后抗日的秩序，团结各阶层人民在我们的周围，建设与巩固各根据地，坚持华中敌后的抗日战争。"[1]虽然做好了克服困难的准备，但是新四军遇到的困难仍超乎了想象，每块抗日根据地都是在日、伪、顽多重军事力量的夹缝中建立起来的。在苏南，第一支队、第二支队连续对敌作战百余次，破坏敌军的交通线和通信线，分割敌军力量，不断取得胜利。1938年7月，镇江、句容、丹阳、金坛4县抗敌总会成立，中共苏南工作委员会（后改称"中共苏南特委"）成立。8月，当涂、宣城等县的抗战动员委员会成立。至年底，茅山抗日根据地逐渐形成。在皖南，第三支队先后取得清水潭、马家园等战斗的胜利。在皖中，第四支队先后取得范家岗、棋盘岭等战斗的胜利，打击了敌军交通运输线，并分兵到皖东。与此同时，豫皖苏边根据地也在创建中，彭雪枫带领的由竹沟教导队骨干组成的游击队开进豫东，并与吴芝圃领导的豫东抗日游击队第三支队、肖望东领导的先遣大队合编为新四军游击支队，彭雪枫担任司令员兼政治委员。[2]

经过半年时间，新四军克服了重重困难，在苏南、皖中敌后站稳了脚跟。以此为基础，新四军继续贯彻中共中央"发展华中"的方针，实施"向南巩固，向东作战，向北发展"的战略目标，以扩大华中抗日根据地。1939年4月，第一支队派出叶飞团挺进锡澄公路以东地区。5月，叶飞团抵达武进，与梅光迪、何克希领导的江南抗日义勇军（简称"江抗"）会合在一起，并成立江抗总指挥部，梅光迪担任总指挥，叶飞、何克希为副总指挥，叶飞团改称江抗第二路。在当地抗日武装的配合下，江抗活跃于无锡、苏州、常熟、太仓等地，逐渐开辟了苏（州）常（熟）太（仓）、澄（江阴）锡（无锡）虞（常州）游击根据地。同时，第一支队派出第二团大部分主力，以及江南抗日义勇军挺进纵队向北发展，北进部队先是

---

[1] 《刘少奇选集》上卷，人民出版社1981年版，第287页。
[2] 《中国人民解放军历史资料丛书》编审委员会编：《新四军·综述·大事记·表册》，解放军出版社1993年版，第21—24页。

控制扬中地区，然后渡过长江，抵达扬州东部仙女庙一带，建立了江北桥头阵地，还与泰州李明扬的游击军建立联系。10月，江抗主力西撤，与江南抗日义勇军挺进纵队合编为新四军挺进纵队（简称"挺纵"），管文蔚、叶飞担任正、副司令员，继续活动于扬州、泰州地区。11月，第一支队再派部队北进仪征、天长等地，北上部队改称苏皖支队。此时，茅山抗日根据地稳固下来，并向外延伸，至1939年底，以茅山根据地为中心，西至京芜路，东到苏常太，北达长江，南抵高淳、溧阳的苏南抗日根据地基本成形。苏南抗日根据地的建立，成为新四军向苏北、浙东发展的战略基地。① 在第一、二支队东进北上的同时，第三支队在皖南坚持抗战，1939年冬取得了繁昌保卫战的胜利，拱卫了皖南前线门户。第四支队在皖东谋求发展，1939年5月，新四军江北指挥部在庐江县成立，张云逸、徐海东任正、副指挥。在江北指挥部领导下，第四支队不断壮大，从中扩编出来第五支队，由罗炳辉任司令员，第四、五支队逐渐开辟了以定远藕塘为中心的津浦路西根据地和以半塔集为中心的津浦路东根据地。此外，新四军游击支队在豫皖苏、豫鄂独立游击支队在豫鄂边进展顺利。1939年冬，新四军在华中的战略目标基本上实现，为了稳固华中根据地，中共中央指示创建苏北抗日根据地。苏北抗日根据地北靠山东、皖东根据地，南连苏南根据地，是建立华北与华中联系的枢纽。中共中央一边命令八路军南下，一边指示新四军北进，共同开辟苏北抗日根据地。1940年7月，苏北指挥部成立，陈毅、粟裕担任正、副指挥，率领挺进纵队、苏皖支队等苏南主力北进，很快建立了北进基地——以黄桥为中心的抗日根据地。同时，八路军总部命令黄克诚率领第三四四旅、新编第二旅以及教导营共一万余人南下，并与彭雪枫部合编为八路军第四纵队，彭雪枫任司令员、黄克诚任政治委员。8月，第五纵队成立，黄克诚担任司令员兼政治委员。此后，四纵、五纵活跃于皖东、苏北地带，成为开辟苏北抗日根据地的突击力量。

大体而言，华中抗日根据地最终形成八块抗日根据地，分别是：（1）苏北区，处于江苏北部，是新四军第三师黄克诚部活动区；（2）淮北区，处于安徽东北部，

---

① 《中国人民解放军历史资料丛书》编审委员会编：《新四军·综述·大事记·表册》，解放军出版社1993年版，第24—32页。

以及江苏西北部分,是新四军第四师彭雪枫活动区;(3)鄂豫皖区,处于湖北中东部、河南南部、安徽西部,以及洞庭湖北岸,是新四军第五师李先念部活动区;(4)苏中区,处于江苏中部,是新四军第一师粟裕部活动区;(5)淮南区,处于安徽东部,以及江苏小部,是新四军第二师罗炳辉部活动区;(6)苏南区,处于江苏南部,以及安徽小部,是新四军第六师谭震林部活动区;(7)皖中区,处于安徽中部,是新四军第七师谭希林部活动区;(8)浙东区,处于浙江东部,是新四军浙东游击队何克希部活动区。[①]华中抗日根据地的建立与发展,为夺取抗日战争的胜利做出了重大贡献,据不完全统计,全民族抗战时期华中敌后战场"抗击日军 16 万人,占侵华日军总数的 23%;抗击伪军 23 万人,占伪军总数的 31%。在 8 年全民族抗战中,新四军对日伪军作战共 3 万多次,计毙伤俘日伪军 42.9 万余人"[②]。

华南抗日根据地处于中国南部地区,包括东江、琼崖、珠江三块抗日根据地。在华北、华中敌后全面抗战的同时,中共中央也高度重视华南的抗日斗争,相继成立香港、广州两地八路军办事处,中共南方工作委员会等组织机构,派出廖承志、潘汉年、张云逸、张文斌等骨干开展组织领导工作。

东江抗日根据地。1938 年 10 月,日军从南线入侵中国,在广东大亚湾登陆,沿惠阳、增城和珠江两个方向进逼广州。在此情况下,八路军香港办事处决定选派力量到东江地区发动群众。会后,曾生等人深入惠阳地区,在广东地方党组织的配合下,开展抗日救亡宣传,很快地组织起来第一支抗日武装力量——惠宝人民抗日游击总队,建立起来第一个抗日民主政权——惠阳县第二区行政委员会。与此同时,中共广东省委也在积极展开抗日救亡工作,在东莞地方党组织的努力下,王作尧领导的东宝惠边人民抗日游击大队成立,东莞、增城、宝安等地的抗日运动发展起来。1940 年,惠宝人民抗日游击总队和东宝惠边人民抗日游击大队合编为"广东人民抗日游击队",随后曾生带领一部活动在东莞大岭山一带,王作尧带领一部活动在宝安阳台山区龙华、乌石岩一带。1941 年春,卢伟良组织领导

---

① 马洪武等编:《新四军和华中抗日根据地史料选》第 1 辑,上海人民出版社 1982 年版,第 376—377 页。
② 南开大学历史系中国近代史教研室编:《中外学者论抗日根据地——南开大学第二届中国抗日根据地史国际学术讨论会论文集》,档案出版社 1993 年版,第 120 页。

独立大队活跃在增城、油麻山等地。1943年12月，活跃在东江地区的抗日武装统编为"广东人民抗日游击队东江纵队"（简称"东纵"），曾生任司令员，王作尧任副司令员。此后，东江纵队以宝安、惠阳根据地为中心不断向外延伸，逐渐建立了南到大海、北接从化、东到海丰、西至三水的东江抗日根据地。

琼崖抗日根据地。全民族抗日战争爆发后，留在海南的红军游击队改编为"广东省第十四统率区民众抗日自卫团独立队"。1939年2月，日军入侵海南岛，冯白驹领导独立队在潭口渡伏击日军，开始抗日保岛。在对日斗争中，独立队不断发展，在琼山、文昌一带扎下根，并成立了琼崖东北区抗日民主政府。1944年冬，独立队改编为广东省琼崖人民抗日游击独立纵队（简称"琼崖纵队"），冯白驹、庄田担任正、副司令员。抗战胜利前，琼崖抗日根据地已延伸到全岛三分之二的土地。

珠江抗日根据地。在中共广东省委的组织领导下，吴勤领导的"广州市郊人民抗日游击队第二支队"和刘登大队成为珠江三角洲敌后抗日武装的一股重要力量，他们不断发展壮大，逐渐建立了西海、五桂山根据地。1944年初，黄江平领导的"逸仙"大队和欧初领导的地方部队分别成立，稳固了五桂山根据地，5月，中山县召开首届人民代表大会。8月，广东人民游击队珠江纵队（简称"珠纵"）成立，林铿云、谢立全任正、副司令员。随后，珠江抗日根据地不断向外延伸，粤中、广宁、粤北根据地相继建立。

相较于华北、华中抗日根据地，华南抗日根据地在建立和发展中的一个显著特点是："华侨、港澳同胞大力支援或直接参加抗战。"[①] 比如，1940年前东江地区曾生领导的抗日游击队的给养主要"靠华侨和港澳同胞的援助"，冯白驹领导的游击队在太平洋战争爆发前一直接受琼崖华侨联合总会救济委员会的资助，华南各抗日游击队均有华侨和港澳同胞，东江纵队约有1500人。[②] 华南抗日根据地处于中国南方边陲，远离了中共中央，缺乏足够的支援，但是依然发展起来，不仅粉碎了日军变华南为进军东南亚战略基地的企图，还为中国夺取最后抗战胜利提供了力量。

---

① 梁山：《华南抗日根据地概况》，《历史教学》1985年第1期。
② 黄自为：《华南抗日根据地的创建及其历史作用》，《贵州师范大学学报》（社会科学版）1996年第2期。

综上所述，在民族危亡时刻，中国共产党及其领导的武装力量深入敌后，经过广泛地动员、武装群众，建立起来抗日根据地，牢牢地扎根于敌后，这对于中国共产党实施的全面抗战路线和基本战略意义重大。简而言之，"有了根据地，游击队才能在物资、人力上获得源源不断的支持，才具备持久的条件；开辟、坚持和发展根据地，中共的政治、经济、社会文化政策才能得到施展，党、军队和民众的结合才有基础，根据地可以说是游击战的发动机"[①]。同时，也应该明白抗日根据地作用的发挥要依赖于根据地乡村群众源源不断的支持，而这种支持依赖于根据地的建设，依赖于政治、经济、文化等各项建设旨趣与乡村群众生活的紧密结合。

二、民主的政治

民主是中国政治现代化的内在要求，是近代以来中国人梦寐以求的政治渴望。在敌后抗日根据地，实现民主不仅是凝聚抗日力量的关键，也是根据地政治建设的本质。

在敌后抗日根据地，民主的政治首先体现于抗日民主政权的权力结构上。这个权力结构并非苏维埃时期工农专政的延续，而是由参议会、政府、法院三部分组成的，三个部分各司其职，相互联系，相互制约。一般说来，参议会是代表民意的机关，由群众选举出来的参议会代表行使立法权，同时负责选举政府和法院的领导人。抗日民主政府行使行政权，负责根据地各项事务。法院行使司法权，负责根据地司法审判。在实际运行中，参议会和政府的关系比较融洽，代表民意的参议会得到尊重。对此，涅夫说："我们边区政府，现在是采取直接民权兼议会政权的形态，所以分开来说，县级及县级以上的政府和参议会之关系，在行政上政府独立于参议会之外，归上级政府领导；另一方面在立法地位上，政府是属于

---

① 黄道炫等：《纵论抗日根据地的开辟及意义》，《军事历史》2017年第3期。

参议会的。因此，政府有什么事，在事前既要尊重参议会的'议决''创制'权利，事中也要受参议会的'督促'与'检查'，事后还要经过参议会的'追认'，工作做得不对，可能被弹劾，甚至受'罢免'的处分。乡市政府与乡市参议会的关系，在行政领导上，也和县级的一样是独立的，但在立法关系上，因为我们采用的是议行合一的制度，所以乡市政府不仅属于乡市参议会并且它们完全是一个统一体。正因为它们是统一体，参议员们都参加了政府工作，而且参议会可随时召开。所以政府所做的事，不必要经过参议会的'复决'或'追认'，参议会议定的事，政府也无请求重议的权。可是'检查'还是必要的。"① 毕竟处于战争状态，边区政府也需要有绝对权威，1943年4月《陕甘宁边区政纪总则草案》在厘定政府在边区的角色时，试图打造一个"下级服从上级，上级政府也凌驾于下级参议会之上，上级对下级具有绝对权威的行政控制系统"②。整体而言，抗日根据地取消了苏维埃制度，采用西方民主政治中的"三权分立"权力体系，赋予了参议会至高无上的地位，希望政府能够表达民意，受到群众监督。

为了使民主政治落地生根，扩大政府的群众基础，中国共产党决定实行"三三制"政权。1940年3月，毛泽东在如何建设抗日根据地政权问题上提出"三三制"政权设想："在抗日时期，我们所建立的政权的性质，是民族统一战线的。这种政权，是一切赞成抗日又赞成民主的人们的政权，是几个革命阶级联合起来对于汉奸和反动派的民主专政。"因而可以建设一个"三三制"政权，所谓"三三制"政权就是在根据地政权人员分配上，"共产党员占三分之一，非党的左派进步分子占三分之一，不左不右的中间派占三分之一"，这并不是要放弃中国共产党的领导地位，而是在保证"占三分之一的共产党员在质量上具有优越的条件"下坚持党的领导。③ 这种建政设想很快地得到了落实。1941年5月《陕甘宁边区施政纲领》中明确规定："本党愿与各党派及一切群众团体进行选举联盟，并在候选名单中确定共产党员只占三分之一，以便各党各派及无党无派人士均能参加边

---

① 陕西省档案馆、陕西省社会科学院编：《陕甘宁边区政府文件选编》第6辑，档案出版社1988年版，第439页。
② 张宪文、张玉法主编：《中华民国专题史》第7卷，南京大学出版社2015年版，第392页。
③ 《毛泽东选集》第2卷，人民出版社1991年版，第741—742页。

区民意机关之活动与边区行政管理。在共产党员被选为某一行政机关之主管人员时,应保证该机关之职员有三分之二为党外人士充任。共产党员应与这些党外人士实行民主合作,不得一意孤行,把持包办。"① 对此,美国记者 G. 斯坦因观察到:"这些领袖们,并不都是共产党人,在民主的人民参议会中,随处我都遇见一种对中国完全新型的,有才能而忠诚的非共产党人:地主们,旧式的士大夫阶级的社会改良者们,从前的军队与地方政府中的国民党员们。"② 同样在晋察冀边区,"负责组织和行使这个政权(晋察冀边区政权)的,有国民党牺盟会和各军及共产党员"③。

"三三制"政权促进了政府人员的团结,加强了政府的行政力量,推动了根据地的民主政治建设。陕甘宁边区政府主席林伯渠在 1942 年 5 月的工作报告中谈道:"在我们边区政府中,在多数县乡政府中,共产党员和其他党派的人士,以及无党无派的人士,都很亲密的合作,像一家人一样,并不感到有主客之分,非共产党员都同样有职就有权,使工作得到更大的发展。边区内的各党派、各级层、各民族,都表现了更加热烈的团结。"④ 不仅如此,它在抗日根据地的巩固和发展上也表现出了成效。比如,武川县第三区是大青山抗日根据地第一个区级动委会,也是大青山地区有统一战线性质的模范组织,成员中有全区的乡邻闾长、有威望的绅商富户、小学教师、青年知识分子、地方驻军的代表,还有喇嘛庙的保安队长布银卜吉(蒙古族)。对于这个组织,当地的参加者感到非常新奇,意识到"这是一个由他们所支持,为他们谋利益的真正抗日的组织",于是决定干两件事:一是建立各乡村动委会,并协助各区成立区级动委会;二是广泛号召蒙古同胞参加各级动委会之组织及抗日团体。有了这样的认识,武川县第三区的工作快速地走上正轨,推动了大青山抗日根据地的建设。⑤

诚然,这种民主政治最大体现在于选举,选出能够传达民意的代表。根据地

---

① 陕西省档案馆、陕西省社会科学院编:《陕甘宁边区政府文件选编》第 5 辑,档案出版社 1988 年版,第 2 页。
② 齐文编:《外国记者眼中的延安及解放区》,历史资料供应社 1946 年版,第 23 页。
③ 黄克诚:《晋察冀边区概况》,《群众》周刊 1938 年第 24 期。
④ 陕西省档案馆、陕西省社会科学院编:《陕甘宁边区政府文件选编》第 6 辑,档案出版社 1988 年版,第 3 页。
⑤ 章伯锋编:《抗日战争》第 2 卷,四川大学出版社 1997 年版,第 773 页。

的群众，人人享有选举权和被选举权，包括那些在苏维埃时期被剥夺了这种权利的资本家、地主、富农等群体。对此，1939年1月，林伯渠在陕甘宁边区第一届参议会上发言道："在选举运动过程中，我们听到许多人表示怀疑说，给予地主资本家等以公民权，这是一个形式，甚至是个假面具，所谓抗日民主制，在实际上将依然是个工农专政，然而现在我们可以用事实回答他们了：在我们现在的抗日民主制度下，不但地主、绅士、资本家已事实上恢复了公民权、选举权和被选举权，而且各种抗日的党派，已有了公开活动的可能，以及进行竞选的自由。比如，固临、延长、安定、曲子四个县的选举中，县级参议员中地主、富农、商人分别占到2%、1%、1%，区级参议员中地主、富农、商人分别占到2%、2%、1%，乡级参议员中地主、富农、商人分别占到1%、2%、2%。"[1] 从中看出，抗日根据地在实现近代中国政治民主选举愿望上的努力。更多时候，代表选举有着比较细致的工作安排，这在陕甘宁边区淳耀县的区级代表选举准备过程中得到有效的体现。淳耀县召集县级选委会，讨论布置区级选举事宜，着重抓好两项准备工作：一是在县选委会领导下，成立了区选委会，详细讨论了区议员及区长的候选名单，区主席的工作报告大纲及进行选举的具体办法，并决定选举必须联系到日常工作，扩大抗战动员的宣传，接着分工到各乡，由各乡长召集各种群众组织负责人联席会，讨论选举的意义及工作进行。在选民大会前三天，将开会地点、时间、居民的总数及区议员的数目，以及候选名单均公布于各村。二是区议会及区长的产生——区选民大会以村为单位召集的，各乡开会时，由区选委会委员报告选举意义及条例后，提出候选名单经大会通过。然后把候选名单发出，由选举人在名单上画圈，只有部分地方采取举手表决办法。全区议员选出后，即开议员大会，平均各区到会议员均在十分之七左右，由主席作报告，提出候选名单，再由各候选人报告自己历史，最后经全体议员用无记名投票选出区长。[2]

不同于历史上任何政治力量，抗日根据地将以选举代表为核心的民主政治延

---

[1] 陕西省档案馆、陕西省社会科学院编：《陕甘宁边区政府文件选编》第1辑，档案出版社1988年版，第133页。
[2] 鲁芒：《陕甘宁边区的民众运动》，汉口大众出版社1938年版，第51—52页。

伸到了村庄，这唤醒了长期远离权力中心的底层群众的政治意识，激发了他们参与政治选举的热情。冀中抗日根据地定南、安平、深极、饶阳、博野、清苑、蠡县七个县村选的统计显示，"村选中公民数可为769385人，参选646005人，参选占公民数83.9%。区选时公民数增为774615人，参选者为635184人，参选占公民数81.9%，县选时公民数780913人，参选公民为611132人，参选占公民数78.3%"。群众参加选举的人数逐渐增加，其中妇女在各级参选人数上占有一定比例。① 在选举过程中，乡村群众的选举意识也在增强，有的群众说："今天圈的，等于咱们种地的种子，收成好不好，就看种子好不好，以后咱乡下公平不公平，就看咱今年选举的人公正不公正！"② 为了选举，有的地区克服了乡村群众不识字的困难，发明了"香火烧洞法""数豆法"等选举办法。

民主性质的村选带给抗日根据地村庄的变化是明显的。比如，孙元范谈及晋察冀边区村政权改造时说："在敌人的围攻中，大部分的村政府垮台了。因此，我们就提出'把山沟小道落后的村庄变为进步的村庄'的口号，号召各村组织起救亡室或民革室，以发扬民主，协助村政。同时，着手改革村政府，将区划小，取消编村，取消由家长包办的邻闾制，建立村代表会与村公所各委员会，热烈地开展村区运动。在反围攻以前，由于多年受压迫，老百姓对民主参政是没有兴趣。区政府改造后，老百姓懂得了'还是民主好，大家的事大家办'、'咱们选好人当村长，能替咱们办事'。1938年村选中，选民仅占公民40%—50%，而1940年大选中，选民与公民之比，平均在70%以上，中心地区之县（如平山、灵寿等）达90%以上；游击区的选举，成为团结一切抗日人民的群众运动。"③ 尤其是，村选扩张了根据地基础民主权利，颠覆了地主、豪绅、权贵控制村庄的权力格局，更能代表民意，激活了群众的政治热情。曾亲身游历根据地的爱泼斯坦写道："村选是直到边区参议会为止的整个制度的基础，由边区参议会选举政府，这真正代表

---

① 魏宏运主编：《抗日战争时期晋察冀边区财政经济史资料选编》第1编，南开大学出版社1984年版，第166—167页。
② 陕西省档案馆、陕西省社会科学院编：《陕甘宁边区政府文件选编》第6辑，档案出版社1988年版，第454页。
③ 孙元范：《百炼成钢的晋察冀边区》，《解放日报》1944年7月10日。

了中国的一种革命。在边区，地主是村子里的一个公民，和任何其他公民一样，只有一票选举权。因为大多数选民是贫农或佃农，村议会和主席常从这些人中选出，村里没有警察，由自卫队来执行职务，自卫队是村民自己的武装团体，有一个公选的队长，受制于民选的村政府。"[1]白修德也写道："在整个中国历史上，农民从来没有过这样的经验。村和县的议会出现了，而且都赋有解决农民基本生活问题的种种权力，这些问题实际上是他们自幼即已面临的问题。农民第一次走进了政府机构，却发现了他们自己也赋有未被发觉的智慧和毋庸置疑的能力。没有一个议会需要一种经典式的教育去决定为了大众的福利谁应该多上赋税，谁应该少上。"[2]"你可以请一个曾经被踢被打被欺负，而其父亲传给他过去受压迫的记忆的农民来，然后，你拿他当人看待，征求他的意见，让他去选举他当地的政府和治安机关，让他自己去表决减租，让他自己去选举军队和民军，假如你做了这些，你就已经给了他以社会的权利，这样他就愿意为社会和给予他权利的党二者而战。附和或选举另外任何人与另外任何党，对于他将视为可笑的了。"[3]

不仅如此，由村选而来的新政权在很大程度上代表了大多数群众的意志，能够轻易地组织起群众，一下子活跃了村庄中的群众组织。在村政权的领导下，根据地各种群体组织发展迅速，把大多数群众吸纳进来，并组织他们支持、参加根据地各项建设。在晋察冀抗日根据地，群众组织有"农民救国会、工人救国会、青年救国会、妇女救国会、教育界救国会和商人救国会。此外，还有抗日儿童团自卫队种种组织，从十八岁到五十岁的，都加入自卫队。现在的晋察冀边区，已经拥有八十万以上有组织的群众，包含各种不同的阶层，从贫农一直到地主大商人，都加入这各种组织中"[4]。并且群众组织的发展是相对自由的，只是辅助政府的工作，而政府只是指导，当群众组织遇到困难时还会给予帮助。对此，鲁芒说："在边区内，各种群众组织都是合法的、公开的，他们都享受着民主自由。群众组织的政治地位，不是形式的，而是实实在在的，他们曾经用了各种方法去号召鼓

---

[1] 齐文编：《外国记者眼中的延安及解放区》，历史资料供应社1946年版，第9—10页。
[2] [美]白修德、贾安娜：《中国的惊雷》，端纳译，新华出版社1988年版，第225页。
[3] 齐文编：《外国记者眼中的延安及解放区》，历史资料供应社1946年版，第22—23页。
[4] 黄克诚：《晋察冀边区概况》，《群众》周刊1938年第24期。

励群众起来使用他们自己的权利,他们有充分享受抗日救国的自由,对于汉奸、日寇走狗、托派匪徒等,则是在被禁止之列,则绝对没有自由。在上述情形下,边区群众组织是非常普及的广泛的。每一个人民在他不同的职业中,有着他自己的组织,现在有工会、农民会、商人救国会、妇女联合会、青年救国会、儿童团、自卫军和少先队等,此外还有比较狭仄的组织,如文艺的、体育的、戏剧的、研究的、识字的等等群众组织。他们每一个人不但只参加一种组织,而且有的有参加三种四种以上的组织,如妇女除参加妇女联合会以外,还要参加自卫军、识字组、戏剧的等团体。这里只有一个原则,即是发动他们的自愿,丝毫没有一点勉强的性质存在。"[1] 相对宽松的环境使得群众组织在根据地茁壮成长。

抗日根据地群众组织的发展与繁荣是其他任何地区无法媲美的,正是群众组织的存在,使大多数群众有了依靠,这为抗日根据地提供源源不断的支持。首次进入晋察冀边区的英国大使馆新闻专员林迈可对此印象深刻:"当时给我最深刻的印象是蓬勃的宣传运动及群众组织。到处都在开群众大会,演抗日戏剧,墙上出现着新写的标语口号,新组成的军队在操练着。对于群众团体、村庄动员大会和民众教育的开展,人人都非常感到兴趣。"[2] 美国《纽约时报》的一篇文章中也描述道:"每一村的进口处都有便衣民兵守卫者,他们携带着各种各样夺来的日本武器。从汤姆枪到手榴弹,各种各样的土造武器,从前膛炮、地雷到红缨枪。当任何人走近时,村里人,常常是妇女或儿童,或在放羊或在纺线,挡住了路,要看路条。如有任何迟疑,游击队马上从邻近的茅屋或树丛后面出现了。路条是一点也含糊不得的。个个人都得拿出路条来,无论是穿军装或不穿军装的。"[3] 英国记者詹姆斯·贝特兰也描述道:"群众动员,多方面地进行着。他们的精神足以打破陕北艰苦的物质条件的束缚。青年和老人,妇女和儿童,都为了当前的斗争组织了,训练了,武装了起来。男子和妇女组成了'抗日自卫团'。青年有'少年先锋队',甚至儿童也有'儿童团'的组织。任何一种武器,从现代的枪械到旧式的刀或矛,

---

[1] 鲁芒:《陕甘宁边区的民众运动》,汉口大众出版社 1938 年版,第 7—8 页。
[2] 齐文编:《外国记者眼中的延安及解放区》,历史资料供应社 1946 年版,第 82 页。
[3] 齐文编:《外国记者眼中的延安及解放区》,历史资料供应社 1946 年版,第 116—117 页。

都被运用了；简陋的兵工厂和工场日夜地工作着，'就是用它的全部军力'。"①

民主的政治在一定程度上还改变了干部的工作作风。长期以来，在乡村群众的意识中，干部是高高在上的，尤其是干部的行政级别越高，离他们越远。敌后抗日根据地的民主政治建设要求干部深入群众生活中，走群众路线的工作路线，拉近了政府干部与乡村群众的距离。在这个过程中，县长作为县级政权的行政首脑发挥了作用。据杨东的研究，敌后抗日根据地的县长完全不同于传统的封建官员的圆滑世故，他们"毫无'官本位'的精神世界，积淀的正是其艰苦奋斗的生活轨迹"②，这让他们"所有工作的一个最大特点，就是与民众的日常生活密切相关"③，正是这种与民同甘共苦的工作作风逐渐地驱走了隐藏在群众内心深处的"怕官老爷"的社会心理。对此，美国记者伊斯雷尔·爱泼斯坦说道："我永远不会忘记我们在边区一个县看到的一位老农，这位老农捶拍着原来是他村里一个苦孩子的年轻县长的背说，'你看这家伙背了多少筐粪到我们地里？有谁以前看见过这样的官？从前，当官的闻的是他们姨太太的香水味，怎能闻这鲜大粪呢？'年轻县长希望不要用这样赤裸裸的语言同一位外国'贵宾'谈话，但老人对于什么是值得称道的有他自己的想法，因此不听劝告继续讲下去。在中国几千年的历史中，以前从来没有过这样的官员，也没有人见过这样的情景。"④

上述可见，在艰苦的战争环境中敌后抗日根据地民主政治的实践对于凝聚抗日力量，尤其是动员群众支持抗日民主政权发挥了作用，呈现出一幅历史上从未有过的政治参与画面，也展现出同时期其他政治力量控制区域中未有的政治建设热情，诚如吕梁山区第一次行政会议情形：各地的会议代表普遍感受到抗日民主政府——第六区行政督察专员公署的与以往不同的气象："的确和旧社会的官僚衙门不同了，也看到新政权的工作干部，和往日见惯了的那些官僚政客具有完全不同的风格；生活的艰苦，态度的严肃，工作的积极，大公无私的品德。尤其在听取了关于国内外形势、抗战前途和本区工作计划的报告以后，经过推心置腹的热

---

① ［英］詹姆斯·贝特兰：《华北前线》，林淡秋等译，新华出版社1986年版，第130页。
② 杨东：《名同实异——战时国共两党县长的比较研究》，《抗日战争研究》2015年第2期。
③ 杨东：《抗日战争中的中共县长》，《党的文献》2016年第1期。
④ ［美］伊斯雷尔·爱泼斯坦：《中国未完成的革命》，陈瑶华等译，新华出版社1987年版，第276页。

烈讨论，大家增强了争取抗日战争胜利的信心，看到了民族国家的光明前途，特别感到抗日民主政府对根据地的建设是有计划有办法的，深信它是为国家，为人民的。"一位来自临汾的代表说："像这样的政府，就再让我拿出更多一些合理负担，我也情愿。"还有一位在山西省政府任职多年的代表说："我们今天可得干了，经过这次参加行政会议，我好像重新做了一回人。"[①]民主的政治给予根据地群众一种新生，一种希望。

三、自给的经济

经济的供应是八路军驰骋于敌后的关键因素，更是抗日根据地生存和发展的基本保障，因此敌后抗日根据地需要拥有能够维持党政军民基本生活的经济收入。

全民族抗战初期，抗日根据地的经济收入主要有三个途径：国民政府的拨款；对根据地群众的征发；苏俄和共产国际的资金支持。[②]其中，国民政府的拨款占有较大比重。在中华民国政治框架下，作为国民政府下辖的边区，抗日根据地的经济收入主要是国民政府发放的薪饷，还有来自进步人士、海外侨胞的捐献，这些薪饷和捐献通过资金汇款、战略物资、个人携带等形式发放至边区。此外，来自苏联和共产国际的经济支持也很重要。据黄道炫的研究，"中共每年都从共产国际得到援助，1938年初得到的那50万美元，以当时比值计算，约合法币200万元。苏联的财政援助，比陕甘宁边区1937、1938两年的财政收入之和还多了50多万元"[③]。而对根据地群众的征发主要采用"有钱出钱、有力出力"的政策，征发重心在富裕的阶层，征发额度在边区经济收入中占比不大。可见，此时期边区经济收入主要来自外部援助，而不是内部征发。据周祖文的研究，陕甘宁边区财政收入

---

① 穆欣：《晋西南抗日根据地漫记》，中国人民解放军总参谋部一二〇师战史编写办公室内部资料1996年版，第93页。
② 黄道炫：《抗战初期中共武装在华北的进入和发展——兼谈抗战初期的中共财政》，《近代史研究》2014年第3期。
③ 黄道炫：《抗战初期中共武装在华北的进入和发展——兼谈抗战初期的中共财政》，《近代史研究》2014年第3期。

多来自"'中央协款、八路军军饷和国外华侨、后方进步人士捐款',其中八路军军饷是每月60万元,此项加上华侨和进步人士的捐款占到了1940年边区当年'岁入的70.5%'。在1937—1940年中,外援占当年财政收入的51.69%—85.79%之间,这基本上占到了陕甘宁边区财政收入的七至八成"①。以外援收入为主的经济来源特征非常明显,但是依靠外援收入也存在重大风险,一旦外援断绝或丧失,抗日根据地的生存和发展便会受到严重威胁。事实上也是如此,1939年后国民党不断制造摩擦,甚至封锁抗日根据地,在这种政治形势下,国民政府不仅停发了抗日军饷,还停止转送后方进步力量、海外华侨的捐赠,使边区陷入经济困难期。因此,抗日根据地要有生存和发展的基本保障必须依赖内部征发,必须得建立自给自足的经济。

建立自给的经济从休养民力开始。为了建设抗战统一战线,抗日根据地改变了苏维埃时期的土地政策,在承认土地私有和借贷关系的前提下,允许地主、债主收取原有的租额、利息,但是政府拥有合理调整租额和利息的权力,一般是调低租额和利息,以减轻贫苦农民负担,即减租减息,租额原则上实行"二五减租"(原租额减低25%),利息原则上年利息不超过一分,利息超过原本,停利还本,超过两倍,本利停付。减租减息给农村各阶层经济带来了一定变化,地主等经济富裕家庭的实力有所削弱,中农等一般经济家庭的数量有所增加,贫雇农等经济困难家庭生活水平和社会地位改善明显。比如,据不完全统计,晋西北根据地临县"全县退出租粮8443石,农币467000元,现洋3500元,其他实物折款28368000元;地租较抗战前减少50%,抽旧契约3389张,销毁账簿386本,回赎不动产土地18680亩,收回窑洞436孔;有2.9万户贫下中农买回土地93400亩"②。

"合理负担"是抗日根据地休养民力进行内部经济征发的基本原则。减租减息减轻了农民的经济负担,同时为了抗日根据地各体系的运转,也得益于外援收入,政府坚持"合理负担"的政策对根据地群众征购粮食、筹集钱款。所谓"合理负

---

① 周祖文:《动员、民主与累进税:陕甘宁边区救国公粮之征收实态与逻辑》,《抗日战争研究》2015年第4期。
② 贺文乐:《晋西北根据地互助合作运动研究(1940—1949)》,中国社会科学出版社2017年版,第65页。

担",简单来说就是《抗战时期内县村合理负担办法》中规定的:"县村摊派应以得利钱的人,重重负担;有财产的人,多多负担;赚钱多的人,多负担为原则。"即"得利者重负担,有财产者多负担,赚钱多者多负担"[①]。在陕甘宁边区,救国公粮就是在"合理负担"原则下进行的粮食征收。其实,救国公粮是一种具有过渡性质的农业税,主要以农业收入为征收对象,是在传统田赋征税无法适应根据地战时财政开支情况下向群众征收粮食的临时措施。在征收过程中,各地政权根据粮食多寡制订具体的征收计划,一般是粮食多的地区就多征,反之少征,还设立粮站,尽量保持粮食供求的平衡性。由于照顾到了民情,救国公粮的完成情况比较理想,时任陕甘宁边区政府审计处处长曹力如的报告显示:"历次的救国公粮征收及粮食购买中,基本上都超额完成了征购任务。如1937年计划征收一万一千九百石,实收一万三千八百五十九石,超过一千九百五十九石;1938年计划征收一万零七百五十石,实收一万五千九百五十五石,超过五千二百零五石;1939年计划征收四万八千八百石,实收五万二千二百五十一石,超过三千四百五十一石,三年共超过计划一万零六百一十五石。"[②]在征收过程中,起初主要是以政治动员与自动募捐为主,1940年开始按征粮条例征收,配合民主评议,群众负担基本公平合理,贫农负担占收益的5%—12%,中农为9%—20%,富裕中农为17%—30%,富农为21%—30%,地主为25%—35%。[③]

不仅有救国公粮,还有建设救国公债。建设救国公债是在根据地财政紧张的情况下,政府向民众借钱,用于建设根据地的水利、交通、工厂等各项事业,以促进根据地各项事业发展。建设救国公债主要通过发动群众购买公债券完成。公债券一般分为50元、10元、5元三种面额,由盐税、商业税等税收作为公债券价值的担保品。为了鼓励群众购买公债券,政府会支付一定的公债利息,利息标准

---

① 穆欣:《晋西南抗日根据地漫记》,中国人民解放军总参谋部一二〇师战史编写办公室内部资料1996年版,第95—96页。
② 陕西省档案馆、陕西省社会科学院编:《陕甘宁边区政府文件选编》第2辑,档案出版社1988年版,第431页。
③ 陕西省档案馆、陕西省社会科学院编:《陕甘宁边区政府文件选编》第8辑,档案出版社1988年版,第146页。

一般为年利七厘五毫，一张面额 5 元的公债券，每年利息 0.0375 元；一张面额 10 元的，每年利息 0.075 元；一张面额 50 元的，每年利息 0.375 元。政府还规定了"十年还清"的还债时间，即"每年还本十分之一，外加利息"，比如一张面额 10 元的公债券，第一年还本 1 元，外加利息 0.075 元，共计 1.075 元。[①] 公债券的处理非常灵活，群众可以自由买卖抵押，可作现金缴纳税款，也可向边区银行、光华商店及合作社兑换法币。1941 年 2 月，陕甘宁边区发行建设救国公债总额 500 万元，并以盐税和商业税担保，得到了根据地群众的积极响应，一经上市便告罄。

随着抗日根据地的发展，各种组织机构迅速膨胀，非生产人口急剧增加，战时开支越来越大，救国公粮的征收量不断增加，农民负担加重。在陕甘宁边区，1941 年救国公粮的征收数量达到了 20 万担，"已占总收获量的 13.85%"[②]。同时，救国公粮的缺陷在于"每年税额的不能固定，勤劳所得与不劳而获同样只征收益税而不计算其土地财产税"[③]，加之征收过程中出现"左"的偏向，导致负担面过小，少数的富有家庭承担了大部分负担，而大多数农民家庭基本不负担，危及根据地的稳定和团结。关键是，外援收入逐渐断绝了，抗日根据地亟须建立让每个家庭都能够承受一定负担的征收税制，以增加根据地运行的经济收入。面对这种情况，中共中央尝试进行政策调整，毛泽东认为："必须按收入多少规定纳税多少。一切有收入的人民，除对最贫苦者应该规定免征外，百分之八十以上的居民，不论工人农民，均须负担国家赋税，不应该将负担完全放在地主资本家身上。"[④] 于是，统一累进税成为抗日根据地进行内部征发的标准。

在抗日根据地，农业是经济建设的首位，其次是工商业、交通运输业，最后是金融业、贸易平衡。因而，抗日根据地建立自给自足型经济的核心在于农业的发展，解决经济问题主要依靠农业税。如何征收农业税，这是根据地政府的最大

---

① 陕西省档案馆、陕西省社会科学院编：《陕甘宁边区政府文件选编》第 3 辑，档案出版社 1988 年版，第 62 页。
② 周祖文：《动员、民主与累进税：陕甘宁边区救国公粮之征收实态与逻辑》，《抗日战争研究》2015 年第 4 期。
③ 陕西省档案馆、陕西省社会科学院编：《陕甘宁边区政府文件选编》第 8 辑，档案出版社 1988 年版，第 147 页。
④ 《毛泽东选集》第二卷，人民出版社 1991 年版，第 767 页。

难题，既要考虑党政军的运行经费，又要顾虑群众的家庭负担，采用一种合理负担的税收制度显得尤为重要。传统上中国农业税制的征收是按照粮银制而来的，由于年代长久，关键是地权发生变动，征税所依据的粮册上的信息基本失效，在现实中形成地粮分离或不相符的普遍现象，由此而来的便是有地无粮（富者）、有粮无地、粮少地多、粮多地少（贫者），加上官吏滥用职权，致使农民负担沉重。统一累进税是以合理负担为内在精神有免征点和累进最高率的所得税和财产税，不是间接税，而是一种直接税，由粮、秣、钱三种形式构成，既规定了财产、土地、资金和收益等交税范围，又照顾到了贫苦家庭。对此，中共中央明确指示："累进税乃是应向我区内一切人民征收的税则。累进税则应照顾极贫苦之工农，规定对最低限度的收入者予以应有的免征。但免征者不应超过人口百分之十到二十，以使百分之八十到九十人口，即绝对多数人口，其中包含中农、贫农基本群众，均须予适当的负担。"[①]

统一累进税实施后，群众负担标准的依据主要依靠土地和收入，其他捐税及田赋全部废除。在陕甘宁边区，1942 年第二届边区参议会决定成立统一累进税实施筹备委员会及研究组，1943 年 8 月，延安、绥德、庆阳三县试行统一累进税，1944 年陕甘宁边区正式实施统一累进税。从陕甘宁边区实施情况看，累进率和核算表并不复杂，简单明了，方便计算，使群众能够轻易计算出应缴纳税额。农业统一累进税的计税单位是公斗，计税标准是土地常年产量，征收单位是户，计算标准则是每人的平均粮数，在这些统一标准外，各地的起征点有所不同，主要根据各地具体情况而定。比如，绥德分区以五斗起征，起征率为 4%；延属分区三边分区及陇东分区之华池、环县均以六斗起征，起征率为 5%；关中分区及陇东分区除华池、环县外均以八斗起征，起征率为 7%。虽然各地的起征点有所偏差，但是各地累进税的计算规则基本上一致，即"每人平均五斗细粮累进率为 4%，六斗为 5%，七斗为 6%……四十六斗以上为 35%，最高率为 35%"，而农户每人不足

---

① 《晋察冀抗日根据地》史料丛书编审委员会、中央档案馆编：《晋察冀抗日根据地——文献选编》上册，中共党史资料出版社 1989 年版，第 459 页。

以上规定者一律免征。①最高累进率并不固定，各地会依据具体情形有所调整。比如，陕甘宁边区直属县、陇东曲子等县，"富农地主的负担大都在其总收获量25%左右，中农为15%—20%，贫农为3%—10%"②。大体来看，统一累进税的实施有四个关键环节：第一，以各阶层负担公平合理为基本原则。第二，农累税以每段土地之常年产量为计税标准。丈量土地，清查土地面积与评定其常年产量，解决土地纠纷，确定土地所有权，办理土地登记等工作，为最主要前提与依据。第三，为使各地区负担平衡与负担面达到一定水平，分别依据各地区不同的经济情况及人民生活程度，规定不同的起征点与起征率，以公斗为计税单位，按每人之平均粮计算，按户征收，累进率分五级跃进，累进最高率为35%。第四，农业副业凡属政府奖励发展者，一律免税，一般副业只就其发展起来的部分作为收益，按市价八折计税本征收。③

统一累进税不仅减轻了民众负担，还改变了此前负担集中于富裕家庭的现象，使各阶层负担趋于公平合理。"地主与富农阶层的负担比重较过去公粮稍许提高了一点，地主最高增加2.9%，富农最高增加3.2%……其他各阶层的负担普遍下降了，富裕中农较前降低了2.8%，中农一般维持过去的状态，生产条件差一些的农户较前降低了，贫农降低0.8%，雇农降低了2.7%。"④同时，陕甘宁边区登记在册的土地数量也有了大幅度提升，"最低的增加数占原统计数的10%以上，最高则达134%，过去农民隐瞒土地的现象没有了。"比如，"绥德县11个区，土地原统计数298931.5垧，登记后，增加49342.6垧，共为348274.1垧，增加数占原统计数16.5%"⑤。

---

① 陕西省档案馆、陕西省社会科学院编：《陕甘宁边区政府文件选编》第7辑，档案出版社1988年版，第331—332页。
② 陕西省档案馆、陕西省社会科学院编：《陕甘宁边区政府文件选编》第6辑，档案出版社1988年版，第495页。
③ 陕西省档案馆、陕西省社会科学院编：《陕甘宁边区政府文件选编》第8辑，档案出版社1988年版，第147—148页。
④ 陕西省档案馆、陕西省社会科学院编：《陕甘宁边区政府文件选编》第8辑，档案出版社1988年版，第152页。
⑤ 陕西省档案馆、陕西省社会科学院编：《陕甘宁边区政府文件选编》第8辑，档案出版社1988年版，第151页。

对于群众而言，农业统一累进税与救国公粮的最大不同，是不仅减轻了负担，让负担量走上正轨，而且把负担固定在土地上，由此制定的土地应产量的税额基本稳定，重要的是可以保留超出税额的产量，如果达不到土地应产量，还是按照应产量征收，这就消除了"生产少、负担少"的侥幸心理，意味着勤于劳动就可能获得更多的产量，而懒于劳动则一定不能获得更多的产量。权衡利弊之后，民众的劳动生产积极性显著提高，连那些长期不劳动的懒汉、二流子也不得不参加生产。安塞四区三乡的吴光才说："按常年产量征税是个硬办法，这样征收，不但公平合理，就是二流子也得动弹起来了！"一位庆阳县农民说："丈地征粮实在公道，地分三等九级，更是合理，这样算粮，我就知道明年该出多少了，以后一定要好好务营庄稼，多收下粮都是自己的。"绥德新一区二乡的一位农民说："农累税按常年产量计税真公道，作物好的打粮多，负担少，以后多锄两次草，多上两筐粪，就够交粮了。"[①]对此情形，曾在晋察冀根据地工作过的英国大使馆新闻员林迈可说："'统一累进税'的实施，是组织工作中一个很大的成就，和我谈论过这个税制的所有的老百姓，都认为这是一种很合理公平和管理得很好的税制。"[②]

统一累进税规范了根据地内部征发的标准，提供了稳定的经济收入，但是无法解决物质贫瘠的现实，倘要自给自足，就要加强自给自足型的劳动生产，尤其是在钱粮物紧缺时，这种劳动生产更显得重要。因而，抗日根据地号召党政军民开展大生产运动。大生产运动不仅是抗日根据地广开财源的重要措施，也是根据地实现自给自足经济的关键举措。在陕甘宁边区，1939年2月，陕甘宁边区党委、政府、抗敌会、保安司令部联合发出开展生产运动的紧急通知，明确指示："边区以内党、政、军、民、学校各级人员，每人应保证从今年秋收后，粮食菜蔬完全自己生产以自给，从今年七月份起，边府减发菜钱两分，从秋收起不再发粮食。因此，各级工作人员的任务，便是要在今年春季，立即计划耕种，能从秋收后屯一年的粮食和菜蔬。而且党和政府及抗敌后援会的工作任务是两重的，即一重是

---

① 陕西省档案馆、陕西省社会科学院编：《陕甘宁边区政府文件选编》第8辑，档案出版社1988年版，第154页。
② 齐文编：《外国记者眼中的延安及解放区》，历史资料供应社1946年版，第85页。

要保证每个农民今年生产能增加百分之二十,又一重是保证机关工作人员在秋收后自己有粮食自给。"①此后,陕甘宁边区对自给生产的重视度不断增加。1941年9月,陕甘宁边区政府向中央书记处发出函件,请求中央发起节省粮食运动。②1940年2月,中共中央、中央军委就向部队下达开展生产运动的指示:"斗争已进入更艰苦阶段,财政经济问题的解决,必须提到政治的高度,望军政首长,各级政治机关努力领导今年部队中的生产运动。开辟财源,克服困难,争取战争的胜利。"指示还介绍了部队生产的六条经验:"第一,在比较巩固地区,一般可按延安的经验,同时进行农业、商业、手工业生产,普遍发展喂猪种菜等事业,达到改善生活,克服困难,节省公费之目的。第二,在不巩固的地区,可经由地方党政府与当地群众订约,组织军民生产协作,由军队酌量抽派人力牲畜,帮助农民耕作,由农民供给驻军以一定比例的粮食马料。第三,行止无定的部队,应利用战斗间隙,普遍无代价的在自己地区之内,帮助农民春耕及各种劳作劳动,进一步与群众打成一片,以便用另一种方式取得农民对军队自愿与踊跃输助。第四,但部队经营商业必须取慎重态度,要有统一的组织与管理,规定营业范围,红利支配,严密监督,不可放任,否则可能促成政治上的蜕化,干部的腐化,资本主义影响的生长,危险性很大。第五,生产运动要有广泛深入的政治动员,与政治任务紧密联结,提高劳动热忱与政治积极性,要有合理的组织工作与实际从事指导的生产委员会,监督管理这一运动的进行。第六,提出一面战斗(非战斗机关是一面工作)、一面生产、一面学习的口号,三者合一,我们就能战胜一切。"③1943年10月,中共中央政治局再次指示:"党部、政府及军队,必须于今年秋冬准备有关明年全根据地实行自己动手克服困难的大规模生产运动,包括公私农业、工业、手工业、运输业、畜牧业及商业,而以农业为主体。实行按家计划,劳动互助,吴满有运动(农业劳动英雄),赵占魁运动(工业劳动英雄),黄立德运动(机关学

---

① 陕西省档案馆、陕西省社会科学院编:《陕甘宁边区政府文件选编》第1辑,档案出版社1988年版,第163页。
② 陕西省档案馆、陕西省社会科学院编:《陕甘宁边区政府文件选编》第4辑,档案出版社1988年版,第162—163页。
③ 中央档案馆编:《中共中央文件选集》第12册,中共中央党校出版社1991年版,第289—290页。

校种菜英雄），奖励劳动英雄，举行生产竞赛，发展为群众服务的合作社。""一切机关学校部队，必须于战争条件下厉行种菜、养猪、打柴、烧炭、手工制造及部分种粮。"①

在大生产运动中，春季是一个农业生产的关键期，因而抗日根据地特别重视春季生产，发起春耕运动。1942年2月，陕甘宁边区政府颁布了春耕运动的相关命令，指示各地行政领导要高度重视农业生产，认为："边区经济建设，最重要的是农业生产。农业生产能不能完成任务，全靠春耕运动是不是普遍深入的发动起来。"②边区春耕运动工作办法中再次强调了精神，并且增强了将群众"组织起来"参加春耕运动的认识，提出"各级政府均以春耕运动为中心工作，集中力量发动全边区人民积极实行春耕，造成热烈的春耕运动。经过民众团体的协助，发动群众积极响应政府的春耕运动号召，做到每个农夫、农妇、青年和儿童等，均加入春耕生产战线，进行春耕竞赛，发扬劳动热忱。反对不劳而食的二流子和懒汉，鼓励他们，强迫他们参加生产"③。1944年3月，中央书记处给华中局发去组织群众生产的指示："春耕已到，你们应动员广大人民，一切男女老幼走上生产战场，各级地方干部，专员县长区长乡长等，均应亲自下乡，精细的去指导与组织一个村或几个村的生产，解决人民生产中的困难，发动群众高度的生产热潮。除此之外，关于部队机关学校的生产，亦应加以切实的动员和组织，在不妨害战斗与工作条件下，要使每一个战士与工作人员适合各人情况的都去参加一些生产劳动，为切实改造本部队本单位的生活而斗争。"④组织起来的群众积极参加春耕运动，推动了大生产运动的发展。

但是在现实生产中，有的家庭并不具备农业生产的基本条件，面临缺乏生产工具、生产资料、劳动力等诸多生产困难，尤其是那些家中劳动力参军在外的抗

---

① 中央档案馆编：《中共中央文件选集》第14册，中共中央党校出版社1991年版，第98页。
② 陕西省档案馆、陕西省社会科学院编：《陕甘宁边区政府文件选编》第5辑，档案出版社1988年版，第235页。
③ 陕西省档案馆、陕西省社会科学院编：《陕甘宁边区政府文件选编》第5辑，档案出版社1988年版，第236页。
④ 中央档案馆编：《中共中央文件选集》第14册，中共中央党校出版社1991年版，第190页。

属家庭，遇到的生产困难更大。为了解决群众大生产的难题，有的根据地积极组织变工队，探索互助合作的生产形式。一般说，变工队由十几名劳动力和牲畜组成，坚持"合理耕种、节约劳力"的原则，开展农业合作劳动。对于变工队，美国记者爱泼斯坦写道："从前，他们每人都是要赶一部牛车到田里去施肥和播种，但现在只三个人就可赶所有的牛车，其他的人便能做别的工作了。过去在田里弄饭吃，差不多每个人要花两个钟头去生火，准备吃的东西，现在一个人做这一队人吃的饭，每天等于节省了两个人工。"①重要的是，变工队虽然建立在每个家庭拥有土地的基础上，但并不完全限于每个家庭私有土地的劳动经营上，在变工过程中产生了带有集体性质的财产，比如通过合作劳动开垦出来的荒地，并不是属于个人，而是属于变工队，但是对于荒地上的产量会按照每个队员的实际付出进行分配。显然，这样的荒地经营表现出来了集体经营的形式，并且这种形式扩散开来，在其他领域逐渐出现，生成了集体化的合作社经济。对这个新事物，边区给予充分的肯定，在1943年陕甘宁工作报告中如此夸赞："特别宝贵的是，今年的生产运动创立了新民主主义经济的合作社体系，这就是集体互助的农业合作社，其形式是变工队、扎工队、唐将班子等，这就是南区合作社式的包括生产合作、消费合作、运输合作、信用合作的综合性合作社。这就是运输合作社（运盐队），就是手工业合作社，就是牲畜保险合作社，而我们部队机关学校的群众生产，也是带有合作社性质的，也是一种合作社。"②可见，变工队的意义不仅是有效地解决生产困难家庭那样简单，实际上产生的意义更大，那种在生产运动中生成的互助合作的集体劳动将分散的个体生产集中起来，逐渐实现了在生产资料私有基础上局部的集体化，孕育着未来中国经济上的希望。游历根据地的美国记者哈里森·福尔曼也注意到了这个希望，言道："合作事业以私人财产为基础，自愿同意为原则，用着许多方式来组织散漫的、个别的、落后的农村经济。有十万以上的农民（约占农村劳动力四分之一）已经组成变工队和扎工队。有二十万人已经加入消

---

① 齐文编：《外国记者眼中的延安及解放区》，历史资料供应社1946年版，第13页。
② 陕西省档案馆、陕西省社会科学院编：《陕甘宁边区政府文件选编》第7辑，档案出版社1988年版，第446页。

费、运输、生产和信用合作社。有妇女十三万七千人以上已经组成纺织合作社。"[1]可见,"组织起来"的重大意义是酝酿和积累了农业集体劳动的原则和经验,对中国未来的生产经营是有指引意义的。

在"丰衣足食"口号的鼓舞下,大生产运动形成了群众运动,而劳动英雄发挥着模范和榜样的力量。比如,陕甘宁边区南农场群众马丕恩、马杏儿父女是1943年的劳动英雄,在边区政府的嘉奖命令中写道:"南农场伙计马丕恩,46岁,米脂人,家中共6口人,除了老婆,有4个孩子,一个17岁的女儿,一个15岁的男孩,其余两个年幼不能劳动。刚从米脂逃荒到农场时,一家人除了身上穿的破衣服外,再无其他财物。安定下来后,马丕恩与农场订立合同种庄稼,勤劳生产,除了完成合同中的生产任务外,还开了六垧的荒地,同时安排自己的老婆到农场喂猪,孩子也动员起来参加生产。经过一年生产,马丕恩不仅还了借粮,有了余粮,还喂养了几头猪,买了新衣服、被子、毯子等家庭生活必需品,生活实现自给。他的成功全赖于他的劳动精神,即全年全家都参加生产,包括老婆女孩。在这种劳动精神下,他的女儿马杏儿参加生产劳动热情高涨,总是与他父亲一样开荒,扎工锄草时,别人休息,她也不休息,前去寻水,收割庄稼时,和父亲一样从早干到晚,像个成年男子一样,干劲十足。"[2]在边区,马丕恩父女只是群众积极参加生产的一个缩影,类似经过生产改变生活遭遇的群众越来越多,边区政府正是认识到了劳动英雄所引起的积极效应,借此改变群众的生产观念。1943年11月,高岗在陕甘宁边区劳动英雄代表大会与生产展览会开幕典礼上发表讲话指出:"在我们这里,革命以前劳动者是被人看不起的,可是现在他们也受到了无上的尊重。但是就我们全中国来说,除了我们共产党领导下的抗日民主根据地外,别的地方还从来没有过这样的事情。十几年前,我看过一出戏,叫做'三回头',说有一个姑娘不肯嫁给一个耕地的农民。在中国的旧小说里、旧戏剧里,在旧社会的一切著作中,农民一向是被贱视的,这就是说,中国旧社会一向是看不起工农的,

---

[1] [美]哈里森·福尔曼:《北行漫记》,陶岱译,新华出版社1988年版,第63页。
[2] 陕西省档案馆、陕西省社会科学院编:《陕甘宁边区政府文件选编》第7辑,档案出版社1988年版,第69—70页。

看不起劳动者的。然而现在在我们这里，劳动者却受到空前未有的尊重。他们是劳动英雄，是新社会的'状元'。"① 紧接着在 12 月的第一届劳动英雄大会上，高岗重申了这个观念："现在劳动都变成光荣了。自从共产党领导咱们闹革命，打日本，发展生产，咱们才翻了身，再不受人压迫，还做到丰衣足食，有吃有穿，现在又当了劳动英雄，处处受人尊敬。"② 陕甘宁边区主席林伯渠在闭幕讲话中也激情地号召："我们边区不仅样样出英雄，人人都可以做英雄。"③

在劳动英雄的示范引领下，大多数群众改变了传统的劳动观念，尤其是当看到政府干部也亲自参加劳动后，参加生产的热情也提高了。比如，延长县焦县长亲自参加担粪、翻地、锄草、收割，麦收时，白天割了一天，晚上收工时还要挑着一担回去，很多群众说："自古以来没见过县长担粪，今天县长也担起粪来了，我们必须加倍生产才对。"④ 确实如此，"人民看到，政府要求他们多生产，并不是为了养活越来越多的寄生虫。在过去的封建时期，在农民的思想上，政府的含义只不过是养活寄生虫。现在这个观念变了"。⑤ 因而，经济自给的意义在于"它不但教育与锻炼了许多干部，使体力劳动与智力劳动密切的结合起来，而且在对群众的影响上，在政治上也有很大的意义的。它使得群众获得实际的经济利益，提高了生产的热忱，认识了中共的领导究竟是不同的"。⑥ 同时改变了"食人者治于人，食于人者治人"的封建落后观念，赢得群众的认同。劳动观念转变后，群众积极参加生产。1944 年 1 月，林伯渠在边区政府委员会第四次会议上谈及 1943 年群众大生产时说道："边区人民劳动生产的热忱已经普遍发动起来，甚至于连道士、老妇人也转入生产的浪潮。淳耀庙湾区大香山金刚庙有一个道士张凤鸣，去

---

① 陕西省档案馆、陕西省社会科学院编：《陕甘宁边区政府文件选编》第 7 辑，档案出版社 1988 年版，第 390 页。
② 陕西省档案馆、陕西省社会科学院编：《陕甘宁边区政府文件选编》第 7 辑，档案出版社 1988 年版，第 394 页。
③ 陕西省档案馆、陕西省社会科学院编：《陕甘宁边区政府文件选编》第 7 辑，档案出版社 1988 年版，第 400 页。
④ 陕西省档案馆、陕西省社会科学院编：《陕甘宁边区政府文件选编》第 8 辑，档案出版社 1988 年版，第 8 页。
⑤ [美]伊斯雷尔·爱泼斯坦：《中国未完成的革命》，陈瑶华等译，新华出版社 1987 年版，第 275—276 页。
⑥ 陕西省档案馆、陕西省社会科学院编：《陕甘宁边区政府文件选编》第 2 辑，档案出版社 1988 年版，第 511 页。

春受群众开荒热潮的影响，断然剃去头发，拒绝老师阻止，搬住莲花洞务农。"[1] 认为"劳动合作，劳动英雄，模范村以至模范乡，这就是边区人民生产大进步的最重要，最有意义的标志"[2]。

大生产运动缓解了根据地的经济困难，让根据地在面临外部经济封锁的情况下渡过难关，并为最后的反攻积累了物质基础，成为根据地自给自足经济的关键一环。1943年，延安地区的机关学校"自给比例从26%直到76%"[3]。1944年，太岳区部队开荒58000余亩，产粮400万斤，部队生活得到很大改善，生产前每人每天吃不到2钱油、3钱盐、经常吃野菜，现在全区部队平均每人每月可吃到10两多肉，每天可吃2钱6分油、3钱7分盐、12两菜，最好单位可吃到4钱油、5钱盐、1斤菜，每月半斤至1斤肉不等，普通单位可吃到3钱油、4钱盐、12两菜、每月半斤至1斤肉，粮食不仅可完全吃饱，而且将去年的亏空和开荒时吃的粮食，以及一部分工具、种子、购买费等，填补起来……在减轻人民负担方面来说，一般减轻人民负担在25%至33%。[4] 1945年4月，毛泽东在给深入鄂豫边开展敌后工作的郑位三等人的指示中特别强调了生产自给的重要性，指出"你们除粮食外，其他用费应由主要依靠税收转到主要依靠生产自给，放手由各区自己生产解决，只有这一办法才是最可靠办法。1940、1941、1942整整三年，陕甘宁边区财政困难情形比你们还要厉害，从1943年起就是依靠这一办法解决了问题。仅有人口一百五十万的边区，却养活了十五万公家人而民不伤。五台、太行两区的困难也比你们要大，去年一年大生产运动，情形就变了"[5]。

应该注意的是，大生产运动中大多数党政军机关和组织完成了生产自给，群众负担大为减轻，党政军民关系呈现出较为亲密的关系。很多群众称颂道："八路军既能打仗，又能生产，又能与人民打成一片，从古到今哪里有过这样的军队？""他们在生产过程中，像在战斗中一样，是非常热烈非常有创造性的。去春

---

[1] 陕西省档案馆、陕西省社会科学院编：《陕甘宁边区政府文件选编》第8辑，档案出版社1988年版，第3页。
[2] 陕西省档案馆、陕西省社会科学院编：《陕甘宁边区政府文件选编》第8辑，档案出版社1988年版，第6页。
[3] 陕西省档案馆、陕西省社会科学院编：《陕甘宁边区政府文件选编》第8辑，档案出版社1988年版，第7页。
[4] 中央档案馆编：《中共中央文件选集》第15册，中共中央党校出版社1991年版，第87页。
[5] 中央档案馆编：《中共中央文件选集》第15册，中共中央党校出版社1991年版，第84页。

开荒时，天尚未明，就整队上山，天已漆黑，还不肯下山，规定饭后休息十五分钟，但大家也要争着去挖地，以致上级不得不定出这样的劳动纪律：生产时不准早到和迟退。"[1] 在这种认识下，边区政府发出了拥军优属的指示："八路军是人民自己的武装，是本质上最好的军队，有高度的政治认识与战斗能力，有优良的作风与传统。八路军不仅坚持了华北抗战，在全国抗战中起了支柱作用，而陕甘宁边区的保卫，人民民主民生利益的保护，亦全赖有八路军的镇守。"[2] 边区政府还布置具体的拥军工作，检查拥军优属工作的不足，宣讲拥军优属的意义，组织慰问活动和举办军民联欢会。同时，军队也发出了拥政爱民的指示，继续增进与政府和群众的和谐关系。双拥运动成为抗日根据地一道亮丽的风景。

除了高度重视农业生产外，抗日根据地也注重发展副业，制定各种工商业条例，鼓励乡村集市贸易，尤其是扶持私人工商业的发展，并且引导其与政府合作，以解决党政军民的急需物资。互助合作也出现在副业经营上，很多地区成立了油坊、粉坊、豆腐坊、磨坊等生产合作社，以及以盐、火柴、棉、布等日常用品为主的消费合作社。合作社经济整合了根据地的物资资源，缓解了日常用品匮乏带来的生活困难。比如，晋西北根据地偏关县某村 1944 年秋收后，组织成立合作社，全村计有 27 户，其中 18 户以入股方式加入了合作社，最后共吸收了 30 股资金、18 股劳动力、4 股驴力。以此为基础，合作社组织了一支运输队，到河曲、神池、五寨等地以盐、布换油籽，得利 12000 元，开设了一座小油坊，得利 7200 元，经营了一个豆腐坊和旅店，得利 21200 元，还办了 1 个消费合作社，供给日常用品，得利 40000 元。在 4 个月内，合作社共计获利 80400 元，入社农户的经济生活状况得到很大改善。[3]

经济的自给既要开源，也要节流。精兵简政就是抗日根据地厉行经济节流的重要举措。1939 年 6 月，中共中央发出决定，指出边区财政经济日益困难，要

---

[1] 陕西省档案馆、陕西省社会科学院编：《陕甘宁边区政府文件选编》第 8 辑，档案出版社 1988 年版，第 7 页。
[2] 陕西省档案馆、陕西省社会科学院编：《陕甘宁边区政府文件选编》第 7 辑，档案出版社 1988 年版，第 19—20 页。
[3] 《偏关县秋收变工生产总结》（1944 年），偏关县档案馆藏，转引自贺文乐：《晋西北根据地互助合作运动研究（1940—1949）》，中国社会科学出版社 2017 年版，第 253 页。

求各级单位要发扬艰苦作风，严格统一收支，建立预决算制度和会计审计制。[①] 1941年12月，陕甘宁边区政府给各县发出指示信，认为：政府存在"头重脚轻"现象，表现为上级机关庞大，人数过多，而下级机关配备力量弱，还存在工作散漫化的现象，表现为"老一套"的游击作风，导致政令执行力下降，同时认为这些现象形成的一个重要原因是各级政府人员配备不妥善。[②] 1942年9月，陕甘宁边区提出"三个必须"，即"必须把边区范围内的行政、地方武装、财政等完全统一于边区政府的领导，才能保证思想行动之更能一致与有效。必须组织简单，脱离生产的成员减少，才能保证不甚富庶的边区能够供给长期抗战以人力物力而不致匮竭。必须人尽其力，物尽其用，提高每个政军人员的战斗力与工作力，不使有任何物质的浪费，才能充实力量，准备反攻"[③]。于是，抗日根据地开始实行精兵简政。简而言之，"精兵"主要是对正规部队进行整编，将老弱人员转移到生产中，加强士兵的政治军事训练，提高军队的战斗力，同时增强非正规部队的武装力量，而"简政"主要是缩编政府人员，精简机关，提高行政效率。[④] 其全部意义在于"统一，少而精，提高效率"[⑤]。

在简政过程中，陕甘宁边区进行人员精简的标准是："第一，凡是有相当文化程度、有能力、能工作的干部，应该尽量往下移，以加强县、区、乡的机构（县级干部亦应有一部分移到区乡级去）；第二，凡是须继续培养，加以深造的干部，应该经过一定的系统，送来延安的学校学习；第三，凡是身体确有疾病、实在不可能工作或学习的干部，应该由原机关负责设法给以休养，使其恢复健康后，能够胜任愉快的为革命继续工作；第四，凡是身体强壮的杂务人员，应该送入建设厅所属各工厂，去参加生产事业，以发展边区生产；第五，凡是太落后的分子，

[①] 中央档案馆编：《中共中央文件选集》第12册，中共中央党校出版社1991年版，第78—79页。
[②] 陕西省档案馆、陕西省社会科学院编：《陕甘宁边区政府文件选编》第4辑，档案出版社1988年版，第321页。
[③] 陕西省档案馆、陕西省社会科学院编：《陕甘宁边区政府文件选编》第6辑，档案出版社1988年版，第330页。
[④] 陕西省档案馆、陕西省社会科学院编：《陕甘宁边区政府文件选编》第6辑，档案出版社1988年版，第2页。
[⑤] 陕西省档案馆、陕西省社会科学院编：《陕甘宁边区政府文件选编》第6辑，档案出版社1988年版，第329页。

以及太老弱的杂务人员，他们需要回家去务农的，应该帮助他们回去。"[1] 1944年1月，陕甘宁边区各级政府机构大为精简，边府的内部机构裁并了1/4，35个直属机关减至22个，95个税局、税所减至65个，撤销全部银行办事处，各系统缉私机关与保安处检查机关合并在一起，而专署及县府的内部机构也从8—9个减至4—5个。各级政府的人员精简也按照方案落实，大多数机关实现了精简，有的机关还缺人。[2] 与此同时，正规部队和非正规部队也实施了精兵政策，提高了战斗力，如左权所言："（精兵政策）不是简单的为克服财政经济的困难，简单的为穿衣吃饭问题，而是具有更大的政治意义。""不仅是适合目前的形势与任务，适合于坚持敌后抗战，渡过艰苦难关的必要途径，而且是为着战略反攻，为着迎接新的伟大时期，准备力量。"[3]

综上所述，在困苦的经济条件下抗日根据地坚持开源节流，逐渐建立了克服经济困难和资源匮乏的自给自足型经济，不仅保障了军用民食，还积蓄了战斗力量，重要的是在此过程中中国共产党并不是过度消耗民力、依赖民力，而是与民同甘共苦，以减轻群众负担为出发点和落脚点，展现了一心为民的政党本质，正如岳谦厚所言："中国共产党在激烈的战争状态下积极推进有利于人民群众的社会改革，边区政府将改善民生、珍惜民力与爱护民力作为政策制定的立足点，各项政策均以战争需求和根据地自身特点为依据，因应了广大人民群众的利益诉求和权利要求。针对根据地农民负担过重、民众生活贫苦及商品经济落后的情势，边区政府领导人民进行合理减轻负担、实行减租减息、厉行节约、整理村财政、整肃贪污浪费、发展集市贸易等运动和工作，极大地调动了人民群众的生产和建设积极性。在抗战最困难时期，中国共产党人以人民利益为先的信念坚如磐石。"[4] 自然，中国共产党获取的政治认同越来越多，展现出不同于其他政党的政党自信。

---

[1] 陕西省档案馆、陕西省社会科学院编：《陕甘宁边区政府文件选编》第4辑，档案出版社1988年版，第322页。
[2] 陕西省档案馆、陕西省社会科学院编：《陕甘宁边区政府文件选编》第8辑，档案出版社1988年版，第26—27页。
[3] 陕西省档案馆、陕西省社会科学院编：《陕甘宁边区政府文件选编》第6辑，档案出版社1988年版，第446页。
[4] 黄道炫等：《纵论抗日根据地的开辟及意义》，《军事历史》2017年第3期。

四、通俗的文化

在民主政治和自给经济的基础上，敌后抗日根据地的生存与发展，还需要塑造一种共同的价值观念，培养抗日爱国、拥护八路军、支持根据地的精神追求。

如此目标的实现，并不是一件简单的事情。在广阔的抗日根据地，大多数乡村群众"无论幼年的学龄儿童或是青年与成年的人，过去因为经济生活的穷苦，无力读书，而致失学，他们长期曾经是被认为'愚昧无知'的人"①。甚至有的地区还生活在传统的文化环境中。比如，涿县三坡区、房山龙门台九区，直到全民族抗战爆发时"农民们还穿着明朝时代的服饰"，"他们不知有祖国，也不知道日本帝国主义。他们是盲目的排外主义者。他们有优秀的射手，有土炮、新式步枪，甚至有自动步枪和机关枪。只要有外路人进来，他们吹起号角就出来战斗。这样就不知曾有多少人给他们活埋了。就是当八路军邓〔华〕支队进入平西的时候，他们都在自己村庄的四周山头，筑起工事，架起重机关枪"②。可见，对群众进行思想教育是抗日根据地一项艰巨的迫切的工作，这在某种程度上取决于中国共产党的政治宣传能力，取决于中共政治理念被乡村民众理解和接受的程度，进而将其转化成实际的支持革命和战争的能力，而这一切的首要便在于自身宣传技术究竟能实现多大程度上的政治传播。

于是，政治宣传成为抗日根据地最常见的一项工作。曾长期工作在根据地宣教部门的姜思毅回忆道："宣教工作由谁去做。那时党、政、军、民常开宣传工作联席会，书记、首长、各级干部和党员都来做。"③豫皖苏边区中原留守工作团的一份报告中亦有同样的描述："每个人见群众宣传，已经成为习惯，每日都不用督促的自动去进行，已成为普遍的高潮。"④至于宣传内容和原则，中共中央宣传部明确指示各地："在于给予群众一个简明的观念，极力激起群众的感情，以便动员他们为着一定的目标、口号而行动起来。鼓动工作的进行有以下的主要原则：甲、每

---

① 中央教育科学研究所编:《老解放区教育资料》(2)，教育科学出版社 1986 年版，第 108 页。
② 陕缥:《创造与发展冀热察边游击战的平西根据地》，《八路军军政杂志》第 2 卷第 6 期。
③ 谢忠厚等主编:《冀鲁豫边区群众运动宣教工作资料选编》，河北人民出版社 1994 年版，第 324 页。
④ 河南省地方史志编纂委员会编:《豫皖苏边文献资料选编》，河南人民出版社 1985 年版，第 85 页。

次鼓动的内容，必须是'全体听众都能知道的和出色的例子'（列宁），必须抓住群众最切身的最迫切的事实，抓住当前的动人的事例，才易于激起群众的感情。如敌伪的、投降分子的和反共分子的新的罪行与阴谋之揭露，足以激起群众的义愤；而新的战争的胜利，新的工作成绩和英雄人物的英勇行动等事例，则足以鼓励群众的积极性，等等。乙、鼓动的语言文字必须是生动的和大众化的，必须富于感情和富于煽动性的，才能更有效地激起群众的感情。丙、每次鼓动的口号，必须是简明有力的，必须是能够抓住和集中广大群众的意志和感情的，才易于鼓动群众行动起来。"[1] 并认为群众鼓动的方式"主要的不是文字的方式，而是口头的方式，尤其在大多数还是文盲和半文盲的群众中"[2]。对于政治宣传的意义，中国共产党深有领悟，认为"思想政治工作做得好，人的精神是振奋的，不是消极的；人的精神是前进的，不是没落的；人的精神是健康的，不是腐败的"[3]。

然而现实总是严酷的，抗日根据地初创时很多区域的生存环境过于恶劣，根本不具备相应的政治宣传条件，不用说现代宣传技术的运用，连最基本的宣传工作亦很滞后。比如，鲁西抗日根据地创建初期，宣教工作困难重重，资源极为匮乏，除了一些画报、壁报外，仅有一份小型油印报纸《山东人报》，主要靠口头宣传。[4] 宣传工作的滞后制约了中共政治理念的传播，进而迟滞了在乡村社会中扩散自身影响力的进程，实在难以调动起乡村民众的政治热情，更谈不上根据地的发展和稳固。可见，困境中政治宣传的重要性超乎寻常，直接关乎中国共产党及其军队的生存命运，据晋绥军事总部的林枫说："当时在敌后的目标很简单……我们的任务是从客观存在的真实情况把这个原则提高到成为自觉理解的信念，再由信念变为本能的现实。"[5] 那么，如何将乡村群众思想观念转变为支持中共及其武装力量的现实行动呢？这就需要中国共产党走进乡村群众心灵的文化改造，从而将自身政治文化与乡村群众文化实现对接与交融，这就要求抗日根据地政权能够找到

---

[1] 中央档案馆编：《中共中央文件选集》第 13 册，中共中央党校出版社 1991 年版，第 160—161 页。
[2] 中央档案馆编：《中共中央文件选集》第 13 册，中共中央党校出版社 1991 年版，第 162 页。
[3] 谢忠厚等主编：《冀鲁豫边区群众运动宣教工作资料选编》，河北人民出版社 1994 年版，第 321 页。
[4] 河南省文化厅文化志编辑室：《冀鲁豫边区文艺资料选编》（3），河南省文化厅印刷厂 1989 年版，第 3 页。
[5] 转引自［美］伊斯雷尔·爱泼斯坦：《中国未完成的革命》，陈瑶华等译，新华出版社 1987 年版，第 301 页。

进行群众思想文化教育的有效渠道。

国民教育是对群众进行思想文化教育的正规渠道。传统上，国民教育主要指的是小学教育，在抗日根据地则包括小学教育和社会教育两种。受战乱冲击，全民族抗战初期抗日根据地的小学教育大都瘫痪了，处于停滞状态，因此恢复、重建学校教育系统成为抗日根据地的一项重要工作。1938年8月，陕甘宁边区教育厅公布《陕甘宁边区小学法》，规定"边区小学应依照边区国防教育宗旨及实施原则，以发展儿童的身心，培养他们的民族意识、革命精神及抗战建国所必需的基本知识技能"[1]。1939年8月，又公布《陕甘宁边区小学规程》，在边区小学的设置及管理、编制、课程、生活指导、设备、成绩考查、入学休学转学及毕业、费用、教职员等方面进行规定，要求"7—12岁的学龄儿童，不分性别和成分"入学，强调课程以"政治、军事为中心"，实行半军事化生活管理。[2] 1940年12月，陕甘宁边区颁布实施义务教育暂行办法命令，规定"8—14岁的儿童，不分性别，均应接受义务教育"[3]。1941年5月，陕甘宁边区的小学教育有了很大发展，其中具有完整编制的小学（简称"完小"）的数量由1938年12所发展到53所，学生数量由1938年300人增长到2000人，2年间学校数量增长了4倍，学生数量涨了大约7倍。[4] 与陕甘宁相对稳定的政治环境不同，华北等抗日根据地的小学教育是在战火中起步的。在晋西北根据地，抗日民主政权一经建立便努力恢复小学教育，至1940年9月，下辖的19个县恢复26所完小，1393所初小，学生数量达61938人，每县平均47所学校，学生数量3259人，同时创办新的学校，到1941年5月，下辖21个县有28所完小，1761所初小，学生74959人，平均每县增加85所学校，学生增加3569人。[5] 在晋东南根据地，小学教育很快走上正规化道路，至1940年10月，全区32县一共建立了3770所学校，其中晋东、太南与太岳发展迅速，如晋东辽县、黎城、榆次等6县，恢复到战前水平81%以上，太南平顺、潞城、陵

---

[1] 中央教育科学研究所编：《老解放区教育资料》（2），教育科学出版社1986年版，第303页。
[2] 中央教育科学研究所编：《老解放区教育资料》（2），教育科学出版社1986年版，第305—311页。
[3] 中央教育科学研究所编：《老解放区教育资料》（2），教育科学出版社1986年版，第322页。
[4] 中央教育科学研究所编：《老解放区教育资料》（2），教育科学出版社1986年版，第326页。
[5] 中央教育科学研究所编：《老解放区教育资料》（2），教育科学出版社1986年版，第422页。

川3县恢复到93%，还有个别地方超过了战前水平，学生入学已达136121人，占到学龄儿童的60%，晋东可达到68%。①晋中区的小学教育发展也很快，"过去对小学最看不起的村庄龙旺，曾好几次要求成立小学；就连只有六七家人家八个小孩的温家山，也自动的成立了一个小学，向县府要求备案。全区小学入学率提高，过去有统计的26个小学入学儿童只有450个，每校平均有17个学生，现在已统计的81个小学，入学儿童就有4890人。每校平均有60多人"②。

不同于小学教育，社会教育主要是以成年人为教育对象，是与根据地政治斗争紧密结合在一起的，教育目的是让群众懂得抗战形势，以及当前现实生活与根据地政权、八路军之间的联系，从而增强抗日民族意识及支持抗日民主政权的热情。一般而言，社会教育的形式丰富多样，只要是能够提供有效的场地、师资就可以进行，有民革室、识字班、民教馆、半日班、夜校、补习学校等组织形式。在晋东南，社会教育的中心场所是民革室和识字班，至1940年10月，全区42个县创办了2566个民革室，全区25个县开办了3062个识字班，共有学员112109人，每个识字班平均有88人以上。③冬学运动则是各根据地普遍采用的一种社会教育形式。冬学就是利用冬季农闲时节对群众开展思想教育，冬学教材的内容大都由各根据地自行编写，主要内容是与抗战、政治形势、实际生活、抗战道理相结合。大体来看，冬学运动的教育效果还是比较明显的。比如，在晋绥根据地，1941年神池等19个县开办冬学3116处，学员数量达178182人。在岚县，冬学运动中有1/3的男生和2/3的女生，了解了三三制政权、二五减租、奖励生产、抗战勤务、防奸等政治问题，认识了60个以上的字，会唱4首抗战歌曲。④在兴县李家山村，30个人中有26个学会了珠算小九九，4个学会了归除法，10个学会了记变工账，12个学会了开路条，12个学会了认路条，妇女学会了认票子和自己的名字。⑤可以说，"参加冬学运动的人数是一天比一天加多，各地的冬学普遍的按期

---

① 山西省档案馆编:《太行党史资料汇编》第3卷，山西人民出版社1994年版，第690—691页。
② 中央教育科学研究所编:《老解放区教育资料》(2)，教育科学出版社1986年版，第450页。
③ 山西省档案馆编:《太行党史资料汇编》第3卷，山西人民出版社1994年版，第692页。
④ 中央教育科学研究所编:《老解放区教育资料》(2)，教育科学出版社1986年版，第159页。
⑤ 中央教育科学研究所编:《老解放区教育资料》(2)，教育科学出版社1986年版，第169页。

开始，普及于穷乡僻壤的每一个村庄。而且从根据地到游击区，以至于敌人的据点堡垒的周围，到处都有抗日民主的冬学……所有参加冬学的人们，不分男女长幼，不分穷的富的，他们都热烈地亲爱地在一起读书，大家竞赛着识字；而且从读书识字组，他们更懂得了抗日反法西斯的大道理，不断提高与巩固了他们的抗战胜利信心"[1]。可见，社会教育不仅是一种常规性的政治工作，还是一种经常性的日常生活。

在正规的国民教育之外，乡村群众价值观念的形成还深受传统文化娱乐活动的影响。比如，在乡村社会中，戏剧的吸引力缘于观看戏剧这一行为所具有的娱乐性，在集体性娱乐生活匮乏的年代，如此集中的人群共享一件事情足以使人热情高涨。其实，贪求娱乐只是乡村群众观戏的本能表现，真正让戏剧深入群众生活的是内中的教化。一般来说，华北乡村戏剧种类繁多，带有鲜明的地域色彩，比如晋北流行梆子剧，冀东流行评剧，豫北流行豫剧，鲁西南流行高调戏等，但是戏剧内容则相差无几，大致可分为"说忠孝节义的伦理戏；道精忠报国的忠良戏；叙解民倒悬的清官戏；讲因果报应的宗教戏；唱男欢女爱的爱情戏；泄淫秽下流的黄色戏"[2]。这些内容或因宣扬传统伦理道德，或因影射现实生活而受群众欢迎，常常使群众观戏时不自觉地"因娱乐而获慰藉，因慰藉而生感动，因感动而得解除灵魂上的孤寂，激起人们固有的精明，于是扩张了同情和理解的范围，领会到人生与世相的真谛，影响自我的觉醒，促起生活的改变"[3]。这便是戏剧产生的教化作用，以至于乡村群众在观看后还能萦绕于心，不自觉地将剧目中的伦理道德视为评判生活言行的价值准则，运用戏剧中的人物、剧情和台词解决现实生活中的各种不如意。时人贺雷谈道："中国许多的农民是文盲，但是他们很有次序的能把历代皇帝公子王孙的事情说得清清楚楚，有时比学校历史教员记的还周到。他们是从学校得来的吗？不是。他们是从口传得来的吗？也不是。那么他们是从什么地方得来的呢？毫无疑义的是从戏曲中得来的。"[4]可见，戏剧本质上是一种寓

---

[1] 中央教育科学研究所编：《老解放区教育资料》(2)，教育科学出版社1986年版，第109页。
[2] 张鸣：《乡土心路八十年——中国近代化过程中农民意识的变迁》，上海三联书店1997年版，第17页。
[3] 陈明中：《戏剧与教育》，商务印书馆1936年版，第3页。
[4] 贺雷：《河北定县的秧歌》，《剧学月刊》1937年第5卷第2期。

教化于娱乐的艺术，对乡村群众而言，戏剧不仅赋予他们一种刺激的情感，还给予他们一种启迪的思想，因而观看戏剧不止是一场娱乐的盛宴，还是一种精神的洗礼。正规的国民教育具有传播快的便利，但是对受众常有所要求，需要其具备一定的文化知识素养才能阅读和理解，这实在不是一个利好，因为其面临的受众多是没有文化素养的农民，而深植于中国乡土文明的传统文化娱乐，与乡村社会生活方式息息相关，围绕其生成的集聚形式或活动集中表达了乡村民众渴望保持文化传统的愿望，具有持久性的信仰依据，是乡村群众现实生活中必不可少的元素组合，实为抗日根据地进行思想政治教育的理想渠道。对此，抗日根据地有所重视，黄敬在一次冀鲁豫边区宣教报告中讲道："宣传教育要从群众的觉悟程度和水平出发，从已有的体验出发，运用群众喜闻乐见能接受的形式。"①

于是，借助传统文化娱乐进行群众思想教育的指示和文件随处可见。比如，春联、门神、年画等装扮元素是乡村庆典中必不可少的喜庆符号，早已演化为乡村社会知识和文明传播的视觉产品，深受乡村民众喜爱。对于中共来说，这种装扮元素不仅是能够承载宣传要点的图像载体，还具有普遍意义上的直观形象、浅显易懂的宣传效应，因此根据地希望"利用旧历春节的贺片、春联、年画等写作通俗的宣传词句"②，使其"作为宣传教育武器的重要方式之一"③。装扮元素之外，看大戏、扭秧歌等娱乐元素也是乡村社会休闲的核心管道，往往是乡村群众精神享受的主要方式，蕴含着深厚的群众基础，自然是"进行知识传播、社会教化的有效途径"④。1941 年 1 月，晋察冀一专区青救会决定以戏剧、秧歌为主的民间娱乐形式宣传反对内战投降、拥护双十纲领、反"扫荡"胜利、敌寇残暴、拥护边区子弟兵等时事内容。⑤ 同时，抗日根据地也加强了对乡村文化娱乐的政治引导和管理。1940 年 2 月，晋察冀边区各界抗敌后援会公开呼吁："抗日的年头，就是玩

---

① 谢忠厚等主编：《冀鲁豫边区群众运动宣教工作资料选编》，河北人民出版社 1994 年版，第 324 页。
② 《今后宣传方式的发展方向》，《抗敌报》1940 年 1 月 25 日。
③ 胡一川：《关于年画》，《解放日报》1944 年 1 月 17 日。
④ 李军全：《民俗节日与革命动员：华北根据地、解放区乡村社会中的春节》，《党史研究与教学》2014 年第 1 期。
⑤ 《一专区青救热烈号召春节举行文化娱乐》，《晋察冀日报》1941 年 2 月 11 日。

也应该合乎抗日的要求,为了抗日的胜利才好。那什么才是符合要求的娱乐呢?"各界抗战后援会进而提出:"各村组织剧社,练习话剧,可提倡村与村的竞赛;各村可设武术场,使一般群众要武术化;各村要加紧训练自卫队、青抗先;各村要加紧冬学和加紧识字运动,在上学时可开各种茶会、娱乐晚会以及各种游戏;各中心村可以举办各种竞赛会,如检阅自卫队、青抗先以及各种游艺会等;甚至,为振奋群众精神,其他如各种旧戏剧、唱秧歌、堂会、高跷玩艺等也可组织。"[①] 1941年1月,冀鲁豫根据地五地委宣传部在宣传工作指示中指出:今年进行年关娱乐,在表现根据地幸福繁荣、恢复干部和群众疲劳、密切军政民各阶层的关系、刺激春耕情绪上,均有重大意义,故必须加以组织和领导,在娱乐的内容上主要是反法西斯、反对敌寇"治安强化"运动,两种制度的对比,庆祝黄烟洞胜利与劳军,宣扬根据地一年建设的成绩,提出今年应更进一步、民主团结、进行武装建设、利用各种群众性的民间形式——剧团、武术、高跷、张灯结彩太平船、龙灯等。[②] 1942年1月,《晋察冀日报》刊登了一篇社论,提出要"抓紧旧历新年的有利时机,积极广泛的开展文化娱乐工作,使我们在政治上的动员、思想上的充分准备工作,通过各种艺术的形式,而深入全边区广大的群众中去",要"采取民间喜闻乐见的一些形式,如扭秧歌、高跷、演剧、唱各种小调、练国术等"[③]。冀南四地委在开展春节文化娱乐工作中也指示要组织农村文娱团体,如狮子、高跷、少林、秧歌队、花船、拉彩车等,要尽量换充以新的政治内容。[④] 此外,有些文章还明确指出文娱活动就是"宣教工具"。比如,"经验证明,文娱工作除了他的艺术价值以外,同时也是一个很好的宣教工作……更是一个可以进行连续集中,同时又是最大群众性的宣教机会"[⑤],或者认为"文娱活动是帮助政治工作的有力助手。这是我们革命部队在长期的斗争中积累了的宝贵经验"[⑥]。

---

① 《号召庆祝春节期中要实行高尚的文化娱乐》,《抗敌报》1940年2月10日。
② 五地委宣传部:《目前宣传工作的几个问题》(1941年1月18日),河南省档案馆,档案号:G5—4—584—1。
③ 《广泛开展旧历新年的文化娱乐工作》,《晋察冀日报》1942年1月30日。
④ 冀南四地委:《开展旧历年关拥军优抗和宣传娱乐工作的指示》,河北省档案馆,档案号:36—1—26—1。
⑤ 荒煤编:《农村新文艺运动的开展》,上海杂志公司1949年版,第42页。
⑥ 《春节娱乐材料》,东北书店安东分店1948年版,第74页。

但是传统文化娱乐元素源于农耕文明，内中体现的是旧统治秩序下的伦理道德，服务的是封建帝王文化，并不具备中共所需要的政治宣教功能。比如，传统年画"从来都是画着做官为将的故事，或是地主家发财的故事，愿使他们福上加福，贵上加贵，而那些穷棒子、平民人家是从来不够格上画的"①。传统秧歌的演出内容多是历史故事或民间故事，逢年过会闹着秧歌去神庙"敬神"，也会到村里较为富裕的家户拜年图个"彩头"，为了"娱神"和"娱人"。至于表现形式，传统秧歌多具有鲜明的"溜须""骚情"等色彩，"纯粹是一种民间娱乐，内容大致有两种：一种是讽刺的，讽刺官僚士绅，以发泄民间的苦闷；一种是娱乐的，多半为男女的调情"②。一位时人描述道："延安的旧秧歌舞形式不一，有时用两三人的对话对唱，一问一答来表达剧情，内容大都写男女调情，争风吃醋；如《大小老婆》。有时队员有十余人至二十人左右，领队的举着一把张开的雨伞，或一盏长柄的斗子灯，男女对扭（女的常由男人扮演），其中有丑角，有和尚，扭得时候，男女互相调戏，色情气味很浓，所以有些老百姓说：'旧秧歌是骚情地主。'"③曾在延安新市场目睹过旧秧歌的艾青也描述道："领队的举着一把张开的雨伞，队员有二十人左右，男女对扭，女的是男人抢的，有丑角，有手上提着一个乌龟的和尚，扭得时候，男女互相调戏，色情气味很浓。"④传统戏剧叙事主题多是宣传封建礼教或忠义观念，政治语境多是"帝王将相"或"才子佳人"，完全服务于旧统治政权，歌颂的是一种帝王秩序下的伦理文化，颂扬的是一种符合旧政权的历史观，并不能适应中共革命意识形态，根本无法满足新的政治秩序的需求。对于此种情形，李景汉在谈到乡村的戏剧时说："因为它在乡村社会里是一种最普通的社会表演的娱乐，……固然有的戏给乡民一种尽忠尽节一类的旧思想。"⑤艺术家赵树理言道："（旧剧）在内容上不论大戏小戏，为帝王服务的政治性都很强，哪一

---

① 华君武：《谈年画》，《东北文艺》1947年第3期。
② 蓝海：《中国抗战文艺史》，现代出版社1947年版，第78页。
③ 金戈编著：《解放区文化教育巡礼》，上海大家出版社1949年版，第26页。
④ 艾青：《秧歌剧的形式》，《解放日报》1944年6月28日。
⑤ 李景汉：《定县社会概况调查》，中华平民教育促进会1933年版，第370页。

本戏没有封建毒素都'管换'。"①归纳起来，旧剧中不符合中共政治理念的结构和内容，大体分为封建、迷信、淫荡三种类型。第一种封建类型主要是歌颂帝王贵族，内容多是帝王将相挂帅出征、清官昭雪冤狱等历史故事情节。此种类型的核心元素是宣扬帝王秩序，倡导忠君侍主的奴化教育，在剧情人物形象设计上，拔高"帝王将相""王公大臣"等上层人物形象，贬损下层普通群众形象，通常将皇帝、将帅、英雄描述为"真龙""星宿""名门"，而将农民、农民领袖描述为"丑角""流寇"。②第二种迷信类型主要是提倡天命鬼神观念，出神鬼、乌鸦叫。此种类型的核心元素就是宣扬命里注定的宿命论，散布善恶相报的世俗观念，倡导世俗命运因果相应的因果律。第三种淫荡类型主要是表现男女调情，淫词滥调。此种类型的核心元素主要是以庸俗语言和下流动作取悦观众。

显然，传统文化娱乐更多的是民间娱乐，在内容上与中共政治理念相去甚远，抗日根据地倘要有效地利用这些文化娱乐形式为政治服务，就必须对其进行改造，将政治理念植入其中，使其紧密结合"中心工作"具有强烈的时代性，成为一个高尚的思想教育渠道。文娱改造是从利用旧形式开始的。比如，1942年冬，延安鲁艺工作者利用旧秧歌形式插上新内容，改造出秧歌小剧《拥军花鼓》，该剧就是词作者安波将拥军的政治内容，配上民歌"打黄羊"的曲调，采用"凤阳花鼓"的表演形式，再加上王大化采用陕北秧歌的演员舞台扮相和李波受用民歌真声唱法拼凑而成。③秧歌的表现也是完全吸收旧的东西，"有的扭着奇怪的舞步，有的做出滑稽的化装，有的还显得十分腼腆，红着脸，低着头，老踩别人的脚后跟"④。曾任延安鲁艺戏剧系主任的张庚说："秧歌运动的开始，是为了宣传生产，表扬劳动英雄。那时的观念是利用这老百姓所熟悉和爱好的形式，来表现老百姓和部队对于生产的热情和积极性，注意力当时是集中在内容上。当时的问题是如何把这

---

① 《赵树理文集》第4卷，工人出版社2000年版，第142页。
② 河南省革命文化史料征编室编:《冀鲁豫边区文艺资料选编》(3)，河南省文化厅印刷厂1989年版，第413—414页。
③ 朱鸿召:《延安日常生活中的历史（1937—1947）》，广西师范大学出版社2007年版，第139页。
④ 马可:《延安鲁艺生活杂忆》,《红旗飘飘》第15集，中国青年出版社1995年版，第150页。

完全新鲜的内容，用最简单、最朴素、为老百姓所喜欢的形式表现出来。"①虽是如此，改造者"坚决扫除秧歌中间'丑角'的胡闹，如男女'骚情'的东西，而表现愉快健康的新农民生活"②，"坚决地去掉过去的淫词滥调和互抱互搂、亲嘴摇扇的腐败形式"③。这种突破对于新秧歌形态的塑造是关键，原因在于它不单是变换了秧歌内容，而且抓住了旧秧歌的形态核心和娱乐本质，为新秧歌形态奠定了基础。在这种改造思路的指引下，新秧歌的剧情紧凑简明，扮相生活真实，取消丑角，增加工农兵，道具适当改变，演出打破舞台限制和观众限制，随处可演、随时可演，舞法轻快刚健，音乐节奏强烈、活泼高亢，节拍简单齐一，语言是群众熟悉的方言。随着抗日根据地的发展，新秧歌无论从剧本的内容和形式，还是从秧歌的组织和演出，都和乡村民众紧紧联系在一起，呈现出一种崭新形态。在每一个新秧歌里，主角发生变化，"工农兵"是舞台主角，恶徒"是日本兵、汉奸、巫师、二流子，或者是妨害作战努力、妨害增加生产、妨害政治经济进步的其他反社会分子"，英雄"是八路军、民兵，或者是阶级协调互助的先驱，反迷信、反文盲、反疾病的战士，或者是乡村、工厂、合作社、政府机关的模范工作者"④。主题发生变化，过去以历史故事、民间故事为主题的现象不见了，歌颂群众、歌颂劳动、歌颂革命战争成为新的主题。重要的是，秧歌不再是单纯地靠"红火"来吸引群众，而是以乡村生活中活生生的事实来教育群众。动作、扮相和道具发生变化，新的劳动、集体劳动、生产互助形式中的动作，对敌斗争，防奸自卫的集体行动、集会等，新的生活中的许多动作，将很自然地和新的群众一起，被带到秧歌剧里来；所有的化装、道具完全是生活中的现实。⑤对于秧歌的这种变化，一位时人描述道："抗战初期在西北和华北流行的秧歌，经过了文艺工作者和知识分子的初步改造。领队的拿着镰刀斧头来替代伞和斗子灯；工农兵学商各阶层的人士代替了少数调情的男女；抗战的内容代替了色情的内容；取消了丑角，舞法趋于集体化。

---

① 张庚：《谈秧歌运动的概况》，《群众》第11卷第9期。
② 张庚：《关于秧歌运动》，《北方文化》第1卷第6期。
③ 《关于农村文化娱乐活动的初步总结》，山西省档案馆，档案号：A166—01—38—01。
④ ［英］斯坦因：《红色中国的挑战》，李凤鸣译，新华出版社1987年版，第121页。
⑤ 艾青：《秧歌剧的形式》，《解放日报》1944年6月28日。

新秧歌剧以军民团结、对敌斗争、自卫防奸、组织劳动力、增加生产、改造二流子、破除迷信、提倡卫生等为主题，歌颂人民、歌颂劳动、歌颂革命，表现群众的生活和斗争，演的都是他们切身的、和他们所关心的事情，剧中很多人物就是他们自己。"①

戏剧改造也是沿着"旧瓶装新酒"的形式起步的，"即是以某些现成剧目的结构为框架，换上新的人物、新的台词，来表演一个新的故事"②，如一份文件材料中描述的："第一，可把现有历史剧之'杨家将'、'岳家将'等用'旧史实、新意义'的观点加以改造。另以反扫荡、反维持及汉奸之典型事实之材料编成剧本，以提高群众之民众意识。第二，把现有旧剧本中之反映社会问题者（如反映恶霸、高利贷者之罪恶，反映农民痛苦、妇女痛苦、反赌化、反谣化、反迷信等问题），亦以'旧史实、新意义'的观点加以改造。另以当前之土地斗争、反恶霸斗争、妇女痛苦、婚姻问题及根据地人民之民主幸福生活，及反迷信——会门等社会问题之材料编成剧本，以提高群众之自身觉悟，为切身利益而斗争。第三，把当前之时事问题（两军胜利、苏军大捷、盟军胜利等）、工作问题（春耕准备与生产运动、扩军、救灾等）编成剧本（以短剧、快板、旧剧之形式）以进行工作方面之宣传鼓动工作。在剧本改造与创作上，要去掉旧有之封建、落后、迷信不合潮流、腐化堕落、旧意识之部分，要照顾与排演与演出，特别要使用群众语言与照顾到阶级性——阶级立场与观点。"③不只如此，随着一系列政治困难的缓解或克服，敌后抗日根据地进行的经济政策、政治民主等变革性工作逐渐感染了乡村群众，他们对抗战和革命工作的态度有了较大改观，政治意识有了明显提高，"光靠翻造些历史剧，光演唱些历史故事那是很不够的，为了更恰当更充分地反映与指导群众的现实生活与斗争，必须大量发展各种形式的新的现实剧"④。所谓新的现实剧，主要是以抗战、翻身、生产、参军、模范、诉苦、复仇

---

① 金戈编著：《解放区文化教育巡礼》，上海大家出版社1949年版，第27页。
② 晋冀鲁豫边区革命文化史料征集协作组：《晋冀鲁豫边区文艺史》，山东文化音像出版社1999年版，第47页。
③ 晋冀鲁区委宣传部：《关于开展旧历年节农村戏剧运动的指示》（1942年11月30日），河南省档案馆，档案号：G5—1—28—9。
④ 河南省文化厅文化志编辑室编：《冀鲁豫边区文艺资料选编》（1），河南省文化厅印刷厂1988年版，第174页。

等现实政治为叙事主题，展现乡村群众自身生活的艺术表演形式，是一种完全崭新形式和内容的剧目。新剧在戏剧主题、叙事结构、服务对象和教化内容上有了质的改变，还有一个明显优势就是改变了原有的旧剧演出形式，完全采用群众生活化的表演形式。曾为冀中八分区前卫剧社戏剧队长的田丹回忆了为了表演大众化学习农田锄地的情形："横握锄头，侧着身子，用轻快的走边步子到舞台中心，把锄头一抢，身子一转，将锄头放在左肩上，双手握锄柄，踢开左腿，弓步站好，头往右上方一抬，来了个'双目送太阳'。"① 现在来看，倘若说旧剧翻造的最大特性是不脱离原有肌理进行"旧瓶新酒"，那新剧的典型特征就是群众运动式的"自编自演"，这如艺术工作者李春兰所言"不限制哪一种形式，那个村里群众熟悉爱见哪种就用哪种，反正都是出演群众翻身、参军参战、生产互助、英勇抗战、英雄模范等现实的生活，提倡自编自演本村的事"②。流传于晋察冀根据地的《穷人乐》是此类新剧的代表剧目。时任中共北方局宣传部领导的李大章在一次群众大会上详细地介绍了《穷人乐》的诞生过程：最初是高街村为动员群众开水渠产生演剧的想法，到召集全村群众商谈、确定演出本村生活、创作剧情设计，到商量生活化的演出形式、争取本人亲自出演、确定集体排演，再到正式演出，最后询求观看群众意见加以修改。③

对于这种政治发掘可能带来的宣传效能，《太岳日报》的一篇社论中形象地描绘道："因为它与群众生活有着密切联系，它用具体的形象和故事，描绘了群众要哭要笑的事情，给群众说明道理、指明出路。"④ 事实确也如此，经过改造的文娱节目演出后，宣传效果十分明显。比如，秧歌剧《李财东》是庆阳县三乡群众以现实生活中的两个二流子李财东和王老六为原型，通过对比的方法讲述两个二流子在边区政府帮助下的不同生活境遇。王老六因在剧中受到表扬，他对于扮演他本人的那个角色，在化装上给了很多意见，并且每次演出，他都跟上去看。而李财东则说："再不务正不得了。"全乡观众说："今年谁不好好种庄稼，以后就把他

---

① 田丹：《崔嵬教我演戏》，《星火燎原》未刊稿第7集，解放军出版社2007年版，第292页。
② 河南省文化厅文化志编辑室编：《冀鲁豫边区文艺资料选编》（1），河南省文化厅印刷厂1988年版，第239页。
③ 李有章：《阜平高街村剧团怎样演出穷人乐》，河北省档案馆，档案号：113—1—3—1。
④ 《开展群众的文化娱乐运动》，《太岳日报》1941年3月27日。

编到秧歌上。"①《白三变工》是延安枣园群众根据北区任家窑子、东区刘家沟和西区群众的实际材料改编而成，该剧讲述的是变工队队员白三因受老婆唆使不服从队里纪律，退出变工队，最后在变工队的帮助下避免了秋田荒芜，夫妻大受感动，发誓永久参加变工队。②秧歌《关中四杰》在春节演出时，"石明德、田荣贵两英雄亦在座。剧中之石、田两角色，其化装、言语、举止与两杰一模一样"。此外，"该剧有一场描写妇女劳动英雄李银花的故事，剧中角色就穿着李银花本人的衣服，她的外形特征均表演得十分逼真。熟悉李银花的观众都笑着说：'又像又好，戏都是事实，人也装得真真儿的，没一点假。'"③秧歌演出后，观众很容易把剧中情节在现实生活中"对号入座"，能够在自己身边找出剧中的人物或故事情节的影子，因而以农民为主体的观众在观看过程中很容易产生共鸣。总体来看，大部分参演或观看秧歌的人，"都是把新秧歌和共产党八路军民主政府联系在一起来看的。新秧歌使他们很满意，他们都认为这是民主政府给的好处"④。有的人"由于新秧歌的演出，知道了一些新的东西，新的创造，能知道解放区的人民自由幸福的生活，和统治区的人民在专制独裁下面的痛苦生活。老百姓能清楚的分析得很透彻，更能知道没有共产党的领导工人及农民等就不能翻身，也不能自由，同时也能想到统治区的劳苦大众，他们还不是换了一个主人的奴隶吗"⑤。在这种情形下，新秧歌的参加者"不只是少数的较少的艺术工作者，而是千千万万的工农兵"⑥，新秧歌的文化精髓不是对革命毫无意义的低俗趣味，而是鼓舞革命精神的文化食粮。对此，1944年6月，担任《新民报》主笔的赵超构在观看了延安新秧歌后，深有感悟地写道："至于现在的新秧歌，则无论从哪点来说，都是教育重于娱乐。新秧歌所给与观众的，主要是'应当怎样'和'不应当怎样'。它把共产党所要求的事情化为故事，再加上艺术的糖衣。"⑦可以说，此时的秧歌"经过这样一番从内容

---

① 《庆阳秧歌队会演》，《解放日报》1945年3月9日。
② 《枣园秧歌在杨家岭演出》，《解放日报》1945年2月20日。
③ 萧三：《〈刘生海转变〉〈钟万财起家〉及其他》，《解放日报》1944年4月23日。
④ 向隅：《哈市第一次春节新秧歌总结》，《东北文艺》1947年第4期。
⑤ 陈紫：《在新秧歌里改造自己》，《东北文艺》1947年第4期。
⑥ 安波：《由鲁艺的秧歌创作谈到秧歌的前途》，《解放日报》1943年4月12日。
⑦ 赵超构：《延安一月》，上海书店1992年版，第109页。

到形式的政治改造，革命意识形态占领了这种民间艺术形式的所有审美空间，秧歌队是宣传队，具有号召群众、教育群众、组织群众的革命斗争功能"[1]。秧歌不再仅仅是乡村群众娱乐的方式，而是表达革命意识形态的载体，广大民众参与其中，也不再仅仅是个人娱乐和感情的宣泄，还增加了参与政治活动的意义。

与此同时，根据地乡村文娱的活动也开始组织化。比如，1945年春节，神府一区菜园沟在原有旧道情班的基础上，成立新秧歌队，赶排新戏，准备春节演出。旧道情班所演的戏都是些封建、迷信、调情的旧内容，1944年他们在天台山、花石崖等地看到七月剧社的戏以后，感到自己演得没意思，决定成立一个新的秧歌队，将原有的道情班子也组织进去，新旧配合起来，演群众所需要的戏。会后，村干部、妇女儿童、原有的队员都参加了，妇女劳动英雄也亲自参加，他们白天生产，晚上识字、读报、排戏，排熟了《打渔杀家》《拜新年》《捉汉奸》等秧歌剧。[2]同年，兴县杨家坡村扩干会结束后，温向栓召集村干部、村剧团负责人开了一个会，说："要用我们的剧团，在各村平安会中把扩干会的经验贩给全村群众。"然后，他们制订了一份详细的春节文娱活动计划，具体内容是：一是在各自然村打平安会时，剧团去演戏。过去老百姓请和尚念经，全村每人都摊好些钱，而买来的是迷信。"今年要把封建的平安会改造成自然村的群众生产动员会。"二是作甚编甚。把扩干会总结出来的经验和来年的任务，用好坏对比的办法，选出能写字、懂道理、会秧歌的8个人去编。在旧历年前后要编出7个剧本，内容是：以温家寨的2个好坏变工组来表现怎样巩固、发展变工队；以杨在多组织男耕女织的事实来提高群众中的民主作风；以李家山神婆骗人的故事来破除迷信；编温家寨的难民来表现要求改组国民党政府及统帅部的迫切需要；以温家寨炸死鬼子和杨家坪民兵背着地雷出发的事实提倡变工爆炸；用杨多增的婆姨转变来表现改造女二流子的工作；编杨多命和他婆姨订生产计划来宣传家家订计划。三是剧团出去演戏，走路拾粪，不演戏时集体给群众拾粪。组织各村秧歌，把明年的计划用秧歌编出来，教给各村群众。四是请和尚吹鼓手在一块儿宣传，吹笙、吹喇叭服

---

[1] 朱鸿召：《延安日常生活中的历史（1937—1947）》，广西师范大学出版社2007年版，第146页。
[2] 《神府、静乐群众剧团积极准备春节出演》，《抗战日报》1945年2月2日。

务于新的事业,并在工作中逐渐求得改造。五是新年前由村长召集各自然村群众大会。①

经过努力,抗日根据地的乡村文娱呈现出群众运动的态势,无论是节目表演,还是人员参与都有了集体规模。重要的是,文娱活动与时代内容、政治主题紧密地糅合在一起。1944年春节,太岳区阳城固隆村民众利用旧秧歌中"跑竹马"的形式,把骑马的人分为八路军、敌人两组,表演八路军如何把敌人打得落花流水,一个人戴着反动派的面具,在秧歌队反对投降妥协的歌声包围里,东窜西逃,丑态百出。②林县习家村民众的高跷采用大活报的形式,把全年的农业生产全过程和空室清野、支援前线、拥军拥政等逼真地表演出来,最后用高跷叠成了四层人山,高举起毛主席、朱总司令、彭副司令的巨像。此类娱乐演出,引起观众的热烈鼓掌,以至他们走到哪里,群众跟到哪里。③1945年春节,保德沿河二十多里的村庄中,春节里每天都大闹秧歌,王家滩民众编成《妇女拥军》和《小放牛》,简明地介绍了本村的生产、减租、劳军等各种实际事情,铁匠铺翻身民众用秧歌形式描绘他们的反恶霸斗争,张家圪劳动英雄张五奴和民众在一起编出了《张五奴》,分区卫生处演出了《破除迷信》和《卫生运动》等等。④邢台三区崇水峪等村的娱乐节目更具有政治教育意义,有以河南人民不愿受国民党压榨起而反抗的《河南民变》,为挽救目前危机杨老汉亲自送子参军的《教子从军》,按照本村实在事情的《后娘打孩子》,还有配合当前减租运动的《社会恨》。⑤

在火热的文娱场景中,这些具有思想教育导向的文娱节目产生宣教意义,乡村群众的价值观念发生变化,向中共政治理念靠拢。1945年春节,兴县二区各村秧歌队举行公演竞赛,杨家坡演出《刘成龙诬告》,大致剧情是刘成龙挑拨、利诱一个二流子,共同诬告村主任,最后村主任、民兵、群众共同说服二流子,使二流子转变政治立场,开始揭露、批判刘成龙。在表演过程中,阵线分明的场面、

---

① 《一个村的春节宣传计划》,《抗战日报》1945年2月13日。
② 《平陆县年关春节工作总结报告》,山西省档案馆,档案号:A179—01—31—03。
③ 《太行区1946年春节文娱总结》,山西省档案馆,档案号:A52—04—101—09。
④ 《保德沿河群众秧歌队到处欢唱自己的生活》,《抗战日报》1945年3月9日。
⑤ 《崇水峪等村准备年关娱乐》,《新华日报(太行版)》1945年1月23日。

刘成龙改悔、受利用民众觉悟和村主任检讨等情节深深地打动着围观群众。① 表演结束后,有的群众回到村里便反省过去的挑拨离间行为,一位村主任反省了自己过去不使用民主的作风,还有的民众反省自己在变工组中怕吃亏而不愿变工的思想。② 离石县民众在观看秧歌《慰劳抗属》后,感到过去对抗属关心不够,提出慰问抗属。③ 堡则峪的秧歌剧《张义子》,是关于改造二流子的剧目,主要是将旧社会的张义子放在了当前的新社会,通过新社会中他开荒、变工、孝敬母亲等一系列改变,表明"旧社会的张义子前途是死,新社会却是新生和光明",深深地感染和教育了二流子。④ 蒋家村军民秧歌队在城关演出《参军模范》后,一些不愿意丈夫参军的妇女破涕为笑,都说该戏解决了思想问题。⑤

由上述可见,在抗日根据地建立共同的价值观念问题上,中国共产党始终着力在乡村社会塑造一种符合自身的政治导向,主要目标是对乡村民众进行意识塑造,在帮助他们破除旧观念的同时建立新思维,为此对待乡村旧俗,中共革命者并不是采取强硬的政治态度,而是在保持旧俗心性的前提下采用"通情达理"式的改造思维完成新观念的植入,以此使乡村群众顺服政治宣教,然后配合家庭生活改善的现实情形,发动他们因应、回馈革命行动,这显然是一个政治传播与乡村文化相互交融、契合的宣传动员思维,亦是困境中中共明慧之举的一种表现。同时,亦可发现,敌后抗日根据地的文化宣教并非只是凭自身政治资源的单向政治行为,而是始终注重发掘乡村资源,并且总是将基层民众吸收其中,努力使其由受众变为宣教者。这就是全民族抗日战争年代,中国共产党文化建设所具有的不同于其他政治力量的鲜明特征,亦可言"政治优势"。可以说,抗日根据地通过国民教育和文化娱乐两条渠道,构筑了培养党政军民共同价值观念的舆论网络,其真正的历史价值在于从文化意识上提供了各种政治动作的神圣性,以及由此而产生的政治想象的合法性。

综上所述,为了落实全面抗战路线,中国共产党及其领导的武装力量深入敌

---

① 《文教大会筹委会举办秧歌队联合公演》,《抗战日报》1945年3月9日。
② 杨家坡剧团:《春节宣传的总结及今后工作布置》,《抗战日报》1945年3月25日。
③ 《张秋林村群众春节慰劳抗属》,《抗战日报》1945年3月12日。
④ 《真正群众性的娱乐热潮》,《抗战日报》1945年1月27日。
⑤ 元青:《群众歌唱着翻身的时代》,《抗战日报》1945年3月10日。

后，充分发动群众，创建根据地，开展游击战，开辟了抗击日本侵略者的敌后战场。事实证明，这是一条正确的抗战路线，是一条抗击侵略者的胜利路线。同时我们也明白，敌后抗日根据地的存在与发展是多么不容易的事情，它时刻面临着难以想象的生活困境，并且大都是那种生死存亡的威胁，因而对于中国共产党及其领导的人民军队而言，如何牢牢地扎根于敌后是首要问题，抗日根据地各项建设也是围绕此问题开展。民主的政治不仅在于唤起了乡村群众参与政治的热情，更在于团结了各阶层群体，凝聚了抗日力量；自给的经济不仅在于激发了乡村群众的生产能量，更在于提供了党政军民的日常生活消耗，储备了开展游击战以及进行战略反攻的物质能量；高尚的文娱不仅在于活跃了乡村社会的生活气氛，更在于传递了抗日救国的政治信念，塑造了保卫抗日根据地的价值观念。这就是敌后抗日根据地建设过程中呈现出来的独有气质，无怪乎那些游历抗日根据地的外国记者总是发出近乎一致的感受："仅在这短短的几年当中，边区进行了彻底的社会和政治的改革，从旧的封建制度到最近代的民主，从妇女奴役到两性平权，从文盲到普及教育。而更难能可贵的，这一切更都是在敌后，在敌人经常来破坏的威胁下，胜利地完成的。边区的事业是将要在未来的上下古今的历史上，形成一种几乎令人难以相信的革命的奇迹。"[1] "不论政治上还是经济上，边区都显得是中华民国的一个'进步的实验区'。"[2] 在惨烈的战争环境中，残暴和失败带来的沮丧情绪无所不在，正是这种特质让身处敌后的党政军民能够团结在一起，让抗日根据地稳若磐石，当然其更大的意义是给予了中国人民一种希望，那种定会完全驱赶走日本侵略者的希望。

---

[1] 齐文编：《外国记者眼中的延安及解放区》，历史资料供应社1946年版，第97页。
[2] ［英］詹姆斯·贝特兰：《华北前线》，林淡秋等译，新华出版社1986年版，第129页。

第七章　经营大后方：抗战基地[①]

1927年国民政府执政后，将南京作为首都。至全民族抗战爆发前，南京一直是国民党政权的政治中枢。国民政府加强新都南京的城市建设，将南京塑造为全国政治中心。卢沟桥事变的爆发，标志着中国进入全民族抗战的历史时期。全民族抗战初期，江浙地区及沿海城市相继陷落，迫使国民党政权在建立战时国防军事体制的同时，将首都从南京迁至重庆，标志着现代中国的政治地理中心从东南沿海地区向内陆地区的转移。在国民党政权的主导下，工矿企业、高等院校纷纷向中西部地区内迁，使中西部地区的基础设施建设、工矿业及文教等事业得到加速发展，成为支撑国民党政权对日作战的后方基地。

一、政治中枢内迁与政治中心转移

1911年的辛亥革命，结束了帝制时代，开启了民国时代。北洋军阀时期，北京是国民政府的首都所在地。1927年国民政府执政以来，将首都从北京迁至南京，意味着现代中国国家政治中枢由北向南的转移。1927年至1937年，是南京国民政府执政的"黄金十年"。在此期间，经济、社会与文化等方面呈稳定发展状态。国民政府大力建设首都南京，使南京成为全国的政治中心。北京被更名为北平，

---

① 作者：胡悦晗（杭州师范大学）。

成为现代中国大学、科研机构与文教界人士聚集的文化中心。西南地区自民国成立以来,一直处于各个大小军阀的混战与割据之中,与国民政府的关系若即若离。全民族抗日战争的爆发,使国民党政权的政治中枢从长江下游向长江的中上游区域渐次转移,政治中心也从南京先后转移至武汉和重庆。国民党政权难以有效渗透的西南边陲,在全民族抗战期间的重要性日益凸显。

南京国民政府执政时期,国民党政权有效控制的区域集中在江浙一带。蒋介石定都南京后,江浙地区在全国的政治地理版图上成了国民党统治的中心地带,强化中心区的统治成为蒋介石重要的政治诉求。[①]20世纪30年代初,中日关系趋于紧张,国民党高层开始考虑将西部地区作为因应战争的后方基地。1934年秋,蒋介石对中原、西北及西南的十余个省份展开巡察,初步确定将战时根据地放在四川重庆。1935年3月4日,蒋介石在出席四川省党务特派员办事处举行的会议上作了题为《四川应作复兴民族之根据地》的入川后首次公开演讲。在演讲中,蒋介石以大量篇幅阐明四川地位的重要性,认为"不仅可以使四川建设成功为新的模范省,更可以使四川为新的基础来建设新中国"[②]。蒋介石的公开演讲表明四川对抗日战争与现代中国民族国家建设的重要性在国民党政权的高层内部逐渐得到认可。此后,无论在重庆,还是在贵阳、昆明、成都,他都大讲贵州、云南、四川在复兴民族中的重要地位及其建设问题。如讲《纪念总理逝世之感想与对于川省同胞的希望》《建设新四川之要务》《"剿灭赤匪"与建设贵州之要道》《贵州应如何实现三民主义》《对贵州党政人员与民众的希望》《新贵州建设极易成功》《全滇民众应负起复兴民族之责》《建设新云南与复兴民族》《推进云南省政工作》《四川应养成之新风气》《治川救国之要道》《四川教育界应负之责任》《治川救国必先整饬纲纪》《川滇黔三省的革命历史与本团团员的责任》《建设新四川之要道》《四川治乱为国家兴亡之关键》等。[③]蒋介石在这些演讲中,均特别突出了西南各省在复兴民族中的地位。

---

① 袁成毅:《地缘纽带中的蒋介石与浙江——以南京国民政府建立前后为时段的考察》,《史林》2011年第2期。
② 唐润明:《试论蒋介石与四川抗日根据地的策定》,《历史档案》1994年第4期。
③ 潘洵:《论抗战大后方战略地位的形成和演变——兼论"抗战大后方"的内涵和外延》,《西南大学学报》2012年第2期。

卢沟桥事变爆发后，日本凭借强大的军事实力，希冀通过攻占若干重要据点，给予中国军队以重大打击，达到"速战速决"的目的。① 针对日本旨在以征服中国和称霸亚洲为目的的战争动员，国民党政权确定了"不求战而必应战"的方针。1937 年 7 月 17 日，蒋介石发表态度强硬的庐山谈话。尽管这篇谈话没有放弃和平解决的希望，但蒋介石表示国民政府已经到了退让的"最后关头"，声称"如果战端一开，那就是地无分南北，人无分老幼，无论何人，皆有守土抗战之责任，皆应抱定牺牲一切之决心"②。1937 年 7 月底，北平、天津相继沦陷。8 月初，国民党中央政治委员会决定设立国防最高会议，蒋介石任主席，汪精卫任副主席，调动各方资源力量用于全国抗战。与此同时，国民政府设立统率指挥全国抗战的大本营，蒋介石任陆、海、空军大元帅，全面部署对日作战方针和计划。1937 年 8 月 20 日，蒋介石颁布了战争指导方案，确定了"持久消耗战略"的基本方针。③

日军占领平、津后，一方面扩大对华北地区的侵略，另一方面向上海、南京等国民党政权在长江中下游区域的重要城市发动进攻。首都南京的存亡问题迫在眉睫，国民党政权开始酝酿迁都的方案。蒋介石由庐山返回南京之后，于 1937 年 7 月 20 日发布手令，要求国民政府各院、部机构"实施动员演习及准备迁址办公"。7 月 27 日，蒋介石兼任院长的行政院召集各部、会举行会议，就国民政府迁址办公问题做出决议："（一）各机关办公地点疏开，即假定敌机轰炸或敌舰开炮时，各机关在城内或城外，准备民房秘密办公，并先登记负责人和电话号数等，以资联络。（二）万不得已时，则迁移他处办公。凡须永久保存之重要文件，先行迁地保管，至各机关之实行迁移，则须候命实施。"④ 然而，全民族抗战初期，国民党高层不仅缺乏周密的迁都方案，对迁都的意见也不一致，一定程度上导致迁都过程的迟滞和混乱。1937 年 8 月 4 日，军事委员会举行卢沟桥事件汇报会议，军政部部长何应钦要求与会者对战时政府所在地加以慎重、周全的考虑，并讨论是

---

① 陈诚：《八年抗战经过》，国民党国防部史料局 1946 年版，第 13 页。
② 秦孝仪主编：《中华民国重要史料初编——对日抗战时期》第 2 编作战经过（2），（台北）中国国民党中央委员会党史委员会编印 1981 年版，第 43 页。
③ 中国第二历史档案馆编：《抗日战争正面战场》上册，江苏古籍出版社 1987 年版，第 11 页。
④ 蒋顺兴、孙宅巍：《民国大迁都》，江苏人民出版社 1997 年版，第 184—185 页。

否以武汉为宜。1937年8月13日，上海八字桥附近日军与中国军队发生火力接触，淞沪抗战全面爆发。①8月14日召开的国防最高会议甚至认为"外侮虽告急迫，政府仍在首都，不必迁移"②。

淞沪抗战爆发后，尽管中国守军顽强抵抗，但在日军火力的猛烈攻击下寡不敌众。1937年10月下旬，淞沪战局急转直下，日军向沪西包抄推进，上海沦陷，首都南京的安全受到直接威胁。10月29日，蒋介石召集国防最高会议，作了题为《国府迁渝与抗战前途》的讲话，强调"军事上最重要之点，不但胜利要有预定计划，即挫败亦要有预见的打算。不但胜利要立于主动地位，就是退却也要有主动地位。然后一时的挫折，不致有全盘溃退之虑，而可以把握最后的胜利。今天我们主动而退，将来可以主动而进"。报告指出，在全局主动退却后的时期，"四川为抗日战争的后方"，并提出择定重庆为国民政府驻地的计划方案。③"国民政府兹为适应战况，统筹全局，长期抗战起见，本日移驻重庆。此后将以最广大之规模，从事更持久之战斗"④。

1937年11月20日，国民政府主席林森率先来到重庆。同日，国民政府发布《移驻重庆办公宣言》。《宣言》指出，"为适应战况，统筹全局，长期抗战起见，本日移驻重庆。此后将以最广大之规模，从事更持久之战斗"⑤。江西、广东、四川等地方党部纷纷发电表示拥护政府西迁的决策。国民政府各部、国民党中央党部以及各国使节随之先后迁渝，意味着重庆战时首都地位初步形成。1937年11月21日，蒋介石电勉全国各将领作更坚决与更勇敢之奋斗，称："国民政府移驻重庆，我前方军事不但绝无牵动，必更坚决奋斗；就整个抗战大计言，实为进一步展开战略之起点。"⑥

---

① 张海鹏等编：《中国近代通史》第9卷，江苏人民出版社2007年版，第50页。
② 秦孝仪编：《中国国民党九十年大事年表》，(台北)中国国民党中央委员会党史委员会编印1984年版，第338页。
③ 李守孔：《八年对日抗战真相》，(台北)正中书局1979年版，第171页。
④ 周开庆：《民国川事纪要》下册，(台北)四川文献研究社1974年版，第31页。
⑤ 中国第二历史档案馆编：《中华民国史档案资料汇编》第5辑第2编政治(1)，江苏古籍出版社1994年版，第2页。
⑥ 韩信夫、姜克夫主编：《中华民国史大事记》第8卷，中华书局2012年版，第5677页。

日军占领上海后，侵华战争进一步升级。1937年11月17日，日本在天皇之下设立大本营，将对华战争正式化。①11月27日，日本军部决定进攻南京。同日，南京卫戍司令长官唐生智向新闻记者表示："奉令保卫南京，本人及所属部队誓与南京共存亡，不惜牺牲于南京保卫战中；此种牺牲定将使敌人付与莫大之代价。"②12月1日，日本华中方面军下达攻占南京作战令。从12月3日起，沿京沪线西进的日军分三路向南京推进。太湖南岸日军切断中国军队退路。7日拂晓起，日军开始向南京城外围阵地发起猛攻。战争态势的发展使国民政府西迁迫在眉睫。

1937年12月12日，日军攻入南京下关，其海军封锁了长江，南京守军的退路被切断。由于国民政府最高军事当局在战略决策上的不明晰，使得南京守军在军事形势不宜再战的情况下与日军相持阵地战，极大增加了军队损耗，丧失了撤退的有利时机。③12月13日，日军占领南京。国民党军队撤退缺乏有效组织，形成混乱和溃败。"溃退之惨，一言难尽"④。

南京沦陷初期，国民政府虽将部分机关西迁重庆，但大部分党政机构和军事指挥部门仍集中于武汉。政府为了给西迁重庆赢得时间，将武汉作为临时指挥中枢和政治中心。1937年11月17日，中央、中国、交通、农民四家中国金融业的代表性银行迁至武汉。11月21日，各国驻华使节赴汉。随后，国民政府、外交部、财政部、内政部、经济委员会、建设委员会、侨务委员会、邮政储金总局、军事委员会、总司令部相继移驻武汉，国民党各方面重要人物蒋介石、汪精卫、冯玉祥、于右任、孔祥熙、张群、何应钦、陈诚、白崇禧、陈立夫等云集武汉。⑤1937年12月13日，国民政府军事委员会在拟定的《1937年军事委员会作战计划书》中指出："国军以确保武汉核心，持久抗战，争取最后胜利之目的，应以各战区为外廓，发动广大游击战；同时重新构成强韧阵地于浙东、赣西、皖西、豫南各山地，配置新锐兵力，待敌深入，在新阵地与敌决战。"由王明、周恩来、秦邦宪、

---

① 张海鹏等编：《中国近代通史》第9卷，江苏人民出版社2007年版，第60页。
② 韩信夫、姜克夫主编：《中华民国史大事记》第8卷，中华书局2012年版，第5683页。
③ 张明楚、张同新等：《在历史的漩流中——抗战时期的国民政府》，广西师范大学出版社1996年版，第45页。
④ 《李宗仁回忆录》下册，广西人民出版社1980年版，第696页。
⑤ 涂文学主编：《武汉通史·中华民国卷》上，武汉出版社2006年版，第229页。

项英、叶剑英、董必武、凯丰7人组成的中共中央代表团与长江局在武汉设立。八路军南京办事处与武汉办事处合并，称八路军武汉办事处。①武汉作为战时政治中心的地位初步形成。

1938年1月18日，蒋介石电令徐永昌，提出各战区联合作战的整体计划，明确提出以确保武汉为中心，豫南、鄂东、鄂南、湘北、皖北、赣西各驻军的部署与协同动作。②第五战区司令长官李宗仁指挥23个军负责江北防务；第九战区司令长官陈诚指挥27个军负责江南防务。另以第一战区在平汉铁路的郑州至信阳段以西地区，防备华北日军南下；第三战区在安徽芜湖、安庆间的长江南岸和江西南昌以东地区，防备日军经浙赣铁路向粤汉铁路迂回。1938年4月，国民党政权在武汉召开临时全国代表大会。大会通过了四项重要决议：（1）设立新的总裁职位为党的领袖，以蒋介石为首任总裁；（2）建立三民主义青年团，把青年训练成抗战建国的基本力量；（3）设立国民参政会取代全国国防参议委员会，以作为战时国家最高民意机构；（4）通过《抗战建国纲领》。在国民党临时代表大会之后，国民参政会于1938年7月7日到15日在武汉宣告成立。武汉作为战时政治中心的地位完全确立。

在国民党政权的政治与军事资源向武汉集结的过程中，知识界和文教界人士也纷纷涌向武汉，带来战时武汉文化领域的空前繁荣。汉口成立了中华全国文艺界抗敌协会，组织文化工作团与战地慰问团，倡导"保卫大武汉"，对民众展开抗战宣传动员活动。"当我们的脚印踏在武汉的时候，这个可爱的武汉也很危险的快要染上敌人的血迹了。在这个时候，我们应当要举行一个'保卫大武汉运动'，不论是，工人，农民，当兵的，学生，商人，老伯伯，老妈妈，小朋友，妇女们，先生们，没有钱的，有钱的，都应该把保卫武汉的这个责任负起来。"③邹韬奋主编的《抗战》以及沈钧儒主编的《全民周刊》等报纸杂志也相继在武汉出版发行。

为了因应即将到来的武汉会战，国民政府军事委员会对武汉周边的国防工事、

---

① 蒋顺兴、孙宅巍：《民国大迁都》，江苏人民出版社1997年版，第191页。
② 韩信夫、姜克夫主编：《中华民国史大事记》第8卷，中华书局2012年版，第5740页。
③ 孩子剧团编：《孩子剧团：从上海到武汉》，（汉口）大路书店1938年版，第65页。

流动人口等问题展开排查。针对短期内流入武汉的大量外来贫困人口聚居在交通要道及军事工业区附近的状况，军事委员会指出，"因居民无防空常识，且易成为汉奸间谍活动对象，急宜强迫将其疏散"，并建议将贫民成年男女作为生产劳动力，在湘西或边疆地区专门划定垦殖区域，供其劳动，并将成年男性作为补充兵员的后备力量。[①] 武汉作为战时临时首都的政治地位和军事地位日益凸显。

在政治、军事、物资等各种资源向武汉集中的同时，国民党政权也在着手将西南地区作为战略后方基地，为持续抗战做准备。1938年1月17日，国民党中央执行委员丁惟汾在重庆国民党中央党部的总理纪念周会议上作题为《对于四川的感想与希望》的报告，就四川的地形、人民与物产，来说明"四川的确具备了做复兴中华民族根据地的种种条件"，并指出，广东自从做了根据地，做了政务、党务的重心，经总理领导同志，努力整饬以后，终以此为根据地，完成了统一的大业。"现在四川既成为国民政府驻在地，在各方面经过一番整饬刷新后，其发展是不可限量的。我们既有这样好的根据地，只要全国上下同心同德，艰苦奋斗，则打倒强暴日本，复兴中华民族，一定可以成功的。"[②]

日本战时经济体制的推行使军费开支急剧增大，加上对苏联军事实力的顾虑，日本军部急欲在短期内迅速击垮国民党政权，以便聚集更多军事力量侵入中国内陆地区，统摄东亚地区。为此，日军在徐州会战之后发动了武汉会战。1938年6月至10月，日军集结了华中派遣军第2、11两个军所属的14个师团、2个旅团、2个支队（相当于旅团）以及3个飞行团、1支海军舰队，共约30万兵力，分别由大别山北麓地区、长江江面以及北岸地区、长江南岸地区三个方向向武汉进击。

针对日军的进犯，国民党军事委员会制定了保卫武汉的战略方针，认为武汉"为我政治文化经济交通之中心点，不能轻易放弃"，在战略部署方面应"阻止敌利用舰艇及快速部队冒险溯江西上，以直接威胁攫取武汉，使我第五、九两战区之作战部队，有转进部署之时间"，"在武汉外围布置主力军，利用鄱阳湖及大别

---

① 《军事委员会政治部视察武汉三镇贫民区报告书（1938年5月29日）》，《视察武汉鄂西报告书》，《陈诚副总统文物》，（台北）"国史馆"藏，数字典藏号：008—010701—00063—002。
② 韩信夫、姜克夫主编：《中华民国史大事记》第8卷，中华书局2012年版，第5738页。

山之天然地障与长江两岸之丘陵、湖沼作持久之战"[①]。国民党军队由蒋介石亲任作战总指挥,调集第五战区、第九战区和海空军各一部,总共投入120多个师、100万人的兵力,在安庆、九江及大别山麓等周边区域同日军展开激烈对抗,"于庐山、牯岭各地,阻击敌人,予以重创"[②]。日军凭借武器装备等方面的优势,在长江两岸和大别山北麓形成对武汉的三面包围。1938年9月29日,在陆海空军的协同进攻下,日军占领了武汉外围的关键据点田家镇,迫使国民党军队从战略相持变为战略防守。1938年10月下旬,南面日军越过大别山,进入湖北麻城;北面日军突破豫鄂省界,进入湖北应山、安陆。两面夹击之下,日军10月25日至27日先后占领汉口、汉阳、武昌,武汉沦陷。[③]国民党军队沿粤汉铁路以西撤退。

1938年11月3日,日本首相近卫文麿宣布了一项"亚洲新秩序"的声明,其中涵括六个原则:(1)东亚的永久和平;(2)善邻友好和国际正义;(3)联合防共;(4)经济合作;(5)创建新文化;(6)世界和平。这一声明体现了日本人统治整个亚洲版图的渴望。与此同时,国民党政权则继续向内陆地区实行战略转移,因应武汉失守的局面。1938年10月31日,蒋介石发表《为放弃武汉告全国同胞书》,指出:"我国抗战之根据,本不在沿江海浅狭交通之地带,乃在广大深长之内地。盖抗战军事胜负之关键,不在武汉一地之得失,而在保持我持续抗战持久之力量",号召全国同胞继续贯彻持久抗战、全面战争、争取主动的方针。[④]1938年11月,蒋介石在第一次南岳军事会议上,认为武汉会战意味着"持久消耗战略"两个时期的分界线,武汉失守前为防守时期,武汉失守后为转守为攻时期。"第一期的任务在于尽量消耗敌人的力量,掩护我们后方的准备工作,确立长期抗战的基础,完成我们第二期抗战战略与政绩上的一切布置。第二期的任务,就是要承接前期奋斗的成绩,实现我们第一期中所布置的一切计划,与发挥我们抗战的力量,

---

① 《武汉卫戍军作战计划》,《陈诚副总统文物》,(台北)"国史馆"藏,数字典藏号:008—010701—00025—006。
② 陈诚:《八年抗战经过》,国民党国防部史料局1946年版,第13页。
③ 涂文学主编:《武汉通史·中华民国卷》上,武汉出版社2006年版,第249页。
④ 韩信夫、姜克夫主编:《中华民国史大事记》第8卷,中华书局2012年版,第5941页。

以达到抗战胜利与建国成功之目的。"①这次谈话预示武汉作为战时政治中枢的历史使命已经完成。

武汉会战历时四个半月,是全民族抗日战争初期时间最长、规模最庞大和最出名的战役。武汉会战后,日军的战线向中国内地推进了数百公里,对兵力的需求量增大,使原本军事动员、军队投入已接近极限的日军,出现了兵力不足问题。日军既要防止中国军队的反击,又要维护占领区的治安,已没有条件在短期内继续发动类似大规模作战。武汉会战终结了日军的战略进攻,粉碎了日本的战略计划,为布局、聚集持久抗战的国家力量赢得了宝贵时间;为东部和沿海沿江的工业西迁以及文教机构的西迁赢得了宝贵时间。②然而,武汉沦陷,中断了中国对外贸易长期依赖的粤汉铁路运输线,国民政府被迫与外界隔离,陷于被封锁状态。通过向内地转移,进而带动内地工业生产与经济建设,以持续抗战,成为国民政府的当务之急。

武汉会战前夕,国民政府设于武汉的党政机关即开始分批向重庆转移。1938年12月,蒋介石由桂林飞抵重庆,随后国民政府军事委员会与国防最高委员会相继移至重庆办公,标志着重庆正式成为中国抗战时期的政治、军事、经济与文化的中心。③国民政府迁至重庆后,作为四川省政府管辖的省辖市,重庆与战时首都的地位不相适应。行政院采取过渡措施,准许重庆市在隶属关系上仍属四川省政府管辖,但市政府组织按照中央特别市之规模设置,提高市长及所属各局行政首长的待遇;在财政上除营业税外其他收入均归市财政,另由中央政府酌情予以补助;会计独立,准许重庆市政府在必要时可以直接函通行政院,同时呈报四川省政府,为时机成熟过渡到行政院特别市做了准备。④

武汉的沦陷,加速了国民党政权的政治中枢从以武汉为核心的长江中游地区再度向以重庆为中心的长江上游地区转移的过程。1939年10月1日,重庆市临时参议会第一次会议召开。会上,参议员李奎安、温少鹤、汪云松等人认为:"重

---

① 荣孟源编:《中国国民党历次代表大会及中央全会资料》下,光明日报出版社1985年版,第527页。
② 邹霞:《武汉保卫战得失论析》,《江汉论坛》2016年第9期。
③ 周勇、汪浩:《国民政府迁都重庆的决策与实施》,《安徽师范大学学报》2017年第6期。
④ 周勇主编:《重庆通史》,重庆出版社2002年版,第871页。

庆市为目前我国之战时首都，又为惟一重要之直辖市，其在大后方之地位，实系首屈一指。举凡大工商业中心之条件，均已具备。是故重庆市在目前之为战时首要地区，在未来为我国西南重镇，其更远之前途，可发展为国际城市。"为把重庆建设成为"'现代化之大重庆市'并使之跻于国际都市之林"，他们建议由重庆市临时参议会与重庆市各法团共同组成"大重庆市建设期成会"，负责重庆建设的各项规划与设计。[①]重庆取代武汉，作为抗战时期国民党政权的政治中枢和政治中心的条件基本完备。

1940年9月6日，国民政府发布《国民政府令》，正式确认重庆为"陪都"，肩负战时军事、政治、经济枢纽之职责，战后"自更为西南建设之中心"，重庆正式作为国民党政权的战时首都。[②]1940年9月27日，行政院召开第428次会议，决议成立"陪都建设计划委员会"，直隶行政院，以规划重庆的建设，并提出当务之急应集中在积极建设陪都的防空力量、动员民众节约储蓄、支援抗战，以及遏制通货膨胀苗头，繁荣正常市场秩序等几个方面。[③]1940年10月1日，行政院正式通过《重庆陪都建设计划委员会组织规程》，委员会由孔祥熙任主任委员，周钟岳、杨庶堪任副主任委员；委员有翁文灏、张嘉璈、魏道明、刘峙、张维翰、卢作孚、刘纪文、潘文华、陈访先、康心如、吴国桢（兼秘书长）。但凡重庆城市的建筑设计、卫生、公用、交通、建筑工程和地政、市政设施等，均由陪都设计委员会全面规划和设计。国民政府还将10月1日定为"陪都日"。

重庆定为陪都，使重庆自设市以后，在行政建置的级别上达到了历史最高，对加速重庆城市现代化，开发各项事业，具有空前深远的促进作用与贡献。通过将技术专家吸纳至政权体制内部，国民党政权在重庆展开了行政管理机构的合理化改革。尽管未能达到理想预期，但这些改革仍然毋庸置疑地强化了国民党政权

---

① 唐润明：《战时首都彰显特殊政治地位》，《红岩春秋》2017年第12期。
② 《国民政府明令特定重庆为陪都（1940年9月6日）》，《北平重庆两市行政区域与明定陪都》，《国民政府》，（台北）"国史馆"藏，数字典藏号：001—051121—00001—006。
③ 中国第二历史档案馆编：《中华民国史档案资料汇编》第5辑第2编政治（1），江苏古籍出版社1994年版，第99页。

对经济、社会各方面整合与调控能力。[1]得益于战时首都的政治中心地位，重庆城市的辖区面积由20世纪30年代的93平方公里增加到20世纪40年代的300多平方公里。在此期间，重庆大力进行旧城改造，以都邮街广场（今解放碑）地区为重点，按经纬路布局，与原居市中心地位的南城（下半城）相通，使上、下半城形成整体，在旧城区初步形成一个比较完整的道路系统，促进城市中心地区由下半城向上半城转移。同时加强新区道路建设，以西郊广大地区为重点，促进这一地区的开拓发展，带动卫星城镇的建设和工商企业、机关学校的设置，使城市的外部交通条件大为改善。1940年，重庆城市人口达125万。市政设施如城区公路、港口、排水设施、电力供应与照明、城市公园、新式建筑、防空设施等也有较大发展，市政部门如社会局、财政局、卫生局、秘书处功能也得以发挥。[2]

伴随陪都重庆作为战时政治中枢地位的形成，知识界与文教界人士也纷纷从武汉移聚重庆，使战时重庆的文艺创作得到了极大繁荣。他们将重庆视作民族国家崛起的新象征。老舍1938年8月来到重庆，1946年3月离开。在此期间，老舍撰写了《陪都赞》《鼓书艺人》《不成问题的问题》《民主世界》《残雾》《面子问题》《大地龙蛇》《归去来兮》《谁先到了重庆》等大量与重庆和抗战有关的各类题材的文学作品。在大片国土被侵占，家乡沦陷的情形下，作为民族国家意识最切实的寄托空间，重庆不再是已经落入敌手的故乡和古都，而是中央政府所在的城市。在这种情形下，作为战时国都的重庆，在流亡者的心中就等同于民族国家，重庆成为老舍等文人心目中民族国家和家乡的精神家园。[3]以中国前锋剧社为代表的华南地区的部分文化团体也在重庆、昆明等地增设分部，组织战时服务团，在西南后方展开文化方面的宣传动员工作，"协助当地文化青年成立文化团体，并联络当地党政军从事戏剧、歌咏、演讲、壁报、漫画展览、战地摄影展览、救护、

---

[1] Morris L. Bian, Building State Structure Guomindang Institutional Rationalization during the Sino—Japanese War, 1937–1945, *Modern China*, Vol.31, No.1（Jan, 2005）, p35.
[2] 朱丹彤、徐晓旭：《抗战时期国民政府迁都对重庆市民生活的影响》，《四川师范大学学报》2004年第3期。
[3] 李永东：《战时国家之城的形象建构——老舍的重庆想象与民族国家观念》，《文学评论》2018年第5期。

慰劳、组织民众、训练民众等工作"①。1945年抗日战争结束，国民政府还都南京。然而作为陪都的重庆，经历了抗战时期的浴火洗礼，已经成长为后方最重要的大城市，具备了对西南地区的政治统摄能力和经济带动能力。

二、工厂内迁与经济中心西移

全民族抗战爆发前，中国的工业主要集中在上海、天津、青岛等沿江沿海一带的大中城市。经济部工厂登记统计，1937年全国工厂总数为3935家，资本总数3.77亿元，工人总数45万多人，主要分布于广东、浙江、江苏、福建、山东、河北和上海、天津等地，占工厂总数的76%。②仅江苏、浙江及上海三个省市的工厂即达2336家，占全国工厂总数的56%，工业区位分布极其不平衡。③九一八事变后，中日关系趋于紧张，东南沿海地区等近代工业集中区域面临严重的战争威胁。

针对此问题，国民政府开始着手进行工业资源调查，拟订开发和迁建计划。1935年4月，资源委员会宣告成立。随后，拟订了国防工业布局的全面计划——《重工业五年建设计划》。该计划旨在打造内陆地区新的工业建设中心，"以湖南中部如湘潭、醴陵、衡阳之间为国防工业之中心地域，并力谋鄂南、赣西以及湖南各处重要资源之开发，以造成一主要经济重心"④。为此，国民政府开始考虑将沿海兵工厂及重要工业企业内迁的全盘计划。

然而，战前国民政府缺乏系统、周密的工厂内迁整体计划。全民族抗战的爆发，平津等地的相继沦陷，打乱了国民政府工厂内迁计划的工作节奏。1937年7月下旬，中华国货联合会上书国民政府，要求国民政府尽快组织内迁，并派员指导生产。7月22日，军事委员会密令设立国家总动员设计委员会，规定由资源委

---

① 中国第二历史档案馆编：《中华民国史档案资料汇编》第5辑第3编文化（2），江苏古籍出版社1994年版，第99页。
② 韩信夫、姜克夫主编：《中华民国史大事记》第8卷，中华书局2012年版，第5721页。
③ 翁文灏：《中国工商经济的回顾与前瞻》，《新工商》1943年第1期。
④ 《经济部二十八年上半期工作进度报告（1939年）》，中国第二历史档案馆。

员会召集实业部、财政部、内政部、全国经济委员会、交通部、铁道部会同筹办，讨论工厂内迁方案。[①] 7月28日，参加机器化学组讨论的资源委员会专门委员林继庸，在会上提出上海工业内迁的问题，引发讨论。会议决定，由资源委员会负责调查上海各工厂现有机器工具，接洽有无迁移内地之可能，并估计其迁移及建设费用，询明收购价格等问题。[②] 在经费支持方面，国民党政权迫于战时财政支出的压力，对民营工厂内迁的资助十分有限，资助范围仅限于与军火制造直接有关的大型民营企业。"属于军需生产凡为之机械、化学、矿冶、动力、燃料、交通器材、被服及医药等工矿业，均可获得：（1）补助迁移费；（2）免税；（3）减免国营交通事业运费；（4）给予优先运输权；（5）拨给建厂地亩；（6）担保或介绍银行低利借款及发给奖金等项协助。"[③]1937年8月10日，行政院第324次会议决议由资源委员会、财政部、军政部及实业部会同组织上海工厂内迁。1937年9月27日，由军政部、实业部、教育部、资源委员会、财政部、后方勤务部及军事委员会第四部参加的会议通过"关于以后工厂迁移原则决议"，决定此后除政府指定迁移的军需工厂"将由政府按其个别情形酌予补助"外，对"普通工厂"的迁移不再补助迁移费，对于迁移后之安排及复工等问题，亦由厂家自行筹划解决。[④]1937年10月，蒋介石核准厂矿迁移原则及监督迁移办法，明确迁移的厂矿主要分为两种，一为军需厂矿，二为普通厂矿。[⑤]

战前准备不充分以及战争初期国民政府的犹豫被动，给全民族抗战爆发初期的迁建工作带来相当的损失。近代工业较发达的无锡、常州、济南、青岛等地的大量工厂，内迁刚刚开始，这些地区就纷纷沦陷，使大量工厂机器设备来不及抢迁，即被损毁。淞沪会战爆发后，上海沦陷。国民政府不得不加快工厂内迁的规模和进度。除了军工厂外，重要国营工厂以及大小民营工厂相继加入迁建行列。

---

① 黄立人：《抗日战争时期工厂内迁的考察》，《历史研究》1994年第4期。
② 中国人民政治协商会议西南地区文史资料协作会议编：《抗战时期内迁西南的工商企业》，云南人民出版社1989年版，第6页。
③ 中国第二历史档案馆编：《中华民国史档案资料汇编》第5辑第2编财政经济（6），江苏古籍出版社1994年版，第380页。
④ 黄立人：《抗日战争时期工厂内迁的考察》，《历史研究》1994年第4期。
⑤ 重庆市档案馆、重庆师范大学编：《中国战时首都档案文献·战时工业》，重庆出版社2014年版，第69页。

1937年11月12日，国民政府工矿调整委员会下设"厂矿迁移监督委员会"，并在上海、镇江、青岛、杭州、武汉、南昌、重庆等地设立办事处，全面负责工厂迁移、经费补助等事务的审定和指导工作，将战时工厂内迁的计划提上日程。

1937年12月12日，南京沦陷。日军沿长江而上，武汉及周围地区已经不再是安全之地。国民政府的工厂内迁计划开始从两湖地区向西北、西南地区转移。1938年1月，国民政府撤销实业部，新组建经济部。经济部成立后，拟定了《西南西北工业建设计划》，对已经开始在两湖地区集中的内迁工厂提出了再迁移的任务，将四川、云南、贵州、陕西、甘肃等地区作为新的工业建设基地。1938年2月底，迁抵武汉的工厂已经有60家再度登记迁移，本地8家工厂也表示愿意迁移。1938年6月上旬，工矿调整委员会召集在武汉的工厂代表开会，动员和统筹内迁。

工业生产建设离不开对能源的大量需求。钢铁是战时军事生产必需的原材料，纺织品则是解决后方军队和民众生活的必需品。因此，全民族抗战初期，国民政府非常重视迁移中部地区的钢铁和纺织企业至西南内地。1938年3月，由经济部与兵工署合组的钢铁厂迁建委员会在汉阳成立，着手组织实施抗战时期工厂内迁中最大规模的厂矿迁移工程。到10月28日武汉撤退时止，共拆迁炼铁、炼钢、轧钢、动力、机修及铁路运输用轨道、车辆等设备机件37200余吨。[1]1938年1月至9月，蒋介石多次手令经济部，督导纱厂迁移。到武汉沦陷前夕，武汉地区的5家大纱厂除第一纱厂因英商债权人的阻挠未能拆迁外，申新四厂、震寰、裕华、湖北官纱布局均拆运内迁。在此之前，郑州豫丰纱厂已经汉、宜迁往四川。以上内迁纱厂连同稍后由湖北沙市内迁的沙市纱厂，奠定了战时大后方纺纱业的发展基础。

沿海工厂来到内地后，人地两疏，面临种种困难。政府为了使各厂尽快恢复生产，由资源委员会工况调整处驻重庆办事处于1938年1月25日召集14家工厂的负责人开会，并决定筹组"迁川工厂联合会筹备委员会"，负责协调内地工厂入川具体事宜，裁断工厂纠纷，调查工厂生产业务。上海机器厂颜耀秋、龙章机器

---

[1] 黄立人：《抗日战争时期工厂内迁的考察》，《历史研究》1994年第4期。

厂庞赞臣为正副主任委员。1938年4月17日，迁川工厂联合会正式成立。该会成立后，凭借其会员工厂在后方民营工业中的骨干作用，成为后方工业界中主要的社团组织之一，在后方工业界具有重要的影响。迁川工厂联合会是以内迁重庆和四川的沿海沿江工厂为基础成立的，随着其会员工厂的增加，其组织管理及对外协调能力日渐成熟，成为一个成熟的现代化资产阶级团体。[①] 在迁川工厂联合会的积极推动下，"中国经济研究所"于1943年2月1日成立，吴蕴初为董事长，章乃器为所长。该所成立后，对重庆及西南地区周边的工矿产业布局、战时工业管制等问题进行了详细的调查研究，提出了不少颇具建设性的主张。[②]

西南地区地质结构复杂，加之交通运输网建设长期薄弱，为工厂内迁过程中的基建施工和物资运输增加了难度。1937年12月中旬，青岛市5家重要工厂"决定迁渝、汉、西安"，要求工矿调整委员会协助解决物资运输问题，后者回复，"现运报繁，重要物资均苦无法南运，调车之事，力与愿违，深以为愧"。重庆电力公司在迁建过程中，因其所处的鹅公岩"石层关系，开辟后发掘脆弱部分，临时改朝上开凿，工程拓展，此非预计所及"，导致基建工程迟缓，未能按预定期限完成。[③] 即便如此，在各方积极努力下，全民族抗战爆发初期至20世纪40年代初，内迁工厂在数量和规模方面都有相当起色。上海方面的工厂，经政府令迁往内地的，共有152家，其中计冶炼业6家，机器制造业9家，电气制造业8家，纺织业37家，金属制造业11家，交通用具制造业1家，石工制造业3家，化学工业30家，服装用品制造业7家，皮革业8家，饮食品制造业6家，造纸印刷业13家，缝纫仪器制造业2家，其他工业11家。这些工厂连同无锡、南京、镇江各地退出的工厂共达200多家，由工矿调整委员会筹划搬运事宜。[④] 据经济部统计，自武汉会战爆发至1940年底，内迁厂矿企业共达448家，机器材料70900吨，技术工人12080人。就工矿企业的性质而言，机械工业占40.4%，化学工业占12.5%，纺织

---

① 柯鹏：《全面抗战时期迁川工厂联合会研究》，硕士学位论文，西南大学，2018年，第5页。
② 中国人民政治协商会议西南地区文史资料协作会议编：《抗战时期内迁西南的工商企业》，云南人民出版社1989年版，第36页。
③ 陈谦平编：《翁文灏与抗战档案史料汇编》上册，社会科学文献出版社2017年版，第325页。
④ 潘应昌编：《抗战中之经济建设》，独立出版社1939年版，第39—40页。

工业占 21.6%，钢铁工业占 0.24%，电器工业占 6.47%，饮食工业占 4.71%，教育用品工业占 8.26%，其他工业占 3.79%，矿业占 1.78%，国防工业占比最大，达到 60% 以上。其地域分布以四川为最多，湖南、陕西、广西等依次递减。[1]这些企业迁抵内地后，很快购地建厂，开工生产。至 1940 年底止，已大部完成建厂复工工作，总计复工工厂数为 308 家，约占内迁工厂总数的 70%。[2]

这些内迁工厂基本上都是工业发达的上海等沿海城市中的大中型企业，机器设备精良，技术先进，迁入内地后，无疑是对工业落后的大后方输入新鲜血液，这是一次被迫的地区经济横向联系，有效地推动了西南地区的经济发展。例如湖南省，战前近代工业十分薄弱，121 家工厂迁入后，很快形成了洪江、沅陵两个工业中心，一度生产发展，市场繁荣，被誉为"小上海"。原来并无工业基础的衡阳，成为仅次于重庆的工业区。许多内迁工厂，特别是机器制造厂，以生产枪支弹药为主，有力地支援了前线的军事。

对战前部分受日本资助、扶持的企业，为了防止沦陷后被日军接管，国民政府在督促其内迁的同时，也加强对其工厂管理层、职员及工人的监督防范。全民族抗战爆发后，国民政府经济部通过谍报系统打听到汉冶萍公司下属湖北大冶铁厂"奉公司之命，仍继续工作，且所掘铁砂，均堆置江边，并闻倭方仍汇款接济"，判定该厂"显系别有企图"，向资源委员会下令，"除另案办理侦查该厂之行动外"，要求资源委员会接管该厂，并迁往内地，"将现存铁砂运去，或于必要时弃入江中，以免资敌人之用。且准备于必要时，将该厂矿全部破坏，则将来纵一时陷入敌手，彼亦不能利用矣"[3]。

太平洋战争爆发后，日军发动了豫湘桂战役，旨在占领中国南部腹地，进一步钳制国民政府统治区域。湖南、广西等地区的工业企业面临战争的威胁。国民政府要求湖南、广西地区的工矿业企业向西南内陆地区迁移。中央电工器材厂、

---

[1] 中国第二历史档案馆编：《中华民国史档案资料汇编》第 5 辑第 2 编财政经济（6），江苏古籍出版社 1994 年版，第 380 页。
[2] 陈真等编：《中国近代工业史资料》第 1 辑，生活·读书·新知三联书店 1957 年版，第 88 页。
[3] 中国第二历史档案馆编：《中华民国史档案资料汇编》第 5 辑第 2 编财政经济（7），江苏古籍出版社 1994 年版，第 298—300 页。

中央无线电器材厂等一批战前从沿海地区迁过来的企业不得不二次迁移。与此同时，祁零煤矿局、平桂矿务局等一批当地企业也奉令迁至西南后方。中央无线电厂"奉命自桂撤迁后，经已疏散职员 110 人，工人及艺徒 709 名，途中职工死亡 3 人，现留职员共 141 人，内留守原地者 3 人，已抵昆、渝者 42 人，现留工人及艺徒 322 人。该厂自有卡车 10 辆，拟自行抢运一部分，另以一部分交运务处代运。目前薪费及维持费用，每月约需 300 余万元，续运器材，尚需运费及仓库建筑费等，共约 700 万元。惟拆迁费预算不敷，刻手存现款，亦感不济"。湖南电气公司"在衡阳疏散职员 18 人，工人 10 名，陆续在冷水滩至独山途中疏散职员 13 人，工人 40 名，现留职员 41 人，工人 16 名，除少数留守人员外，大部分已到金城江。运到金、独之机器共 1170 吨，并另有器材 4 车，在柳州河西村待运"[①]。

在内迁过程中，国民政府为了促进战时后方工业生产与经济建设，对相关行政组织机构予以调整。将原实业部改组为经济部，将军委会所属第三部（主管重工业动员）、第四部（主管轻工业、农业、外贸动员）、资源委员会、工矿调整委员会、农产调整委员会、政府所属建设委员会、全国经济委员会所属之水利部分一齐并入经济部内。将原属军委会领导的贸易调整委员会改隶财政部，易名贸易委员会，并将国际贸易局改归贸易委员会。将农业调整处、四省合作事业办事处并入农本局，将铁道部及全国经济委员会之公路部分并入交通部。将全国稻麦改进所、中央模范林区管理局、蚕丝改良委员会、中央棉产改进所、中央种畜场、西北种畜场并入中央农业实验所。将有关工业实验、研究机关并入中央工业实验所。中央、中国、交通、农民四大银行成立"联合办事处"和"联合贴放委员会"。

为了加大开发抗战后方工矿业资源，提高战时生产技术水平，国民政府于 1938 年 3 月 3 日，将资源委员会原属的采矿、冶金两室合并，成立了一个矿冶研究所，并委任原矿室主任朱玉崙担任该所所长。经济部矿冶研究所是我国第一个也是当时唯一的专门从事矿冶学术研究的机构。根据矿冶研究所组织条例规定，

[①] 中国第二历史档案馆编：《中华民国史档案资料汇编》第 5 辑第 2 编财政经济（6），江苏古籍出版社 1994 年版，第 473—475 页。

该所执掌范围包括：（1）采矿选矿工程技术之研究；（2）燃料开发及利用之研究；（3）钢铁及非铁金属冶炼之研究；（4）其他有关矿冶资源之调查、研究。此外，根据抗战的急需，研究所的科研工作又特别注意以下四个方面：（1）作为工业基础的煤铁工业；（2）作为充实国库基金和换取外汇的主要物资如金、钨、锑、锡；（3）有关军工、民用急需的金属，如铜、锌、铝；（4）有关技术政策的调查研究。四川虽是"天府之国"，有"中国粮仓"之称，但工业基础十分薄弱，大部分厂矿生产仍沿用土法，不仅生产效率很低，而且缺乏安全保障。矿冶研究所提出了"依靠实事求是、土洋结合、因陋就简、因地制宜、求速效实效"的科研工作指导思想。"工作中，先以调查研究，继之以科学试验，复又根据试验研究结果，或拟具建议提供有关方面参考，或派人员作技术指导以改进土法生产，更进而设示范厂，以利推广。"[①]与此同时，国民政府还采取增设部分社团组织及相关会议等途径加强对西南经济建设的领导。如成立川康建设经济委员会、川康建设期成会，组织川康建设视察团，编拟《川康经济建设方案》；召开全国生产会议，讨论、研究农、工、商、金融、交通、科技、文教等国民经济各领域的规划和建设；强化行会组织、成立各业同业公会，强制实施新商会法及同业公会法，使每一工厂、商号、银行、钱庄都成为会员，又使每一同业公会成为当地商会之会员，使之成为有机组织，便于政府的"辅导监督"。

在上述机构调整的同时，国民政府在战时统制经济政策的基础上，颁布有助于扩大生产的积极措施，鼓励机关部门工作人员的眷属参加战时生产合作社。"社会部合作事业管理局为供给员工眷属生产合作所需之原料工具种子，并推销其产品。"[②]对处于空袭危险期间仍然坚持开工的企业给予奖励。资源委员会下属钢铁厂迁建委员会规定："凡在警报期间服务之员工，每月内无警报时每名加给奖金五十元，因接受有危险性之工作，无论有无警报，每月给奖金五十元。凡在警报期间

---

① 朱玉崙：《我国第一个矿冶研究机构》，《中国冶金史料》1986年第3期。
② 《陪都及迁建区公务员眷属生产合作推进办法（1942年1月14日）》，《国民政府》，（台北）"国史馆"藏，数字典藏号：001—012143—00001—001。

内被炸因而受伤之员工，一切医药费用均由本会负担。"①

在上述政策措施的影响下，战时工厂内迁为后方基地的军民工业生产起到了重要的促进作用。以兵器工业和航空工业为例，中国兵器工业在全民族抗战时期，将各重要兵工厂迁建于战略后方，并迅速复工，为中国军队提供了大量的轻型武器装备，为战胜日本侵略者做出了可贵的贡献。②其中最具代表性的是金陵兵工厂。该厂原为金陵机械局，建成于1865年。1928年3月，划归上海兵工厂管辖，改名上海兵工厂金陵分厂。1929年6月，金陵分厂改名金陵兵工厂（简称"宁厂"），隶属于军政部兵工署。金陵兵工厂是战前全国兵工厂中成绩卓著的综合兵工厂，因而为当时最高军事当局所重视。全民族抗日战争爆发后，日军对中国发动全面侵略，兵器工业作为支持抗战的重要产业，被迫进行迁移。在兵器工业内迁前后，国民政府对兵器工业积极扶持。在政策上，国民政府颁布了一系列法令，以支持兵器工业的发展，积极组织兵工厂内迁以及内迁后兵器生产的调整。同时，国民政府为满足武器弹药的需求，组织生产兵工所需原料和动员民用企业生产军用产品。第21兵工厂在内迁中，成为西迁最早、复产速度最快和生产成绩最显著的兵工厂。1937年11月16日，金陵兵工厂接到西迁命令。1938年3月1日，工厂就恢复了生产。第21兵工厂根据兵工署的要求和兵工厂自身发展的需要，规模不断扩大，管理机构也得到完善，在内迁时通过接收友厂和扩建分厂的方式，形成了16个生产单位，提高了产品的生产能力。同时，工厂任用有专业技能的人员担任领导职务，使知识分子进入了生产的管理层。这样不仅有利于工厂的管理，更有利于工厂的生产。工厂也积极地提高工人的技术水平，开办技工学校和补习班，提高工人的技能。在抗战时期，第21兵工厂生产了大量的武器弹药为抗战作了重要的贡献。该厂共生产19个军工品种，主要产品有：马克沁重机枪、捷克式轻机枪、82毫米迫击炮、82毫米迫击炮弹、中正式步枪、八二黄磷弹、黄磷手榴弹、120毫米迫击炮、120毫米迫击炮弹、八一迫击炮、汉式七九步枪、手枪信号弹、

---

① 《钢铁厂迁建委员会拟订交流发电厂警报期间服务人员暂行奖惩办法（1943年6月26日）》，《钢铁厂迁建委员会各项办法案》，《资源委员会》，（台北）"国史馆"藏，数字典藏号：003—010101—0140。
② 戚厚杰、王德中：《抗日战争时期兵器工业的内迁》，《军事历史研究》1993年第2期。

方圆形梯恩梯药包等。第 21 兵工厂在生产过程中对主要的兵器进行了改进。改进后的各主要武器，不仅性能大大提高，而且使用更加方便。该兵工厂不但技术水平得以提升，而且武器生产产量也不断地提高，为中国近代兵器工业发展及抗战的胜利做出了巨大贡献。[1] 近代中国航空工业尽管起步较晚，然而在抗战期间，得到迅速发展，为抗战胜利做出了重要贡献。中华民国第一座航空发动机制造厂，于 1941 年 1 月在贵州省大定县羊场坝正式成立。该厂在首任厂长李柏龄的领导下，成立员工技术训练班，自行训练技术人员，并建立良好的管理制度，使该厂能够迅速地步入正轨，正常营运。大定发动机制造厂制造出的 32 台发动机均通过美国原厂之检测，为中国航空工业之发展奠定了基础。[2]

在民营工业方面，卢沟桥事变爆发前上海有民营机器厂 500 余家。这些企业绝大多数都是中小企业，仅能从事机器修配等简单业务。在内迁过程中，国民党政权加大对道路交通等基础设施以及国防工业等方面的投资建设力度，极大刺激了机械、动力燃料等相关工业产品的需求，为民营企业的生产能力和产品销路带来广阔前景。不少机械、电器和五金等民营工厂在内迁过程中承接政府和军队的订货、订工，提高了生产能力。中华无线电研究社、新亚化学制药公司等民营企业也在内迁过程中与政府和军队积极合作，为抗战提供了大量工业产品。

国民党政权中枢机构的空间转移也加速了全民族抗战时期西南、西北等内陆地区基础设施建设的跨越式发展。"工矿调整委员会曾与农产及贸易两调整委员会合设水路运输联合办事处，以谋运输之促进。嗣奉明令改组中央机构，上述联合办事处改隶交通部管辖。当迁移上海工厂时，因京沪道路阻于战争，各厂利用木船溯苏州河上至镇江，再换轮西上。其他战区工厂之内迁者，亦陆续分别集中武汉。时粤汉路南下车辆，军运较少，故尚得利用以迁湘桂。"[3] 在国民政府的支持下，西部地区积极发展工商业，兴建公路运输，筹建铁路，发展航运，开辟航空

---

[1] 牛凤霞:《第二十一兵工厂与抗日战争研究》，硕士学位论文，重庆师范大学，2011 年，第 6 页。
[2] 李南海:《战时中国航空工业的关键性发展——贵州大定发动机制造厂营运之研究（1939—1949）》，《台湾师大历史学报》2014 年第 12 期，总 52 期。
[3] 中国第二历史档案馆编:《中华民国史档案资料汇编》第 5 辑第 2 编财政经济（6），江苏古籍出版社 1994 年版，第 440 页。

网，使其落后、闭塞的面貌得到了极大改善。1938年12月，国民政府动用了15万的人力，开通了连接云南省与缅甸的滇缅公路。截至1945年，四川全省公路干线、支线达6600余公里，通轮船江河1112公里，通木船江河6493公里，驿运路线1904公里。[1]

在水运建设方面，国民政府对大后方数十条河流水道进行了较大规模的查勘、测量工作，对部分河段进行了疏浚、炸滩和开辟纤道的工程，开辟了川陕东线（重庆—合川—南充—阆中—广元，广元至宝鸡循川陕公路利用汽车运输），疏浚开通了重庆—涪陵—龚滩—龙潭—沅陵—常德联营线。在一些急流险滩处建绞滩站，对轮船实施绞拖。此外，还建造浅水轮船，提倡木船运输，提升战时水路运输能力。截至1945年，四川全省通轮船江河1112公里，通木船江河6493公里，驿运路线1904公里。

在邮电通信建设方面，国民政府除增加军事系统通信兵团主办的有线、无线电通信设备外，还对邮电部门实行军管，全国共设13个军邮总视察段，230多个军邮局、近100个军邮派出所（站）。在通信方面，以重庆为中心形成了联系西南、西北及各战区、各盟邦主要城市的电信网。为便于长距离通话，国民政府还在渝、筑、蓉间装配较为先进的载波电话机，在渝、筑、蓉及桂林与衡阳等地架设多重电话线路。后方还建有大型无线电报话台12处，并以此为中心，与新设及原有之中、小型无线电报话台248处相通。重庆台、成都台、昆明台均可与世界各重要城市通话。此外，还开辟了中英、中美、中苏及重庆至南洋各国的直通国际无线电话，把中国西南与中亚、欧美等国际地区联系了起来。

战时工厂内迁促进了中国西部近代最大的经济中心的形成。重庆地处内陆，开埠较晚。到卢沟桥事变爆发前，重庆虽然已经成为四川近代工业相对集中的城市，但其工业发展水平低，规模小，在全国主要工商城市中居于后列。由于迁渝工厂的推动，重庆工业得到飞速发展。到1940年，重庆工厂总数已达到429家，占西南地区工厂数的50.7%，占大后方工厂数的31.6%，形成了以重庆工业区为

---

[1] 四川省档案局编：《抗战时期的四川——档案史料汇编》，重庆出版社2014年版，第8页。

中心的中国西部工业新格局，奠定了重庆作为长江上游经济中心的地位。以重庆为中心的工业区主要有：（1）重庆工业区。沿长江东起唐家沱，西至大渡口；沿嘉陵江北至磁器口、童家桥；沿川黔公路南至綦江，构成了国民政府抗战时期在重庆的工业命脉。也是当时大后方唯一的综合性工业区，以兵工、炼钢、机械、造船、纺织、化工作为这个工业区的骨干。（2）沱岷工业区。在四川的沱江和岷江流域，即在泸县、内江、五通桥、自流井地区，建立有发电、酒精、制酸、制碱、造纸、炼油、炼焦等工业。（3）涪长万工业区。在原四川万县、长寿、涪陵一带，建立有水电、榨油等工业。（4）昆明工业区。建有发电、机器制造、电工器材、冶炼等工业。此外，工厂内迁也在中西部地区造成了若干近代工业新区域。如内迁湖南的工厂有机器、电器、玻陶、化工、纺织、饮食、文印各业工厂134家，占湖南全省工厂的63.5%，逐渐形成了沅陵、洪江两个工业区，结束了湘西无近代工业的历史。在工业内迁的辐射影响下，西南地区的各类手工业之间的协作大大提高，为支持抗战起到辅助作用。四川省区域市镇经济如自贡盐业、内江糖业、南充丝业、万县油业、夹江纸业、荣隆布业等均得到不同程度的发展，并出现了如盐煤共荣、咸甜相融、酒糖共生、油糖互通等的不同市镇经济体间协作及联动的经济现象，呈现出一个"内生""拉动""传动"多重力量交织作用的市镇经济发展图景。①

战时工厂内迁为提高工矿企业的生产技术起到了促进作用。"就工业技术上言，仿造与发明，性质虽有不同，难易虽有区别，其属于技术上之进步，则初无二致。卢沟桥事变爆发前，全国工业对于仿造工作，已有良好之表现。抗战以后，情势大变。太平洋战事起后，外来器材之补充愈加困难，经济部于成立之初，即积极鼓励，设法仿制，所循途径，约有数端：（1）以前已能仿造之机器，增加每具机器之容量；（2）以前不能制造之工业原材料器材，开始仿造；（3）利用当地原料，制成各种代用品；（4）开始设计或使用前所未有之器材。数年以来，后方现在各厂，除巨型动力精密工具机及特种仪器工具等，尚不能仿造外，普通器材如中

---

① 赵国壮：《抗战时期川省区域市镇经济间的协作及联动》，《西南大学学报》2014年第4期。

小型动力机、工具机、作业机及工具等,均可自造,而各部门工程技术亦均有显著之进步"[1]。以钢铁业为例。全民族抗战前四川省只能生产土铁,因其含硅太低而不能翻砂与车制。1919年熊克武等筹建的重庆炼钢厂亦时办时停,直到1937年1月才出第一炉钢。而四川原有规模较大的钢铁厂仅重庆炼钢厂、华西炼钢厂以及龙飞甡泰民生等翻砂厂数家,所需生铁多取自六河沟和汉阳铁厂以及本地土法炼炉。全民族抗战爆发后,各地钢铁事业在政府及企业的合作下,迁入四川的有钢铁厂迁建委员会、上海钢铁厂、大鑫炼钢厂等,而原有的重庆炼钢厂与华西炼钢厂也在设计扩充以应抗战需求。翻砂厂迁入四川的有六河沟、永利、大公等数家。为了解决生产原材料短缺问题,考虑到战时世界各国备战,禁止炼钢材料外运,大鑫炼钢厂经理余名钰提前配备了大量金属配剂,并收购了上海钢材市场上的废钢旧铁2000余吨,运往内地使用。[2] 在开发与利用后方矿冶资源方面,得益于专门从事矿冶技术的研究与推广而成立的经济部矿冶研究所,形成了"研—学—产"相结合的方式。研,即科研机构,包括官办的经济部地质研究所燃料研究室、矿冶研究所以及民办的中国西部科学院理化研究所;学,即学校,如重庆大学矿冶系;产,即产业或企业,如钢铁厂迁建委员会、渠江矿业公司等。经过多方努力,经济部矿冶研究所最终通过洗选试验改善川煤煤质和改良土法洗煤与炼焦设备的方式,找到了适应当时情况的技术,在最短的时间内提高了焦炭的质量与产量,多快好省、快速高效地解决了战时的冶金焦炭的供给问题,寻找到最适应当时战争需要的技术平衡点。[3]

全民族抗战初期国民政府组织东部沿海地区工矿企业向中国西南、西北地区迁移,虽说是被迫的,但客观上起到了中国工业近代化的空间传动作用。它不单纯是中国工业地理上的调整,它对改变中国工业不合理布局,推动内地工业的发

---

[1] 中国第二历史档案馆编:《中华民国史档案资料汇编》第5辑第2编财政经济(6),江苏古籍出版社1994年版,第225—228页。
[2] 萧小红:《战时企业与政府:从民营厂矿内迁看民族国家目标的认同(1937—1939)》,《民国研究》2011年秋季号。
[3] 雷丽芳、方一兵、潜伟:《抗战时期后方冶金燃料的研究——以经济部矿冶研究所为例》,《中国科技史杂志》2016年第3期。

展起到极大的促进作用，最重要的是对战时后方经济开发建设，支撑抗战的经济基础起了极其重要的作用。

然而，战时工厂内迁与经济中心西移不是工业正常发展和积累的结果，而是在战争与国家决策的作用下，依靠外来工厂和工业资本的植入而建立起来的。这一特点决定了工厂内迁的先天不足和不确定性。内迁的工厂占民国时期工业企业总量的比例太低，从而限制了其对现代民族国家工业建设所发挥的影响。[1] 1939年至1945年，尽管西南后方的国防工业提供了超过50000个工作岗位，也提高了工人的薪资福利待遇，但仍然无法避免高流动性职业流动带来的技术工人短缺的困扰。[2] 全民族抗战后期，因内迁而盛的重庆工业走向衰落，造成这种衰落的根源可以阐释为市场需求的转型、战争环境对工业发展的影响、重庆工业集中布局的缺陷三个方面。市场方面，由于内迁工厂重建与复工高潮的结束，工业市场急剧萎缩，市场需求由初级成品向深加工转变，从而使工业产值跌落。1943年后因地域封锁和战局颓势，重庆工业原料供应日趋紧张，庞大的军费导致后方金融秩序的崩溃与物价飞涨对工业造成极为恶劣的影响。从工业布局来看，全民族抗战时期重庆的集中工业布局导致建筑成本高涨，能源供应紧张，市场竞争激烈，运输压力陡增，这些问题随全民族抗战后期内需的萎缩与战场的颓势而越发明显。[3] 抗战胜利后，国民政府"还都"南京，大量内迁工厂纷纷"复员"，导致战时积累下的中西部工业资本东移，大批科研、技术人才回流沿海地区，形成与全民族抗战时期中国工业经济调整方向相反的逆向调整，导致中西部地区工业发展的停滞，扩大了中西部地区与东部沿海地区在工业发展上的差距。[4] 这是理解战时工业内迁问题时不能不看到的。

---

[1] Lu Liu, A Whole Nation Walking: The "Great Retreat" in the War of Resistance, 1937–1945, University of California, San Diego, PhD dissertation, 2002, p.133.
[2] Joshua H. Howard, Chongqing's Most Wanted Worker Mobility and Resistance in China's Nationalist Arsenals, 1937–1945, *Modern Asian Studies*, Vol.37, No.4（Oct. 2003），p.957.
[3] 曾潍嘉：《变局中的兴盛与衰落——抗战后期（1943年—1945年）重庆工业衰退原因再探》，《中国社会科学院研究生院学报》2014年第2期。
[4] 黄立人：《抗日战争时期工厂内迁的考察》，《历史研究》1994年第4期。

三、教育内迁与文化中心西进

全民族抗日战争的爆发中断了现代中国文教事业发展的稳定步伐。据南京国民政府教育部统计，全民族抗战爆发战前，全国专科以上学校共108所。[①] 全民族抗战爆发前全国经济文化中心偏于华北、华东地区的大城市，由此导致战争爆发后，不少高等院校直接暴露在日军炮火之下，受到重创。至1938年8月底，专科以上108所学校中受敌人破坏者，共计91校，全部受敌人破坏者计10校。[②] 战争爆发前，各校教授教员共7560人，职员4290人，学生41922人。战争爆发后，受影响教员达2000余人，学生20000余人，占全数的50%。[③] 清华大学校舍损失约合350万元法币，加上图书设备损失和迁长沙后校舍被炸损失，总计达605万元。南开大学被炸毁，损失共375万元。浙江大学损失校舍约130万元，图书及仪器设备约26万元。设于南京的国立中央大学虽受政府眷顾搬迁较早，但也死伤6人，财产损失达38.34万元，这还不包括沦于敌手的校舍和不动产所值的233.06万元。[④]

为了减少日寇的破坏与蹂躏，保存文教事业尤其是高等教育之根基，国民政府在全民族抗战爆发前夕即着手进行高校内迁的工作计划，于1937年7月颁布了《战时内迁学校处置办法》《社会教育机关临时工作大纲》等文件，其中对战时高校的迁移、安置等作了指示和规定："各省市教育厅局，于其辖区内或境外较安全之地区，择定若干原有学校，即速加以扩充，或布置简单临时校舍，以为必要时收容战区学生之用。"学校在受"轻微袭击时应力持镇静，必要时可作短时停闭，激烈战事时可暂停或迁移"[⑤]。

由于战火迅速蔓延，形势危迫，全民族抗战爆发后，国民政府事实上无力统筹战区高校的集体迁移和安置工作，仅能就国立重点大学的迁置作具体指示和安

---

① 国民政府教育部编：《第二次中国教育年鉴》，商务印书馆1948年版，第1406页。
② 延安时事问题研究会编：《抗战中的中国文化教育》，上海人民出版社1961年版，第28页。
③ 顾毓编：《抗战中的中国文化教育》，中国现代史资料编辑委员会1957年版，第28—29页。
④ 延安时事问题研究会编：《抗战中的中国文化教育》，上海人民出版社1961年版，第29—33页。
⑤ 中央教育科学研究所编：《中国现代教育大事记》，教育科学出版社1988年版，第372页。

排。国民政府选定了三个地点组建临时大学，共分三区：第一区在长沙，指令北京大学、清华大学及南开大学南迁。第二区在西安，指定平津的另外三所重点大学北洋工学院、北平师范大学、北平大学迁此，组成了西安临时大学，后改名为国立西北联合大学。以上二区安置了北方的重要高校。第三区地点待定，原拟安置华东地区的重点高校，未果。[①] 1937年上半年至1940年上半年，沦陷区半数以上的各类高等院校相继内迁，是战时教育内迁与文化西进的第一次浪潮。

1937年8月，国民政府教育部分别授函北京大学校长蒋梦麟、清华大学校长梅贻琦和南开大学校长张伯苓分任长沙临时大学筹备委员会委员，北大、清华、南开三所大学在长沙合组为长沙临时大学。1938年2月，长沙临时大学迁移至昆明，4月正式更名为国立西南联合大学。时任北京大学秘书长的郑天挺受任随学校一起来到昆明。"当二十六年，敌陷北平，全校负责人均逃，余一人缙校长、教务长、文理法三学院院长、注册主任、会计主任、仪器委员长之印。临离北平，解雇全校职员、兼任教员及工友。"[②] 同一时期，北平朝阳学院、北师大劳作专修科、北平艺专、北平铁道管理学院等学校分别内迁川黔。北方诸省较早内迁的还有青岛的山东大学、济南齐鲁大学、唐山土木工程学院、青岛的山东省立医专、山西太谷的铭贤学校和九一八事变后迁至北平的东北大学等校，多移往川黔湘桂，而终以四川境内为归宿。

在华东地区的宁、沪等市，设于南京的国立中央大学、中央政治学校于1937年八九月间率先迁渝。金陵大学亦于1937年秋内迁成都华西坝。此外，南京还有国立剧专、国立药专、国立牙专、中央工业职业学校、中央国术体育专科学校、蒙藏学校、金陵女子文理学院先后内迁，几经坎坷，最后基本上汇集于成、渝等地。

上海作为中国最大的工商业城市和经济文化中心，高校云集。八一三事变以后有同济大学、大夏大学、复旦大学、光华大学、上海法学院、东吴大学、吴淞商船专科学校、私立两江女子体育专科学校等8所院校相继内迁。除大夏大学迁

[①] 徐国利：《关于"抗战时期高校内迁"的几个问题》，《抗日战争研究》1998年第2期。
[②] 《郑天挺西南联大日记》，中华书局2018年版，第306页。

贵阳和赤水外，其余均辗转奔向四川。

1938年11月浙江省政府第一〇二五次会议决定，筹建"浙江省立战时大学"，"聘谷正纲、阮毅成、黄祖培、许绍棣、伍廷飏、许蟠云、李立民、王振汉、王佶、赵曾珏、黄祝民、莫定森、陈仲明等为筹备委员，并以教育厅长许绍棣为筹备主任"。委员大多为浙江省政府官员或与学校将来教学、实习工作密切相关的单位负责人，如省党部主任委员兼第三战区政治部主任谷正纲、教育厅长许绍棣、民政厅长阮毅成、财政厅长黄祖培、建设厅长伍廷飏、农业改进所所长莫定森、省立医药专科学校校长王佶等。筹备委员会成立后，在丽水县城郊三岩寺设办公处所，负责筹备一切事务。① 浙江大学于1939年底出发，迁往贵州；杭州艺专、镇江江苏省立医政学院、无锡江苏省立教育学院和国学专修学校、扬州南通学院医科、苏州江苏省立蚕丝专科等学校，大都迁至四川省的重庆、璧山和嘉定（乐山）一带办学。

武汉迁校共5所：国立武汉大学、武昌中华大学、武昌华中大学、武昌文华图书馆专科、武昌艺专，除华中大学经桂林迁往大理喜洲外，其余均移往四川乐山、重庆和江津。湖南湘雅医学院从长沙迁至贵阳。

由此可见，这次迁移浪潮实则由4次小高潮组成。一是平津沦陷前后，平、津、冀东一带高校相继南下；二是沪、宁、苏、杭失陷前后，当地高校大批西迁或南下；三是武汉、长沙沦陷前后，当地高校和早先迁到该地区的华北、华东地区高校继续西迁或南进；四是广州、福州等被占后，广东和福建沿海城市的高校向本省内地山区的迁移。② 这一时期，内迁高校可查考的约75所，占1938年底我国高校总数97所的77%；占抗战时期高校内迁总数124所的60%。③

内迁高校都因国民政府对高校的迁移工作没有整体计划，缺少指导，更无切实的支持，学校往往经过几度搬迁而难以安身，每至一处，喘息未定，便又因战事逼近而不得不继续流亡。私立复旦大学和大夏大学组成复旦大夏第一联合大学

---

① 《浙创办战时大学》，《教育杂志》1939年第29卷第2期。
② 徐国利：《关于"抗战时期高校内迁"的几个问题》，《抗日战争研究》1998年第2期。
③ 郑登云编著：《中国高等教育史》上，华东师范大学出版社1994年版，第254页。

西迁。第一部（又称"第一联大"）以复旦为主体，由复旦大学副校长吴南轩负责，迁往江西庐山；第二部（又称"第二联大"）以大夏为主，迁往贵州。第一联大于 1937 年 10 月 25 日在庐山牯岭开学。然而开学后不久，南京陷落，庐山震动，第一联大再次奉命西迁大后方。12 月初，500 多名师生从九江乘招商局轮船来到宜昌。在实业家卢作孚的帮助下，师生携带的大量图书、设备得以转运后方。1937 年 12 月底，复旦大学师生乘民生公司的轮船到达了重庆，即被安排到菜园坝复旦中学（当时正在放假）开课，然而该区是日机频繁轰炸之地，遂在北碚另觅校址复课。搬迁次数最多的是国立同济大学，经历了 7 次大搬家。该校在八一三淞沪会战前，撤离吴淞，迁往上海市区，后因战事日趋紧张，决定内迁。该校先后迁往浙江金华以及江西赣州、吉安，历尽磨难于 1938 年 7 月迁入广西八步，随后，又迁到云南昆明，并于 1940 年冬开始陆续撤离昆明，迁往四川省南溪县李庄。[①] 南昌的中正医学院于 1939 年秋迁至昆明，次年又迁贵州镇宁，1941 年 8 月在蒋介石的压力下重回江西永新；长沙湘雅医学院 1939 年 10 月迁贵阳，1944 年 12 月再迁重庆。华南方面，广州中山大学于 1938 年 10 月迁罗定，嗣后又经广西龙州、云南澄江两度周折，1940 年秋又迁回粤北坪石；广东省立文理学院、省立法商学院，也在桂粤间几度流离。[②]

在国民政府教育部制订高校内迁计划时，何校先迁，何校后迁，迁往何地，有着多重考虑。华北沦陷区的高校和地处战区的高校，正常办学势不可为，必须即刻内迁。而暨南大学等迁入租界的高校，相对安全，故可暂缓内迁。具体到每所高校内迁时机的选择上，与国民政府对其重要性的考量及定位有一定关系。如何争取国民政府教育部的批准，尽快内迁，在一定程度上取决于各高校主政者的个人努力及人脉关系。[③]

对战前高等院校区域分布不均的问题，国民政府内部已有所觉察。"关于各级学校之设置问题，我国向不重视，故往往支配不当，漫无标准。有一二市区内，

[①] 高勇：《历千里艰辛，延续教育命脉——记抗战时期高校内迁入川》，《中国档案报》2015 年 11 月 9 日。
[②] 侯德础、张勤：《高校内迁与战时西南科技文化事业》，《抗日战争研究》1998 年第 2 期。
[③] 张永春：《抗战时期暨南大学的"内迁"问题》，《暨南学报》2006 年第 6 期。

集合设有若干大学者，有若干省区竟毫无一高等教育机关者。此种现象，实因各级学校之设置，从未有相当规定之故。故今后各级学校之设置，应视地方之需要。"[1] 全民族抗战爆发后，国民政府借各校内迁之际，对高等教育机构之分布做适当调整。西南、西北地区素来教育落后，因战时有相当数量的大学迁入，其高等教育乃大为发展。对于当时奉令移往西南和西北地区的各高校而言，则承担着保存民族高等教育和提高西部高等教育水平的双重使命。全民族抗战初期，暨南大学因位于上海租界，战争初期未得到教育部内迁的批复。淞沪会战后，租界内高校相继内迁，暨南大学校长何炳松积极动用自身在政界学界的人脉关系，向政府争取内迁许可。汪精卫在南京组织傀儡政府后，欲在上海复建暨南大学。暨南大学学生上书国民政府，表明"始终服从最高领袖，坚决拥护抗战建国策，反对任何伪组织，反对屈辱卖国和平理论"的坚决立场。[2] 在当时呼请将暨大迁往西南的各类表述中，除强调暨南大学作为华侨教育最高学府，对中国的抗战建国有着特殊而重要的作用这一理由外，还将暨大内迁西南与促进当地高等教育发展、开发西南联系在一起。[3]

战时高校内迁的第二个阶段是1940年下半年至1943年春。在日军战争阴影下，从1940年夏季起，上海租界的形势日益恶化。1942年12月，太平洋战争爆发，日军强占租界，原迁上海租界及东南各省的院校又不得已相继内迁。上海租界内迁的上海沪江大学、交通大学和立信会计专科，分别迁往重庆和万县。私立上海东亚体育专科学校在沪战时转入法租界，太平洋战争爆发后师生又汇集皖南，1944年夏辗转来川，在泸县复校。卢沟桥事变后辗转于安徽屯溪和上海的杭州之江文理学院，再迁贵阳，后与沪江、东吴两校合并。当时北平也有两校内迁：中法大学迁往昆明；燕京大学因系美国教会所办，珍珠港事件后被日军强行解散，师生千里流离，1942年在成都复校。另外，香港华侨工商学院曾迁往梧州、柳州和四川江津，1945年秋再迁重庆。此外，若干内迁院校师生还在四川新设了4所

---

[1]《各级教育实施方案》，国民政府教育部1938年编印，第14页。
[2]《国立暨南大学全体学生电国民政府为拥护抗日建国策恳准予该校内迁直接献身抗战（1940年4月8日）》，《暨南大学案》，《国民政府》，（台北）"国史馆"藏，数字典藏号：001—091011—00003—017。
[3] 张永春：《抗战时期暨南大学的"内迁"问题》，《暨南学报》2006年第6期。

院校，一般也将其归入内迁院校之列。即乡村建设学院，前身系平教会 1930 年成立的"乡村建设育才院"，全民族抗战期间在巴县歇马场正式扩充为独立学院；社会教育学院，系以内迁的江苏省立教育学院师生为基础，1941 年 8 月正式成立于璧山县；国立音乐专科学校，前身是 1939 年内迁师生在重庆复兴关开办的音乐干部训练班，1943 年更名为"国立音乐学院分院"；国立女子师范学院，1940 年 9 月创办于江津白沙镇。[①]

与第一阶段内迁高校主要为国立学校不同，第二阶段内迁高校基本是私立学校和教会学校，迁往地区主要是西南诸省、广西、广东及福建等省的内陆地区。同时，日军为配合太平洋战场，在中国战场采取了相应的军事行动，使滞集在浙、赣、闽、粤、湘等地的一些高校被迫再迁移。如 1942 年 4 月，日军发动浙赣作战，使在浙赣两省的一些高校仓皇他迁。英士大学原先由杭州迁至浙江丽水。浙赣战争爆发后，为避战乱，英士大学决定迁往云和继续办学，由此开始了第二次迁徙。此次迁徙规模较大、路途较远，过程也异常艰辛。在撤离中，"学生、教职员先走，教学器材、文卷资料装成二百多只木箱，雇工一百余人步行肩挑，随后出发，上午离城，当日下午即告陷落"[②]。这一时期总计内迁各类高校近 20 所。[③]华中大学的西迁分两次进行：第一次西迁由武昌迁往桂林；第二次西迁由桂林迁至云南喜洲。湘雅医学院于 1944 年底自贵阳迁往重庆。

第三时期，自 1944 年夏季到 1945 年抗日战争胜利。这一时期内迁院校甚少，仅有私立东亚体育专科学校于抗战胜利前夕，自皖南辗转来到四川，在泸县复校。

内迁高校异地办学，征地建校是亟待解决的首要问题。入川之初，大部分高校只能借用破旧庙宇、祠堂当校舍，大都简陋不堪。国立西南联合大学迁校至云南昆明后的学校办公处所大多是租借当地民房应急使用。1939 年春，联大租用云南省百余亩农田，这块地的一部分拿出来用作校舍研究所建设。尽管联大有征购土地自建校舍，但由于学校学生众多、院系增加，新校舍不敷应用，教室及宿舍

---

① 侯德础、张勤：《高校内迁与战时西南科技文化事业》，《抗日战争研究》1998 年第 2 期。
② 朱宗尧、陈绍铺：《抗战期间在丽水创办的英士大学》，《丽水文史资料》第 12 辑，1995 年版，第 193 页。
③ 徐国利：《关于"抗战时期高校内迁"的几个问题》，《抗日战争研究》1998 年第 2 期。

的容量仅仅能支持一小部分教学，所以除自建校舍外，联大另外还租借当地其他学校的空余教室、宿舍进行教学活动。征购土地自建的校舍由联大工程处负责，新校舍建筑地址在三分寺东附近，云南师范大学档案记载，1938年6月西南联大、昆明实验县政府关于购买三分寺土地的来往函，双方商定土地测量、购买事项。国立西南联合大学校史资料记载："1938年7月1日购置本大学校址地基一百二十四亩四分五厘，地价及地内坟墓迁移费共计国币二万四千五百三十一元二角九分。"[①] 由于正式房舍造价高、花费时间长，所以决定改建临时房舍。在建造新校舍包括各院系办公室、课室、实验室、图书馆、宿舍、医院、食堂、防空洞等，并鉴于当时昆明有受空袭的可能，所以除了建造防空洞之外还租借了晋宁县盘龙寺为预备校舍。除了自建的新校舍，联大还租有文林街昆华中学南北院为师范学院校舍，龙翔街昆华工校为总办事处，昆华师范为学生宿舍。拓东路迤西会馆、全蜀会馆、江西会馆、盐行等为工学院校舍。国立武汉大学先后借用乐山嘉定文庙、崇圣祠、三清观、大佛寺等处，学生的学习和生活十分不便。

除了校舍问题外，战时内迁大学在图书资料、实验仪器等维系教学科研正常秩序的硬件条件方面极为简陋，而国民政府为了应对耗费巨大的战争开支，下拨的教育经费十分有限。西南联大时常受制于办学经费的短缺。"本校成立时，曾得中华教育文化基金董事会补助10万元。又管理中英庚款委员会补助25万元，用于理工设备者约20万元。是时物价尚未上涨，海外交通未受阻隔，本校得以购备急需之物品。嗣后三校运滇之仪器机械已有相当数量，加以本校历年经常费内陆续增购者，以较三校原有设备虽相去甚远，尚能勉敷教学之用。各系实验室自新校舍落成后，亦粗具规模。近两年来一因海外交通断绝，一因物价腾涨，薪津、办公各费常感不敷，不得不将设备预算酌为匀减。此亦目前权宜之办法耳。"[②] 西南联大是为数不多的能够获得较为优渥资金来源的重要国立大学，尚且如此窘迫，普通国立大学及私立大学的办学条件只能更为恶劣。

---

① 西南联合大学北京校友会、校史编辑委员会编：《国立西南联合大学校史资料》，北京大学出版社、云南人民出版社1986年版，第14页。
② 北京大学、清华大学、南开大学、云南师范大学编：《国立西南联合大学史料》第1册，云南教育出版社1998年版，第8页。

全民族抗战时期，国民政府在大学内迁、高等教育布局调整的过程中，借助大学办学经费短缺的现实契机，通过将省立以及私立大学国立化以及合并相关院校等方式强化国民党政权对地方政学两界的统治权威。1943年4月，经国民政府行政院决定，英士大学由"省立"升格为"国立"，成为浙江省第二所国立大学。改为国立后，学校的管理制度由委员制改为校长制。教育部先委任复旦大学原校长吴南轩为校长，吴未就任；后由暨南大学总务长杜佐周出任校长。此时英大的规模也日益壮大，为方便办学，教育部决定将英士大学工学院划出，独立为"国立北洋工学院"，并委任英大教授陈荩民为代理院长，因落址泰顺县百口丈镇，又被称为"泰顺北洋工学院"。1943年6月，教育部又将东南联合大学法学院与艺术专修科并入英大。自迁入泰顺后，英大便坚持在此办学，直至抗战胜利后于1945年11月转入永嘉，1946年3月又转入金华，并最终将校址定在金华，直至1949年被裁撤并入浙江大学。[1] 在这一大学改制的过程中，引发了私立大学与教育部之间的诸多纠纷。私立大学唯有掌握强有力的政治资源，才能调动各种权力关系与其上级——教育部博弈，维护自身利益。尽管私立大学的地位远低于国立大学，却拥有不容小觑的政治能量。对教育部而言，抗战中所能掌握的财源虽然有限，却也有扶助私立教育的责任。但从事实来看，所谓的扶助，常常是简单、粗暴的合并、迁移、改组，拿不出让人心悦诚服的全盘性补救措施。由于不同的私立大学背后的政治势力强弱不同，补救的多少也就不无差异。教育部与私立大学之间亦未开辟真正畅通的沟通渠道，使私立大学多半只能通过非正常的途径，凭借在中央政府中拥有的人脉和权力资源，以越级呈报、暗箱操作的方式获取资源。对私立大学而言，在抗战时期国家危亡的前提下，亦全局观念淡薄，常常专以一校利益为依归，摇摆反复，既给战时国家的教育规划造成极大困扰，也无形中浪费了巨额的教育行政成本。[2]

内迁后方的高等院校基本上都留在西南地区坚持办学，直至抗战胜利后，才

---

[1] 柳滔:《抗日战争时期的英士大学》，《浙江档案》2018年第8期。
[2] 韩戍:《抗战时期的部校之争与政学关系——以私立大夏大学改国立风波为中心的考察》，《近代史研究》2016年第1期。

陆续复员重回原址。也有若干学校如中山大学、中正医学院、广东省立法商学院、广东省立文理学院在大西南短暂停留后，中途又分别迁回粤、赣两省。福建协和大学抗战期间从福州迁往邵武。抗战结束后，由于福州校舍被日军破坏殆尽，原拟待旧址重建完工后迁回。然而邵武校内"鼠疫大作，校工一人，染疫身死，学生之不安心理与日俱进"，校方遂决定"提前放假，即日迁校"，将校址从邵武迁回福州。① 还有一些学校如国立社会教育学院、乡村建设学院、国立女子师范学校为内迁师生在内地新办。而朝阳学院、燕京大学、光华大学、沪江大学、吴淞商船专科学校、两江女子体育专科学校、东亚体育专科学校、上海法学院等校都只有少数师生内迁，几乎完全是在后方另起炉灶复校授课。

　　内迁高校对西南地区教育现代化的推动是多方面的，主要表现在以下几个方面：第一，高校内迁为西南地区带来了大批高素质的现代化教育的师资队伍。西南联大的教授群体恰好是由20世纪30年代前完成中西两方面教育的三代知识分子共同组成。这三代学人的共同特点是在全民族抗战前基本上都完成了学者的准备阶段，开始迎来自己学术上的丰收期。② 云南大学在战前师资贫乏，设备简陋。全民族抗战期间，云南大学校长利用西南联大、同济大学等相继来滇的机会，陆续聘请了一批专家学者来校任教或主持工作，著名者有吴文藻、郑天挺、吕叔湘、费孝通、唐兰、贺麟、陈达、潘光旦、严济慈等人，使云南大学"这所在红土高原上土生土长的僻处边徼的后起学府竟拥有了仅次于西南联大，而为许许多多内地、沿海大学所不曾拥有过的如此强大的师资阵容"。1940年从上海法租界迁至重庆的交通大学，"正、副教授大都是一批刚从欧美各国留学归来的年轻学者。留美的大都在美国著名的麻省理工、哈佛、康奈尔、芝加哥、伊利诺伊等大学取得博士、硕士学位。此外，还有在英国特伦大学、阿姆斯特朗造船学院、意大利都灵大学航空学院、德国柏林高工、西门子电厂、法国巴黎大学等深造回国。许多系直接采用教授们刚从国外带来的新教材。土木系四年级讲授《高等材料力学》、《弹性力学》和《流体力学》，都是以世界著名学者铁木辛哥的新书，代替了较陈

---

① 福建协和大学：《抗战期中之福建协和大学》，1946年版，第9页。
② 谢泳：《西南联大与中国现代知识分子》，湖南文艺出版社1998年版，第28页。

旧的教材。有的教材美国 1942 年刚出版，本校 1943 年即已采用"。①

第二，内迁高校使民主和科学精神得到更深入的传播。内迁高校迁到西南后，高校师生很快成为国统区民主宪政运动的前驱和骨干。他们散居城乡，宣传民主和科学，创立各种民主社团组织，反对国民政府在抗战后期日益加剧的专制、腐败，掀起一次又一次民主浪潮。西南联大成为后方的民主堡垒；闻一多、李公朴等成为杰出的民主斗士。校园墙内浓厚的民主气氛，感染着围墙外的广阔世界，甚至辐射到穷乡僻壤。

第三，内迁高校师生通过教学科研活动，与工矿业企业专业技术人才结合，为战时生产与科研做出了巨大贡献。全民族抗战时期国民政府注重国防、生产建设与教育事业的合作与沟通。国民政府成立了建教合作委员会，教育机关（主要是高校）、研究院也纷纷与工厂合作，共同开展战时科研与生产，培养了大量科技人才。1939 年 5 月，国民政府教育部会同经济部、交通部、军政部与航空委员会，共同拟定了《理工学院与各种工厂合作办法》，指定近百家工厂与所在地理学院开展合作事业。不少大学也结合西南地区工业生产的实际条件，增设相关的院系和研究机构。浙江大学在全民族抗战期间增设了工程研究所与化学工程学部。② 南开大学经济研究所 1938 年随南开大学迁至重庆后因地制宜，针对全民族抗战时期的通货膨胀问题展开详细的研究，"搜集战时实际资料，就生产、就业、消费、分配各方面，予以分析。全部资料大半由经常调查而来，包括家庭收支、批发物价、零售物价、生产数量、工资与薪给、外汇汇价及黄金价格等等，仅有少数资料转引自公私刊物"③。交通大学迁至重庆后，土木系新增设了水利门，管理方面新创办了工业管理系，机械系加强了航空工程、汽车工程等专业的教学。④ 清华大学与航空委员会、军事委员会、资源委员会、中央研究院化学研究所配合，先后建立了农业、航空、无线电、金属、国情调查 5 个特种研究所，进行科学研究。复旦大

---

① 交通大学校史编写组编：《交通大学校史（1896—1949）》，上海教育出版社 1986 年版，第 391 页。
② 《本校增设工程研究所》，《国立浙江大学校刊》1941 年 11 月 10 日。
③ 北京大学、清华大学、南开大学、云南师范大学编：《国立西南联合大学史料》第 3 册，云南教育出版社 1998 年版，第 591 页。
④ 交通大学校史编写组编：《交通大学校史（1896—1949）》，上海教育出版社 1986 年版，第 391 页。

学增设了会计、银行、垦殖、茶叶等专修科。光华大学增设了土木工程系,都是根据当地需要新开设的应用性学科。毕业生遍及西南大小城镇各行各业,为西南经济发展蓄积了人才生力军,对西南地区的经济现代化产生了深远影响。[1]

除了高校内迁外,包括中学、师范、职业学校在内的部分中等学校受日本侵华战争的影响也进行了迁移。如据国民政府教育部档案报告,1937—1938年,各省在本省内迁移办理的中等学校有94所,在本省内数校合并迁移办理的有44所,迁移省外办理的约60所,迁移省外数校合并办理的有5所。[2]这些中等学校在战争及搬迁过程中都遭受了重大损失,除了一些停办外,多数仍然坚持战时办学。

四、大后方的文化生活与文化人

全民族抗战期间,伴随高等院校的大量内迁,以大学老师、学生为主体的文教界人士纷纷随内迁高校聚集西南大后方。然而,西南地区战前规模发展水平有限。战时交通物资运输渠道受限,加之大量人口短时间内汇集重庆、昆明等地,使得当地居民平均生活水平明显下降,内迁的师生也不免受到影响,在居住条件与日常生活方面面临诸多窘境。浙大校长竺可桢回忆道:"迁移而来的浙江大学教授、教师及学生的宿舍简陋无比,冬季不能遮挡风寒霜雪,夏季不能抵御酷暑。一旦下雨,多数房屋漏雨漏的床帐皆湿。师生无法正常睡觉,彻夜难眠。所吃饭菜更是粗劣简单,每顿饭只有青菜、豆芽,往往几个月也难以吃到一次肉食。"[3]华中大学从桂林迁至云南喜洲后,教职工及家属大多租用当地宗庙的厢房,也有租用院子的一部分,人畜杂处。刚开始时,普遍缺乏家具,饮食简单,燃料也仅能用木炭。春天来到后,疾病开始在师生中流行。由于当时喜洲医院里人手缺乏,

---

[1] 张成洁:《抗战时期高校内迁对西南地区现代化的影响》,《贵州社会科学》2006年第3期。
[2] 中国第二历史档案馆编:《中华民国史档案资料汇编》第5辑第2编教育(1),江苏古籍出版社1997年版,第665页。
[3] 《竺可桢日记》,上海科技教育出版社2010年版,第92页。

医疗保健几乎谈不上，有教师的孩子悲惨地死于疾病。[①]

昆明的物价本来较低。全民族抗战期间，沿海省份大量难民涌入昆明，这些人带来的国币在和滇币兑换方面占有优势，一下子增加了许多消费，间接刺激了物价的上涨。[②] 加之抗战中后期，西南后方的交通线路受损，物资运输不畅，造成后方物价飞涨、通货膨胀的程度更为剧烈，使迁至后方的大学师生面临严峻的生计问题。以当时昆明地区的生活状况为例，据调查，1939年至1940年昆明的贫户年均收入708元，年均支出698.57元；普通户年均收入1500元以上，年均支出1471.85元。[③] 蒋梦麟回忆道："物价初次显著上涨，发生在敌机首次轰炸昆明以后，乡下人不敢进城，菜场中的蔬菜和鱼肉随之减少。店家担心存货的安全，于是提高价格以图弥补可能的损失。若干洋货的禁止进口也影响了同类货物以及有连带关系的土货的价格。煤油禁止进口以后，菜油的价格也随之提高。菜油涨价，猪油也跟着上涨。猪油一涨，猪肉就急起直追。一样东西涨了，别的东西也跟着涨。"[④]

针对该问题，国民政府经济部采取限制囤积日用必需品，定量配给的措施，旨在遏制物价飞涨。"以人民衣食服用所必需者为限，其种类由经济部随时指定之。日用必需品所应就各重要城市，派员或委托当地主管官署商会或其他机关，调查存货数量、购运成本、市场供需情形、最近价格，及有关系之其他物品市价。至于出产日用必需品之工厂，应调查其生产能力、成本、存货数量及最近抛售价格。"[⑤] 此举在遏制物价飞涨的同时，也对内迁师生的日常必需品获得造成影响。值得一提的是，实际收入的大幅度减少与生活水准的高速度降低，是全民族抗战时期公教人员尤其是原本处于优越地位的大学教师的共同遭遇。由于大学教授的薪金实值已经降到了维持最低生活水平的程度，其他公务员与中小学教师已没有多

[①] 马敏：《抗战期间教会大学的西迁——以华中大学和湘雅医学院为例》，《华中师范大学学报》1996年第2期。
[②] 吕文浩：《日军空袭威胁下的西南联大日常生活》，《抗日战争研究》2002年第4期。
[③] 李文海主编：《民国时期社会调查丛编·城市（劳工）生活卷》上，福建教育出版社2005年版，第129页。
[④] 蒋梦麟：《西潮》，辽宁教育出版社1997年版，第207—208页。
[⑤] 四川联合大学经济研究所、中国第二历史档案馆编：《中国抗日战争时期物价史料汇编》，四川大学出版社1998年版，第10页。

少再减的余地，二者之间原本悬殊的待遇差距变得逐渐持平，大学教授成为感受反差与对比最为强烈的阶层。①

面对生存困境，一些大学教师不得不想方设法增加收入，以维持基本生计。起先大家选择变卖物品，从日常生活用品再到珍贵藏书；后来变卖物品也无法维持生活，有些教授开始兼职求生："梅贻琦先生的夫人做出名曰'定胜糕'的点心，送到冠生园寄卖；冯友兰先生的夫人任载坤则靠炸麻花卖给学生补贴家用；闻一多教授在街头挂牌治印，以刻章的收入补贴生活之用；联大化学系的高崇熙教授善种花。"②为了保证师生能够维持正常生计，西南联大决定成立教职员食米消费合作社，聘请郑天挺、查良钊、潘光旦等人为筹备委员，郑天挺为召集人。关于米粮消费合作，决定各校组消费合作社，调查每个月所需食米的数量以便与政府商洽，但是米价应该与市价基本持平，两者的价格不能相差太多。公米从越南购买，数量上可以维持全校师生购用，使食粮问题基本得到解决。

值得一提的是，尽管全民族抗战时期通货膨胀严重，政府教育经费紧张，然而政府与社会团体的各类救助仍然在一定程度上缓解了内迁高校学生的生活困难，使大部分学生能够获得必要的生活补助，安心学业。除了贷金、公费、救济金外，政府、个人或社会团体还设置了奖学金以资助品学兼优的学生。比如西南联大就有丰富的奖学金资源，既有专设于西南联大的"西林奖学金""士远奖学金""杨季豪纪念奖学金""马联荣纪念奖学金""麦尼尔上士纪念奖学金"等，也有面向若干高校的奖学金，如由个人、社会机构或团体设立的奖学金："穆藕初先生奖学金""华盛顿大学奖学金""龙云奖学金""龙太夫人奖学金""工程奖学金""苏籍优秀大学生奖学金""永明化学研究院奖学金""育才奖助金"以及上海商业储蓄银行社会事业补助委员会的奖学金等，国民政府教育部设立的"中正奖学金"、"张自忠奖学金"和"林森奖学金"，交通部的"电信工程学生奖学金"，航空委员会与教育部共同设立的"各国立大学航空工程系奖学金"等，由地方政府设立、

---

① 王印焕：《民国政府公教人员生活状况的演变》，《北京科技大学学报》2005年第1期。
② 何斯民：《抗战时期中国文化精英的生活状况及其报国途径——以迁滇文化精英为分析案例》，《学术探索》2006年第6期。

用于资助一定地域籍大学生的"国内大学、专科学校滇籍学行优良学生奖学金"、"陕北各县籍肄业国内专科以上学校学生奖学金办法"、"大荔县赵居敬堂奖学金"和"静园奖学金"等。这些奖学金不仅激励了学子努力向上的精神，而且在一定程度上解决了优秀学生的经济困难。①

全民族抗战时期，后方城市常会遭遇空袭。昆明、重庆等地的防空装备较为薄弱，高射武器射程短，除了能在一定程度上威胁敌机低空飞行外，难以对高空投弹的敌机形成有效制约。日军飞机的频繁空袭，更使得抗战烽火中的大学师生饱尝艰辛困苦。1940年10月13日下午2时左右，27架敌机飞入昆明市区，投弹百余枚。这次轰炸主要对象为西南联大和离联大较近的云大，俯冲投弹，炸毁师范学院男生宿舍，该院办公处及教员宿舍亦多震坏。师范学院"全部炸毁，同学财物损失一空；文化巷文林街一向是联大师生的住宅区，也全炸毁了；在物质方面，日人已经尽可能地给了打击"②。该院的校舍系租自省立昆华中学之一部分，其中昆中北院中数十弹，损毁甚巨。昆中南院房屋，仅稍震坏。所幸，联大全体教职工、眷属和学生均未受到伤亡，翌日即上课。在这次轰炸中，清华在西仓坡设的办事处前后也遭到2枚落弹，幸而房屋建筑尚且坚固，仅仅玻璃窗、屋顶遭到相当损坏。办事处后院荒园内筑有一个简易的防空洞，用来存储重要卷宗，落在屋后的炸弹紧逼洞口，将防空洞全部震塌。经发掘，发现物件损失不大，卷宗完好。最为不幸的是，躲避到防空洞里的2名工友，被埋在洞里，以身殉校。③

1941年8月14日，敌机对昆明、重庆地区进行了再次轰炸。此次轰炸较1940年10月13日的轰炸严重得多。这次轰炸使西南联大的图书馆、饭厅、教室和宿舍都有损坏，当时正值暑假，全民族抗战时期来自沦陷区的学生们无家可归，成年四季都待在联大，为了解决住宿问题，现存的教室多改作宿舍暂用。在清华大学校长梅贻琦的主持下，1941年8月27日，西南联大召开常委会，商议修复校舍问题，形成三条决议："（一）本大学各部分此次被炸毁之校舍，无论租用或原属

---

① 李巧宁、陈海儒：《抗战期间内迁高校学生的日常生活——以西南联大和西北联大为例》，《甘肃社会科学》2011年第6期。
② 陈平原：《战时中国大学的风采》，《光明日报》2018年8月3日。
③ 吕文浩：《日军空袭威胁下的西南联大日常生活》，《抗日战争研究》2002年第4期。

本校者，倘不需购置大宗材料，或有现成材料，经加工修葺后即可应用者，应即尽速修理。（二）本大学应即由总务处会同校舍委员会主席黄钰生先生尽速于昆明市区内或市区附近觅定房舍备作校舍之用。（三）本大学倘能于最短期中在昆明市区内或附近觅定校舍，足敷应用，本学年本校各院系应仍在昆明市区内或附近上课。"① 在梅贻琦的主持下，仅仅1个多月的时间，完成房屋返修工作，使学校在原定开学日期开学。

空袭破坏了联大师生的居住环境。吴宓在日记中描述了不少关于空袭后宿舍受损的情况："舍中同人皆外出，宓即扫去窗上之积土，悄然安寝。寓舍仅斋顶震破数方，檐角略损，玻窗震碎。及宓归，飞落之瓦石尘土已扫除净尽矣。"② "我这间屋子虽不漏雨，那边F.T.（指联大外文系教授陈福田）和岱孙（指陈岱孙，联大经济系教授）的房里，已经大漏特漏，雨水一直滴流到下面皮名举（联大历史系教授）的房里，湿了一大块地。我们这窗子是开敞的，对面板壁上轰炸震破的宽缝，用厚纸糊着的，纸又都吹破了。我的床正迎着窗口进来的过堂风，所以昨夜我受了寒。今晚，陈省身先生已经用他的行李包把窗口严密的堵起来，现在风雨一点都不能侵入。"③

在频繁的日机轰炸中，"跑警报"成为西南联大师生日常生活的一部分。④ 警报有三种：一是预行警报。表示敌机刚刚起飞，方式为在五华山上悬挂3个很大的红色气球。二是警报。表示敌机飞入云南省境内，方式为拉一短一长的汽笛。三是紧急警报。表示敌机已经飞入昆明境内，方式为拉连续短促的汽笛。⑤ 据联大社会学系1942年毕业生徐泽物统计，1940年5月2日至1941年12月24日，昆明共有预行警报95次，空袭警报72次，紧急警报52次。在这些警报中，自空袭至解除，共约300小时。以联大学生而论，若每人每学期选读40学分，每周上课

---

① 北京大学、清华大学、南开大学、云南师范大学编：《国立西南联合大学史料》第2卷，云南教育出版社1998年版，第191页。
② 《吴宓日记》第8册，吴学昭整理，生活·读书·新知三联书店1998年版，第21页。
③ 《吴宓日记》第8册，吴学昭整理，生活·读书·新知三联书店1998年版，第86—87页。
④ 陈海儒：《"跑警报"背景下的西南联大教授》，《重庆交通大学学报》2007年第4期。
⑤ 吕文浩：《日军空袭威胁下的西南联大日常生活》，《抗日战争研究》2002年第4期。

20次，每次40分钟，跑警报所费时间，约等于两三周的上课时间或一个半学期。[①]清华大学校长梅贻琦的夫人韩咏华后来回忆："在昆明的几年中，除了办校外，突出的事情就是跑警报，几乎天天要跑。"[②]

空袭初期，因对敌机轰炸规律尚不清楚，"跑警报"也没有经验，心里没有把握，容易慌乱，别人紧张自己也跟着紧张，此时笼罩群体的气氛是惊慌和逃命要紧。谣言的流播也容易调动起大家的情绪，引起大家行动。钱穆在《八十忆双亲：师友杂忆》里曾生动地记述了联大7位教授初期遇到空袭谣言时的反应。当时在蒙自，联大大部分师生已迁回昆明，钱穆、汤用彤、吴宓、沈有鼎等7人租住城外的法国医院，准备在几个月后昆明开学后返校。此时，传言将有空袭，引起了7位教授的反应。"沈有鼎自言能占易。某夜，众请有鼎试占，得节之九二，翻书检之，竟是'不出门庭凶'五字。众大惊。遂定每晨起，早餐后即出门，择野外林石胜处，或坐或卧，各出所携书阅之。随带面包火腿牛肉作午餐，热水瓶中装茶解渴，下午四时后始归。医院地甚大，旷无人居，余等七人各分占一室，三餐始集合，群推雨生为总指挥。三餐前，雨生挨室叩门叫唤，不得迟到。及结队避空袭，连续经旬，一切由雨生发号施令，俨如在军遇敌，众莫敢违。"[③]在"跑警报"中，西南联大的师生们也不忘寻求生活的乐趣。陈岱孙回忆："警报一响，师生一起跑出去，敌机飞到头上时，大家一起趴下，过后学生一看，原来是某某老师，相视一笑。大家风雨同舟，患难与共，这也是好学风。"[④]

日军的空袭和轰炸激起了以老舍为代表的文人知识分子的抗战信念和必胜信心。朱自清回忆："敌机的轰炸是可怕的，也是可恨的；但是也未尝不是可喜的。轰炸使得每一个中国人，凭他在那个角落儿里，都认识了咱们的敌人；这是第一回，每一个中国人都觉得自己有了一个民族，有了一个国家。谁都觉得这一回抗战是为了咱们自己，是咱们自己的事儿。敌人的轰炸只使咱们互助，亲爱，

[①] 陈达：《浪迹十年》，商务印书馆1946年版，第203页。
[②] 《郑天挺遗稿》，郑克扬等整理，西南联大北京校友会编（庆祝西南联合大学成立65周年纪念特辑），1996年版，第66页。
[③] 钱穆：《八十忆双亲：师友杂忆》，生活·读书·新知三联书店1998年版，第218页。
[④] 云南省政协文史资料研究委员会编：《云南文史资料选辑》第3辑，云南人民出版社1996年版，第73页。

团结，向新中国迈步前进。"① 老舍在诗歌《陪都赞》中写道："敌机肆虐，激起义愤。愈炸愈强，绝不灰心。一见红球，切齿把敌恨。通过炮声怒吼，打散敌机群。救护队忠勇服务尽责任，赴汤蹈火，何惧那烈日如焚，那倭寇屡施狂暴何足论。众市民随炸随修，楼房日日新。市容美观、街宽房俊，更显出坚决抗战大无畏精神。"② 在《五四之夜》中，老舍看到在火光中，"避难男女静静的走，救火车飞也似的奔驰，救护队服务队摇着白旗疾走；没有抢劫，没有怨骂，这是散漫惯了的，没有秩序的中国吗？像日本人所认识的中国吗？这是纪律，这是团结，这是勇敢——这是五千年的文化教养，在火与血中表现出它的无所侮的力量与气度！"他痛惜"那美丽的建筑，繁荣的街市，良善的同胞，都在火中！"，但也相信，"烧得尽的是物质，烧不尽的是精神；无可征服的心足以打碎最大的侵略的暴力"③。

全民族抗战期间，内迁的大学教师多为各个领域的学术骨干。他们千里长徙、举家搬迁，到昆明后或由于校舍不足，或因为日机频繁轰炸，或为了省钱，不得不经常迁居，从城中搬到城郊，再从城郊迁入农村，苦不堪言。④ 以西南联大文学院教授朱自清为例。朱自清 1927 年初入住清华园西院，1932 年搬至渭华北院九号，至全民族抗战开始前，11 年中只搬过一次家，且只是在同一校园内做小调整。但自 1938 年 3 月到达昆明至 1946 年离开昆明的 8 年间，朱先生的住所先后迁过 8 次。1938 年 3 月入住拓东路迤西会馆；因校舍不足，朱先生随联大文法学院于同年 4 月初迁至蒙自，住旧海关大院；半年后回昆明，先住青云街 79 号，后又入住青云街 284 号冰庐；1938 年昆明遭日机袭击后，朱自清一家随教授们疏散至呈贡；1940 年夏，为减轻负担，朱自清趁休年假的机会，举家迁至成都岳丈家；一年假满后朱先生只身返回昆明，迁往北郊司家营清华文科研究所，与闻一多一家及 2 个研究生以布帘相隔同住；1944 年搬回昆明市区，住北门街 71 号单身教员

---

① 《朱自清全集》，江苏教育出版社 1996 年版，第 285 页。
② 《老舍全集》第 13 卷，人民文学出版社 2013 年版，第 23 页。
③ 老舍：《五四之夜》，《七月》第 4 卷第 1 期，1939 年 7 月。
④ 何斯民：《抗战时期中国文化精英的生活状况及其报国途径——以迁滇文化精英为分析案例》，《学术探索》2006 年第 6 期。

宿舍直至1946年返回北平。① 西南联大理学院教授、物理学家周培源1937年夏从美国回到北京，8月因战乱即赴天津，10月与吴有训、冯友兰等人几经波折才随校到达长沙。1938年2月，长沙临时大学再次南迁至云南，周培源一家同大批教授一起途经香港、越南抵达昆明。初到昆明时租住在城郊大观楼附近，后搬至昆明城内；因日机频繁轰炸再迁滇池西岸的山邑村。周培源教授的居住地离联大19公里，每逢周一、三、五有课时往来极其不便。为此，他特意买了一匹马作交通工具，但喂马困难且因骑马不当而受伤的事时有发生。这样的生活一直持续了两年，直到通往联大的路修好以后，周先生才将马换成自行车。②

全民族抗战初期，中国战场失地过快，征兵范围急剧缩小，只有西南若干省份可以提供稳定但极为有限的兵源。由于《兵役法》实行只有短短数年，加上长期以来人们深受"好男不当兵"传统观念的影响，征兵工作的难度极大。此外，国民革命军内部派系林立，中央军与地方军在待遇方面差距较大，抗战形势极不乐观等原因，导致国民革命军的兵源状况极不理想。国民政府以国民党员和三青团员为骨干，开展知识青年从军运动，广泛动员学生参军。1942年10月，为号召青年学生服役，蒋介石通电全国："查征兵开始，六载于兹，所征壮丁多系目不识丁之文盲，其知识分子之学生，多未予以征集，因之士兵素质低劣，影响抗战甚大。更以各地学校收容超过学龄之学生，几为壮丁避役之渊薮。役政推行，尤多滞碍，兹特通令各级学校之兵役适龄学生，自三十二年一月起，一律依法抽签，按序征召，依其强度，配服役务，不得予以缓役。"这一讲话，可以视为国民政府发动知识青年从军运动的先声。

随后，兵役署以蒋介石讲话精神为指导，对《兵役法》提出了修改案。1943年3月，国民政府立法院公布新的《兵役法》，扩大了征兵范围，缩小了缓役者范围；鼓励青年学生参军，规定学生服役期间保留学籍，使得青年学生特别是大学生消除了学籍的顾虑。1943年11月下旬，四川省军管区开始对青年从军运动进行广泛宣传，号召各地青年积极从军，收效显著。四川、光华、华西、燕京、金陵、

---

① 余斌：《西南联大·昆明记忆》第3册，云南民族出版社2003年版，第43—46页。
② 贺崇铃主编：《清华人物志》第3册，清华大学出版社1995年版，第157—158页。

齐鲁各大学校长也协助宣传，鼓励学生自动参加，其中川大、光大两校应征者各达百人，占数最多。蓉市各中学每校都有学生参加。据统计，四川省志愿报名服役的学生及公教人员达27129名，此外尚有重庆市报名者6772名。从军运动扩展到湖北、西康、陕西、甘肃、河南、绥远、青海、江西、福建、安徽、浙江等十余个省，其中四川省成绩最佳。

在动员青年参军的过程中，西南联大学生尤显积极踊跃。西南联大校方也召开校务会议，动员学生加入军队。本着"革命之精神，作非常之措施，使青年之耳目一新"的理念，1944年10月30日西南联大召开校务会议，讨论知识青年从军，就此提出了五点建议："一、新军军人不必入党；二、训练宜在昆明，宜用外人；三、军需宜用社会中众望素孚之人；四、用青年将领统率；五、军队待遇一律提高，青年一律抽签。"[①] 在1944年11月10日蒋介石电梅贻琦关于组织"志愿从军组织委员会"事中提到，联大需按照《专科以上学校知识青年志愿从军征集委员会组织办法》设立学校知识青年志愿征集委员会，并规定应征日期为本月11日起至30日止。联大于11月14日开知识青年志愿从军征集委员会，决议当日起登记报名。15日成立联大知识青年志愿从军征集委员会，"除由常务委员任主任委员外，聘请杨石先、施嘉炀为副主任委员，查良钊、郑天挺、姚从吾等为委员"[②]。截至11月底，报名从军学生人数共有184人，比政府给出的名额数量还多出80余人。前几日报名人数较少，后期受到查良钊所做演讲鼓舞，大量学生积极报名并且对登记信息极为关心，同学间也积极宣传从军一事。在登记日期截止后报名人数又有增加，郑天挺在日记中记载："九时入校治事，并照看从军报名。入校结束从军登记，计两日又增一百三人。"[③] 到此为止，联大报名知识青年志愿从军学生人数共计有314人，这批联大志愿从军学生将被派往印度训练。

志愿从军的学生在学业上享有优待的政策。西南联大在1944年11月25日发布的《志愿从军学生学业优待办法》公告中规定："一、中等以上学校在学学生志

---

① 《郑天挺西南联大日记》，中华书局2018年版，第944页。
② 西南联合大学北京校友会、校史编辑委员会编：《国立西南联合大学校史资料》，北京大学出版社、云南人民出版社1986年版，第59页。
③ 《郑天挺西南联大日记》，中华书局2018年版，第963页。

愿从军者，其学业方面之优待依本办法之规定办理。二、中等以上学校学生从军期间，一律保留原有学籍。上项学生如学籍有问题者，从军期满后由主管教育行政机关追认其学籍。三、从军学生退伍时得依本人志愿仍回原校原级，并特许参加升级考试。中等学校学生届毕业时，并准免试升学。四、中等学校从军学生已修满最后一学年第一学期课程，在复学后经过短期补习，准免除会考，给予毕业证书，并准免试升学。五、大学先修班从军学生，退伍时得免试升学。六、专科以上学校从军学生，退伍复学时，其肄业时期得减少一学期，其入伍时已修满最后一学年第一学期课程，在退伍时准由原校发给毕业证书。七、从军学生如系公费生、免费生及领有奖学金者，复学时一律继续予以公费、免费及给予奖学金之待遇。八、从军学生参加留学考试，得予以优先录取之机会。九、从军学生志愿参加国内外军事学校以及出国研究国防科学者，得由政府择优保送。"[1]除此之外，联大还颁布了《从军知识青年退伍后参加考试优待办法》。此《办法》中有规定：凡从军知识青年依法退伍后，参加考试优待皆按照本办法规定实行。其中第五条规定"从军知识青年参加检定考试时，其笔试科目推予免试，及格者发给应考资格证明书"；第六条规定"从军知识青年参加各种考试时得不受年龄规定之限制"；第七条规定"从军知识青年因作战致残废，除其不能胜任之工作外，不受应考人体格检验规则所定'残废不准应考'之限制"；第九条规定"各种考试定有录取名额者，从军知识青年与其他应考人同达及格标准时，从军知识青年应尽先录取"[2]。此办法极大限度地保护了从军志愿学生的权利，并且鼓舞学生们能够更加积极地投入从军事业中。

    内迁大学的教授们，在十分艰难的环境下从事学术研究，照样有很好的业绩。他们因地制宜，扬长避短，限制研究生培养，改为以本科教学为主。教书为主，科研为辅，使得抗战中中国大学的教学水准值得夸耀。[3]但不同专业的学者，受战

---

[1] 国立西南联合大学史料编纂委员会编：《国立西南联合大学史料五（学生卷）》，云南教育出版社1998年版，第671—672页。
[2] 国立西南联合大学史料编纂委员会编：《国立西南联合大学史料五（学生卷）》，云南教育出版社1998年版，第672—673页。
[3] 陈平原：《战时中国大学的风采》，《光明日报》2018年8月3日。

争影响深浅不一。人文学教授虽也有图书资料匮乏的困扰，但可以另辟蹊径，凸显著述的见识与情怀。理工科教授不一样，讲课没问题，若需要精密仪器配合，则不免捉襟见肘。西南联大物理学系教授吴大猷在回忆录中谈及，他请联大校方租了一所泥墙泥地的房子做实验室，找一位助教把三棱镜等放在木制的架子上，拼凑成一个最原始的分光仪，试着做一些拉曼效应工作。冯友兰、梁漱溟和国立东北大学的姜亮夫、武汉大学的叶圣陶等都先后担任暑期教师讲习会的讲师，分期分批对当地教师进行教学示范。叶圣陶曾担任四川省教育科学馆第二组主任，参与改进中学语文教学的工作，编辑有《精读指导》《略读指导》《小学生诗选》等教学补充读物，并代表教育厅对成都近郊各县的国文教育进行巡视指导。此外，四川省教育厅还与梁漱溟合作兴办南充民众教育馆，与晏阳初合作开办新都平民教育实验县，并请冯玉祥、冯友兰等人到迁川各高校进行各种讲演。[①] 何炳棣教授认为，"30年代清华物理系最难能可贵之处，是已经明了当时世界最先进的物理研究主流和取向；而且系中如吴正之、赵忠尧等做出的成绩，确与他们相关诺贝尔获奖人的研究成果非常接近。杨振宁在联大本科及清华研究院所受的训练有极高的史料价值。他大一物理、大二电磁学、大二力学分别是由赵忠尧、吴正之、周培源讲授的。这种教学水平，除美国少数第一流大学以外，实不多见。当年联大在数理知识的传授上已是非常接近世界先进水平了"[②]。

在"跑警报"、从军等因应战时特殊情况的生活之外，西南后方的乡村和山城也为战时师生的学习生活增添了一份宁静的乡野趣味。1938年考入西北师范学院附中、1941年进入国立西北工学院读书的董毓英多年后回忆起在古路坝的生活依然饶有兴味："在茅草盖顶的饭厅里，木板搭成条桌，摆着分成小碗的烩菜，里面有土豆，有萝卜，有时也有肉片、豆腐、粉条之类。杠子馍，小小的七个连在一起，每人一份。于是，同学们把吃不完的馍带出饭厅，去厨房讨一点火种。晚上，书看得倦了，二三好友，就着烛光，烤着馒头，一层层剥，一层层烤，香味顿时弥散一间间宿舍。风和日丽的礼拜天，提着刻意留下的干粮、剩菜，去山坡上揽

---

① 高勇：《历千里艰辛，延续教育命脉——记抗战时期高校内迁入川》，《中国档案报》2015年11月9日。
② 何炳棣：《读史阅世六十年》，广西师范大学出版社2005年版，第155页。

一把枯叶，抬几根树枝，一撮盐、半瓢水，就是一顿别具情趣的野炊。遇有好事者，或捉几只青蛙，或摸几条小鱼，给野炊更添几分欢乐。薄暮踏歌归，山道上的歌，借以壮胆，也借以呼朋引类。且听，这边有歌声唱和，那厢有'哦、呵呵'的呼应，在四合的暮色中，于是不再寂寞。"[①]

---

① 董毓英：《吃"贷金"的岁月》，见"董毓英的博客"。

第八章　全民族抗战中期的战场[①]

1938年10月，广州失守，武汉沦陷，此后直到1941年12月太平洋战争爆发，此阶段为全民族抗日战争的战略相持阶段。在此阶段，日本调整了军事策略，但仍在正面战场进攻国民党军队，在敌后战场重点进攻中国共产党领导的八路军、新四军等抗日武装力量，而且中日双方的海空军也进行了激烈的交战。

一、中日两国在相持阶段的战略调整

在全民族抗战相持阶段到来前后，国际形势不容乐观。1938年9月，欧洲战争爆发，德国、意大利疯狂扩张，英法美等国为应付欧洲危机，在远东奉行对日妥协，苏联在远东也自顾不暇，这种局势对世界反法西斯斗争不利，也对中国的抗战不利，中日两国在此阶段也进行了战略调整。

（一）日本改变侵华方针

日本占领武汉、广州之后，由于形势的变化，不得不改变侵华方针。中国战场的态势超出了日本的初期预料，使日本无力维持战略进攻，反而背上沉重包袱。随着中共敌后战场、国民党正面战场的联合抗日，加之日军占领区域的扩大，兵

---

① 作者：伊岚（北京师范大学出版集团）、张德明（中国社会科学院）。

力分散，后方兵力及军需物资供应明显不足。日本不但没有达到迅速征服中国的目的，而且消耗了大量的人力、物力及财力，影响了日本经济的正常运行。大量的战争消耗造成日本各类物资的极端匮乏，加之军事工业的畸形发展，进而动摇了日本脆弱的经济基础。庞大的战费支出绝大部分用于武器弹药及各类军需品的生产，使整个日本经济的正常运转受到破坏。① 为此，日军不得不在军需、经济方面避免过多的消耗，调整其原有的速战速决的战略方针，改为长期作战。

战争进入相持阶段后，日军的军事、政治策略都发生了重要转变。"在军事上，日军基本上停止对正面战场的战略性进攻，采取以保守占领区为主的方针，逐渐将其注意力集中于打击和消灭八路军、新四军。在政治上，把以军事进攻为主、政治诱降为辅的方针，转变为以政治诱降为主、军事打击为辅的方针，企图诱使国民党政府妥协投降。"② 为了尽早使中国屈服，日本开始采用各种手段瓦解中国政府抗战的信心和力量，在政治上扶植傀儡政府，不断对国民政府进行诱降。在外交上，日本则对英法等国施加压力，阻止它们在物质上支持中国，同时加强对中国海岸线的全面封锁，以求窒息中国，在持久战中拖垮中国。③ 在思想文化上，日军在日占区进行强制奴化教育，宣传所谓的"大东亚共荣"的谬论。日军还进行了经济政策的调整，加紧掠夺中国资源，统制金融，实行以战养战，来适应持久战争的需要。鉴于侵华战争的长期性，日本要求侵华日军努力提高独立生存能力，实现长期自给，企图以"节流"的方法减轻日本的国力负担。④

日军采取以政治诱降为主的标志则是 1938 年 11 月 3 日，日本首相近卫文麿发表的第二次近卫声明。他在题为《东亚新秩序》声明中提出："帝国所希求者即建立确保东亚永久和平的秩序。此次征战的最终目的即在于此。此种新秩序的建设应以日满华三国合作，在政治、经济、文化等方面建立连环互助的关系为根本，在东亚确立国际正义，实现共同防共、创造新文化，实现经济结合。"⑤ 日本希望以

---

① 军事科学院军事历史研究部：《中国抗日战争史》中卷，解放军出版社 2015 年版，第 334—335 页。
② 中共中央党史研究室：《中国共产党历史》第 1 卷下，中共党史出版社 2010 年版，第 478 页。
③ 张宪文等主编：《中国抗日战争史》第 3 卷，化学工业出版社 2016 年版，第 10 页。
④ 《中国抗日战争史》编写组：《中国抗日战争史》，人民出版社 2012 年版，第 309 页。
⑤ 王桧林主编：《中国现代史参考资料》，高等教育出版社 1988 年版，第 185 页。

承认国民政府为条件，迫使其放弃抗战立场，对日投降，并从内部分化中国，汪精卫即于 1938 年 12 月公开投降日本，后日本还扶持建立多个伪政权。1938 年 11 月 30 日，日本的御前会议通过《调整日华新关系方针》，确定对国民政府采取政治诱和，集中力量对付占领区的抵抗力量，并制定以互惠为基础之"日满华"一般合作，尤其睦邻友好、防共、共同防卫及经济合作之原则，修复"日满华三国新邦交"。[①] 根据此方针精神，1938 年 12 月 22 日，近卫文麿发表第三次对华声明，提出"日满华三国"应以建设东亚新秩序为共同目标而联合起来，遵循"中日睦邻友好""共同防共""经济合作"三原则，诱使国民政府投降。1938 年 12 月，日本还设立"兴亚院"，统一处理对华的政治、经济及文化等事务。

八路军、新四军在敌后战场特别是广大农村的游击战，对日军占领区构成了严重威胁。日本采取的以军事打击为辅的方针，具体而言就是将主要兵力用于占领区的"治安肃正"。1938 年 12 月 2 日，日本大本营在下达给华北、华中及华南日军作战命令中指出："大本营之意图在于确保占领区域并促进其安定，以坚实之长期围攻态势，压制残存之抗日势力和促其衰亡。"[②] 同年 12 月 6 日，陆军省、参谋部在《1938 年秋季以后对华处理方策》的文件中，要求以"恢复治安"为根本，不应企图扩大新的占领地区，对新的军事战略的要点作了规定：第一，放弃速战速决，准备长期战争。第二，明确规定军事要服务政治。第三，限制作战空间、规模和强度，以减少消耗。第四，把作战重心转向巩固占领区，要"固定配备充分的兵力"，而对正面战场则要求把"兵力配备限制在最少限度内"[③]。此后，日军在正面战场对国民党继续进攻，在占领地区的外周，适时发动局部进攻以打击中国军事力量，加强对重庆、成都、兰州等战略要地的空中轰炸，并继续进行海上封锁以切断中国武器进口。[④] 同时，将主要兵力用于对占领区的巩固，特别加强了对华北的兵力配置，重点进攻中共的敌后抗日根据地。1939 年 9 月，为加强对在

---

① 日本防卫厅战史室编：《日本军国主义侵华资料长编》，四川人民出版社 1987 年版，第 463 页。
② 日本防卫厅防卫研究所战史室：《中国事变陆军作战史》第 2 卷第 2 分册，田琪之译，中华书局 1981 年版，第 70 页。
③ 《"大抗战"知识读本》编写组编：《"大抗战"知识读本》，学习出版社 2015 年版，第 78 页。
④ 王辅：《日本侵华战争：1931—1945》第 2 册，辽宁人民出版社 2015 年版，第 774 页。

华部队的指挥，日军还在南京成立了中国派遣军总司令部，充实在华持久作战力量。

（二）中国共产党制定新任务

广州、武汉沦陷后，1938年10月28日，中共中央发出了《关于广州武汉失守后的形势与任务给各级党部的指示》，向全党部署新形势的任务称："目前的任务是克服困难，团结全人民力量，继续抗战，停止日本的进攻，以准备我们将来的反攻。"并号召："共产党领导之下八路军新四军游击队及一切团体，应成为坚持抗战克服困难精诚团结艰苦奋斗的模范，以言论与行动来影响全国。"[1]

中国共产党在全民族抗战相持阶段的战略任务，是通过中共六届六中全会来制定的。1938年9月29日至11月6日，扩大的中共六届六中全会在延安召开。9月29日，张闻天致开幕词，指出："如何使我们在中国民族抗战中发挥先锋作用，坚持已经进行了一年三个月的抗战，并增强我们的力量，这是这次全会要讨论的问题。"[2] 毛泽东代表中央政治局在会议上作了题为《论新阶段——抗日民族自卫战争与抗日民族统一战线发展的新阶段》的重要报告和《战争和战略问题》《统一战线中的独立自主原则问题》的总结。全会最终形成了《中国共产党扩大的六中全会政治决议案》，总结了之前抗战的教训，并提出了中国共产党在新阶段的任务。毛泽东所作的报告共8个部分：（1）五中全会到六中全会；（2）抗战十五个月的总结；（3）抗日民族战争与抗日民族统一战线发展的新阶段；（4）全民族的当前紧急任务；（5）长期战争与长期合作；（6）中国的反侵略战争与世界反法西斯运动；（7）中国共产党在民族战争中的地位；（8）召集党的七次代表大会。毛泽东在报告中分析了中日优劣后，总结指出只要中国坚持持久抗战，决不妥协，最后胜利一定属于中国。[3]

---

[1] 张立华、董宝训：《八路军史》，青岛出版社2009年版，第199页。
[2] 中共中央文献研究室、中央档案馆编：《建党以来重要文献选编（一九二一——一九四九）》第15册，中央文献出版社2011年版，第571页。
[3] 中共中央文献研究室、中央档案馆编：《建党以来重要文献选编（一九二一——一九四九）》第15册，中央文献出版社2011年版，第573—654页。

根据毛泽东的报告精神，1938年11月6日，扩大的中共六届六中全会通过的政治决议案指出："全中华民族的基本任务应该是：坚持抗战，坚持持久战，巩固和扩大抗日民族统一战线，以便克服困难，增加力量，停止敌之进攻，实行我之反攻，以取得最后驱逐日寇出境和建立独立自由幸福的三民主义新中国的光荣胜利。"① 在基本任务之外，决议还提出了15项在政治、经济、军事、文化、民族、国防等方面的紧急具体的任务，呼吁充分发动各方力量坚持长期抗战。全会强调中国共产党必须坚持独立自主原则，要求共产党成为团结全民族共同抗战的坚强核心，同时确定要不断地巩固和扩大以国共合作为基础的抗日民族统一战线，但反对在统一战线问题上的关门主义与投降主义，需要独立自主地放手组织人民抗日武装斗争。全会总结了全民族抗日战争爆发以来的主要经验，认为抗日战争是长期的，战略方针是持久战，最后胜利是中国的，支持长期战争与争取最后胜利的唯一途径，在于团结全民族，力求进步，依靠民众。②

全会还强调要把巩固和发展敌后游击战争作为共产党的首要军事任务，并进一步贯彻"基本的是游击战，但不放松有利条件下的运动战"的作战方针。毛泽东还提出了广泛创立根据地、组织广泛的游击队、广泛发动民众、建立游击部队中的政治工作、改造土匪工作、设法建立兵工厂、统一各部队与行政区的领导等进行敌后抗日游击战争的具体措施。全会提出今后开展敌后游击战争的基本方针是"巩固华北，发展华中、华南"。为此，全会决定撤销长江局，设立中原局、南方局，将东南分局改为东南局，并充实北方局；在会后命令八路军3个师的主力于1938年12月分别挺进冀中、冀南、山东，在华北开展敌后抗日游击战争。③

随着形势的变化，1939年6月22日，中央军委、总政治部发出《关于目前时局及八路军新四军之任务的指示》，指出："华北八路军与江南新四军目前的中心任务是巩固工作，尤其是巩固新部队，而在华中方面中心任务是发展。"针对国民党的消极抗日与反共摩擦，1939年7月7日，中共中央还提出了"坚持抗战，反

---

① 中央档案馆编：《中共中央文件选集》第11册，中共中央党校出版社1991年版，第751页。
② 中共陕西省委党史研究室：《中共中央在延安十三年史》上册，中央文献出版社2016年版，第443页。
③ 军事科学院军事历史研究部：《中国抗日战争史》中卷，解放军出版社2015年版，第346页。

对投降；坚持团结，反对分裂；坚持进步，反对倒退"的政治口号。1940年2月10日，中共中央和中央军委在《关于战略方针的指示》中指出，八路军、新四军的任务是坚持华北、华中抗战，稳定全国统一战线，争取时局好转。①

（三）国民政府的策略调整

武汉会战后，随着日本调整对华方针，国民政府也召开会议，适时地对军事、政治策略进行了一系列的调整，以坚持持久抗战，但因日本的诱降及中共力量的壮大，出现了妥协的倾向，开始消极抗日，积极反共。

1938年11月25日至28日，国民政府军事委员会在湖南南岳召开军事会议，以检讨对日作战得失，制定新的作战方针及军事部署。蒋介石多次在会上发表讲话，提出武汉失守以后为抗战的第二期，即"我们转守为攻，转败为胜的时期"，强调在此阶段要做到"政治重于军事""民众重于士兵""精神重于物质""训练重于作战""游击战重于正规战"等要求。会议期间，国民政府军事委员会制定的《第二期抗战工作、整军作战应特别注意各点》中提出此阶段的战略方针是："连续发动有限之攻势与反击，以牵制消耗敌人。策应敌后方之游击部队，加强敌后方之控制与袭扰，化敌后方为前方，迫敌局于前线，阻止其全面统制与物质掠夺，粉碎其'以华制华以战养战'之企图。同时，抽出部队，轮流整训，强化战力，准备总反攻。"② 会上还制定了《第二期抗战之要旨》等文件。文件指出，要注意分析日军的优点，注意效法，并提出"废人利用，废物利用，废地利用，废时利用"等口号，要求贯彻到底，以做到"尽量发挥我们所有的人力和物力，充分利用我们所有的时间和空间"③。根据南岳军事会议精神，1939年1月，国民政府军事委员会制定的《第二期作战指导方针》指出："应以一部增强被敌占领地区内力量，积极展开广大游击战，以牵制消耗敌人。主力应配置于浙赣、湘赣、湘西、粤汉、平汉、陇海、豫西、鄂西各要线，极力保持现在态势。不得已时，亦应在现地线

---

① 中国抗日战争军事史料丛书编审委员会编：《中国抗日战争史料丛书·八路军·综述》，解放军出版社2015年版，第53页。
② 罗焕章、高培主编：《中国抗战军事史》，北京出版社1995年版，第378—379页。
③ 孙景峰主编：《中国近代史通鉴·抗日战争》，红旗出版社1997年版，第130页。

附近，尽量牵制敌人，获取时间之余裕，俟新战力培养完成，再行策动大规模攻势。但第四战区应尽先集中有力部队，转移攻势。"[1]这个方针考虑到中日战争的实际，注重开展游击战与部队的整训，但第二期指导方针在执行过程中，未能被贯彻始终，并未做到连续开展有限攻势，特别是发生了反共倾向的偏差。

南岳军事会议对中国军队的部署做出相应调整。国民政府军事委员会决定减少指挥级数，废除兵团、军团两级，改军为战略单位，新编之师废旅级编制；重新划分战区，将全国从九个战区划分为十个战区和苏鲁战区、冀察战区两个敌后战区；同时还取消了广州、西安、重庆各行营，改设桂林、天水行营，统一指挥南北两战场之各战区地区的作战。[2]会议还决定在沦陷区设战地党政委员会作为专管机关，直属于军事委员会，并下设各分会，战地党政委员会的任务则是："发动民众对敌全面抗战，并消灭伪组织，阻止敌政治、经济、文化之侵略。"南岳军事会议还要求全国军队分三期进行整训，三分之一担任敌后游击，三分之一在前方抗战，三分之一则在后方整训，依次轮换，每期四个月，计划一年完成。到1939年7月底，第一期整训才完成，共整训部队26个军又27个师，第二期整训部队自1939年8月1日起到10月止，共整训部队40个军。总计整训部队66个军又27个师。[3]当时国民政府领导下的部队有242个师、40个旅。国民政府将23个师留作战略预备队，以9个师又1个旅，担任西南大后方的守备任务；以13个师为基干，组建鲁苏、冀察两个游击战区；其余主力部队，分别部署于全国8个战区之内，共同担任阻击日军进攻的任务。[4]

为完善战时军政体制，适应战争需要，1939年1月，国民党决定成立战时国家的最高决策机构国防最高委员会，国民党总裁蒋介石法定地成为国防最高委员会委员长。1939年2月，国民政府军政部设立兵役署，指导全国兵役工作。同月，国民政府军事委员会还开办游击干部培训班，培训国民党人员进行游击战。此外，

---

[1] 中国第二历史档案馆编：《抗日战争正面战场》上册，江苏古籍出版社1987年版，第32页。
[2] 曹聚仁：《一个战地记者的抗战史》，东方出版社2015年版，第263页。
[3] 张设华、邢永明：《评相持阶段初期正面战场中国军队的抗战》，《石河子大学学报（哲学社会科学版）》2002年第3期。
[4] 田越英主编：《大抗战：还我河山》，九州出版社2016年版，第29页。

1939年，国民党还发起"国民精神总动员运动"，强调"国家至上，民族至上"，"军事第一，胜利第一"和"意志集中，力量集中"，实际是加强国民党的一党统治，也在客观上有利于全国抗战。

1939年1月，国民党五届五中全会召开。在抗战问题上，会议基本上坚持了继续持久抗战的立场，反对向日妥协，提出要抗战到底为现阶段唯一方略。国民党五届五中全会把"重整党务，恢复党誉，以巩固本党的基础"作为"本届大会最大的任务"。国民党唯恐中国共产党在抗战中壮大，会危及国民党对全国的统治。出于这种考虑，国民党五届五中全会在国共两党关系上确定了"防共、限共、溶共"的基本方针，并在1939年先后制定了《防制异党活动办法》《共党问题处置办法》《异党问题处理办法》《运用保甲组织防止异党活动办法》《沦陷区防范共党方法草案》等落实此方针。[①] 到同年11月的国民党五届六中全会上，国民党又提出了"军事限共为主，政治限共为辅"的方针。当然，在全国民众的呼声中，五届五中全会主题仍然是坚持抗战，国民党也在表面上继续坚持国共合作抗战。

二、敌后战场

扩大的中共六届六中全会指出"在新阶段中，敌后游击战争将暂时变为主要的形式"，所制定的军事战略方针是"巩固华北，发展华中"。敌后战场正是以此方针稳步发展的。毛泽东还提出了巩固与发展敌后游击战争的具体措施，对以游击战为主要形式的敌后战场的抗战军事行动作了正确的指导，提高了中共以及全国人民的坚持抗战的能力与信心。日军对敌后战场进行了重点进攻，但中国共产党领导的人民抗日武装在对日作战中得到了迅速发展壮大，在敌后游击作战中重创了日伪军，并粉碎了日伪军的多次"扫荡"。

---

① 军事科学院军事历史研究部：《中国抗日战争史》中卷，解放军出版社2015年版，第351页。

（一）敌后战场贯彻"巩固华北，发展华中"的方针

1. 巩固华北

进入相持阶段后，日本决定集中主要兵力对占领区实行"治安肃正"作战，而华北则是最重要地区。1938年底，日军陆军大本营从华中、华南抽调部队，加强在华北的军事部署，华北方面军在1939—1940年实施"治安肃正"计划，部队到1940年有约30万人，伪军则有10余万人。日军打击的重点是华北的八路军，并拟定了《治安肃正纲要》，提出实行分区"扫荡"，分进合击，进行集中作战，摧毁抗日根据地，采取奇袭与急袭，并依托巩固据点，修建交通线，对八路军反复进行"讨伐"，并最后消灭八路军。① 日军不满足于点和线的占领，此阶段强调在面上的占领，确定的战术原则是："通过'讨伐'作战，全部摧毁'匪军'根据地，同时彻底进行高度的分散部署兵力，随后即依靠这些分散的据点，对'匪军'反复进行机敏神速的'讨伐'，使'残存匪团'得不到喘息时间和安身处所。"② 在此形势下，八路军总部于1938年10—12月先后令第一二〇师主力挺进冀中、第一二九师主力挺进冀南、第一一五师主力挺进冀鲁豫边平原和山东地区，在华北开展敌后游击战。

（1）晋绥抗日根据地

1938年12月，贺龙、关向应奉命率领第一二〇师主力开赴冀中，留下第三五八旅等部在晋西北继续活动。1939年3月，日军分5路进攻晋西北根据地，都被八路军击退，并收复了方山、岚县等地。1939年12月，阎锡山部队进攻晋西的山西新军与八路军，次年1月被击退。同年2月，贺龙率第一二〇师回到晋西北。随后，又成立贺龙任书记的晋西北军政委员会。1940年2月底到4月初，日军对晋西北进行"扫荡"，八路军经过38天作战击退日军。1940年6月，日军又发动对晋西北的大"扫荡"，第一二〇师各部到7月上旬进行了反"扫荡"作战250余次，歼灭日伪军4500余人，收复兴县、临县、河曲等县城，取得了夏季反"扫荡"

---

① 军事科学院军事历史研究部：《中国抗日战争史》中卷，解放军出版社2015年版，第353页。
② 《中国人民解放军军史》编写组编：《中国人民解放军军史（1937年7月—1945年9月）》第2卷，军事科学出版社2010年版，第121页。

的胜利。[1]1940年11月,晋西北军区成立,贺龙任司令,不断扩大晋西北根据地。1941年,晋西北八路军进行了反对日军蚕食的斗争,并组织武工队袭击日军,第三五八旅在当年夏还对同蒲路北段进行了破击。

大青山抗日根据地为适应草原作战,于1938年10月将大青山支队转为大青山骑兵支队。同年11月,大青山支队在粉碎日军"扫荡"后,逐渐建立了绥中、绥西、绥南三个游击区。12月下旬,第一二〇师第七一五团主力奉命由大青山开赴冀中,大青山骑兵支队重新调整了部署,决定第一营所留部队在绥南活动;第二营所留部队、战动总会晋察绥边区工作委员会机关及第四支队,随大青山骑兵支队司令部在绥中活动;第三营所留部队仍在绥西活动。[2]1939年春,大青山骑兵支队先后肃清了武川西南地区的伪军、土匪。1939年5—8月,日军多次发动对大青山的"扫荡",都被粉碎,支队到1939年底扩大到1700余人。1940年5月,骑兵支队扩大为4个骑兵团。1940年下半年,日军实行"三光"政策,对根据地造成了严重破坏,但大青山骑兵支队及地方抗日武装到1940年冬仍壮大到3000余人。

(2)晋察冀抗日根据地

为进一步巩固和发展晋察冀抗日根据地,1938年11月24日,毛泽东、王稼祥在给八路军总部和第一二〇师、晋察冀军区的电报中指出:"冀中区域的中心任务是巩固现有武装部队,依靠群众力量,坚持长期游击战争","一二〇师一部到冀中可以推动、影响特别是当地部队正规化的过程,而冀中党应以极大力量帮助扩大一二〇师"。[3]为此,1938年12月,中共中央决定派第一二〇师主力挺进冀中,执行巩固冀中,帮助冀中军区与八路军第三纵队和扩大自己的三大任务。到1938年底,包括北岳、冀中、冀东、平西、平北5个地区的晋察冀根据地初步创立。

1938年11月到1939年4月,日军对冀中区进行了5次围攻"扫荡"。1938年12月下旬,贺龙率八路军第一二〇师主力从山西出发,于1939年1月进入冀

---

[1] 《中国抗日战争史简明读本》编写组:《中国抗日战争史简明读本》,人民出版社2015年版,第148页。
[2] 军事科学院军事历史研究部:《中国抗日战争史》中卷,解放军出版社2015年版,第358页。
[3] 中国抗日战争军事史料丛书编审委员会编:《中国抗日战争军事史料丛书·八路军·文献》第1册,解放军出版社2016年版,第270页。

中作战，与冀中军区的八路军一道粉碎了日军的多次"扫荡"。冀中军区部队在1939年频繁的反"扫荡"中，作战383次，毙伤日伪军9414名，俘日伪军1718人，付出伤亡3851人的代价。特别是在1939年4月下旬，第一二〇师主力在河间齐会战斗中，击溃日军第27师团一部，歼敌700余人。此后该部在冀中继续作战，到1939年8月转战北岳区为止，共作战116次，部队由到冀中时的6400人扩大到21900余人。①

日军为巩固对冀中平原的统治，从1939年底开始推行"囚笼政策"，并不断分区"扫荡"。1940年2月，冀中军政委员会成立，贺龙任书记。从1940年4月10日至5月底，日伪军3万余人对冀中进行为期50天的春季"扫荡"，在战术上稳扎稳打，连续合击，增修公路，构筑据点，并封锁河流，控制渡口。为了协助冀中反"扫荡"，晋察冀军区派来2个团协助作战，同冀中军区主力粉碎了此次"扫荡"。②从1941年3月起，日军对冀中区进行全面蚕食与"扫荡"，八路军部队虽然坚持游击战与交通破击战，但根据地逐渐缩小。

北岳区是晋察冀抗日根据地最高领导机构所在地，日军不断派兵围攻，企图破坏八路军机关。1938年底到1939年春，日伪军又对北岳区进行频繁的"扫荡"。北岳区从1939年春至秋末，以一部分兵力配合地方武装，在日伪军据点附近和交通线开展游击活动；主力部队集结于机动位置，加紧整军。③1939年10月至12月，日伪军2万余人对北岳区进行"冬季大扫荡"，分7路合击阜平。晋察冀军区军民到12月上旬合力粉碎了此次"扫荡"，这次反"扫荡"作战，八路军共作战108次，毙伤日军3600余人，俘日军13人，巩固了北岳区抗日根据地。④1940年下半年，北岳区部队参加了百团大战。1941年8—10月，日军又对晋察冀的北岳区、平西区进行了"大扫荡"，"大扫荡"被根据地军民粉碎，其间出现了"狼牙山五

---

① 军事科学院军事历史研究所编：《中国人民解放军八十年大事记（1927—2007）》，军事科学出版社2007年版，第130页。
② 军事科学院军事历史研究部：《第二次世界大战史》第2卷，军事科学出版社1995年版，第485页。
③ 张立华、董宝训：《八路军史》，青岛出版社2009年版，第212页。
④ 军事科学院军事历史研究所编：《中国人民解放军八十年大事记（1927—2007）》，军事科学出版社2007年版，第136页。

壮士"的英雄壮举。

冀热察地区 为加强冀热察地区敌后游击战，1939年1月下旬，第一二〇师副师长萧克率部分部队到达平西，2月成立冀热察挺进军，萧克任司令员，共约5000人。之后部队在冀热察地区开展游击战，打击日伪军，巩固了平西抗日根据地。挺进军的战略任务是开展燕山山脉的游击战争。1939年11月，挺进军与平西区党委确定了"巩固平西、坚持冀东、开辟平北"的战略方针[①]，反击了日军的"扫荡"。如在平西地区，1939年2月至6月，日军进行了3次"扫荡"，都被挺进军击退。1940年3月，日军又分10路向平西根据地进攻，也被粉碎。在冀东地区，1938年11月至1939年6月，日军发动5次大规模的"扫荡"，都被冀东抗日武装打退。1940年5月至6月，日军又对冀东进行"扫荡"，又被击退。1940年7月，冀东军分区成立，同年9月至11月，日军还对平北的丰滦密地区进行了70多天的"大扫荡"。1940年底，冀东抗日根据地创立。1941年8月，冀东部队开辟了热河南部、东部地区。1941年9月，日军进攻平西根据地，八路军跳出包围圈，但根据地遭到全面封锁。

（3）晋冀豫抗日根据地

晋冀豫抗日根据地在1938年发展到太行、太岳及冀南3个地区。1938年11月，日军"扫荡"冀南地区。冀南八路军在徐向前指挥下，16天作战28次，毙伤日伪军600余人，迫使日伪军于11月底撤出冀南中心区。[②]12月下旬，第一二九师师长刘伯承率主力等从太行出发，到达冀南，与徐向前部会合。为加强对地方武装的领导，第一二九师将冀南游击军区改称冀南军区，宋任穷任司令。1939年1月，日军又大规模"扫荡"冀南，第一二九师寻机歼敌，到1939年3月与冀南部队同日伪军进行大小战斗100余次，毙伤日伪军3000余人。后第一二九师主力返回太行山区，第三八六旅以政治委员王新亭、副旅长许世友为首组织工作团，带先遣支队第三大队返回冀南，坚持冀南抗日斗争。[③]1939年7月，日军还

[①] 张宏志：《抗日战争的相持阶段》，国防大学出版社1990年版，第274页。
[②] 樊吉厚等撰：《华北抗日战争史》中卷，山西人民出版社2005年版，第304页。
[③] 军事科学院军事历史研究部：《中国抗日战争史》中卷，解放军出版社2015年版，第369—370页。

出动5万余人对太行山区进行"大扫荡",重点进攻辽县、榆社、武乡地区,第一二九师在地方武装配合下,到8月下旬作战70余次,收复了榆社、武乡、高平等地。针对日军的"囚笼政策",八路军从1939年冬开始还开展了交通破袭战,对日伪军的公路、铁路及沿线据点进行破击,并攻克了黎城、涉县等据点。1940年1月,太行区八路军击退了国民党顽固派的进攻。1940年4月,太行军政委员会成立,统一领导太行、太岳及冀南三区。1940年4月至6月,冀南八路军和数万民兵对平汉铁路、白晋铁路及伸向冀南根据地的主要公路展开全面破击,粉碎了日军分割太行、太岳根据地的企图。[①]1941年6月,太岳区部队开辟了岳南根据地。1941年10月31日至11月21日,日军对太行区展开"扫荡",重点攻击黄崖洞兵工厂,但被击退。

（4）冀鲁豫边区

冀鲁豫边区包括直南、豫北及鲁西南三个地区。1938年12月,八路军第一一五师第三四四旅派一部到鲁西南、直南地区开展游击作战,发动群众。与此同时,根据八路军总部命令,第一一五师派第三四三旅第六八五团于12月下旬到达湖西地区（微山湖以西）,与当地抗日武装合编为苏鲁豫支队。1939年2月,第三四四旅代旅长杨得志率旅直一部也到达直南地区。为统一直南、豫北、鲁西南的中共抗日武装,同年3月,该部在濮阳同第三四四旅的独立团、特务团,以及黄河支队、第五支队等地方武装与主力合编为冀鲁豫支队,杨得志任司令员,下辖3个大队4000余人,后相继成立了第四大队、第五大队、独立大队、豫北大队。[②]1939年4月,支队打退了国民党顽固派的进攻。1939年7月至11月,连续粉碎日军3次"扫荡"。1939年间,冀鲁豫支队在冀鲁豫边与日伪军进行大小战斗101次,歼灭日军684名、伪军1375名。[③]

在鲁西区,1939年3月,陈光、罗荣桓率第一一五师师部及第三四三旅余部到达鲁西郓城地区,后发起樊坝战斗,全歼伪军1个团。同年3月,鲁西军政委

---

① 《中国抗日战争史简明读本》编写组:《中国抗日战争史简明读本》,人民出版社2015年版,第150页。
② 张立华、董宝训:《八路军史》,青岛出版社2009年版,第241页。
③ 中共山东省委党史研究室编:《中共山东编年史》第3卷,山东人民出版社2015年版,第125页。

员会成立，罗荣桓任书记。1939年5月，日军"扫荡"泰西地区，第一一五师师部、当地党政机关在陆房成功突破日军包围。1940年4月，鲁西军区成立。

1940年4月，八路军第二纵队在黄克诚带领下，与冀鲁豫支队整编，仍称第二纵队，并成立了冀鲁豫军区，初步建成了冀鲁豫根据地。[①]1940年6月，粉碎了日军对濮阳地区的三路"扫荡"，7月又进行了"反顽"作战。1941年4月，日军对冀鲁豫边区实行"扫荡"，边区民众及财产遭受重大损失。同年7月，冀鲁豫、鲁西两区合并成为新的冀鲁豫军区，两区部队整编为八路军第二纵队，进行了反日军"蚕食"的作战。

（5）山东抗日根据地

根据中共中央军委决定，1938年12月八路军山东纵队成立，下辖6个支队。1939年6月初，日伪军20000余人采取长驱直入、分进合击的战术，对沂蒙山北部的鲁中抗日根据地进行"扫荡"，山东纵队到7月中旬作战70余次，歼灭日伪军1000余人，粉碎了此次"扫荡"。[②]后根据中共中央的决定，1939年8月1日八路军第一纵队成立，统一指挥在山东和苏北的八路军各部队。为巩固鲁南根据地，1939年9月至10月，第一一五师师部、随营学校、第六八六团及新扩编的特务团等部，分批挺进鲁南腹地抱犊崮山区，开辟了以抱犊崮山区为中心的临费峄滕边区，接着开辟了郯（城）码（头）平原地区。[③]1940年2月，鲁南八路军攻占白彦，随后击退了日军的3次反扑。1940年4月，鲁南八路军粉碎了日军对抱犊崮山区的"扫荡"。同年3月至9月，八路军在山东又粉碎了日军对沂水、泰山地区和沂蒙山区的进攻。胶东八路军在1940年也粉碎日伪军多次"扫荡"，并且攻克多处据点。1940年9月，鲁南军政委员会成立，罗荣桓任书记。至1940年10月，山东的八路军部队已扩大到主力团7个、新团12个，共计42815人，地方部队2万人，建立了2个军区及6个军分区，并将第一一五师部队统一编成6个教

---

① 中共冀鲁豫边区党史工作组办公室编：《中共冀鲁豫边区党史资料选编》第2辑，山东大学出版社1990年版，第139页。
② 军事科学院军事历史研究所编：《中国人民解放军八十年大事记（1927—2007）》，军事科学出版社2007年版，第134页。
③ 军事科学院军事历史研究部：《第二次世界大战史》第2卷，军事科学出版社1995年版，第487页。

导旅。①鲁南根据地经过日军多次"扫荡",到1940年底缩小了四分之一。同年底,鲁中区建立了泰山、沂蒙大片根据地,并打通了与清河、鲁南及滨海区的联系。②1941年9月至10月,日军分别对泰山地区、鲁南地区进行了"扫荡",实行残酷的"三光"政策。1941年11月至12月,山东根据地军民还粉碎了日军对沂蒙山区的"扫荡",经过50多天、150余次战斗,歼灭日伪军2000余人,但也遭受重大损失,八路军伤亡1400余人,根据地群众被杀被抓的达14000余人,粮食被抢走80多万公斤。③

八路军各抗日根据地经过艰苦的反"扫荡"作战,不仅重创了日伪军,而且还壮大了自身队伍,根据地得到了巩固与发展。据《中国抗战军事史》中称:八路军由1938年底的15.6万余人,增加到1939年底的27万余人,到1940年底更扩展到40万人④,为坚持长期抗战打下了坚实基础。

2. 发展华中

1938年扩大的中共六届六中全会,确定了设立中原局,大力发展华中的战略方针。1939年1月,刘少奇到达河南省确山县,正式建立中原局领导机关。1939年2月,周恩来到达安徽泾县云岭新四军军部,与新四军领导人商定了新四军的战略方针是"向北发展,向东作战,向南巩固",并依此方针切实"发展华中"。

(1)新四军第一、第二支队东进北上

1939年初,新四军第一、第二支队攻克日伪军多处据点,巩固了茅山根据地。同时,第一支队、第二支队还东进北上,向无锡、江阴、苏州、常熟等地东进,北上扬中地区,不断出击打击日伪军,并且与国民党李明扬、李长江部建立了统一的战线关系,稳固了苏南根据地。1939年5月,新四军第一支队第六团在叶飞的带领下,与江南人民抗日义勇军(简称"江抗")会合整编,成立"江抗"总指挥部。"江抗"继续东进,在5月下旬、6月下旬先后取得了黄土塘战斗、夜袭

---

① 军事科学院军事历史研究所编著:《中国抗日战争史画》第3卷,军事科学出版社2005年版,第62页。
② 陈廉编:《抗日根据地发展史略》,解放军出版社1987年版,第339页。
③ 军事科学院军事历史研究所编:《中国人民解放军八十年大事记(1927—2007)》,军事科学出版社2007年版,第156页。
④ 罗焕章、高培主编:《中国抗战军事史》,北京出版社1995年版,第285页。

京沪铁路浒墅关车站的胜利，还在 7 月 23 日成功突袭上海虹桥机场，击毁飞机 4 架。[①] 1939 年 11 月，第一、第二支队领导机关合并，新四军江南指挥部成立，陈毅、粟裕分任正、副指挥，统一领导苏南地区的新四军及地方武装，同时新的挺进纵队与苏皖支队成立。

1940 年 7 月下旬，遵照中共中央指示，江南指挥部改称苏北指挥部，陈毅、粟裕分任正、副指挥，下辖第一、第二、第三纵队。1940 年 10 月初，国民党苏鲁战区副司令韩德勤指挥第 89 军、独 6 旅共 15000 余人向苏北新四军发起攻击，新四军进行反击，黄桥战役爆发。从 10 月 4 日至 6 日，陈毅、粟裕指挥新四军部队 7000 余人，经过激战，歼灭韩德勤的主力部队 11000 人，后又乘胜收复攻占海安、东台等地。1941 年 2 月，新四军第一师还对投降日军的李长江部进行攻击，俘虏其部 5000 余人，并一度攻克泰州城。[②] 1941 年 7 月至 8 月，日伪军对苏北、苏中进行了"大扫荡"，新四军第一师、第三师经过作战重创日军，并收复了盐城。1941 年 7 月至 11 月，日伪军还对苏南进行"清乡"，新四军第六师组织反"清乡"，收复 30 多处据点。

（2）新四军军部率第三支队等巩固皖南抗日阵地

1938 年 12 月，在皖南坚持抗战的第三支队到铜陵、繁昌地区活动，后第一支队第一团、第二支队第三团也调回皖南，归新四军军部直接指挥，增强了皖南根据地的军事部署。1939 年，日军 5 次进犯安徽繁昌，都被新四军军部与第三支队击退。到 1939 年底，皖南新四军与日军作战 200 余次。1940 年 4 月，又击退日军对皖南的"扫荡"。1940 年 10 月，皖南新四军挫败日军对云岭军部的进攻，还收复了国民党丢失的泾县县城。[③] 到 1940 年秋，在皖南又陆续组建了新一团、新三团，军部特务营也扩大为特务团。皖南事变后，新组成的新四军第七师继续开展游击战，打击日伪军，发展皖中根据地，同时皖南地区也有中共领导的 10 余支抗日游击队在活动。

---

① 罗焕章、高培主编：《中国抗战军事史》，北京出版社 1995 年版，第 302—303 页。
② 军事科学院军事历史研究所编：《中国人民解放军八十年大事记（1927—2007）》，军事科学出版社 2007 年版，第 151 页。
③ 《中国抗日战争史简明读本》编写组：《中国抗日战争史简明读本》，人民出版社 2015 年版，第 156—157 页。

（3）新四军第四、第五支队开辟皖东抗日根据地

1938年11月，新四军参谋长张云逸率军部特务营由皖南到达江北无为地区，以促进第四支队继续东进。1939年5月，叶挺到达庐江，成立了新四军江北指挥部，张云逸兼指挥。江北指挥部成立后，以第四支队为主力开辟了以定远东南藕塘为中心的津浦路西抗日根据地。1939年8月下旬，第五支队第八、第十五团挺进津浦路东，第十团于10月也进入津浦路东，开辟了以来安县半塔集为中心的津浦路东抗日根据地。[①]1940年3月，皖东地区的第四、第五支队已扩大到15000余人。8月，第五支队与南下的八路军第五纵队共同开辟淮宝根据地，并联合粉碎了日军在9月的多次"扫荡"。1941年10月，整编后的新四军第二师在师长罗炳辉指挥下，对国民党顽军、日伪军发起进攻，巩固了皖东根据地。

（4）游击支队（第六支队）开辟豫皖苏边抗日根据地

1938年11月下旬，新四军游击支队进入豫东地区活动，打击日伪军。1939年初，游击支队进入商丘、亳县、永城地区活动，不断与日伪军作战，扩大抗日武装，并建立了永城、萧县、宿县、亳县、夏邑等县的抗日民主政权，初步建立了豫皖苏抗日根据地。1939年11月，"豫皖苏边区联防委员会"成立，作为边区的最高行政机构。[②]到1939年底，新四军游击支队改称第六支队，已经发展为3个主力团、4个总队、3个独立团和1个特务团，共17000余人，作战80余次，毙伤日伪军5300余人，俘虏日伪军1200余人，胜利完成了在豫皖苏进行战略展开的任务。[③]1940年2月，游击支队对外正式改称第六支队，彭雪枫任司令兼政委。1940年3月至4月，粉碎了日军对永城、萧县地区的"扫荡"，豫皖苏根据地得到进一步巩固。1941年2月至4月，彭雪枫带领整编后的新四军第四师反击汤恩伯顽军的进攻，后于4月下旬进入皖东北根据地。

（5）新四军、八路军协同开辟苏北

1939年12月至1940年2月，刘少奇主持召开了3次中原局会议，经过研究

---

① 罗焕章、高培主编：《中国抗战军事史》，北京出版社1995年版，第303页。
② 军事科学院军事历史研究部：《中国抗日战争史》中卷，解放军出版社2015年版，第382页。
③ 陈洋：《新四军抗战》，中国民主法制出版社2015年版，第72页。

确定向东发展，开辟苏北。1940年4月1日，中共中央、中央军委指示："我八路军有抽调足够力量南下华中增援新四军……建设新的伟大抗日根据地之任务。此根据地以淮河以北，淮南铁路以东，长江以北，大海以西为范围。"①后黄克诚带领八路军第三四四旅和新二旅主力南下，于1940年6月到达华中，次月与新四军第六支队彭雪枫部合编为八路军第四纵队，彭雪枫任司令员，辖第二、第四、第五、第六旅，坚持在豫皖苏边区斗争。同年8月，新四军、八路军的一部及地方武装又组成八路军第五纵队，辖第一、第二、第三支队，黄克诚任司令，协同新四军开辟苏北。之后第四纵队主力进军淮上，控制淮河下游，开展游击战争；第五纵队则于8月东进苏北，协同新四军第五支队开辟淮（安）宝（应）区，并建立8个县政权，初步开辟了淮海区。②1940年11月，华中新四军八路军总指挥部成立，叶挺任总指挥。

新四军各支队坚持对日作战，沉重打击了日伪军。从武汉失守到1940年底，新四军与日伪军作战2400余次，歼灭、俘虏日伪军50000余人③，根据地面积也有所扩大。新四军队伍也不断发展壮大，从1939年底的49911人，发展到1941年底的86874人。④

（6）豫鄂边区的抗日活动

武汉沦陷前后，中共豫鄂边区地方在周恩来、董必武、叶剑英等指导下，在1938年底先后建成了应城抗敌自卫总队、信阳抗日挺进队、新四军第六游击大队、湖北省抗日游击大队、独立游击第五大队共5支游击队⑤，为豫鄂边区抗日游击根据地的创建打下了基础。1939年6月，新四军豫鄂独立游击支队成立，多次击退日军进攻。同年11月，豫南、鄂中、鄂东3个地区的部队统一整编为新四军豫鄂挺进支队，次年1月又改为豫鄂挺进纵队，与日军多次作战，扩展到周边地区。1940年5月，还配合国民政府的枣宜会战，挺进纵队对随县、应山、京山等地的

---

① 中央档案馆编：《中共中央文件选集》第12册，中共中央党校出版社1991年版，第347页。
② 《中国抗日战争史料丛书·八路军·综述》，解放军出版社2015年版，第95页。
③ 荣维木：《抗日战争史话》，社会科学文献出版社2014年版，第82页。
④ 陈洋：《新四军抗战》，中国民主法制出版社2015年版，第111、134页。
⑤ 张宏志：《中国抗日游击战争史》，陕西人民出版社2015年版，第291页。

日军据点进攻，牵制日军。1940年7月至10月，挺进纵队连续三次粉碎了日军对坪坝的进攻。到1940年底，豫鄂边区已建立了9个县的抗日民主政权，部队发展到15000余人，民兵自卫队有10万余人。[①]1941年9月，李先念带领的新四军第五师还出兵配合了第二次长沙会战，后于10月粉碎了日军对鄂中根据地的进攻。

（7）皖南事变

黄桥战役之后，中共为了顾全大局，1940年11月9日复电答应国民政府将皖南新四军部队开赴长江以北的要求。经过准备，1941年1月4日，叶挺、项英率领皖南新四军军部直属部队等9000余人由云岭军部出发，准备渡江北移。1月6日，当部队到达皖南泾县茂林地区时，遭到国民党军8万余人的围攻。新四军仓促应战，被迫还击，激战七昼夜，因力量悬殊，弹尽粮绝，除2000余人分散突围外，少数被俘，大部壮烈牺牲。[②]14日，新四军阵地被占领，军长叶挺在谈判时被扣押，副军长项英、副参谋长周子昆突围后被叛徒杀害，政治部主任袁国平在突围时牺牲。皖南事变发生后，蒋介石于1月17日宣布新四军为"叛军"，取消其番号。中共进行了有力斗争，1941年1月20日，新四军重组军部，陈毅任军长，刘少奇任政委，后对新四军部队进行整编，改为7个师9万余人。

3. 开辟华南敌后战场

广州失陷后，1939年1月，广东省委召开会议，根据扩大的中共六届六中全会确定的战略方针，决定党在广东的基本方针和任务是：积极在抗战中发展自己的力量，准备在抗战最后阶段起决定作用，并把工作重点放在东江、琼崖地区，在东江、琼崖建立坚持长期抗战的重要根据地。[③]1938年12月，中共领导的惠（阳）宝（安）人民抗日游击总队成立，次年又成立了东宝惠边人民抗日游击大队，分别在惠阳、宝安建立根据地，初步打开了东江敌后抗日游击局面。1940年9月，广东人民抗日游击队成立，到1941年底发展到1500余人。在珠江三角洲地区，则有中共领导的广州市郊游击第二支队与顺德游击队，他们开展抗日斗争，

---

① 军事科学院军事历史研究所编：《中国人民解放军八十年大事记（1927—2007）》，军事科学出版社2007年版，第131页。
② 张天社：《中国抗战纪略》，西北大学出版社2014年版，第193页。
③ 《中国抗日战争史》编写组：《中国抗日战争史》，人民出版社2011年版，第340页。

并在1940年建立了顺德西海根据地。1939年6月，日军侵占潮汕后，中共还组织了潮汕青年抗日武装大队。海南岛的琼崖红军游击队则在1938年12月改编为广东民众抗日自卫团第十四区独立队，冯白驹任队长。次年3月改为广东省琼崖抗日自卫团独立总队，开辟琼文抗日根据地，并粉碎了日军的"扫荡"。[1]到1940年冬，独立总队发展到3000余人。

4. 东北敌后战场

东北抗日联军在相持阶段继续频繁活动，打击日伪军。1939年4月，针对日伪军的"讨伐"围攻，周保中指挥东北抗联第二路军分别突围，将部队编成小股，分散活动，打击日军。1939年5月，抗联的第三、第六、第九、第十一军正式组成抗联第三路军，李兆麟任总指挥，在黑龙江东北部袭击日军。至1940年底，先后开辟了朝阳山、阿荣旗、甘南等游击区，取得讷河、德都、肇州、肇源等战斗的胜利，毙伤日伪军警数百人。[2]

1939年秋冬季，日伪军7万余人对杨靖宇领导的抗联第一路军展开"大讨伐"。抗联第一路军经过艰苦作战，曾取得安图大沙河伏击战、红旗河伏击战、奇袭哈尔巴岭车站和天宝山铜矿等战斗的胜利，但因敌众我寡，损失很重。[3]1940年2月23日，第一路军总司令兼政委杨靖宇在吉林蒙江（今靖宇县）壮烈牺牲。同时，第二路、第三路军也积极进行反"讨伐"作战，在黑嫩平原给日伪军重创。

1940年春，东北抗联的根据地大都遭到破坏，部队从3万余人锐减至不足2000人，为此进行了缩编。1940年底到1941年，在严峻的形势下，东北抗日联军大部转入中苏边境整训，并建立了南北两个野营。1942年8月，在苏联的抗联部队编成东北抗联教导旅，周保中为旅长，后以小股部队的形式进入东北继续开展游击战。

---

[1] 李东朗：《中流砥柱——中国共产党在抗日战争中的地位和作用》，湖北人民出版社2015年版，第190—193页。
[2] 军事科学院军事历史研究所编：《中国人民解放军八十年大事记（1927—2007）》，军事科学出版社2007年版，第134页。
[3] 《中国人民解放军通鉴》编辑委员会编：《中国人民解放军通鉴》上册，甘肃人民出版社1997年版，第729页。

（二）敌后战场的重点战役

1. 陈庄战斗

陈庄战斗是 1939 年 9 月八路军第一二〇师在河北灵寿西北陈庄进行的一次歼灭战，是敌后最早、歼敌最多的山地运动战。1939 年 9 月底，八路军第一二〇师主力来到陈庄。晋察冀根据地开辟后，陈庄成为根据地的行政、经济、文化中心，为晋察冀边区政府驻地。

1939 年 9 月下旬，日军准备举行秋季"大讨伐"，重点消灭驻陈庄的八路军后方机关、学校，采取山地"讨伐"的"牛刀子"新战术。9 月 25 日，日伪军 1500 余人从灵寿县城出动向慈峪镇进犯，在攻占慈峪镇后，伪装撤退，实际上是声东击西，于 27 日长途奔袭陈庄，并在当日上午占领陈庄。[①]9 月 28 日上午，陈庄日军在烧毁村庄后，向东撤退，贺龙则布置部队设伏。当日上午，第一二〇师将进入伏击圈的日军全部包围在高家庄、破门口、冯沟里 3 个村庄，并在当晚将其分割围歼，日军损伤惨重。29 日晨，被围于破门口、冯沟里的日军已伤亡过半，遂向南突围，又被包围于鲁柏山高地。[②]同日，从灵寿、慈峪增援的 800 多名日军，被八路军阻击于白头山阵地，无法增援。日军还派来飞机轰炸，但被围日军多次组织突围未成，八路军借助炮兵支持，在当夜发起全线总攻，突破日军阵地，将其大部歼灭。30 日，日军残部施放毒气，突破八路军阵地并南逃，但又被包围全歼。陈庄战斗经 6 天 5 夜激战，八路军以 6 个团的优势兵力全歼陈庄敌军，并击退了增援的日军。陈庄战斗是围绕陈庄这一中心地区展开的一系列的山地运动战，被毛泽东、中共中央、中央军委称赞为"抗日战争敌我相持阶段的模范歼灭战"。

2. 黄土岭战斗

黄土岭位于河北涞源与易县交界处，因一位日军中将在该地被击毙而闻名。黄土岭战斗是八路军的一次规模较大的战斗，参战部队除了晋察冀军区第一分区的全部主力外，还有晋察冀军区的另外 4 个团和第一二〇师的特务团、第七一五团，由晋察冀军区第一分区司令杨成武统一指挥。

---

① 曲青山、高永中主编：《抗日战争回忆录》第 1 册，中共党史出版社 2015 年版，第 438—439 页。
② 刘志强主编：《抗日战争大典》，湖南出版社 1995 年版，第 199 页。

事情起因是1939年10月中旬起,日军发动了对晋察冀根据地的"冬季大扫荡"。11月3日,日军独立混成第2旅团一部500余人进犯根据地,在雁宿崖进入八路军晋察冀第一军分区的伏击圈,经过激战,除生俘10余人外,其余日军被全歼。[①]阿部规秀为此于11月4日率1500余人进行报复性"扫荡"。日军于5日到达司各庄等地,但未发现八路军主力,后在游击队的诱击下,于6日黄昏到达黄土岭一线,八路军迅速组织部队,形成对日军的包围态势。因察觉有被围歼的危险,7日晨,阿部规秀率部冒雨向上庄子、寨头方向边侦察、边交替掩护前进,以避开八路军主力,绕道返回涞源城。[②]7日中午,日军到达上庄子,先头部队抵达寨头。当天下午,日军进入八路军设伏地域时,预伏的第一团、第二十五团一部迎头阻击,第三团和第二团分别从西、南、北三面包围,展开猛烈攻击。日军仓促抢占上庄子东北高地,并向寨头阵地反扑,双方展开激烈的山地争夺战。[③]日军的指挥部设立在黄土岭东的教场村,当时第一团指挥员发现在该村一座独立院落内有多名日军指挥官活动,遂命令迫击炮进行轰击,结果阿部规秀中炮身亡。经过激战,日军损失过半,余部被包围在上庄子附近的山沟里,多次突围未果。8日,日军派飞机前来支援,掩护日军突围,与八路军发生激战,同时派重兵从涞源、灵丘、唐县等多路向黄土岭合击,企图围歼八路军。遵照军区指示,部队主动撤离战斗。至于黄土岭战斗的战果,贺龙、聂荣臻的报告称:共歼灭旅团长以下1000余人,缴获步枪100余支、机枪5挺、迫击炮1门、战马500余匹、弹药军用品1部,八路军则伤亡官兵800余人。[④]蒋介石也给朱德发去贺电,称赞八路军官兵"杀敌英勇"。

其实,死在中国的日军将军并不少,但大多是遭遇突然袭击、意外死亡,像阿部规秀这种在战场上指挥作战中被打死的日本将军不多,因此影响特别大。阿部规秀,1907年毕业于日本陆军士官学校第十九期,毕业后加入日本陆军。1939年晋升为陆军中将,被称为擅长运用"新战术"的"俊才"和"山地战"专家,

---

① 宋媚丽:《华北抗战》,中国民主法制出版社2015年版,第143—144页。
② 中共中央宣传部新闻局等编:《红色记忆:永远的丰碑》第2部,学习出版社2007年版,第92页。
③ 张子申:《杨成武将军访谈录》,中国文联出版公司1994年版,第55页。
④ 中国延安精神研究会编:《中国人民抗日战争史料简编》,高等教育出版社2016年版,第193页。

有所谓"名将之花"的称号。阿部规秀被李二喜用迫击炮击毙,日本《朝日新闻》更以通栏标题"名将之花凋谢在太行山上"连续三天哀悼。

黄土岭战斗之后,八路军又对国民党军进行了反摩擦战斗。1940年3月,八路军一路共17个团发起对石友三的第39集团军的卫(河)东战役,歼敌3600人。另一路共13个团发起对朱怀冰的第97军的磁(县)武(安)涉(县)林(县)战役,歼敌10000余人。

3. 百团大战

1940年8月下旬到12月上旬,八路军在华北发动了相持阶段对日最大规模的作战,因有105个团参加,故称百团大战。此次作战"正值国际形势发生大变化,我国抗战进入空前困难,国内投降妥协危机与分裂,反共潮流反共内战又形高涨的时候"①。同时,日军对华北各根据地实行"囚笼政策",加之"敌伪深入我根据地后,普遍筑碉堡,兵力分散,反而形成敌后的敌后,主要是交通线空虚,守备薄弱,这对我是一个有利的战机"②。此次八路军的大规模攻势,覆盖了整个华北地区的主要交通线。在这些地区,驻有日军3个师团的全部、2个师团的各2个联队、5个独立混成旅团的全部、4个独立混成旅团和骑兵旅团的各一部,总兵力约20万人,另有伪军约15万人。③

1940年7月22日,八路军前方指挥部发出了战役预备命令,规定:"战役目的以彻底破坏正太线若干要隘,消灭部分敌人,收复若干重要名胜、关隘据点,较长期截断该线交通,并乘胜扩大拔除该线南北地区若干据点,开展该路沿线两侧工作,基本是截断该线交通为目的。"④1940年8月8日,前方指挥部又发布《战役行动命令》,决定8月20日开始战斗,并对各部的作战区域、任务进行了明确。百团大战分为3个阶段。第一阶段:1940年8月20日至9月10日,作战重点为破坏正太路。在此阶段,晋察冀军区破坏正太铁路东段,第一二九师组织部队破

---

① 时事问题研究会编:《抗战中的中国军事》,北京,1957年版,第114页。
② 《彭德怀自传》,解放军文艺出版社2002年版,第244页。
③ 《"大抗战"知识读本》编写组:《"大抗战"知识读本》,学习出版社2015年版,第94页。
④ 中共中央文献研究室、中央档案馆编:《建党以来重要文献选编(1921—1949)》第17册,中央文献出版社2011年版,第405页。

坏正太铁路西段，使得正太铁路三分之二的路基被毁坏。两部还攻击铁路沿线日军据点，并破坏了井陉煤矿。同时，八路军第一二〇师对同蒲铁路北段和晋西北主要公路展开大破击，冀南、冀东、冀中和太岳等地区的八路军和游击队，也对各自当面的日军交通线展开广泛的破击战①，造成日军交通一度中断。值得一提的是，晋南的国民党军队在此阶段也曾出击，攻击日军据点，配合了八路军的进攻。9月16日，八路军总部下达第二阶段作战命令，指出作战目的是扩大战果，作战基本方针是继续破坏交通线，重点在歼灭交通线两侧及深入根据地的据点，规定的主要攻击目标是：晋察冀军区为涞源、灵丘地区；第一二〇师为同蒲铁路朔县至原平段；第一二九师为榆辽地区；冀中部队为沧石路、石德路；冀南部队为德石路、邯（郸）济（宁）路。②第二阶段自9月22日至10月上旬，在此阶段，晋察冀军区部队自9月22日起向涞源、灵丘发动进攻，在18天作战中攻克日伪军多处据点。同日，第一二九师向榆社、辽县的日伪军发起进攻，并攻取了榆社、铺上等6个据点，到10月1日因日军增援部队到达而结束战斗；冀中军区部队在10月上旬对任丘、河间、大城及肃宁的日伪军据点进行了攻击；第一二〇师则对同蒲铁路进行破击，对宁武、忻县段进行了破坏，经过6天作战，使该铁路北段交通再次中断。第三阶段：1940年10月上旬至1941年1月，主要为反击日伪军对各根据地的报复"扫荡"。10月19日，八路军总部下达反"扫荡"的作战命令。在此阶段，日军对晋东南的太行区、太岳区，晋察冀边区的平西区、北岳区、晋西北根据地都进行了"扫荡"，但都被根据地军民击退，到1941年1月日伪军退回了原据点。在具体战果上，据八路军总部统计，至1940年12月5日，参加百团大战的八路军进行大小战斗1824次，毙伤日军20645人、伪军5155人，俘虏日军281人、伪军18407人，日军自动投诚者47人、伪军反正者1845人，缴获枪械5942支（挺）、各种火炮53门、骡马1510匹等大量军用物资，摧毁据点2993个，破坏铁路474公里、公路1502公里、车站37个、桥梁213座、隧道11个、铁轨21.7万余根、枕木154.9万余根、电线杆10.9万余根，破坏煤矿5个、

---

① 《中国抗日战争史简明读本》编写组：《中国抗日战争史简明读本》，人民出版社2015年版，第152页。
② 曲青山、高永中主编：《抗日战争回忆录》第1册，中共党史出版社2015年版，第458页。

仓库 11 所[①]，八路军伤亡 1.7 万余人。《彭德怀自传》中称百团大战使正太路、平汉路 1 个多月才通车。收复大量县城，有些得而复失。在破袭时一度收复有四五十个县，最后得到巩固的县城还有 26 个以上。8 月 28 日，第一战区司令长官卫立煌给朱德致电称：贵部发动百团大战，不唯予敌寇以致命之打击，且予友军以精神上之鼓舞。9 月 4 日，蒋介石也致电朱彭称：贵部窥此良机，断然出击，予敌甚大打击，特电嘉奖。[②]

百团大战作为八路军战史上的代表性战役，极大振奋了全国军民的抗日信心，具有重大的军事与政治影响。此次作战不仅增强了八路军的实战能力，沉重地打击了日伪军，巩固了华北抗日根据地，使得日军被迫抽调兵力进行"扫荡"，减轻了正面战场的压力，而且在客观上也利于遏制国民政府的妥协投降倾向，打击了国民党制造的所谓八路军"游而不击"的谣言。日本华北方面军也承认"此次袭击，完全出乎我军意料，损失甚大，需要长时期和巨款方能恢复"[③]。百团大战在国际上也引起了较大反响。苏联《红星报》予以赞扬，美国合众社等驻北平记者冲破日军新闻封锁，在百团大战期间连续报道了交战消息。当时在华北敌后的不少外国记者、学者，如美国记者史沫特莱，在著作中对百团大战作了肯定的记载。[④]但是百团大战持续时间太长，战役规模过大，在军事协同作战、后方指挥上也存在问题，对日军反复"扫荡"及后方作战准备不足，战时政治工作只有战场鼓动，没有后方工作[⑤]，特别是第二阶段八路军进行的阵地攻坚战，也对八路军有生力量造成了极大消耗，很多破袭的铁路、攻克的据点也随后被日伪军再次恢复与占领，引起了日伪军更为严重的"扫荡"报复，根据地遭到严重破坏。

4. 黄崖洞保卫战

黄崖洞位于山西省黎城县北境、晋冀两省接壤之处，八路军于 1939 年 7 月在

---

① 何理等选编：《百团大战史料》，人民出版社 1984 年版，第 244—245 页。
② 中国人民革命军事博物馆《百团大战历史文献资料选编》编审组编：《百团大战历史文献资料选编》，解放军出版社 1991 年版，第 228 页。
③ 《中国抗日战争史料丛书·八路军·参考资料》第 7 册，解放军出版社 2015 年版，第 47 页。
④ 罗焕章、高培主编：《中国抗战军事史》，北京出版社 1995 年版，第 301 页。
⑤ 岳思平：《百团大战》，军事科学出版社 2015 年版，第 199 页。

此创建抗日战争期间最早、规模最大的兵工厂。1941年11月，日军对太行根据地实行"冬季大扫荡"。11月9日至19日，3000多名日军兵分多路强攻黄崖洞，并且使用了飞机及毒气。八路军特务团以不足一个团的兵力，在民兵与兵工厂职工配合下英勇抗击，在工厂主要设备转移后于17日撤退，日军进入兵工厂破坏，但随后因日军发现有八路军重兵伏击，于18日退出黄崖洞。此战八路军"歼敌700余人，自己伤亡140余人，以5∶1的战绩创中日战争中敌我伤亡对比之最新纪录，因而被中央军委作战部誉为'最成功的一次模范战斗'"[1]。

值得一提的是，国民党军队也在敌后进行了游击战。在1938年11月的南岳军事会议上，蒋介石提出："政治重于军事，游击战重于正规战，变敌后为其前方，用三分之一的力量于敌后方。"[2] 国民政府随后要求军队加强游击作战，1939年1月7日颁布的《第二期作战指导方案》中规定："应以一部增强被敌占领地区内的力量，积极开展广大游击战，以牵制消耗敌人。"[3] 在重新划分战区时，在1939年1月专门成立鲁苏、冀察2个敌后游击战区，其中于学忠为鲁苏战区司令，鹿钟麟为冀察战区司令。两战区在各自负责区域内加强游击战力，进行对日作战，并参加了1939年国民政府的夏季攻势、冬季攻势，对日军交通沿线据点展开袭击，并策反伪军，但也曾遭到日军的"扫荡"。此外，第二战区的晋绥游击区，第五战区的鄂豫皖边的游击基地，以及第三、第四、第九战区等都开展了游击作战，在华北、华中、华南先后建立了10多块抗日根据地。值得一提的是，1941年2月5日，日本海军大将大角岑生乘飞机经过广东中山时，被国民党部队击落，大角岑生等10余人全部毙命，大角岑生为日军在侵华战争中阵亡的海军最高将领。国民政府敌后游击作战与正面战场的正规战积极配合，在扩大战斗空间，牵制敌之南下西进，消耗敌之战力，破坏敌之交通、治安，支持正面战场御敌等方面，均起了积极作用，取得了一定战果。[4] 但是国民党领导的敌后力量与八路军、新四军发生了多次冲突，造成了中国抗战力量的内部损耗。

---

[1] 刘强伦、唐得阳：《中共敌后战场抗战最纪录》，团结出版社2017年版，第402页。
[2] 何应钦：《日军侵华八年抗战史》，(台北)黎明文化事业股份有限公司1983年版，第256页。
[3] 中国第二历史档案馆编：《抗日战争正面战场》上册，江苏古籍出版社1987年版，第32页。
[4] 张宪文等主编：《中国抗日战争史》第3卷，化学工业出版社2016年版，第216页。

敌后战场之艰难,难以言喻。尤其是东北,自九一八事变之后,到此时已近10年,日本在此经营稳固,东北抗联不仅仅面对着极端恶劣的环境,更有孤立无援的精神压力。但抗战确实是复兴的枢纽,不在于物质条件的丰富与否,不在于日本比中国强大多少,而在于精神的复兴——即使弱小,但只要有精神在,总能克服困难。敌后战场尤其深刻地体现了这一点。

三、国民党正面战场抗战

日军改变了侵华的军事战略,将"速战速决"战略变为"以战养战"战略。国民政府的军事战略也进行了相应的调整,将消耗战战略改为"积小胜为大胜"的持久战战略,一面在前线发动有限攻势,一面在敌后发动广泛的游击战,消耗日军的实力,尽全力阻止日军获取作战物资,迫使日军困守点、线,破坏其"以战养战"的战略计划。"武汉会战后,日军停止了对正面战场国民党军的大规模战略进攻,转而采取机动的牵制性的有限攻势和旨在切断中国与外界联系的封锁作战。"[①] 不过在这一阶段,国民政府正面战场战事即使有限,仍有一些战役发生。

(一)武汉外围地区的作战

为了巩固对武汉地区的占领、维护长江中下游的交通,日军将武汉地区作为正面作战的重点,不断对周边的中国军队发动进攻,并且日军华中派遣军将第11集团军兵力扩大到7个师团。在武汉外围的中国守军,长江以南是陈诚、薛岳指挥的第九战区,有52个步兵师;长江以北为李宗仁指挥的第五战区,有34个步兵师、1个骑兵师、1个骑兵旅。面对武汉地区周围中国守军将近100个师的包围态势,日军采取以攻为守、先发制人、各个击破的方针打击中国军队。[②]

---

① 《中国抗日战争史简明读本》编写组:《中国抗日战争史简明读本》,人民出版社2015年版,第161页。
② 军事科学院军事历史研究部:《中国抗日战争史》中卷,解放军出版社2015年版,第397页。

1. 南昌会战

南昌是江西省省会，也为南浔铁路与浙赣铁路上的重要支点，战略位置十分重要。同时，中国空军还以南昌为基地，对日军实施轰炸。因此，在武汉会战结束后，日军决定攻取南昌，试图割断浙赣铁路。

1939年3月17日，日军第11集团军以4个师团12万人的兵力，在司令冈村宁次指挥下，发起进攻南昌的战役。3月18日，日军左翼第101师团、第106师团各一部经鄱阳湖水路，直扑修水与赣江交汇处的吴城镇。同日，中路日军第101师团主力在南浔线永修地区发起正面攻击，与中国守军对峙。3月20日下午，日军集中炮火将修水南岸中国阵地基本摧毁，第101师团、第106师团主力在永修、虬津之间强渡修水，快速南进。21日，19集团军总司令罗卓英调部队向南昌右翼增援，试图堵住缺口未果。后日军陆续占领安义、万家埠和奉新，继续向南昌西南迂回突进。中国守军因左后侧受到威胁，被迫后撤至乐化以北的第二线阵地。3月26日，日军第106师团、第101师团分别渡过赣江，切断了南昌南面的浙赣铁路，形成了对南昌的包围。[1]3月27日晨，日军从北、西、南三面会攻南昌城，守城部队经过巷战，直到深夜才撤离南昌。3月29日，日军又开始陆续攻占了南昌外围各据点，相继攻克武宁、高安等地。南昌失守后，蒋介石于4月16日制订反攻计划，令罗卓英统一指挥第三战区、第九战区收复南昌，"决以主力进出南浔线，确实断敌联络，另以一部直取南昌市"[2]。经过准备，4月21日，中国军队开始全线反攻南昌，分左、右、中三路进攻南昌，一度攻克南昌附近石头冈、生米街、高安、奉新、西凉山等重要据点。到5月4日，中国军队一部突入日军城防阵地，曾进入牛行、飞机场、车站及市区，但由于日军不断增援，中国军队的攻势受挫。5月7日，日军实行反攻，第29军军长陈安宝在战斗中殉国。5月9日，中国军队奉命停止进攻，南昌战役就此结束。根据国民政府官方统计，中国守军伤亡十分惨重，中国军队参战259864人，战死23242人，受伤29280人，失踪16263人。[3]

---

[1] 《中国抗日战争史简明读本》编写组：《中国抗日战争史简明读本》，人民出版社2015年版，第162页。
[2] 秦孝仪主编：《中华民国重要史料初编——对日抗战时期》第2编作战经过（2），（台北）中国国民党中央委员会党史委员会编印1981年版，第414页。
[3] 谭飞程：《赣北兵燹：南昌会战》，武汉大学出版社2014年版，第359页。

日方报告则称击毙国民党军队24000人，俘虏8600余人，日军战死约500人，负伤约1700人。[1]

2. 随枣会战（襄东作战）

1939年5月初，日军第11集团军以10万余人的兵力，向随县、枣阳地区发起进攻，发动随枣战役，旨在消除鄂北、豫南的中国军队对武汉侧背及平汉铁路的威胁，打击长江以北中国第五战区部队。

1939年4月下旬，第五战区在察觉到日军大部队向应山、钟祥集结的情况下，李宗仁将部队划为左翼兵团、右翼兵团、机动兵团及大别山游击兵团进行迎敌。第五战区决定采取攻势防御，适时在随县、枣阳中间地区采取攻势，击破日军之进攻；同时，并以机动兵团第11集团军拨归左翼兵团指挥，加强左翼兵团的作战力量。[2]

4月30日，盘踞鄂北的日军主力第3师团沿京钟公路北犯，向随县地区发动进攻，到5月1日，郝家店、徐家店先后沦陷，4日日军又攻陷塔儿湾、高城阵地。5月1日，日军第13、16师团及第4骑兵团主力也分一路由襄花公路两侧西进，另一部沿襄河东岸迂回，沿途与中国军队发生激战，7日突破丰乐、长寿店阵地。[3]到5月10日，日军已占领高城、随县、枣阳、新野、桐柏等地，形成了围歼第五战区左翼兵团的态势。左翼兵团主力于5月12日在沁阳一带跳出日军包围圈，其他方向的部队则全力攻击日军的侧翼和后方，迫使日军于5月13日开始回撤[4]，中国军队则开始反攻，后收复南阳、唐河、新野、枣阳、桐柏。至5月24日，除被日军占领了随县县城外，双方控制地区恢复战前态势。此次会战，据日军报告称，国民党军队死亡15000余人，被俘1600余人，日军战死650人，负伤约1800人。[5]

---

[1] 日本防卫厅防卫研究所战史室：《中国事变陆军作战史》第2卷第2分册，田琪之译，中华书局1981年版，第125页。
[2] 全国政协文史和学习委员会编：《武汉会战亲历记》，中国文史出版社2015年版，第252页。
[3] 秦孝仪主编：《中华民国重要史料初编——对日抗战时期》第2编作战经过（2），（台北）中国国民党中央委员会党史委员会编印1981年版，第420页。
[4] 《中国抗日战争史简明读本》编写组：《中国抗日战争史简明读本》，人民出版社2015年版，第162页。
[5] 日本防卫厅防卫研究所战史室：《中国事变陆军作战史》第2卷第2分册，田琪之译，中华书局1981年版，第136页。

3. 长沙会战

（1）第一次长沙会战

武汉会战后，湖南成为抗击日军的重要阵地，并且为抗战提供充足的兵源、粮食及工业资源，长沙又是其中的战略要地，第九战区司令长官司令部也在长沙。为此，1939年9月，日军第11集团军以10万余人的兵力，对岳阳至长沙之间的第九战区中国军队分进合击，企图消灭第九战区主力，并巩固对武汉的占领。

当时薛岳担任中国军队第九战区代理司令长官，集结30多个师共40万余人进行防御，确定了逐次抵抗、诱敌深入、分步骤化解日军攻势的策略。第11集团军司令冈村宁次是日军总指挥，作战方针以"奔袭攻击"为主，作战最终目标就是要攻占长沙，"以第101、第106等师团集结于赣北安义、奉新地区，以第33、第13、第6、第3等师团集结于鄂南通城亘湘北岳阳地区，共约十万人"①。因战事主要在江西、湖南展开，故又被称为"湘赣会战"。

日军当时以湘北为主攻方向，另以两部对赣北、鄂南中国军队发起进攻。在赣北方面，9月14日，日军第101师团、106师团分别在赣北向会埠、高安进攻，并在19日攻占高安，但中国军队又在22日克复高安；9月18日，日军主力在湘北发起进攻，但受阻于新墙河一线。19日，向新墙河南岸阵地进攻，并施放毒气，直到23日才渡过新墙河。9月21日，日军又在鄂南方面向通城发动进攻，并在23—24日进占了麦市、桃树港；9月25日，日军陆续渡过汨罗江。第九战区部队按诱敌深入的既定计划，除留部分兵力于日军侧翼和后方待机反攻之外，主力退至长沙、浏阳一带的第三道防线。②9月27日，薛岳调整作战部署，决心在长沙地区与日军决战，并取得金井伏击战、永安包围战的胜利，逐渐形成对日军包围。在此形势下，10月1日，日军开始回撤，中国部队于10月2日转入追击，并陆续收复了被日军攻克的城市，并于10月9日重新进至新墙河一线，到10月16日双方恢复了战前态势。③

---

① 秦孝仪主编：《中华民国重要史料初编——对日抗战时期》第2编作战经过（2），（台北）中国国民党中央委员会党史委员会编印1981年版，第435页。
② 田越英主编：《大抗战：还我河山》，九州出版社2016年版，第263页。
③ 《中国抗日战争史简明读本》编写组：《中国抗日战争史简明读本》，人民出版社2015年版，第163页。

作为日军指挥官的冈村宁次在回忆录中称："敌军的抵抗，除上村支队在营田的战斗外，均不甚激烈。此次战斗，敌军退却较早，敌军将领似欲避免兵力的消耗。"① 日军在报告中也对国民党军队评价称："中央直系军队的战斗力，尤其中坚军官强烈的抗日意识和斗志，绝对不容轻视，而且可以看出其中央的威令是相当彻底的。"② 此次会战中，中国军队阵亡约 14000 人，受伤约 16000 人，失踪近 5000 人，日方报告日军则称阵亡 850 多人，受伤约 2700 人。③

（2）第二次长沙会战

由于第一次长沙会战中日军未实现占领长沙的终极目标，到 1941 年 9 月初，日军出动 12 万余人的兵力，再次进攻长沙，围攻湘北地区的第九战区的主力部队，以期打通粤汉线，并确保武汉安全。中国方面指挥者仍为第九战区司令长官薛岳，日军指挥者为第 11 集团军司令阿南惟几。日军以"迷雾战"的策略牵制中国军队，在 9 月 14 日，对新墙河北岸的大云山阵地进行"扫荡"，以掩护主力集结。到 9 月 17 日，日军完成集结，便兵分多路展开攻击，强渡新墙河，突破守军防线，到 19 日晚便抵达汨罗江北岸。9 月 19 日，军令部下令：国军决确保长沙，并乘虚打击消耗敌人之目的，第九战区应先以一部占领汨罗江以北地区，行持久战，并各以有力一部固守汨罗江以南各既设阵地，以于平江附近外翼地区，求敌侧背反包围而击破之。④ 但由于第九战区作战命令的电报被日军截获破译，日军便放弃原作战计划，向东挺进，重创了从东面侧击日军的中国军队。到 9 月 24 日，日军全面突破中国守军阵地。9 月 25 日，日军各部进抵捞刀河北岸，逼近长沙。26 日，日军发起对长沙的攻击，中国守军坚守捞刀河阵地阻击，战况激烈。国民政府遂调集大量增援部队将日军包围在捞刀河、浏阳河之间，还命令第三、第五、第六战区对各自附近日军发起进攻，以策应长沙作战，迫使被围日军在 9 月 30 日下午开

---

① ［日］稻叶正夫编：《冈村宁次回忆录》，天津市政协编译委员会译，中华书局 1981 年版，第 408 页。
② 日本防卫厅战史室编：《日本军国主义侵华资料长编》，四川人民出版社 1987 年版，第 501 页。
③ 吕芳上主编：《中国抗日战争史新编》第 2 册，（台北）"国史馆" 2015 年版，第 221 页。
④ 中国第二历史档案馆编：《抗日战争正面战场》中册，档案出版社 2005 年版，第 1130 页。

始突围北撤。①第九战区部队随后进行全线追击，在汨罗江以南地区与日军展开激战，迫使日军于5日渡过汨罗江，8日渡过新墙河，到10月11日第九战区恢复了原阵地，与日军在新墙河两岸形成对峙，第二次长沙战役结束。就此次会战的双方损失看，都有重大伤亡，日方报告日军官兵阵亡1670人，负伤5184人，失踪14人；中国官兵阵亡超20000人，受伤逾35000人。②

第二次长沙会战后，国民政府在1941年10月召开第三次南岳军事会议，总结此次战役得失。针对日军消耗已大，持续攻击力不强，作战求速战速决的弱点，蒋介石制定了一套以对重点地域的顽强防守与集中使用战场兵力相配合的"磁铁战"，作为今后一切战略的最高原则。③

（二）1939年冬季攻势

1939年9月欧洲战争爆发后，国民政府认为国际形势比较有利，在第二次南岳军事会议上，决定自11月下旬至12月上旬起，在北起绥远、南至广西的整个正面战场发起冬季攻势。1939年10月国民党军的第二期整训完成，战斗力有一定加强。恰逢第一次长沙会战之后，国民政府判断日军可能增兵再攻长沙，而冬季攻势可消耗日军力量进而保护长沙。国民政府决定以第二、三、五、九战区为主要攻势地区，第一、四、八、十及鲁苏、冀察战区以现有兵力进行牵制、策应攻势。日军针对此次攻势，则是加强要点的防御，并主动出击以进行牵制。对于国民党发动此次攻势的目的，日军也分析称："蒋政权发动此次攻势，是为了适应当时形势的变化，用显示本国军队仍然强大的行动，维系其国际信誉，借以掌握民心。同时，在很大程度上想以此行动抑制和阻止新中央政权的建立。"④

1939年12月上旬，第一战区按计划向豫东、豫北发起攻击，于12月17日一

---

① 秦孝仪主编：《中华民国重要史料初编——对日抗战时期》第2编作战经过（2），（台北）中国国民党中央委员会党史委员会编印1981年版，第532页。
② 日本防卫厅防卫研究所战史室：《中国事变陆军作战史》第3卷第2分册，田琪之等译，中华书局1983年版，第165页；吕芳上主编：《中国抗日战争史新编》第2册，（台北）"国史馆"2015年版，第249页。
③ 张宪文主编：《中国抗日战争史：1931—1945》，南京大学出版社2001年版，第834页。
④ 日本防卫厅防卫研究所战史室：《中国事变陆军作战史》第3卷第1分册，田琪之译，中华书局1981年版，第80页。

度突入开封，烧毁日军仓库，12月21日一度袭击商丘，焚毁日军机场汽油仓库；在豫北则破坏了平汉路和道清路的交通设施，使交通中断数日，并在1940年1月1日一度攻入泌阳。① 第二战区预定在1939年12月10日发起进攻，但因阎锡山令晋军主力攻击中共领导的山西新军和八路军，发动"晋西事变"，仅能以少数部队进攻晋东日军，曾进攻夏县、翼县、黎城、涉县、潞城等地，都被日军击退，实际战果较小。12月16日，第三战区分左翼、中央及右翼3个兵团向日军荻港至贵池间的长江防线展开进攻，12月17日在大通、荻港之间突破防线，炮击日军舰艇并布设水雷。日军为避免长江水路被切断，从九江紧急增援，迫使中国军队主力撤回青阳等地。② 第三战区第32集团军还曾于12月12日、18日两次攻入南昌市区，给予日军打击；第10集团军在12月13日晚攻入杭州、富阳、余杭各城；第23集团军则通过炮击、布雷，一度切断了日军在铜陵、大通一带长江航道。第四战区的冬季攻势主要是在1939年12月，对南宁、昆仑关日军的反攻作战，为各战区中战果最大的行动。1939年12月中旬至1940年1月中旬，第五战区部队分豫南兵团、左翼集团、右翼集团、江北兵团，分别进攻信阳、广水、花园、随县、钟祥、皂市等地，破坏日军交通线，都未能攻克，但对日军第11集团军特别是第13师团给予重大杀伤。1939年12月8日，第八战区第35军进攻包头，21日一度攻入市区，与日军激战，到23日才撤出转进五原。1940年1月28日，日伪军进攻五原，2月3日攻陷。3月20日，35军开始反攻五原，经过2天激战，于22日收复五原，击毙日军及伪蒙军4000余人，取得五原大捷。3月26日，日军再次调兵进入五原，35军转移并掘开乌加河南堤，水淹日军，迫使其于3月27日撤回包头，第35军乘势又于4月1日收复五原。③ 1939年12月12日开始，第九战区部队在粤汉路、赣北及南浔路方向对交通设施进行破坏，并进攻岳阳、通城、崇阳、蒲圻、阳新、武宁、靖安等地，曾攻克通山、阳新附近据点及靖安。此外，在冬季攻势中，八路军山东纵队还参与了鲁苏战区对日军的作战，在1940年1月还与第57

---

① 王晓华、戚厚杰主编：《抗日战争正面战场档案全纪录》中册，团结出版社2017年版，第220页。
② 《中国抗日战争史简明读本》编写组：《中国抗日战争史简明读本》，人民出版社2015年版，第164页。
③ 罗焕章、高培主编：《中国抗战军事史》，北京出版社1995年版，第385页。

军配合，粉碎了日军对鲁东南的"扫荡"。

此次冬季攻势历时 3 个多月，是中国军队在正面战场统一部署的全线进攻作战，尤以第三、第五及第九战区的攻势最为猛烈。国民党军队直接参战兵力达 55 万余人，出击 1050 次，与日军作战 1340 次，击毙日军中将 1 名、少将 1 名、大佐 2 名，俘敌 400 余人，击沉、击伤敌运输舰船 9 艘，缴获各种火炮 11 门，步枪 2700 多支。[①] 日军针对冬季攻势，则是加强了要点的防御，并主动出击。据日方报告，国民党军队死亡超过 50000 余人，日军伤亡 8000 余人，是过去作战所未有过的，并称"中国军攻势规模之大，斗志之旺盛，行动之积极顽强均属罕见"[②]。但由于各战区缺乏统一配合行动，未能达到预期的目的，正面战场的战略态势未得到根本改观。但冬季攻势沉重打击了日军，日军不得不承认此次作战牺牲是之前未有过的，某种程度上实现了消耗日军之目的。

（三）东南沿海地区的反封锁作战

在日军决定进行持久作战的情况下，虽然广州沦陷，但中国仍能从华南沿海西江地区、深圳、汕头以及桂越公路、滇越铁路、滇缅公路输入部分补给物资，因此日军为了迫使国民政府屈服，便把切断中国对外联系、封锁中国作为侵华的重要战略。[③]

1. 海南岛、汕头的沦陷

日军早就企图侵占海南岛，从而封锁中国的西南国际交通线，并将其作为南进作战的跳板基地。1939 年 2 月 10 日，日军第 21 集团军的台湾混成旅团在海军第 5 舰队配合下在澄迈湾登陆。中国方面已将驻岛主力撤回大陆，仅留保安第 5 旅数千人担任守备。因此 2 月 10 日，日军就占领了海口、琼山，接着攻占定安和清澜港。2 月 12、14 及 16 日，日军先后在榆林、新英港及博鳌港等处登陆，保安队节节抵抗，文昌、安定、乐会等相继沦陷，日军得以占领三亚、榆林、博鳌、清

---

① 涂小元：《冬季攻势述评》，《军事历史研究》2004 年第 3 期。
② 日本防卫厅战史室编：《日本军国主义侵华资料长编》，四川人民出版社 1987 年版，第 519 页。
③ 军事科学院军事历史研究部：《中国抗日战争史》中卷，解放军出版社 2015 年版，第 407 页。

澜等港口。①日军登陆后，海南岛的中国地方部队即转向纵深山区进行持久游击战，日军侵占海南全岛，后又占领东沙、西沙和南沙群岛。

日军攻占海南岛后，又将进攻矛头指向了具有重要政治、经济及军事价值的汕头、潮州。广州沦陷后，汕头、潮州成为国民政府接收对外物资的重要地点，但当时国民党守备力量薄弱。1939年6月21日凌晨，日军第21军的后藤支队在海军支援下登陆汕头，中国军队抵抗甚少，6月22日完全占领汕头，后又于25日攻击潮州，27日占领潮州。②8月14日，日军又占领深圳，15日占领沙头角一带，切断经香港的补给线。广州的日军于1939年11月中旬沿粤汉路北进，第四战区部队进行抗击。后因桂南会战，日粤北部队往援，中国守军各部追击，克复粤北大片地区。

2. 桂南会战

广西南部与法属印度支那的越南接壤，日本曾经多次要求法国印支当局封闭桂越通道，但并未达到目的，于是日军试图攻占南宁、龙州等桂南重镇，从中国境内切断桂越通道这个海外联络补给线。中国方面对日本的企图估计不足，仅在桂南地区部署了第16集团军的6个师。桂南会战根据国民党高级将领陈诚的说法，可大致分为四个时期：日军钦州湾登陆至攻陷南宁阶段（1939年11月15日—12月17日）、中国军队反攻南宁阶段（1939年12月18日—1940年3月25日）、桂南对峙阶段（1940年3月26日—10月12日）及最后反攻阶段（1940年10月13日—11月30日）。③

南宁位于邕江与桂越公路的交点上，为中国国际交通线上的战略要点。1939年11月15日，日军台湾混成旅团和第5师团，在海军、空军的支援下，在钦州湾登陆，随后兵分三路，接连攻陷防城、钦州等地。11月24日，日军攻入南宁市内，后经2天"扫荡"，到29日举行入城仪式。截至12月1日，日军报告国民党

---

① 曹聚仁：《一个战地记者的抗战史》，东方出版社2015年版，第286页。
② 日本防卫厅防卫研究所战史室：《中国事变陆军作战史》第2卷第2分册，田琪之译，中华书局1980年版，第109页。
③ 《陈诚回忆录：抗日战争》，东方出版社2009年版，第83页。

军已死亡 6100 余人，被俘 660 余人，日军战死 140 余人，负伤 310 余人。[①]12 月 4 日，日军又攻占昆仑关，后又在 21 日攻陷镇南关和龙州等地。

南宁失守，不仅使从桂林到越南的西南国际交通线被切断，而且日本空军以此为基地将危害整个西南大后方。因此，国民政府军事委员会紧急抽调部队增援广西，派部队于 12 月 18 日在飞机、大炮支援下，分 3 路反攻南宁，以北路第 5 军为正面主攻。第 5 军以荣誉第 1 师为左翼队向昆仑关正面攻击；以新编第 22 师为右翼队进攻五塘、六塘，阻敌增援；以 2 个补充师为左侧支队向九塘、八塘间进行钳制活动；第 200 师为预备队另一部迂回攻占五塘、六塘，切断了昆仑关日军退路。[②]12 月 19 日，西路军一部向高峰隘发起牵制性攻击，大部插入四塘、绥渌等地，切断了日军由南宁及龙州向北增援的道路。东路军也在日军后方的邕钦公路沿线展开袭击，策应昆仑关方面的作战。[③]日军也派出第 21 旅团、第 9 旅团、台湾混成旅团主力从多路援助昆仑关，但被中国军队阻击，其中第 21 旅团旅团长中村正雄被击毙。12 月 31 日，经过空军、坦克、炮兵及步兵的配合，第 5 军终于攻克昆仑关。后随着日军增援部队到达，第 5 军进攻九塘、八塘日军，但未攻克，与日军形成对峙。

这次战役史称昆仑关大捷，日军损失空前巨大，据日本战后公布的材料统计，在此战中，日军第 21 旅团各级军官死亡 85% 以上，士兵死亡 4000 多人。[④]昆仑关战役极大振奋了国人的抗日信心和热情，全国记者纷纷到前线采访。昆仑关战役作为国民党军队罕见的一场正面攻坚战，日军处处死守不退，致使第 5 军在昆仑关连续攻击 2 周时间，在反攻中便有 11000 人负伤，5500 人为国捐躯。[⑤]

1940 年 1 月，中日都增派兵力投入桂南作战。1 月 26 日，日军发动进攻宾阳作战。1 月 28 日，日军抢先进攻，一部向昆仑关正面主攻，另一部迂回宾阳进攻。

---

① 日本防卫厅防卫研究所战史室：《中国事变陆军作战史》第 3 卷第 1 分册，田琪之译，中华书局 1981 年版，第 45 页。
② 罗焕章、高培主编：《中国抗战军事史》，北京出版社 1995 年版，第 450 页。
③ 《中国抗日战争史简明读本》编写组：《中国抗日战争史简明读本》，人民出版社 2015 年版，第 166 页。
④ 唐得阳、刘强伦：《国民党正面战场抗战最纪录》，团结出版社 2017 年版，第 375 页。
⑤ 张宪文等主编：《中国抗日战争史》第 3 卷，化学工业出版社 2016 年版，第 55 页。

2月1日，日军向甘棠发动总攻，并突破阵地，当日还派飞机对宾阳重要军事设施进行了轰炸。2月2日，日军近卫混成旅一部占领宾阳，3日，日军再次攻陷昆仑关，4日，日军主力进入宾阳。到2月6日，日方报告战死295人，负伤1307人。[①] 2月8日，日军攻陷武鸣后，决定固守南宁，自2月9日开始南撤，到13日大部退回南宁。至2月中旬，日军第18师团撤回广东，第5师团收缩至南宁，近卫混成旅团和台湾混成旅团退守邕钦公路地区。[②] 中国军队虽尾随占领了日军撤出的地区，但也无力再攻南宁，中日两军形成对峙。1940年2月，国民政府在柳州召开军事会议，总结了桂南会战得失，改变作战指导思想，确定了进行积极的攻势防御的作战原则。

从1940年3月，国民党第64军和第16集团军对桂南日军发动春季攻势，并于3月25日收复灵山，迫使日军撤至钦县、南宁附近。此后到10月份，中日双方又进行作战百余次，互有伤亡。1940年10月13日起，中国军队开始全面反攻，第31军于28日攻克龙州，第35集团军于29日收复南宁[③]。后中国军队于11月13日收复钦县，11月30日攻克镇南关，将日军完全赶出桂南。

（四）其他重要战役

1. 枣宜会战

1940年5—6月，日军为了报复中国军队的冬季攻势，大举进攻枣阳和宜昌地区，试图击败第五战区的主力，中国军队进行反击。宜昌距重庆仅约480公里，是重庆的门户，攻占宜昌，可以直接威胁重庆，有极高的战略意义。

为此，日军集结了20余万人的兵力，在第11集团军新任司令园部和一郎指挥下，兵分三路于1940年5月1日向襄阳、枣阳和桐柏山区进犯，枣宜会战开始。至7日，日军占领了唐河、随阳店等地，对枣阳形成合围之势，8日即夺取枣阳。

---

① 日本防卫厅防卫研究所战史室：《中国事变陆军作战史》第3卷第1分册，田琪之译，中华书局1981年版，第74页。
② 《中国抗日战争史简明读本》编写组：《中国抗日战争史简明读本》，人民出版社2015年版，第167页。
③ 秦孝仪主编：《中华民国重要史料初编——对日抗战时期》第2编作战经过（2），（台北）中国国民党中央委员会党史委员会编印1981年版，第449页。

后日军准备西渡襄河,进攻宜昌。第五战区误以为日军开始退却,于5月10日命令各部全力反攻。第33集团军总司令张自忠率部东渡襄河反攻,在宜城东北地区遭到日军围攻。激战中,张自忠于5月16日在南瓜店壮烈殉国。后日军大举反击,迫使第五战区部队退往白河以西。5月31日晚,日军第3、第9师团一部西渡襄河,6月1日占领襄阳,6月3日攻陷南漳、宜城,但随后又被中国军队收复。6月4日,日军第13、第6师团一部又在旧口、沙洋附近强渡襄河。① 为阻止日军西进,国民政府从四川急调第18军至宜昌守备。6月8日、9日,日军分别占领沙市、江陵和当阳,逼近宜昌。6月10日,日军下达攻占宜昌命令,守城的第18军与日军展开激战,在6月12日被迫撤出宜昌。17日,日军一度奉命撤出宜昌,中国军队随即收复。但日军随后因配合德国占领巴黎,突然回师,又于24日再次控制宜昌。② 此后双方形成对峙,枣宜会战结束。

枣宜会战历时近2个月,中国军队英勇抗战,沉重打击了日军。但日军也达到了其战略目的,成功消耗了第五战区国民党军的力量。枣宜会战中,日军报告称日军阵亡1403人,负伤4639人,国民党方面则称中国军队阵亡36000余人,受伤约50000人③,第五战区在精神、物质上元气大伤,战略地位大大下降。同时,日军切断了该地区对重庆的补给,又保障了自身后勤,造成逼近重庆之势。此次作战中,中国军队固然重装备极度缺乏,但存在对战场形势、敌军意识分析不足,对情报细节不敏感,各部之间策应不足、协调性差、各自为战等诸多问题。④

2. 豫南会战

1941年1月,日本第11集团军为了打通平汉铁路南段,解除中国军队对信阳日军的威胁,捕捉歼灭此地的汤恩伯第31集团军主力,故出动3个师团等部,在司令园部和一郎的指挥下,分左、中、右3个兵团准备向豫南发起进攻,中国军

---

① 秦孝仪主编:《中华民国重要史料初编——对日抗战时期》第2编作战经过(2),(台北)中国国民党中央委员会党史委员会编印1981年版,第481页。
② 张宪文主编:《抗日战争正面战场》,世界图书出版公司2016年版,第205—206页。
③ 日本防卫厅防卫研究所战史室:《中国事变陆军作战史》第3卷第2分册,田琪之等译,中华书局1983年版,第28页;吕芳上主编:《中国抗日战争史新编》第2册,(台北)"国史馆"2015年版,第237页。
④ 唐得阳、刘强伦:《国民党正面战场抗战最纪录》,团结出版社2017年版,第130页。

队则由第五战区司令长官李宗仁指挥,有18个军,3个炮兵团共14万余人进行防御。①

1月25日,日军分6路开始向豫南进攻,左翼三路向小林店、固城、金山攻击;中央一路向明港攻击;右翼二路强渡淮河攻击。②第五战区司令长官李宗仁决定采用避实击虚的战略,避免与日军主力决战,"平汉路正面,仅配置一师于西平附近,主力则伏于预期敌人进犯路线之两侧,纵长区分,保持机动,准备于敌人向汝南、郾城、舞阳分路北进时,向敌两侧及其背后机动围击而歼灭之"③。日军出动空军协同作战,到27日已攻至驻马店、沙河店、春水一线。29日,日军左翼部队在舞阳南部、右翼部队在上蔡附近都遭到阻击,中路部队因中国军队北撤而扑空。日军试图夹击中国军队,在1月31日进占舞阳、上蔡,但中国军队先行转移,日军未能与第五战区主力决战,并于2月2日开始撤退。日军第3师团从舞阳撤出后,于4日攻占南阳,但6日被中国军队反攻,后又乘势夺回舞阳。与此同时,由舞阳南撤的日军第17师团主力,第15师团、第4师团各一部在象河关附近遭到中国军队包围,伤亡惨重,后向信阳方向退却。④皖北豫东日军曾于2月5日攻陷太和、界首,但中国军队6日反攻又收复两地。至7日,各路日军均撤回信阳附近。到2月10日,会战结束。日军报告,参与交战的中国军队95000人,伤亡16000人。⑤

3. 上高战役

上高战役又称锦江会战。1941年3月中旬至4月上旬,中国军队在江西上高地区与日军作战,粉碎日本大规模的进攻。此次会战为日军针对第九战区第19集团军的战略进攻,以便于稳固日军在上高地区、南昌外围的军事优势,消耗中国军队。在上高战役中,园部和一郎作为第11集团军司令是日方指挥官,第九战区

---

① 吕芳上主编:《中国抗日战争史新编》第2册,(台北)"国史馆"2015年版,第243页。
② 何应钦:《日军侵华八年抗战史》,(台北)黎明文化事业股份有限公司1982年版,第181页。
③ 曹聚仁:《一个战地记者的抗战史》,东方出版社2015年版,第350页。
④ 秦孝仪主编:《中华民国重要史料初编——对日抗战时期》第2编作战经过(2),(台北)中国国民党中央委员会党史委员会编印1981年版,第502页。
⑤ 日本防卫厅防卫研究所战史室:《中国事变陆军作战史》第3卷第2分册,田琪之等译,中华书局1983年版,第123页。

副司令长官兼第19集团军总司令罗卓英成为中方指挥官。

3月15日开始，日军集结第33师团一部、第34师团全部、第20混成旅团共60000余人，在100余架飞机的掩护下，分为北、中、南三路合击，发动"鄱阳湖扫荡战"，意图突破上高天险，消灭第19集团军。面对这种情况，罗卓英下令战斗将围绕"逐次抗击""有效利用现有阵地""诱敌深入""在上高地区围歼敌军"几个方面有序进行。北路日军第33师团相继占领奉新、车坪等地；中路日军第34师团虽然占领高安、龙团圩，但遭到第74军的顽强抵抗；南路的日军第20独立混成旅团占领曲江、独城，但被第49军阻击在灰埠。① 3月20日到3月25日，中国军队包围日军进行激战，各处高地屡失屡得，日军还出动飞机助战，战况异常惨烈。② 后中国军队逐渐收复失地，3月29日，战区司令部下令第49军、第70军分为右追击军、左追击军围歼日军。4月1日，第49军收复高安、祥符观，2日攻占西山、万寿宫等地，第70军4月2日收复奉新，后两部在4月8日和9日收复安义外围的各要点。③ 上高会战到此结束。此次作战，日军三路分进合击第九战区主力部队，但是遭到有力抵抗，南、北两路受阻，未能形成合击；于上高附近决战时，又遭到包围和有力抵抗，致攻击顿挫而陷于苦战，不得不在后援部队接应下仓皇撤退。④

根据重庆国民政府军事委员会统帅部公布的数据，上高战役战果极为丰硕：毙伤日军少将步兵旅团长岩永、大佐联队长浜田以下16000余人，缴获军马2800余匹，各种火炮10门，步枪1000余支，另外还击落敌机1架，辎重物资无数。⑤ 国民政府军委会参谋总长何应钦称上高战役为"开战以来最精彩之作战"。蒋介石向第74军颁发"飞虎旗"奖励，并认为此战乃"两年来军事上最大之胜利，足证我战略、战术之进步"⑥。

---

① 步平、荣维木主编：《中华民族抗日战争全史》，中国青年出版社2010年版，第186页。
② 何应钦：《日军侵华八年抗战史》，（台北）黎明文化事业股份有限公司1982年版，第162页。
③ 秦孝仪主编：《中华民国重要史料初编——对日抗战时期》第2编作战经过（2），（台北）中国国民党中央委员会党史委员会印1981年版，第511—512页。
④ 罗焕章、高培主编：《中国抗战军事史》，北京出版社1995年版，第416页。
⑤ 唐得阳、刘强伦：《国民党正面战场抗战最纪录》，团结出版社2017年版，第131页。
⑥ 蔡盛琦编：《蒋中正总统档案：事略稿本》第45册，（台北）"国史馆"2010年版，第814页。

4. 晋南会战

晋南会战又称中条山会战，是国民党军队在战略相持阶段于山西范围内开展的唯一一场大规模对日作战。日军发动此次战役的目标为："消灭和扫荡盘踞在晋豫边的中央军主力，消灭其在黄河以北的势力"，"扩大和利用这次会战的战果，借以确保华北安定"①。晋南地区防务由何应钦统率的国民党中央军负责，对于日军的频繁调动疏于防范。

1941年5月7日晚，日军6个师团又3个旅团共10万余人，采取钳形夹击、中央突破与分割包围战术，由东、西、北三个方向，向中条山地区的中国军队发起全面进攻，②中条山战役正式爆发。5月8日，日军攻占垣曲，将中条山守军分为东西两部。日军攻击开始后，由于中国军队疏于防范，准备不足，到5月11日，中条山的东、西、北各防线均被日军突破并推进至黄河一线，形成对中条山守军的全面分割包围，日军随后转入对包围圈内中国军队的"追剿"和"扫荡"。③5月12日，第3军军长唐淮源率部身陷重围，举枪自尽。该军第12师师长寸性奇身负重伤未能突围，亦壮烈殉国。日军封锁黄河北岸渡口，试图围歼中国军队，中国各军主力自5月13日开始突围，卫立煌电令各军，除一部留置中条山内，以游击方式继续打击日军外，以主力向西北转移。④至6月初，中国军队部分在吕梁山、太行山游击，部分突出包围，会战遂告结束。当时八路军也应蒋介石要求配合了国民党军队作战，在平津、平保及太原北铁路线沿线进行了大规模的游击战，进行交通破袭，从侧面牵制了日军。

中条山会战中，国民党军队损失惨重，被蒋介石称为"抗战中最大之耻辱"。日军报告称，国民党军队死亡42000余人，被俘35000人，日军战死673人，负伤2292人。⑤中条山中国守军虽然占据的地理条件较为优越，但由于国民党准备

---

① 杨圣清：《关于中条山战役研究中的几个问题》，《抗日战争研究》1996年第3期。
② 李茂盛、杨建中：《华北抗战史》下册，山西人民出版社2013年版，第29页。
③ 萧一平、郭德宏主编：《中国抗日战争全史》中篇，四川人民出版社2005年版，第474页。
④ 秦孝仪主编：《中华民国重要史料初编——对日抗战时期》第2编作战经过（2），（台北）中国国民党中央委员会党史委员会编印1981年版，第520页。
⑤ 日本防卫厅防卫研究所战史室：《中国事变陆军作战史》第3卷第2分册，田琪之等译，中华书局1983年版，第132页。

不足,指挥失当而惨败。蒋介石曾在5月27日反思总结会战失败原因时称:(1)黄河北岸只注意前线工事,而对于各渡口生死攸关之桥头堡,则未闻有何工事,此为最大错误。(2)在敌军大规模攻势准备时,毫无准备,此则为我军平时疏忽之错误也。(3)晋南部署,以第80军最弱部队,当皋垣大道之要务,而且我军料定敌之主力与目的在垣曲,仍不从准备,此部署不周之错误也。① 而且日军因"在华北方面,交通便利,比较容易抽调兵力,得对中条山构成大优势,并有空军助战,又使用毒气,故其最初数日之攻击,比较顺利"②。日军可以非常迅速地各个击破守军,然后占领黄河各渡口,很快对中国军队形成合围。加之部分国民党中央军一打即溃,第80军军长孔令恂、第165师师长王治岐等将领带头奔逃,导致局面非常被动。晋南会战,对华北抗战、对抗战意志,都造成了极其不良的影响。

除了上述重大战役外,中日两军在两广、闽浙、苏皖江南、河南、绥远等地进行了多场战斗,对一些城镇反复争夺,呈现拉锯战态势,互有胜负,真正体现了这一阶段抗日战场上相持的战略特点。

在战略相持阶段,中日双方装备及战斗力的巨大差距,国民党军队的各自为战、缺乏协调,有的军官腐化,当时每一个中国军人都能切切实实体会到。但是即使这样,也要去牺牲,正如张自忠1940年5月所称:"国家到了如此地步,除我等为其死,毫无其他办法。"③因为中华民族已经不能再向敌人妥协退让。正是这种精神,使得抗战成为中华民族复兴的枢纽与起点。

四、海空军对日作战

在战略相持阶段的中日战事中,陆军是作战的主力,国民政府的海空军力量薄弱,面临着十分困难的局面,但仍想尽方法,谋求苏联、美国等国的援助,坚

---

① 张仰亮:《抗战时期国民政府作战指导体制探析———以中条山战役为中心》,《民国档案》2018年第4期。
② 曹聚仁:《一个战地记者的抗战史》,东方出版社2015年版,第353页。
③ 《张上将自忠年谱简编》编辑委员会主编:《张上将自忠年谱简编》,中国传媒大学出版社2011年版,第270页。

持对日作战，并取得了一定战绩。

(一) 海军对日作战情况

武汉失守后，"海军乃以此全面战争战略与战术上的需要，决定于防御的保守的作战外，更作进一步相机进攻的作战准备"①。中国海军由于之前战舰损失严重，在此阶段加强了江防、海防要塞作战，并充实海军陆战队力量，一方面组织了一些分区防御战防守战，另一方面开始实行布雷游击战。尤其在布雷方面，对日军施以沉痛的打击，致使日军损失惨重，始终无法在长江顺利航行。

1. 海军防御战与防守战

武汉失守后，国民政府搬迁至重庆，确保重庆安全、守住湖南成为当时国民政府防御的重点。重庆三面环水，位于嘉陵江入川江口处，荆河为其前卫，因此海军的任务就是为确保重庆安全而在长江上游各段配合陆军抗击日本海军的进攻。②此外，浙江、江西、广东、福建的海军也在保卫家乡、抗击日寇。

(1) 荆湘防守战

中国海军在荆河、洞庭湖、湘江等处加紧部署设防，构筑防御工事，划分布雷区布雷，拆除沿江各段的航行标志等。洞庭湖战略位置十分重要，是日本海军由长江进入湘江进攻长沙的必经之地。于是第九战区司令长官部设立湘资沅澧封锁委员会，专门负责协调封锁湘、资、沅、澧水域任务。③1938年11月，海军成立布雷队，下辖7个分队，由曾国晟任队长，分别使用漂雷、定雷实施布雷进行防卫，总计在石首阻塞线前后布放水雷500余枚，并在各处节节布雷封锁。布雷过程中，"义胜"号、"永胜"号、"仁胜"号三艇及4号、6号两艘驳船在藕池口执行护送水雷的任务中遭日军战机猛烈空袭，全部沉没。日本海军为防止中国海军的漂雷袭击，用铁索设置防御网。中国海军破坏了这些防御网，致使日本海军始终不能越过荆河水道，攻取宜昌、重庆的企图难以得逞。④洞庭湖口的城陵矶是

---

① 高晓星编：《陈绍宽文集》，海潮出版社1994年版，第236页。
② 李鑫：《中国海军抗战》，中国民主法制出版社2015年版，第105页。
③ 李鑫：《中国海军抗战》，中国民主法制出版社2015年版，第105页。
④ 李鑫：《中国海军抗战》，中国民主法制出版社2015年版，第106页。

通往荆江、洞庭湖、湘江的咽喉，为此，中国海军在此地区部署了舰炮 25 门，任命罗致通为炮队长。1938 年 11 月 9 日，日军对城陵矶炮台包抄，在芭蕉湖实施登陆。中国陆军慌忙撤出阵地，罗致通也带领海军官兵拆卸炮闩后撤离了城陵矶阵地。11 月 13 日，日军占领岳阳，打通了汉口到岳阳的长江航路。岳阳失守后，布雷队在石首下游布放漂雷 150 枚，此后又陆续在各雷区布雷近 1000 枚。总之，海军总共在荆河构成雷区 40 多道，布雷 2600 多枚，阻止了日军西犯。[①]

1940 年 6 月，日军包围宜昌，中国海军布雷队用大量漂雷、定雷一度迟滞了日军的进攻。宜昌虽然最终被日军攻占，但荆河一段从松滋到洪水港仍为中国海军控制。1941 年 4 月至 6 月，中国海军又阻止了日军打通沙市至岳阳、岳阳至宜昌间长江运输的企图。[②] 1941 年 8 月，海军布雷队又先后在石首、太平口、洪水港、藕池上游之横堤等处增布水雷 160 枚，以加强防御。从 9 月 30 日当日晚上起，海军布雷队为配合陆军反攻宜昌，先后在黄公庙、芦罗洲等处布放漂雷 10 次共 67 枚，并在洪水港增布定雷 30 枚，使敌无法运用海军力量策应其陆军作战，而中国军队则得以从南岸渡江进攻。[③] 1941 年 10 月，中国军队反攻南昌，海军漂雷队在黄公庙附近于 10 月 1 日起，连日布放漂雷 6 次，计 44 枚，掩护陆军作战[④]，较好地配合陆军在 10 月 10 日攻入宜昌。

此外，海军还配合了长沙会战。在 1939 年 9 月第一次长沙会战中，中国海军紧急布雷 2000 余枚，构建雷区，有效地迟滞了日本行动，"敌受我雷区层层牵阻，兵力不能集中，阵地错乱，失厥联络要素，而后方接济且被遮断，亦濒绝境"[⑤]。1941 年 9 月，日军纠集 12 万兵力发动第二次长沙会战。中国海军总司令部命令驻守洞庭湖一带的海军布雷队，在湘江、沅江布雷 4000 余枚，阻塞力量强固，使日舰艇不能直趋长沙，有力配合了第九战区陆军的作战。[⑥]

---

① 吕芳上主编:《中国抗日战争史新编》第 2 册，(台北)"国史馆" 2015 年版，第 335 页。
② 李鑫:《中国海军抗战》，中国民主法制出版社 2015 年版，第 106 页。
③ 马骏杰:《中国海军长江抗战纪实》，山东画报出版社 2013 年版，第 332 页。
④ 中国第二历史档案馆编:《抗日战争正面战场》下册，凤凰出版社 2005 年版，第 1840 页。
⑤ 苏小东:《中国海军抗日战史》，人民出版社 2017 年版，第 432 页。
⑥ 王建朗、曾景忠:《中国近代通史》第 9 卷，江苏人民出版社 2012 年版，第 251 页。

(2)川江防卫战

川江是长江流经四川省内的长江流域的总称,是防卫战时陪都重庆的最后一道水上屏障。武汉失守后,中国海军为保卫重庆,在宜昌至万县的长江两岸设立川江临时炮台。1939年1月,国民政府江防军召开川江要塞筹备会,经研究决定在川江设立要塞区。1939年3月起,海军在宜昌至巴东设立了宜巴要塞区,成立舰炮第1、第2总台,10月又在巴东万县要塞设立第3、第4总台,安置火炮进行防御。1939年7月,海军总司令部又下令正式组建川江漂雷队,此外,在涪陵至重庆间江段勘测了预备雷区,储存部分漂雷备用。[①]海军总司令部还将仅存的10多艘舰艇,分驻于宜昌、巴东、万县、重庆各地,除担任水上防务外,并协助当地防空部队,参加对空作战工作。[②]

(3)浙东防御战及赣江布雷战

1938年10月,中国海军总司令部调炮队1队,携炮5尊,在宗嘉毛竹岭构筑炮台并安装大炮,成立了温州炮队(1940年1月改为瓯江炮台),总炮台下辖炮台部和2个分台,协同温州守军实施防御作战,在富春江和瓯江布雷40枚。炮队击退前来侵犯的日舰,屡受嘉奖。在进行布雷之外,中国海军还全部扫除了日军的布雷——日军屡次西犯不能得逞,遂于1939年9月间在瓯江、鳌江口外布设水雷,施行反封锁。[③]1941年4月,日军进攻浙东,海军在瓯江及飞云江加布水雷,数艘日军舰艇触雷沉没,一度迟滞了日军进攻,但浙东的镇海、宁波、永嘉等地最后失守。

中国海军布雷队为保卫江西,在赣江实施了布雷作战。1939年3月,日军攻取南昌,并以"水牛队"破坏吴城雷区,中国海军立即在吴城之三洲头抢布水雷,击沉日舰一艘,同时又在赣江重要水道布雷52枚。[④]后不断针对敌情,相机布雷。1940—1941年,日军舰艇又多次进犯,都未得逞,1941年5月,还有一艘日舰触雷沉没。

[①] 李鑫:《中国海军抗战》,中国民主法制出版社2015年版,第111—112页。
[②] 中国第二历史档案馆编:《抗日战争正面战场》下册,凤凰出版社2005年版,第1846页。
[③] 李鑫:《中国海军抗战》,中国民主法制出版社2015年版,第134—135页。
[④] 中国第二历史档案馆编:《抗日战争正面战场》下册,凤凰出版社2005年版,第1876—1877页。

（4）第 4 舰队在广东

中国海军第 4 舰队，又名广东江防舰队或广东舰队，驻防广东。日本为了早日让中国屈服，切断国际援华补给线，就对广东进行了陆海军协同作战。在武汉失守之前，广州于 1938 年 10 月 21 日即告失守，23 日晚，海军虎门要塞亦失陷，海军多艘舰艇被炸沉。10 月 29 日，"执信"号、"坚如"号、"仲元"号等 6 艘舰艇在三水上游搜索进攻时，与岸上日军炮台发生激战，"执信"号舰被击沉，舰长等 23 人壮烈牺牲，"坚如"号舰受重创。[①] 各舰趁夜返回肇庆。后日军不断派飞机对舰队进行搜寻轰炸，到 12 月底除"平西"号舰外，其余都被炸沉。

广州、虎门沦陷后，第 4 舰队以游击布雷为主要任务，在西江正面肇庆峡内至三水一线布雷封锁，阻止日军西进。1939 年夏先后完成永安、沙浦、桃溪等水域的封锁布雷，并在最前线布水雷。1939 年夏到 1940 年秋，海军总司令部派出布雷人员驻肇庆协助西江布雷工作。[②] 此外，海军还在北江流域、东江下游进行布雷封锁。

（5）闽江口防御战

1939 年 6 月，日军加紧了对闽江口的进攻，被守军阻于长门、福斗一线。正面进攻受挫后，日军改用偷袭战术，于 6 月 27 日突袭占领了川石岛，后偷袭福斗岛，但被中国海军陆战队击退。[③] 随后的一年中，日军发起了几次小规模的攻击行动，都被海军陆战队及炮台击退。1941 年 4 月 18 日起，日军大举进犯闽江口，闽江口各要塞炮台及陆战队奋起反击，先后占领福斗、琅岐 2 岛。到 4 月 21 日，马尾陆战队击退日军多次进攻，但因中国陆军撤出阵地，日军顺利进占了福州城，而马尾海军四面受敌，马尾要港司令李世甲奉命突围后撤到南平。[④] 闽江口的防御作战，迟滞了日本海军的水上进攻，为掩护马尾、福州的机关、学校、工厂内迁争取了时间。

---

① 中国第二历史档案馆编：《抗日战争正面战场》下册，凤凰出版社 2005 年版，第 1886—1887 页。
② 秦孝仪主编：《中华民国重要史料初编——对日抗战时期》第 2 编作战经过（3），（台北）中国国民党中央委员会党史委员会编印 1981 年版，第 48 页。
③ 李鑫：《中国海军抗战》，中国民主法制出版社 2015 年版，第 139 页。
④ 中国第二历史档案馆编：《抗日战争正面战场》下册，凤凰出版社 2005 年版，第 1876—1877 页。

2. 布雷游击战

在防御战中，布雷也是常用的作战方式。在相持阶段，海军在从事长江要塞布雷作战的同时，决定以开展敌后布雷游击战的方式，袭击日军舰艇及其运输船，破坏与切断日军水上交通线，以配合陆上作战，拱卫陪都。[①]值得注意的是，中国海军官兵的布雷行动是在日军战机的猛烈轰炸之下冒死进行的。"布雷任务，除长江外，荆河、洞庭以及赣之赣江、鄱阳湖、浙之富春江、瓯江、清江、椒江、鳌江、飞云江、浦阳江、曹娥江，闽之闽江，粤桂之西江，都密布着海军布雷队的踪迹，常川驻守，节节设防。"[②]全民族抗日战争进入相持阶段后，中国海军的战力状况也要求海军做出改变。到 1939 年 8 月，中国海军舰艇已经损失殆尽，仅剩下 14 艘战舰，即第 1 舰队的"江元"号、"楚观"号、"楚谦"号等 9 艘，第 2 舰队的"永绥"号、"民权"号等 5 艘军舰。为阻止日军战舰沿长江进犯重庆，中国海军将所剩的战舰派驻在宜昌、巴东、万县、重庆等地，执行水上防御任务并协助当地防空部队对空作战。同时中国海军也相应地调整了作战方针，决定在长江、沿海等水域逐步开展布设攻势作战的布雷游击战，并开始着手筹建布雷游击队。[③]海军总司令陈绍宽先是命令水雷制造所的职员陈庆甲对挑选的 20 名作战勇敢并自愿加入水雷游击战的人员进行布水雷训练，然后，又派出大批人员到常德进行布放水雷训练。海军制雷工作主要在常德、重庆进行。1939 年 4 月，海军水雷制造所正式成立，香港、桂林、长沙设办事处，贵阳、海防、昆明、株洲等地设立转运站。[④]

（1）第 1 布雷游击区

1939 年 11 月，海军总司令部正式组建长江中游布雷游击队，设布雷游击总队部，任命刘德浦为总队长，下辖第 1、第 2、第 3、第 4、第 5 等 5 个队，各队配备电台 1 部，各队下辖共 10 个分队，总队部直辖第 11 分队。[⑤]长江中游布雷游击队

---

① 马骏杰：《中国海军长江抗战纪实》，山东画报出版社 2013 年版，第 352 页。
② 高晓星编：《陈绍宽文集》，海潮出版社 1994 年版，第 249 页。
③ 李鑫：《中国海军抗战》，中国民主法制出版社 2015 年版，第 114 页。
④ 吕芳上主编：《中国抗日战争史新编》第 2 册，（台北）"国史馆"2015 年版，第 339 页。
⑤ 马骏杰：《中国海军长江抗战纪实》，山东画报出版社 2013 年版，第 358 页。

成立后，开赴第三战区，执行封锁长江、破坏日军水上交通等作战任务，与日军展开水上游击战。1940年1月，海军总司令部修正《海军长江中游布雷游击队编制》。为加强与第三战区的协同作战，海军总司令部决定将长江中游布雷游击队总队部设在江西上饶，将湖口至芜湖沿江各地划分为第1布雷游击区，作为长江中游布雷游击队的作战范围。[①]1月20日，长江中游布雷游击队各队分头出发开始布雷，到4月，第1布雷游击区自湖口扩展至江阴。1月20日至4月24日的3个月内，共布雷近20次，炸沉敌运输舰、汽艇等18艘。布雷任务增多后，1940年9月，中国海军总司令部决定在布雷总队下增设第6队，下设第12、第13两个分队。

（2）第2、3布雷游击区

第2布雷游击区的作战任务区划定为长江鄂城至九江一段。1940年4月，中国海军在前期训练的基础上在第2布雷游击区设立了4个布雷队，各队由水雷制造所指挥管制。1940年6月，第2布雷游击区部队首次布雷12枚，于富池口触沉敌运输舰1艘，舰中满载军用品，毙伤敌百余人。[②]1941年4月，又将作战区域进行了调整，以九江、汉口段和汉口、岳阳段划分为浔鄂、湘鄂2个任务区。1940年4月，中国海军组建浔鄂区挺进布雷队，作战区域为监利至黄陵矶段的第3布雷游击区。但由于此段日舰较少，后该区布雷任务并入第2区。就具体战果看，第2布雷游击区1940年击沉日军运输舰1艘、汽艇8艘、大驳船4艘；1941年击沉日军中型舰1艘、运输舰1艘。第3布雷游击区1940年击沉日军汽艇13艘。[③]

（3）布雷游击队的整编

1941年9月初，中国海军全面整编了各布雷游击队，决定组建第1、第2、第3、第4布雷总队。其中，第1布雷总队总部设在长沙，下辖7个大队，负责配合第九战区在湘江、洞庭湖一带作战。10月初，将长江布雷游击队改编为海军第2布雷总队，任命刘德浦为总队长，总部设在江西上饶，下辖7个大队，负责配合第三战区在沿海港口、长江沿岸及湖汊等处防御作战。[④]次年，又改编成立第3、

---

① 李鑫：《中国海军抗战》，中国民主法制出版社2015年版，第115页。
② 韩真：《海军长江抗战述论》，《军事历史研究》1995年第3期。
③ 苏小东：《中国海军抗日战史》，人民出版社2017年版，第461页。
④ 马骏杰：《中国海军长江抗战纪实》，山东画报出版社2013年版，第360页。

第 4 布雷总队，分别负责荆江、川江的布雷作战。

（4）作战方法及战果

海军布雷队的活动沉重打击了日军的长江航运，迫使日军多次对其进行"扫荡"，但由于其活动区域广泛，日军往往顾此失彼。布雷队的基本作战方法包括："第一，'利用黑夜秘密布雷'。第二，利用'狂风暴雨白雪纷飞'的天气布雷。第三，'间隙出动，遇机布放'。第四，'淆乱虚实，涣散敌人'。在布雷战中，海军还特制了一种'浮筒'，其式样与漂雷露出水面部分相同，混入雷区，真假难辨，以'威胁敌人精神，并拖延其扫雷时间'，或在'筒上书明有利我方之宣传文字，以涣散敌人作战之情绪'。"① 而且布雷游击战取得了丰硕的战果，据统计，1940年，海军布雷游击队及要塞炮队仅在长江监利至黄陵矶、鄂城至九江、湖口至九江各段，就取得击沉日中型战舰 15 艘、运输舰 22 艘、商船 3 艘、汽艇 61 艘、驳船 8 艘；击伤日中型舰 14 艘、小型帆 18 艘、运输舰 19 艘、商船 5 艘、汽艇 49 艘、驳船 4 艘，共计 218 艘的战绩。② 对于敌后布雷游击战的重要性，海军方面认为："经陆续积极布置，建立三大雷区，实施游击攻势以后，凡属水道之区，无不予敌以重大打击。"③

（二）空军对日作战情况

1938 年 11 月到 1941 年 11 月的 3 年间，是中国空军抗战最艰难的岁月。武汉会战结束后，中国空军只有飞机 135 架，除一部驻川东、赣南，负责各地区之防空任务外，主力调后方基地整训。经 1939 年整训后，空军作战部队共 7 个大队，1 个独立中队，以及苏联空军志愿队 4 个大队，总计各型飞机 215 架。④ 而日本海军、空军航空队的飞机到 1939 年达到 600 架以上，中国空军虽然力量薄弱，但在苏联空军援助下，仍坚持对日作战。根据国民政府的不完全统计，中苏空军 1939 年击

---

① 祝忠侠：《中国海军抗战述评》，《历史教学问题》1999 年第 4 期。
② 马骏杰：《中国海军长江抗战纪实》，山东画报出版社 2013 年版，第 397 页。
③ 苏小东：《中国海军抗日战史》，人民出版社 2017 年版，第 458 页。
④ 秦孝仪主编：《中华民国重要史料初编——对日抗战时期》第 2 编作战经过（3），（台北）中国国民党中央委员会党史委员会编印 1981 年版，第 109 页。

落日机 33 架，炸毁 71 架，1940 年击落日机 16 架，炸毁 14 架。[①]

1. 苏联空军志愿队援助中国空军作战

1937 年底，苏联空军志愿队来华参战。1937 年 12 月至 1939 年 6 月，至少有 1300 名苏联飞行员在中国作战，其中包括 700 多名轰炸机飞行员，700 多名歼击机飞行员。1939 年 6 月至 1940 年 5 月，尚有 424 名苏联飞行员到中国参战[②]，极大地提升了中国空军的作战力量。

1938 年广州、武汉失陷以后，苏联空军志愿队继续来华参战，中国空军和苏联空军志愿队都移驻四川、兰州等地调整。除必要的空防外，很少主动出击打击日军。1939 年 6 月，由库里申科和科兹洛夫率领的两个 DB-3 轰炸机大队来到中国，库里申科任轰炸机联队长，对于加强空军的战斗力发挥了巨大的作用。1939 年夏，由苏普伦率领的 I-15 战斗机大队和由柯基那基率领的 I-16 战斗机大队也来到中国。苏普伦任战斗机联队长，驻重庆。[③] 到 1939 年底，仍有 700 多名苏联飞行员在华参战。

苏联空军志愿队在华经过自身及对中方人员的训练后，中苏空军实力有所增加，而日机此时对中国大后方各城市进行狂轰滥炸，中苏空军决定出其不意，打击日军，遏制其嚣张气焰。1939 年 9 月，日本第 1 联合航空队进驻汉口机场，使汉口机场成为日军在华中最大的空军基地，一度有飞机 200 余架。面对此机遇，1939 年 10 月 3 日，苏联空军志愿队突然袭击汉口的日军机场。此次轰炸使日军损失极为惨重，日方报告称全毁 50 架飞机，近 100 架受伤，日军死伤 240 多人。[④]1939 年 10 月 14 日再次出动 20 架轰炸机，轰炸汉口日军机场，炸毁敌机 50 余架，毙敌飞行员 80 余人，并在空中击落拦截的日军飞机 3 架[⑤]，但库里申科不幸牺牲。对于武汉日军机场的 2 次空袭，使日军驻武汉地区的航空兵部队大伤元气。

---

① 中国第二历史档案馆编：《抗日战争正面战场》下册，凤凰出版社 2005 年版，第 2022 页。
② 陈开科：《俄国史学中的苏联空军援华志愿队问题》，《俄罗斯研究》2018 年第 3 期。
③ 要秋霞：《中国空军抗战》，中国民主法制出版社 2015 年版，第 60 页。
④ 张青松：《中国上空的鹰：苏联援华航空志愿队战史（1937—1941）》，中国致公出版社 2018 年版，第 279 页。
⑤ 吕芳上主编：《中国抗日战争史新编》第 2 册，（台北）"国史馆"2015 年版，第 310 页。

此外，早在 9 月 29 日，库里申科就率队成功袭击了日军在广州的机场，重创了日军的飞机及油料仓库。

苏联空军志愿队在相持阶段，除了迎击侵犯的日军，还经常轰炸日占区，保卫大后方，并配合国民党陆军的正面战场作战。如自 1939 年 7 月至 1940 年 6 月，志愿队为配合陆军作战，轰炸了日军重要据点如武汉、岳阳、钟祥、运城等，共炸毁击落日轰炸机 90 架、驱逐机 37 架、军舰 3 艘、兵车数列、油弹器材库数处、汽车战车 60 余辆、汽油数百箱及阵地工事多处，又炸毙日航空人员 300 余人与日海陆军官兵甚多。[①] 苏联空军志愿队共有 200 多人于 1937 年底至 1941 年在华牺牲。苏联空军志愿队用辉煌的战果、自己的生命和鲜血赢得了中国人民的敬仰，特别是还为中国培养了大量的空军飞行员。1941 年，随着苏日两国于当年 4 月签订《苏日中立条约》，加之同年 6 月德国侵略苏联，苏联空军志愿队在 1941 年底基本全部回国。

2. 中国空军所进行的战斗

日军占领广州、武汉以后，日本陆海军航空部队将广州、武汉作为中心基地，经常深入中国腹地轰炸。1939 年，日本空军用于侵华的飞机始终在 700 架左右，中国空军虽然在一年内陆续补充了新机，由于作战消耗，到年底仅剩 170 架，日本空军在数量上占有绝对优势[②]，且日本已有大面积陆上基地，因此中国空军的战绩明显下降，但仍然坚持抗争。1939 年 2 月 5 日，中国空军轰炸山西运城日军机场，炸毁日机约 20 架。4 月 11 日，又轰炸同蒲铁路，破坏交通。[③] 在反攻昆仑关之前的 1939 年 8—12 月，中国空军还在华南进行了大小 7 次空战，击落了日机 7 架。[④] 同年，空军还派机支援南昌会战与桂南会战。

（1）支援南昌战役

1939 年 3 月下旬，南昌沦陷。1939 年 4 月 22 日，中国部队开始反攻南昌，双方在南昌周围展开激烈的争夺战。5 月 3 日，中国空军出动轰炸机轰炸扫射日军

---

① 陈开科：《中苏外交战略协调背景下的苏联援华空军志愿队》，《抗日战争研究》2015 年第 4 期。
② 要秋霞：《中国空军抗战》，中国民主法制出版社 2015 年版，第 83 页。
③ 行政院新闻局编：《中国空军》，南京，1947 年版，第 17 页。
④ 陈应明、廖新华编：《浴血长空：中国空军抗日战史》，航空工业出版社 2006 年版，第 120 页。

阵地，支援了地面部队的反攻。5月4日，第1大队大队长龚颖澄率领5架轰炸机轰炸了南昌近郊的日军阵地，予日军重创[1]，地面部队一度攻入南昌市区。但终因日军陆军、空军力量强大，反攻南昌最终未果。

（2）支援桂南会战

1939年11月15日，日军在钦州湾登陆，桂南会战开始，日军先后攻占南宁、昆仑关等地。日本出动陆海军航空队251架飞机参战，中国空军为了配合地面部队作战，从湘桂等地集结了第1、第3、第4、第5、第6大队和苏联空军志愿队参战，中苏飞机共115架，其中用于广西作战的飞机106架，并在柳州、桂林分别设立了指挥部，此为进入相持阶段后，中国空军协同陆军作战的最大一次行动。[2]

12月18日，中国军队开始反攻南宁，中日空军在会战中进行了多次交锋。1939年12月22日，中国空军第3大队在宾阳县上空击落日机1架。12月25日下午，中苏空军出动4架飞机在昆仑关上空轰炸了日军阵地，配合地面进攻部队夺取了部分阵地。12月27日，中国空军第3、4大队出动飞机6架配合苏联志愿队轰炸机出击，在昆仑关以南的二塘上空，与10余架日机展开了空战，击落日机2架，但自身也损失3架飞机。12月30日，日本海军第14航空队出动13架飞机袭击柳州机场，中国空军第4大队17架飞机出击迎战，击落日机6架，自己则无损失。[3]12月30日，空军又袭击日军占领的南宁机场，炸毁日机8架。1940年1月4日、7日、8日、10日，中国空军和苏联空军志愿队连续轰炸南宁日军机场及七塘、八塘、九塘的日军阵地，4架日机被炸毁，重创了日军。1月10日，日军分2批袭击桂林，驻柳州的苏联空军志愿队起飞迎战，共击落日机3架。[4]桂南会战期间，中苏空军在桂林、柳州、零陵、芷江等地空战11次，击落敌机11架；在12次出动轰炸中，炸毁敌机15架，协助陆军克复据点45处，击落敌机3架，

---

[1] 要秋霞：《中国空军抗战》，中国民主法制出版社2015年版，第84—85页。
[2] 张青松：《中国上空的鹰：苏联援华航空志愿队战史（1937—1941）》，中国致公出版社2018年版，第229页。
[3] 陈应明、廖新华编：《浴血长空：中国空军抗日战史》，航空工业出版社2006年版，第121页。
[4] 要秋霞：《中国空军抗战》，中国民主法制出版社2015年版，第87—88页。

投弹 28 吨,战果相当丰硕[1],但中苏空军损失飞机也达 15 架。

(3)1940 年至 1941 年的战斗

1940 年空军的战斗仍在继续,苏联空军志愿队部分飞行员在本年回国,加之日本零式战斗机作战性能优越,于本年投入中国战场的空战,对空军的对日作战制造了较大困难。中国空军在战斗中损失惨重,到年末仅剩飞机 65 架,中日空军飞机数量对比从 1940 年初的 1 比 4,到年底达到 1 比 12。[2]

1940 年初,日军为切断中国西南交通线,连续轰炸云南境内的滇越铁路及滇缅路。如日军轰炸机在 1940 年 2 月 4 次轰炸滇越铁路要冲云南蒙自,中国空军自昆明飞蒙自参战,击落日本海军航空队九六式重轰炸机 3 架。4 月 3 日,中国空军第八大队及苏联空军志愿队联合出动飞机分别轰炸岳阳和运城机场,日军损失惨重。4 月 12 日,中苏空军再次联合出击岳阳日军司令部及仓库。4 月 28 日到 29 日,苏联空军志愿队轰炸信阳日军机场,炸毁日机 11 架。[3]

在 1940 年 5—6 月的枣宜会战中,中国空军协助地面部队遏制日军攻势。从 4 月 3 日起,中国空军袭击岳州,到 5 月 28 日,先后 7 次袭击了华中的日军前线。五六月间,空军出动了第 1、第 6、第 8 大队的部分兵力,共出动飞机 284 架次,轰炸随县、枣阳、钟祥、荆门、当阳、宜昌等处日军,以及宜昌机场,配合了陆军进行枣宜会战。[4] 日军在 6 月中旬占领宜昌后,随即修复宜昌机场,并派飞机从宜昌到大后方进行轰炸。为此,1940 年 6 月至 8 月间,中国空军还对宜昌的日军机场进行多次轰炸。

1940 年 5—9 月,中日空军仍然频繁交战,日军遭到重创。据日本方面统计,1940 年 5 月 18 日至 9 月 14 日 110 天中,日本陆海军航空队共出动飞机 4355 架次,投弹 2957 吨,单对重庆攻击即达 2023 架次,投弹 1405 吨。日本航空队与中国空军交战,共 607 架次。在空战中,日方损失:死 89 人(陆军航空队 35 人,海军航空队 54 人),下落不明 22 人,负伤 49 人,受中国军队打击中弹飞机共 387 架,

---

[1] 中国第二历史档案馆编:《抗日战争正面战场》下册,凤凰出版社 2005 年版,第 2032 页。
[2] 行政院新闻局编:《中国空军》,南京,1947 年版,第 11 页。
[3] 要秋霞:《中国空军抗战》,中国民主法制出版社 2015 年版,第 89 页。
[4] 曾景忠等编著:《血色长空:空军抗战与抗日胜利纪实》,团结出版社 2005 年版,第 44 页。

被击毁16架（陆军航空队8架，海军航空队8架）。① 在1940年9月13日的重庆璧山空战中，日军首次使用大批量的零式战斗机作战，中国空军虽然出动34架飞机英勇奋战，但因性能不及日军战机，最后被毁13架飞机。1940年，中苏空军出动23次，使用机数217架，投下炸弹97吨，炸毁敌机20架，炸毁日舰3艘。本年空战61次，击落日机32架，中苏空军则损失飞机29架。②

1941年初，空军从苏联补充轰炸机100架，驱逐机148架。同年4月，成立中国空军总指挥部，负责作战训练，6月又从美国购进驱逐机100架。③ 但在1941年6月，苏联卫国战争爆发，苏联空军志愿队全部撤回，中国空军孤军奋战。而且苏式飞机性能不及零式飞机，加之在数量上处于绝对劣势，中国空军处于不利地位。

1941年3月初，宜昌日军为扩张外围据点，分3路西侵。为协助地面部队作战，1941年3月9日晨，第8大队队长陈嘉尚率苏式DB-3轰炸机6架，自成都太平寺机场起飞，出击宜昌南岸大桥的日军，途中有2架掉队，其余4架飞抵宜昌后即投弹，炸死炸伤敌军200余人。掉在后面的中国飞行员高冠才在失去联络后，仍单机飞往宜昌，遭12架日机围攻，击落日机2架，高冠才也不幸牺牲。④ 3月14日，空军第3、第5大队出动43架飞机，在成都太平寺基地上空与日军10余架飞机展开激战，击落日机6架，但也损失飞机13架。1941年9月，日军第二次进犯长沙。为配合陆军阻击日军，中国空军第1、2大队9月23日出动17架飞机袭击洞庭湖内日军舰艇；9月29日，又出动14架飞机轰炸湘北枫林港、永安的日军。⑤ 10月2日，又出动飞机3架夜袭日军宜昌机场，以策应长沙作战。

3. 日军的空袭与中国的反空袭

进入相持阶段后，日本的陆、海军航空部队借助空中优势，还加强了对中国大后方的重要城市进行了轰炸，试图迫使中国政府屈服。据统计，自1938年底至

---

① 李尔昌主编：《回忆周至柔》，中国文史出版社2015年版，第311—312页。
② 吕芳上主编：《中国抗日战争史新编》第2册，（台北）"国史馆"2015年版，第309页。
③ 何应钦：《日军侵华八年抗战史》，（台北）黎明文化事业股份有限公司1982年版，第311页。
④ 要秋霞：《中国空军抗战》，中国民主法制出版社2015年版，第91页。
⑤ 吕芳上主编：《中国抗日战争史新编》第2册，（台北）"国史馆"2015年版，第312页。

1941年底,日军航空队对中国城市发动过5次大规模轰炸。第一次,1938年12月下旬到1939年2月,先后在12月26日、1月2日、10日及15日4次轰炸重庆,2月12、20日及23日3次轰炸兰州①;第二次,1939年4—10月,轰炸四川、西安、宝鸡、洛阳、延安等20余处;第三次,1939年12月10—31日,主要轰炸兰州;第四次,1940年1—9月,出动飞机194架轰炸重庆、成都、南川等四川各地,特别是重庆在5—8月遭到轰炸42次;第五次为1941年8—9月,主要目标为军品生产工厂,对重庆实施疲劳轰炸。②面对日军飞机的轮番轰炸,中苏空军也合力抗击,进行了反空袭作战。

(1) 日军最初的轰炸

1938年11月8日、15日,日机曾2次轰炸成都。国民政府迁都重庆后,日军从1938年底到1939年初,曾4次派飞机从汉口机场起飞,对重庆进行轰炸,但受天气等影响,效果不佳。当时兰州是苏联援华战略物资的重要通道和集散地,还是中国空军的主要基地之一,周围共有大小机场5个,苏联空军志愿队和中国空军人员在此休整、训练,因此日军很早就把兰州作为袭击的一个重要目标。③日本自1938年11月起到1939年,派出飞机袭击兰州9次,遭到中苏空军的痛击。特别是1939年2月20日与23日的空战中,中苏双方共击落日机15架,取得大捷。同年2—3月,日军还对延安、银川、西安、洛阳及宝鸡等地的机场、战略设施进行轰炸。

1939年5月3日,日本第2联合航空队派出九六式轰炸机54架组成6个编队,再次空袭重庆。中国空军出动第4大队、第5大队共10个编组的E-15飞机34架进行迎战,在重庆上空与日军飞机展开了一场激战,击落日机3架,击毙15人。中国飞机毁3架,弹伤24架。④5月4日,日军海军航空队又派出27架飞机对重庆进行大轰炸,造成了重大损失,3000多人被炸死。此后,日军又多次轰炸重庆。

---

① 日本防卫厅防卫研究所战史室:《中国事变陆军作战史》第2卷第2分册,田琪之译,中华书局1980年版,第189—191页。
② 王建朗、曾景忠:《中国近代通史》第9卷,江苏人民出版社2012年版,第245页。
③ 要秋霞:《中国空军抗战》,中国民主法制出版社2015年版,第71页。
④ 朱力扬:《中国空军抗战记忆》,浙江大学出版社2015年版,第227页。

1939年，日军飞机空袭重庆54次，计飞机865架次，投弹1897枚，毁房4757幢，炸死市民5247人。① 当时成都也是日军重点轰炸城市，如1939年11月4日，日机54架分2批轰炸成都，自汉口基地直奔成都，对凤凰山、太平寺、温江等机场实施灭绝性轰炸。中国空军第3路司令部第5大队29架驱逐机，迅即对日机发动进攻。是役，日本海军第13航空队司令，被日军称为"轰炸之王"的奥田喜久司等日军16人毙命，中国空军损失飞机3架。② 1939年12月26—28日，日军又对兰州进行了3次大规模的空袭，中国空军奋起迎战，击落日机4架。此外，1939年，日军还对西安、延安、宝鸡、银川、洛阳、桂林、昆明、福州、宁波、恩施、常德等南北各地进行了多次轰炸，对大后方生活造成了严重干扰。

（2）日军"101"号作战

1940年，日军继续加强对中国后方交通线和城市的轰炸。1—2月间，为策应桂南粤北战局，以西南国际交通线为攻击重点，轰炸滇越铁路沿线；3—4月，又着重浙赣铁路之破坏。③ 5月以后，日军又发动"101"号作战，全力轰炸重庆。当时日本为了早日结束侵华战争，迫使重庆国民政府屈服，决定由海、陆军航空队再发动一次对中国内地的大规模空中袭击，其代号为"101"号作战。这是侵华日军航空队所进行的规模最大的一次作战，海陆军共出动飞机297架。5月18日开始，日本海、陆航空队分别以汉口、运城为主要基地，先后集中轰炸重庆、成都两个政治军事目标。面对日军的轰炸，中国空军升空迎战，予日机重创。④ 1940年5—8月份，日军出动多批飞机对重庆进行了大轰炸，对重庆市民及财产造成了严重破坏。如1940年6月24—29日，日军每天都出动90架飞机对重庆进行疲劳轰炸。1940年8月11日，日机出动90架轰炸重庆，中国空军第4大队出动飞机27架，第3大队出动飞机2架分批截击日机，击落日机2架，击伤多架。⑤ 8月19、20日，日军又出海陆航空队飞机100余架对重庆进行了大轰炸，给重庆带来重大人员财

---

① 萧一平、郭德宏主编：《中国抗日战争全史》中篇，四川人民出版社2005年版，第231页。
② 李龙：《成都地区空军抗战史述论（1939—1943）》，《日本侵华史研究》2017年第3期。
③ 曾景忠等编著：《血色长空：空军抗战与抗日胜利纪实》，团结出版社2005年版，第47页。
④ 要秋霞：《中国空军抗战》，中国民主法制出版社2015年版，第74页。
⑤ 何应钦：《日军侵华八年抗战史》，（台北）黎明文化事业股份有限公司1982年版，第315页。

产伤亡。8月23日，日军80架飞机对重庆市区进行了"101"号作战的最后一次大轰炸，但对重庆郊区及其他地区的袭击延续到9月4日。对成都的轰炸，则集中在5月、7月。5月18、19两日，日机18架侵袭成都，连续轰炸，各投弹百余枚，造成民众死伤共50余人。7月24日，日机36架在市内狂炸，投弹100余枚，民众伤亡近200人。[1] 从8月下旬起，日军开始计划侵占越南，批准陆军航空队第60战队调往华南。9月4日，"101"号作战结束。在整个作战中，日本海空军航空队共出动飞机4551架次，对内地投弹27107枚；中日空军交战607次，中国空军击落日机16架，击伤387架，击毙89人，自身也付出惨重损失。[2] 此后，日军还又进行了零星轰炸，如9月13日轰炸了重庆，10月份则又5次轰炸了成都。1940年，日军共轰炸重庆80次，出动飞机4722架次，投弹10587枚，炸死市民4149人，伤5411人，毁坏房屋6962幢。[3]

（3）日军1941年夏季攻势

1941年5—8月，日本陆、海军航空队联合发动了对中国大后方重庆、成都等地的最后一次大规模的空袭行动，尤以7月下旬到8月底的"102"号作战轰炸最为集中。如从1941年5月3日到7月中旬，日本海军第22航空队对重庆发动了22次袭击，给重庆造成很大破坏，居民伤亡惨重。特别是6月5日，日军出动24架飞机分3批轮番轰炸重庆，空袭时长达5小时，而在防空隧道躲避的民众，因通风不畅而窒息，同时又发生推挤践踏，导致上万民众死亡。7月28日—8月31日，36天内日军轰炸重庆14次，出动飞机2389架次，平均每轮160架次，投弹1500余枚。8月7日、9日、12日、13日、19日，重庆市遭受昼夜不停轰炸一周多，是为"疲劳轰炸"。8月29日、30日，日机还多次轰炸了蒋介石所在的中国统帅部黄山官邸。[4] 在成都方面，1941年7月27日，日军出动108架飞机分4批从运城、汉口起飞，对成都进行大规模轰炸，炸死民众575人。8月11日、

---

[1] 王苹等编：《成都与抗战时期的中国空军》，四川大学出版社2015年版，第120页。
[2] 日本防卫厅防卫研究所战史室：《中国事变陆军作战史》第3卷第2分册，田琪之等译，中华书局1983年版，第40—41页。
[3] 周勇主编：《重庆通史》第2册，重庆出版社2014年版，第179页。
[4] 曾景忠等编著：《血色长空：空军抗战与抗日胜利纪实》，团结出版社2005年版，第48页。

31日，日军又2次轰炸成都，其中在11日曾炸毁中国飞机7架。[①]到1941年9月，日军为发动太平洋战争，匆匆结束了未达到预期效果的夏季攻势。在整个1941年期间，日军共轰炸四川89次，使用飞机3372架次，其中轰炸重庆45次。中苏空军轰炸机出动7次，使用飞机43架。[②]此外，1941年5月、6月及8月，日军还对陕西、甘肃等省的交通要地进行了轰炸。

在战略相持阶段，重庆、昆明、桂林、西安等未被日军占领的城市，可谓频繁遭到日军的轰炸，并遭受了严重的财产、人员损失。根据统计，1939年日军对中国后方空袭2603次，造成28463人死亡；1940年对后方空袭2069次，造成21830人死亡；1941年对后方空袭1858次，造成16902人死亡。[③]

4. 飞虎队的组建

1940年秋，曾任国民政府空军顾问的美国人陈纳德受中国政府委托，回美国后通过各种渠道，请求美国对中国空军支援，宋子文也赴美国劝说美国向中国提供飞机，但美国态度冷淡。直到1941年4月15日，罗斯福不公开地允许美国预备役军官和从陆海军航空队退役的人员参加援华志愿航空队。5月6日，美国政府宣布"租借法案"适用于中国，开始大力援华抗日。[④]6月间，中国从美国购买到驱逐机100架。中国政府决定将这批飞机交给陈纳德，由他组建一支美国志愿队。7月，陈纳德以"中央飞机制造公司"的名义高薪招募110名飞行员和150名机械师、医生等地勤人员，从美国启程，经澳大利亚、新加坡于7月底抵达缅甸。[⑤]1941年8月1日，中国空军美国志愿队在缅甸同古正式成立，又被称为"飞虎队"。美国志愿队纳入中国空军序列，由陈纳德任司令，下辖3个战斗机中队，第1中队绰号为"亚当和夏娃中队"，第2中队绰号为"熊猫中队"，第3中队绰号为"地狱天使中队"[⑥]。

---

① 唐学锋：《中国空军抗战史》，四川大学出版社2000年版，第192页。
② 吕芳上主编：《中国抗日战争史新编》第2册，（台北）"国史馆"2015年版，第313页。
③ 王建朗、曾景忠：《中国近代通史》第9卷，江苏人民出版社2012年版，第247页。
④ 张宪文等主编：《中国抗日战争史》第3卷，化学工业出版社2016年版，第444页。
⑤ 要秋霞：《中国空军抗战》，中国民主法制出版社2015年版，第93页。
⑥ 陈应明等编：《浴血长空：中国空军抗日战史》，档案出版社2006年版，第241—242页。

陈纳德在缅甸对队员们的训练十分严格，他根据多年的研究和对敌我飞机性能的比较，为美国志愿队制定了一套飞机编队原则——三机编队战术，即以两机攻击敌机，再以一机在高空掩护，随时准备俯冲以救友机。[①] 中国空军还设立美国志愿队中国人员管理处，为美国飞行员提供后勤保障等服务。在此时期，飞虎队主要处于组建与训练的阶段。到1941年10月，飞虎队已招募了100名驾驶员，164名地勤与行政人员，100架运抵仰光的飞机中有5架已经损坏。[②] 1941年12月太平洋战争爆发后，飞虎队开始正式投入中日空战。

日本的侵华是海陆空三栖作战，中国实际也以海陆空军迎战。不过长久以来，对于海空军的抗战关注很少。中国海空军，接受了精英训练，面对中日间巨大的实力差距，慨然赴死，可谓抗战之中悲壮而光荣之事。

[①] 要秋霞：《中国空军抗战》，中国民主法制出版社2015年版，第94页。
[②] 章伯锋、庄建平主编：《抗日战争》第4卷，四川大学出版社1997年版，第534页。

第九章　抗战与建国：宪政运动与联合政府[①]

在第二次国共合作的历史背景下，全民族抗战时期的政治参与，最为显著的表现是政党政治与宪政运动。表现活跃的中国共产党与中间党派，不仅组织领导与积极参与战时两次民主宪政运动，前者在全民族抗战后期还提出建立联合政府的民主化主张。

一、全民族抗战时期的政党政治

1927年4月南京国民政府成立后，执政的中国国民党奉行"以党治国"理念，禁止反对党合法存在。除中国共产党对国民党政权进行武力斗争外，其他党派多数只能秘密活动。直到全民族抗战爆发前夕，在野势力的活动才开始逐渐公开化。这一时期国内的主要政党，除国共两党以外，还有中国青年党、国家社会党、第三党、职教社、乡村建设派、救国会等。到了抗战中后期，又成立有中国民主同盟、中国民主革命同盟（原简称"民革"，后为区别"中国国民党革命委员会"，简称"小民革"），并筹备成立三民主义同志联合会（简称"民联"）、中国国民党民主促进会（简称"民促"）等国民党民主派组织。

中国青年党于1923年12月在法国巴黎成立，后总部移至上海英租界。中国

[①] 作者：严泉（上海大学）。

青年党以"国家主义之精神、全民革命的方式外抗强权,力争中华民国之独立与自由,内除国贼,建设全民福利的国家"为宗旨。中国青年党在反对共产主义和共产党的同时,也反对国民党一党专政。1926年夏,中国青年党在上海召开第一次全国代表大会,选举曾琦、李璜、陈启天等为中央委员会成员,以曾琦为委员长。在组织发展方面,湖南、湖北、四川、广东、广西、福建、云南、贵州、安徽、山西、山东、江西等省和上海、天津、武汉等城市陆续成立了二三十个团体,并先后建立了党部。九一八事变后,青年党提出"团结御辱"口号,组织党员投身抗日活动,并开始与国民党合作抗日,该党核心领导人物为曾琦、左舜生与李璜。

1934年成立的国家社会党虽然时间不长,但其历史渊源可以一直追溯到清末立宪运动。张君劢为国家社会党的主要发起者与领导人之一,他早年东渡日本留学,1907年加入梁启超在东京组织的政闻社,一度主持过东京的社务。"渐进的社会主义"与"修正的民主政治"为国家社会党的基本政治主张。"渐进的社会主义"要求确认私有财产和公有财产,以国家的计划经济来使私有财产趋于平衡与普遍,用此种方法来解决贫富悬殊问题,并防止及反对暴力革命。"修正的民主政治",是针对政治、经济、教育等不同领域,提出坚持民主政治、实行混合经济、倡导思想自由等基本思想。张君劢长期担任国家社会党的领导人,其地方组织除陕甘等省外,均有省党部组织。1946年国家社会党与民主宪政党合并,改称为民主社会党。

第三党的前身为国民党左派领导人邓演达创建的国民党临时行动委员会。临时行动委员会宣称遵循孙中山的三民主义,以"平民群众"为阶级基础,开展"平民革命",最后建立"平民政权",实行"国家资本主义"。作为国民党左派的激进组织,第三党在成立时就把推翻蒋介石统治作为革命的首要任务,但反对阶级斗争。全民族抗战爆发后,国内形势进入新阶段,第三党领导人章伯钧、彭泽民等人决定停止反蒋斗争,与国内各党派共赴国难。在全民族抗战初期,第三党的正式名称为"中华民族解放行动委员会"。1947年2月3日,更名为中国农工民主党。

中华职业教育社成立于1917年5月,发起人为著名教育家黄炎培,参加者多为江浙财界、实业界名流。职教社最初的社员有780余人,后来增加到2万多人,分为永久社员和普通社员两种。在组织形式上,职教社采用政党组织制度,以社员大会为最高权力机关，董事部和评议部为监督机关，日常管理部门则有总务处、教育处、训导委员会、出版委员会、经济委员会等。全民族抗战爆发后，黄炎培一面提出"团结、生产、国防"口号，一面将组织目标转向抗日救亡运动。

乡村建设派主要是指民国时期从事乡村建设运动的倡导者，包括"村治派"和"平教派"（平民教育派）。"村治派"代表人物是著名学者梁漱溟，其组织目标是通过建立"乡村组织"、实行"新乡约"。在政治方面，梁漱溟主张以乡村学校为民众训练机关，实行武装自卫，并通过保甲连坐来建立起有秩序的社会生活。"平教派"代表人物是教育家晏阳初，主张用文艺、生计、卫生、公民教育解决农民的"愚、贫、弱、私"问题。1923年晏阳初在北京建立中华平民教育促进会，后选定河北定县为实验区，以学校、社会和家庭三种教育方式，大力推行文艺、生计、卫生与公民教育。1939年晏阳初、梁漱溟等在重庆筹办乡村建设研究院，继续其乡建工作。

1936年5月，全国18个省60多个救亡团体在上海成立中华全国各界救国联合会，简称"全救会"或"救国会"。主要负责人有沈钧儒、章乃器、邹韬奋、李公朴、沙千里、史良、王造时、陶行知等人。救国会主张：（1）各党各派立刻停止军事冲突；（2）各党各派立刻释放政治犯；（3）各党各派立刻遣派正式代表进行谈判，以便制定共同抗敌纲领，建立一个统一的抗敌政权；（4）人民救国阵线愿以全部力量保证各党各派对于共同抗敌纲领的忠实履行；（5）人民救国阵线愿以全部力量制裁任何党派违背共同抗敌纲领，以及种种一切足以削弱抗敌力量的行动。救国会成立后，在上海领导了数次声势浩大的纪念和示威活动。

中国民主革命同盟，原名"中国民族大众同盟"。1941年夏，在周恩来的倡议下，屈武、高崇民、王昆仑、许宝驹、王炳南等人，在重庆发起成立一个秘密政治团体，其主要任务是利用各种渠道，广泛联络国民党上层中的开明派，在国民党内部进行坚持团结、民主、抗战的斗争。初期参加者共有18人，推选王昆仑、许宝驹为主要负责人。成立之初称为"中国民主大众同盟"，次年改称"中国民主革命同盟"。在抗战时期，"小民革"积极宣传中共抗日民族统一战线的方针政策，成立和领导了一个革命青年的秘密组织——中国民主实践社，有力地推动了抗战时期国民党民主派的组织发展工作。

1943年2月，在中共南方局支持下，谭平山、王昆仑、陈铭枢等人在重庆组织民主同志座谈会。1944年8月，民主同志座谈会成立筹备小组，负责进行三民主义同志联合会的筹建工作。筹备小组先后起草了政治主张、临时组织总章、党的改革方案决议案等文件，为正式成立民联创造了条件。"民联筹备组许多成员踊跃参加各种宪政座谈会，提供来自国民党内部的重要信息，并为宣传民主宪政的杂志《宪政月刊》撰写文稿，努力促进民主宪政运动的发展。"1945年10月，民联成立大会在重庆召开，选举谭平山为临时干事会总干事，主持工作。民联公开宣布"接受三民主义及中国国民党第一次全国代表大会宣言与决议案"，要求"中国国民党应即自动结束党治，建立举国一致的民主联合政府"，"保障人民的民主权利"，"国内一切民主党派，一律处于合法平等地位"。民联采取组织公开、领导人不公开的形式，先后在19个省和10个市建立地方组织，后来成为中国国民党革命委员会（简称"民革"）的一个组成部分。

从1941年开始，李济深、何香凝在广西积极联系爱国民主人士，聚会座谈时事，团结国民党内部的民主力量，推动抗日民主运动的发展。在1944年下半年，他们开始酝酿组织政党，草拟了民促的章程，为民促的建立奠定了基础。1946年3月和4月，在中国共产党的帮助下，李济深、蔡廷锴、李章达等国民党民主人士先后在广州两次举行会议，正式成立中国民主促进会，推举李济深为中央主席，后改名为中国国民党民主促进会。民促成立宣言公开表示，忠诚于孙中山的革命三民主义，以"民有、民治、民享"为最高准则，要求结束党治，建立联合政府。与民联一样，民促的成立与活动，也推动了国民党民主派的联合与民革的最终成立。

在政党力量整合方面，中间势力于1939年11月成立了统一建国同志会，为了不刺激国民党当局，当时对外并没有公开宣称为政党。参加统一建国同志会的中间势力领导人物，主要有第三党的章伯钧、丘哲，青年党的曾琦、左舜生、李璜，国家社会党的罗隆基、罗文干，职教社的黄炎培、冷遹，乡村建设派的梁漱溟，救国会的沈钧儒、邹韬奋、张申府、章乃器，以及无党派所属的张澜、光升等。

在成立大会上，统一建国同志会通过了申明"以巩固统一，积极建国为帜志"

的8条《简章》与12条《信约》。有论者认为《信约》的核心在于第6至第12条。"六，吾人主张宪法颁布后，立即实行宪政，成立宪政政府。凡一切抵触宪法之设施，应即中止；一切抵触宪法之法令，应即宣告无效。七，凡遵守宪法之各党派，一律以平等地位公开存在；但各单位间应有一联系之组织，以共同努力为国是国策之决定与推行。八，一切军队属于国家，统一指挥，统一编制，并主张切实整军，以充实国防实力。九，吾人不赞成以政权或武力推行党务，并严格反对一切内战。十，吾人要求吏治之清明，而以铲除贪污、节约浪费为其最低条件。十一，吾人主张现役军人宜专心国防，一般事务官吏宜尽瘁职务，在学青年宜笃志学业，均不宜令其参与政党活动。十二，吾人主张尊重思想学术之自由。"[1]

到了1941年3月，为了在国共两党以外寻求更大的发展空间，"遂由各小党派协商，结合国共两党外之各党派，而组织一民主政治同盟，使之成为一个大的力量，居于国共两党之间，调和监督，以期全国终能达到民主的团结"[2]。民主政团同盟是由中国青年党、国家社会党、第三党、救国会、职教社、乡村建设派三党三派组成的一个政治集团。1941年11月16日，二届二次国民参政会召开的前一天，张澜、左舜生、章伯钧、罗隆基在重庆公开宣布以统一建国同志会为基础，成立中国民主政团同盟。中国民主政团同盟的成立，标志着一个新的咨议型政党的诞生。中国民主政团同盟颁布《中国民主政团同盟政纲》与《中国民主政团同盟简章》，以互选形式产生中央执行委员会，公推黄炎培、左舜生、张君劢、梁漱溟、章伯钧5人为中央常务委员，推选黄炎培为主席（后张澜继任）。中国青年党的左舜生担任总书记（秘书长），第三党的章伯钧担任组织委员会主任，国家社会党的罗隆基担任宣传委员会主任。总部设在重庆，不久在昆明、四川等地相继建立支部。

中国民主政团同盟的政治主张，时人称为"十大纲领"，其为：（1）贯彻抗日主张，恢复领土主权之完整，反对中途妥协。（2）实践民主精神，结束党治，在宪政实施之前，设置各党派国事协议机关。（3）加强国内团结，所有党派间最近

---

[1] 中国民主同盟中央文史资料委员会编：《中国民主同盟历史文献（1941—1949）》，文史资料出版社1983年版，第2—3页。
[2] 龙显昭主编：《张澜文集》，四川教育出版社1991年版，第207—208页。

不协调之点，亟应根本调整，使进于正常关系。（4）督促并协助中国国民党切实执行抗战建国纲领。（5）确立国权统一，反对地方分裂，但中央与地方须为权限适当之划分。（6）军队属于国家，军队忠于国家，反对军队中之党团组织，并反对以武力从事党争。（7）厉行法治，保障人民生命财产及身体之自由，反对一切非法之特殊处置。（8）尊重思想学术之自由，保护合法之言论出版集会结社。（9）在党治结束下，应注意下列各点：①严行避免任何党派利用政权在学校中及其他文化机关推行党务。②政府一切机关，实行选贤与能之原则，严行避免为一党垄断及利用政权吸收党员。③不得以国家收入或地方收入，支付党费。④取消县参议会及乡镇代表考试条例。（10）在当前政务上亟应注意下列各项：①厉行后方节约运动，切实改善前方待遇。②纠正各种行政上妨碍生产之措施，以纾民困，并力谋民生之改善。③健全监察机关，切实为各种行政上弊端之澄清。①

1944年9月，中国民主政团同盟在重庆召开全国代表会议，决定将组织名称改为"中国民主同盟"，并取消同盟的团体会员制，以后盟员一律以个人名义加入。"以往各中间民主党派的联合努力，还不足以争取民主政治的实现，今后必须联合各界各阶层的人民共同努力，才可以达到民主政治的目的。"翌年10月，民盟召开临时全国代表大会（即第一次全国代表大会），通过《政治报告》《临时全国代表大会宣言》《中国民主同盟纲领》《中国民主同盟组织规程》。会议产生了第一届中央委员会，大会推选张澜、沈钧儒、黄炎培、章伯钧、罗隆基、梁漱溟、左舜生、史良、张君劢、张东荪、张申府、陶行知、潘光旦等人为民盟中央常务委员会委员，张澜为中央委员会主席，设立民盟自己的独立办事机构，由章伯钧、罗隆基负责。"不仅仅是中间党派的联合，而是一个中间民主力量的联合阵线，它不仅包括各中间党派分子，并且包括一切无党派的民主分子。同盟与各中间党派的关系是相互支持响应。"《中国民主同盟纲领》是民盟作为中国第三大政党的第一个正式纲领，涵盖政治、经济、军事、外交、教育、社会六个方面，与此前的"十大纲领"相比较，更加系统与全面。

---

① 中国民主同盟中央文史资料委员会编：《中国民主同盟历史文献（1941—1949）》，文史资料出版社1983年版，第8—9页。

（1）政治纲领。关于国家主权的性质，纲领指出"民主国家以人民为主人，国家之目的在于谋人民公共之福利，其主权属于人民全体"。对于人民的权利问题，"国家应保障人民身体、行动、居住、迁徙、思想、信仰、言论、出版、通讯、集会、结社之基本自由"。强调"国家应实行宪政，厉行法治，任何人或任何政党不得处于超法律之地位"，这显然表明反对国民党的一党专制。在立法机关的规定上，"国会为代表人民行使主权之最高机关"，国会"由参议院及众议院合组之"，"有制定法律，通过预算、宣战、媾和、弹劾罢免官吏及国宪上赋予之其他职权"。关于行政机关，赞成"国家设总统副总统各一人"，但其选举不是由国民大会，而是"由国会、省议会及各少数民族自治机构共同选举之"。同时，规定"国家设行政院，为行政最高机关，行政院设院长一人"；行政院长可由"总统提出人选，委以组院之权"，但是它要"对众议院负其责任"。这些规定，说明民盟坚持的是内阁制度，而不赞成实行总统制。关于司法机关，要求"国家设大理院，为司法之最高机关"，"大理院设院长一人，院长及全国法官皆为终身职"，并且"司法绝对独立，不受行政及军事之干涉"。

（2）经济纲领。纲领指出，经济民主化的目的，在于追求人民生活的繁荣与安定，以及国富的公平分配，以期渐进于社会主义实行。在产权规定上，确认人民私有财产，并确立国有及公有财产。富于独立性之交通、矿业、森林、水电及其他公用企业，或有关于国防者，均属于国营公营（地方团体），其监督管理，应实行民主化方式。国营公营以外之一切企业，得由私人经营，但其设施须适合于国家经济计划之规定。在工业方面，民盟确定了轻重工业并行发展，以实现全国工业化的目标，并指出不同的资本应在不同的工业部门发展，即由国家资本经营国防及重要工业，民间资本经营一般轻重工业，保护、帮助发展手工业。

（3）军事纲领。主张军队国家化，军队属于国家，非国防必要不得调用军队，并以法律禁止军队中之党团组织。实行征兵制，人民有依法服兵役之义务。现役军人绝对不得干预政治，并不得兼任行政长官。提高军人待遇及其文化水准，对于退伍及残废军人之生活与职业，政府应切实予以保护。

（4）外交纲领。提出外交方针以保障国家之领土主权，民族之自由平等与各国和平相处为原则。与一切非侵略之国家切实合作，并积极参加世界和平机构，以奠定国际上的民主基础，并保障人类的永久和平。与美苏英国家切实合作，以谋东亚的和平与安定。

（5）教育纲领。纲领认为，教育的目的在于养成独立人格，培植善良风气，发展民主精神。国家应保障学术研究的绝对自由，并以法律禁止在教育文化机关中组织党团及推行党务。保障人民享受教育平等权利，初等教育应一律强迫入学，中学教育应尽量推广，对于贫苦的优秀青年，并保障其得受高等教育。政府应切实制订计划，于限定期间内彻底消灭文盲，并积极推广各式补充教育。国家应普遍设立职业学校，以适应国家工业化的需要。大学教育应特别注意学术研究，以推进国家文化的发展。

（6）社会纲领。民盟提议国家应适合社会环境的需要，实施各种社会政策。国家应负倡导民族优生之职责，并应竭力推广公共卫生事业，建立公医制度，担负人民医药及休养的供应。国家应办理社会一切保险事业，推行疾病、死亡、老年、残废、失业、妊娠等保险政策，以保障人民生活之安全。国家应厉行劳工福利政策，对于最低工资及八小时工作时间并应分别规定之。保障妇女与男子在经济上、政治上、法律上、文化上、社会上绝对平等。国家保障人民的生存权、工作权与休息权，并暂用原有之地方团体或亲属关系的基础，谋老弱、鳏寡、孤独、残废者之生养。①

客观而论，民盟的政纲虽然表现出民主性与进步性的一面，但是在理论与实践层面存在矛盾性与不可操作性。在理论层面，张东荪将民盟政纲概括为"中间性的政制"，"中国必须于内政上建立一个资本主义与共产主义中间的政治制度，虽名为政治制度，当然亦包括经济教育以及全体文化在内，自不待言。这个中间性的政制在实际上就是调和他们两者，亦就是，在政治方面比较上多采取英美式的自由主义与民主主义，同时在经济方面比较上多采取苏联式的计划经济与社会主义"②。但是

---

① 中国民主同盟中央文史资料委员会编：《中国民主同盟历史文献（1941—1949）》，文史资料出版社1983年版，第26—30页。
② 张东荪：《一个中间性的政治路线》，《再生》第118期，1946年6月22日。

这种政纲存在理论矛盾性，正如有学者指出："理论上，他们对西式和苏式制度的本质及其优劣的理解是非常肤浅的，以为西式民主加苏式计划经济，就可为政治民主和经济平等搭上过桥，这只能说是空想。苏式计划经济实现的前提就是政治集权，换言之，在西式民主制度下难以出现实行苏式计划经济的必要条件。中间党派在政治上追求西式民主与其在经济上主张苏式计划经济，本身就构成了无解的矛盾。"①

民盟政纲在实践层面同样存在可操作性的难题。例如在"政治民主化"与"军队国家化"主张的顺序问题上，民主政团同盟在《成立宣言》中强调"军队国家化"在"政治民主化"之前，"国家统一，夫岂难定，申言之，即必须军队国家化，政治民主化是已"③。即使在改组为中国民主同盟后，其成立文件仍然强调"政治民主化"与"军队国家化"同时进行，不分前后。"军队国家化"在欧美民主国家不成问题，但在一党专政的战时中国，在国家政权尚未民主化之前，将中共军队纳入国民党统治之下，这显然不能被中共所接受。即使是国民党也不会轻易认可"军队国家化"主张。张群就对梁漱溟说："老实对你讲，国民党的生命就在它的军队，蒋先生的生命就在他的黄埔系"，"你向谁要军队就是要谁的命！谁能把军队给你？你真是书呆子！"④

应该说，以民盟为代表的中间势力在政治主张上既批评国民党的专制统治，又不依附于共产党，不赞同其激进的革命斗争，因此在国民党的三民主义和共产党的共产主义两种较为激进的政治板块中居于中间的位置，"在中国政治舞台上显示了相当的活力，并且将其一切努力都集中在通过抗战达到建国这一目标上。因此，推动民主建设、加强抗战力量，是他们所有努力的中心。为此，他们反对国民党一党专政，反对国共摩擦，要求实现宪政"⑤。

---

① 汪朝光：《抗日战争胜利后中国中间党派的政治抉择》，《学术月刊》2009年第2期。
③ 中国民主同盟中央文史资料委员会编：《中国民主同盟历史文献（1941—1949）》，文史资料出版社1983年版，第7页。
④ 中国文化书院学术委员会编：《梁漱溟全集》第6卷，山东人民出版社1993年版，第961页。
⑤ 闻黎明：《第三种力量与抗战时期的中国政治》，上海书店出版社2004年版，第5页。

二、国民参政会与战时政治参与

全民族抗战爆发后,国民参政会成为战时政治参与重要的政治舞台。1938年4月12日《国民参政会组织条例》的颁布,使在野党派很受鼓舞,"参政会在人选方面,我们不能说完全满足人民之意,但这是北伐以来,破天荒的一种新设施。社会各方面都有人士参加,这可以说是中国完成民主政治过程中的一大进步。我们希望国民参政会的权限能够更提高一些,使许多参政员能够真正贡献出许多有利抗战的意见,以供政府采用"[①]。中国青年党领导人曾琦认为:"将国防参议会扩大为国民参政会,显现了民主的曙光。参政会虽然不是纯粹的民意机关,但至少是准民意机关。这是由一党专政进到各党并存合作的表现,是很重要的。"[②] 中共在此前向国民党临时全国代表大会提出的建议中就明确表示:"民意机关的形式或为更扩大的国防参议会,或为其他形式,均无不可,最主要的在于此机关要真能包括各抗日党派、各军队、各有威信的群众团体的代表,即包括真能代表四万万五千万同胞公意的人才。"[③]

在权力规划方面,国民参政会在全民族抗战初期只有审议权、建议权与询问权,缺乏最重要的立法权。《国民参政会组织条例》第五条规定"在抗战期间,政府对内对外之重要施政方针,于实施前,应提交国民参政会议决",参政会之决议"经国防最高会议通过后,依其性质交主管机关制定法律或颁布命令行之",但遇有特殊情形,国防最高会议主席可"以命令为便宜之措施"。第六条规定国民参政会的建议权,"得提出建议案于政府"。第七条规定"有听取政府施政报告暨向政府提出询问案之权"。显然,国民党不愿意给予国民参政会类似立法机构的实权,而将其定位为咨议型机构。国民参政会"还不是尽如人意的全权的人民代表机关",只是希望它能作为"使全国政治生活走向真正民主化的初步开端"[④]。

《国民参政会组织条例》第三条是有关参政员的人选及产生方式,规定参政员

---

① 孟广涵编:《国民参政会纪实》上卷,重庆出版社1985年版,第88页。
② 孟广涵编:《国民参政会纪实》上卷,重庆出版社1985年版,第87页。
③ 中共中央党校党史教研室选编:《中共党史参考资料》第4册,人民出版社1979年版,第27页。
④ 《我们对于国民参政会的意见》,《新华日报》(汉口)1938年7月5日。

人数总额为150人，由四种人组成：一是曾在各省直辖市公私机关或团体服务3年以上，著有信望之人员中选任88名；二是曾在蒙古西藏公私机关或团体服务，或熟谙各地方政治社会情形之人员中选任6名；三是曾在海外侨民居留地工作3年以上，或熟谙侨民生活情形之人员中选任6名；四是曾在各重要文化团体或经济团体服务3年以上，著有信望，或努力国事，信望久著之人员中，选任50名。对于在野党派来说，与他们关系最为密切的是第三条中的第四项人选。这一项虽标为"各重要文化团体或经济团体"，但不过是国民党不愿意承认在野党派而对它们的另一种提法。这项人数规定为50人，其总数较国防参议会增加了1倍还多。1938年6月17日，《国民参政会组织条例第三条修正全文》公布，将第四项人选扩充至100名。同样地，国民党对参政员的人选具有最后的决定权，在候选人推荐及审查之后，《国民参政会组织条例》第四条规定最终由"中国国民党中央执行委员会会议决定之"。

《国民参政会组织条例》经过6次修正，其中2次修正增加了调查权与预算权。国民参政会的提案不是法律案，通过的也不是法案。按照《国民参政会组织条例》的规定，提案先后经过参政会与国防最高委员会通过后，依其性质交主管机关制定法律或颁布命令施行。国民参政会的审议权同样也是有限的，在议决之后还要经过国防最高委员会通过方才有效。而且国防最高委员会委员长有紧急命令权，于是政府的重要方针，事先不必提交国民参政会议决，即使议决之后，也可不交主管机关制定法规施行。从某种意义上讲，国民参政会的成立似乎又回到了清末新政时期的资政院体制。

虽然国民参政会不是正式的立法机关，但仍然是在野党派重要的议政舞台。在1939年9月召开的国民参政会一届四次会议上，各党派参政员一共提出7个关于实施宪政的提案，中间势力占了5个，国民党与中共各提出1个议案。其中影响最大的是左舜生、张君劢、章伯钧等人的《请结束党治立施宪政以安定人心发扬民力而利抗战案》，三党联合提案明确要求结束"一党训政"实施宪政，并提出具体办法："（一）由政府授权国民参政会本届大会，推选若干人，组织宪法起草委员会，以制定一可使全国共同遵守之宪法。（二）在国民大会未召集以前，行政院暂时对国民参政会负责，省市县政府，分别暂时对各级临时民意机关负责。（三）于最短期内颁布宪法，结束党治，全国各党各派一律公开活动，平流并进，永杜纠纷，共维国命。"①

一届四次国民参政会上围绕宪政问题提出的七个提案，涉及国民党的统治权问题，使一些国民党人感到了切身威胁，由是引出了一场激烈争论。按照《国民参政会议事规则》的规定，所有提案都必须"先交审查委员会审查"，再"连同审查报告提付会议讨论"。9月15日，宪政问题的7个提案由负责内政的第三审查委员会主持初步审查，参加这一委员会的有黄炎培、许孝炎、董必武、张澜、史良、章伯钧、徐傅霖、陈绍禹、陈启天等23人。自上午10时至12时，讨论了3小时没有任何结果。鉴于宪政问题事关重大，许多人要求召开扩大会议，这样所有各提案的参政员都参加了进来。最后，决定扩大讨论规模，只要热心宪政愿意参加讨论的参政员都可以加入。当日晚间8时，扩大的第三审查委员会在重庆大学礼堂举行，主席为黄炎培。这次讨论延至次日凌晨2时30分，6小时内会场上一直充满着火药味，用邹韬奋的话说是"你起我立，火并似的舌战，没有一分一秒钟的停止"，"那热烈的情况，虽不敢说是绝后，恐怕总可算是空前的"。会中，发言者达38人，形成两个十分鲜明的阵线。以李中襄、许孝炎、陶百川、刘百闵等国民党参政员为一方，大谈"宪政不必要论"。另一方有曾琦、左舜生、李璜、罗隆基、徐傅霖、章伯钧、邹韬奋、陶行知，以及中共方面的陈绍禹、董必武、林伯渠等，一致认为宪政必要。用沈钧儒的话说，就是"在朝的与在野的，彼此披沥肝胆，坦白挚诚，把要说的话，都赤裸裸地说出来了"。

在讨论要不要在审查意见中写明给予抗日党派的合法保障问题时，一方认为有必要，另一方却坚持说不必要，辩论异常激烈。会上，邹韬奋想到由于《防止异党活动办法》而被关入监狱或集中营的无辜青年，悲痛地说："我今夜张眼四望，明明看见在座的确有各党派的许多领袖被允许开口共产党，闭口青年党，似乎是允许党派公开存在似的。但同时何以又有许多青年，仅仅因党派嫌疑，甚至

---

① 《国民参政会第四次大会纪录》，国民参政会秘书处编印1939年11月，第92—93页。

仅仅因被人陷害，随便被戴上一顶不相干的帽子，就身陷囹圄，呼吁无门。敢问这究竟是怎么一回事？"他严厉地质问："承认有党派就老实承认有党派，要消灭一切党派就明说要消灭一切党派，否则这样扭扭捏捏，真是误尽苍生！"①

在中共与中间势力的努力下，国民参政会一届四次会议达成了《请政府定期召集国民大会实行宪政决议案》，提出治本办法两条：第一，"请政府明令定期召集国民大会，制定宪法，实行宪政"；第二，"由议长指定参政员若干人，组织参政会宪政期成会，协助政府促成宪政"。治标办法也是两条：第一，"请政府明令宣布，全国人民除汉奸外，在法律上其政治地位一律平等"；第二，"为应战时需要，政府行政机构应加充实并改进，藉以集中全国各方人才，从事抗战建国工作，争取最后胜利"。②决议案无疑为战时的立宪活动指明了明确的方向。黄炎培在日记中写道："余为参政员，自己认定两大任务：（一）助政府与民众合作；（二）助成各党派间合作。余以两年来之周旋，政府以及各党派对我都还不至歧视。此次第四届大会为内政审查会主席，审查七个关于宪政提案，各党代表争论虽烈，而卒能圆满结果。在余总算对参政会尽了一分心，但观今后如何耳。"③国民党认可了国民参政会的这一决议。9月18日下午，第四次国民参政会闭幕，蒋介石以议长身份致闭幕词，他在列举本次大会"尤关重要者"数项中，将《请政府定期召集国民大会实行宪政决议案》列为首项，并声称"深信本届会议以此案为最重大之贡献"。

1941年1月皖南事变发生后，国共关系濒临破裂，国民参政会同年3月二届一次会议召开，中共参议员拒绝出席，而中间党派的罗隆基、邹韬奋、王造时、沈钧儒、史良和陶行知则被国民党当局除名。同年11月，二届二次国民参政会在重庆开幕。大会期间，中间势力与中共参政员联名提交了《实现民主以加强抗战力量树立建国基础案》，"以抗战尚有赖于长期努力"，唯有实施宪政才能"藉以求得国际之多助，昭示大信于国人"。为此，提案提出了十项办法："一，政府明令于最短时期结束训政，实施宪政。二，成立战时正式中央民意机关，其职权

---

① 韬奋：《抗战以来》，韬奋出版社1947年版，第129—130页。
② 《国民参政会第四次大会纪录》，国民参政会秘书处编印1939年11月，第32—33页。
③ 中国社科院近代史研究所中华民国史组编：《中华民国史料丛刊·增刊第5辑：黄炎培日记摘录》，中华书局1979年版，第12页。

必具备现代民主国家民意机关最基本之实质。三，为节省抗战时财政支出，减轻民众负担，并预防青年依赖心理，增加其对国体之主义或主张之纯洁信仰，任何党派不得以国库供给党费。四，政府一切机关，应发挥天下为公之精神，实行选贤与能之原则，尤以战时如然，不得歧视无党、异党之分子，及利用政权吸收党员并强迫公务人员入党。五，政府明令禁止任何党派利用政权在学校及其他文化机关推行党务，并严厉制止青年学生参加党派斗争以饬学风而固国家元气。六，政府明令保障人民身体、信仰、思想、言论、集会、结社入党、看报、旅行等等之自由。七，明令停止特务机关对内之一切活动，并禁止一切非法特殊处置，以减少无谓之猜嫌，使天下归心，共支危局，而致国家于法治之常轨。八，明令取消县参议会及乡镇代表考试条例，以便凡热心之公正人士，均有机会参与地方政治，不受考试之限制。九，实现经济民主化之原则，确定人民最低生活之保障，厘定人民平均合理之负担，并严禁官吏利用政治权力，实行垄断投机之商业行为。十，军队国家化，停止军队中任何党派之党团组织，藉以防止以武力从事党争。"[1] 这份提案由于蒋介石的反对最后未能正式提出。

由于国民参政会的权力有限，连续两届参政会的成效自然不多，在野党的政治诉求得不到满足，张澜、张君劢、左舜生、曾琦等中间党派领导人开始拒绝出席国民参政会。张澜为此解释说："现在一切民意机关的代表，都是由党部和政府指定和圈定，于是只有党意官意，而无真正民意之表现。"[2] 有鉴于此，"民盟采取各种措施表达对国民参政会的性质和职权的不满，要求扩大职权，赋予国民参政会以国家议会性质的功能，甚至提出产生真正的民意机关取代国民参政会"[3]。1943年9月18日，张澜针对国民党一党专政造成的弊端与危害，写成著名的小册子《中国需要真正民主政治》，对国民参政会的职权提出改革意见，"在宪政实施前，各级民意机关，如国民参政会、省县参议会等，应即具有审核各该同级政府之预决算，与弹劾其同级政府不法行政官吏之权"[4]。民盟的领导人期望将国民参政会改造成具有预算权、决

---

[1] 龙显昭主编：《张澜文集》，四川教育出版社1991年版，第136—137页。
[2] 龙显昭主编：《张澜文集》，四川教育出版社1991年版，第183页。
[3] 孙明理：《民盟与国民参政会》，硕士学位论文，西南大学2014年，第53页。
[4] 龙显昭主编：《张澜文集》，四川教育出版社1991年版，第194页。

算权和弹劾罢免权的具有实际权力的民意机关。1944年5月,民盟发表对时局的看法和主张,认为"中国尚无正式的民意机关,求其仿佛似之,则只有目前的国民参政会。但是参政会的权限的微薄,实至可悯叹"。民盟甚至表示国民参政会还不如"英美较进步的殖民地如印度与菲律宾"。因此,民盟主张参政会的人选必须由各党派自行推出,而不能由国民党圈定;权限必须酌予提高,即不能由其通过预算,至少必须使参政会与立法院同时对预算知情,以便提出切实的建议与询问。

1944年9月5日是三届三次国民参政会开幕日。在这次参政会上,钱端升等人正式提出扩大职权问题《请政府刷新政治以慰民望而奠国基案》。该案认为:在轴心国家势力日蹙,反法西斯胜利在望之际,而我国却军事上"兵力衰疲,军纪废弛",财政上"牟利之奸商在在皆是,贪污之官吏迹犹未敛","其他方面无办法无进步之情形辄复类是"。如此现状,若"无彻底之改革,不特建国难期,胜利亦将因之迟缓"。而"政风不变",那么"凡有举施"均"不能发生实效",无论是抗战建国纲领、政府提出之施政方针,及参政会历届之建议事项,"论其内容与文辞,无不头头是道,件件皆通",其实只须"其中有十分之一二真获实施,情势必远胜于今日"。因此,"唯有刷新政治","以人民之力量为政府之力量。用全国之贤才为政府之官吏",方能使今日之危局"转而为安"。为此,钱端升等提出5项建议,其中第三项为"扩大参政会及各省民意机关之职权"[①]。

这份提案中虽然没有明确提出预算权问题,但人们针对扩大参政会职权的建议中,纷纷"要求参政会有决定国家预算之权"[②]。1944年9月16日,国民政府修正公布《国民参政会组织条例》,其第七条为:"政府编制国家总预算,应于决定前提交国防参议会或其驻会委员会作初步之审议。"孙科、王世杰等人在这个问题上都采取了比较开明的态度。早在8月初,孙科、王世杰、邵力子、吴铁城4人就联名向蒋介石提出书面意见,建议"酌量扩充参政会的职权",其中包括"将每年预算提交其大会或驻会委员会讨论",只是"仍由国防委员会最后决定"[③]。预算

---

① 孟广涵主编:《国民参政会纪实》续编,重庆出版社1987年版,第187页。
② 《评此次国民参政会》,《解放日报》(延安)社论,1944年9月24日。
③ 参见《王世杰日记》第4册,(台北)"中央研究院"近代史研究所1990年影印本。

案可以交国民参政会讨论，但决算权仍然在国民党手中。即使这样，陈立夫、张厉生、居正等人仍然极力反对，最后多数人同意"预算初步审议权暨查办官吏权界予参政会"。国防最高委员会最终采取了折中方案，即"决定给予预算初审权，并扩大调查权"。经过中间党派的努力，国民参政会最终取得了国家预算初审权的微不足道的成果。即1944年9月16日国民政府修正《国民参政会组织条例》，其中规定"政府编制国家总预算，应于决定前提交国民参政会或其驻会委员会作初步之审议"。从本质上看国家预算初审权仍没有超出咨议的范围，对政府的决定权没有任何约束力。

三届三次国民参政会另一个显著成就是倒孔运动。从1941年开始，国统区的经济形势日益恶化，行政院副院长兼财政部长孔祥熙利用职权贪污舞弊的行为也越来越肆无忌惮，参政员们的倒孔活动随之日益公开和激烈。在1944年9月的三届三次国民参政会上，121名参政员在《请财政、军政两部将政府改善官兵及公教人员待遇之具体办法提交本会讨论案》上签名，提案中写道："近数年来物价飞涨，前方将士待遇低微，饥寒交迫，骨形菜色，朝不保夕。反视财政部之金融及花纱布管理等机关，则以最低级之职员，其津贴等项，每超过其他各部之次长。而数百万与敌浴血苦战之士兵，其生活水准，更不如后方大户人家之猪狗。古今中外不平之事，无有过于此者。"[①] 该次大会上还提出了数项要求追究孔祥熙责任的提案，例如《限制财政部长不得兼任银行董事长或总裁案》《财政部花纱布管制局对于西北棉花管制失当，请行政院切实查究严办，亟谋整顿案》《改革花纱布管制局业务以清积弊案》等。

不仅如此，钱公来、徐炳昶、萧一山、许德珩、傅斯年等参政员还积极行使询问权，目标直指孔祥熙："查中国实业、四明两银行，原为商业银行，在二十三四年时因营业亏累行将倒闭，彼时财政部恐影响市面金融，出资接办，改为官商合股，并由财政部派傅汝霖、吴启鼎分任董事长。傅、吴两人均为孔部长亲信，闻最近孔部长出国之前循该两人之请，将两行仍变为商业银行所有，财政部资金

---

① 孟广涵编：《国民参政会纪实》下卷，重庆出版社1987年版，第1398页。

用各项不值钱之公债抵偿此种损失。国库背公济私之办法，殊不合理。"①傅斯年还对孔氏贪污美金储蓄券进行口头质询："去年大家知道，市场上固然有这个东西，据孔副院长说，过去很少买。可是有人过去曾买过却没有买到，而且中央信托局、中央各银行各职员分到孔副院长最近出国之前，以大批储蓄券分送给，在一重要会议之后开秘密会，当场送给大家，人家不受，孔就云：'我暂为你们留着，兑换了再给你们。'这券如是国家的不能分送，个人的不必开会，这种情形是否有对国家大员行贿之嫌，我刚才的询问对本会负责，对会外亦负法律责任。"②1944年11月傅斯年再次致信蒋介石提美金公债储蓄券事，强烈要求对中央银行、中央信托局进行整顿。在强大的内外压力下，孔祥熙被迫卸任财政部长的职务。

国民参政会的议决权、建议权和询问权是没有法律约束力的，即参政员可以"议政"，但对所议事项无最后决定权。"参政员可以很广泛、很尖锐地询问，但对政府施政情况无硬性监督权。实际上历届参政会所提出的总数达2500多件的建议案最终得到政府采纳并贯彻的，为数不多。一般而言，国民政府对于财政、经济、交通、文化教育方面的意见和建议容易接受，对于军事、政治、内务、行政、外交方面的意见和建议则不易接受。而询问更是一项相对温和的权力，它不像质询，不针对政府的重大政策，得到的答复不满意也不会引起对政府的不信任投票，所以，仍然未超出'咨议'的范畴。"③参政员人数从第一届（1938—1940年）200人增加到第四届（1945—1948年）的290人，但是反对党参政员的人数不断下降。这样国民党与中共、中间党派的关系恶化是不可避免的。

虽然国民参政会不是民选产生，也没有立法权，不是通常意义上的议会，参政员人选的最终决定权掌握在国民党中央执行委员会手中，而且国民党参政员在国民参政会中人数最多，为第一大党，但是国民参政会对在野党派来说意义还是重大的，"在战前，所有的反对党派被宣布为非法的，没有为忠诚的反对派留出任何空间，更不用说多党合作了。战争开始后，政府和反对派达成了某种程度上的

---

① 欧阳哲生主编：《傅斯年全集》第4卷，湖南教育出版社2003年版，第279页。
② 欧阳哲生主编：《傅斯年全集》第4卷，湖南教育出版社2003年版，第276—277页。
③ 赵祖平：《抗战时期国民政府体制下的政治参与》，博士学位论文，中国社会科学院，2012年，第41页。

和解，这本是政府必须做的事，但是它装作是为了抗战而乐意为之。作为回报，后者也乐意与政府合作，他们希望民主化进程能借此取得进展"[1]。在历届国民参政会中，中共与中间势力的各重要团体与政党都有自己的代表，在野党经常通过提案的形式向政府提出建议，供当局参考。这些提案涉及抗战的方方面面，通过这些提案可以看出在野政党的主张，它们推动着战时中国民主政治的发展。

三、第一次民主宪政运动

全民族抗战时期的宪政运动主要有两次。第一次宪政运动的开始，其标志性事件是1939年9月召开的国民参政会一届四次会议。在这次参议会上，各党派参政员一共提出7个关于实施宪政的提案。这些提案虽以个人身份提出，但无疑代表了其所属的党派意见。[2]

中共参政员陈绍禹领衔的《请政府明令保障各抗日党派合法地位案》，指出"近半年来，同为抗战最高国策而努力奋斗之我国各党派间，疑虑增多，纠纷时起"，以至于"不仅使各抗日党派间，关系日益恶化，而且引起举国同胞对团结抗战之国策发生动摇"。为此，必须"使抗日各党派间之关系，得到公平合理之解决"。关于解决的办法，提案提出3项办法：第一，"由国民政府明令保障各抗日党派之合法权利"；第二，"由国民政府明令取消各种所谓防制（止）异党活动办法，严令禁止借口所谓'异党'党籍或思想问题，而对人民和青年，施行非法压迫之行为"；第三，"在各种抗战工作中，各抗日党派之党员，一律有服务之权利，严禁因党派私见，而摒弃国家有用之人才"。[3]

救国会参政员在一届四次国民参政会上，分别提出了2个提案。张申府领衔的《建议集中人才办法案》，提出集中人才的5项建议。第一，"用人但问其才与

---

[1] ［澳］冯兆基：《寻求中国民主》，刘悦斌、徐硙译，江苏人民出版社2012年版，第183—184页。
[2] 闻黎明：《第三种力量与抗战时期的中国政治》，上海书店出版社2004年版，第80—99页。
[3] 《国民参政会第四次大会纪录》，国民参政会秘书处编印1939年11月，第92页。

不才，不问其党与不党"；第二，"表扬大公无私之立场"；第三，"承认各党派之合法存在"；第四，"限制兼差，使人当其职"；第五，"推进民权主义，实施民主制度"。①上述建议中，最重要的是"用人但问其才与不才，不问其党与不党"。王造时领衔提出的《为加紧精诚团结以增强抗战力量而保证最后胜利案》，便特别强调"精诚团结"四字。该案指出："敌人利我之分裂，而不利我之统一，利我之摩擦，而不利我之团结"，其一贯使用"以华制华"手段，"肆其挑拨离间之毒计，冀我内部发生问题，以便利其侵略野心之实现"。而"洋汉奸傀儡，奉承主人意旨，又从而推其波而扬其澜，乘间抵隙，无所不至，是皆惟恐我抗战之不失败也"。这正说明全国人民，"非团结不足以抗战，非抗战不足以图存"。为此，王造时提出保障最后胜利的3项办法：首先，"本国家至上、民族至上之原则，由各党派分别告诫地方各级党员，不得有摩擦行动，以免增加抗战建国前途之障碍"；其次，"为集中人才起见，不宜因党派关系而有所歧视"；最后，"从速完成地方自治，实行宪政，纳政党政治于民主法治中常规"。②

中国青年党、国家社会党、第三党在国民参政会中的首席领导人左舜生、张君劢、章伯钧，在一届四次参政会上，他们共同领衔提出了《请结束党治立施宪政以安定人心发扬民力而利抗战案》和《改革政治以应付非常局面案》2个提案。

《请结束党治立施宪政以安定人心发扬民力而利抗战案》由两部分组成。第一部分说明宪政实施的五点理由：第一，在政治改革方面，指出"抗战已逾两年，就军事而论确有取得最后胜利之希望。但敌人多方误人，最近已移侧重军事之力量，从经济上、政治上加紧进攻。反观民国此两年以来之政治，虽不一枝一节之改观，但规模终未树立，人心终有未安，殊无以奠定抗战建国之基础。欲完成此基本工作，要以结束党治、立施宪政为第一义"。第二，在揭露与应付敌伪方面，认为"以敌人挑拨摇煽之故，汪逆精卫等复假借名义有伪党部之产生，如不毅然结束党治，则汪逆以伪扰真，内以淆乱国人之视听，外以供残暴敌人之驱使，前途演变至堪忧虑"。第三，在抗战与宪政的关系问题上，"吾人抗战已届第二阶段，

---

① 《国民参政会第四次大会纪录》，国民参政会秘书处编印1939年11月，第93页。
② 《国民参政会第四次大会纪录》，国民参政会秘书处编印1939年11月，第93页。

而世界大战适于此时爆发，环顾当世各国并无借口战争脱离宪政常规者，即敌人亦莫不然，甚且变更政党政治之常态。其加入政治以效忠国家者，初不限于在朝之一党，可见借口抗战而谓宪政未可立即施行者，其理由自不成立"。第四，就政府对国民的责任来说，"抗战两年所流者全国国民之赤血，所竭者全国国民之脂膏，在现在党治之下，政府仅能对党负责，对全国国民几无责任之可言。名不正，则言不顺，以此而求国民之效死恐后，于义终有未安"。第五，在巩固团结、避免摩擦方面，亦认为"自抗战军兴，国民党不胜其嘤嘤求友之心，党外人心，亦同深兄弟阋墙之惧。以此乃得勉告统一，团结对外，然而藩篱未撤，门户犹存，生于其心，害于其政，平日之防闲既严，随时随地之摩擦不免，履霜坚冰，不仅为抗战时期之损失，实亦建国前途之隐忧"。该案的第二部分，提出了实施宪政的三项办法。第一，"由政府授权国民参政会本届大会，推选若干人组成宪法起草委员会，以制定一可使全国共同遵守之宪法"。第二，"在国民大会未召集以前，行政院暂时对国民参政会负责，省市县政府分别对各级民意机关负责"。第三，"于最短期内颁布宪法，结束党治，全国各党各派一律公开活动，平流并进，永杜纠纷，共维国命"。① 该案是中间党派在抗日战争期间第一次明确针对国民党一党专政提出"结束党治"的要求。至于"结束党治"的办法，该案考虑到当时环境下的可行性，提出在国民大会召集之前由"行政院暂时对国民参政会负责"，各地方政府"分别对各级民意机关负责"。

张君劢代表国家社会党草拟并与青年党、第三党共同提出了《改革政治以应付非常局面案》，强调"扶危救急之道"仅有两种办法，第一是"立即结束党治，实行宪政，以求全国政治上之彻底开发"，第二是"立即成立举国一致之战时行政院，以求全国行政上之全盘改革"。提案称二者缺一不可，否则无论对民众还是对国家前途都不堪设想。为了说明这一政见，提案特别对实施宪政与集中人才的关系作了如下说明："国家者，全国国民之国家，而非一党一派之国家；政府者，全国国民之政府，而非一党一派之政府"，人民只有共有共享了国家政权，才能在国

---

① 《国民参政会第四次大会纪录》，国民参政会秘书处编印1939年11月，第92—93页。

事危急时与国家休戚与共。因此,"今日应结束党治,实现民主","明示国人'国家为公'"。人心收拾后,人才不能集中的话,也不能挽救危亡,"而政府对于人才,目前犹复以党派而划分畛域,因畛域而加歧视",结果"或投闲置散","或本抵相消","减削抗战建国之力量多多矣"。欲改变这种状况,"唯政治上彻底开放,人人为国,胜于为党,人人爱国,胜于爱党,而后国家各真才始能真为国用",为此就需要立即结束党治,实施宪政。提案又对成立战时行政院的必要性做出了解释。提案称,环顾"世界各强国历史,国家每遇对外作战,辄成立举国一致之战时内阁",其原因就是"必如此始能提高政治效率,发挥整个国力"。这次英国与德国作战,战事爆发后,"英国即积极在内阁上为人事与机构之调整","即在日寇,亦复如是,两年战争,内阁三易,此正足以证明敌人重视战时政治之点"。反观中国,"抗战两年,机关化简单为复杂,人才变有用为无用","人民对后方政治愤懑哀痛"。如欲"振刷精神,一新耳目,恢复民信,矫正风气",刻不容缓之事即为"人事之更张"。因此,"主张成立举国一致之战时行政院"。①

江恒源领衔提出的《为决定立国大计解除根本纠纷谨拟具五项意见建议政府请求采纳施行案》,代表的是中华职教社的意见。其主旨一是尽快实行宪政。"请政府转请中央,在最近适当期间,明白公布预定完成训政、公布宪法、实行宪政之期,并切实声明,届期绝不展缓",并且"宪法公布以后,由国民代表大会代表国家,由国民政府对国民大会负责施政"。二是国民党应切实保护民众自由权利。该案提出"请政府转请中央,通饬地方党部,遇事特别慎重,对于在学青年,以及性好活动之知识分子,无论曾隶何党,皆应一本中央上级宽容大度与人为善之旨,诚恳予以指导。万一真有某种重要嫌疑,除彻底详查外,亦必呈准上级,方能处置"。三是在野党应遵守国家法令。该案要求"凡在国民党以外之党,当此宪法尚未公布以前,所有活动,自应悉遵国家一切现行法令。其有机关设在某一地方者,应向政府陈明。凡有活动,务必与所在地之国民党党部,多多接洽商讨,万不宜彼此各不见面,而仅听传言,且听无根而带有挑拨性之传言"。四是执政者与在野者均应以

---

① 《国民参政会第四次大会纪录》,国民参政会秘书处编印1939年11月,第93—94页。

国家为重。对于执政者，该案认为"政府对于国民党以外各党，当然不能以特殊关系，特予优待"，"同时亦不能以特殊关系，特加苛责"，无论"对人对事"，均应"一律示以大公"。而"国民党以外各党党员，散在各社会从事职业者，更应以普通国民相待，而绝不能因其党籍有殊，而稍存歧视"。特别是全民族抗战时期，各战区亟须集合人力财力，在野者应"协助国军，共歼顽寇"，而地方负责当局亦应对所有民众抗敌组织"妥为运用"，"一视同仁，不复问其隶何党籍"。五是各政党均应约束各自党员。该案认为"政府既明认各党存在，即应示以活动范围，与应占地位，及努力途径"。而全国人民亦既"同在国民党施行训政之下，则所有国民党以外之各党，自应循合理洽情之道，努力工作，以期福利吾民，福利吾国"①。

国民党籍参政员孔庚领衔提出的《请政府遵照中国国民党第五次全国代表大会决议案定期召集国民大会制定宪法开始宪政案》，称中国国民党第五次全国代表大会决议"原已定期召集国民大会，并经积极筹备。嗣以抗战军兴，致陷停顿。唯抗战军事，攸赖长期努力，建国工作，必须同时进展，爰提请大会建议政府，召开国民大会，制定宪法，开始宪政"②。该提案是在大会收到了在野党派所提出的6个提案后，国民党中央连夜决定由年高的孔庚领衔提出的。"实由执政者对于当前种种问题，所采取之一种应付方法而来。此从在野六提案之后，而执政党以末一提案继之，不难见也。"③

邹韬奋认为在野党派的6个提案，"在大目标方面虽然都是有关于宪政，但仍可分为两大部分，一部分是直接与宪政有关的，是属于最近将来的，即尚略须经过筹备时间的，还有一部分是间接与宪政有关而重要性却并不轻的，是属于当前的，是有立刻执行必要的"。第一部分可称为"结束党治，实行宪政"，他认为有5个提案明显提到这件事。"第二部分是在正式宪法尚未制定公布以前，即须切实执行的事情。"他认为包括有几个问题："第一个值得注意的问题，是'因党派私见'而'屏弃''排斥''歧视''压迫''国家有用之人才'……在野抗日党派的

---

① 孟广涵主编：《国民参政会纪实》续编，重庆出版社1987年版，第145—150页。
② 《国民参政会第四次大会纪录》，国民参政会秘书处编印1939年11月，第91页。
③ 中国文化书院学术委员会编：《梁漱溟全集》第6卷，山东人民出版社2005年版，第550页。

提案没有一个不提到这件事";第二个是"抗日各党派应得到合法保障的问题";第三个是"在正式的民意机关未成立的过渡时间,立即成立举国一致的战时行政院,行政院暂时对国民参政会负责"。① 有研究者指出:"沈钧儒有关在野党派提案的分析是比较恰当的,当时在野党派首先关注的是党派的合法参与权利,在此基础上,寻求彻底解决,即实施宪政。"②

蒋介石在9月18日一届四次国民参政会闭幕词中称《请政府定期召集国民大会实行宪政决议案》为本届会议"最大之贡献"。国民参政会议长蒋介石根据大会的决议,指定各党派和无党派参政员董必武、黄炎培、张澜、左舜生、罗隆基、史良、褚辅成、钱端升、罗文干等19人组成宪政期成会,其任务是协助政府修改"五五宪草",促成宪政。同年11月,国民党召开五届六中全会,表示接受国民参政会的决议,决定于1940年11月12日召开国民大会,制定宪法。这一姿态,给中间势力带来了极大喜悦,使他们在抗战以来的第一次宪政运动中表现出极大的热忱。

1939年10月至11月,张澜、沈钧儒等人发起,在重庆先后召开了4次宪政问题座谈会。第4次座谈会决定成立宪政促进会,选举黄炎培、沈钧儒、李璜、董必武等85人为筹备委员。1939年10月1日,张君劢、张申府、张澜、章伯钧、沈钧儒、左舜生、胡青石、莫德惠、褚辅成、李璜、江恒源、王造时等12位参政员,在重庆发起召集第一次宪政座谈会。到会者70多人,有书报编辑、新闻记者、教育家、公务员、商人、银行家等。讨论大致集中于宪政性质问题、宪法与三民主义的问题、宪法本质问题、如何促进宪政问题、制宪机关、制宪前的准备工作等。会议并决定增加召集人。10月18日第二次宪政座谈会召开时,召集人增加了张季鸾、许孝炎、李中襄、黄炎培、秦邦宪、董必武、杨庚陶等7人,19位召集人基本涵盖了包括国民党在内的各党各派的成员。参加人数也增加到了80多人。大会围绕"宪政与抗战建国之关系"展开了座谈,阐明了宪政与抗战建国不可分割的关系,使大家认识了实现宪政是解决目前一切问题的中心问题和唯一办法。会议提出为了推进宪政运动,需要组织一个宪政促进会或协进会之类的团体;大

---

① 韬奋:《抗战以来》,韬奋出版社1947年版,第125—126页。
② 赵祖平:《抗战时期国民政府体制下的政治参与》,博士学位论文,中国社会科学院,2012年,第78页。

家一致希望19位召集人担负起这个任务。第二次座谈会后，19位召集人开了一次会，除决定第三次座谈会的召集日期和讨论主题外，还决定再增加6位召集人，他们是史良、王家桢、邹韬奋、冷遹、陶立和王卓然。11月5日，第三次座谈会召开，大会主题为"对于宪草如何征求民意"。柳湜和沙千里主张从"五五宪草"等3种法律中提出4个便于讨论的问题供大家发表意见，第一是人民的权利和义务，第二是国民大会的组织和选举，第三是中央和地方政治制度，第四是国民经济和教育。围绕着这四个问题，张申府、左舜生、章伯钧、张友渔、钱俊瑞、邹韬奋等纷纷发表了自己的意见，并进行了热烈的讨论。12月19日，第四次宪政座谈会召开，到会者新增加了许多文化界、妇女界人士和青年学生，人数达130余人。大会座谈的主题为"对国民大会意见"。大家发言特别踊跃。①

同时，成都、桂林等地也先后组织了宪政座谈会和宪政促进会。其中最著名的当数重庆青年新闻记者学会所召集的新闻记者宪政座谈会。他们于10月14日召集了第一次会议，到会的有日报记者和期刊编辑40多人，主席是范长江。重庆妇女界也积极投入到宪政运动中，她们迅速起草了讨论大纲，寄发给重庆27个妇女团体和妇女界名人，征求意见。11月12日，第一次妇女宪政座谈会在新运妇女指导委员会的大礼堂举行，史良、刘清扬、韩幽桐、唐国桢等人都出席了会议，出席会议的有新运妇委会、女青年会、慰劳总会、难民妇女服务团、陕甘宁边区妇女救国会驻渝代表团、重庆市妇女会、妇女生活社、教育学院、重庆大学、中央大学、女子职业学校等学校女代表，以及《大公报》《新华日报》《扫荡报》《新蜀报》《时事新报》《新民报》等各报女记者200多人。会议首先通过了《宪政与妇女讨论大纲》，然后进行了长达3小时的讨论。该座谈会决定每周举行一次座谈。26日第二次座谈时，参加的团体增加了6个，个人方面增加了30多位，人数达到了300多人。②

1940年5月28日，广西桂林成立了广西宪政协进会。该团体是在李宗仁、白崇禧等的谅解下，由李任仁、陈劭先、白鹏飞等广西省著名人士出面发起的。他

---

① 赵祖平：《抗战时期国民政府体制下的政治参与》，博士学位论文，中国社会科学院，2012年，第78—79页。
② 赵祖平：《抗战时期国民政府体制下的政治参与》，博士学位论文，中国社会科学院，2012年，第79页。

们采取了统一战线的形式，以左、中派人士为主体。广西宪政协进会的成立大会在程思远主持的桂林乐群社举行，会上通过了章程和宣言，要求国民党早日结束训政，实行宪政，承认各党派的合法地位，保障人民言论、出版、集会、结社的自由，反对特务统治，实行中央与地方分权等。这次会议还选举了李宗仁为主席，张志让、胡愈之、程思远等人为理事。广西宪政协进会是第一次宪政运动中的一个重要团体，在大后方只有重庆有过这样的组织。广西宪政协进会下成立有广西建设研究会，内设了一些关于研究宪法的小组，指定专人对"五五宪草"的"总纲""政制""人民权利义务""经济""教育"等分别进行研究。他们举行过十几次讨论会，提出了不少具体的建议。为了开展宪政运动，他们还在桂林广播电台组织讨论宪草的广播座谈会，向国内广播对"五五宪草"的意见，并在《建设研究》上陆续发表。再后来，他们在内地报纸和香港《星岛日报》上发表了《广西建设研究会成立宣言》。①

在这次宪政运动中，救国会的热情相当高涨。1939年底，沈钧儒来到桂林，便接连撰写文章，发表演说，介绍重庆宪政运动情况，阐述实施宪政的道理。他还特别写信给上海的救国会成员，推动这座孤岛的宪政运动。不久，他收到回信，信中说："上海民众对于宪政的要求，已到白热化，大家深信只有彻底实施宪政，抗战才会胜利。"②上海的宪政运动主要由各界救亡协会出面组织，他们利用《上海周报》《职业生活》等杂志展开宪政宣传，还筹备组织宪政促进会，推选张宗麟、王任叔、陆高谊、韦捧丹、孙王国秀为筹备员。此外，刘湛恩、胡愈之等发起的青年会星期二聚餐会，则在上层分子中展开讨论。2月15日，上海各界民众团体举行第二次代表大会，决议案中最重要的就是促成实现民主、实施宪政。3月12日，上海宪政促成会正式成立，随即再成立起许多分会，发动签名运动，并编辑了《宪政情报》。③

延安各界也积极加入宪政运动中来，从1940年1月起，陆续成立了新闻界、

---

① 闻黎明：《第三种力量与抗战时期的中国政治》，上海书店出版社2004年版，第99—100页。
② 《沈钧儒收文录》，《近代史资料》总103号，中国社会科学出版社2002年版，第133页。
③ 《沈钧儒收文录》，《近代史资料》总103号，中国社会科学出版社2002年版，第139—142页。

妇女界、青年界宪政促进会。在此基础上，延安各界宪政促进会于 2 月 20 日成立并发表了宣言。在宣言中提出了发扬民意，修正国民大会代表选举法、重新选举国民大会代表，国民大会组织法应彻底修正、国民大会应成为国家最高权力机关，人民有讨论宪政与选举国大代表之自由、各抗日党派有合法存在权利与参加国大代表竞选之自由等四项主张，并提出"实行民主宪政为国内国际大势之所趋，虽有种种阻碍，终必达此目的"。

闻黎明先生的研究表明，在第一次宪政运动期间，中间势力与社会舆论关系也非常密切。[1] 全民族抗战时期实施宪政是"时代的急迫需要"，邹韬奋坚信这一点。他分析说："中国由于主观的现实与客观的形势，反抗日寇的侵略与争取最后的胜利不得不采用持久战全面战的策略。"但"要达到这个目的，不能仅靠军事"，尤其"欲由相持阶段进而达到全线反攻驱逐敌寇收复失地，还有赖于国力之进一步的加强"。为了解决这个问题，"非更广大更彻底地动员全国人民来积极参加抗战建国工作不可，而切实执行民主的宪政却是更广大更彻底动员民众来加强国力的钥匙"，况且"'强固的国家'与'人民积极参加政治'是分不开的"。[2] 这种认识代表了要求"抗战""建国"齐头并进者的共识。

在中国青年党人陈启天看来，就世界而言，"许多国家的宪政往往产生于战时"，"原来没有宪政的国家，固多在战时新建宪政，原来已行宪政的国家，也多在战时改进宪政。其所以如此的原因，一是由于战时需要人民出钱出力，而使人民乐于出钱出力的方法，则莫如实施民主宪政。二是由于战时需要人民精诚团结，而使人民精诚团结的方法，亦莫如实施民主宪政。三是由于战时需要予人民以政治上的新希望，而使人民感觉政治上有新希望的方法，更莫如实施民主宪政"[3]。沈钧儒用通俗的道理解释说："宪政本身对于抗战建国是很重要的"，因为"要了解一国必先了解其宪法，比如要知一个菜馆的内容，得先看菜单一样。宪法规定国家的性质、社会制度、中央及地方政府的组织及中央与地方的关系，这是宪法的

---

[1] 闻黎明：《第三种力量与抗战时期的中国政治》，上海书店出版社 2002 年版，第 119—125 页。
[2] 韬奋：《宪政与民主》，《理论与现实》第 1 卷第 6 期，1939 年 11 月 15 日。
[3] 陈启天：《民主宪政论》，商务印书馆 1946 年版，第 14—15 页。

组织性。宪法还要反映人民的生活及要求，这是宪法的时代性与社会性。一个菜馆须要列一张菜单供客人参考，一个国家也要订立一个使人民明确其国家存在与组织，了解其本身的权利与义务，食客要有菜单，人民要有宪法。宪法在国家的组织中的重要性是很明白的"。①

张志让举出5种理由证明抗战与宪政关系，其大意为：一是中国的抗战本来就是与建国同时并进的，因此"要造成一民有民治民享的国家，则必须使人民积极参加政治"，而"使政治达到民权主义的最终目的，就是实行民主政治"，这个"民主政治就是宪政"。二是抗战以来，"军事进展甚速而政治远落其后"是人所共见的事实。但是"政治应该领导军事，推动军事"，所以当抗战进入更艰苦的阶段时，"推动政治前进的需要实在比以前更为急迫"。"而要推动政治前进，则又以人民参加政治为最有效之方法"。三是中国以"半殖民地的国家而有战胜日本帝国主义的把握，四万万五千万民众力量之伟大是其最重要的原因之一。所以动员全国一致参加抗战，的确有绝对的必要"。可是"军兴两年余，我国动员了军队二三百万，而始终未能很好的动员民众"，主要就是因为"民众没有参加政治的机会"。这些老百姓对政治根本不发生兴趣，因此对抗战也不发生兴趣。"因为他没有参加政治的机会，他的一切需要也就无从表达，无法得到适应"。"在这样的状态之中而希望他出钱出力量，奋斗牺牲，是不容易做到的"。四是"全国统一团结是抗战胜利的必要条件，也是建国必经之路"。现在中国虽然形成了"空前未有之统一和团结"，"然而为了要使这种力量能得到充分发挥"，就"还有加强和巩固这种统一和团结之必要"。"要加强和巩固这种统一和团结，必须要有集中意志之机关和表达意志之方法，使一切错综复杂的主张都可以在较长比短之中得到一致结论，再转而以此结论作为处理国事的方案，这种政治就是宪政"。五是"召集国民大会，制定宪法的国家大计，断不容汉奸傀儡篡窃盗用。乃汪逆精卫竟企图在上海进行这种阴谋，即为正全国人民和世界友邦之视听，不使鱼目混珠，亦应迅速实施宪政"。根据上述理由，他断言"我们要使建国早日成功，要使建国真能帮助

---

① 沈钧儒：《沈钧儒文集》，人民出版社1994年版，第414页。

抗战，促进抗战的胜利，必须迅速实施宪政"，并且"实施宪政到了现在已属不容再缓了"①。

参与宪政期成会宪草修改工作的法学家钱端升，承认中国目前"需要一个拥有相当权力而且能发挥大效率的政府"，唯有如此，"才担负得起抗战建国的各种伟大工作"。但是，他同时指出，问题和关键在于"这个政府性质能尊重各个人民的人格与尊严，并能容许各个人民对于人生及社会重大问题有怀疑论难之权"。这就是说，在任何情况下，都不能走到"极权"上面去。他根据法西斯国家的先例，指出"极权政府只能有大力去侵略旁人，而不能和平的建国"，进而又说："在极权主义之下，人民仅是工具，人民仅有工作而无主张"，若此时执政者引导国家"顺着疯狂道上迈进"的话，那么"人民不是疯狂的细胞，定是疯狂的牺牲品"。他认定"凡是政府有强力者一定得有站得住挺得起的人民为辅"，这样"国运才能永昌"。钱端升表示他信仰三民主义，说孙中山早就用民权主义解决了这个问题，因此，民权主义无论在平时还是在战时，都是不可缺少的。他还从法律学的立场指出：孙中山的民权主义理论由于"解释失当"与"实行者的乏力"，造成了强调集权的不幸。②

与中间党派相似的是，中共方面的立场也是非常鲜明。1939年9月毛泽东承认"军政、训政、宪政三个时期的划分，原是孙中山先生说的"。不过他同时强调："孙先生在逝世前的《北上宣言》里，就没有讲三个时期了，那里讲到中国要立即召开国民会议。可见孙先生的主张，在他自己，早就依据情势，有了变动。"毛泽东认为，"现在在抗战这种严重的局面之下，要避免亡国惨祸，并把敌人打出去，必须快些召集国民大会，实行民主政治"。针对有人死抱着"老百姓没有知识，不能实行民主政治"的顽固态度，他还用实际例子指出"这是不对的"，因为"在抗战中间，老百姓进步甚快，加上有领导，有方针，一定可以实行民主政治。例如在华北，已经实行了民主政治，在那里，区长、乡长、保甲长，多是民选的。

---

① 韬奋等：《宪政运动论文选集》，生活书店1940年版，第73—75页。
② 钱端升：《我们需要的政治制度》，《今日评论》第4卷第15期，1940年10月13日。

县长，有些也是民选的了，许多先进的人物和有为的青年，被选出来当县长了"①。10月10日，毛泽东在为中共中央起草的《目前形势和党的任务》一文中，第一次明确主张"结束国民党一党专政，召集真正代表民意的有权力的国民大会，制定宪法，实行宪政"。在1940年2月20日延安各界宪政促进会成立大会上，毛泽东作了题为《新民主主义的宪政》的演讲。提出宪政"就是民主的政治"，"我们现在要的民主政治，是什么民主政治呢？是新民主主义的政治，是新民主主义的宪政。它不是旧的、过了时的、欧美式的、资产阶级专政的所谓民主政治；同时，也还不是苏联式的、无产阶级专政的民主政治"，"什么是新民主主义的宪政呢？就是几个革命阶级联合起来对于汉奸反动派的专政"②。在中共中央的领导下，陕甘宁辖区新闻界、妇女界、青年界宪政促进会相继成立。

1940年3月下旬，宪政期成会通过《国民参政会宪政期成会提出中华民国宪法草案（"五五宪草"）之修正草案》，即"期成宪草"，其主要变动是增加国民大会议政会，作为国民大会闭会期间的政权机关，权力结构偏向三权分立模式。同年9月18日，国民党中央常务委员会声称"各地交通受战事影响，颇多不便"，宣布原定的制宪国民大会不能按期召开，会期另定。至此，建立民主宪政国家的呼声进入低潮，第一次宪政运动结束。

四、第二次民主宪政运动

1943—1945年的第二次宪政运动，开始于1943年底。该年9月，国民党五届十一中全会通过"战争结束后一年内即召开国民大会，颁布宪法，实行宪政"的决议。③

10月20日，《宪政实施协进会会员名单》正式公布，它包括当然会员（即国

---

① 《毛泽东选集》第2卷，人民出版社1991年版，第578—579页。
② 《毛泽东选集》第2卷，人民出版社1991年版，第732—733页。
③ 闻黎明：《第三种力量与抗战时期的中国政治》，上海书店出版社2004年版，第215—243页。

民参政会主席团主席）7人，国民党中央委员12人，国民参政会参政员23人，以及遴选出富有政治学识经验或对宪政有特殊研究者11人。常务会员为孙科、王云五、莫德惠、黄炎培、吴铁城、褚辅成、张君劢、左舜生、董必武、傅斯年、王世杰，召集人指定为孙科、黄炎培、王世杰。同日公布的《宪政实施协进会组织规则》，规定"国防最高委员会委员长为本会会长"，"国民参政会主席团均为本会当然会员"，并且常务会员"由会长就会员中指定之"。关于宪政实施协进会的任务，规定了五项："一、向政府提出与宪法筹备有关之建议；二、考察关于地方民意机关设立情形并随时提出报告；三、考察与促进与宪政实施有关各法令之实施状况，并随时提出报告会；四、筹备政府与民间团体关于宪政问题暨其他有关政治问题之意见；五、依政府之委托，审议一切与宪政实施有关之事件。"[①] 11月12日，宪政实施协进会正式成立。在成立会上，蒋介石发表致辞，提出该会的任务是"宣扬宪政草案的精义与征集关于宪政问题的意见"，"考察各级尤其是县级民意机关设置情形"，"研究如何增进法治与自由的精神，以期发扬民意，奠定民治的基础，早作由战时而进于战后的准备"。

在政治表达上，中间党派人士围绕着修改宪草、扩充国民参政会职权、争取人身自由、改善书报检查办法和成立县级正式参议会等问题展开，以集会和座谈为主要形式，在大后方掀起了一场声势较大的第二次宪政运动。从1944年1月开始，重庆不断有讨论宪法与国事的座谈会召开，呼吁开放党禁、实施宪政、保障人权、改革内政。推动这次宪政运动的方法，主要采取的是集会与座谈等形式。

1944年元旦，国民参政会宪政实施协进会发表《为发动研讨宪草告全国人民书》，强调要使中国成为名副其实的"四强"之一，必须"加强政治建设"，而"政治建设的唯一途径，实以促进宪政为第一要务"[②]。宪政月刊社于同日创刊，发行人黄炎培，主编张志让，都是宪政实施协进会会员。它的第一篇文章，就开宗明义地表达了全国民众坚持民主方向的意愿与要求。文章称第二次世界大战

---

① 秦孝仪主编：《中华民国重要史料初编——对日作战时期》第4编战时建设（2），（台北）中国国民党中央委员会党史委员会编印1988年版，第1783—1784页。
② 《为发动研讨宪章告全国人民书》，《宪政月刊》第2号，1944年2月1日。

激荡出一个洪大广泛的潮流。它可说是一个磅礴古今、充塞天地、济渡人类、荡涤世界的潮流。现正以雷霆万钧之力,摧枯拉朽之势,结束旧时代,辟创新历史。顺之者昌,逆之者亡,它在今日已经成为一个不可抵挡的洪流。这就是弥漫世界的民主潮流……现代民主在战后所将形成的世界是一个比以前平等得多而以后还要日益更趋平等的世界。但这种变革并不是可以不劳而获的,它必须以积极奋斗来争取,必须上下一体,万众一心,方为有效。所以今日应提出这样两种号召来:全世界人民及一切反对纳粹的政府应该联合起来,为世界民主而奋斗!中国人民应该团结一体,为抗战,为宪政,为民主而奋斗!①

《宪政月刊》将推动宪政运动作为首要工作,它为自己确定的任务就是:"一、协助政府从事关于提倡实施宪政之宣传;二、对全国有志研讨宪政者贡献所见,以资博采;三、收集国内外关于宪政各项资料,以供研讨之用;四、介绍世界关于宪政或民治之新著述,以广参考;五、供给专家以关于宪政问题交换意见之机会;六、广事征集各界关于宪政之意见而斟酌发表之;七、一般青年愿贡献其对于宪政之意见者,斟酌发表之;八、读者与本刊及读者与读者间有关于宪政之通讯,斟酌发表之。"②至1946年3月停刊,《宪政月刊》在宪政运动中起到了上下沟通的桥梁作用,在全国有不小的影响。

宪政月刊社主办的座谈会是1944年1月4日开始举行的,参加者主要是重庆地区的实业界、教育界、工业界以及妇女界的知名人士,也有法律界和国民党的部分人士。座谈会起初只有十几人参加,后来孙科、邵力子、于右任、王世杰、冯玉祥等国民党的首脑人物亦常常到会。不久,参加者就扩大到几百人。座谈会的题目涉及得比较广泛,有"中国目前是否需要宪政?为什么需要宪政?需要什么宪政?""中国在抗战期间未实施宪政以前,是否应在民治大道上有所设施?应有何种设施?""今日在推动宪政运动之时,各界对于现在政治法令及一般状况之改进有何建议?""各界对于其有关事项,认为在宪法上应有何种规定?""目前应怎样推进宪政运动"等。其后,他们又讨论过:"中国在制定宪法时及实施宪政前

---

① 张志让:《中国宪政运动与世界民主潮流》,《宪政月刊》创刊号,1944年1月1日。
② 《宪政月刊志趣》,《宪政月刊》创刊号,1944年1月1日。

应注意改进之点""节制私人资本与保护私人企业""妇女与宪政""民生主义中的保护私人企业""私人企业与宪政""保护人身自由问题""建国最基本之地方政象刷新问题""我国对于结束训政实施宪政应如何加速准备,并应有如何明显之表示"等。可见,他们讨论的范围不拘一二个方面,并且比较广泛地代表了民族工商界的意见。

中华职业教育社所属的国讯旬刊社,亦于1月16日与重庆青年会联合举办了"宪政讲谈会"。首次会议推举黄炎培、黄次咸为主席,到会者有40余人。1月27日,宪政月刊社、国讯旬刊社又联合若干团体举办宪政讲谈会,由张志让任主席。第一次会议上讨论了宪草第一章总纲、第二章人民权利与义务等问题。迁往四川乐山的武汉大学,其协进法学社于3月25日座谈宪草修改意见。他们讨论"五五宪草"第二章"人民的权利义务"时情绪十分高涨,朱光潜、彭迪先、蒋忠道、刘经国等教授都发表了个人的意见。许多人指出宪草规定人民有身体、居住、迁徙、言论、著作出版、秘密通信、信仰、宗教、集会、结社等自由权利,但每一种自由都附带有一种限制——"非依法律不得限制之",这就是说,宪法上认为神圣不可侵犯的权利,倒可以用普通法律来加以限制,因此认为这在理论上是不完满的。对于人民的义务部分,一般人以为宪草规定人民有纳税、服兵役、工役、服公务等义务,希望在赋予人民义务时同时给予一种权利。

昆明宪政活动的参与者与重庆有所不同,它除了部分社会上层人士外,学术界、教育界显示了很大的力量,尤其是北京大学、清华大学、南开大学组成的西南联合大学,以及云南大学、中法大学等学校的教授特别活跃。1944年1月末,在地方当局支持下,昆明成立了宪政讨论会,省政府主席龙云亲任常务理事,潘光旦、潘大逵、姜亮夫、曾昭抡、周新民、徐炳昶、李公朴、唐莜荪、张静化9人为理事。昆明学术界宪政研究会在《我们在实施宪政前的要求》中敦促国民党政府首先要遵守训政时期约法,以作为实施宪政的初步准备。不久,该会还专门讨论了中央与地方权限问题。[1]4月,该会与青年会合作举办宪政问题系列讲演活动,

---

[1] 《宪政讨论会研委会讨论政治问题,对中央地方权限研讨颇详》,《民国日报》(昆明)1944年4月9日。

伍启元等教授主讲，陈序经、陈岱孙、赵凤喈、周炳琳等先后讲演过"中华民国与宪法""宪政与预算""宪政与司法制度""宪政中的经济政策"等。有中国民主政团同盟盟员参与编辑的《自由论坛》，接连刊登教授的文章，前后发表的有：吴之椿的《转变社会中的宪法与宪政》、潘光旦的《民主政治与中国社会背景》、王赣愚的《言论自由与民治》、吴晗的《治人与治法》、罗常培的《言论自由在宪政中的保障》等。昆明《民国日报》《中央日报》也不断刊登有关论文。此外，昆明还成立了妇女宪政讨论会、青年宪政讨论会，以及新闻学术界省宪研究会，使春城的气氛十分活跃。

成都的宪政运动在2月中旬开展起来。2月13日，张澜、邵从恩、李璜等人发起旨在"研究宪草，促进宪政，创导民权，实现民主"的蓉市民主宪政促进会，在慈惠堂召开成立大会。6月20日，蓉市民主宪政促进会发表《对于国事之十项主张》，强调"非立即实行民主，不足以团结各方争取胜利"。蓉市民主宪政促进会是成都的第一个民间宪政运动组织，而参加者又都是川中一些德高望重，有骨气有魄力的人士，这说明实行民主的要求是人同此心，心同此理。该会的成立被誉为打破了沉默的"第一春雷"，不仅成都，就是整个四川的民心也为之振奋。与此同时，代表地方势力的《华西日报》，亦利用舆论上的便利条件，大力鼓吹刷新政治，认为只有实行民主宪政才能挽救危机。该报曾多次报道成都民主宪政促进会及成都记者公会宪政座谈会的情况，是当地民主运动的重要喉舌。

一向在政治运动中被人忽视的妇女问题，在这次宪政运动中也给予了一定的关注。1944年4月9日，宪政月刊社第四次宪政座谈会即以"妇女和宪政"为题，参加的有向乃祺、史良、曹孟君、刘清扬、张肖梅、张申府等30余人。会上，黄炎培、张志让分别说明妇女在中国社会所处的特殊地位，因此将来在宪法上妇女的权利要特别重视，目前妇女在法律上、职业上的待遇也须改善。史良、向乃祺、刘清扬、张肖梅、曹孟君等先后发言，大家主张妇女要有从事社会活动的权利，目前要有研究宪草的权利；宪政运动的宣传组织工作应扩大到劳动妇女和农村妇女中间去；宪法应明文规定妇女在国民大会代表中的名额；宪法上应该有妇女在政治、经济、法律、教育上和男子一律平等的详细规定，更应具体规定对劳动妇女的福利和待遇，以减轻妇女参加生产工作和社会活动的障碍。①

一般认为，第二次宪政运动不仅有具体活动，而且取得了一些具体成果，即在言论自由方面争取到《改善书报检查办法》，在身体自由方面争取到《保障人民身体自由办法》等。

"开端于中间党派"的这次宪政运动，最初是中国民主政团同盟发动的。作为发动者，自然对推动宪政运动尤为积极。4月28日，沈钧儒、张申府、章伯钧在渝招待文化界，宣布对于言论自由、思想自由、学术自由的要求，表示出强烈的民主改革信心。5月，中国民主政团同盟公开发表《对目前时局的看法与主张》，指出："中国必须成为一个十足地道的民主国家。""假定在战时不能实现民主，我们在战后所得到的将不是民主，而是国家的分裂与毁灭，其痛苦必且十倍百倍于今天。"②国统区的这种热烈气氛，打破了中国社会两三年来的沉闷。正如有人所说："从目前国内的论坛上，讨论宪政的空气中，我们对于宪政的前途，是抱着乐观态度的。大家都兴高采烈地在那里谈宪政，可见一般人莫不如大旱之望云霓的需要宪政，其热情与诚心，我们认为谈，敢谈，总比不谈，不敢谈要好得多了。"③所以，有些座谈常常扩大成一二千人的群众集会。而学术文化、法律、银行、实业等界人士的介入，也比前次宪政运动广泛了许多。中共很快意识到只要国民党允许人民讨论宪法，就有可能冲破限制，推进民主运动。于是，1944年3月12日周恩来在延安纪念孙中山逝世19周年大会上所做的《关于宪政与团结问题》演讲中，提出保障人民民主自由、开放党禁、实行地方自治应作为实行宪政最重要的先决条件④，这表明中共在坚持原则的同时，对这次宪政运动的态度有了重要改变。

与宪政实施协进会研究放宽言论的同时，社会上也掀起了讨论言论自由的热潮。重庆、成都、昆明、桂林等地报刊，纷纷发表要求新闻自由的文章。人们指

---

① 《〈宪政月刊〉社座谈妇女和宪政，主张妇女要有社会活动的权利，目前应有研究宪草的各种权利》，《新华日报》（重庆）1944年4月10日。
② 中国民主同盟中央文史资料委员会编：《中国民主同盟历史文献（1941—1949）》，文史资料出版社1983年版，第18页。
③ 《编辑余谭》，《自由论坛》（昆明）第2卷第3期，1944年3月1日。
④ 中共中央文献研究室编：《周恩来年谱（1898—1949）》，人民出版社、中央文献出版社1989年版，第572页。

出言论自由有三大作用：第一，是体现"民意政治"。因为"人之意见必须说出写出，他人始能知之"，只有允许人们"法律范围以内，畅所欲言，民意始能表达，舆论始能长成"。第二，它是达到公民良好教育的手段。唯有"许人讨论辩难"和"怀疑批评"，"学术思想始能发达，民气始能发皇"，这样才能有政治进步。第三，它能"以舆论之力量纠正政府之错误"，"公家措施，许人表示反对之意见，在当局足以示人以宽大与至公"，而"少数不满现状者，亦有以泄其怨愤之正当轨范，而不至流于偏激反动"。①

云南大学教授王赣愚为言论自由正名，指出人们"指摘政府措施的失当，揭穿社会形状的不平，心里是无限的愤懑"，所以"常常表之于言论"。这种情绪的流露是很自然的，只要"不趋于偏激奔放，就是对政府作严正的针砭"，政府不应作"无端干涉"。况且"争言论自由者的居心，未必就在推翻现有的政权"，人们指摘的"往往不是一切国家法令，也不是一切政府官员，实际上却是特殊的不当法令，或特殊的暴劣官员"。此种"向恶势力抗衡"，是"求进步的表现"，是"合理的人生观"。因而"只有开明的民主政府，才知言论自由之不可或缺"，并"尽量使人民贡献知识和经验，以作其凡百措施的参证"。②

曾为国事发表过多次意见的陶孟和，根据自己的理解强调"民主政治的进行主要的靠着自由讨论"和"无数自由表抒自己的意见"。他指出，首先，"每个人既然做自己的主人，便要对自己的事有所主张"，而自己的事"常变成国事或糅杂在国事里"，而且"国事也可以影响他自己的事"。在这种情况下，"人民便不甘缄默，而愿倾吐他自己的意见，希望贡献于政府"。其次，"没有一个政府可自诩为全知"，"它必须依靠人民大众常川的供给一部分的知识、见解、看法，协助它的政事的进行"，言论自由正是"人民源源而来的义务报告"和"义务意见书"。根据这两点，他认为自由讨论不仅应当存在而且十分必要，只有"人民对于政治的讨论认真而旺盛"，才是"国家最可喜最有希望的现象"，假若"人民对政治冷淡，对于国家当前问题闭口不谈，或谈起来而只有说'管不着'、'管它去'、'让

---

① 费巩：《人民自由与国民大会》，《宪政月刊》第9号，1944年9月1日。
② 王赣愚：《言论自由与民治》，《自由论坛》（昆明）第2卷第3期，1944年3月1日。

它去'",那才是"国事便真不可为了"①。

上述表明,各个阶层的民众对言论自由的认识空前一致,并已成为一种强烈的舆论。宪政实施协进会正是借着这股社会风气,于1944年9月21日总算通过了《改善书报检查办法》,这可能是第二次宪政运动中最重要的成果之一,虽然这个办法须国民党中央常委会通过后方能有效。12月11日,王世杰以国民党中央宣传部部长资格,在中央党部常会上提出"放宽新闻之检查"的宣传方针,立即遭到戴季陶、张厉生、潘公展等人的异议。不过,它最终还是在国民党中央秘书处审查通过。1945年1月1日,蒋介石在元旦讲话中不无自豪地声称将"鼓励正当舆论"。借着这句话,《大公报》社评一面赞赏蒋"博采舆论"的明达,同时强调"新闻检查条例应该大加修正",因为"假使新闻检查制度还继续存在"的话,那便是违背蒋的指示,"不忠于职务"。舆论如果"不正当"是否就要取缔,社评认为即使舆论"传闻有误"或"批评失当",也仍然能"给当事者一个辩明解释的机会",以使"真相大明"。其实,"社会对于报馆的监督与检查",要"比政府的检查统制还来得有力量"。"一段新闻登错,当事者马上就来抗议,甚至起诉","一个论点错误,读者马上就来指责,而且报馆非自己公开认错不可","若真荒唐得不成话,则大家自然不买不看,报馆大赔老本,就非关门不可"。②

然而,新闻检查的尺度总是"俨如寒暑表,热了胀冷了缩,需要新闻记者善察空气才行",以至于记者不敢"放胆吼几声"。③1945年3月28日,美国报纸编辑协会代表福勒斯特、阿克曼、麦吉尔3人到重庆考察。4月1日,麦吉尔参观《新华日报》,"对被删改得支离破碎的送检稿样","甚感惊异"。④即便是以中间人自居的《大公报》,也同样常常受到苛刻删改。这迫使它不得不说:"自有近代报纸以来,中国报人就未曾享受过新闻自由与言论自由",虽然战时政府检查新闻统制言论或有其不得已,但"既有检查制度,就难免有过分使用之处,也就难免有其相当大的流弊"。这种现象"到战后绝对不能容许其继续存在"。文中还进一

---

① 陶孟和:《论民主政治》,《大公报》(重庆)1944年7月24日。
② 《博采舆论的新作风》,《大公报》(重庆)社评,1945年1月3日。
③ 《博采舆论的新作风》,《大公报》(重庆)社评,1945年1月3日。
④ 《〈新闻自由〉使者之一,麦吉尔昨参观本报》,《新华日报》1945年4月2日。

步指出：这次战争"是为了反抗世界法西斯专制暴政，在打倒世界法西斯专制暴政之后，我们还能容许这种窒息自由的制度存在吗"，目前政府既然"一再表示愿意放宽新闻检查尺度"，那就应当将新闻检查"缩小到最必要的限度"，对于"言论自由应该无所踌躇的实现"，况且"言论自由是报馆自身责其法律及道德的责任的，大可不必由政府检查所代负其责了"。①

1943年11月12日，宪政实施协进会举行首次全体会议，王云五提出提前实行提审制度案。其后，张君劢亦提出包括此内容在内的3项处理方法。1944年2月12日，宪政实施协进会第三小组召开联席会议，黄炎培复就上述问题提出一份意见书。意见书在"关于人身自由"中是这样写的："一般人民，受法律以内之痛苦少，受法律以外之痛苦多。炎培往来各地，亲见非法逮捕拘禁，几于到处皆有，或怀挟私怨，滥用职权，或假借公务，肆行敲诈，甚至地非监狱，人无罪名，而久久不见天日。至西昌县德昌镇，入一区署，观其拘留所，满室拥挤，索阅被拘留者表册，有不记案由者，有不记入所年月日者，其记明死在所内者四人，逃逸者四人。问究竟被拘留几人，忽称十几，忽称二十几，负责者竟不能确答。实则远望即断为不止此数，问其来源，则大都由豪家送押。被押久者已半年一年以上。其确实年月日，已不可考。此等现象，可云万方一概。机关权力愈大，非法拘禁愈多，生命保障愈少。因此想及提审法之实施，直是人道主义一线曙光之表现。此时尚未定期施行，在政府当有特种理由，所惜特种理由，为政府见及，而上述各地黑暗惨酷之实况，不获为政府见及也。即以特种案件论，情事真实者少，虚构诬陷者多。政府何忍以少数人之故，竟使多数人受无辜之累。应请权衡民害之轻重，力求人道之昌明，断然施行提审法。"②

1943年3月，重庆市举行"律师界法令座谈会"，决议请求政府提早实施提审法，同时拟将提审法中欠完善的地方酌加修改，并推吴昱恒起草意见书。③然而，就在为保障人民自由权利大声呐喊之时，4月14日，律师温代荣莫名其妙地被重

---
① 《欢迎新闻自由》，《大公报》（重庆）社评，1945年3月30日。
② 黄炎培：《关于宪政实施文件两种》，《宪政月刊》第3号，1944年3月1日。
③ 《保障人身自由问题——本刊第八次座谈》，《宪政月刊》第10号，1944年10月1日。

庆市稽查处拘留，其住宅内的信函亦遭查抄。重庆律师公会20余人随即联署请保，未见回复。温氏被拘后共审讯3次，均点呼温作民，显系误拘。5月12日，重庆市稽查处不得不将拘留了28日的温代荣释放。为此，沈钧儒等80位律师联名特向宪政实施协进会呈上《关于保障人权意见》，提出4项建议：一是定期召集全国司法会议；二是请政府明令将特种刑事案件，即日改由司法机关接收办理；三是请政府明令提审法实行日期；四是请根据宪法草案第26条之规定法意，由立法院创制公务员违法侵害人民之自由权利，被损害人得依法向国家请求赔偿法案颁布施行。①

宪政实施协进会接到此文，即由秘书处备函分转各有关机关。与此同时，黄炎培亦提出4项建议：一是请求政府将有逮捕权之机关名称早日公布。二是希望行政院令司法行政部，军事委员会令军法执行总监部，行政院并令各省市警务机关，以及在职权不甚分明之下可能逮捕拘禁人民各机关，如其所逮捕拘禁，在手续上时间上，有为保障人民身体自由办法令所不许者，应即遵照本令纠正，并呈报各该上级。三是希望各地各级有逮捕之机关首长，同样地严戒所属，嗣后逮捕人员，不得有故意的违法或无心的错误，违者严惩。四是希望各地律师，对于人民身体自由，设为种种方法，力尽其保障人权依法辩护之职责，遇有贫苦无力者，请求辩护关于此类案件时，予以无条件之接受。务求切实发挥领袖倡导实施宪政、政府尊重人民身体自由之美意，使之普遍生效。②温代荣律师无端被重庆市稽查处拘留事件，虽然没有被大事渲染，但它在某种程度上对正在兴起的争取人民身体自由权利斗争起着推波助澜的作用。比较重视完善法律制度的王世杰，也为处处存在着违法现象而深感忧虑，他在日记中承认"重庆一市实行逮捕人民之机关，现时有八个之多"，且"大半为人民不知晓之机关"，"近年来司法行政机关之因循坐视，可谓已达极点"③。

1944年4月下旬，刚刚访英归来的王世杰也曾郑重向蒋介石建议实行提审法。

---

① 黄炎培：《因八十律师发表关于保障人权意见为进一步之建议》，《宪政月刊》第9号，1944年9月1日。
② 黄炎培：《因八十律师发表关于保障人权意见为进一步之建议》，《宪政月刊》第9号，1944年9月1日。
③ 参见《王世杰日记》第4册，（台北）"中央研究院"近代史研究所1990年影印本。

应当承认，在人民身体自由问题上，王世杰在国民党上层中是比较开明的。早在全民族抗战之前，他认识到"人身自由可以说是个人各种自由中的基本自由，因为个人如果没有这种自由，就没有行使其他任何自由的可能"。他认为，"人身自由是个人的人身自主权，是个人'居止行动'的自由"，只要它不"妨害他人自由"，不"违反人身自由的目的"，法律上就不应使其"受其他限制"。他还主张"人身自由就使应有限制，亦应由立法机关以法律规定，而不能由行政或司法机关，随事随人，任意决定"。①6月14日，宪政实施协进会第三次全体会议通过黄炎培所提《关于滥用职权捕押久禁情事整肃改善方法案》，王世杰随即根据此决议，参照西方民主国家的有关规定，起草了保障人民身体自由的8条办法。办法除了突出"无逮捕权之机关不得擅自捕人"外，特别强调提前实行提审制度。②

在提前实行提审法问题上，蒋介石态度比较开明，他在宪政实施协进会的建议书上批示道："查提审法颁定于二十四年，彼时正值内外多故，未能即付施行。迨抗战已起，国内各地多入军事状态之中，防止敌谍汉奸，一切处理必须严密；加以战时交通及通讯诸端，均甚困难，按时移提，事所难能。故在目前彻底实行提审法，委属窒碍孔多，且恐影响抗战军事，自宜从缓。惟近年以来，因战时措施法令较繁，各地维护治安与检查非法各种机构，亦相随增多；其间若干下级人员，滥用职权，捕押人民，久禁不放，此种情形，亦属常有，自有切实整肃之必要。兹令由行政院、司法院、军事委员会，会同商讨改善办法，其主要原则：（子）各地何种与何级军警机关或行政机关，有逮捕人犯之权，应预为严格规定；凡无逮捕权之下级机关，不得滥行拘捕，任意扣押。其因执行职务或奉令拘捕者，应限定其呈报该管上级与送请审讯之期间，不得隐匿不报，私行久禁。（丑）被逮捕之人民，除证据确凿，应依法定程序处断外，其因误会嫌疑而被捕者，各逮捕机关必须迅速处理，不得久延不决。由该院会等规定以上二项原则，并斟酌战时实际情况，另拟实施条款，呈送国防最高委员会核定公布，于本年7月1日起施行。上项法令颁行之后，并应由司法部通饬各级法院，按月报告各监所羁押人数及审

---

① 王世杰、钱端升：《比较宪法》，商务印书馆1999年版，第83页。
② 参见《王世杰日记》第4册，（台北）"中央研究院"近代史研究所1990年影印本。

判经过；并责成各级法院，每月向其辖境内拘捕人犯机关如县政府警察局径行调查，向司法行政部报告，遇有久羁误押等情形，该部并应随时设法纠正。其详细办法，由该部届时妥订施行。"①

1944年7月15日，国民政府颁布《保障人民身体自由办法》。主要内容有：（一）各机关非依普通或特别法令有检查审判职权者，不得逮捕拘禁处罚或审问人民。（二）各机关依法逮捕人民，经讯问后，如认为误行逮捕或嫌疑不足时，应立即释放，不得经取保手续。如认为非属于其管辖者，应于2日内移送依法有管辖权之机关核办。（三）受各级检查审判机关要求依法逮捕者，应于2日内移送该机关核办。（四）各机关执行逮捕时，应将拘票及逮捕原因通知本人。（五）依法逮捕而涉及军事机关之案件，认为有应暂守秘密之必要者，得呈请军事最高长官核准，不受本办法第四条规定之限制。（六）各机关逮捕人犯后，无论认为有嫌疑或已经释放者，应按周呈报上级主管机关一次，载明人犯姓名、性别、年龄、籍贯、住所、拘捕地点与逮捕原因。其已经释放者，并应叙述理由。（七）执行逮捕人员或其长官，如有违反本办法之行为，应依照惩戒法规暨刑法之规定惩治之。（八）本办法施行后，行政院军事委员会应分别责成司法行政部暨军法执行总监部等机关，按月各向其所辖机关调查拘捕人犯之案件，遇有违法越权情形，应即予纠正，并按月将调查情形呈报行政院军事委员会。②

《保障人民身体自由办法》是第二次宪政运动重要成果之一，它颁发之初确实给人带来一些希望。但是，国民党并未放弃严密的控制。7月28日，国民政府颁布命令，决定《特种刑事案件诉讼条例》于同年11月12日起施行。8月29日，又公布了14个具有逮捕权的机关，这些机关除法院、司法处、设治局国法处等普通执法者外，还有军法执行总监部、战区司令长官部、卫戍总司令部、省保安司令部、戒严司令部等特别机关。上述法令的颁布，使人亦喜亦忧，社会反映并不乐观。因为经验告诉人们，"人民身体自由能否得到保障，要使人民的耳目能够为

---

① 秦孝仪主编：《中华民国重要史料初编——对日抗战时期》第4编战时建设（2），（台北）中国国民党中央委员会党史委员会编印1988年版，第1792—1793页。
② 中国二十世纪通鉴编辑委员会编著：《中国二十世纪通鉴》第3册第9卷，线装书局2002年版，第2831页。

之一新",就必须"取消合法机关以外的一切非法逮捕与拘禁人民的机构","过去非法被逮捕的人民应该立刻释放",最重要的是"人民除了身体之外,应有集会结社和言论出版的自由",因为"没有这种自由,则非法逮捕、拘禁、处罚和审问的黑暗现象,就无从暴露,人民的冤屈,就无法申诉了"[①]。

1944年8月31日,宪政月刊社以"保障人身自由问题"为题,在黄炎培、张志让主持下,邀请陈时、吴昱恒、司徒德、黄墨涵、刘伯昌、钱永铭、傅彬然、张申府、方仲颖、潘震亚、陈丕士、冷遹、章乃器、向乃祺、黄敬武、杨卫玉、沈钧儒等在渝社会名流座谈,其中多为法律学专家。会上,人们的意见大体集中在以下几个方面。[②]

一是法院以外任何机关不得逮捕拘禁人民。"法院以外的各机关不能任意拘捕、妨害人民身体自由",是这次座谈会上的共识。沈钧儒指出:1935年6月21日公布的提审法第一条第一句为"人民被法院以外之任何机关非法逮捕拘禁时",这就是说"除了军人以外,凡一般人民只有唯一的司法机关得加逮捕拘禁",至于"非司法机关,不论任何机关都没有对人民逮捕拘禁之权,如其有之即属非法"。反观现在颁布的法令,竟于"司法以外公开承认军事机关可以逮捕拘禁人民",这"与今政府五权分立精神根本有所抵触"。当时有人计算,重庆时常拘捕人民的机关有17处之多,其中多数为鱼目混珠,以致有人被捕还不知何机关所为,无法申诉。方仲颖在会上曾质问:"卫戍司令部虽明定有拘捕权,但该部的稽查处是否也可以用该部名义拘捕人民?又重庆市警察局有拘捕权,但该局侦缉队是否也可以用警察局名义捕人?"沈钧儒则以上海租界为例,说那里除了巡捕房,其他机关是无权捕人的。自1922年起就在英国和英属西印度及香港执行律师事务的陈丕士对此有同感,他说英国"保护人民自由所必需的机器"被"通常称为人身保护法或提审法",它是在百姓与帝王、贵族及独裁者斗争中总结出来的经验,并且"英国的人身保护状可对任何军事机关发出,令其将被捕之人送至法庭"。吴昱恒进一步指出:"当人民被法院以外之任何机关非法逮捕拘捕",《保障人民身体自由办法》

---

① 《保障人民身体自由》,《新华日报》(重庆)社论,1944年7月20日。
② 《保障人身自由问题——本刊第八次座谈》,《宪政月刊》第10号,1944年10月1日。

"不但没有提审的规定，且把'法院'两个字完全抹煞，而用'机关'二字来代替"，这真是"轻视人权"。

二是被捕之人必须短时内移送法院。陈丕士根据研究和经验指出："保护人民自由的要点是在于一切拘捕机关必须于 24 小时或一规定时间内将被捕之人送审"，尽管"法院的审判虽可不在短期内完成，而被捕之人于短时内送至法院，则为绝对必要"。唯有做到这一点，才能免除"许多滥用权力之事"，因此必须"以明文规定如何强迫拘捕机关将被捕者之人送至法院"。在《保障人民身体自由办法》中，规定被拘捕者 2 日内移送有权管辖机关，方仲颖认为这与《约法》相违背，《约法》不仅规定 24 小时内移送，同时还明文规定"凡与本约法抵触者无效"。这样说来，《保障人民身体自由办法》第二条与第三条"实应无效"。沈钧儒则指出"将世界公认的 24 小时制改为二天"，这本身是个极大的错误。吴昱恒亦坦率地说他细阅了《保障人民身体自由办法》后，"不如初看题目的那样足以令人兴奋"，他坚持主张假若执行逮捕拘禁机关不在"24 小时内将被捕拘禁人解送法院"，就应"构成犯罪，应受刑事处分"。对于法院，人们似乎并不信任，刘伯昌指出"现在各处滥行拘押人民之事时有所闻，即正式法院亦不能免"，因此力主"改良各省法院，清除拘押弊端"。

三是关于特种刑事案件诉讼条例。会上谈到即将实施的《特种刑事案件诉讼条例》时，沈钧儒承认此条例有所进步，只是认为犯人请求复审后，审判仍应公开，"否则，纵有复审仍不免属于是一种具文"。刘伯昌认为这"不过为过渡的转圜办法"，"然非善良立法，无足称道"。吴昱恒亦指出它"最大的毛病，在于剥夺人民的上诉权"。因为这个条例规定：对于第一审判决的案件，可以申请第二审或第三审复判。吴昱恒根据自己多年在法律界的经验，说："要知道复判系书面审理，当事人没有直接陈述的机会，受冤抑的究难得到平反。"尽管"复判有疑问时可以发回复审，也可以由复判法院直接提审"，但从以往的事例看，"推事办理复判案件，大多不及上诉案件认真"。因此在"初审法院组织不健全的今天，以复判乃替代上诉"，就无法"避免草菅人命的危险"。他很奇怪为什么要把重大案件标名为"特种刑事案件"？又为什么对这些"特种刑事案件"不准上诉？令他大惑不解的还有"刑法上许多比较轻微的案件,可以上诉二审或三审",而"特种刑事案件"大都涉及死刑或无期徒刑,反不准上诉。可见,特别法不但轻视约法,而且轻视人权。这次会议主要从法律角度座谈上述各法令,其结论有二。其一,"要求提早实行提审法";其二,赞成沈钧儒提出的"法权统一",反对"以命令代替法律",因为"欲求人身自由获得保障,惟一的办法还是'司法一元化'、'审判一元化'以及'拘捕一元化'"。

当然,全民族抗战时期的政治自由化进程,亦与国民党内民主派的努力有关。在国家政治体制问题上,立法院院长孙科最早提出实施宪政的政治主张。孙科担任国民政府立法院院长达16年之久,领导了国民政府训政立法、战时立法、行宪立法的全部过程。特别是在1943—1946年,孙科以国民党中央常务委员、国民政府立法院院长的身份站在宪政运动的最前列。他应邀为国民党中央训练团党政训练班第28期学员演讲,即以"宪政要义"为题,指出实施宪政就是实行民权主义。他说:三民主义是个整体,坚持抗战已表明民族主义的生命力。正因为"民族主义的成功已经为期不远了",所以要向民权主义努力。"如果宪政不能推行,则民权主义便无从实现,三民主义也无从实现,而所谓政治建设也只等于一句空话"。在演讲中,他还坦率地承认:宪政时期应当允许别的政党存在,"不许他党的合法存在,便不是真正的宪政"。当然,他认为国民党退居普通党的地位后,并不等于是说就放弃了革命建国的责任。①

1944年元旦,孙科在国民党中央广播电台播讲《认识宪政与研究宪政》。他不客气地批评了国民党内某些人在宪政问题上的错误观点,说这些人"忽视抗战建国同时并进的最高国策,不明白宪政运动就是我们政治建设的根本"。对于训政未完成就不能实施宪政之论,他指责这是"太呆板,太机械","不免忽视了抗战所给予广大民众的政治教育,和近年社会各方面实际进步的情形"。他还认为宪政的实施"是人类生活和国家组织的进步",它使"古代战斗厮杀的野蛮行动进到了近代和平礼让的文明行动",因此必须"迅速完成我们民主宪政的建设"。在具体

---

① 孙科:《宪政要义》,商务印书馆1944年版,第5—8页。

分析中，他指出："实施宪政的主要基础，在人民对于三民主义有明确的理解，对民族国家有坚强的意识，对政治有参与的愿望。""现在全中国人民，不分党派，都信仰三民主义"，并且"经过这次抗战的锻炼以后，大多数的民众都增强了对民族对国家的意识，发生了参与政治的愿望"，这样，"将来在抗战胜利以后，全国人民对于建国的工作，当然会发生更大的兴趣"，这种"人民的思想与能力，不但不是民国初年时代的所能比拟，也许比现在进步得多"。他坚信"三民主义的宪政必能随着这次中华民族起死回生的抗战胜利而彻底实行"，也相信"因为宪政有效，训政未竟的工作，在未来的一二年内必有更大的进展"。①此外，孙科还对中央训练团高级党政班第2期学员讲演过《有关宪政诸问题》，其内容包括：宪法颁布后本党的地位、为什么要在目前实行宪法、宪法的基础、宪草的学理根据及其与各国宪法之比较、现行政制的检讨等。②1944年5月，国民党民主派还创办了《民主世界》杂志，并在发刊词中针对战后世界建设提出了10项原则。

在野党派领导的第二次宪政运动能够取得一定的成果，与世界局势的变化紧密相关。按照亨廷顿的民主化分析框架，以罗斯福和丘吉尔签署《大西洋宪章》为起点，从1942年至1962年是第二次民主化短波。1942年以后，英、美等西方民主国家领导人的言论对战时中国社会的影响无疑是巨大的。1944年8月，就在国内争取言论自由的时候，从意大利传来了丘吉尔关于测验自由标准的讲话。这个标准是8月底丘吉尔访问意大利结束前在一次公开演说中提出来的，它共有7条，第一条即是"人民是不是有自由发表言论，反对或批评他们政府的权利"③。当时国统区的舆论认为，丘吉尔对言论自由的阐释与罗斯福提出的四大自由在精神上是一致的，借着社会的强烈要求，宪政实施协进会于9月21日通过上文提及的《改善书报检查办法》。这个办法虽然须国民党中央常委会通过后方能有效，但并不妨碍它成为第二次宪政运动成果之一。④

---

① 孙科：《宪政要义》，商务印书馆1944年版，第103—107页。
② 孙科：《有关宪政诸问题》，《宪政月刊》第3号，1944年3月1日。
③ 《是法西斯还是民主》，（重庆）《新华日报》1944年8月30日。
④ 闻黎明：《抗日战争时期宪政运动若干问题的再研究》，《近代史研究》2006年第5期。

五、中共与联合政府主张

在全民族抗战后期，中共的联合政府主张掀起了战时政治参与的新高潮。这一主张最初提出的国际背景主要与美国有关。在 1943 年 11 月开罗会议上，美国总统罗斯福就建议国共两党在战时建立一个联合政府，可考虑邀请中共参加国民政府。为了敦促蒋介石与中共合作，美国副总统华莱士 1944 年 6 月访问中国期间，再次向蒋介石转达了罗斯福的上述意见。

1944 年 8 月中下旬，毛泽东、周恩来等在与谢伟思的谈话中，了解到美国政府关于在中国组织联合政府的设想与提议。这一信息使中共敏锐意识到有可能运用美国的影响，敦促国民党改组政府。8 月 23 日，毛泽东在与美军延安观察团的谢伟思谈话时，第一次提到了有关联合政府的构想，他说："国民政府应该立即召开一次临时（或过渡的）国民大会，应邀请一切团体派代表参加。在人数分配方面切实可行的妥协可以是，国民党大概占代表数的一半，所有其他代表占另一半，蒋介石将被确认为临时总统。这次临时国民大会必须有全权改组政府并制定新的法令——保持有效到宪法通过之时为止。它将监督选举，然后召开国民大会。"[1] 从这段谈话中可以看出，此时毛泽东所设计的是一个拥有改组政府权力的各党派代表会议。9 月 4 日，中共中央认为"目前我党向国民党及国内外提出改组政府主张时机已经成熟"，于是就有关改组国民政府问题指示谈判代表林伯渠、董必武和王若飞。指示中相关机构的名称发生了变化，但改组国民政府的步骤更加清晰："其方案为要求国民政府立即召集各党、各派、各军、各地方政府、各民众团体代表，开国是会议，改组中央政府，废除一党统治。然后由新政府召开国民大会，实施宪政，贯彻抗战国策，实行反攻。"中共中央估计到"此项主张国民党目前绝难接受。但各小党派、地方实力派、国内外进步人士，甚至盟邦政府中开明人士，会加赞同"。[2]

---

[1] 中共中央文献研究室编：《毛泽东年谱（1893—1949）（修订本）》中卷，中央文献出版社 2013 年版，第 540 页。

[2] 中共中央文献研究室编：《毛泽东年谱（1893—1949）（修订本）》中卷，中央文献出版社 2013 年版，第 542 页。

在 1944 年 9 月 15 日三届三次国民参政会上，中共参政员林伯渠根据毛泽东的指示，在大会上作了关于国共谈判的报告。报告在最后部分郑重提出"挽救目前抗战危机，准备反攻的急救办法"，就是后来众所皆知的"国民党立即结束一党统治的局面，由国民政府召开各党各派、各抗日部队、各地方政府、各人民团体的代表，开国是会议，组织各抗日党派联合政府，一新天下耳目。振奋全国人心，鼓励前方士气，集中全国人材，集中全国力量"[①]。10 月 10 日，周恩来在题为《如何解决》的演讲中，明确提出六步走的民主路线图。第一，各方代表，是指由国共两党及其他抗日党派的各抗日党派，国民党中央军、地方军及中共领导的敌后抗日军三个方面的各抗日军队，大后方及敌后解放区带全国性的各界人民团体的各地方政府，按各方所代表的实际力量比例由自己推选出来的代表。第二，国民政府应于最近期间召开国是会议，以免陷大后方于不可收拾的地步。第三，国是会议应根据孙中山革命的三民主义的原则，通过切合时要、挽救危机的施政纲领，彻底改变国民党政府的军事、政治、经济、文化等错误政策。第四，在共同施政纲领基础上成立各党派的联合政府，代替一党专政的政府，这个政府要吸收全国坚持抗战、民主、团结的各方领导人物。第五，联合政府有权改组统帅部，成立有各方主要军队代表加入的联合统帅部。第六，联合政府成立后，应立即筹备真正人民普选的国民大会，并于最短期内召开，以保证宪政的实施。周恩来特别指出："有这样的国是会议和联合政府，才是全国民主的真正起点。只有这样的统帅部，才能听命政府，协和盟邦，击退敌人的进攻，配合盟国的反攻。"[②]

正是因为中共联合政府的主张与战时民意诉求高度一致，赢得社会舆论的广泛认可与赞赏也就是在意料之中了。在三届三次国民参政会上，著名社会活动家王云五听过林伯渠报告后，当时就说："政权公开，是中共所提的，其实不但是中共所主张，我想全国人民也同样的主张。"[③] 有论者认为："三届三次国民参政会结束后，全国立即出现了拥护中共建议的热潮，一切赞成中国走向民主化的人

---

① 林伯渠：《关于国共谈判的报告》，《新华日报》（重庆）1944 年 9 月 17 日。
② 中央档案馆编：《中共中央文件选集》第 14 册，中共中央党校出版社 1992 年版，第 259、364—365 页。
③ 孟广涵主编：《国民参政会纪实》下卷，重庆出版社 1985 年版，第 1366 页。

士，无不对中共建议表现出极大热忱。而要不要建立联合政府、如何建立联合政府，也很快成为全国舆论的中心，它不仅给当时的宪政运动增添了新的内容，并且成为中国民主运动方向性转折的重要标志。"[1] 联合政府的主张也得到中间党派的热烈响应，民盟在 1944 年 10 月 10 日 "双十节"发表的《对抗战最后阶段的政治主张》，明确提出"立即结束一党专政，建立各党派之联合政权，实行民主政治"，其路径为"召集各党派会议，产生战时举国一致之政府"，进行各方面的民主改革。昆明各界也行动起来，在"双十节"纪念大会上发表宣言指出：要改变当前局面，在政治方面"首先，应由专权在位的国民党立即宣布结束党治，还政于民"。"其次，今日政府应立即召集国是会议，组成全民政府"。全民政府向国是会议负责，其人选"应包括全国各党派之代表及全国无党无派才高望重之人"。新成立的政府应实行一系列的政治改革。[2] 应该说，与中间党派的政纲相比较，中共的政治改革主张，规划了中国民主政治发展的路线图，更具有可行性与可操作性。

此时美国也正式介入全民族抗战后期的国共政治，对联合政府的主张起到了推波助澜的作用。1944 年 11 月上旬，美国总统罗斯福的私人代表赫尔利飞抵延安，与毛泽东等中共领导人谈判，并达成了"五点协议"。一是中国政府、中国国民党与中国共产党应共同工作，统一中国一切军事力量，以便迅速击败日本与重建中国。二是现在的国民政府应改组为包含所有抗日党派和无党无派政治人物的代表的联合国民政府，并颁布及实行用以改革军事政治经济文化的新民主政策。同时，军事委员会应改组为由所有抗日军队代表所组成的联合军事委员会。三是联合国民政府应拥护孙中山先生在中国建立民有、民享、民治之政府的原则。联合国民政府应实行用以促进进步与民主的政策，并确立正义、思想自由、出版自由、言论自由、集会结社自由、向政府请求平反冤抑的权利，人身自由与居住自由。联合国民政府亦应实行用以有效实现下列两项权利：免除威胁的自由和免除贫困的自由之各项政策。四是所有抗日军队应遵守与执行联合国民政府及其联合

---

[1] 闻黎明：《第三种力量与抗战时期的中国政治》，上海书店出版社 2004 年版，第 300 页。
[2] 中国民主同盟中央文史资料委员会编：《中国民主同盟历史文献（1941—1949）》，文史资料出版社 1983 年版，第 32 页。

军事委员会的命令，并应为这个政府及其军事委员会所承认。由联合国得来的物资应被公平分配。五是中国联合国民政府承认中国国民党、中国共产党及所有抗日党派的合法地位。① "很明显，'五点协议'的前提，是国共两党的地位平等，而核心则是组织民主联合政府和联合军事委员会。这个协议基本反映了中共长期坚持的立场与原则，可以说是一个民主的纲领。"②

国民党内的民主派对联合政府主张表示欢迎，立法院长孙科曾经对联合政府问题提出4点原则：一是"建立三民主义共和国"；二是"承认中国国民党是现在第一大党居领导地位，同时承认各党派都应该参加政府，共同负责"；三是"承认蒋主席是我们全国的领袖"；四是"全中国的军队都应该促使其国家化"。但是蒋介石的态度仍然强硬，对联合政府的主张坚决反对，因应之策是提前"召开国民大会"。蒋介石在1945年1月1日对全国元旦广播中声称"准备建议中央，一俟我们军事形势稳定，反攻基础确立，最后胜利更有把握的时候，就要及时召开国民大会，颁布宪法，使我们中国国民党在民国二十年受国民会议委托行使之政权，得以归政于全国的国民"③。接着，国民党中央常务会议又决议本年5月5日召开第六次全国代表大会，主要工作就是讨论如何召集国民大会。与此同时，国民党还准备在行政院内成立一个"战时行政会议"，作为一种战时内阁，由7人至9人组成，中共及其他党外分子亦可参加。④

此时中共已经将联合政府主张提升为其在全民族抗战后期的重要纲领。1945年4月23日，中国共产党第七次全国代表大会召开，毛泽东在会上作了题为《论联合政府》的政治报告，系统阐述了有关联合政府的理论。他称成立联合政府是"中国人民的基本要求"，"中国急需把各党各派和无党无派的代表人物团结在一起，成立民主的临时的联合政府，以便实行民主的改革，克服目前的危机，动员和统一全中国的抗日力量，有力地和同盟国配合作战，打败日本侵略者，使中国

---

① 《胡乔木忆毛泽东（增订本）》，人民出版社2014年版，第354—355页。
② 闻黎明：《第三种力量与抗战时期的中国政治》，上海书店出版社2004年版，第315页。
③ 《蒋主席元旦昭告军民，安危胜败枢纽今年——充实战力确立信心争取胜利，召开国民大会不待军事结束》，《大公报》（重庆）1945年1月1日。
④ 参见《王世杰日记》第5册，（台北）"中央研究院"近代史研究所1990年影印本。

人民从日本侵略者手中解放出来。然后，需要在广泛的民主基础之上，召开国民代表大会，成立包括更广大范围的各党各派和无党无派代表人物在内的同样是联合性质的民主的正式的政府，领导解放后的全国人民，将中国建设成为一个独立、自由、民主、统一和富强的新国家。一句话，走团结和民主的路线，打败侵略者，建设新中国"。具体性纲领是要求立即取消国民党一党专政，建立一个包括一切抗日党派和无党派的代表人物在内的举国一致的民主的联合的临时的中央政府。没有这个前提条件，要想在全国范围内，就是说，在国民党统治区域进行稍微认真的改革，是不可能的。如何取消国民党的一党专制，他认为有两种做法："一个说：立即结束，成立民主的临时的联合政府。一个说：等一会再结束，召开'国民大会'，'还政于民'，却不能还政于联合政府。"他将其称为"真做"和"假做"。"我们共产党人提出结束国民党一党专政的两个步骤：第一个步骤，目前时期，经过各党各派和无党无派代表人物的协议，成立临时的联合政府；第二个步骤，将来时期，经过自由的无拘束的选举，召开国民大会，成立正式的联合政府。总之，都是联合政府，团结一切愿意参加的阶级和政党的代表在一起，在一个民主的共同纲领之下，为现在的抗日和将来的建国而奋斗。"[①]

从法理上讲，联合政府是一种建立在党派相互承认并联合执政基础上的政府形式，实际上是政党间合作和制约，带有一定程度的民主宪政性质，印有时代的痕迹。中国共产党在与国民党的谈判中，没有形成一套关于政府构建的清晰蓝图。从毛泽东签字的5点方案来看，其实质内容是要求中共和其他抗日党派参加政府，以组织联合国民政府；参与军委会，组织新的联合军委会；要求获得全国性的合法地位。至于这个联合国民政府怎么产生，由多少人组成，有什么职权，议事规则是什么，与其他机关之间的关系，这个联合国民政府是总统制的政府还是内阁制的政府，这个政府如果不获得民众的信任会有什么样的结果……诸如此类的问题，都没有谈及。毫无疑义，中国亟须把各党各派和无党无派的代表人物团结在一起，成立民主的临时的联合政府，以便实行民主的改革，克服目前的危机，动

[①] 《毛泽东选集》第3卷，人民出版社1991年版，第1029—1030、1067—1069页。

员和统一全中国的抗日力量，有力地和同盟国配合作战，打败日本侵略者，使中国人民从日本侵略者手中解放出来。然后，需要在广泛的民主基础之上，召开国民代表大会，成立包括更广大范围的各党各派和无党无派代表人物在内的同样是联合性质的民主的正式的政府，领导解放后的全国人民，将中国建设成为一个独立、自由、民主、统一和富强的新国家。一句话，走团结和民主的路线，打败侵略者，建设新中国。在这里，联合政府被"民主的临时的联合政府"所取代，联合政府被定位于临时性政府。在临时政府建立之后，"在广泛的民主基础之上，召开国民代表大会，成立包括更广大范围的各党各派和无党无派代表人物在内的同样是联合性质的民主的正式的政府"。换句话说，是先建立一个"民主的临时的联合政府"，再建立一个"民主的正式的联合政府"。这样，就把权力的再分配和权力的合法取得结合了起来。

在与国民党谈判方面，应该说中国共产党作为最大的在野党，无疑是政治经验最为丰富的政党，对与之斗争20年的国民党也最为了解。即使在战后政协会议与国民党达成和平民主建国的协议后，1946年2月2日，中共书记处会议经过讨论后仍然认为："政协成功很大，整个和平民主趋势是确定的。但民主化的具体过程与结果还没有看到"；民主化过程必然很慢，"还须寸土必争，针锋相对"；对整军问题要慎重，目前国家民主化的前途还不明朗，如果我们把军队交给国民党，失去对军队的控制权，"我们的发言权即降低，即成为民主同盟"，"民主化就反而没有希望"。[①]

必须指出的是，中共无论在全民族抗战时期，还是在战后初期，其政治纲领均体现出民主改革的特色，是符合当时国内主流民意的。正如1941年5月公布的《陕甘宁边区施政纲领》所指出："保证一切抗日人民（地主、资本家、农民、工人等）的人权，政权，财权及言论、出版、集会、结社、信仰、居住、迁徙之自由权。除司法系统及公安机关依法执行其职务外，任何机关、部队、团体不得对任何人加以逮捕、审问或处罚，而人民则有用无论何种方式控告任何公务人员非法

---

① 中共中央文献研究室编：《任弼时年谱》，中央文献出版社1993年版，第508页。

行为之权利。"在土地改革上,中共承诺"在土地已经分配区域,保证一切取得土地的农民之私有土地制。在土地未经分配区域(例如绥德、富县、庆阳),保证地主的土地所有权及债主的债权,惟须减低佃农租额及债务利息,佃农则向地主缴纳一定的租额,债务人须向债主缴纳一定的利息,政府对东佃关系与债务关系加以合理的调整"。在经济政策上,"发展工业生产与商业流通,奖励私人企业,保护私有财产,欢迎外地投资,实行自由贸易,反对垄断统制,同时发展人民的合作事业,扶助手工业的发展"[①]。

1946年1月重庆政协会议更是通过了依据中共方案形成的《和平建国纲领》,其政治改革目标包括:"(一)当前国家设施,应顾及全国各地方、各阶层、各职业人民之正当利益,保持其平衡发展。(二)增进行政效能,应整饬各级行政机构,统一并划清权责,取消一切骈枝机关,简化行政手续,实行分层负责。(三)建设健全之文官制度,保障称职人员,用人不分派别,以能力、资历为标准,禁止兼职及私人援引。(四)确保司法权之统一与独立,不受政治干涉,充实法院人员,提高其待遇与地位,简化诉讼程序,改良监狱。(五)厉行监察制度,严惩贪污,便利人民自由告发。(六)积极推行地方自治,实行由下而上之普选,迅速普遍成立省、县(市)参议会,并实行县长民选。边疆少数民族所在之省、县,应以各该民族人口之比例,确定其实行选举之省县参议员名额。(七)自治县政府,对于其辖区内之国家行政,应在中央监督指挥之下执行之。(八)中央与地方之权限,采均权主义,各地得采取因地制宜之措施,但省、县所颁之法规,不得与中央法令相抵触。"[②]

综上所述,中国共产党作为国民政府时期最大的在野党,在全民族抗战期间,不仅领导敌后抗日斗争,而且与中间党派一起,参与全民族抗战时期的国家建设,无论是积极参加民主宪政运动,还是提出联合政府主张,推动抗战建国事业,其促进中国民主化的一切努力,均是非常值得肯定的。

[①] 《毛泽东文集》第2卷,人民出版社1993年版,第335—336页。
[②] 重庆市政协文史资料委员会编:《政治协商会议纪实》上卷,重庆出版社1989年版,第474—475页。

第十章 抗战胜利：民族复兴的起点[①]

一、太平洋战争的爆发

北进和南进是日本帝国主义在第二次世界大战期间对外侵略扩张的基本国策，是其世界战略的主要内容。[②]但无论是北进还是南进，都以占领中国为前提，中国战场的发展对日本世界战略的实施具有重要的制约作用。1931年九一八事变后，日本企图夺取苏联远东地区，将其与中国的东北、内外蒙古连成一片，因而使日苏矛盾日趋尖锐。

1937年日本发动全面侵华战争，企图以少量兵力在短期内迅速击败中国，以实施其北进政策。中国人民的顽强抗战使日本陷入了持久战的泥潭，日本不得不将准备用于北进的兵力投入中国战场，从而导致了日本北进政策的破产。在1938年的张鼓峰事件和1939年的诺门坎事件两次北进尝试均以失败告终后，日本认识到不解决中国问题就谈不上北进。[③]1939年《苏德互不侵犯条约》的签订，进一步动摇了日本的北进政策。随着日美矛盾的加深，日本国策中北进政策逐渐降为次要地位，而南进政策却随之而上升为主要地位。

第二次世界大战爆发后，英法等国的主要精力集中在欧洲，为日本夺取上述

[①] 作者：李洋（郑州大学历史学院）。本章写作受2021年度教育部人文社会科学基金青年项目"明治日本海军侵华史研究（1874—1912）"（21YJC770016）的资助。
[②] 徐勇：《征服之梦：日本侵华战略》，广西师范大学出版社1993年版，第271页。
[③] 荣维木、步平主编：《中华民族抗日战争全史》，中国青年出版社2010年版，第317页。

国家所控制的南洋地区提供了"良机"。1939年12月18日，日本在《对华政策的方针纲要》中明确提出停止北进，准备南进。但是，日本南进要遇到同北进一样的难题，即难于从中国持久作战的泥潭中拔身，因而南进政策迟迟不能付诸行动。1940年4月8日，德军侵入丹麦、挪威；5月10日，又侵入荷兰、比利时和卢森堡，并攻入法国；6月，英法联军大败，英军自敦刻尔克撤退，法国贝当政府投降。此时英、法、荷等国无力在亚洲与日本对抗，日本内部的南进派乘机要求实施南进计划。

将南进作为日本的基本国策，这是日本海军多年来所希望的，所以陆军部1940年7月3日制定的《处理时局纲要》得到海军当局的同意。为了推行这一政策，日本陆、海军设法搞垮他们认为"消极保守"的米内内阁，于7月22日组成了以近卫文麿为首相、东条英机为陆相、松冈洋右为外相的新内阁。[①] 近卫内阁一上台，就将陆、海军提出的南进政策正式确立为基本国策和新政府的施政纲领。7月26日，内阁会议通过了《基本国策纲要》，其基本方针是"以皇国为核心，建设以日满华坚固结合为基础的大东亚新秩序"。大东亚新秩序也称为"大东亚共荣圈"。松冈洋右解释"共荣圈"的范围包括西伯利亚东部、伪满洲国、中国、东南亚各国、印度及大洋洲。27日召开的大本营和近卫内阁联席会议又批准了《处理时局纲要》。松冈洋右在会上解释说："解决南方，实际上就是促进中国事变的解决。"[②]

为了推行其南进政策，日本政府于8月30日与早已投降德国的法国贝当政府签订了《松冈－亨利协定》。根据这一协定，日军于9月23日分三路进驻法属印度支那（越南）北部。9月27日，日本又与德、意签订了三国军事同盟条约。根据该条约，日本承认并尊重德、意领导"建设欧洲新秩序"，德、意承认并尊重日本领导"建设大东亚新秩序"，三国中任何一国遭到未参加中日战争和欧洲战争的第三国攻击时，应相互以一切手段给予援助；同时还规定，这个条约不影响三国各

---

① 王建朗、曾景忠：《中国近代通史》第9卷，江苏人民出版社2009年版，第363页。
② 日本防卫厅防卫研究所战史室：《中国事变陆军作战史》第3卷第2分册，田琪之、齐福霖译，中华书局1983年版，第74—75页。

自与苏联的关系。① 这是一个重新瓜分世界的条约,其主要目标是针对美国。

1941年7月23日,日军开始占领印度支那南部,这时美国才看清日本南进的企图已难逆转,便停止了与日本的谈判。7月24日和8月1日,美国政府决定冻结日本在美资产,全面实行石油禁运。这一措施表明美国对日政策已从以绥靖为主转为以抗衡为主。

为了解除南进的后顾之忧,日本竭力改善与苏联的关系,并于1941年4月13日与苏联缔结了《苏日中立条约》。条约规定缔约国一方如与一个或几个第三国发生战争时,另一方须保持中立。双方还达成谅解。苏联声明尊重"满洲国"的领土完整及不可侵犯,日本声明尊重"蒙古人民共和国"(当时属中国领土)的领土完整及不可侵犯。② 这一条约对中国抗日战争是一大打击。

为了适应南进的战略需要,日本进一步强化了法西斯专政。在国内推行"新体制运动",竭力发动各界支持战争,协调统帅部(大本营)与国务部门(内阁)的关系,解散了所有政党,实行军政一体化,并制定了《经济新体制确立纲要》,进一步加强了以军事工业为中心的经济统制。③

1941年6月,德国向苏联大举进攻后,日本政府进一步明确了南进政策。10月16日,东条英机出任日本首相,组成新内阁。11月1日,东条英机在新内阁与大本营召开的联络会议上对国策提出3种方案:一是"不开战,卧薪尝胆";二是"立即决定开战,以战争解决问题";三是"在决定开战前提下,作战准备与外交谈判同时进行"。经过激烈讨论,会议决定采取第3种方案,并以12月1日为与美外交谈判最后时刻,到时谈判不成功即向美英等国开战。11月5日,由天皇支持的御前会议正式通过这一决定。④

从1941年4月中旬开始的美日谈判由此进入最后关头。日本政府在决定对

---

① 世界知识出版社编辑:《国际条约集(1934—1944)》,世界知识出版社1961年版,第279页。
② 世界知识出版社编辑:《国际条约集(1934—1944)》,世界知识出版社1961年版,第303—304页。
③ 郭汝瑰、黄玉章主编:《中国抗日战争正面战场作战记(修订版)》下册,江苏人民出版社2015年版,第913页。
④ 日本防卫厅战史室编:《日本军国主义侵华资料长编——〈大本营陆军部〉摘译》上册,四川人民出版社1987年版,第719—721页。

美开战的前提下，拟出对美交涉的甲乙两个方案。甲案提出，在日中和平实现后，日本在一定时间内（大致以25年为期）在华北、蒙疆的一定地区和海南岛驻扎军队，其余日军在2年内撤退。乙案则搁置美日谈判中分歧最大的中国问题，但提出美国不得干扰日中实现和平的努力。① 日本政府计划先向美国提出甲案，如不成再提出乙案，以谋求暂时的妥协。11月7日，日本驻美国大使野村吉三郎将甲案正式递交美国政府，并表示这是日本所能作的最大让步。但美国国务卿赫尔和野村的会谈没有进展。11月20日，野村向美国政府提交了乙案。

美国总统罗斯福和国务卿赫尔得到日本的乙案后认为，如果美国接受日本的要求就等于承认日本对中国的侵略。但由于美国政府已破译出日本政府给野村的电报，知道日本准备开战的企图，因此为了推迟美日之战的爆发，再争取至少3个月的时间，不得不决定对日本的乙案做出回应，以某些退让达成临时性的妥协。11月22日，赫尔向中国及英、澳、荷四国驻美大使通报美日交涉情况，表示美国拟实行一项放松对日封锁以换取日本停止向新方向发起进攻的暂时性过渡办法。11月24日，赫尔再次召集四国大使，通报美国已确定8种临时过渡办法，并强调根据美国军方的报告，美军参战尚需两三个月的时间。②

面对美国如此的对日态度，中国和英国均表示反对。两国的反对促使美国政府放弃与日本取得暂时妥协的打算。11月26日，赫尔向野村递交了美国国务院连夜拟定的《美日协定基础大纲》，即"赫尔备忘录"。该备忘录要求日本不以武力推行国策和侵犯一切国家的领土完整和主权，撤退在中国的军队和警察，承认重庆国民政府为中国唯一合法政府。③

日本政府对"赫尔备忘录"十分不满，认为美国在谈判中态度"显趋强硬"，断定美国正在认真准备对日作战。其实早在苏德战争爆发后的1941年6月25日，日本就开始举行大本营与内阁的联席会议，连日讨论了加快南进步伐的问题，拟制了《适应形势演变的帝国国策纲要》。7月2日，御前会议通过了这一国策纲要。

---

① ［日］服部卓四郎：《大东亚战争全史》第1册，张玉祥等译，商务印书馆1984年版，第219—221页。
② 秦孝仪主编：《中华民国重要史料初编——对日抗战时期》第3编战时外交（1），（台北）中国国民党中央委员会党史委员会编印1981年版，第148—150页。
③ 李新主编：《中华民国史》第10卷，中华书局2011年版，第3页。

它的方针是："不论世界形势如何变化,帝国仍然坚持以建设大东亚共荣圈"为目的,"帝国仍旧努力于中国事变的处理,并为确立自存自卫基础,继续向南方扩展","为达到上述目的,坚决排除一切障碍","不辞对英美一战"。[①]

日本海军联合舰队总司令山本五十六对日军空中攻击的威力评价极高,他认为对美开战应在开战之初给予美国舰队主力以重大打击,迫使其采取守势。他早在8月间就提出了使用航母特混舰队主力偷袭珍珠港的建议,但因这一计划危险性大,实行困难很多,所以一直未能决定。10月19日,海军军令部总长永野修身决定采纳这一建议,遂与陆军协商,修改了原先预拟的南方作战计划。[②]11月2日,大本营、内阁联席会议上通过了《帝国国策实施要领》,指出:"帝国为打开目前的危局,实现自存自卫,建设大东亚新秩序,现决心对美、英、荷开战……发动武装进攻的时间定为12月初,陆、海军应完成作战准备。"[③]11月5日,经御前会议通过日本天皇批准,正式出台了《帝国对美、英、荷作战计划》。11月6日,大本营下达了成立南方军(总司令寺内寿一)的命令。[④]

1941年12月初,日本进行南方作战的准备工作全部完成。12月2日,日本天皇裕仁批准海军军令部总长永野修身的大海令第12号作战命令。命令通知各日本舰队司令,攻击开始时间定为12月8日(日本时间)。[⑤]12月8日(夏威夷时间为7日)凌晨3时19分,日本联合舰队对美国驻珍珠港的太平洋舰队实施突然袭击,给予毁灭性打击;同日凌晨2时15分,日军第25集团军在马来半岛东部海岸登陆成功,太平洋战争爆发。[⑥]

---

① 日本防卫厅防卫研究所战史室:《中国事变陆军作战史》第3卷第2分册,田琪之、齐福霖译,中华书局1983年版,第149—150页。
② [日]桑田悦、前原透编著:《简明日本战史》,军事科学院外国军事研究部译,军事科学出版社1989年版,第115页。
③ 「帝国国策遂行要領(御前会議議題)」JACAR(アジア歴史資料センター)Ref.C12120186200、帝国国策遂行要領　御前会議議事録　昭和16年11月5日(防衛省防衛研究所)。
④ 郭汝瑰、黄玉章主编:《中国抗日战争正面战场作战记(修订版)》下册,江苏人民出版社2015年版,第919页。
⑤ [美]戴维·贝尔加米尼:《日本天皇的阴谋》中册,杨品泉、陈亮等译,商务印书馆1986年版,第1048页。
⑥ 郭汝瑰、黄玉章主编:《中国抗日战争正面战场作战记(修订版)》下册,江苏人民出版社2015年版,第920页。

二、中美关系的发展

太平洋战争爆发的当日（当地时间为 12 月 7 日），日本向美国、英国宣战，美国、英国、荷兰、加拿大、澳大利亚、新西兰、哥斯达黎加等 20 多个国家相继对日本宣战。

12 月 8 日，中国国防委员会委员长、国民党总裁蒋介石获悉太平洋战争爆发的信息后，立即召集国民党中央常务委员会特别会议，决定对国际战局之方针：太平洋反侵略各国应即成立正式联盟，由美国领导，并推举同盟国军总司令；要求英、美、苏与我国一致实行对德、意、日宣战；联盟各国约定在太平洋战争胜利结束以前，不对日媾和。当日，蒋介石即约见美、英、苏三国大使，将书面建议交予三国，提议中、英、美、苏、澳、荷、加、新各友邦成立军事同盟，推美国为领导，指挥共同作战；中、英、美、苏、澳、荷、加、新不与德、意、日单独订立媾和条约。[①]

12 月 9 日，中国对日本宣战，并宣告：凡中日间一切条约、协定、合同，一律废止。[②] 同时中国也向德、意两国宣战。同日，蒋介石分别照会美国总统罗斯福、英国首相丘吉尔、苏联国防委员会委员长斯大林，建议由中、美、英、苏、荷五国订立联盟作战计划，由美国领导执行。美、英均表示赞同。苏联由于进行抗德战争，不能分力于远东，未能立即对日宣战。罗斯福在 16 日复电，主张在重庆召开联合军事会议，即反轴心国组织由中、美、英、荷、苏诸国代表参加的军事会议。[③]

12 月 11 日，德、意向美国宣战，美国、古巴、巴拿马、危地马拉、萨尔瓦多和哥斯达黎加等国也向德、意宣战。同日，日、德、意三国在柏林签订了《日、德、意联合作战协定》，规定三国"以一切可以采取的有力手段，将与美、英的战

[①] 秦孝仪主编：《总统蒋公大事长编初稿》卷四下，(台北) 中国国民党中央委员会党史委员会编印 1978 年版，第 769 页。
[②] 秦孝仪主编：《中华民国重要史料初编——对日抗战时期》第 2 编作战经过（3），(台北) 中国国民党中央委员会党史委员会编印 1981 年版，第 207—208 页。
[③] 梁敬錞：《史迪威事件》，商务印书馆 1973 年版，第 18—19 页。

争坚持进行到胜利为止";三国间"如果没有相互完全谅解,不对美国及英国的任何一方休战或媾和"。①

1942年1月18日,三国又在柏林签订了《日、德、意军事协定》,规定了各自的作战地区和作战行动大纲等。日本的作战地区"大致为东经70度以东到美洲西海岸的海面及在这一海面的大陆和岛屿(澳大利亚、荷印、新西兰)等地区"以及"东经70度以东的亚洲大陆"。日本的作战行动是:"消灭英、美、荷在大东亚的根据地,进攻并占领其领土;歼灭在太平洋及印度洋方面的美、英陆海空军兵力,确保西南太平洋的制海权"等。②至此,法西斯侵略阵线和反法西斯侵略阵线的营垒已经明朗化了。日、德、意三个法西斯国家妄图瓜分世界的战争已紧密地联结在一起,迫使东、西方反法西斯侵略的力量也需要联合起来。

日本发动太平洋战争的第二天,中国国民政府提议召开由中、美、英、苏、荷代表参加的军事会议,共同商讨战争事宜。苏联及荷兰出于欧洲战事紧张及两面作战等原因不愿参加。12月23日,中、美、英三国代表在重庆举行了东亚军事会议。美国代表为美国陆军航空兵主任乔治·布雷特少将和美国驻华大使馆武官约翰·马格鲁德准将,英国代表为驻印度军总司令阿奇博尔德·韦维尔上将,中国代表为军事委员会参谋总长何应钦上将。由蒋介石主持会议,宋美龄担任翻译。会议初步决定中英联合防卫滇缅路,签订了《共同防御滇缅路协定》,同时决定在重庆成立中、美、英三国军事会议,以加强对日作战的协同。至此,中、美、英正式结成三国军事同盟。③

1941年12月22日至1942年1月14日,美、英两国首脑在华盛顿举行了阿卡迪亚会议,商讨国际反法西斯战争的战略问题。美国代表乔治·马歇尔上将认为,中国抗战牵制了日军三分之二的主力部队,是抗击日本陆军的主要战场,坚持中国抗战,对太平洋战场具有决定性的意义,建议成立中国战区,统一指挥中国及泰国、越南等地的抗日军队。会议同意了他的意见。12月31日,罗斯福致电

---

① 郭汝瑰、黄玉章主编:《中国抗日战争正面战场作战记(修订版)》下册,江苏人民出版社2015年版,第921页。
② 日本外務省編纂『日本外交文書:太平洋戦争』第1冊、外務省発行、2010年、275頁。
③ 郭汝瑰、黄玉章主编:《中国抗日战争正面战场作战记(修订版)》下册,江苏人民出版社2015年版,第921页。

蒋介石，提议组织中国战区，该战区包括安南（越南）和泰国国境，中国战区由蒋介石担任最高统帅。

1942年1月2日，蒋介石复电罗斯福，接受其建议。中国战区设立联合作战参谋部。蒋介石建议罗斯福派一亲信将领担任中国战区统帅部参谋长。美国政府派约瑟夫·史迪威中将充任美国驻华军事代表和中国战区参谋长。3月8日，蒋介石正式委任史迪威为中国战区参谋长。[1]

1941年12月25日，美国总统罗斯福与英国首相丘吉尔拟订《联合国家宣言》，约定：加盟诸国"保证运用其军事与经济之全部资源"对抗法西斯国家，并且"不与敌国缔结单独之停战协定或和约"。[2]

1942年1月1日，由中、美、英、苏四国领衔的26国在华盛顿签署了《联合国家宣言》，规定加盟各国"保证运用其军事与经济之全部资源，以对抗与之处于战争状态之'三国同盟'成员国及其附从国家"，并保证"不与敌国缔结单独之停战协定或和约"。[3] 联合国家的成立，标志着国际反法西斯统一战线的正式形成。从此，已坚持多年并已进入战略相持的中国抗日战争，成为世界反法西斯战争的重要组成部分。中国军民有了盟军并肩战斗，而且中国的国际地位也得到空前的提高，更加坚定了自己的抗战决心和获得胜利的信心。

在建立中国战区和参加《联合国家宣言》签订的同时，中美之间不断派遣高层互访，中美关系得到改善。

1942年12月，国民政府任命宋子文为外交部长并常驻美国，与美国大使协同工作，在华盛顿政府、国会、商界频繁进行活动，争取美国财政、军事援助，谋求中国的大国地位，取得了积极的成果。宋子文多次出席美英参谋长联席会议，宣传中国的抗战，争取更多份额的美国军事援助，也为蒋介石的作战方针进行辩解。如1943年5月，宋子文在美英参谋长联席会议上，力主美国应重点援助中国空军，要求6月、7月、8月中印空运吨位悉拨空军飞机器材，自9月起每月空运

---

[1] 王建朗、曾景忠：《中国近代通史》第9卷，江苏人民出版社2009年版，第366页。
[2] 世界知识出版社编：《反法西斯战争文献》，世界知识出版社1955年版，第34页。
[3] 复旦大学历史系中国近代史教研组编：《中国近代对外关系史资料选辑（1840—1949）》下卷第2分册，上海人民出版社1977年版，第167页。

物资 4800 吨，并为此与史迪威发生争执。① 会后，宋子文又访晤美国陆海军总司令的参谋长威廉·李海军上将，请其影响罗斯福总统的决策，取得了成效。8 月，罗斯福和丘吉尔举行魁北克会议，未邀请中国代表参加会议。宋子文据理力争，致电美国政府要求参与协商重要军事方案。正是在宋子文的努力下，他被邀赶赴魁北克，在会上表达了中国的意见，并促使罗斯福同意中国代表参加联合参谋团及军火分配委员会。②

1942 年 11 月 26 日至 1943 年 7 月 4 日，宋美龄应罗斯福总统之邀访问美国，受到美国朝野的热情接待和欢迎。宋美龄虽以私人身份出访，以治疗疗养为由，但实际上是蒋介石的特使，其使命是协助宋子文办理中美外交，向美国人民广泛宣传中国抗战，争取美国朝野的同情。宋美龄不仅在美国各地发表演说，受到美国总统罗斯福的接见并应邀在美国国会发表演讲。宋美龄巡游于美国各大城市，发表一系列演讲，宣传中国抗战在整个反法西斯战争中的重要地位，阐述中国抗战遇到的巨大困难，唤起美国朝野对中国战场的普遍关注，调整和改变美国重欧轻亚政策。演说在美国上下引起了强烈反响，美国著名的杂志《新闻周刊》《时代》将她推作封面人物。国会众议院外交委员会主席勃尔姆说："蒋夫人之演讲，不独感召美国当代人民，且感及后世。"③ 众议院议员罗斯夫人说："蒋夫人态度颇为自重，虽明知中国有权要求美国援助，但不明言之。且对美国过去失道处，不明加指责，亦极为有礼。"④

在美期间，宋美龄除了向美国政府官员和美国公众传递有关中国抗战的信息外，频繁接见新闻记者，多次召开记者招待会，积极参加各种宴会和社交活动，并到华侨中发表演讲，从而唤起广大爱国华侨的热情。1943 年 3 月 4 日，中国驻纽约总领事在福尔多阿斯杜利亚旅馆招待宋美龄，应邀参加的纽约社会名流及各界领袖达千余人，其中有林语堂、纽约州长杜威、市长拉加第亚、煤油大王洛克

---

① 秦孝仪主编：《中华民国重要史料初编——对日抗战时期》第 3 编战时外交（3），（台北）中国国民党中央委员会党史委员会编印 1981 年版，第 225—226 页。
② 李新主编：《中华民国史》第 10 卷，中华书局 2011 年版，第 431 页。
③ 俞国：《1942—1943 年宋美龄访美新探》，《苏州大学学报（哲学社会科学版）》2007 年第 6 期。
④ 张其昀：《党史概要》第 5 册，（台北）"中央"文物供应社 1979 年版，第 1835 页。

菲勒、金融家摩根、《生活》杂志主编鲁斯及夫人等。之后，宋美龄每到一地，都会收到政经各界要员的大量捐献，各地华侨更是踊跃捐款捐物支援祖国抗战。

宋美龄是以私人名义出访的，因此，她在与美国当局广泛接触的同时，十分注重民间外交，力图以"第一夫人"的特有魅力来吸引并影响美国民众，加深美国民众对中国的同情和支持，并树立个人的外交形象。宋美龄多次出席民间活动，两次赴母校威尔莱士大学和威斯里恩女子学院发表演说，赴加州罗岳拉大学接受荣誉法学博士学位，接受纽约荣誉市民称号及旧金山市长赠予的金钥匙。宋美龄的民间外交，在一定程度上有利于增加美国民众对中国抗战的了解和支持，也为她自己捞取不菲的资本。[①] 此外，宋美龄还参与了中美间其他一些问题的谈判，如陈纳德空中飞行队的归属、中美关于废除不平等条约重订新约、废除《排华法案》等。

宋美龄历时半年多的访美之行取得一定的成果。在访问过程中，她反复向美国当局和人民宣传中国抗战的重要性，强调中美友谊和亚洲战略的重要性，并在一定程度上吸引美国人民对中国问题的关注和美国政府对亚洲战场的重视。同时，这次访问对缩小和解决两国在一些具体问题上的分歧也有一定的推动作用。

1943年1月11日，中国驻美大使魏道明与美国国务卿赫尔在华盛顿签署《中美新约》，国民政府外交部长宋子文与英国驻华大使薛穆在重庆签署《中英新约》。中美、中英新约主要内容为：一是废除在华治外法权；二是废除《辛丑条约》；三是取消英、美在北平使馆界、上海及厦门公共租界所享有的权利；四是英国交还天津、广州租界；五是英、美放弃在中国沿海贸易及内河航行权、军舰驶入中国领水权等；六是英国放弃由英国人任中国海关总税务司权；七是取消条约口岸及租界特区法院制度；八是英美人民或政府在中国领土内现有的不动产权利继续保有。国民政府声明中国保有收回九龙的权利。[②]

1944年6月，国民政府行政院副院长孔祥熙也奉命访问美国，与美国政府要

---

① 秦孝仪主编：《总统蒋公大事长编初稿》卷五下册，（台北）中国国民党中央委员会党史委员会编印1978年版，第286—303页。
② 李新主编：《中华民国史》第10卷，中华书局2011年版，第422、425—426页。

人就中美合作、国际合作及垫付美军在华用款等问题进行广泛的洽商,并出席在美国举行的国际货币金融会议。1945年5月,国民政府行政院长兼外交部长宋子文再次访问美国,就"雅尔塔密约"及中苏谈判等问题与美国当局进行磋商,并率中国代表团出席在美国旧金山举行的筹建联合国会议。①

美国政府也不断派遣高级官员访华。1941年2月,由驻美代表宋子文出面,邀请罗斯福总统的行政助理劳克林·居里来华考察中国经济状况,研讨美援的运用。居里一行抵达重庆后,蒋介石奉若上宾,多次与他会谈,内容涉及中国的经济、政治、军事等多方面。蒋介石把招待居里当作向罗斯福示好,争取更多援助的机会。居里在渝期间,为全面了解中国政治,还提出与中共代表周恩来会晤的要求,获蒋介石同意。居里在华考察3周,深为中国人民在物资奇缺的条件下坚持抗战的卓绝精神所感动,对蒋介石也颇具好感。离华前,他以《观感与刍议》为题给蒋介石留言,提出一份内容广泛的建议,返美后曾数度发表演讲,主张美国应大力支持中国人民的抗日战争。蒋介石托居里给罗斯福夫妇带去一份厚礼,罗斯福酷爱集邮,礼品中包括收有民国以来发行邮票的邮册。②

1942年7月20日至8月7日,为调解中美矛盾,美国总统行政助理居里衔命再次来华,于7月21日抵达重庆,8月6日离渝。在重庆的16天中,先后同蒋介石会谈了13次,其内容包括史迪威的地位与责任问题、印度独立问题、改善中英关系问题、三路反攻缅甸问题、中苏关系问题、中美外交隔阂的原因问题、中印空运物资的数量问题、战后土地分配问题、国共关系问题等。讨论的重心是史迪威的地位与身份以及中国战区的地位问题。蒋介石对于原定的援华飞机改拨地中海一事耿耿于怀,并重申每月5000吨援华物资和500架飞机是中国参与反攻缅甸的必要条件。关于史迪威的双重身份问题,双方始终未能取得一致意见。蒋介石还请居里将几份备忘录转交罗斯福总统,劝其修正"先德后日"的战略,并维持中国战区500架飞机和每月5000吨援华物资。居里访华在一定程度上改善了中美

---

① 李新主编:《中华民国史》第10卷,中华书局2011年版,第432页。
② 周乾:《论1941年美国总统特使居里访华的起因和由来》,《抗日战争研究》2006年第1期。

关系。①9月16日，罗斯福致电蒋介石，保证今后必将"尽速尽量以接济"中国，但亦表示"美国暂时除在中、印建立美空军与建立空运路线，使足以维持美国空军在华作战与继续供给中国兵工材料外，实不敢多所作为"。

10月2日至8日，罗斯福又派遣私人特别代表温德尔·威尔基访问中国。威尔基与蒋介石及国民党要人就加强中美合作、战时经济、中国工合运动、印度独立、英苏关系、中共问题以及战后稳定太平洋局势等进行磋商，并在重庆发表演讲。威尔基回国后，写了《天下一家》的小册子，介绍他访问各国的情况，其中对于中国抗战颇多肯定，并敦促美国政府加强援华。10月26日，罗斯福致电蒋介石，对于威尔基访华结果表示满意。②

1944年中国战场出现举世震惊的"豫湘桂大溃败"，与此同时，中苏关系急剧恶化。军事和外交上的困境使得蒋介石在这一时期对美国寄予厚望，期望美国政府增加对华军事援助，以及在中苏边境冲突中表态支持中国，而从美国政府角度，罗斯福急需一位特使对中国进行访问，一方面调查中国的政治、经济和军事形势，中国军队的抵抗能力和可能出现的结局，另一方面调解中苏关系，避免双方出现大规模武装冲突。因此，调查中国正面战场的军事情况，考察中国的政治经济形势，以及推动蒋介石缓和中苏关系和国共关系，成为促成华莱士访华的主要原因。

美国副总统亨利·华莱士在1944年的出访，按照计划首先访问了苏联的西伯利亚地区。结束对西伯利亚近一个月的考察后，华莱士6月18日从中亚地区进入中国新疆，于20日抵达重庆。在美国驻华大使高斯的招待宴会上，美国的驻华武官们向其介绍了中国的军事形势，华莱士在重庆期间与蒋介石进行了数次会谈。③华莱士对中国的访问以及其对美国对华政策提出的建议，对中美关系以及美国对华政策产生一定的影响。帕特里克·赫尔利1944年9月以美国总统私人代表身份

---

① 李新主编：《中华民国史》第10卷，中华书局2011年版，第432页。
② 秦孝仪主编：《中华民国重要史料初编——对日抗战时期》第3编战时外交（1），（台北）中国国民党中央委员会党史委员会编印1981年版，第779页。
③ 章伯锋、庄建平主编：《中国近代史资料丛刊·抗日战争》第4卷下，四川大学出版社1997年版，第1343—1354页。

来华，11月任美国驻华大使。赫尔利承担着美国总统赋予的两项任务：防止国民党政府垮台并使中国军队继续战争，调和中美军事机构及美国驻重庆大使馆和中国政府之间的关系。但是，赫尔利的作为乏善可陈，导致1944年10月"史迪威事件"的发生。罗斯福出于总统竞选和支持蒋介石等方面的考虑，电令"立即将史迪威上将从中国战区召回"。美国陆军调整了其在亚洲大陆的指挥机构，将中缅印战区划分为中国战区和印缅战区，同时由接替史迪威出任中国战区司令的魏德迈担任蒋介石的参谋长。

中美高层人物的频繁互访，是战时中美关系的一个重要特征。在世界大战的特殊环境下，这种互访对于及时交流两国的战略思想和外交政策，疏解相互关系中出现的种种矛盾和突发事件，起到良好作用。

三、中国战场格局的改变

太平洋战争爆发后，为策应太平洋战场和东南亚战场的作战，打击中国抗日力量，动摇中国的抗战意志，侵华日军陆续发动战役攻势。在此期间，日军发动的规模最大的一次进攻作战是1944年的"一号作战"[①]，中国方面称为豫湘桂战役。

1943年，为摧毁美国在中国的空军基地，阻止美军对日本本土的轰炸，日本决定发动豫湘桂战役，企图打通平汉、粤汉、湘桂铁路，掌握一条陆上交通线。日军从本土及中国东北调集了各兵种部队总计约51万人，发动了全面侵华以来规模最大的一次进攻战。1944年4月中旬，日军华北方面军开始实施平汉线作战，向河南省中西部地区发起进攻，开启了战役的第一阶段河南会战。中国第一战区除洛阳等地的守军进行了较为顽强的抵抗外，多数守军一触即溃，甚至不战而退，日军很快即打通了平汉线。[②]

---

① 日本防卫厅防卫研究所战史室：《1号作战之河南会战》，天津市政协编译委员会译，中华书局1982年版，第20页。
② 《中国抗日战争史简明读本》编写组：《中国抗日战争史简明读本》，人民出版社2015年版，第256页。

日军攻占洛阳的同一天，日本中国派遣军总司令官畑俊六将设在南京的前进指挥所推进到汉口，开始了战役主要阶段的湘桂作战。日军以 13 个师团为基干，总共投入 36 万余兵力；国民党军投入 30 多万兵力。日军于 6 月攻陷长沙。6 月 26 日，日军占领衡阳机场，并包围衡阳。国民党政府调集各路援军增援，但未能突入包围圈。衡阳 4 万守军在孤立无援的情况下，反复同日军展开了激烈的争夺战，使日军受到重大伤亡，但因敌我力量悬殊和守军兵疲粮缺，阵地被日军突破，8 月 8 日守军放弃衡阳。① 随后日军从湖南、广东及越南 3 个方向向广西进攻，开始了桂柳作战。11 月，日军攻陷桂林、柳州和南宁。② 12 月 2 日，日军占领独山。③ 国民政府因之震动，被迫集中一切可用之兵力投入贵州作战，8 日，收复独山，迫使日军后退到河池。12 月，日军打通了从华北到华南，以至印度支那的通道，其"一号作战"到此结束。

在短短的 8 个月中，国民党军在豫湘桂战场上损兵六七十万人，丧失国土 20 余万平方千米，丢掉城市 146 座，失去空军基地 7 个、飞机场 36 个，战役以惨败告终。日军在付出重大代价之后，虽然打通了大陆交通线，但始终没能实现全线通车。④

在豫湘桂战役之前的两年间，中日军队还进行过第三次长沙会战、浙赣会战、鄂西会战和常德会战四次较大的会战。国民党军在装备、战力均处于劣势的条件下坚持抵抗。每次会战结束后大致恢复原有态势，战线基本上维持稳定。

（一）第三次长沙会战

日军第 11 集团军为策应其第 23 集团军及南方军的作战，牵制中国军队向广东方面转运，遂决定再对长江以南发起进攻。⑤ 1941 年 12 月 15 日，日军第 11 集

---

① 张宪文主编：《抗日战争正面战场》，世界图书出版公司 2015 年版，第 415 页。
② 中国抗日战争史学会、中国人民抗日战争纪念馆编：《中国抗战军事史》，北京出版社 1995 年版，第 580—581 页。
③ 王建朗、曾景忠：《中国近代通史》第 9 卷，江苏人民出版社 2009 年版，第 415 页。
④ 何理：《中国人民抗日战争史》，上海人民出版社 2005 年版，第 345 页。
⑤ 张宪文主编：《抗日战争正面战场》，世界图书出版公司 2015 年版，第 262 页。

团军在会战指导方案中规定：向汨水一线进攻，并击溃当面之敌，以策应第23集团军攻取香港及南方军的作战。作战时间限定在2周左右。使用于湘北主作战方面的兵力为第3师团、第6师团、第40师团和独立混成第9旅团以及泽支队、野口支队、外园支队，另以第1飞行团（飞机54架）支援作战。同时命令驻南昌方面的日军第34师团、独立混成第14旅团向赣北上高、修水等地攻击，策应湘北方面作战。①

中国第九战区于1941年11月召开"第二次长沙会战检讨会议"，根据前两次会战的经验教训，提出彻底破坏道路，在中间地带空室清野，设置纵深的伏击地区，诱敌深入，将敌围而歼之的后退决战方针。依此方针，第九战区制订并颁布作战计划，要求在湘北方面，"应运用尾击、侧击及正面强韧抵抗，务于浏阳河、捞刀河间地区，将进攻长沙之敌军主力，反击而歼灭之"②。

12月中旬，由于日军向岳阳方面集结兵力，国民政府军事委员会判断日军攻势即将开始，遂于12月20日命令第73军由澧县立即向宁乡、益阳集结待命，第79军立即向渌口、株洲地区集结待命。又令第4军由广东曲江调株洲、渌口，第74军由广西宜山调驻衡阳。

同日，第九战区决心集中兵力于湘北方面，诱敌主力至浏阳河、捞刀河地区，反攻歼灭之。部署如下：战区副司令长官杨森驻平江，指挥第20、第58军，于新墙河阵地顽强抵抗，而后待命转移至关王桥、三江口侧面阵地，侧击南进之敌。第37军在汨水阵地顽强抵抗，而后转移至社港市、金井间山地，攻击南进之敌。第99军确保三姐桥、归义、营田、湘阴既设据点阵地及湖防，而后夹击进攻长沙之敌。第10军固守长沙。战区副司令长官罗卓英由上高进驻浏阳，指挥第26、第79军等部作战。战区副司令长官王陵基由修水率第78军等部进驻平江。第73军驻宁乡、益阳，为战区预备队。③

赣北方面，新编第3军、预备第5师、江西保安纵队等部守备高安、武宁一

---

① 军事科学院军事历史研究部：《中国抗日战争史》下卷，解放军出版社1994年版，第178页。
② 蒋纬国总编著：《国民革命战史第三部——抗日御侮》第8卷，（台北）黎明文化事业股份有限公司1978年版，第95页。
③ 军事科学院军事历史研究部：《中国抗日战争史》下卷，解放军出版社1994年版，第179页。

带阵地，掩护战区主力之右侧。鄂南，王劲修指挥所部切断崇阳、蒲圻、咸宁一带敌公路铁路。

1941年12月23日，日军第40师团一部向守军第20军油港河以南阵地攻击。[①]24日，新墙河下游因降雨水位上涨，日军第6师团向守军第20军第134师新墙河阵地实行渡河攻击。入夜，日军渡河后，以一部围攻守军据点，主力分向大荆街、关王桥一线突进。日军第3师团主力在其第6师团后方跟进。守军第20军奉令以一部坚守新墙河以南据点，主力向大荆街转移。守军第58军进出洪源洞、大荆塘一线，侧击南进日军。

26日，日军第40师团猛攻守军第20军阵地，陷关王桥及陈家桥，同时日军第6师团围攻守军黄沙街、龙凤桥据点，第3师团主力于当夜推进至归义附近汨罗江北岸。同日，第九战区命令第27集团军以第20军及第58军进攻长乐街之敌，令第37军及第99军主力固守汨罗江南岸阵地，阻敌渡河。

28日，日军第6师团、第40师团分别在新市东方、长乐街附近强渡汨罗江，被守军第37军阻止。日军第3师团主力在归义以西渡过汨罗江，第99军主力被迫后退至牌楼峰、大娘桥、新开市一线，逐次抵抗。第37军第140师由金井向新开市北侧地区驰援，阻敌东进，但受到日军第3师团从左侧的威胁，日军第6师团、第40师团乘势在新市及长乐街附近渡过汨罗江南进。入夜，守军第37军扼守新开市汨罗江南岸一线，与日军激战。守军第99军主力在营田、大娘桥一线与日军第3师团一部对峙。12月29日，日军第11集团军司令阿南惟几改变原定计划，独断地下达"以主动地位把握决战为要"的命令，令第3师团迅速向长沙攻击；日军第6师团以一部攻击长沙，主力攻击长沙以东之朗梨市；第40师团主力向金井进攻。骤然改变作战计划，使久战疲惫的日军第一线官兵处于茫然状态，有的高级军官也认为进攻长沙是"自暴自弃之作战"。[②]

12月30日，在守军第37军与日军主力激战于新开市、鸭婆尖、浯口一带之际，第27、第30、第19集团军分别到达浏阳、平江一带预定位置。同日，军事

[①] 姜克夫编著：《民国军事史略》第3卷，中华书局1991年版，第178页。
[②] 日本防卫厅防卫研修所战史室著：《长沙作战》，天津市政协编译委员会译，中华书局1985年版，第162页。

委员会指示第九战区："在长沙附近决战时，为防敌以一部向长沙牵制，先以主力强迫我第二线兵团决战，然后围攻长沙，我应以第二线兵团距离于战场较远地区，保持外线有利态势，以确保机动之自由，使敌先攻长沙，乘其攻击顿挫，同时集举各方全力，一举向敌围击，以主动地位把握决战为要。"①

第九战区决心在长沙地区与日军决战，遂令第10、第73军固守长沙；令第19、第30、第27集团军及第99军主力，分由株洲、浏阳、更鼓台、瓮江、清江口、三姐桥各附近，以长沙为目标，自南、东、北三个方向作圆心攻势。

1941年12月31日晨，日军第40师团猛攻第37军阵地，激战至午，第37军转移至金井东北山地，日军第40师团主力向金井突进。其第6师团乘第37军向东转移由福临铺向朗梨市突进。日军第3师团乘夜在东山附近强渡浏阳河进抵长沙近郊。第九战区以日军已逼近决战地区，遂令各集团军于1942年1月1日子夜开始攻击前进。

1942年1月1日凌晨，日军第3师团开始向长沙东南郊阵地攻击。2日，日军第6师团集结于朗梨市，并以一部协力第3师团进攻长沙。当日，第10军坚守长沙城郊阵地，在岳麓山重炮火支援下，击退了日军的反复突击，并将突入白沙岭的日军第3师团一部歼灭。第九战区令第73军以第77师渡湘江进入长沙，增援第10军。此时，处于外围的中国军队正隐蔽地从三面向长沙推进。②

3日，日军第6师团全部加入战斗，与其第3师团合力猛攻长沙。激战竟日，日军攻势屡兴屡挫，弹药将尽，而补给线已被切断，日军开始空投补给。中国军队各包围兵团，继续压缩包围圈，已逼近长沙。在攻击长沙不逞，背后又出现包围的情况下，阿南惟几被迫于3日晚下达"反转"命令。

4日，长沙城外日军再次发起全线攻击，但在守军的顽强抵抗下，又一次受挫，日军第3师团、第6师团于4日晚乘夜色脱离战场，由长沙城外分别向东山、朗梨市撤退。③

---

① 中国第二历史档案馆编:《抗日战争正面战场》中册，江苏古籍出版社1987年版，第1146页。
② 姜克夫编著:《民国军事史略》第3卷，中华书局1991年版，第510页。
③ 王建朗、曾景忠:《中国近代通史》第9卷，江苏人民出版社2009年版，第377页。

第九战区在获知日军退却后，立即命令原准备在长沙附近合围日军的部队改为堵击、截击和追击日军，在汨罗江以南，捞刀河以北地区将其歼灭。5日，日军集中第1飞行团飞机50余架，掩护退却，第6师团退向朗梨市；第3师团开始退却时，在长沙东南郊金盆岭、清水塘、石马铺一带，被第4军截击，伤亡惨重，退至东山附近时，又遭第79军截击，被迫沿河堤退往朗梨市，随第6师团之后，在该地架设浮桥渡河，撤至浏阳河东岸。

5、6两日，日军第3师团、第6师团于长桥、牌楼铺、高桥地区，遭第26军及第79军的截击，死伤甚多，7日夜突围退至捞刀河北岸。第40师团于7日由春华山经罗家冲向学士桥退却。8日晨，日军由捞刀河北岸继续北退，沿途遭第九战区追击部队拦截侧击。9日，日军主力在其独立混成第9旅团的策应下，由福临铺北撤。日军一面抵抗，一面继续向汨罗江以北退却。至12日，日军退到汨罗江北岸。第九战区各追击部队跟踪追至汨罗江南岸，并以一部渡过汨罗江向长乐街以北进行超越追击。15日，日军退过新墙河，固守原阵地，第九战区所部，一面扫荡新墙河以南残敌，一面向新墙河以北进击。至16日，恢复会战前原态势。[①]

在赣北方面，日军第34师团与独立混成第9旅团各一部，于12月25日，分由安义、箬溪等地向西攻击，先后占领高安、武宁，但在守军奋勇阻击下，于1942年1月6日前，恢复原态势。

此次会战，第九战区第一线兵团能依托各阵地逐次抵抗，给日军以相当的损耗和迟滞。长沙守备部队能顽强地坚守核心阵地，连续挫败日军的进攻，给日军以有力的打击。第二线反击兵团对日军合围部署得当，且协同周密，反击动作坚决有力，对撤退之日军穷追不舍，使日军无法脱离，扩大了战果，从而取得了长沙会战大捷，此役共毙伤日军5万余人，俘日军139人。[②]

在美、英等国军队于太平洋接连失利的形势下，中国取得这次长沙会战的胜利引起了强烈的国际反响。英国《泰晤士报》发表评论："12月7日以来，同盟军

---

① 王建朗、曾景忠：《中国近代通史》第9卷，江苏人民出版社2009年版，第378页；姜克夫编著：《民国军事史略》第3卷，中华书局1991年版，第516页。
② 荣维木、步平主编：《中华民族抗日战争全史》，中国青年出版社2010年版，第333页。

唯一决定性之胜利系华军之长沙大捷。"伦敦《每日电讯报》报道:"际此远东阴雾密布中,惟长沙上空之云彩确见光辉夺目。"①美国陆军参谋长乔治·马歇尔上将来电庆贺,海军部长弗兰克·诺克斯发表告中国人民书,指出这是所有同盟国家的共同胜利。

(二)浙赣会战

太平洋战争爆发后,中、美两国共同对日作战。1942年4月18日,美国陆军航空队16架B-25轰炸机在詹姆斯·杜立特中校率领下,从太平洋上的美军航空母舰起飞,轰炸了日本东京、横须贺、横滨、名古屋、神户等城市后,于中国浙江省空军机场降落。日本本土第一次遭到美机轰炸,民心恐慌,社会骚动,朝野震惊。日本大本营认为,如不及早摧毁这些机场,对日本本土将会构成越来越严重的威胁。为此,日军大本营于4月21日决定进行以摧毁浙赣两省飞机场为目标的浙赣作战,并命令其中国派遣军开始作战准备。30日,日军大本营正式下达摧毁浙江航空基地的命令。命令要求中国派遣军以地面兵力摧毁丽水、衢州、玉山附近的机场群及各种设施,达到目的后在一定时期内占领上述地区,不得已时,将主要设施和道路进行彻底破坏返回原驻地。②

日军中国派遣军根据大本营的命令,决定由驻上海的第13集团军、驻汉口的第11集团军和海军第1遣华舰队参加此次作战。其中第13集团军指挥第15师团、第22师团、第32师团、第70师团、第116师团等5个师团和河野、小园江、原田等3个混成旅团,奈良支队,独立混成第17旅团等部,铁道、航空部队各一部协同。第11集团军指挥第3师团、第34师团2个师团和竹原、今井、平野、井平等4个支队,航空部队一部协同。其部署是:以第13集团军主力于5月13日以前集中于奉化、绍兴、萧山、余杭之线,5月15日开始,向浙赣铁路东段进攻;第11集团军2个多师团于5月27日以前集中于南昌附近赣江右岸,于5月31日

---

① 吴相湘:《第二次中日战争史》下册,(台北)综合月刊社1974年版,第792页。
② 日本防卫厅防卫研究所战史室:《昭和十七、八(1942、1943)年的中国派遣军》下册,高书全译,中华书局1984年版,第69—70页。

夜间开始向浙赣铁路西段进攻。日军企图东西夹击，打通浙赣线，摧毁浙赣走廊地区的中国空军机场。[①]

为加强第三战区的兵力，1942年春，国民政府军事委员会陆续从第九战区抽调第49军与第19师及第26、第74军加强第三战区，并令第三战区加紧袭击日军，力保浙赣间诸机场；诱吸日军主力于该方面，以减轻陕西、湖南两地所受的压力，确保四川之安全。第三战区制订的作战计划是："以最小限兵力配置浙赣路西段持久，集中主力于浙赣路东段，利用既设阵地持久抵抗，并竭力扰袭敌之后方，迟滞牵制敌人，特在金华、兰溪预筑坚固阵地，竭力抵抗，最后在衢州附近与敌决战。"[②]部署是：第25集团军担任浙南作战；第10集团军担任钱塘江以南的作战及金华、兰溪的守备；第32集团军担任钱塘江北岸的作战；第100军担任浙赣路西段的作战。第26、第74军控制于衢州。第23集团军担任宁国、贵池、都昌之线的守备。第九战区以3个军向赣东活动，策应第三战区作战。

5月15日，浙赣路东段方面日军第13集团军以第70、第22、第15、第116师团及原田混成旅团，分别由奉化、上虞、萧山、富阳等地，沿浙赣铁路及其两侧向西南实施进攻。第三战区第25集团军及第28军一部，在新昌、安华、新登之线及东阳、义乌、浦江、桐庐之线，逐次抵抗后，以一部转进敌人后方游击，主力向金华、兰溪东西之线撤退。日军各路跟踪直进，占领义乌、东阳、武义、建德。25日，日军第70师团向金华、第15师团向兰溪攻击，中国守军以第79师固守金华，第63师固守兰溪，依托既设阵地，坚强抵抗，与日军形成对峙。日军第22师团及河野混成旅团由金华以南向汤溪迂回突进，26日，陷汤溪。守军第40师主力及暂编第13师沿铁路及以南地区依次抵抗。同日，日军第116师团到达兰溪西北地区。

27日，日军攻陷龙游，金华、兰溪守军愈加孤立，遂于28日放弃该地，向北山转移。中国军队在金、兰地区的防守作战，使日军遭受严重损失。日军第15

---

① 郭汝瑰、黄玉章主编：《中国抗日战争正面战场作战记（修订版）》下册，江苏人民出版社2015年版，第977页。
② 蒋纬国总编著：《国民革命战史第三部——抗日御侮》第8卷，（台北）黎明文化事业股份有限公司1978年版，第11页。

师团师团长酒井直次被地雷炸得血肉横飞,当即毙命,日军哀叹:"现任师团长阵亡,自陆军创建以来还是首次。"[①]

30日,日军第22、第15、第116、第32师团及河野混成旅团到达灵山镇、寿昌、龙游之线,集结兵力,准备向衢州攻击。第三战区按预定计划部署第86军于衢州,第25、第26、第49、第74军分别位于衢州之北、西、南三面,准备对进攻衢州之日军予以包围攻击。此时,南昌方面日军第11集团军于5月30日开始向东进攻。国民政府军事委员会令第三战区避免在衢州地区与日军决战。第三战区遂以第86军(欠第79师)守备衢州,吸引日军,战区主力避开铁路正面,撤至两侧山地,俟日军前进时,分段截击之。6月3日,日军第15、第22、第32师团向衢州发起总攻,守军第86军与优势日军浴血奋战四昼夜,为战区主力重新部署争取了时间。6月6日晨,日军对衢州的攻城战斗开始。6月7日,日军攻陷衢州,守军向南突出重围。[②]

日军攻陷衢州后,以第15、第22、第32师团继续西进,11日至14日,连陷江山、玉山、广丰、上饶等地,并续以一部西进。7月1日,日军第22师团一部与由南昌方面东进日军攻陷横峰。至此,日军已打通浙赣铁路,遂转取守势,大肆破坏机场,拆迁铁路,掠夺物资。第三战区主力转移至浙赣铁路南侧仙霞关、汪二渡之线,一部转移于浙赣铁路北侧地区,不断侧击日军。[③]

在日军主力西进的同时,日军小园江混成旅团于6月24日由龙游进陷丽水,在破坏丽水机场后,于7月9日沿瓯江进占青田,11日再占温州。此时,温州湾日军海军陆战队于12日在温州登陆,13日侵占瑞安。[④]

在日军从东面的奉化、绍兴、余杭之线向西发起进攻后,西面驻南昌的日军第11集团军于5月31日以第3、第34师团和今井、井平两支队,由南昌附近沿抚河西岸向南攻击,中国守军第75师稍作抵抗后,主力向鹰潭以西的既设阵地转

[①] 日本防卫厅战史室编:《日本军国主义侵华资料长编——〈大本营陆军部〉摘译》中册,四川人民出版社1987年版,第329—330页;姜克夫编著:《民国军事史略稿》第3卷,中华书局1991年版,第575页。
[②] 姜克夫编著:《民国军事史略稿》第3卷,中华书局1991年版,第578—579页。
[③] 张宪文主编:《抗日战争正面战场》,世界图书出版公司2015年版,第295—296页。
[④] 军事科学院军事历史研究部:《中国抗日战争史》下卷,解放军出版社1994年版,第189页。

移。日军于当天只遇轻微抵抗就渡过抚河，沿东岸向前攻击，于6月2日进入高桥市附近。在此日军兵分两路：一路为永岩支队，沿浙赣铁路向东乡攻击；一路为第34师团主力会同竹原支队向三江口、临川进攻。4日暴雨，中国方面以第79军冒雨由硝石以南地区向临川急进，当晚到达临川，与日军先头部队在临川巷战一夜。次日，日军第3师团主力抵达临川，双方展开激烈战斗。此时，中国守军第58军及赣保纵队也在临川北面的三江口、李家渡与日军第34师团主力激战，双方均有很大伤亡。至8日，日军突破第58军阵地，第34师团主力直下临川与第3师团会合，猛攻中国方面的第79军，双方激战至12日，日军第34师团主力转向浙赣铁路，会同永岩支队向鹰潭进击。

日军第3师团主力转向浙赣铁路后，第九战区在东乡、金溪以东，南昌以南地区发起攻势：以第4军由南向北进攻崇仁、宜黄；以第58军由北向东南进攻崇仁、临川；以第79军由南向北进攻临川以南的南城。15至16日，第4军所属部队先后克崇仁、宜黄并继续向临川进迫。此时，沿浙赣铁路向东攻击的日军第34师团主力陷鹰潭、贵溪。

从6月21日起，中日两国军队在南城、宜黄、崇仁、临川地区展开激战。

中国军队曾一度包围临川、南城，但久攻不克。至30日，日军再陷宜黄、崇仁，双方形成对峙。7月13日，日军放弃崇仁、宜黄，国民政府军事委员会电令中国军队停止进攻，南昌以南地区的战斗即告停止。

浙赣路东段方面，自7月上旬以来，第三战区发动局部攻势，先后收复新登、桐庐、建德、弋阳、横峰。

7月28日，日军大本营令中国派遣军停止浙赣作战，确保金华附近部队于8月中旬撤回。中国派遣军决定第13集团军留置第22师团于金华、武义、东阳，第70师团于新昌、奉化，其余于8月19日撤回原驻地。[1] 其第11集团军所部自8月19日开始撤退。浙赣会战遂告结束。[2]

此次会战，日军集中9个师团以上的兵力，经苦战虽实现了预定目的，但也

---

[1] 姜克夫编著：《民国军事史略稿》第3卷，中华书局1991年版，第581页。
[2] 何理：《中国人民抗日战争史》，上海人民出版社2005年版，第281—282页。

遭到严重损失，第 15 师团师团长毙命，总伤亡数日军战史记载为 17148 人。[①]

（三）鄂西会战

日军为了改善在中国战场日趋不利的战略态势，1943 年 2 月，日军大本营向中国派遣军下达了《1943 年度帝国陆军对华作战指导计划》，规定：大致确保并稳定现已占据地域，粉碎其继续抗战的企图，制止敌之反攻，并扼制敌空军的猖獗活动，尽力防止敌空袭帝国本土，并规定于 1943 年春季以后的一段时期内，向中国派遣军增加战斗机、重轰炸机各 2 个战队，目前先从"满洲"方面抽 1 个飞行团增强关内航空作战，以协同南方军击破中国内地特别是西南方面的中国空军势力，尤其是在华美空军。[②]

这一作战指导计划表明，在华日军除在地面力图以攻为守，稳住占领区，防止中国的反攻外，在空中战场力图保住即将丧失的主动权，并以防止中美空军进袭日本本土为重要任务，航空作战实际已由攻势为主向防御为主转变。[③]

1943 年 4 月，日军第 11 集团军于 4 月抽调第 3、第 13、第 34、第 39、第 40、第 58 等 6 个师团和独立混成第 17 旅团，共约 10 万人的兵力，分别集结于宜昌、枝江、弥陀寺、藕池口、华容一带，并在汉口、荆门等地集中航空兵第 90、第 45、第 55、第 16、第 25、第 23 和第 44 等 7 个战队，以及 1 个独立中队，共有各型飞机 248 架，准备协助陆军，向中国第六战区发动新的进攻。日军的战役企图是，在长江南岸发动攻势，打击鄂西中国第六战区主力和中美空军，打通长江上游航线，夺取停泊在宜昌的船舶，占领洞庭湖区谷仓，以挫败中国军队的抗战意志。中国第六战区为抵御日军的进攻，在宜昌西北之石碑至石首以南之南县，沿长江一线及其纵深地区，部署了 4 个集团军，共计 14 个军的兵力。以第 10 集团军固守公安至枝江之线，以江防军固守宜都至石碑要塞，以第 75、第 77 和第 59 军固守三游洞至转斗湾阵地；并以中国空军第 1、第 2、第 4 和第 11 等 4 个大

[①] 军事科学院军事历史研究部：《中国抗日战争史》下卷，解放军出版社 1994 年版，第 190 页。
[②] 日本防卫厅防卫研究所战史室：《昭和十七、十八（1942、1943 年）的中国派遣军》下册，高书全译，中华书局 1984 年版，第 112 页。
[③] 军事科学院军事历史研究部：《中国抗日战争史》下卷，解放军出版社 1994 年版，第 288 页。

队及美国陆军第14航空队，共计各型飞机165架（轰炸机44架，驱逐机121架），协助陆军作战。计划先依托既设阵地给进攻之日军以消耗，待日军进至石碑及其以南渔洋关一线时，再以反击将其击败。

日军占领长江北岸的沙市和南岸的石首以后，5月5日，又从藕池口、华容、白螺矶等地向洞庭湖北岸进攻。8日，南县和安乡沦陷，中国守军向洞庭湖南岸撤退。12日，日军从枝江渡江南下，西进日军亦向新安发起攻击，守军第87军已四面受敌，遂于13日放弃新安。至15日，日军进至宜都以南之刘家场、暖水街南北一线。[1]19日，日军围攻宜昌和宜都间的中国守军。中国空军第4大队出动8架P-40E、4架P-43型飞机，轰炸湖北枝江洋溪镇附近长江中的日舰。22日，日军又从宜都渡过长江，配合茶元寺和枝江的日军攻击，23日，推进到长阳附近，占领渔洋关及其附近地区。在宜昌附近待命的日军第39师团主力也发起攻势，突破了宜昌西面中国守军阵地，守军被迫退至长阳西北及清江北岸。

24日，宜昌西岸的日军向中国军队阵地攻击。25日，日军又在飞机的掩护下，连日向守军第18军阵地猛攻，一部突入偏岩、津洋口间，受到中国守军的南北夹击。中国空军第4大队由四川巴县起飞P-40E型飞机15架，分2批轰炸扫射了湖北长阳及宜昌一带的日军。[2]

27日，日军将停泊在宜昌的大小轮船约2万吨全部驶往沙市。在中国江防军同日军激战的时候，中国空军和美国陆军第14航空队出动飞机，攻击了日军阵地和日军的后方交通线。28日，中国军队终于挫败了江防正面日军的攻势，并且攻克了渔洋关，切断了日军的后方交通线。第六战区正面各军，从30日起发起全面反攻，中国空军也以大编队机群支援作战。

这时，日军集中各种火力，分别向长江南岸的石碑要塞和曹家畈附近强攻，并从天柱山向木桥溪迂回。中国军队坚守石碑要塞，沉着应战。日军一部突破曹家畈阵地右翼，但迂回到木桥溪的日军已被阻止。31日，日军伤亡很重，全线动摇，开始后撤。中国军队转入追击，第74军及第29集团军先后克复暖水街、三

---

[1] 王建朗、曾景忠:《中国近代通史》第9卷，江苏人民出版社2009年版，第382页。
[2] 军事科学院军事历史研究部:《中国抗日战争史》下卷，解放军出版社1994年版，第289—290页。

家厂、新安，并进逼至公安附近，江防军正面亦进展顺利。同日，中美空军联合轰炸了荆州（江陵）和宜昌两地飞机场，击落日机23架，击伤8架。

6月3日，中国江防军完全恢复了战前的态势。中国追击部队追近宜都城郊，炸毁日军的渡河器材，并夜袭了日军第13师团的司令部。6月6日，中国空军又派飞机协助地面部队作战，飞机往返频繁，防空情报网很难鉴别，日本轰炸机8架、驱逐机12架乘中国机群返航的时候，利用云层掩蔽，偷袭四川的梁山飞机场，毁伤P-40型飞机15架、车辆10部，官兵阵亡6人。中国空军第23中队长周志开在日机投下炸弹时冒险起飞，击落日轰炸机3架，创造个人1次击落敌机数的最高纪录。6月8日，中国军队克复宜都，9日收复枝江城，11日收复松滋城。6月10日，长江南岸的日军从沙市和石首附近渡江，全部撤退到北岸。

鄂西会战历时月余，中国第六战区以14个军的兵力，依托要塞工事和凭借长江天险，抗击日军6个师团和1个旅团的进攻，挫败其进攻锐势后，发起反击，收复失守的阵地，追歼撤退的日军，共击毙击伤敌10000余人，但是此役中国军队损失极重，官兵伤亡约40000余人。①

在鄂西会战期间，中国空军和美国陆军第14航空队，自5月19日起，对汉口、荆门、沙市、宜昌等地的日军机场及前线阵地进行了猛烈攻击，共出动驱逐机326架次、轰炸机80架次，击落日机41架，炸毁日机6架，破坏日军机场5处，炸毁日军阵地及军事设施6处，炸沉炸伤日军舰船23艘，毙伤及毁坏人马车辆甚多。②总之，鄂西会战已开始出现敌我空中优势易手的征兆。

（四）常德会战

1943年11月2日，日军第11集团军发动常德作战，开始向第六战区第10集团军、第29集团军防御的一线阵地发起全面进攻。③日军第39师团、第13师团、宫胁支队、佐佐木支队、第3师团，从沙市、石首地区向西渡江，对第10集团军

---

① 秦孝仪主编：《中华民国重要史料初编——对日抗战时期》第2编作战经过（2），（台北）中国国民党中央委员会党史委员会编印1981年版，第597页。
② 何应钦：《八年抗战之经过》，（台北）文海出版社1972年版，第134页。
③ 军事科学院军事历史研究部：《中国抗日战争史》下卷，解放军出版社1994年版，第458页。

防御（2个军计5个师）的仁和坪、暖水街、桐子溪、公安、石门等地发起进攻。日军第116师团、第68师团、第40师团及混成第17旅团及伪军4000余人，从石首、华容地区向第29集团军防御（2个军计6个师）正面的津市、安乡、白蚌口地区发动进攻。[①]中国守军利用沿江湖泊的障碍与工事，予日军以消耗。

11月5日，第10集团军转移至聂家河、棉马城、暖水街、王家厂之线主阵地。第29集团军转移至永河镇、新马头、安乡之线。

第10集团军于11月5日至13日，以暖水街为中心，坚守阵地，奋力阻击日军进攻，予日军以沉重打击，但自身伤亡甚重。[②]第29集团军从11月6日至17日，与优势日军先后在澧水两岸战斗，伤亡较大。11月21日，日军第13师团、第3师团各1部向中国守军第51师七柴山、明月山阵地猛攻。驻善溪港日军南进渡过黄石河后，向桃源前进。日军飞机载伞兵于桃源空降，支援其步兵围攻桃源，中国守军伤亡严重，撤守沅水南岸，桃源遂陷。

11月21日，日军第3师团进至漆家河以东，配合其空降部队袭取桃源后，向常德南面突进。日军第116师团、第68师团进抵常德外围，与中国守军第57师在德山以东地区展开激战。[③]

中国空军与美国陆军第14航空队于11月10日至21日，先后出动百余架次轰炸机与战斗机，袭击澧县、津市、石门、王家厂、澧水、藕池口等地日军集结部队、日军仓库与江南运输船只，击沉日军木船40余艘。中国空军并与日机展开空战，配合地面部队战斗，击落日机4架。中国空军亦损失4架飞机。

11月22日，第10集团军所属第66军向王家厂、仁和坪地区日军发起攻击。第79军由石门以西渡澧水，向慈利东南攻击日军侧背。第29集团军所属第44军、第73军、第74军在道水、黄石河地区抗击日军进攻。

日军第68师团、柄田支队、第116师团、第3师团，于11月21日夜渐次迫近常德。当日军西进之初，中国第六战区即令第29集团军第74军第57师守备常

---

① 荣维木、步平主编：《中华民族抗日战争全史》，中国青年出版社2010年版，第357—358页。
② 张宪文主编：《抗日战争正面战场》，世界图书出版公司2015年版，第353页。
③ 姜克夫编著：《民国军事史略稿》第3卷，中华书局1991年版，第676页。

德市,于10月中旬完成常德城防工事及其附近防御工事的修筑。

11月22日,日军第11集团军第13师团、第3师团主力,与守军第29集团军第74军在道水、黄石河、慈利以南地区展开激战。日军第39师团、古贺支队及宫胁支队,仍留置于枝江、宜都及其西南石门以北地区,阻挠中国第18军、第66军、第79军等军南援常德。国民政府军委会为歼灭日军于常德附近地区,令第74军第57师以常德为核心竭力抵抗日军进攻,另调集第六战区主力及第九战区一部,以第10、第100、第74、第73、第99、第44、第79军等7个军为一线兵团,以第18军为第二线兵团,于沅水南北地区,由南、西、北三面采取包围攻击,并令中国第九、第五战区对驻岳阳及其以东、荆门、大洪山地区及怀宁等地区日军加紧攻击,以策应常德决战。国民政府军委会并于22日电令第六、第九战区:"第57师固守常德与该城共存亡。"①

11月23日,日军由甲街市渡沅水窜入常德城南面的蔡码头,另一部由马峰岭进入南站,开始围攻城南。日军在飞机掩护下向岩桥子、杨家桥地区中国守军阵地连续发动猛攻,战至黄昏,中国守军阵地被毁,奉命向卓安桥、半铺市、沙港之线阵地转移,继续战斗,日军步兵第116师团第109旅团团长布上照一大佐被中国守军炮火击毙。②

日军第11集团军原定由第116师团进攻常德,但因自22日该师步兵第109旅团由北面进攻遭中国守军坚强抗击,损失严重。日军第11集团军遂于23日部署:"第116师团对北面、西面全力攻击。第3师团以1个团为基干由南面进行攻击。第68师团以1个营为基干从东面攻击。预定25日夜为进攻常德开始时间。"

24日拂晓,日军航空兵与炮兵对落路口、卓安桥、白马庙、沙港等地集中实施火力准备,步兵以密集队形向落路口、卓安桥猛攻,至当日下午,守军阵地被毁,官兵伤亡甚重,被迫退守落路口、鱼文中学、兴隆桥一线地区。

24日晚,常德守军第57师接第六战区代司令长官孙连仲电示:"常德存亡,

---

① 军事科学院军事历史研究部:《中国抗日战争史》下卷,解放军出版社1994年版,第460页。
② 日本防卫厅防卫研究所战史室:《昭和十七、八(1942、1943)年的中国派遣军》下册,高书全译,中华书局1984年版,第154页。

关系全局，着激励官兵坚守待援，发扬革命军人牺牲之精神，努力战斗为要。"①

25日，日军向七里桥、卓安桥、三里港等地猛攻。中国守军与敌展开白刃格斗。第57师顿挫敌锋，牺牲甚多，退城垣坚守主要阵地。

25日，中国空军第4大队、第11大队及美国陆军第14航空队，先后出动各型飞机袭击常德外围敌增援部队，击毙日军第3师团第6旅团旅团长中畑大佐，并击沉江河水面敌汽艇5艘，木船40余艘，毙伤大量日军。

27日，日军围攻常德。以飞机与火炮轰击中国守军阵地，并向城内施放毒气。日军向常德城垣猛攻，与中国守军激战至午夜。此时，常德会战已进入决战阶段，中国在常德外围作战的各军正分别向常德挺进。第10军于27日抵达德山地区。第74军、第100军分别向陬市、河洑挺进。

28日，日军集中百余门火炮，向常德实施猛烈火力袭击，步兵在飞机支援下发起全面进攻。守军第57师经连日激战，战斗部队遭严重消耗，遂将师部勤杂兵、夫役及警察队等编入战斗部队，与敌展开血战。此日战斗最为惨烈，激战至午夜，日军攻势顿挫。

12月1至2日，守军第57师仅凭少数残破碉堡与屋壁拼死抗击日军进攻，坚守阵地。12月3日，日军对常德继续猛攻，并施放毒气。守军被迫突围，常德遂陷。中国守军防守常德，作战16昼夜。日军先后投入约30000兵力，300余门火炮。中国守军仅为1个师，兵力仅9000余人，在敌我兵力兵器悬殊情况下孤军奋战，达到吸引与牵制敌军的目的，予日军以沉重打击。常德守军与日军血战16昼夜，伤亡官兵达5703名。②

12月初，第六战区常德外围部队，向常德之日军发起攻击。8日，在常德陷落6天后，重新收复该城，并向撤退之日军展开追击。至22日，先后克复南县、安乡、津市、澧县、公安、松滋、枝江等地。③在此次会战中，中国和美国空军以恩施、芷江、衡山等基地，集结轰炸机和驱逐机约200架，支援作战。先后出动

---

① 蒋经国总编著：《国民革命战史第三部——抗日御侮》第9卷，（台北）黎明文化事业公司1978年版，第76页。
② 中国第二历史档案馆编：《抗日战争正面战场》中册，江苏古籍出版社1987年版，第1192页。
③ 王建朗、曾景忠：《中国近代通史》第9卷，江苏人民出版社2009年版，第385页。

261架次,使用轰炸机280架次,驱逐机1467架次,对常德、藕池口、石首、华容等地之日军实施攻击,并在空战中击落日军飞机25架,在地面击毁日军飞机12架。①

此次会战,日军以6个师团及伪军一部约10万人的兵力,飞机130余架,分4路进攻,每路不超过2个师,其中以3路合击常德。第六战区以12个军30个师在第九战区兵力一部的配合下阻击日军进攻,收复失去的阵地,共毙伤日军20000余人。在历时50余天的作战中,第六战区也付出重大代价,师长阵亡即有许国璋、孙明瑾、彭士量等3人。②

(五)敌后抗日根据地最困难的时刻

中国抗日战争进入相持阶段以后,日军军事进攻的重点逐渐转向占领区,并在长期争夺、逐步巩固的目标下,于1941年起把单纯的军事进攻扩大为军事、政治、经济、思想、文化等全面的殖民统治。经过几年的反复争夺和经营,日军在华北、华中等占领区内,修筑了许多交通线、封锁线和据点,增强了日伪军的军事控制。对抗日游击区,日军采取渐进的"蚕食"手段,不断扩展军事力量,将伪组织的统治逐步从边沿向前推进。对抗日根据地,日军则以军事"扫荡""清剿"为主,实行毁灭性的"三光"政策,大肆摧残抗日根据地赖以持久坚持的人力、物力。③

此外,随着日军对正面战场压力的逐渐减轻,国民党在对日作战方面日趋消极,而反共活动日趋活跃。从1940年11月起,国民政府军政部停发八路军的薪饷、弹药、被服等物资,并继续以10万军队对陕甘宁等抗日根据地实行包围和封锁。

在这种情况下,中国共产党领导的抗日根据地从1940年冬开始出现困难局面,加之各地连续发生自然灾害,1941年至1942年华北敌后根据地物资困难达

---

① 军事科学院军事历史研究部:《中国抗日战争史》下卷,解放军出版社1994年版,第461页。
② 何理:《中国人民抗日战争史》,上海人民出版社2005年版,第342页。
③ 荣维木、步平主编:《中华民族抗日战争全史》,中国青年出版社2010年版,第334—335页。

到极其严重的地步。华中敌后抗日根据地1943年仍处于严重困难之中。频繁的战斗使部队损失严重，八路军由原来的40万人减少到30万人，新四军由13.5万人减少到11万人。一些抗日民主政权被摧毁。根据地面积缩小，总人口由1亿减至5000万以下。[①]生产遭到严重破坏，财政经济极端困难。

为了克服严重困难，坚持和发展敌后抗日根据地，中国共产党不仅从军事上加强对敌斗争，而且制定了一系列政治、经济、军事、思想等方面的政策和策略，以此指导抗日根据地军民进行了艰苦卓绝的斗争，最终敌后抗日根据地战胜了这些困难，最终迎来抗日战争的胜利。

减租减息是中国共产党在抗日战争时期处理农村土地问题，广泛发动和团结农村各阶级积极参加抗日战争的重要政策。敌后抗战进入严重困难时期后，为进一步发动各阶层的抗日和生产的积极性，广泛团结一切抗日阶层去战胜困难，中共中央对减租减息运动做了详细的研究总结，于1942年1月28日发布了《关于抗日根据地土地政策的决定》。[②]

根据中共中央的文件精神，各根据地党政部门制定和修正了有关条例、法令，采取有力措施，普遍掀起了减租减息运动的高潮。在严重困难的时期，各抗日根据地普遍深入开展的减租减息运动具有非常重大的意义：第一，减租减息政策的贯彻执行，削弱了封建剥削，改善了广大农民的生活，激发了农民群众抗战的积极性，奠定了敌后抗日根据地战胜严重困难的坚实基础。第二，减租减息政策的贯彻执行，极大地提高了农民的生产热情，从而解放了农村生产力，促进了生产事业的发展。第三，减租减息政策的贯彻执行，适当调节了根据地内部的生产关系和阶级关系，团结了各个阶层，巩固了抗日民族统一战线。

1941年前后，敌后抗日根据地的对敌斗争越来越尖锐，形势越来越严重，日军在军事上反复"扫荡"，并实行"三光"政策，大肆烧杀抢掠，以毁灭抗日根据地的生存条件。针对严峻的形势，中共中央再次强调必须走生产自救的道路。1942年12月，毛泽东在陕甘宁边区高级干部会议上作了《抗日时期的经济问题

---

① 何理：《中国人民抗日战争史》，上海人民出版社2005年版，第297页。
② 中央档案馆编：《中共中央文件选集》第13册，中共中央党校出版社1991年版，第280—289页。

和财政问题》的报告，后来又为中共中央起草了《开展根据地的减租、生产和拥政爱民运动》的党内指示。[①] 他在总结经验的基础上，对根据地的经济建设和大生产运动的基本方针做了系统的阐述。毛泽东指出："发展经济，保障供给，是我们的经济工作和财政工作的总方针。""财政困难，只有从切切实实的有效的经济发展上才能解决。"[②] 中共中央关于经济建设的正确方针，指引和推动了各抗日根据地大生产运动的蓬勃发展，其中尤以陕甘宁边区表现得最为突出。

1941年，陕甘宁边区的机关、学校、部队通过生产，解决了所需经费的70%，1942年部队和地方政府的经费完全由自己解决。1942年，陕甘宁边区政府为贯彻以农业为主发展经济的方针，在财政极其困难的情况下，向农业投资1000万元，其中仅延安等7个县就发放贷款158万元，农具4980件，增开荒地10万亩。此外，还发放植棉贷款。边区政府的措施使1942年全边区的粮食产量达到148万石，比1941年增加2.78万石，棉花增收43.5万公斤。1942年底陕甘宁边区高干会议之后，边区政府把发展生产作为一切工作的中心，促使农业和工业生产大幅度增产。1941年3月，八路军第359旅等部队响应中共中央实行屯田政策的号召，分赴南泥湾、大凤川、槐树湾等地屯田生产。[③] 当年全边区的部队共种地20万亩，收细粮3.1万石，开办工厂作坊89个，商店74个，经费自给率最低的也达到了51%。[④] 抗日根据地的经济建设和大生产运动，由于坚决贯彻了中共中央的总方针和各项具体政策，取得了巨大成就，为争取抗日战争的胜利奠定了物质基础。

巩固抗日根据地，必须进一步巩固和扩大抗日民族统一战线。在政权问题上，中共中央要求各根据地普遍贯彻执行"三三制"建政原则，建立健全根据地的民主制度，从政治上团结各抗日阶级和阶层。

1940年3月6日，中共中央就抗日根据地的政权问题发出指示，明确提出：华北、华中抗日民主政权是统一战线性质的政权。政权的组织结构必须实行"三三制"，即共产党员、非党的左派进步分子和中间派各占1/3。其施政方针"应以

---

① 军事科学院军事历史研究部：《中国抗日战争史》下卷，解放军出版社1994年版，第124页。
② 《毛泽东选集》第3卷，人民出版社1991年版，第891—892页。
③ 王建朗、曾景忠：《中国近代通史》第9卷，江苏人民出版社2009年版，第444页。
④ 军事科学院军事历史研究部：《中国抗日战争史》下卷，解放军出版社1994年版，第126页。

反对日本帝国主义，保护抗日的人民，调节各抗日阶层的利益，改良工农的生活和镇压汉奸、反动派为基本出发点"[①]。陕甘宁边区是实行"三三制"民主建政最早的地区。到1942年底，"三三制"在边区已彻底实现。

1943年，陕甘宁边区在全面检查边区落实"三三制"政策时，着重于"三三制"政权的巩固工作。1943年3月，边区政府提出了"巩固三三制"的口号，并在组织上进行了调整，在制度上做出了一些必要规定，以保证党外人士有职有权。抗日根据地普遍实行的"三三制"政策，是中国共产党抗日民族统一战线基本方针在政权问题上的具体体现，这一政策从政治上调节了根据地各阶级、各党派的相互关系，巩固和发展了根据地人民的抗日团结，促进了全国抗日民主运动的发展，为敌后抗战渡过极端艰苦的阶段奠定了重要的政治基础。

"精兵简政"政策是抗日根据地面临严重的物质困难的情况下，为减轻人民负担，切实爱护和节省根据地的人力、物力、财力等战争资源，巩固抗日根据地，坚持长期抗战的一项重要政策。"精兵简政"是党外人士李鼎铭先生于1941年11月在陕甘宁边区第二届参议会第一次会议上首先倡议的，中共中央非常重视这个倡议。1941年12月17日，中共中央在给各根据地的工作指示中要求："为进行长期斗争，准备将来反攻，必须普遍的实行'精兵简政'。敌后抗战能否长期坚持的最重要条件，就是这些根据地居民是否能养活我们，能维持居民的抗日积极性，敌后抗日根据地的民力财富一般的说已经很大减弱，因此'精兵简政'，节省民力，是目前迫切的重要的任务。"指示具体要求各根据地的党、政和民众团体的全部脱产人数应力求不超过，甚至少于居民总数的3%。[②]

中共中央和中央军委的指示下达后，各抗日根据地先后对党政军各部门进行了"精兵简政"。通过"精兵简政"，各敌后抗日根据地"鱼大水小""头重脚轻"的状况得到了根本扭转，成功地解决了机构庞大和受到战争破坏的社会经济缺乏足够承受力之间的矛盾，使敌后抗日根据地的建设更加适合游击战争的需要，同时，大大减轻了人民负担，进一步密切了中国共产党同群众的联系。

---

① 《毛泽东选集》第2卷，人民出版社1991年版，第743页。
② 中央档案馆编：《中共中央文件选集》第13册，中共中央党校出版社1991年版，第264—265页。

整风运动是抗日战争时期中国共产党内的一次马克思列宁主义教育运动，也是中国共产党成立以来在党的建设方面进行的一次卓有成效的实践活动。经过整风运动，全党思想高度统一，团结大大加强，实事求是的思想路线和工作作风进一步深入，为中共领导人民战胜严重的困难，夺取抗战的胜利奠定了重要的思想、政治和组织基础。

1942年2月1日，毛泽东在中共中央党校开学典礼上发表了《整顿党的作风》的演说。8日，毛泽东又在中共中央宣传工作会议上发表了《反对党八股》的演说。这两个演说的发表，标志着整风运动由准备时期转入全党干部党员普遍整风时期。毛泽东的《改造我们的学习》《整顿党的作风》《反对党八股》，刘少奇的《论共产党员的修养》和陈云的《怎样做一个共产党员》等22个文件，被列为全党整风运动的基本著作。[1]

普遍整风时期的主要任务，就是中共的各级干部都要学习中央规定的文件，以整顿思想方法和思想作风为主，反对主观主义以整顿学风，反对宗派主义以整顿党风，反对党八股以整顿文风。[2] 普遍整风时期从1942年2月至1943年10月，共进行了1年又8个月。

1942年4月3日，在前两个月普遍发动的基础上，中共中央宣传部做出了《关于在延安讨论中央决定及毛泽东同志整顿三风报告的决定》，对整风运动的目的、要求、方法、步骤和学习的文件，做了明确的具体的规定，整风运动进入整顿学风的学习阶段。这个阶段的学习目的，重点在于反对主观主义以整顿学风。为加强领导，中共中央成立由毛泽东主持的总学习委员会，领导全党的整风学习。各地各级领导整风学习的组织也陆续建立健全起来。[3]

5月，毛泽东在延安文艺座谈会上发表了重要的讲话。6月8日，中共中央宣传部又发出《关于在全党进行整顿三风学习运动的指示》。[4] 此后，以反对主观主义、宗派主义和党八股为主要任务的整风运动，就在全党范围内蓬勃开展起来。

---

[1] 军事科学院军事历史研究部：《中国抗日战争史》下卷，解放军出版社1994年版，第138页。
[2] 李新主编：《中华民国史》第10卷，中华书局2011年版，第273—275页。
[3] 军事科学院军事历史研究部：《中国抗日战争史》下卷，解放军出版社1994年版，第147页。
[4] 李新主编：《中华民国史》第10卷，中华书局2011年版，第276页。

1942年8月，各地的整风运动相继进入了党风学习阶段，着重于反对宗派主义以整顿党风。学风学习着重端正思想方法，党风学习着重解决组织路线，以保证党的思想路线和政治路线得以贯彻执行。广大干部在党风学习中，对于理论联系实际的原则，有了进一步的领会。在党风学习过程中，中共中央强调了加强中共的领导，实现中共的一元化领导的问题。1942年9月1日，中央政治局通过了《关于统一抗日根据地党的领导及调整各组织间关系的决定》。

1942年12月18日，中共中央总学习委员会发出《关于文风学习的通知》，整风运动转入文风学习阶段，主要是反对党八股，以整顿文风。通过学习《反对党八股》等文章，各地各单位和每个党员干部检查了工作中的形式主义现象和宣传等工作中的党八股作风，尤其是文教部门，用了更多精力进行了文风学习，以求更贴近实际，更贴近人民群众。

1943年3月20日，中共中央总学习委员会发出《关于整风学习总结计划》，要求各系统各单位按照不同情况，采取不同的结束办法，最迟于6月底做出总结。[1] 总结阶段的主要任务是全面检查工作，对普遍整风时期的学习做出总结，每个同志对自己的思想和历史进行全面的反省，并写出总结。6月1日，中共中央政治局正式通过《关于领导方法的决定》，在全党公布实施。这个文件对全党的整风学习，从辩证唯物论的认识论的高度做了总结。这一文件的发表，标志着整风运动普遍整风时期的结束。[2]

1943年秋，打退国民党第三次反共高潮后，中共中央决定，从10月10日起，中共的高级干部重新学习中共的历史和路线问题。整风运动由此转入总结中共的历史经验的时期。参加这个时期学习的高级干部比准备时期大大增加，中央书记处把中共的历史文献汇编成《两条路线》一书，供学习用。在此期间，中共中央领导机关和高级干部对中共的全部历史，尤其是1931年初到1934年底这一时期中央的政治路线问题，进行了多次讨论。1944年5月21日，中共六届七中全会在延安召开。这次全会是在整风运动的基础上，为了全面总结中共的历史经验而召

---

[1] 王建朗、曾景忠:《中国近代通史》第9卷，江苏人民出版社2009年版，第447页。
[2] 军事科学院军事历史研究部:《中国抗日战争史》下卷，解放军出版社1994年版，第148页。

开的。会议进行了11个月,中间多次召开大会讨论中共的历史问题和路线、政策问题。1945年4月20日,会议通过《关于若干历史问题的决议》,对中共的历史上的许多重大问题作了正式的结论,达到统一全党认识,巩固党内团结的目的。[①]

此外,在军事斗争方面,中共各根据地还开展了反"扫荡"斗争。1942年2月,日军华北方面军部署的"1942年度肃正作战计划",重点放在以"剿共"为主的作战上,首先针对冀东、冀中地区,然后是太行山北部的中共根据地。[②] 在这一作战计划的指导下,日军一面准备5月开始的冀中作战,一面从4月初开始派遣第27师团对冀东、从4月末开始派遣第12集团军和第110师团对冀南、从4月下旬开始派遣第110师团和独立混成第15旅团在冀西进行"扫荡"。4月开始的"扫荡",意在对冀东、冀南、冀西各地进行钳制,以配合5月开始的冀中作战和第1集团军的冀豫边区(太行)作战。与此同时,日伪政权于3月开始推行第四次"治安强化运动",一直持续到6月份。

中共中央北方局和八路军总部,根据1942年2月3日以来日军对太行、太岳、晋西北根据地等地实行"清剿""扫荡"的特点,于2月11日、18日、25日连续发出反"扫荡"指示。5月初,日军对冀中根据地实施"五一大扫荡"。日军参加"扫荡"的兵力共5万余人。日伪军先以精锐力量对冀中的中心区深(县)、武(强)、饶(阳)、安(平)地带合围,反复合击。[③] 至6月上旬,日军占领了冀中根据地所有县城和重要集镇。冀中军区部分主力高度分散,配合民兵游击队就地坚持斗争,开展地道战、地雷战、麻雀战,灵活袭击日军。6月底,日军主力缩回主要城镇,反"扫荡"作战基本结束。此役歼敌1.1万余人,冀中部队减员1.6万余人(占总兵力46.8%),被杀被抓群众达5万余人[④],根据地大部被日军所占,异常困难。冀中部队主力被迫转移至冀鲁边、冀南等地区。1942年4月至9月,日军先后三次对冀南根据地进行"铁壁合围"。冀南军民艰苦作战,连续战斗,根据地大致恢复。

---

① 王建朗、曾景忠:《中国近代通史》第9卷,江苏人民出版社2009年版,第448页。
② 李新主编:《中华民国史》第10卷,中华书局2011年版,第135—137页。
③ 姜克夫编著:《民国军事史略》第3卷,中华书局1991年版,第560页。
④ 李新主编:《中华民国史》第10卷,中华书局2011年版,第137页。

1942年5月19日至6月17日，日军对太行、太岳地区发动了两次大"扫荡"。日军第1集团军根据方面军年度作战计划，于4月16日下达作战计划大纲。其设想是：预定5月15日作战开始，分三期进行，第一期消灭太岳南部沁河河畔的八路军，第二期、第三期分别对太行地区涉县北部、涉县南部的八路军作战。后来在执行中增加了第四期对太南国民党军的作战。[①] 日军参战兵力为3万余人。八路军太行、太岳军区根据同年春季反"扫荡"经验教训，作了较为充分的对敌准备。

5月15日，日军开始第一期"扫荡"，以第36师团主力及第69师团一部，共7000余人，奔袭太岳南部沁河沿岸东峪、马壁地区的八路军第三八六旅。第三八六旅及时向北转移，使日军扑空，此后日军第36师团于19日调往太行北部地区，第69师团于28日撤回浮山、府城等原据点。同时，日军独立混成第3旅团、第4旅团及独立混成第1旅团、第8旅团，从18日起逐渐开始行动，对中共中央北方局和八路军总部驻地窑门口、青塔、偏城、南艾铺地区，从北面、东面构成了封锁线，日军36师团于23日进至西南和南面，从而完成了合围。

5月24日，日军转入第二期作战。为粉碎日军之"清剿"，八路军主力分别向敌后方城镇据点和交通线积极展开破袭战。30日，八路军于辽县县城东南苏亭镇设伏，歼敌140余人。31日，奇袭长治日军机场，毁敌机3架，汽车14辆，油库2座，八路军还袭入敌后的方麂亭、五阳、黄碾等据点。

这里需要特别提到的是5月24日，日军对八路军总部驻地山西省武乡县形成合围。第三八五旅（王维舟）第七六九团掩护八路军总部机关突围。25日，八路军副总参谋长左权镇静指挥。当他率领最后一批人员突围时，在辽县麻田地区英勇牺牲。[②] 6月9日，日军1.2万人"扫荡"太行南部地区，将第一二九师一部合围于河南省涉县西南地区。太岳、太行地区部队继续转移突围，避强击弱，打击日军，直至6月20日日军从太行南部地区撤退。6月10日，黎城、东阳关两地同时收复。

1942年春，日军对晋西北根据地"扫荡"了1个月，5月中旬又进袭根据地

[①] 防衛庁防衛研修所戦史室編:「北支の治安戦2」、朝雲新聞社、1971年、185頁。
[②] 军事科学院军事历史研究部：《中国抗日战争史》下卷，解放军出版社1994年版，第78页。

领导机关所在地兴县。5月19日至20日,晋西北部队在兴县田家会猛击日伪军。

1942年9月至1943年初,日军以"拉网合围"的战法,向鲁中、胶东、鲁西、清河、冀鲁边根据地发动大规模"扫荡"。八路军山东部队英勇抗击日军进攻,击退日军"扫荡",但根据地受到严重破坏,有些变为游击区,有的成为敌占区。①

1941年至1942年,日军还对晋绥抗日根据地发动大小"扫荡"33次。对华中地区各抗日根据地的"扫荡"则平均每半月一次,有些地区甚至一个星期即有一次"扫荡"。②1943年初,晋绥军区依据毛泽东1942年10月提出的"把敌人挤出去"的指示,以离(石)岚(县)、忻(县)静(乐)、五(寨)三(岔堡)三条公路及交城以西山地为主要方向实施行动。为加强斗争力量,晋绥军区抽调300多名有经验干部加强领导武工队,使每支武工队都由营以上军政干部担任领导,把武工队的数量从15个发展到37个,并派出39个主力连和49个游击中队配合武工队。经过半年斗争,日军的"蚕食"被制止,晋西北的形势发生了根本变化:全区在827个自然村摧毁了"维持会",在535个自然村恢复或建立了抗日民主政权,解放人口8万多,争取了403个自然村的"维持会",其中297个村属于"白皮红心"(表面上应付敌人,实际上抗日);部队共作战462次,毙伤日伪军939人,俘虏日军162人;日军被挤到据点和交通线附近的狭小区域被动防守。

为挽回败局,9月1日至11月3日,日军向晋西北发动了分区"扫荡"。9月1日至16日,抗日军民采用伏击、袭击的游击战术,歼敌100多人,粉碎了日军第59旅团1500余人对离石东地区和米峪镇地区的"扫荡"。10月5日至11日,晋绥军区集中兵力,在兴县甄家庄地区分段包围了日军1个营和部分伪军,歼灭日军700多人、伪军近100人,缴获重机枪2挺、轻机枪25挺、长短枪203支、子弹3万多发。在历时两个月的反"扫荡"作战中,晋绥军区军民共作战300多次,歼灭日伪军1300余人,收复保德、奇岚县城,巩固了根据地。在1943年,晋绥抗日根据地军民在制止和粉碎敌人"扫荡""蚕食"的同时,挤掉日伪军据点70处,收复村庄1000多个,粉碎了敌人大小13次"扫荡",武工队也从年初的

---

① 王建朗、曾景忠:《中国近代通史》第9卷,江苏人民出版社2009年版,第389页。
② 刘金田主编:《中国的抗日战争》,上海人民出版社2016年版,第198页。

15个发展到49个。[1]

华中抗日根据地是中共在苏、皖、鄂、豫、浙等省创建并领导的重要抗日根据地，位于长江、淮河、黄河、汉江之间，东濒大海，西抵京汉铁路南段，南至浙赣铁路，北到陇海铁路，包括江苏绝大部分，安徽、湖北的大部分，浙江、河南的一部分及湖南、江西的一部分。1941年皖南事变后，新四军军部重建。在渡过难关后，新四军在华中地区先后建立了苏北、苏中、苏南、淮北、淮南、皖江、浙东、鄂豫皖、湘鄂赣、湘赣等抗日根据地，广泛开展游击战争，粉碎日伪军多次"扫荡""清乡"，并击退国民党顽固派的多次反共进攻。

1943年，华中抗日根据地粉碎敌人千人以上"扫荡""清乡""蚕食"30多次，与敌作战4500多次，毙伤日伪军3.6万余人，攻克据点200余处，不仅坚持而且恢复并扩大了根据地，扭转了困难局面，为转入攻势作战创造了条件。日军战史也曾记录，1943年中共领导的军队"乘日军抽调部队、兵力减少之机，在华北、华中的广阔的地带，建成牢固的根据地，站稳了脚跟"。

1943年初，在珠江地区坚持抗日游击战争的部队有300多人，至该年年底发展至500余人，并有民兵500余人。4月，成立珠江指挥部，统一领导南海、番禺、顺德地区的抗日斗争，林锵云任指挥，罗范群任政治委员，下辖禺南大队、顺德大队以及1944年1月1日成立的中山抗日义勇大队。该部以五桂山为中心，并向平原地区开展游击活动，坚持珠江地区的抗日斗争。1943年夏秋，琼崖抗日根据地军民挫败了日伪军对琼山、文昌地区的"蚕食""扫荡"，迫敌转而"扫荡"儋县、临高、澄迈等地。琼崖游击部队以一部兵力坚持内线，主力转移至外线，威胁日军工业区北黎至石碌铁路沿线，经月余转战，逐步恢复了根据地，并开辟了万宁、陵水和保亭广大游击区，创建并巩固了绿现山、儒万山抗日根据地，把澄迈、临高、儋县、昌江、感恩等县的抗日游击根据地连成一片，发展了部队，为以后的反攻作战创造了条件。

在中国共产党的领导下，八路军、新四军在地方武装、游击队、民兵等的配

---

[1] 刘金田主编：《中国的抗日战争》，上海人民出版社2016年版，第210—211页。

合下，共作战 4.2 万余次，毙伤俘日伪军 33.1 万余人，在极其困难的时期有力地打击了日伪军的嚣张气焰，牵制、消灭了大量日军，成为中国坚持长期抗战的最重要的因素，并在反"扫荡"的严酷斗争中，迎来了敌后抗日根据地恢复和发展的 1943 年。

四、局部反攻

当世界反法西斯战争进行到 1943 年，整个战场形势发生了转折性的变化，不管是欧洲的苏德战场，还是亚洲太平洋战场都取得了转折。中国战场此时也发生了转折，不管是正面战场，还是敌后战场，都开始发起局部反攻作战。

（一）滇西缅北反攻作战

1942 年春，日军入侵缅甸。中国应英军要求，派远征军入缅支援英军作战。此次入缅甸作战失败后，中国远征军一部进入印度，编为中国驻印军；另一部退守滇西，扩编为两个军。1943 年 10 月，为执行盟军魁北克会议关于在缅甸对日军发动攻势和打通中国西南国际交通线的决定，驻印军在总指挥史迪威指挥下逐次集结于印缅边境的雷多地区，准备向缅北日军发动进攻；驻滇西远征军司令长官卫立煌决定以腾冲为目标对日军发动进攻。[①]

日军在瓜达尔卡纳尔岛战役中惨败后转为战略防御。1943 年 2 月，日军大本营制订了《1943 年度帝国陆军西南方面作战指导计划》，其防御重点为各重要资源地及缅甸。为确保缅甸，该计划还规定准备对印度东北方实行一次进攻作战，以达到以攻为守的目的。为此于 1943 年 3 月 27 日在南方军（总司令寺内寿一）下设立"缅甸方面军"，以河边正三为司令，统一指挥缅甸方面的作战。当时驻缅日军共 4 个师团：方面军直辖的第 55 师团，担任西南沿海方面的作战；第 15 集

---

① 军事科学院军事历史研究部：《中国抗日战争史》下卷，解放军出版社 1994 年版，第 405—407 页。

团军下辖3个师团，其中第18师团担任缅北作战，第33师团担任缅中作战，第56师团担任云南作战。[①]

河边正三根据滇西中国军队正集结兵力、印度英军和中国驻印军也急剧增强兵力的情况，判断雨季结束后盟军可能发起反攻，但痛感兵力薄弱，认为必须配置9至10个师团方可守住缅甸。日本大本营和南方军虽然支持这一见解，但因太平洋战场形势紧急，暂时无法向缅甸增兵。延至6月间，大本营才下令调第15师团及第31师团增援缅甸。但第15师团被南方军暂留于泰国，仅第31师团于9月间到达缅北瑞波（瑞保）附近，加入第15集团军序列。因而大本营又增调独立混成第24旅团归方面军直辖，进驻丹那沙林一带。

1944年初，新编第38、第22师分别攻克大自家及太洛，3月上旬又攻占孟关和瓦鲁班。日军退守杰布山隘，凭险顽抗。新编第22师在新编第38师与美军第537支队（2个营）策应下，经14天战斗，攻占长达10公里的杰布山隘。日军残部向孟拱河谷撤退。[②] 随后第537支队与新抵达太克里地区的新编第30师、第50师各一部混合编为中美突击支队，继续向密支那挺进；新编第38师向高利前进。

退守孟拱河谷的日军得到增援，据守高利、英开塘及卡盟等地。4月末，新编第22师在新编第38师一部配合下向日军攻击，经月余苦战，于6月19日将上述各地全部攻克。接着，新编第38师向孟拱急进，新编第22师由西侧向孟拱迂回。此时远征军第20集团军由滇西栗柴坝至双虹桥间渡过怒江，经月余激战，攻克马面关、北斋公房、江苴街等日军据点，迫近腾冲外围。为支援第20集团军作战，第11集团军一部渡过怒江。5月22日，远征军根据中国国民政府军事委员会关于迅速攻占腾冲、龙陵与驻印军会师缅北，打通中印公路的电令，以第20集团军为右集团攻击腾冲，以第11集团军为左集团攻击龙陵、芒市。6月初，第11集团军对日军发动全面进攻。第71军主力渡过怒江，向龙陵进攻，激战至21日，双方形成对峙。

[①] 郭汝瑰、黄玉章主编：《中国抗日战争正面战场作战记（修订版）》下册，江苏人民出版社2015年版，第1080—1081页。
[②] 王建朗、曾景忠：《中国近代通史》第9卷，江苏人民出版社2009年版，第423页。

第 2 军主力渡过怒江，以一部围攻平戛，以另一部配合第 71 军进攻龙陵。远征军总预备队第 8 军于 6 月初逐次渡江，加入第 71 军对龙陵之攻击。与此同时，新编第 38 师在孟拱东北攻歼日军一部，解除遭日军攻击之英印军第 36 师一部之危，并进迫孟拱城；新编第 22 师连克孟拱外围各据点，对孟拱城形成包围。经 2 昼夜战斗，于 25 日攻克孟拱。日军残部向密支那方向撤退。缅北重镇密支那驻守日军 2 个联队。驻印军与先期到达该地近郊的中美混合突击支队对日军展开攻击，经过 2 个多月的激烈战斗，于 8 月 5 日攻克密支那，日军大部被歼，少数向八莫撤退。[①]

远征军第 20 集团军对腾冲发起攻击，日军据险顽抗，经苦战，于 9 月 14 日攻克腾冲，日军全部被歼。[②]7 月 13 日，第 11 集团军再次对龙陵发动进攻，在第 20 集团军的支援下，于 11 月 3 日攻克龙陵，日军大部被歼，少数向芒市撤退。[③] 而后，第 11 集团军向芒市、遮放、畹町、芒友进攻。驻印军攻克密支那后，将所属部队分编为新编第 1 军（辖新编第 38、第 30 师）和新编第 6 军（辖新编第 22、第 14、第 50 师），经过整训补充后，于 10 月 15 日开始南进。11 月 14 日，新编第 38 师抵达八莫附近，在新编第 22 师和空军的配合下，经过 20 余天的战斗，击溃日军第 2 师团一个加强联队，攻占八莫。[④]新编第 30 师于 1945 年 1 月 15 日攻克南坎，日军大部被歼，残部向腊戌撤退。[⑤]

第 50 师在芒卡附近接替新 22 师任务后，向南进攻，在万好击破日军一部继续向茂罗前进。英印军第 36 师一部向乔梅方向前进。攻克南坎后，新编第 38 师、新编第 30 师分别向芒友、老龙方向进攻。新编第 38 师连克滇缅路（从昆明起经

---

① 郭汝瑰、黄玉章主编：《中国抗日战争正面战场作战记（修订版）》下册，江苏人民出版社 2015 年版，第 1095—1096 页；姜克夫编著：《民国军事史略稿》第 3 卷，中华书局 1991 年版，第 833 页。
② 中国第二历史档案馆编：《抗日战争正面战场》中册，江苏古籍出版社 1987 年版，第 1508—1509 页。
③ 中国第二历史档案馆编：《抗日战争正面战场》中册，江苏古籍出版社 1987 年版，第 1520 页；秦孝仪主编：《中华民国重要史料初编——对日抗战时期》第 2 编作战经过（3），（台北）中国国民党中央委员会党史委员会编印 1981 年版，第 547 页。
④ 中国第二历史档案馆编：《抗日战争正面战场》下册，江苏古籍出版社 1987 年版，第 1476—1480 页；秦孝仪主编：《中华民国重要史料初编——对日抗战时期》第 2 编作战经过（3），（台北）中国国民党中央委员会党史委员会编印 1981 年版，第 540—541 页。
⑤ 王建朗、曾景忠：《中国近代通史》第 9 卷，江苏人民出版社 2009 年版，第 428 页。

南坎到腊戌）沿线残余日军据点，27日攻克芒友，与远征军会师，完全打通了中印公路（从雷多起经南坎到昆明的统称）。① 新编第30师在新编第38师一部支援下，经过50余天的战斗，于3月8日攻克腊戌②，续向康沙追击，27日与第50师一部会合。第50师另一部与英印军在乔梅会师。残余日军向景东方向溃退。至此，战役结束。

缅北滇西战役，历时1年半，盟军以阵亡31443人、负伤35948人的代价，毙伤日军25000余人，③ 打通了中国西南国际交通线——滇缅公路，极大地配合了第二次世界大战太平洋战场大反攻。

（二）豫西鄂北战役

1945年3月，日军第12集团军（司令山英太郎）3个师团（含1个坦克师团）、2个旅团（含1个骑兵旅团）向鄂北老河口进攻，企图摧毁老河口机场及豫西中国军队对平汉路的威胁。第五战区约10个军在豫西南阳、泌阳、方城地区迎击日军，第一战区约8个军在南召一带阻止日军前进。④ 3月中旬，日军主力多路西进，突破在鲁山、舞阳、沙河镇一带的中国守军阵地，进至老河口一线。3月27日，日军占领老河口机场。中国军队多次挫败日军对老河口的进攻。4月2日，日军伤亡2000多人，攻入老河口，仅3小时即被反击出城。4月8日，日军调集重兵再攻老河口，将该地占领。⑤

3月28日以后中日两军在南阳进行激战，3月30日，南阳失守。日军继续向西峡口推进。中国守军在西峡口、淅川等地阻击日军，双方伤亡甚重。4月1日，日军占领淅川。4月中旬，中国军队再次在老河口方面实施反击，并攻入该城。5

---

① 张宪文主编：《抗日战争正面战场》，世界图书出版公司2013年版，第348页。
② 王建朗、曾景忠：《中国近代通史》第9卷，江苏人民出版社2009年版，第429页。
③ 郭汝瑰、黄玉章主编：《中国抗日战争正面战场作战记》（修订版）下册，江苏人民出版社2015年版，第1116页。
④ 军事科学院军事历史研究部：《中国抗日战争史》下卷，解放军出版社1994年版，第486页。
⑤ 荣维木、步平主编：《中华民族抗日战争全史》，中国青年出版社2010年版，第360页。

月中旬即转入退守，恢复原有态势。①

在鄂北方面，日军为策应老河口战役由荆门北进，3月下旬先后占领宜城、南漳、襄阳、樊城等地。第五战区部队对日军进行了有力反击，收复以上被占城池。②

豫西、鄂北战役各路日军都受到中国军队比较有力的抵抗，损失比较大，总伤亡在15000人以上。③

（三）湘西战役

1945年4月中旬至5月上旬，日军第20集团军（司令坂西一良）出动4个多师团，8万余人，在湘西发动芷江作战。

芷江，地处川黔桂鄂各省交界地带，是进出黔、川，扼守贵阳，拱卫重庆的重要军事要地，抗战后期这里是中美空军的重要基地。④在豫湘桂战役和老河口战役中，日军对中美空军在各地的机场进行了较大程度的破坏，芷江机场经不断扩建，成为可以起飞重型轰炸机的主要机场。美国远程轰炸机对日本本土、台湾地区的日军设施构成重大威胁。中国方面参加作战的是由陆军总司令何应钦一级上将任指挥的9个军26个师。美军第14航空队和中国空军对上海等地日军机场及主要交通线进行轰炸，打击日军运输补给，并在芷江战役中发挥重要作用。⑤

4月9日，日军进攻主力从邵阳等地出发，多路西进，企图将此线中国军队主力围歼于洞口、武冈一带，因受到中国军队有力阻击，进展困难，被阻于巫水以东之江口、洞口、武冈地区。4月27日，日军在坦克配合下，进攻武冈，激战多日，未能得手，被迫退回武阳至绥宁一带。5月5日，中国军队发起总攻，武阳附近各要点被夺回。"武阳之捷开湘西战役胜利之先声。"同时，在洞口镇一带，因

---

① 郭汝瑰、黄玉章主编：《中国抗日战争正面战场作战记（修订版）》下册，江苏人民出版社2015年版，第1184页。
② 军事科学院军事历史研究部：《中国抗日战争史》下卷，解放军出版社1994年版，第488页。
③ 军事科学院军事历史研究部：《中国抗日战争史》下卷，解放军出版社1994年版，第489页。
④ 姜克夫编著：《民国军事史略稿》第3卷，中华书局1991年版，第846页。
⑤ 王建朗、曾景忠：《中国近代通史》第9卷，江苏人民出版社2009年版，第602页。

遭到优势中国军队的反击和空中火力的猛烈打击，日军主攻受挫，死伤惨重。其他各路日军，在失去空中掩护的情况下，不断受到中国军队的包围、歼灭，进展十分困难。[1] 5月中旬，日军被迫停止芷江作战，中国军队转入战役反攻。5月20日，中国军队将日军第116师团包围于山溪、滩头一线，激战10天，歼其3000余人，迫其逃往邵阳。6月中旬，参加芷江战役的日军基本退回，日军破坏芷江战略基地的计划彻底破产。

湘西战役是抗战后期中日战场形势都发生根本变化情况下的一次重要作战。它显示经过整训后中国军队装备和战斗力的明显提高。历时两个月的作战，据日本方面公布，此役共毙伤日军约26516人[2]，中国军队阵亡7737人，伤12483人。[3]

（四）桂柳反攻，收复广西

1945年4月，美军占领冲绳后，日本大本营匆忙部署"本土决战"，而且因苏联态度的变化，日军同时准备对苏军作战。在中国方面，日本大本营估计，美军在中国登陆的地区可能不在东南沿海，而在中部沿海，因而要求中国派遣军将对美作战重点从东南沿海转移到上海、山东方面。4月中旬，日军决定进一步收缩兵力，加强重点防守，从华中、华南抽调3个师团到华北、华中沿海地区。其后，日军多次调整部署，从广西、湖南、江西的湘桂、粤汉沿线撤退，加强沿海和华中、华北重要地区防守。[4]

4月下旬，日军开始从广西撤军。5月27日，中国军队趁势收复南宁，并向柳州推进。6月上旬，先后攻占桂平、武宣。6月30日，攻克柳州。7月27日，收复桂林。中国军队继续向中越边境进攻，7月初占领龙州、凭祥，将日军驱出国境。[5]

---

[1] 日本防卫厅战史室编：《日本军国主义侵华资料长编——〈大本营陆军部〉摘译》下册，四川人民出版社1987年版，第583页。
[2] 日本防卫厅战史室编：《日本军国主义侵华资料长编——〈大本营陆军部〉摘译》下册，四川人民出版社1987年版，第588页。
[3] 何理：《中国人民抗日战争史》，上海人民出版社2005年版，第410页。
[4] 王建朗、曾景忠：《中国近代通史》第9卷，江苏人民出版社2009年版，第607页。
[5] 何理：《中国人民抗日战争史》，上海人民出版社2005年版，第410页。

（五）敌后战场的局部反攻

自1943年夏秋之交至1945年夏，中国共产党抓住中国敌后战场形势发生的有利变化，领导敌后抗日根据地军民向日伪军发起持续不断的局部反攻，多头展开，多地出击，积小胜为大胜，不断摧毁抗日根据地内的日军铁路、公路线及据点，不断歼灭日伪军有生力量，不断扩大敌后抗日根据地。

在华北地区，八路军首先发起攻势作战。1943年5月，驻防豫北的国民党军第24集团军大部投降日军，疯狂配合日军进攻太行和冀鲁豫抗日根据地。为粉碎日伪军在太行山南部扩张的企图，7月30日，冀鲁豫军区部队发起卫南战役，至8月19日结束，收复和开辟了卫河以南地区。8月18日，八路军第一二九师发起林南战役，攻克与收复据点80多处，解放了林县以南、辉县以北拥有40万人口的广大地区。卫南、林南战役，揭开了华北敌后战场局部反攻的序幕。[1]

与此同时，八路军山东军区也展开攻势作战。1943年11月9日，日军第12集团军集中日伪军1万余人"扫荡"八路军鲁中军区，重点是"扫荡"北沂蒙山区。11月18日，"扫荡"沂蒙山区的日伪军大部突然越过胶济路，向北进入清河军区，并将兵力增加到2.6万余人，"扫荡"八路军清河军区。当日伪军"扫荡"鲁中时，11月14日，山东军区发出指示：为配合鲁中军区打击敌人"扫荡"，缩短"扫荡"时间，尤其打击伪军吴化文、张步云两部向八路军新开辟的东部沂鲁山区伸展，滨海、胶东、鲁南、清河军区应积极活动，拔除某些薄弱据点，打击参与"扫荡"的伪军的侧后方和老巢；滨海、胶东军区同时还做好反"扫荡"的准备。当日军主力转向"扫荡"清河军区后，11月21日，山东军区又指示：各部应该继续扩张战果，策应清河、鲁中反"扫荡"，目前仍应按前令积极活动。在配合策应鲁中、清河军区反"扫荡"的斗争中，山东军区进行的主要攻势作战有：歼灭惯匪刘桂棠部、解放赣榆县城、第二次讨伐吴化文作战。[2]山东八路军的反攻，是从1944年春鲁中军区第三次讨伐吴化文部伪军开始的。[3]

---

[1] 军事科学院军事历史研究部：《中国抗日战争史》下卷，解放军出版社1994年版，第325—328页。
[2] 军事科学院军事历史研究部：《中国抗日战争史》下卷，解放军出版社1994年版，第328—329页。
[3] 姜克夫编著：《民国军事史略稿》第3卷，中华书局1991年版，第858页。

总体来讲，1944年，晋察冀根据地军民共作战4400余次，毙伤敌2.29万余人，俘日伪军及争取伪军投诚、反正2.22万余人，拔除敌据点、碉堡1600多个，解放人口758万。晋冀鲁豫根据地军民共毙伤日伪军3.8万余人，俘3.49万余人，争取敌军投诚、反正3200人，收复县城11座，解放人口500多万，收复失地6万余平方公里，改变了根据地被分割的局面。晋绥边区军民共收复敌伪据点92个，收复村庄3108个，扩大面积2.4万余平方公里，解放人口40余万。山东军区进行主要战斗3514次，攻克与逼退日伪据点1265处，毙伤日军4580人，俘日军292名，歼灭伪军5.4万人，争取伪军1.1万人反正；解放国土4万余平方公里，人口930万，军队发展到15万人，民兵游击队发展到37万人，形成了渤海、胶东、鲁中、鲁南、滨海5个巩固的根据地。[①]

在华中地区，新四军各师向当面之敌发起攻势作战。车桥镇是日伪军一处较大的据点，是联系苏中与苏北的枢纽。1944年春，新四军决定夺取车桥，战役于3月5日1时50分发起，仅25分钟就攻入镇内。随后在炮兵大队的配合下，逐个消灭日伪军火力点，午后全歼伪军。各部乘胜扩张战果，相继收复10余处据点，使淮安、宝应以东地区获得解放，战役胜利结束。此战的获胜，打乱了敌人的"清乡""屯垦"计划，打通了苏中与苏北、淮南、淮北根据地的战略联系，巩固和扩大了苏中抗日根据地，实现了苏中抗战形势的根本好转。

1944年，华中敌后抗日根据地军民共歼灭日、伪军约5万人，收复国土7400余平方公里，解放人口160余万，基本制止了日伪军对抗日根据地的进攻，沟通了津浦路东各抗日根据地的联系，各地斗争局面得到进一步改善。[②]

在华南地区，华南人民抗日游击队为打击和钳制日军，于1944年春季开始对敌占城镇和交通线展开攻击，在一年的作战中，有效地牵制了敌人，支援了国民党军的作战，并巩固了东江、珠江地区原有抗日根据地，开辟了粤北、粤中部分新区，发展了潮汕地区和雷州半岛的抗日游击战争。[③]

---

① 荣维木、步平主编：《中华民族抗日战争全史》，中国青年出版社2010年版，第355页。
② 何理：《中国人民抗日战争史》，上海人民出版社2005年版，第417页。
③ 王建朗、曾景忠：《中国近代通史》第9卷，江苏人民出版社2009年版，第397—399页。

1944年，敌后抗日根据地军民在局部反攻作战中，作战2万余次，毙伤日伪军22万人，俘虏日伪军6万余人，争取日伪军将近3万人反正，缴获各种火炮百余门、轻重机枪1200挺、步枪8万多支，收复县城16座，攻克据点碉堡5000多个，收复国土8万余平方公里，解放人口1200多万。到1945年春夏，全国已建立19块抗日根据地，即陕甘宁、晋察冀、冀热辽、晋冀豫、晋绥、山东、苏北、苏中、苏南、苏浙皖、淮北、淮南、皖江、浙东、河南、鄂豫皖、湘鄂、东江、琼崖，总面积约为95万平方公里，人口9550余万，八路军和新四军及其他人民武装发展到91万人、民兵220万人。[1]

敌后战场的局部反攻作战，在战略上有力地策应了国民党正面战场和美英盟军的对日作战，同时也为对日转入全面大反攻创造了必要条件。

五、日本宣布无条件投降

（一）日本宣布投降

1945年5月，德国无条件投降书签署。至此，日本完全陷入孤立。6月美军攻占冲绳后，空袭日本本土，日本战争形势更为严峻。30日，日本最高战争指导会议决定：防止苏联参战，力求获得苏联的善意中立，并图谋请苏联作有利于日本之斡旋，以结束战争，而苏联早在1945年2月雅尔塔会议时已答应美、英，在战胜德国2—3个月后参加对日作战。还在4月5日，苏联政府已通知日方，将废弃《苏日中立条约》。日本至此时犹图谋利用苏联沟通与盟国的和局，这表明它已到穷途末路。[2]

德国法西斯灭亡，欧洲战争结束后，世界反法西斯战争进入最后阶段。在亚洲、太平洋战场，盟军已占领硫黄岛和冲绳岛，并在亚洲大陆各战场发起了反攻，对日本法西斯的作战即将取得最后胜利。此时，在主要同盟国苏联与美英之间，

---

[1] 荣维木、步平主编：《中华民族抗日战争全史》，中国青年出版社2010年版，第357页。
[2] 王建朗、曾景忠：《中国近代通史》第9卷，江苏人民出版社2009年版，第612页。

美英法三国之间,原已存在的矛盾日益表面化,而且出现了一系列新的矛盾,如何分享战争的胜利果实,如何使世界和平的安排对自己有利等,就成了美国、英国和苏联几个大国特别关注的问题,从而迫切需要主要同盟国首脑再次聚会协商,予以适当调整和解决。

为此,苏、美、英三国政府首脑斯大林、杜鲁门和丘吉尔以及三国的外长、参谋长和顾问等,于1945年7月17日至8月2日,在德国柏林西南的波茨坦举行会议,就一些共同关心和面临的重大问题进行协商。这是第二次世界大战爆发以来的第三次首脑会议,波茨坦会议有时又称柏林会议。罗斯福已于4月12日因脑溢血逝世,继任美国总统哈里·杜鲁门第一次代表美国参加会议。会议进行期间正值英国大选,因此丘吉尔于7月25日返回英国等候大选结果。由于英国保守党在大选中失败,丘吉尔下台,新任英国工党首相克莱门特·艾德礼携新外长欧内斯特·贝文于7月28日参加了最后几天的会议。

波茨坦会议大体上可分为两个阶段：从7月17日至25日为第一阶段,共开了9次会。7月26日至27日,因等候英国大选结果而休会2天。第二阶段,即7月28日至8月2日,共开了4次会,在会下展开了紧张的活动和磋商。会议通过了两个主要文件：一是《柏林会议公报》；二是《柏林会议议定书》。两个文件都由斯大林、杜鲁门和艾德礼分别代表苏、美、英三国政府签署。当时只发表了包括14项内容的公报。议定书则有21项,内容比公报多。此外,会议期间还发表了《中美英三国促令日本投降之波茨坦公告》。

《柏林会议议定书》就成立中、苏、美、英、法五国外长会议进行缔结和约的准备工作、在盟国管制期关于处置德国的政治及经济原则、德国的赔偿、德国舰队和商船的处置；对待意大利和罗马尼亚、保加利亚、匈牙利、芬兰的政策；波兰西部疆界,控制黑海海峡,哥尼斯堡地区的归属问题,以及对战败国某些领土的"委任统治权"等,都载明在三国政府首脑的协议。8月1日签署的这个议定书是苏、美、英三国在波茨坦会议期间达成协议的最后结果,为战后处置德国和欧洲问题打下了初步基础。①

1945年7月26日，波茨坦会议以宣言的形式发表了《中美英三国促令日本投降之波茨坦公告》，敦促日本法西斯立即投降。当时中国政府虽然没参加讨论，但在公告发表前曾征得它的同意。由于苏联尚未对日宣战，故未以四国名义发表。8月8日，苏联对日宣战，亦正式加入公告，所以公告最后成为四国的对日共同宣言。《波茨坦公告》全文共13项内容。公告指出，中美英三国在联合国的支持下，决心以绝对优势兵力对日作战，给日本以最后打击，直至停止抵抗为止。德国的顽抗已被盟军摧毁，遭到覆亡，日本如若顽抗，也不能逃脱与德国同样的命运。公告最后通告日本政府："立即宣布所有日本武装部队，无条件投降，并对此种行动有意实行，予以适当之各项保证，除此一途，日本即将迅速完全毁灭。"公告还就同盟国军占领日本本土、实施《开罗宣言》条款、日本的主权范围、惩办战犯等提出条件要求。②

面对中美英三国的《波茨坦公告》，日本方面仍然请苏联斡旋，正当日本期待苏联斡旋之时，8月6日8时15分，美国战机在日本广岛上空投下了第一颗原子弹。广岛34.3万人口中7.8万多人死亡，负伤失踪5.1万多人，建筑物全毁或半毁。8月8日夜，苏联向日本宣战，苏联远东红军突入中国东北。③

8月9日10时30分，日本召开最高战争指导会议，讨论战与降的问题。铃木贯太郎首相根据美国在广岛投掷原子弹、苏联参加对日作战等新形势发言说：从周围的形势来看，日本已经到了不得不接受《波茨坦公告》的地步。陆相阿南惟几、参谋总长梅津美治郎、军令部总长丰田副武也不得不沉默而承认严峻的事实。海相米内光政则提出接受公告的4个附加条件：一是保证维护国体；二是战犯由日本自行处理；三是自主地解除武装；四是避免盟军占领日本本土，如不可能，则让盟军只在东京以外较小范围、以较少兵力和较短时间实施占领日本领土。外相东乡茂德主张只提维护国体一个条件，否则，将导致谈判破裂。两个方案对立，

---

① 军事科学院军事历史研究部：《中国抗日战争史》下卷，解放军出版社1994年版，第556—557页。
② 秦孝仪主编：《中华民国重要史料初编——对日抗战时期》第2编作战经过（3），（台北）中国国民党中央委员会党史委员会编印1981年版，第604—605页。
③ 王建朗、曾景忠：《中国近代通史》第9卷，江苏人民出版社2009年版，第612页。

双方相持不下。①

9日11时30分，美国又向长崎投下第二颗原子弹，长崎市死亡2.375万人，受伤4.3万人。尽管陆相阿南惟几还主张"一亿玉碎"，但日本天皇采纳外相东乡茂德的主张，隐忍求和。御前会议终于以日本天皇的决断做出了结论。下午3时左右，日本临时内阁会议再次复会通过了接受《波茨坦公告》的决议。②

8月10日7时15分，日本外务省将日本接受《波茨坦公告》的照会电报，拍发给驻瑞士公使加濑和驻瑞典公使冈本，令其转达给中、美、英、苏四国，同时要求尽快得到对方答复。其电文如下：

关于接受中、美、英三国共同公告的照会

日本天皇希望促进世界和平，早日停止战争，以便天下生灵得免因战争的持续而沦于浩劫。日本政府为服从天皇陛下的圣旨起见，已于数星期前请当时仍居中立地位的苏联政府，出面斡旋，以便对诸敌国得恢复和平，不幸这些为促致和平的努力，业已失败。日本政府为遵从天皇陛下恢复全面和平，希望战争造成之不可言状的痛苦能尽速告终结起见，乃作下列决定：

日本政府准备接受中、美、英三国政府领袖于1945年7月26日在波茨坦所发表其后经苏联政府赞成的联合公告所列举的条款，而附以一项谅解：上项公告并不包含任何要求有损天皇陛下为至高统治者的皇权。日本政府竭诚希望这一谅解能获保证。且切望关于这事的明白表示，能迅速获致。

帝国政府请求瑞士及瑞典政府将上述情形转达给美国、中国、英国及苏联政府，不胜荣幸。③

8月11日，美国国务卿詹姆斯·贝尔纳斯送交瑞士公使馆临时代办马克斯·葛拉斯理，托其向日本政府转达对于日本投降建议的复文，全文如下：

---

① 军事科学院军事历史研究部：《中国抗日战争史》下卷，解放军出版社1994年版，第594页。
② 王建朗、曾景忠：《中国近代通史》第9卷，江苏人民出版社2009年版，第612页。
③ 世界知识出版社编：《反法西斯战争文献》，世界知识出版社1955年版，第317页；军事科学院军事历史研究部：《中国抗日战争史》下卷，解放军出版社1994年版，第594—595页。

代办阁下：

八月十日之照会奉悉。兹覆者，美国总统已嘱鄙人代表美、英、苏、中四国政府致函阁下，俾经由贵国政府转达日本政府。关于日本政府来电接受波茨坦公告之条款，然有下列一点"附以一项谅解，上项宣言并不包含任何要求有损日本天皇陛下为最高统治者之皇权"，吾人所采立场如下：

自投降之时刻起，日本天皇及日本政府统治国家之权力，即须听从盟国最高统帅之命令。最高统帅将采取认为适当之权力，实施投降条款。日本天皇必须授权并保证日本政府及日本帝国大本营能签字于必须之投降条款时，俾波茨坦公告之规定能获实施，且须对日本一切陆海空军当局以及彼等控制下之一切部队（不论其在何处）实施号令停止积极活动，交出武器，此外并须发布盟国最高统帅在实施投降条款所需之其他命令。日本政府在投降之后，应立即将战俘及所扣侨民运至指定之安全地点，俾能速登同盟国之运输船只。按照波茨坦公告，日本政府之最后形式将依日本人民自由表示之意愿确定之。同盟国之武装部队将留于日本，直到达到波茨坦公告所规定之目的为止。

国务卿贝尔纳斯[①]

8月12日零时45分左右，日本军政要员从美国广播中听到中、美、英、苏四国对日照会的答复。日本参谋总长梅津美治郎和军令部总长丰田副武得知后，上奏天皇，表示坚决反对接受同盟国公告。是日，日本军国主义统治集团反复召开内阁会议、皇族会议和13日9时召开的最高战争指导会议，在讨论同盟国复文时，外相东乡茂德等人主张接受四国复文。但陆相阿南惟几等人仍以难以维护国体为名坚持原来的四个条件，要求再次照会四国进行交涉。8月14日10时50分，召开最后一次御前会议。日本天皇鉴于大势已去，做出接受盟国答复的决定，并要政府起草"终战诏书"。是日23时，日本政府通过驻瑞士公使，拍发了致同盟国

---

① 世界知识出版社编：《反法西斯战争文献》，世界知识出版社1955年版，第319页。

的通告电报，全文如下：

致美、英、苏、中四国

8月14日帝国政府通告关于8月10日帝国政府接受波茨坦公告的照会，以及8月11日由美国国务卿贝尔纳斯发出的美、英、苏、中四国政府的复文，帝国政府对上面四国政府，荣幸地通报如下：一、天皇陛下已经颁布关于接受波茨坦公告条款的诏书；二、天皇陛下授予其政府及大本营签署为实施波茨坦公告各项规定必要条款的权限，并有保障这种权限的准备。再者，陛下准备命令所有日本国陆海空军官指挥下的所有军队，停止战斗行为，交出武器，准备发出为实施上述条款盟国最高司令官所要求的命令。[①]

15日正午，天皇亲自宣读的终战诏书录音向日本全国播放。同日，铃木贯太郎内阁总辞职。阿南惟几等14人自杀，殉其战败之责。当日，天皇还向国内外的日本陆海军人颁布一项敕谕，命令他们遵照"终战诏书"投降。从这时起到9月上、中旬，远东、东南亚各国、南太平洋地区和太平洋诸岛的300多万日本军队，先后陆续向同盟国投降。[②]

（二）同盟国与中国战区受降仪式

日本政府向同盟国签署投降书的先期准备工作，是由道格拉斯·麦克阿瑟五星上将的司令部（设在马尼拉）以盟军最高司令名义负责进行的。8月16日午前，麦克阿瑟通告日本政府命令日军大本营："立即派遣授予充分权限能就同盟国最高司令官所发指令进行磋商的使者到该司令官处"，"将具有以天皇、日本政府及日军大本营的名义实行投降条件所必需的各种要求的权限的代表，派遣到马尼拉"。[③]

[①] ［日］服部卓四郎：《大东亚战争全史》第4册，张玉祥等译，商务印书馆1984年版，第1679—1680页。
[②] 军事科学院军事历史研究部：《中国抗日战争史》下卷，解放军出版社1994年版，第597页。
[③] ［日］服部卓四郎：《大东亚战争全史》第4册，张玉祥等译，商务印书馆1984年版，第1705页。

19日，参谋次长河边虎四郎全权代表一行16人于当晚到达马尼拉。20日，受领了麦克阿瑟有关进驻日本本土的要求文件、投降签字后应予公布的天皇的诏敕、投降文件和盟军最高司令官一般命令第1号。由于8月22日夜日本关东、25日本州西部和26日九州南部海面连续有台风侵袭，盟军原定进驻日本本土和投降签字的日期，分别推迟48小时。①

8月27日10时30分，美国海军第3舰队一部进泊相模湾。28日8时20分至11时许，美国陆军部队一部150人乘飞机在厚木机场着陆。30日，美国第6集团军、第8集团军、第3舰队、第5舰队和太平洋空军等部，总兵力约40万，陆续开始在东京附近和横须贺、佐世保等地登陆，实施对日本的占领。麦克阿瑟于8月30日14时5分在厚木机场着陆，美军对日本的占领，以8月28日美军先遣部队占领厚木机场为开端，到10月初占领整个日本的工作大致完成。为了掩饰单独占领，美国要求盟国派遣占领部队。从1946年1月起，英联邦派了少数部队到广岛县的吴市，国民革命军荣誉第2师被分派进驻名古屋（后因故未派），苏联因不愿意把自己的军队置于美军司令的指挥之下，未派出占领部队。可见，所谓盟军占领日本，实际上是美军的单独占领。

9月2日9时，在停泊于东京湾的美国海军"密苏里"号战列舰上举行了日本无条件投降仪式。日本投降书分黑色封面的日文本和金绿色封面的英文本两种，投降书长1.5尺，宽1尺，放置在铺有青色台布的长桌上。首先，麦克阿瑟五星大将发表简短讲话。9时4分，日本外相重光葵代表天皇和政府、参谋总长梅津美治郎代表帝国大本营在投降书上签字。9时8分，麦克阿瑟以盟军最高司令的身份签字。然后是接受投降的9个盟国代表分别代表本国依次签字：美国代表尼米兹海军五星上将、中国代表徐永昌上将、英国代表布鲁斯·福莱塞海军上将、苏联代表库兹马·杰列维亚科中将以及澳大利亚、加拿大、法国、荷兰、新西兰等9国代表。签字结束后，美军战机群飞越"密苏里"号战列舰上空，庆祝这个具有伟大历史意义的时刻。

---

① 军事科学院军事历史研究部：《中国抗日战争史》下卷，解放军出版社1994年版，第597页。

2日，日本天皇发布诏书，命令日本臣民"速停敌对行为，放下武器"，着实履行投降书之一切条款。同日，日本首相东久迩宫也向全国发表文告，要求日本国民"秉承天皇圣旨""正式投降唯有顺从"。至此，正式宣告了日本军国主义的彻底失败和世界反法西斯战争的最后胜利。9月3日，被定为中国抗日战争胜利纪念日。日本政府宣布投降后，各战区分别举行日本投降签字仪式。①

在中国战场，由于麦克阿瑟以盟军最高司令名义，对日本政府和中国战区的日军下令，只能向蒋介石国民党军投降，不得向中国共产党领导的抗日武装力量缴械，蒋介石利用中国战区最高统帅的合法地位垄断受降权。

8月15日，蒋介石电令日本中国派遣军总司令冈村宁次：中国战区所属日军应停止一切军事行动，并派代表到玉山接受中国陆军总司令何应钦之命令；军事行动停止后，日军可暂保有其武器及装备，保持现有态势，并维持所在地之秩序及交通；所有飞机及船舰应停留现地，但长江内船舰应集中宜昌、沙市；不得破坏任何设备及物资；不得向任何非暂定受降部队投降缴械、交出地区及物资；绝对不能将行政机关移交非指定之行政或代表等。②中国战区的受降范围包括：中国（含台湾，但未包括东北地区）、越南北纬十六度以北地区之全部日军。洽降地点为玉山，后因玉山机场雨后跑道损坏，临时改在湖南芷江进行。③

8月20日，中国战区陆军总司令何应钦一级上将率中国战区陆军参谋长萧毅肃中将等30余人，乘2架美制运输机抵达芷江。参加受降工作的中国陆军总部副参谋长冷欣中将及中国战区各地受降主官也先后抵达芷江。21日11时15分，日本乞降使节、日本中国派遣军副参谋长今井武夫一行8人受日本中国派遣军司令官冈村宁次指派，乘机到达芷江。27日，国民政府在南京设受降前进指挥所受理日伪军受降事宜。何应钦因指示各战区司令长官抢占战略要点，先后飞往湖北、西安、江西、昆明等地区面授机宜，于9月8日飞抵南京。

9月9日，中国战区日军投降签字仪式在南京原中央陆军军官学校大礼堂举

---

① 王建朗、曾景忠：《中国近代通史》第9卷，江苏人民出版社2009年版，第614页。
② "国防部"史政局编纂：《中日战争史略》下册，（台北）正中书局1968年版，第519—520页。
③ 军事科学院军事历史研究部：《中国抗日战争史》下卷，解放军出版社1994年版，第601页。

行。应邀参加的有美国、英国、法国、苏联、加拿大、荷兰、澳大利亚等国的军事代表和驻华武官，以及中外记者、厅外仪仗队和警卫人员近千人。8时52分，中国战区最高统帅蒋介石的特派代表、中国陆军总司令何应钦一级上将，第三战区司令长官顾祝同上将、陆军参谋长萧毅肃中将、海军总司令陈绍宽海军一级上将、空军第1路司令张廷孟空军上将等5人步入会场，随即就座受降席。8时57分，中国战区日本投降代表、中国派遣军总司令官冈村宁次率参谋长小林浅三郎、副参谋长今井武夫，中国方面舰队司令福田良三，第10方面军参谋长谏山春树等7人，脱帽由正门走进会场。9时整，何应钦宣布典礼开始。安排记者拍照5分钟之后，何应钦指示冈村宁次等人交出身份证明，待他确认无误，便将日本无条件投降书（降书）一式两份，由萧毅肃持交冈村宁次；冈村宁次即在降书上签名盖章，然后将降书交给小林浅三郎，小林浅三郎手持降书走到中方受降席前，呈递给何应钦；何应钦检视两份降书后签字盖章，将其中一份交还冈村。随后，何应钦以书面形式下达中国战区最高统帅命令第一号，连同命令受领证交给冈村宁次，冈村宁次同样签名盖章，呈交中方。完成之后，何应钦命令日方代表离场，并发表广播讲话，宣布中国战区日本投降签字仪式已经在南京顺利完成，"这是中国历史上最有意义的一个日子，这是八年抗战艰苦奋斗的结果，东亚及世界人类和平与繁荣，亦从此开一新的纪元"。①

此后，中国战区奉命划分为16个受降区，在各受降主官主持下，分别接受日军投降。② 需要特别指出的是，根据盟军最高司令一般命令第1号和中国战区最高统帅命令第1号的规定，台湾被确定为中国战区第16受降区，受降单位为台湾警备总司令部，受降官为台湾省行政长官兼台湾警备总司令部总司令陈仪中将，受降地区为台湾、澎湖，受降地点在台北。1945年10月25日上午，中国战区台湾省受降典礼在台北市公会堂举行。受降主官陈仪等坐定后，日本"台湾总督"兼第10方面军司令安藤利吉、参谋长谏山春树等5人进入会场。安藤利吉在无条件

---

① 中国陆军总司令部编：《中国战区中国陆军总司令部处理日本投降文件汇编》上卷，中国陆军总司令部1945年版，第136—138页；秦孝仪主编：《中华民国重要史料初编——对日抗战时期》第2编作战经过（3），（台北）中国国民党中央委员会党史委员会编印1981年版，第706页。
② 军事科学院军事历史研究部：《中国抗日战争史》下卷，解放军出版社1994年版，第603页。

投降书（降书）上签名盖章后，将降书交给谏山春树，谏山春树手持降书走到中方受降席前，呈递给陈仪；陈仪检视降书后签字盖章，将其中一份交还安藤利吉。随后，陈仪以书面形式下达中国战区最高统帅命令第1号，连同命令受领证交给安藤利吉，安藤利吉同样签名盖章，呈交中方。此后，陈仪命令日方代表离场。10时整，陈仪通过广播电台代表中国战区最高统帅部向全世界宣告，自即日起，台湾及澎湖列岛正式重入中国版图。[①]

（三）敌后战场的全面反攻

中国共产党领导的敌后抗日武装力量，在苏联红军于1945年8月9日开始实施远东战役的同时，即将持续近两年之久的局部反攻，发展成为全面反攻。

10日，日本政府向同盟国发出乞降照会，而日军大本营仍命令各地日军坚持继续作战。为歼灭拒降的日军，中共中央于10日指示各中央局、中央分局和各区党委："应立即布置动员一切力量，向敌、伪进行广泛的进攻，迅速扩大解放区，壮大我军，并须准备于日本投降时，我们能迅速占领所有被我包围和力所能及的大小城市、交通要道，以正规部队占领大城及要道，以游击队民兵占小城。"[②]10日24时，朱德总司令向各解放区所有武装部队发布第1号命令，敦促日本投降。[③]

11日，朱德总司令连续发出第2、第3、第4、第5、第6和第7号命令：令晋察冀、晋绥和山东军区以及在华北之朝鲜义勇队，各以一部兵力向察哈尔、热河、辽宁、吉林等地进发，配合苏联红军作战，消灭抗拒的日伪军；令各解放区部队向本区一切敌占交通要道城镇展开进攻，迫使日伪军无条件投降，对收复的城镇实行军事戒严，维护秩序，保护居民。[④]

为确保大反攻的胜利，8月11日，中共中央在《关于日本投降后我党任务的决定》中指示各区党委："目前阶段，应集中主要力量迫使敌伪向我投降，不投降者，按具体情况发动进攻，逐一消灭之，猛力扩大解放区，占领一切可能与必须

---

① 安然：《台湾民众抗日史》，台海出版社2003年版，第367—368页。
② 中央档案馆编：《中共中央文件选集》第15册，中共中央党校出版社1991年版，第215页。
③ 中央档案馆编：《中共中央文件选集》第15册，中共中央党校出版社1991年版，第217—218页。
④ 军事科学院军事历史研究部：《中国抗日战争史》下卷，解放军出版社1994年版，第572页。

占领的大小城市与交通要道，夺取武器与资源，并放手武装基本群众，不应稍有犹豫。为此目的，各地应将我军大部迅速集中，脱离分散游击状态，分甲乙丙三等组成团或旅或师，变成超地方性的正规兵团，集中行动，以便在解决敌伪时保证我军取得胜利。"[1] 12日，中共中央又指示各中央局、中央分局及区党委，确定必须力争占领之交通线及沿线大小城市。

根据中共中央的指示和毛泽东主席、朱德总司令的命令，八路军、新四军和华南各抗日游击队，利用自己处于抗日最前线的有利态势，迅即对华北、华中和华南地区日伪军占领的大中城镇及交通要道发动大规模反攻，并配合苏联红军解放东北。

正在延安的中共中央晋察冀分局书记、晋察冀军区司令员兼政治委员聂荣臻于8月10日致电晋察冀分局和军区其他领导人，要求全区部队立即向北平（今北京）、天津、保定、石门（今石家庄）、大同、张家口、唐山、秦皇岛、承德、山海关等城市前进，准备接受日伪军投降；冀东军区抽出3个主力团挺进东北，协同苏联军队和东北抗日联军作战，收复东北国土；冀晋军区尽可能抽出2个团向太原逼近，配合晋绥军区部队夺取太原城及其附近地区。[2]

据此，中共中央晋察冀分局和晋察冀军区立即作了部署：以冀察军区主力在冀中、冀热辽军区各一部的配合下夺取北平；以冀察军区一部兵力夺取张家口、张北等城镇，配合南下的苏军作战；以冀晋军区部队夺取大同、丰镇、集宁、商都等城镇，并配合晋绥、冀中军区部队夺取太原、石门、保定等城市；以冀中军区主力夺取天津、塘沽等地；以冀热辽军区主力进军东北，一部配合地方武装夺取唐山、秦皇岛等地。

晋察冀军区所属各部队经半月余作战，夺取县城29座，切断战区内日伪军控制的铁路交通，日伪军被迫龟缩于北平、天津、保定、石家庄、唐山、太原等孤城。河北、山西两省广大地区获得解放。[3]

---

[1] 《毛泽东军事文集》第3卷，军事科学出版社、中央文献出版社1993年版，第1页。
[2] 军事科学院军事历史研究部：《中国抗日战争史》下卷，解放军出版社1994年版，第573—574页。
[3] 军事科学院军事历史研究部：《中国抗日战争史》下卷，解放军出版社1994年版，第576页。

8月11日，晋绥军区根据中共中央军委赋予的任务，在司令员贺龙、政治委员李井泉统一指挥下，向日伪军发出最后通牒，促令晋绥区境内的日伪军立即停止作战行动，最终晋绥军区部队逼近归绥、太原两城及平绥、同蒲铁路两侧，日军被迫放弃中、小城镇据点，北向大同一带集中，南向太原、汾阳、平遥等地集中，以逃避各个被歼的命运。①

1945年8月，八路军驻晋冀鲁豫边区部队当面敌军为日军华北方面军第1、第12、第43集团军及方面军直辖部队各一部，伪华北绥靖军一部和伪第5、第6方面军等共10余万人。主要部署于平汉、道口至清化（今博爱县）、白圭至晋城铁路沿线城镇。②

8月10日起，太行军区主力7个团组成的西进部队，向山西省以长治为中心的上党地区进攻，后因第二战区国民党部队抢占上党，遂转兵北进沁县、武乡地区，歼灭日军独立第14旅及伪华北绥靖军第12集团军各一部，控制白晋铁路一段。第七、第八军分区部队组成道清支队，于14日起向道清铁路沿线日伪军发动进攻，17日占领河南省博爱县城，歼灭日军第6独立警备队及伪军共800余人，19日攻占辉县等地，并切断了道清铁路。该军区其余各部队分别攻占河北省赞皇、梅花、彭城和山西省潞城、襄垣、昔阳及马坊、长凝、范村等据点数十处。太岳军区主力5个团，向山西省平遥、介休进攻，进至平遥以南的东泉镇地区。该军区邻近同蒲铁路南段沿线的各军分区部队分别攻克运城盐池、夏县、平陆及茅津渡、石哲镇等大小据点50余处。③

冀鲁豫军区13个团组成的中路军，分3个纵队向河南省郑县、开封地区攻击前进，攻占延津、封丘、阳武（今原阳）等县城，歼灭日军第6独立警备旅及伪第5方面军各一部共3500余人；另3个团组成的南路军，向开封、兰封（今兰考）地区的日军第12集团军和伪第5方面军发动进攻，一度占领开封两侧陇海铁路。冀南军区11个团及地方武装组成的北路军，主力收复了河北省平乡、鸡泽、

---

① 军事科学院军事历史研究部：《中国抗日战争史》下卷，解放军出版社1994年版，第576—577页。
② 军事科学院军事历史研究部：《中国抗日战争史》下卷，解放军出版社1994年版，第577页；何理：《中国人民抗日战争史》，上海人民出版社2005年版，第444页。
③ 军事科学院军事历史研究部：《中国抗日战争史》下卷，解放军出版社1994年版，第577—578页。

曲周、广平县城，而后向平汉铁路逼近，一部兵力攻占冀县、武邑和景县等县城，同时向山东夏津、清平方向发起进攻。该军区其他各部队在民兵和游击队的配合下，分别收复山东省西南部的东阿、沛县、平阴、鱼台、金乡等县城和许多据点，继向济南、徐州逼近。①

根据中共中央和中央军委的指示，中共中央山东分局和山东军区于8月11日召开高级干部联席会议，讨论和部署占领德县、济南、徐州、青岛、连云港及其他交通要道的任务。同日，山东军区司令部发布向城市进军的命令。山东军区部队向济南、青岛、徐州等地进军，切断津浦、胶济、陇海铁路交通。

8月12日，中共中央鉴于华中地区日军兵力较强，新四军难以夺取大中城市的现状，遂决定："江南力量就现地向四周扩展，夺取广大乡村及许多县城，……江南各大城市不作占领打算。""江北力量全部留江北，不再派兵去江南，任务为力争占领津浦路及长江以北、津浦以东、淮河以北一切城市。"②最终新四军各部队夺取苏、皖、浙地区日军占领的乡村和县城。

华南各抗日游击队根据中共中央关于以主力继续向粤北发展，同时以一部兵力进占广九线及某些小城市的指示精神，迅速攻歼盘踞本地区的日伪军。8月13日，东江纵队主力一部攻入北栅、太平，歼伪军一部。17日，收复宝安县城，攻克常平、西乡、固戍等据点，歼伪军第30师及日军各一部。20日，占领厚街、赤岭和深圳等据点，切断了广九铁路。21日至22日，又先后攻入博罗、增城县城，并收复长洲岛和大屿山等地。珠江纵队、中区纵队、南路纵队等，也分别向当面之日伪军发起进攻，收复了一些集镇。

正当八路军、新四军和华南抗日游击纵队向日伪军展开大反攻之际，国民党在美国政府的支持下，与中共武装抢夺抗战胜利果实，为国共两党的战后冲突埋下伏笔。

---

① 军事科学院军事历史研究部：《中国抗日战争史》下卷，解放军出版社1994年版，第578页。
② 中央档案馆编：《中共中央文件选集》第15册，中共中央党校出版社1991年版，第234页。

六、中国参与战后秩序安排

（一）中国参与联合国的筹建工作

1945年3月5日，美国代表中、美、英、苏四个发起国，邀请在1945年3月1日前对轴心国宣战并在《联合国家宣言》上签字的国家参加在旧金山举行的联合国家会议。由于此次会议事关世界和平与前途，中国为此进行了各方面的准备。关于代表团人选问题，从蒋介石的本意而言，当然希望由国民党包揽全部代表名额。顾维钧顾及中国在国际上需要统一、团结的形象，曾向蒋本人及宋子文、王世杰提出接纳中共代表加入代表团的建议，但未奏效。

真正发挥作用的是周恩来在1945年2月代表中共中央致函负责调停国共矛盾的美国驻华大使赫尔利，表示"设若国民党独占代表名额，将不仅为不公平与不合理，并将表示他们的见地是要分裂中国"。赫尔利将此事报告给罗斯福。1945年3月，罗斯福向蒋介石去电称："余愿使阁下知悉，如阁下之代表团容纳共产党或其他政治组织或政党在内，余预料不致有何不利情形，实则此种办法有显著之利益。若能容纳此类代表，在会议中必能产生良好印象，而阁下对于统一中国之努力，势将因阁下此种民治主义之表示，而获得实际援助。"[1] 罗斯福还特意举出美国代表团中就包括了民主、共和两党的代表，以委婉但又不容辩驳的姿态劝蒋转意。后又经多方斡旋，蒋介石终于确定了包括中共代表在内的十人代表团名单：宋子文、顾维钧、王宠惠、魏道明、李璜（中国青年党）、张君劢（中国民社党）、董必武（中国共产党）、吴贻芳、胡适、胡霖。[2]

1945年4月25日，联合国制宪会议在旧金山大歌剧院如期举行。会议的正式名称是"联合国家国际组织会议"。这是世界外交史上规模空前的盛会。参加会议的有46个国家的代表团。中、美、苏、英四国首席代表分别为宋子文、爱德华·斯退丁纽斯、维亚切斯拉夫·莫洛托夫和安东尼·艾登。法国首席代表是乔

---

[1] 秦孝仪主编：《中华民国重要史料初编——对日抗战时期》第3编战时外交（3），（台北）中国国民党中央委员会党史委员会编印1981年版，第906页。
[2] 何理：《中国人民抗日战争史》，上海人民出版社2005年版，第432页。

治·皮杜尔。会议中的重大问题往往由 4 个发起国代表团的首席代表首先在非正式的会议上进行讨论，达成某种妥协后再提交指导委员会进行正式研究。①

中国作为四大国之一，为《联合国宪章》的确定做出了突出贡献：首先是托管问题。中、苏等国主张托管应最终实现独立之目的，英、法、意维护巴黎和会制定的委托统治制度，美国态度暧昧。经反复争论，最后达成的协议规定，托管制度的基本目的之一是"增进其趋向自治或独立之逐渐发展"。中国也没有贸然支持美国提出的结合托管制度建立战略地区的提案，认为这种设想和以往国联的委任统治制度一样，似乎和托管制度的基本目标是背道而驰的。中国代表团提出，托管领土的行政权力不应仅仅委诸个别国家政府，联合国本身也应担负管理工作，几经讨论，中国的提案终获通过。于是，在宪章中才有联合国可以管理托管领土的规定。

其次是强制措施问题。根据敦巴顿橡胶园会议的精神，决定强制措施的全权属于安全理事会而不是大会。对此，澳大利亚等许多中小国家对大国在安理会的权限和享有否决权表示不满，认为"各大国经协商而握有的、作为自己专门特权的否决权"，是"小国和大国不平等的典型表现"，应予以修改、缩小，甚至取消。他们甚至提出安理会就强制措施作决定时，大会应派代表参加会议或者较小国家应派代表出席安理会，与安理会理事国共同做出决定。② 但是这些提案并不符合联合国的宗旨和目的。会上一度出现 40 多个中小国与几个大国对立的局面。它们提出 23 个问题，要求 4 个发起国回答与解释。中国代表团向中小国家详细说明了一旦安理会做出决定要实行军事制裁时，常任理事国和其他会员国负有不同的义务和责任，得到了很多国家的理解和支持。新西兰的弗雷泽事后表示：关于这个问题，他从来没有听到过如此明确的答案，他对顾维钧的答复非常满意。

最后是事务性问题。旧金山会议设立了由各国首席代表组成的指导委员会和由中、美、苏、英、法等 14 国首席代表组成的执行委员会，四大发起国首席代表轮流担任大会主席。中国尽最大努力协调各国矛盾，力争取得一致意见，为联合

---

① 胡德坤、刘晓莉:《中国与联合国成立》,《湖北社会科学》2005 年第 8 期。
② 《顾维钧回忆录》第 5 分册，中华书局 2013 年版，第 390—391 页。

国的建立做了大量的工作。鉴于中国作为世界大国的国际地位和中国在联合国创建过程中所起的重要作用,中文与英、俄、法、西5种语言一起被指定为大会正式语言。①

1945年6月25日晚,全体大会一致通过《联合国宪章》及作为"宪章之构成部分"的《国际法院公约》。6月26日,在退伍军人礼堂举行了历时8小时的签字仪式。一开始参加大会的46国代表加上后来被邀请参加的丹麦、阿根廷等4国,共50个国家约153名全权代表依次在中、英、俄、法、西5种文本的宪章上签字。中国代表团第一个签字,随后是苏联、英国和法国代表团,然后其他国家代表团依本国英文字母顺序——签字。美国作为东道国最后一个签字。这一天后来被联合国定为"宪章日"。1945年10月24日,《联合国宪章》生效,联合国正式宣告成立。②

虽然在联合国成立过程的各阶段,中国并非起主导作用的力量,但是中国对于联合国的创建和完善是不可或缺的,中国作为联合国的四大发起国之一,为联合国的成立做出的突出贡献永载史册,中国也因此确立了世界大国的地位。

(二)遣返日侨和日俘

中国战区接受日本投降后,国民政府立即开始进行遣送日俘、日侨回国的工作。

日本投降时,中国战区共有日俘120多万人、日侨约80万人,总共200多万人。日本投降后,国民政府对日俘、日侨采取宽大政策,未按通常对待俘虏的办法处理,仅予分别集中,以便管理和遣送。③

根据《波茨坦公告》第9条规定:"日本军队在完全解除武装以后,将被允许

---

① 胡德坤、刘晓莉:《中国与联合国成立》,《湖北社会科学》2005年第8期。
② 何理:《中国人民抗日战争史》,上海人民出版社2005年版,第433页。
③ 蒋纬国总编著:《国民革命战史第三部——抗日御侮》第10卷,(台北)黎明文化事业公司1978年版,第96页。

返其家乡，得有和平及生产生活之机会。"①1945 年 10 月 25 日，中美双方在上海召开遣送中国战区日人返国联合会议，会议规定中国战区的日侨日俘的遣返应按照先关内后关外、分期分批，由中国政府负责陆路向港口集中与输送，美军组织船只负责海上输送的办法施行。②

1945 年 10 月 20 日，天津首批遣返回国的日本侨民 3400 人，由塘沽乘船返回日本。自此，中国战区大规模的日侨日俘遣返工作正式开始。此后，散居在中国各地的日侨日俘开始陆续从广州、上海、青岛、烟台、大沽口及秦皇岛等港口被遣送回国。③中国战区日侨日俘的遣返运输工作非常繁重。其中，以上海、华北和台湾尤为繁重。1946 年 1 月 5 日"中美联合遣送日人会议"公布的数字显示，上海待遣返的日侨日俘人数为 759250 人，华北待遣返的日侨日俘人数为 432300 人，台湾待遣返的日侨日俘人数为 492000 人。

1946 年春，中美双方再次召开会议，对 1945 年的遣返工作中存在的问题进行商讨，决定减少日侨日俘的行李，增加运输能力，加快遣返速度。经过这次调整，中国战区的遣返速度大大加快。到 1946 年 4 月中旬，已遣返近 80% 的日侨日俘。到 6 月底，中国战区（东北地区除外）78.4 万多名日侨，128.5 万多名日俘，另有朝鲜侨、俘 6.5 万多人，全部遣返回国。遣返任务最为繁重的是东北地区，由于东北地区的日侨日俘人数多、局势复杂等，东北的遣返工作到 1949 年才告一段落。

早在日俄战争结束后，日本就把向中国东北移民作为"七大国策"之一。日本政府战后公布的数字表明，日本战败投降时，滞留在中国东北（包括内蒙古东部地区、河北省承德地区）的日侨日俘达 237.4 万人，占海外日人总数的三分之一以上。

东北日侨日俘大遣返是中国战区日侨日俘遣返计划的一个重要组成部分。在上海、天津、青岛、连云港等地日侨日俘的遣返工作基本结束后，东北日侨日俘遣返被正式提到议事日程上来。在中美苏三方共同组织领导下，在国共两党的共

---

① 复旦大学历史系中国近代史教研组编：《中国近代对外关系史资料选辑（1840—1949）》下卷第 2 分册，上海人民出版社 1977 年版，第 283 页。
② 王玲菱：《战后中国遣返日侨日俘述略》，《学理论》2012 年第 12 期。
③ 王建朗、曾景忠：《中国近代通史》第 9 卷，江苏人民出版社 2009 年版，第 629 页。

同努力下，从 1945 年到 1949 年，东北百万日侨日俘从辽宁的葫芦岛、安东（丹东）、大连地区陆续遣返回国。①

为保证东北日侨日俘遣返任务的顺利完成，1946 年 1 月 10 日，以中共代表周恩来、国民党代表张群、美国代表乔治·马歇尔组成的"三人军事会议"决定，在北平成立军事调处执行部三人小组（共产党代表叶剑英、国民党代表郑介民、美国代表罗伯逊），负责东北日侨日俘遣返的总体部署，具体遣返工作由国民党东北行辕和东北民主联军组织实施。

1 月 13 日，军事三人小组驻跸北平协和医院，旋即展开工作，决定除安东日侨 7.5 万人由东北民主联军负责组织，陆路经朝鲜、海路从鸭绿江口登船，大连日侨 27 万人由苏军负责径直遣送外，在东北的其余日侨，无论是国民党控制区的，还是共产党控制区的，全部经葫芦岛遣返。国民党控制区成立以李修业将军为处长的东北行辕日侨俘管理处，共产党控制区成立以李敏然（李立三）为处长的东北民主联军遣送日人办事处。

在单一港口遣返上百万日侨日俘，是一项庞大的工程，从人员集中到火车转运，从港口调度到海上输送，各个环节均不能出现疏漏。为此，国民党东北行辕制定了《东北地区日侨俘遣送计划表》，对各地日侨日俘分布、遣返顺序和所需车辆均有规划。美军在葫芦岛港设立港口输送司令部，与东京盟军总部联系调拨船只上百艘，将日侨日俘输送到日本佐世保、博多、舞鹤等港口。此外，国、共、美三方人员还组成执行小组，分赴长春、哈尔滨、拉法镇、陶赖昭镇等地，协调日侨日俘遣返工作。

这样从 5 月 7 日锦州地区日侨的遣返到 5 月 15 日沈阳地区日侨的输送，从 7 月 8 日长春地区日侨的遣送到 8 月 20 日哈尔滨地区日侨的渡江，整个遣返工作梯次展开，循序渐进，至 1946 年底共遣返日侨日俘 158 批，101.7549 万人；1947 年 6 月 25 日至 10 月 25 日共遣返日侨日俘 12 批，2.9627 万人；1948 年 6 月 4 日至 9 月 20 日用飞机遣返日侨日俘 3 批，3871 人。至此，葫芦岛日侨日俘遣返工

---

① 军事科学院军事历史研究部：《中国抗日战争史》下卷，解放军出版社 1994 年版，第 606—607 页。

作结束。3年中经葫芦岛遣返的日侨日俘总数为1051047人。①

（三）审判战争罪犯

抗日战争胜利后，对日本战犯的审判成为最重要的事情之一，不过出于历史原因，许多侵略中国的日本战犯已经回到日本国内，而占领日本的又是美国军队，远东国际军事法庭其实也是由美国主导的，因此，国民政府需要制裁的战争罪犯就有三个组成部分：第一是在中国境内投降被扣押的战犯；第二是经过沟通从日本引渡回中国受审的战犯；第三是由设在东京的远东国际军事法庭直接审判的战犯。据不完全统计，被盟国判刑的日本战犯有4226人，其中被执行死刑的941人，死刑拘留者79人。②

日本战犯按罪行的程度分为三级，在东京进行审判的为甲级战犯（发动侵略战争的决策人物、日本军国主义的上层），在国内审判的为乙级战犯（有直接责任的战争罪行，多为高级军官）和丙级战犯（违反人道的罪行，多为具体执行者）。

对日战争结束后，盟军最高司令部于1945年9月11日下令逮捕日本前首相东条英机等39名战争罪犯。11至12月间，又3次下令逮捕日本战犯，共逮捕日本前首相小矶国昭等战犯70余名。1946年1月19日，盟国最高司令部设置远东国际军事法庭，从5月3日起，在东京开始审判日本战争罪犯。1948年11月4日，远东国际军事法庭做出判决：对东条英机、土肥原贤二、板垣征四郎、广田弘毅、木村兵太郎、松井石根、武藤章等7人判以绞刑，11月12日处刑。③东京审判未追究日本天皇的战争责任。

1945年11月，国民政府成立了"战争罪犯处理委员会"，专门处理对日本在华战犯的逮捕和审判工作，并在随后拟定了《战争罪犯审判办法》等文件。从日本宣布投降开始，到1947年年中，中国各地一共逮捕日本战犯2300多名。1946年2月15日，在南京成立了"战犯军事法庭"，日本战犯根据投降和关押地点，

---

① 荣维木、步平主编：《中华民族抗日战争全史》，中国青年出版社2010年版，第452—453页。
② ［日］服部卓四郎：《大东亚战争全史》第4册，张玉祥等译，商务印书馆1984年版，第1797页。
③ 张效林节译：《远东国际军事法庭判决书》，向隆万、徐小冰等补校译，上海交通大学出版社2015年版，第1、622—624页

分别在 10 个城市设立的军事法庭进行审判：南京、上海、北平、汉口、广州、沈阳、徐州、济南、太原、台北。[①] 最终由国民政府审判和判决的日本战犯共有 2435 名，其中 110 名被判处死刑，包括将官 6 名、佐官 4 名、尉官 21 名，士兵 44 名，其他人员 35 名（比如川岛芳子等）；208 名被判处徒刑，其中无期徒刑 41 名。

中国政府此前并没有审判战犯的经验，因此在战后大规模审判战犯的过程中需要明确的法理支持。中国政府在参照《海牙公约》《日内瓦红十字条约》等国际条约后，于 1946 年 10 月公布了《关于战犯审批条例》，确立了 38 条罪行。其中包括"有计划之屠杀""将人质处死""恶意饿死非军人""强奸""掳掠儿童"等。

国民政府最初的战犯名单还包括日本天皇和冈村宁次，但是后来出于种种原因，南京国民政府不再把这二人列为战犯。[②] 为了坐实日本战犯的犯罪事实，国民政府还向民间广泛征集日军的犯罪证据，但是在实际审判过程中，由于优先处理了对日本中低级战犯的审判（因为证据比较容易获得），许多重要战犯的犯罪事实并未及时处理，加之国共内战爆发，国民政府在审判日本战犯的过程中逐渐偏离了方向。最后，在 2000 多名战犯中，判处死刑 149 人，其他则判处无期徒刑或者有期徒刑不等，还有一些因为证据不足或相关罪行难以确证，予以释放。

被判处死刑、无期徒刑或自杀的重要将领有：曾任第 6 师团师团长的南京大屠杀元凶谷寿夫，在南京被执行枪决；曾任第 10 师团师团长、关东军参谋长和香港"总督"的矶谷廉介，在南京被判处无期徒刑；曾任"中国驻屯军"参谋长、第 23 集团军司令的酒井隆，在南京被执行枪决；曾任第 23 集团军司令、香港"总督"的田中久一，在广州被执行枪决；曾任第 21 集团军司令、台湾"总督"兼第 10 方面军司令的安藤利吉，在上海监狱自杀；曾任第 130 师团师团长的近藤新八，在广州被执行枪决。其他被执行死刑的多为南京大屠杀的参与者和各地宪兵队的罪犯等，包括参加过"百人斩比赛"的向井敏明和野田毅。中国对日本战犯的审判有效地配合了东京远东国际军事法庭对日本战犯的审判。[③]

---

① 王建朗、曾景忠：《中国近代通史》第 9 卷，江苏人民出版社 2009 年版，第 630 页。
② 《日本驻华派遣军总司令冈村宁次宣判无罪》，《申报》1949 年 1 月 27 日第 4 张。
③ 秦孝仪主编：《中华民国重要史料初编——对日抗战时期》第 2 编作战经过（4），（台北）中国国民党中央委员会党史委员会编印 1981 年版，第 429、431、434、435 页。

苏联红军在进攻关东军的过程中俘虏了日本关东军第 731 部队和第 100 部队（细菌战部队）的军官，了解到日本特种细菌部队为进行细菌战、毒气战，用人体作活体试验的罪行。有关细菌战、毒气战方面的罪行，东京审判未追究日本政府的责任。1949 年 12 月，苏联滨海军区伯力（今哈巴罗夫斯克市）军事法庭开庭审判日本细菌战战犯，对山田乙三等 12 名细菌战战犯判刑。1950 年 2 月 1 日，苏联政府致美国、英国和中华人民共和国政府照会，提议将裕仁天皇、石井四郎等 5 名最大的细菌战战犯交国际法庭审判，中华人民共和国政府复照同意。但当时处于冷战年代，美国、英国并未支持苏联的提议。①

新中国成立后，又审理了由苏联移交和解放军在山西抓获的战犯嫌疑人 1000 多名，其中的 45 人被判处 8 年到 20 年不等的有期徒刑，至此中国对日本战犯的审理才宣告结束。②

（四）审判和惩处汉奸卖国贼

抗日战争胜利后，国民政府对投靠日本侵略者，组织伪政权、伪军，叛国投敌的卖国贼进行了审判惩处。

1945 年 9 月 26 日，军事委员会陆军总司令何应钦下令拘捕汉奸，查封逆产。10 月 1 日，蒋介石命令由军事委员会军事调查统计局负责拘捕汉奸。

各地从 9 月起开始拘捕汉奸要犯。曾任北平伪中华民国临时政府首领、伪华北政务委员会委员长的王克敏于 10 月 6 日在北平被捕，12 月 25 日在狱中服毒自杀。③

从 1945 年 11 月起至 1947 年 10 月，国民政府所属各级法院先后审理了 2.5 万多件汉奸案件。

1946 年 4 月 12 日，曾任汪伪国民政府立法院副院长的缪斌被判处死刑。汪伪政府的主要人物陈公博、褚民谊（伪国民政府行政院副院长、外交部长）、梁鸿

---

① 王建朗、曾景忠：《中国近代通史》第 9 卷，江苏人民出版社 2009 年版，第 631 页。
② 军事科学院军事历史研究部：《中国抗日战争史》下卷，解放军出版社 1994 年版，第 611—612 页。
③ 王建朗、曾景忠：《中国近代通史》第 9 卷，江苏人民出版社 2009 年版，第 631 页。

志、梅思平、林柏生、丁默村等被判处死刑。汪精卫叛国投敌的同谋、其妻陈璧君被判处无期徒刑。汪伪政权最高国防会议秘书长、中央财务委员会主任委员、财政部长、警政部长周佛海先于1946年11月1日被判处死刑，因日本宣布投降后国民政府曾指令周佛海、丁默村、任援道等在上海、浙江一带维持地方治安，稳定金融，以等待接收，1947年3月26日，以国民政府主席令将周的死刑减为无期徒刑。[1]

1935年即投靠日本、成立伪冀东防共自治政府的殷汝耕于1946年10月31日被判处死刑。

1950年7月31日，溥仪等伪满洲国战犯由苏联移交给中华人民共和国。1959年9月14日，溥仪获特赦释放。后来，中华人民共和国最高人民法院分批释放了伪满洲国战争罪犯。[2]

（五）对日索赔的开展

早在1938年11月，著名爱国人士黄炎培等人在国民参政会一届二次会议上，就曾提议国民政府成立抗战公私损失调查委员会，着手展开抗战公私财产损失调查工作。蒋介石对黄炎培等人的建议提案非常重视，并"谕令国防最高委员会与军事委员会参事厅，从速估计抗战之直接间接损失，并时时注意此项工作之进行"。1939年7月，国民政府行政院制定了《抗战损失调查办法》及《调查须知》，通令各机关及地方各级政府调查具报，并指定国民政府主计处审核汇编所有材料。[3] 应该说，国民党政府是比较重视这项工作的，而且起步也较早。

1943年开罗会议后，同盟国各国开始考虑战后的索赔问题。国民政府在行政院成立了抗战损失调查委员会，加紧系统调查工作。1944年3月，行政院参事室参照苏联索赔办法，草拟《战后对日媾和条件纲要》指出：日本除对我军费赔偿外，还应用以下方式对我予以经济赔偿："（甲）赔款与债权，日本对华所得赔款无

---

[1] 秦孝仪主编：《中华民国重要史料初编——对日抗战时期》第6编傀儡组织（4），（台北）中国国民党中央委员会党史委员会编印1981年版，第1624—1625页。
[2] 王建朗、曾景忠：《中国近代通史》第9卷，江苏人民出版社2009年版，第632页。
[3] 孟国祥：《关于国民党政权向日本索赔问题》，《近代史研究》1991年第2期。

论已未交付，所享债权无论有无担保，一律取消；（乙）损害赔偿，日本非法侵略所致中国一切公私损害，日本应负赔偿之责，并以实物或金钱交付；（丙）投资与建设，日本在华所有投资以及在侵占或割让地区公私建设包括路矿厂舍各种财产以及存贮物资一律交与中国；……（戊）复兴资源，日本在若干年内应负责供应中国复兴建设所需资源及制成品；（己）债票伪钞，日本及其所支持伪政权在中国占领区域内所发行公债、伪钞、军用票及其他有价证券，应由日本政府以国际通货全部赎回。"①

1945年9月，国民政府外交部长王世杰和美国国务卿贝尔纳斯、苏联外长莫洛托夫换文会谈时，再次表达了中方对赔偿问题的看法。在当时国内，蒋介石令在"最短期内"将战时公私财产损失及人口伤亡情况调查具报。行政院颁布《抗战损失调查实施要点》指导国内赔偿工作。经过一年多努力，于1946年10月得出不完全统计数字：仅从卢沟桥事变算起，中国公私财产直接损失达313亿美元，间接损失204亿美元。

1945年11月13日，国民政府外交部通过的《关于索取赔偿与归还劫物之基本原则及进行办法》规定：一是日本对我赔偿以实物为主；二是中国与其他国家相比，受害最巨，故对日索取各项赔偿，应有优先权，如同盟国实行总额分摊，中国应得日本赔偿总额之过半；三是凡在中国境内之日本公私财产，悉数归属中国政府，以作赔偿之一部；四是日本境内宜充赔偿之各种实物，应交中国以作赔偿之一部，这些实物包括军需工业及重工业工厂设备；五是日本每年应将若干原料及产品，在规定年限内分期定量运交中国作赔偿一部。②

由此可见，抗战胜利后，国民政府向日本索赔标准，不是依据中国所受损害数，而是依据日本当时赔偿能力来定；索取的是实物，着重包括"军需工业及重工业工厂设备"，以充实军力，利于内战。为取得这部分实物，国民政府直接向同盟国提出："日本海军设备，航空工业生产设备，拟由我方接受，作为抵偿损失之

---

① 《战后对日媾和条件纲要》，中国第二历史档案馆藏，全宗号761，卷220，转引自孟国祥：《关于国民党政权向日本索赔问题》，《近代史研究》1991年第2期。
② 秦孝仪主编：《中华民国重要史料初编——对日抗战时期》第2编作战经过（4），（台北）中国国民党中央委员会党史委员会编印1981年版，第7页。

一部"，并令国民政府驻美大使魏道明多次与美国洽商。①

在第二次世界大战后的赔偿中，国民政府得到了与美、苏、英三国相等的日本残余舰艇，占四分之一，分得原日军驱逐舰、护卫舰、运输舰共24艘，但总吨位不足5万吨。②根据国际惯例，中国将在华接受的日本产业作为赔偿我国损失之一部，当时统计，除苏军从东北拆走大批机器资产外，日在华资产可供赔偿者约3.5亿美元。③

据史料记载，当时日本赔偿的核心问题是日本国内实物拆充赔偿。由于负责制定对日政策的远东委员会在将日工业限制在何种水平，以及赔偿分配办法等问题上意见分歧，行动迟缓。中国拟定"日本赔偿设备紧急拆迁项目"，主张日本工业应限制在从事侵略前的水平，拆充赔偿的工厂设备中，中国不应少于50%，鉴于运输能力不足，希望中方所分工厂5年内可由日方代管，或可在日本利用日本人力，由中国经营。④据说，这一意见没有受到重视。

1946年初，远东委员会通过了临时拆迁方案，将盟军管制下的日本工厂先作部分拆迁。同年5月和8月，根据划定的12项工业范围，公布可作赔偿的工厂名单，并规定拆迁工厂总数的30%作先期赔偿。国民政府派出恽震、李待琛等5人组成赔偿小组赴日调查。由于各国争吵不休，直接影响了赔偿工作进行。

从1946年9月开始，国民政府方面多次要求美国单独行动，执行先期拆赔。1947年2月14日，美国向远东委员会提出《日本赔偿先期交付案》，准许在先拆充赔偿的30%中，中国取得15%，英国、荷兰、菲律宾各取5%。⑤

据史料记载，国民政府随后按照赔偿先期交付案，共运回三批工厂器材设备。第一批机床工具类，共7686部，重5.2034万吨。第二批试验设备类，1690具，重7350吨。第三批电气设备及剩余设备两类，电机设备中有1.5万千瓦蒸汽发电

---

① 孟国祥：《关于国民党政权向日本索赔问题》，《近代史研究》1991年第2期。
② 秦孝仪主编：《中华民国重要史料初编——对日抗战时期》第2编作战经过（4），（台北）中国国民党中央委员会党史委员会编印1981年版，第130页。
③ 孟国祥：《关于国民党政权向日本索赔问题》，《近代史研究》1991年第2期。
④ 秦孝仪主编：《中华民国重要史料初编——对日抗战时期》第2编作战经过（4），（台北）中国国民党中央委员会党史委员会编印1981年版，第98页。
⑤ 王建朗、曾景忠：《中国近代通史》第9卷，江苏人民出版社2009年版，第633页。

机1套，汽动发电机3套，马达发电机28套及变压器等，重6610吨。剩余设备有炼钢平炉、电炉、锅炉、空气压缩机等，重1.9166万吨。第三批于1949年5月运台湾基隆。①

到1949年初，国民政府从日本取得实物赔偿只获得先期允诺分给中国15%中的极小部分，约计为2200万美元（未减去已停拆的吴港发电厂和起重机的价值）。与当时国民政府最初期望的50%及1947年9月远东委员会分配给中国的摊赔额30%相去甚远，也可以说只是作了象征性的偿付。②

1951年9月4日，美国在没有中、朝等主要作战国家参加的情况下，在旧金山召开了对日和约会议，同日本吉田茂政府签署了《旧金山和约》。《旧金山和约》第14条甲款规定："日本政府应对其在战争中所引起的损害和痛苦给盟国以赔偿。"但接着又说："如欲维持可以生存的经济，则日本的资源目前还不能够全部赔偿这些损害和痛苦，有关国家可以直接和日本举行谈判，日本可以给予必要的劳务补偿。"③这实际上是取消了日本的赔偿，因此引起了许多国家的强烈不满。

由于未能参加对日和约，台湾国民党当局也向美国政府提出了抗议，但对《旧金山和约》取消赔偿一事表示默认。《旧金山和约》签订后，美国为孤立、封锁新中国，竭力策动台湾地区与日本订约。台湾国民党当局为摆脱困境，便不惜放弃赔偿，讨好日本，以订立和约。1952年4月28日，"台日和约"正式签字。和约共14条，基本内容与《旧金山和约》大体相同。④"台日合约"的签订，标志着台湾国民党当局完全放弃了向日本索取赔偿的要求。就这样，由于美国对日本的大力扶持以及国民党政权自身的软弱无能，抗战胜利后国民党政府的对日索赔以失败告终。

抗日战争是中国人民反对日本军国主义侵略，争取国家独立和民族解放的正义战争，是世界反法西斯战争的重要组成部分。这是正义与邪恶、光明与黑暗、

---

① 秦孝仪主编：《中华民国重要史料初编——对日抗战时期》第2编作战经过（4），（台北）中国国民党中央委员会党史委员会编印1981年版，第137—138页。
② 王建朗、曾景忠：《中国近代通史》第9卷，江苏人民出版社2009年版，第633页。
③ 孟国祥：《关于国民党政权向日本索赔问题》，《近代史研究》1991年第2期。
④ 王建朗、曾景忠：《中国近代通史》第9卷，江苏人民出版社2009年版，第633—634页。

自由与奴役、进步与反动、文明与野蛮力量之间的一场殊死搏斗。在这场实力悬殊的生死较量中，中国人民经过 14 年艰苦卓绝的浴血奋战，打败了穷凶极恶的日本侵略者。抗日战争的胜利，充分显示了中华民族有同侵略者血战到底的气概，有在自力更生的基础上光复旧物的决心，有自立于世界民族之林的能力，为中华民族由近代以来从陷入深重危机到走向伟大复兴，确立了历史转折点。

但是，日本从投降之日起，并未充分反省其发动侵略战争的罪责，自 1985 年始，日本历届政府许多首相和官员多次正式参拜供奉着侵华战争甲级战犯牌位的"靖国神社"，伤害了曾严重遭受日本侵略之害的中国人民的民族感情，中日关系蒙受着深重的历史阴影。

主要参考文献

档案：

中国第二历史档案馆藏抗日战争相关档案。

台北"国史馆"馆藏抗日战争相关档案。

报纸：

《申报》《大公报》《中央日报》《益世报》《新华日报》《晋察冀日报》《解放日报》。

史料：

陈觉：《九一八后国难痛史资料》，东北问题研究会1932年版。

关吉玉：《中国战时经济》，国民政府军事委员会委员长行营1936年版。

田体仁等：《全民抗战汇集》，上海民族书局1937年版。

潘应昌编：《抗战中之经济建设》，独立出版社1939年版。

国民参政会秘书处编印：《国民参政会第四次大会纪录》1939年版。

齐文编：《外国记者眼中的延安及解放区》，历史资料供应社1946年版。

第二战区司令长官部：《抗战八年第二战区军事概况》，太原1947年版。

国民政府教育部编：《第二次中国教育年鉴》，商务印书馆1948年版。

张效林节译，向隆万、徐小冰等补译：《远东国际军事法庭判决书》，上海交通大学出版社 2015 年版。

世界知识出版社编：《反法西斯战争文献》，世界知识出版社 1955 年版。

复旦大学历史系中国近代史教研组编：《中国近代对外关系史资料选辑（1840—1949）》下卷，上海人民出版社 1977 年版。

罗家伦主编：《革命文献》第 38 辑，（台北）中国国民党中央委员会党史委员会 1978 年版。

秦孝仪：《总统蒋公大事长编初稿》全 8 册，（台北）中国国民党中央委员会党史委员会 1978 年版。

北京大学历史系中国现代史教研室、西安地质学院中共党史组、八路军西安办事处纪念馆合编：《西安事变资料选辑》，内部参考资料 1979 年版。

中国社科院近代史研究所中华民国史组编：《中华民国史料丛刊·增刊第 5 辑：黄炎培日记摘录》，中华书局 1979 年版。

中共中央党校党史教研室编：《中共党史参考资料》第 4 册，人民出版社 1979 年版。

《李宗仁回忆录》下册，广西人民出版社 1980 年版。

中国社会科学院现代史研究室编：《西安事变资料》第 1 辑，人民出版社 1980 年版。

孙敦恒等编：《一二·九运动资料》，人民出版社 1981 年版。

秦孝仪主编：《中华民国重要史料初编——对日抗战时期》，（台北）中国国民党中央委员会党史委员会编印 1981 年版。

文天行、王大明、廖全京编：《中华全国文艺界抗敌协会史料选编》，四川省社会科学院出版社 1983 年版。

中国民主同盟中央文史资料委员会编：《中国民主同盟历史文献（1941—1949）》，文史资料出版社 1983 年版。

河北省社会科学院历史研究所等编：《晋察冀抗日根据地史料选编》上册，河北人民出版社 1983 年版。

魏宏运编：《抗日战争时期晋察冀边区财政经济史资料选编》，南开大学出版社 1984 年版。

《第二次中日战争各重要战役史料汇编·东北义勇军》,(台北)"国史馆"1984 年版。

黄美真、张云编:《汪精卫国民政府成立》,上海人民出版社 1984 年版。

黄美真、张云编:《汪精卫集团投敌》,上海人民出版社 1984 年版。

秦孝仪编:《总统蒋公思想言论总集》,(台北)"中央"文物供应社 1984 年版。

何应钦将军九五寿诞丛书编辑委员会编:《北平军分会三年》,(台北)黎明文化事业有限公司 1984 年版。

秦孝仪编:《中国国民党九十年大事年表》,(台北)中国国民党中央委员会党史委员会 1984 年版。

复旦大学历史系日本史组编译:《日本帝国主义对外侵略史料选编(1931—1945)》,上海人民出版社 1985 年版。

荣孟源主编:《中国国民党历次代表大会及中央全会资料》,光明日报出版社 1985 年版。

秦孝仪编:《西安事变史料》,(台北)正中书局 1985 年版。

河南省财政厅、河南省档案馆编:《晋冀鲁豫抗日根据地财经史料选编(河南部分)》第 1 册,档案出版社 1985 年版。

河南省地方史志编纂委员会编:《豫皖苏边文献资料选编》,河南人民出版社 1985 年版。

中央教育科学研究所编:《老解放区教育资料》,教育科学出版社 1986 年版。

辽宁省档案馆编:《中华民国史资料丛稿·奉系军阀密电》第 4 册,中华书局 1986 年版。

西南联合大学北京校友会、校史编辑委员会编:《国立西南联合大学校史资料》,北京大学出版社、云南人民出版社 1986 年版。

《东北抗日联军》编写组编:《东北抗日联军史料》,中共党史资料出版社 1987 年版。

中共北京市委党史资料征集委员会编:《一二·九运动》,中共党史资料出版社1987年版。

陕西省档案馆、陕西省社会科学院编:《陕甘宁边区政府文件选编》,档案出版社1988年版。

中国第二历史档案馆编:《抗日战争正面战场》全3册,江苏古籍出版社1987年版。

《日本军国主义侵华资料长编——〈大本营陆军部〉摘译》全3册,四川人民出版社1987年版。

蔡仁龙、郭梁主编:《华侨抗日救国史料选辑》,中共福建省委党史工作委员会1987年版。

中国人民政治协商会议全国委员会文史资料研究委员会:《南京保卫战——原国民党将领抗日战争亲历记》,中国文史出版社1987年版。

中国第二历史档案馆、南京市档案馆等编:《侵华日军南京大屠杀档案》,江苏古籍出版社1987年版。

中国人民政治协商会议西南地区文史资料协作会议编:《抗战时期内迁西南的高等院校》,贵州民族出版社1988年版。

刘庭华:《中国抗日战争与第二次世界大战系年要录·统计荟萃》,海军出版社1988年版。

河南省革命文化史料征编室编:《冀鲁豫边区文艺资料选编》,河南省文化厅印刷厂1988、1989年版。

中国人民政治协商会议西南地区文史资料协作会议编:《抗战时期内迁西南的工商企业》,云南人民出版社1989年版。

《晋察冀抗日根据地》史料丛书编审委员会、中央档案馆编:《晋察冀抗日根据地——文献选编》,中共党史资料出版社1989年版。

彭明编:《中国现代史资料选辑》第5册,中国人民大学出版社1989年版。

山西省档案馆编:《太行党史资料汇编》,山西人民出版社1989、1994年版。

中共北京市委党史研究室编:《北京地区抗日运动史料汇编(1931.9—1932.1)》第1辑,中国文史出版社1990年版。

王世杰:《王世杰日记》,(台北)"中央研究院"近代史研究所1990年影印本。

中央档案馆编:《中共中央文件选集》第11—15册,中共中央党校出版社1991—1992年版。

中央档案馆、中国第二历史档案馆、吉林省社会科学院编:《日本帝国主义侵华档案资料选编·东北经济掠夺》,中华书局1991年版。

中国人民解放军历史资料丛书编审委员会编:《新四军·综述·大事记·表册》,解放军出版社1993年版。

谢忠厚等主编:《冀鲁豫边区群众运动宣教工作资料选编》,河北人民出版社1994年版。

中国第二历史档案馆编:《中德外交密档(1927—1947)》,广西师范大学出版社1994年版。

中国人民解放军历史资料丛书编审委员会编:《八路军·文献》,解放军出版社1994年版。

章伯锋、庄建平主编:《中国近代史资料丛刊·抗日战争》全10卷,四川大学出版社1997年版。

强重华:《抗日战争时期重要资料统计集》,北京出版社1997年版。

中国人民解放军历史资料丛书编审委员会编:《新四军·文献》,解放军出版社1998年版。

四川联合大学经济研究所、中国第二历史档案馆编:《中国抗日战争时期物价史料汇编》,四川大学出版社1998年版。

北京大学、清华大学、南开大学、云南师范大学编:《国立西南联合大学史料》,云南教育出版社1998年版。

中国第二历史档案馆编:《中华民国史档案资料汇编》第5辑第2编,江苏古籍出版社,1997—1998年。

《吴宓日记》,生活·读书·新知三联书店1998年版。

中国第二历史档案馆:《国民党中央执行委员会常务委员会会议录(影印本)》,广西师范大学出版社2000年版。

中央档案馆、中国第二历史档案馆、吉林省社会科学院编：《日本帝国主义侵华档案资料选编·华北事变》，中华书局2000年版。

中央档案馆、中国第二历史档案馆、吉林省社会科学院编：《日本帝国主义侵华档案资料选编·汪伪政权》，中华书局2004年版。

《竺可桢日记》，上海科技教育出版社2010年版。

中共中央文献研究室编：《毛泽东年谱（1893—1949）》上卷，中央文献出版社2013年版。

《顾维钧回忆录》，中华书局2013年版。

吕芳上主编：《蒋中正先生年谱长编》，（台北）"国史馆"、蒋中正纪念堂管理处、财团法人蒋中正文教基金会2014年版。

四川省档案局编：《抗战时期的四川——档案史料汇编》，重庆出版社2014年版。

重庆市档案馆、重庆师范大学编：《中国战时首都档案文献（战时工业）》，重庆出版社2014年版。

中国抗日战争军事史料丛书编审委员会编：《八路军·大事记》，解放军出版社2015年版。

王建朗主编：《中华民国时期外交文献汇编（1911—1949）》第7卷，中华书局2015年版。

曲青山、高永中主编：《抗日战争回忆录》全3册，中共党史出版社2015年版。

本书编委会编：《中国抗日战争时期外交密档》，人民日报出版社2017年版。

王志昆等主编：《中国战时首都档案文献：战时外交》，西南师范大学出版社2017年版。

袁佳红等主编：《中国战时首都档案文献：战时文化》，西南师范大学出版社2017年版。

全国政协文史和学习委员会编：《西安事变历史资料汇编》，中央文献出版社2017年版。

陈谦平编:《翁文灏与抗战档案史料汇编》,社会科学文献出版社2017年版。

《郑天挺西南联大日记》,中华书局2018年版。

专著

鲁芒:《陕甘宁边区的民众运动》,(汉口)大众出版社1938年版。

韬奋等:《宪政运动论文选集》,生活书店1940年版。

陈启天:《民主宪政论》,商务印书馆1946年版。

陈诚:《八年抗战经过》,国民党国防部史料局1946年版。

蓝海:《中国抗战文艺史》,现代出版社1947年版。

韬奋:《抗战以来》,韬奋出版社1947年版。

中国现代史资料编辑委员会翻印:《抗战中的中国文化教育》,北京,1957年版。

中国现代史资料编辑委员会翻印:《抗战中的中国军事》,北京,1957年版。

"国防部"史政局:《中日战争史略》上、下册,(台北)正中书局1968年版。

防衛庁防衛研修所戦史室編「北支の治安戦2」、朝雲新聞社、1971年。

何应钦:《八年抗战之经过》,(台北)文海出版社1972年版。

吴相湘:《第二次中日战争史》上、下册,(台北)综合月刊社1974年版。

蒋纬国总编著:《国民革命战史第三部抗日御侮》第8—10卷,(台北)黎明文化事业股份有限公司1978年版。

张其昀:《党史概要》第5册,(台北)"中央"文物供应社1979年版。

[日]井上清:《昭和五十年》,北京大学亚非研究所译,天津人民出版社1979年版。

李守孔:《八年对日抗战真相》,(台北)正中书局1979年版。

日本防卫厅防卫研究所战史室:《1号作战之河南会战》,天津市政协编译委员会译,中华书局1982年版。

日本政府参谋本部编:《满洲事变作战经过概要》,田琪之译,中华书局1982年版。

何应钦：《日军侵华八年抗战史》，（台北）黎明文化事业股份有限公司1982年版。

［日］服部卓四郎：《大东亚战争全史》第1—4册，张玉祥等译，商务印书馆1984年版。

中国人民政治协商会议全国委员会文史资料研究委员会编：《傅作义生平》，文史资料出版社1985年版。

孟广涵主编：《国民参政会纪实》上、下卷，重庆出版社1985年版。

孟广涵主编：《国民参政会纪实》续编，重庆出版社1987年版。

魏宏运：《华北抗日根据地纪事》，天津人民出版社1986年版。

军事科学院：《日本侵略军在中国的暴行》，解放军出版社1986年版。

［英］詹姆斯·贝特兰：《华北前线》，林淡秋等译，新华出版社1986年版。

［美］伊斯雷尔·爱泼斯坦：《中国未完成的革命》，陈瑶华等译，新华出版社1987年版。

［英］斯坦因：《红色中国的挑战》，李凤鸣译，新华出版社1987年版。

温永录主编：《东北抗日义勇军史》，黑龙江人民出版社1987年版。

王正华：《抗战时期外国对华援助》，（台北）环球书局1987年版。

军事科学院军事历史研究部编：《中国人民解放军六十年大事记（1927—1987）》，军事科学出版社1988年版。

袁旭等：《第二次中日战争纪事》，档案出版社1988年版。

［美］哈里森·福尔曼：《北行漫记》，陶岱译，新华出版社1988年版。

［美］白修德、贾安娜：《中国的惊雷》，端纳译，新华出版社1988年版。

中央教育科学研究所编：《中国现代教育大事记》，教育科学出版社1988年版。

孙健：《中国经济史——近代部分（1840—1949年）》，中国人民大学出版社1989年版。

重庆市政协文史资料委员会编：《政治协商会议纪实》上卷，重庆出版社1989年版。

史全生:《中华民国经济史》,江苏人民出版社1989年版。

曾瑞炎:《华侨与抗日战争》,四川大学出版社1988年版。

魏宏运、左志远:《华北抗日根据地史》,档案出版社1990年版。

［日］石岛纪之:《中国抗日战争史》,郑玉纯、纪宏译,吉林教育出版社1990年版。

《毛泽东选集》第3卷,人民出版社1991年版。

孙果达:《民族工业大迁徙——抗日时期民营工厂的内迁》,中国文史出版社1991年版。

刘大可等:《日本侵略山东史》,山东人民出版社1991年版。

中共中央党史研究室:《中国共产党历史》,人民出版社1991年版。

张澜:《张澜文集》,四川教育出版社1991年版。

姜克夫编著:《民国军事史略》第3卷,中华书局1991年版。

赵超构:《延安一月》,上海书店1992年版。

谢忠厚、肖银成主编:《晋察冀抗日根据地史》,改革出版社1992年版。

肖效钦、钟兴锦:《抗日战争文化史（1937—1945）》,中共党史出版社1992年版。

冀南军区战史编辑委员会编:《冀南军区战史》,蓝天出版社1993年版。

徐勇:《征服之梦：日本侵华战略》,广西师范大学出版社1993年版。

张弓、牟之先:《国民政府重庆陪都史》,西南师范大学出版社1993年版。

中国文化学院学术委员会编:《梁漱溟全集》第6卷,山东人民出版社1993年版。

郑登云编著:《中国高等教育史》上,华东师范大学出版社1994年版。

《沈钧儒文集》,人民出版社1994年版。

谢忠厚:《河北抗战史》,北京出版社1994年版。

石源华:《中华民国外交史》,上海人民出版社1994年版。

李良志等著:《中国新民主主义革命史长编·全民抗战　气壮山河（1937—1938）》,上海人民出版社1995年版。

中国抗日战争史学会、中国人民抗日战争纪念馆:《抗战时期的文化教育》,北京出版社 1995 年版。

中国抗日战争史学会、中国人民抗日战争纪念馆编:《中国抗战军事史》,北京出版社 1995 年版。

杨奎松:《西安事变新探:张学良与中共关系之研究》,(台北)东大图书公司 1995 年版。

穆欣:《晋西南抗日根据地漫记》,中国人民解放军总参谋部一二〇师战史编写办公室,内部资料,1996 年。

萨本仁、潘兴明:《20 世纪的中英关系》,上海人民出版社 1996 年版。

张明楚、张同新等:《在历史的漩流中——抗战时期的国民政府》,广西师范大学出版社 1996 年版。

蒋顺兴、孙宅巍:《民国大迁都》,江苏人民出版社 1997 年版。

唐培吉主编:《抗战时期的对外关系》(上册),北京燕山出版社 1997 年版。

刘大年、白介夫:《中国复兴枢纽——抗日战争的八年》,北京出版社 1997 年版。

居之芬、张利民主编:《日本在华北经济统制掠夺史》,天津古籍出版社 1997 年版。

[日]浅田乔二等:《1937—1945:日本在中国沦陷区的经济掠夺》,袁愈佺译,复旦大学出版社 1997 年版。

王文仲:《游击三千里:抗战中的徐向前》,国防大学出版社 1997 年版。

王士花:《开发与掠夺——抗日战争时期日本在华北华中沦陷区的经济统制》,中国社会科学出版社 1998 年版。

谢泳:《西南联大与中国现代知识分子》,湖南文艺出版社 1998 年版。

晋冀鲁豫边区革命文化史料征集协作组编:《晋冀鲁豫边区文艺史》,山东文化音像出版社 1999 年版。

刘克祥、陈争平:《中国近代经济史简编》,浙江人民出版社 1999 年版。

田保国:《民国时期中苏关系:1917—1949》,济南出版社 1999 年版。

郭汝瑰、黄玉章：《中国抗日战争正面战场作战记》，江苏人民出版社2015年版。

许涤新、吴承明：《中国资本主义发展史·新民主主义革命时期的中国资本主义》，人民出版社2003年版。

《周佛海日记》，中国文联出版社2003年版。

刘熙明：《伪军——强权竞逐下的卒子（1937—1949）》，（台北）稻香出版社2002年版。

《民国山东通志》编辑委员会：《民国山东通志》，山东文献杂志社2002年版。

中国二十世纪通鉴编辑委员会编著：《中国二十世纪通鉴》第3册第9卷，线装书局2002年版。

马洪武主编：《华中抗日根据地史》，当代中国出版社2003年版。

齐红深：《日本侵华教育史》，人民教育出版社2004年版。

左双文：《华南抗战史稿》，广东高等教育出版社2004年版。

唐正芒等：《中国西部抗战文化史》，中共党史出版社2004年版。

何理：《中国人民抗日战争史》，上海人民出版社2005年版。

熊志勇、苏浩：《中国近现代外交史》，世界知识出版社2005年版。

曾景忠等编：《血色长空：空军抗战与抗日胜利纪实》，团结出版社2005年版。

张宪文等：《中华民国史》第3卷，南京大学出版社2005年版。

赵佳楹编：《中国现代外交史》，世界知识出版社2005年版。

萧一平、郭德宏主编：《中国抗日战争全史》，四川人民出版社2005年版。

庄维民、刘大可：《日本工商资本与近代山东》，社会科学文献出版社2005年版。

全国政协文史和学习委员会编：《劳工血泪》，中国文史出版社2005年版。

陈应明、廖新华编：《浴血长空：中国空军抗日战史》，航空工业出版社2006年版。

余子道等：《汪伪政权全史》，上海人民出版社2006年版。

郭贵儒等：《华北伪政权史稿：从"临时政府"到"华北政务委员会"》，社会科学文献出版社 2007 年版。

黄华文:《抗日战争史》,湖北人民出版社 2007 年版。

朱鸿召:《延安日常生活中的历史(1937—1947)》,广西师范大学出版社 2007 年版。

军事科学院军事历史研究部编:《中国人民解放军八十年大事记(1927—2007)》,军事科学出版社 2007 年版。

王建朗、曾景忠:《中国近代通史》第 9 卷,江苏人民出版社 2009 年版。

薛衔天:《民国时期中苏关系史(1917—1949)》,中共党史出版社 2009 年版。

陶文钊等:《抗日战争时期中国对外关系》,中国社会科学出版社 2009 年版。

《中国人民解放军军史》编写组编:《中国人民解放军军史(1937 年 7 月—1945 年 9 月)》,军事科学出版社 2010 年版。

胡德坤主编:《反法西斯战争时期的中国与世界研究》全 9 卷,武汉大学出版社 2010 年版。

荣维木、步平主编:《中华民族抗日战争全史》,中国青年出版社 2010 年版。

李新主编:《中华民国史》第 10 卷,中华书局 2011 年版。

马振犊、戚如高:《蒋介石与希特勒:民国时期中德关系研究》,九州出版社 2012 年版。

《中国抗日战争史》编写组:《中国抗日战争史》,人民出版社 2012 年版。

中国人民抗日战争纪念馆编:《抗战时期苏联援华史论》,社会科学文献出版社 2013 年版。

马骏杰:《中国海军长江抗战纪实》,山东画报出版社 2013 年版。

石源华:《中华民国外交史新著》,社会科学文献出版社 2013 年版。

吕芳上主编:《中国抗日战争史新编》全 6 册,(台北)"国史馆"2015 年版。

曹聚仁:《一个战地记者的抗战史》,东方出版社 2015 年版。

李鑫:《中国海军抗战》,中国民主法制出版社 2015 年版。

要秋霞:《中国空军抗战》,中国民主法制出版社 2015 年版。

陈洋:《新四军抗战》,中国民主法制出版社 2015 年版。

张宏志:《中国抗日游击战争史》,陕西人民出版社 2015 年版。

宋媚丽:《华北抗战》,中国民主法制出版社 2015 年版。

文天行:《抗战文化运动史》,中国文联出版社 2015 年版。

《中国抗日战争史简明读本》编写组:《中国抗日战争史简明读本》,人民出版社 2015 年版。

中国抗日战争军事史料丛书编审委员会:《中国抗日战争史料丛书·八路军·综述》,解放军出版社 2015 年版。

任贵祥:《海外华侨与祖国抗日战争》,团结出版社 2015 年版。

任贵祥:《华侨支援祖国抗战纪实》,中国民主法制出版社 2015 年版。

军事科学院军事历史研究部:《中国抗日战争史》全 3 卷,解放军出版社 1994 年版、2015 年版。

霍丹琳:《文化抗战》,中国民主法制出版社 2015 年版。

李仲明:《抗日战争时期的中国文化》,团结出版社 2015 年版。

文天行编:《中国抗战文化编年》,四川辞书出版社 2015 年版。

潮龙起主编:《历史丰碑:海外华侨与抗日战争》,暨南大学出版社 2015 年版。

《"大抗战"知识读本》编写组编:《"大抗战"知识读本》,学习出版社 2015 年版。

日本防卫厅防卫研修所战史室编:《华北治安战》,樊友平、朱佳卿译,团结出版社 2015 年版。

张宪文、张玉法主编:《中华民国专题史》,南京大学出版社 2015 年版。

王辅:《日本侵华战争》全 4 册,辽宁人民出版社 2015 年版。

王建朗、黄克武主编:《两岸新编中国近代史·民国卷》,社会科学文献出版社 2016 年版。

陶文钊:《中美关系史(修订本)》第 1 卷,社会科学文献出版社 2016 年版。

张宪文主编:《抗日战争正面战场》,世界图书出版公司 2016 年版。

田越英主编:《大抗战:还我河山》,九州出版社 2016 年版。

张宪文等主编:《中国抗日战争史》全 4 卷,化学工业出版社 2016 年版。

刘金田主编：《中国的抗日战争》，上海人民出版社2016年版。

贺文乐：《晋西北根据地互助合作运动研究（1940—1949）》，中国社会科学出版社2017年版。

王晓华、戚厚杰主编：《抗日战争正面战场档案全纪录》全3册，团结出版社2017年版。

苏小东：《中国海军抗日战史》，人民出版社2017年版。

编后记

在中华民族波澜壮阔的历史长河中，抗日战争是永远值得铭记的一页。本书以严谨翔实的史料为基，辅以多维度的视角，全景式展现了1931年至1945年中国人民反抗日本侵略的艰苦卓绝的历程。从九一八事变的硝烟弥漫，到卢沟桥畔的怒吼；从长城抗战的悲壮坚守，到淞沪会战的血肉长城；从敌后战场的游击烽火，到战略相持的持久韧性，每一篇章都镌刻着中华民族的苦难与抗争、觉醒与重生。

本书旨在通过梳理战争脉络、剖析历史细节，揭示抗日战争对于中华民族复兴的深层意义。我们看到，这场战争不仅是军事的对抗，更是文明的较量。日本军国主义的铁蹄，不仅践踏了我国的领土，更是对人类正义与和平的公然挑衅。而中国人民以血肉之躯筑起的抗战长城，不仅捍卫了国家主权，更彰显了"天下兴亡、匹夫有责的爱国情怀；视死如归、宁死不屈的民族气节；不畏强暴、血战到底的英雄气概；百折不挠、坚忍不拔的必胜信念"的伟大抗战精神。

"宝剑锋从磨砺出，梅花香自苦寒来。"本书从策划、编写、统稿到出版历时十二载，其间不断打磨修改，能在纪念抗日战争胜利80周年之际出版实乃一件幸事。本书由全国人大常委会副委员长、民革中央主席郑建邦倡议并策划，得到加拿大侨界爱国人士梁伟洪的大力支持与慷慨赞助。在此，我们表示崇高的敬意和衷心的感谢。

撰写过程中，我们始终秉持以史为鉴的初心。历史虽不会重复，但往往押韵。

当前世界正经历百年未有之大变局，霸权主义、强权政治的阴影仍未消散。重温这段历史，不仅是为了铭记先辈的牺牲，更是为了汲取智慧与力量：和平从来不是恩赐的礼物，而是需要以坚定的意志与团结的精神去捍卫。正如《孙子兵法》所言："上下同欲者胜。"在面对共同挑战时，唯有凝聚共识、携手合作，才能守护人类文明的共同家园。

本书的完成，既离不开学术前辈的奠基之功，也受益于当代学者的深耕细作。从军事科学院的档案汇编到民间口述史的抢救性记录，无数研究者以不同的方式照亮了历史的幽微之处。在此，我们要特别感谢那些在抗日战争中浴血奋战的先烈，他们的英勇事迹是本书最鲜活的灵魂；感谢档案馆、图书馆的工作者，他们的默默付出使史料得以保存；感谢所有为抗日战争研究奉献心血的学者，他们的智慧结晶构成本书的学术基石。

我们深知，历史书写永远是一项未竟的事业。本书或许未能穷尽抗日战争的所有面向，但希望通过我们的努力，能为读者提供一个立体、生动的抗战图景。让我们铭记历史，珍爱和平，以史为镜，照见未来。

编者谨识

2025 年春于北京